社会科学研究方法系列丛书

7 Steps to a Comprehensive Literature Review
A Multimodal & Cultural Approach

Anthony J. Onwuegbuzie & Rebecca Frels

如何进行文献回顾

[美] 安东尼·J. 安伍布奇 瑞贝卡·弗雷尔斯 / 著   李静 / 译

中国人民大学出版社
·北京·

献给一位独一无二的伟大母亲——阿加莎·N. 安伍布奇

作者简介

安东尼·J. 安伍布奇（Anthony J. Onwuegbuzie）是美国得克萨斯州萨姆休斯敦州立大学教育领导学系的教授，主要为博士生讲授定性、定量和混合研究方面的课程。他的研究领域包括弱势群体和服务不足的人群。此外，他还撰写了一系列关于定性、定量和混合方法论的论文。安伍布奇博士目前的 h 指数高达 66，他已经发表了 400 多种作品，其中包括 300 多篇期刊文章、50 多个著作章节以及 3 本著作。此外，他还在全球范围内发表了 750 多场演讲、组织了 100 多场工作坊，包括 30 多个主题演讲，足迹涉及六大洲。其论文多次获得高水平奖项，教学水平亦得到国内外同行一致认可。安伍布奇博士是《教育研究者》（*Educational Researcher*）期刊的前编辑，2006—2010 年作为编辑团队的一员，使该期刊的第一个影响因子高达 3.774。他目前是《学校研究》（*Research in the Schools*）的联合编辑，并曾担任六期混合研究特殊选题的客座编辑。他的许多文章为发表期刊中阅读量与被引量之最。例如，他在《教育研究者》上发表的混合研究文章就是自该刊物创刊以来被引用最多的文章。他的愿望是成为全世界研究新手和学生之榜样。

瑞贝卡·弗雷尔斯（Rebecca Frels）是美国得克萨斯州拉玛尔大学的注册专业顾问——导师和教育顾问。她曾是音乐教育家和学校顾问，其研究领域涉及研究方法论、导师制和学生成功。她撰写或合著了 30 多篇文章和 3 个著作章节。她曾担任《学校研究》的出版编辑和《国际多种研究方法杂志》（*International Journal of Multiple Research Approaches*）的客座联合编辑。她的国际经验包括为肯尼亚、乌干达和坦桑尼亚的东部和南部非洲的社会科学研究组织（OSSREA）提供研究课程，以及为哥斯达黎加圣何塞的 UNIBE 大学、墨西哥普埃布拉的伊比利亚美洲大学授课。最近，她将自己对混合研究方法和导师制的研究热情结合在一起，为《牛津混合方法和多种方法研究手册》（*Oxford Handbook for Mixed and Multiple Method Research*）撰写了题为"指导下一代混合方法和多种方法研究人员"的一章。她和她的合著者安东尼·J. 安伍布奇提出了混合研究的批判性辩证多元主义方式，以提升参与者作为决策者及研究过程中的合作研究者的话语权。目前，她正在"高等教育同伴辅导——通过技术和社交媒体整合外展"领域开展研究。

引　言

本书的主题即整合——整合结果与流程。在设计本书时，我们自己也进行了文献回顾，我们认识到尽管许多优秀著作都讨论了如何进行文献回顾，但很少有人探讨文献回顾应如何将研究实践纳入透明过程之中。此外，我们还发现，很少有作者能够解决如何应对文化和历史情境下迅速发展的 Web 2.0 数字技术和即时通信带来的问题。考虑到世界各地的人们都在慢慢成为信息搜寻专家，所以我们有信心认为，可以严谨地开展文献回顾并且获得来源丰富的信息——这样就可以将传统的文献回顾提升到一个新的水平。

本书写作缘起

社会、行为和健康科学领域的文献回顾可以扮演各种角色，并且可以服务于多种目的。例如，在本科阶段，文献回顾是一种案头研究，通常被称为读书报告或案头研究项目。在硕士和博士阶段，当学生完成毕业论文或学位论文时，则需要进行一次重要的文献回顾。然而，正如布特和贝勒（Boote & Beile, 2005）所主张的那样，高等教育项目并未足够重视理解如何进行文献回顾的重要性。然而，在社会科学领域，知识共享，特别是基于证据的知识共享，正是推动这一领域不断进步的动力。此外在学术界，"*出版或出局*（publish or perish）"（约 1950 年；Sojka & Maryland, 1993）这一短语对于多产的研究人员来说再熟悉不过了。布特和贝勒（2005）认为：

> 获得教育学者所需的技能和知识应该是博士学位论文教育的重点和综合性活动。培养学生作为研究者分析和综合某一专业领域的研究对理解教育理念而言至关重要。(p. 3)

但当我们在书名中使用"综合（comprehensive）"一词时，我们并不认为一篇文献回顾可以穷尽所有给定主题的全部文献。与主要研究类似，作为研究者的文献回顾者在进行回顾时必须紧密结合研究并记录指导标准。因此，文献回顾应该是综合的，因为综合包含了文献回顾的所有最重要的要素（如包括定量和定性信息）。"综合"一词还应意味着使用诸如混合研究技术等严格的技术来收集和分析信息，并使用抽样理论来确定所使用的信息何时能代表关于该主题的整套信息（参见第6章）。

此外，为了从历史和文化的角度解释作者作品的相关性，我们整合了反思性实践以寻求多种视角，因此，本书的副标题是"一种文化进步的、道德的和多模态的方式"[①]。这种方式在原始文献作者的意图与文献回顾者的意图之间取得了平衡。最后，我们在英文书名中使用"七个步骤（7 steps）"这一短语就表明我们的书代表了一种有组织且有序的文献回顾方式。此外，"步骤（steps）"一词意味着要素是截然不同的，尽管代表一种相互关联且连续的方式并不意味着这些步骤是线性的，而是意味着这个过程可以按顺序进行。在第一次访问之后，这些步骤变成了动态的、集成的部分，在随后的文献回顾过程中需要对每个新步骤进行反思和重新审视。

本书面向群体

本书旨在成为硕士生、博士生和其他研究新手，以及经验丰富的研究人员的工具和指南。事实上，我们相信任何一位学者都会发现本书有助于指导、记录和呈现文献回顾。我们将本书设计为研究方法论课程中的辅助教材或研究方法论课程的独立教材。特别是，如果你是一位攻读博士学位的学术新秀，那么本书将帮助指导你完成学位论文或毕业论文的文献回顾过程，同时也会为你的研究提供宝贵的支持。最后，本书将建构一个囊括最佳研究实践的元框架，这对于方法论专家和学者来说都是大有裨益的。

本书独特之处

它关乎文化

当我们思考文献回顾实践作为学术的一部分的历史究竟有多长的时候，出乎我们意料的是，相关研究几乎没有提到文化，也没有提到文化如何影响发现了*什么*，以及文化如何影响一位文献回顾者为*什么*选择特定作品而非其他作品。一位

---

① 中译本书名省略了该副标题。——译者注

文化进步的文献回顾者认为，知识来源于代表所有文化、种族和民族背景、语言、阶级、宗教和其他多样性属性的人（即参与者），并且由这些人（即研究人员、作者）产生。

因此，我们的文献回顾方式涉及文献回顾者进行反思性实践以更好地认知其自身的文化属性，从而更好地认识、认可、肯定和珍视所有参与者和研究人员/作者的价值，以捕捉他们的声音。因此，综合文献回顾（comprehensive literature review，CLR）的核心就是我们通常所讲的**文化能力**（cultural competence）。这种对偏见和个人价值观，以及这些因素如何影响在文献回顾过程中每一步做出的决定的认识，我们称之为**文化进步方式**（culturally progressive approach）。

它涉及伦理研究标准

从广义上讲，伦理学包含了与研究和学科主题相关的道德原则和最佳实践。伦理学提供了渗透到文献回顾过程各组成部分的本质。在进行一项综合文献回顾时，文献回顾者要实践专业能力，并在公认的技能范围内承担与所探讨的主题和所报告的结果相关的任务。文献回顾中的研究伦理包括诚信、学术责任、社会责任，以及尊重权利、尊严和多样性。

它是一个混合方法文献回顾（无所畏惧地接近！）

作为一种混合方式，综合文献回顾采用混合研究方法，即在同一文献回顾中*同时收集和分析定量和定性信息*。基于这种综合性，我们解释说，文献回顾者不仅总结了现有文献和从这些文献中提取的信息（消除了长期以来存在的许多误区之一），还从主题方面综合了定性信息（如数据源于定性研究）和定量信息（如数据源于定量研究），从而形成最终报告或演示文稿以识别一种数据阐明另一种数据的路径或矛盾。这就是混合研究技术的应用！

它将文献回顾扩展至包括其他来源

综合文献回顾过程反映了Web 2.0时代文本的多模态性质，最初以已发表的文章为起点，然后将检索范围扩展到包括多模态文本和设置，这些文本和设置被称为"模式（MODES）"：媒体（media）、观察（observation）、文档（document）、专家（expert）和二手数据（secondary data）。在通过传统文献或通过在图书馆数据库中检索已发表的期刊文章开始检索之后，我们将利用与某一主题相关的新文献，或所谓的多模态文献［特别是考虑到信息在第一次被概念化/写作与可访问（如通过发表）之间总是存在一个时间差］来解释如何使用指导标准来评估最新知识，以呈现一个整体性图景，从而也就产生了一篇综合文献回顾。

七个步骤使这一流程切实可行

乍一看，"综合"这个词可能会给人一种错觉，认为文献回顾是一项艰巨的任务，或者是相当难以克服的困难。有鉴于此，我们将文献回顾过程简化为以下七个重叠但截然不同的步骤。（a）步骤1：探索信仰和主题。（b）步骤2：启动检索。(c) 步骤3：存储和组织信息。(d) 步骤4：选择/删除信息。(e) 步骤5：扩展检索（MODES）。(f) 步骤6：分析和综合信息。(g) 步骤7：呈现综合文献回顾报告。这七个步骤是多维的、交互的、新兴的、迭代的、动态的、整体的和协同的，因为每个步骤都为所有其他步骤提供信息。每一步都以我们所描述的过程的核心（CORE），即批判性检视（critical examination）、组织（organization）、反思（reflection）与通过评估清单进行评估（evaluation via the evaluation checklist）结束。是的，一项综合文献回顾是切实可行的！

它是一个元框架

文献回顾包括识别、记录、理解、意义形成和信息传递等活动。在最佳形式下，文献回顾不仅代表一项研究，还代表通过使用混合研究技术来促进的一项作为文献综合的混合研究，即收集和分析从选定文献获得的定量和定性信息。无论文献回顾是为主要研究提供信息还是作为一项独立研究，它都涉及文献回顾者在多个步骤中进行元推论。

它提供了大量示例和工具

通过使用文献回顾主题的示例来作为贯穿这些步骤的共同主线，本书充满了开展文献回顾的实际素材。此外，我们还使用可视化显示创建了许多类型、资源指南和框架，以促进对七步骤模型的理解和应用。

本书组织架构

基础

在第1章中，我们回顾了定量、定性和混合研究传统中与研究相关的一些基本要素和术语，并以此开启本书。然后，我们开始探讨围绕文献回顾过程的一些误区，这样，文献回顾者在开始文献回顾旅程时可能就不会再落入这些陷阱。此外，我们还概述了文献回顾的原因和目标。

概述

在接下来的两章中，我们提供了综合文献回顾和七步骤模型的总体概要。我们解释了在元框架内，综合文献回顾是如何成为一种方法论、方法、工具和多模态（或新文献）方法的。我们还强调了文献回顾者作为一名原创性思想者、批判性思想者、自反性研究者、道德的研究者，以及最重要的是作为一名文化进步研究者的身份。

章节步骤

接下来的八章将逐一介绍这些步骤（其中有两章介绍步骤7）。在介绍了这11章之后，我们以附录结束本书，在附录中我们展示了5个示例来说明如何进行理论驱动和模型驱动的综合文献回顾——当与七步骤模型集成时，这就为综合文献回顾的进一步发展提供了一个更令人兴奋的领域。在每章的最后，我们提出了与所发现的知识相关的评估问题，并对该步骤所产出的成果进行了评论。它涉及情感上和认知上正在发生的事情。简而言之，它审视了"*是什么*(the what)"以及"*为什么会这样*(why this)"？

在每一章之后，我们都以广为人知的苏格拉底式提问（作为探究和辩论的一种形式）作为指导性问题。为了达到自反性目的，我们提出了一些自我对话的问题来挑战偏见和观点。此外，这种挑战是辩证的，任何矛盾的暴露都有可能会强化文献回顾者的身份认同并为下一步的研究提供思路。如表 I-1 所示，批判性思维问题分为六类（Paul & Elder，2006），而且这些问题旨在判断假设与行动。

表 I-1　七步骤模型每一步后使用的六种苏格拉底式提问示例

问题类型	问题
澄清	你为什么选择或陈述你在这一步骤中陈述的内容？
假设	你认为什么是真实的？
理由和证据	你认为是什么原因让你选择或陈述这些内容？
观点和视角	还有哪些不同的观点呢？
影响和后果	你选择或陈述的内容有什么长处和短处？有什么概括？
关于问题本身	这个问题的意义是什么？你想知道什么？为什么？

我们还创建了一个核心（CORE）过程，以使文献回顾者之自反性可能朝着有意义的方向发展（见图 I-1）。在 CORE 中，C 代表批判性检视，O 代表组织想法，R 代表反思问题，E 代表一些评估要点。

C ----→ 批判性检视　　你学到了什么？为什么？

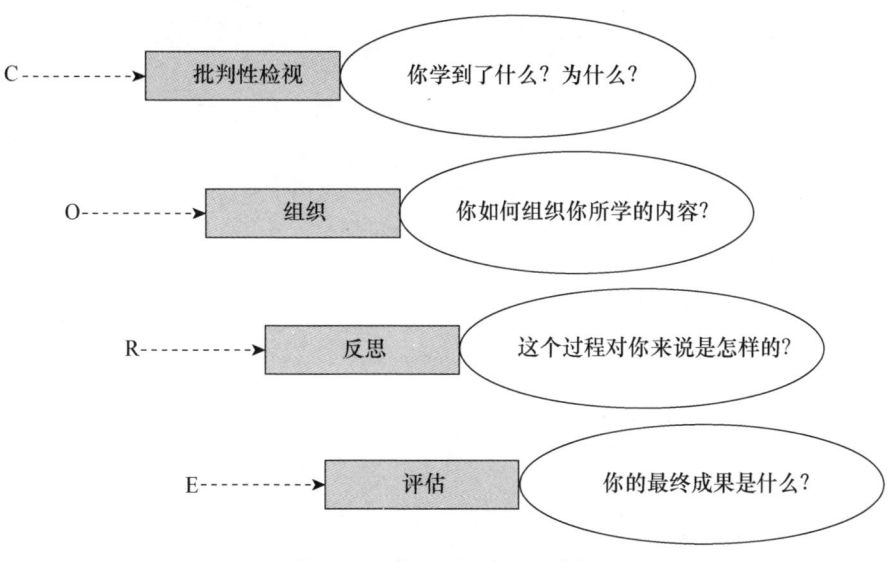

O ----→ 组织　　你如何组织你所学的内容？

R ----→ 反思　　这个过程对你来说是怎样的？

E ----→ 评估　　你的最终成果是什么？

图 I-1　核心（CORE）过程

我们希望这本书无论是作为研究方法论的资源，还是作为文献回顾的指南，都是大有益处的！

目 录

第一篇 概 述

第 1 章 文献回顾的基础 ········· 3
    1.1 探求知识 ············ 4
    1.2 三大研究传统的特征 ········ 5
    1.3 文献回顾：过程与结果 ······· 10
    1.4 文献回顾的误区 ·········· 10
    1.5 进行文献回顾的原因 ········ 17
    1.6 文献回顾的目标 ·········· 19
    1.7 详细定义综合文献回顾 ······· 21
    1.8 在哪里可以找到文献回顾 ······ 23

第 2 章 文献回顾 ··············· 26
    2.1 文献回顾的历史渊源 ········ 27
    2.2 文献回顾的现状 ·········· 27
    2.3 叙述性文献回顾 ·········· 28
    2.4 系统性文献回顾 ·········· 29
    2.5 联合（综合）性文献回顾 ······ 35
    2.6 文献回顾的特征比较 ········ 36
    2.7 文化在文献回顾中的作用 ······ 41
    2.8 采用文化进步方法 ········· 42
    2.9 采用道德方法 ··········· 43
    2.10 采用多模态方法 ·········· 45

  2.11 五种模式 ……………………………………………………… 46
  2.12 文献回顾者的态度 …………………………………………… 50
  2.13 情境要素 ……………………………………………………… 53

第3章 文献回顾方法论 …………………………………………… 56
  3.1 综合文献回顾：一种数据收集工具 ………………………… 56
  3.2 作为一种方法的综合文献回顾 ……………………………… 57
  3.3 混合研究技术的注意事项 …………………………………… 57
  3.4 利用报告的多个部分 ………………………………………… 58
  3.5 通往知识之路：方法论 ……………………………………… 59
  3.6 作为一种方法论的综合文献回顾 …………………………… 61
  3.7 综合文献回顾元框架 ………………………………………… 63
  3.8 七步骤模型介绍 ……………………………………………… 64
  3.9 运用七步骤模型开展主要研究 ……………………………… 68
  3.10 作为一个循环过程的七步骤模型 ………………………… 72

第二篇 探 索

第4章 步骤1：探索信仰和主题 ……………………………………… 79
  4.1 信仰：所知为何与如何求知 ………………………………… 79
  4.2 你的世界观 …………………………………………………… 80
  4.3 研究哲学立场：我们的探索之路 …………………………… 84
  4.4 选择主题 ……………………………………………………… 88
  4.5 组织流程 ……………………………………………………… 92

第5章 步骤2：启动检索 …………………………………………… 97
  5.1 审计轨迹 ……………………………………………………… 98
  5.2 初始检索的指导标准 ………………………………………… 100
  5.3 检索的五项任务 ……………………………………………… 100
  5.4 任务1：确定数据库 ………………………………………… 101
  5.5 任务2：执行检索 …………………………………………… 107
  5.6 任务3：探索信息 …………………………………………… 115
  5.7 任务4：确定关键术语 ……………………………………… 117
  5.8 任务5：聚焦检索 …………………………………………… 118

第 6 章　步骤 3：存储和组织信息 …… 131
6.1　存储之重要性 …… 132
6.2　存储/组织的基本策略 …… 132
6.3　存储/组织的中间策略 …… 139
6.4　存储/组织的高级策略 …… 160
6.5　选择策略 …… 174

第 7 章　步骤 4：选择/删除信息 …… 180
7.1　元反思 …… 181
7.2　区分信息等级 …… 182
7.3　主张可信度元框架 …… 191
7.4　评估信息、指导性问题和示例 …… 197
7.5　为选择过程创建焦点问题 …… 202
7.6　做好专业笔记 …… 202

第 8 章　步骤 5：扩展检索 …… 206
8.1　扩展理解 …… 207
8.2　审计轨迹 …… 207
8.3　任务 M：媒体 …… 209
8.4　任务 O：观察 …… 218
8.5　任务 D：文档 …… 220
8.6　任务 E：专家 …… 235
8.7　任务 S：二手数据 …… 248
8.8　系统性回顾的首选报告 …… 253
8.9　组合两种或多种模式 …… 256

第三篇　整　合

第 9 章　步骤 6：分析和综合信息 …… 261
9.1　信息分析与信息综合之间的差异 …… 262
9.2　信息来源的本质 …… 263
9.3　创建分析问题 …… 263
9.4　数据分析的本质：三大层次 …… 264
9.5　处理决策和新兴议题 …… 267
9.6　信息的定性数据分析 …… 268

9.7 信息的定量数据分析 291
9.8 信息的混合数据分析 297
9.9 选择分析 310

第四篇 交 流

第 10 章 步骤 7：呈现综合文献回顾报告——规划阶段 317
10.1 选择交流途径 318
10.2 运用 AVOW 318
10.3 途径 A：行动 319
10.4 途径 V：可视化 323
10.5 途径 O：口头呈现 324
10.6 途径 W：写作 328
10.7 初稿撰写前阶段的决定 329
10.8 组织写作之概述 331
10.9 编制大纲 334
10.10 辩论的艺术 346

第 11 章 步骤 7：呈现综合文献回顾书面报告 350
11.1 撰写初稿 351
11.2 报告写作中的常见错误 351
11.3 初稿撰写阶段的决定 353
11.4 写作建议 354
11.5 保持组织性 372
11.6 寻找写作流程 373
11.7 初稿审核阶段 374
11.8 审核要点清单和建议 376
11.9 继续综合文献回顾过程 410

后记：理论驱动和模型驱动的文献回顾 418
附 录 432
参考文献 452
姓名索引 469
主题索引 476
译后记 505

第一篇
概　述

第1章

文献回顾的基础

第1章思路图

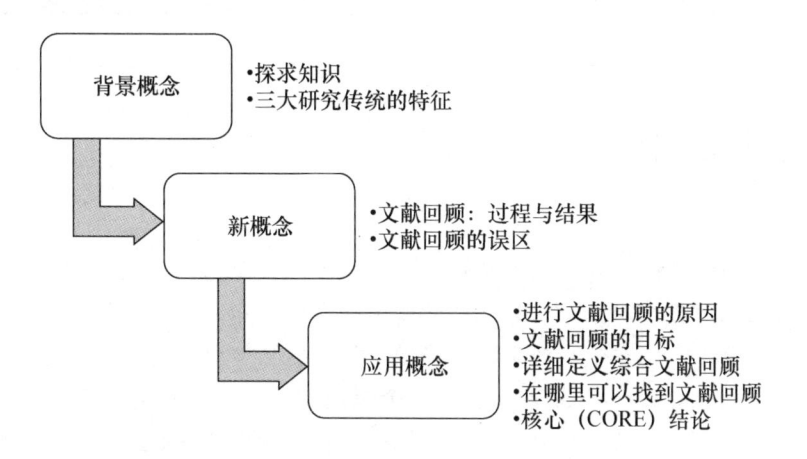

- 背景概念
  - 探求知识
  - 三大研究传统的特征
- 新概念
  - 文献回顾：过程与结果
  - 文献回顾的误区
- 应用概念
  - 进行文献回顾的原因
  - 文献回顾的目标
  - 详细定义综合文献回顾
  - 在哪里可以找到文献回顾
  - 核心（CORE）结论

背景概念

广义上，"知识"代表了对于通过教育（即学习）或经验而感知到的某人或某事的熟悉程度，这种熟悉介于意识与专业知识之间。尽管对于"知识"尚无统一定义，但其重要性却从未受到质疑。事实上，许多名人都曾赞扬知识的美德。主要的研究领域都以"science"或"sciences"来进行标注，例如社会科学（social sciences，如心理学、社会学、文化研究和种族研究）、医学（health sciences，如护理、牙医学、职业疗法）、自然科学（natural sciences，如化学、物理）、应用科学（applied sciences，如法律、社会工作、教育），以及

> 形式科学（formal sciences，如数学、统计学、计算机科学）。当我们考查 sciences 这个词的词源时，我们不应该对其如此盛行而感到惊讶。有趣的是，sciences 这个单词来源于拉丁文"scientia"，即"知识"。所以，正如约翰逊（Johnson）和克里斯滕森（Christensen）雄辩地指出的（2010, p.16），将科学定义为"一种知识生产的路径，这一路径高度重视经验数据，遵循某些历经时间考验的有用的规范与实践"是合理的。正如约翰逊和克里斯滕森推测的（2010, p.15），"科学"不仅包括为回答研究问题或满足一个新兴研究领域的需求而采取的任何一个系统的或细致的行动（如描述、探索、经历、解释、预测事物），还包括研究者们在尝试生成科学知识时所采取的一些方法和行动。所以，知识的生产存在多种路径，包括源于观察与感知的经验（即所谓的"经验主义"）、专家判断，以及推理（即通常所谓的"理性主义"）。这些推理主要包括演绎推理（即基于一系列前提或假设而得出具体结论）、归纳推理（即基于特定数量的观察资料而进行综合概括）、溯因推理（即从一组已知的事实出发去寻求其最佳解释）。

1.1 探求知识

正因为科学带来了知识的不断积累，科学才可被视为具有累积性。所以，我们总是应该知道我们对某个感兴趣的话题了解多少，然后以我们所了解的知识作为研究的出发点。事实上，如果不这样做，就可能会导致我们不必要地"重新发明轮子（re-invent the wheel）"，这是一个惯用的比喻，其中轮子是人类独创性和创造性的象征。此外，缺乏对现有知识的认知可能导致我们无法有效利用以往发现的那些惯例。研究领域尤其如此。例如，如果一个小学教师决定采用一种教学策略，而研究人员以前已经证明这种策略不仅无效且对学业成绩不利，这就可能会带来可怕的后果。在这种情况下，在使用一种策略之前，教师应该尽可能多地了解它，然后再决定是否加以实施。要做到这一点，最好的办法是通过传统上被称为"文献回顾"的方式。事实上，不考虑学科因素，获取知识最普遍的方法就是通过文献回顾找出已经完成的工作。

许多研究方法教材的作者对于文献回顾轻描淡写，从而无意中延续了关于文献回顾的误区。不幸的是，这些误区很可能解释了为什么多达 40% 的研究人员没有完成充分的文献回顾，而这些研究者都提交了可能在期刊上发表的论文（Onwuegbuzie & Daniel, 2005）。文献回顾涉及识别、记录、理解、意义建构和信息传递等活动。在某种程度上，文献回顾代表了一种研究，这种研究试图呈现就某一特定主题，哪些知识是已知的，哪些知识是未知的。作为一个文献的综合体，它最好囊括了定量和定性方面的所有信息。进行文献回顾，无论是作为一项研究的开端，还是作为一项独立的工作，都涉及文献回顾者在多个步骤中进行元推论（meta-inferences）。

综合文献回顾的定义

在本书中，我们介绍了混合研究传统中使用的一些严格的技术，这些技术被称为混合研究。我们通过一系列步骤来概述这一文献回顾。然而，虽然这些步骤是按顺序呈现的，但它们并非线性的。相反，这些步骤是一个综合过程的动态集成部分，用于搜索和反思文献回顾中获得的新知识。具体来说，这些步骤是一个新的"综合文献回顾"的元框架。在本章的后面，我们将更详细地解释综合文献回顾，为你提供一些与此定义相关的基本要素。

专栏 1.1

综合文献回顾

综合文献回顾是一种方法论，既可以作为独立研究，也可以在研究过程的多个阶段为主要研究提供信息。这种方法论优化了混合研究技术的使用，这一技术包括在一个系统地、整体地、协同地、周期性地探索、解释、综合和交流已发表及未发表信息的过程中的文化、伦理及多模态文本与设置。

1.2 三大研究传统的特征

几乎所有属于三大研究传统或研究方法的研究人员都使用文献回顾来为他们的研究提供信息，或为我们通常所谓的主要研究提供信息。**研究传统**往往也被称为研究范式，包括**定量研究**、**定性研究**，或两者的组合，即所谓的**混合研究**。正如你将在本书中看到的那样，文献回顾过程中最有趣的是与这些研究传统相关的许多方法，如数据收集技术和数据分析技术，这些方法有助于研究人员进行综合文献回顾。这三种研究传统都产生了实证研究。广义上来说，实证研究代表着这样一种研究：数据通过直接观察或实验产生，以解决一个或多个研究问题（即研究人员试图利用研究技术来回答的疑问性陈述）和/或测试一个或多个假设（即就观察到的现象提出的、可通过研究验证的解释）。因此，实证研究的结果都基于实际的证据，而非理论、假设或推测。

定量研究主要涉及对数字数据的收集、分析和解释，目标包括描述、解释和预测现象。相比之下，**定性研究**主要涉及对从一个或多个来源自然产生的非数字数据的收集、分析和解释，这些来源包括文件、谈话、观察资料，以及图画/照片/视频。最后，正如约翰逊和安伍布奇（Johnson & Onwuegbuzie, 2004）指出的那样，**混合方法研究**，或者更加恰当地称为**混合研究**（表示事实上不仅仅是方法的混合），涉及在同一个研究中混合或者结合定量和定性研究方法（例如：收集、分析、解释）。本书结尾附录 A 中的表 A-1、表 A-2 和表 A-3 分别概述了主要的定量研究设计、定性研究设计和混合研究设计。我们鼓励你花一些时间去审查研究传统之间的差异，以使自己成为一名文献回顾者。

基于这三种传统，主要研究代表着由研究人员进行的一项定量、定性或混合研究，这项研究源于文献回顾并最终形成文献回顾。这三类研究的一个共同特点是它们都涉及以下四个阶段：研究的概念化、研究的计划、研究的实施和研究的传播。在研究的概念化阶段，代表三种传统的所有研究人员都要就以下四个问题做出决定：一是**研究的目标**，即期望的研究终点，如审视过去、衡量变化或测试理论；二是**研究的任务**，即譬如解释某一类由研究所产生的行为；三是**研究的依据**，即为什么这项研究是必需的，以及研究成果将有助于填补我们的哪些知识空白；四是**研究的目的**，即研究者打算研究什么。此外，研究问题在所有三种研究传统中都起着重要的作用。最值得注意的是，对于所有三种研究传统，研究问题为研究人员提供了进行研究的框架；帮助研究人员组织他们的研究；帮助研究人员界定他们的研究范围；帮助研究人员确定应该收集、分析和解释的数据类型；并赋予研究相关性、方向性和连贯性，从而有助于在研究过程中保持研究人员的专注。

在研究的计划阶段[①]，所有三类研究人员（即定量研究人员、定性研究人员和混合研究人员）都要制订研究计划以呈现一些研究问题，特别是**抽样设计**，即选择参与人数以及抽样方案（如随机 vs. 非随机），还有用于解决所研究问题的**研究设计**或框架（如大纲或计划）。实际上，研究人员经常犯的一个错误就是没有认识到研究问题在选择合适的研究传统中所起的核心作用。与进行研究的人一样，文献回顾者在进行文献回顾时可能也会存有疑问。

在研究的实施阶段，三种传统的研究人员都要收集数据、分析数据、验证或合法化数据，并解释这些数据。这是所有研究计划与研究设计得以实现的一个阶

[①] 原书此处为"在研究的概念化阶段（In the research conceptualization phase）"，根据上下文，此处应该是"在研究的计划阶段"。——译者注

第 1 章　文献回顾的基础

段。对于这三种研究传统，完成这些步骤所需的时间长短因研究而异，取决于在研究的概念化阶段（如研究问题）和计划阶段（即抽样设计、研究设计）所做出的决定，以及研究范围和可用资源（如时间、金钱）。

最后，在研究的传播阶段，所有三组研究人员通过口头形式（例如在课堂上或研究会议上展示他们的发现）、视觉形式（例如表演民族志，其中研究结果通过戏剧等表演形式加以呈现），或者最常见的是通过书面形式分享他们的研究成果。在通常情况下，其目标是将研究成果提供给他人。在课堂上，这些研究成果被分享给老师。在课堂之外，包括硕士论文和博士论文在内的研究报告的纸质版本和/或数字版本将被存储在如图书馆或书目数据库等地。在这之后，三种传统的所有研究人员都可以利用这个最新的研究报告，连同其他可用的成果，来完成他们自己的文献回顾和研究。就这样，知识的生成不断循环往复……

> **新概念**
>
> 在这一点上，你可能会问自己为什么这个信息是重要的。我们认为，研究伦理（即研究的指导性道德原则）有助于文献回顾者将有关对他们所选取文献的理解、从这些文献中获取的信息，以及它们与一个或多个学科主题的相关性，以最佳状态进行整合。

工具：研究传统总结表

表 1-1 总结了定量研究、定性研究和混合研究之间的主要差异，有助于从目标、推理和数据收集等方面来比较三种传统的差异；更重要的是，当你开始回顾文献时，你可能会认识到每一种传统的独特性以及它们的共同特点。

这三种主要的研究传统可以被看作一个连续统：定量研究位于连续统的左边，定性研究位于连续统的右边，混合研究位于二者之间。

表 1-1　定量研究、混合研究和定性研究之比较

要素	定量研究	混合研究	定性研究
主要研究目标	验证性目标（即先验的或自上而下的）：研究人员通过收集、分析和解释数据来检验假设和理论	探索性和验证性目标（即迭代的）：研究人员收集、分析和解释数据，以生成随后将被检验的假设	探索性目标（即后验的或自下而上的）：研究人员收集、分析和解释数据（如通过访谈、观察）并生成（基础）理论和/或假设

续表

要素	定量研究	混合研究	定性研究
推理	演绎：研究人员依据一系列前提或假设得出具体的结论	溯因：研究人员将观察结果转化为理论，然后通过后续的数据收集、分析和解释来评估这些理论	归纳：研究人员根据一定数量的观察结果进行归纳概括
与研究过程的关系	客观：研究人员独立于所寻求的知识（即研究人员和所寻求的知识是不可分离的）	主体间：研究人员根据这样的假设或信念进行研究，即知识建构基于我们所经历和生活的现实世界	主观：研究人员努力消除他们的偏见，保持情感上的独立和不受所寻求的知识的影响；知识是由社会建构的
主要研究任务	描述、解释、预测、影响	探索、描述、解释、预测、影响	探索、描述
研究问题	研究者提出的问题在本质上往往是非常具体的，可以是描述性的［即试图量化对一个或多个变量的反应，以"是什么（what is/are）"这样的短语开始］、比较性的［即试图在一些结果变量上比较两个或两个以上的组，使用"不同（differ）"和"比较（compare）"等词语］或关系性的［即涉及两个或更多变量之间的趋势，使用"关联（relate）""关系（relationship）""联系（association）"和"趋势（trend）"等词语］	研究人员提出的问题，结合或混合了定量和定性方面的研究问题，并且需要同时、连续、迭代地收集和分析定量数据和定性数据	研究人员提出的问题往往是开放式的、非定向的、紧急的。他们倾向于解决"是什么"和"怎么做"之类的问题，并且要么包括大的宏观问题（即代表广泛的或中心的问题），要么包括具体的子问题［即提出一些子问题，以呈现需要解决的主要关切与复杂问题（例如，"研究人员进行文献综述意味着什么？"），以及由于需要信息来描述个案而产生的主题子问题（例如，"当研究人员进行文献回顾时，他们会做些什么？"）］
焦点	数字：研究人员使用结构化和有效的数据收集工具（如标准化测试和评分标准）来收集数字数据	多种形式：研究人员使用生成数字和/或非数字数据（例如文字、观察资料、图像）的工具	广度和深度：研究人员调查现象的广度和深度
观察的本质	受控设置：研究人员尝试在尽可能控制的条件下调查某一现象，试图检验其感兴趣的结果的因果效应	多重设置：研究人员在多种环境、条件或观点下调查现象	自然设置：研究人员在自然环境中调查某一现象，研究这一现象发生的情境

续表

要素	定量研究	混合研究	定性研究
数据类型	数字：研究人员使用结构化和有效的数据收集工具（如标准化测试和评分标准）来收集数字数据	多种形式：研究人员使用生成数字和/或非数字数据（例如文字、观察资料、图像）的工具	文字、观察资料与图像：研究人员通过采访、焦点小组、观察、现场笔记和文件等来源收集定性数据；研究人员是主要的数据收集工具

工具：关于研究连续统的描述

图1-1显示了在混合研究中使用的研究传统及其不同组合。

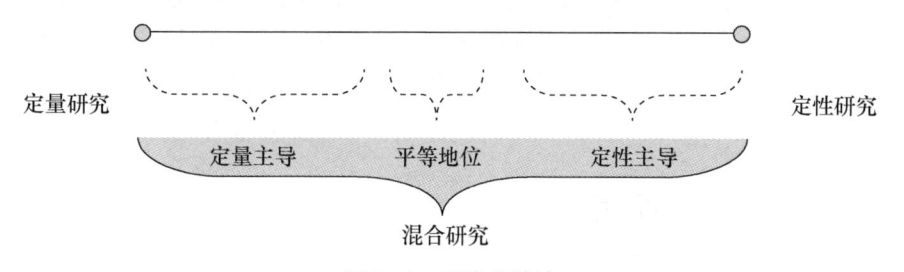

图1-1 研究连续统

如图1-1所示，混合研究以其最具互动性和综合性的形式居于中心。这种形式的混合研究被称为平等地位混合研究，这种研究大体上平等地使用定量和定性的方法（Johnson, Onwuegbuzie, & Turner, 2007）。定量占主导地位的混合研究位于连续统的左半部分（但不是最左边）。连续统的最左边是纯粹的定量研究。相比之下，定性占主导地位的混合研究则位于连续统的右半部分。

当你看这张图时，请记住，在定性占主导地位的混合研究中，研究人员更重视定性研究阶段或部分，而非定量研究阶段或部分。定量/定性在混合研究中占多大比重，取决于研究人员关于定量和定性方法能够以及应该混合的程度的哲学信念，取决于研究问题，取决于运用的样本设计［即样本规模，以及每一个部分、阶段样本是如何选取的（如随机与非随机抽样）］，取决于现实条件（如可用资源）和情境因素（如研究设定）。代表三种传统的所有（经验）研究都属于这个连续统。因此，文献（已发表的研究）就是一个不同程度的定量、定性或混合研究的文集。毫无疑问，这三种传统的最大共同点是研究人员都试图在先验知识的基础上开展研究。获得这种先验知识最好的方法就是进行文献回顾。因此，无论使用哪种研究传统，文献回顾都是研究过程中最重要的一步。

1.3 文献回顾：过程与结果

文献回顾不仅是熟悉已有研究成果最有效的办法，同时也是熟悉以往研究中所采用的研究方法最有效的途径。最常见的情况是，文献回顾要么出现在研究报告的引言部分，要么出现在紧跟引言的那一部分——如果进行文献回顾是为了展示主要研究的话。我们通过本章中提到的文献回顾的常见误区，来说明"文献回顾"这个词包含的不仅仅是对某一主题的其他已发表的研究成果的报告。在考虑文献回顾的过程中，我们认识到不仅要考虑最终成果（包括纸质文献之外的资源），而且要像研究过程一样，考虑整个过程，包括一位文献回顾者一路走来所做的所有决定。

1.4 文献回顾的误区

误区是一种日积月累而形成的错误信念。在这种情况下，由于许多与文献回顾相关的误区，研究人员误以为文献回顾是一种简单描述先前研究的报告。事实上，许多研究方法的教科书给人一种错误印象："对文献的回顾是一个必须在'真正的'研究开始之前进行的初级的、粗略的练习"（Dellinger，2005，p.52），"写文献回顾并不比写高中学期论文更复杂"（Boote & Beile，2005，p.5）。实际上，在安伍布奇、柯林斯、利奇、德林格和焦（Onwuegbuzie, Collins, Leech, Dellinger, & Jiao, 2010）已有研究的基础上，我们已经确定了文献中，特别是研究方法学的教科书中存在的关于文献回顾的十个误区。这十个误区涉及三个要素：范围、顺序和定位。前五个误区是关于文献回顾范围的误解；接下来的三个误区是关于文献回顾顺序的误解；最后的两个误区，包括文献回顾的头号误区，与对文献回顾自身的错误定位有关。我们以倒序的方式呈现这些误区。

一、关于范围的误区

第十个误区：文献回顾仅有一个目标。一些研究人员和教科书作者错误地认为，文献回顾只是为了给主要研究提供信息，即为由一位研究人员进行的定性、定量或混合研究提供信息。然而，对文献的回顾本身就是目标，即应将文献回顾作为一项独立的工作。事实上，文献回顾可以用来展示或提供关于某个主题或问题的已知知识的全面理解。

> **案例：作为独立项目的文献回顾**
>
> 本书的作者之一（安伍布奇）的父亲在昏迷中被查出了颅内动脉瘤。这时，他不得不彻底回顾文献，以决定其父亲应该接受由脑外科医生提供的几种脑部手术中的哪一种。通过文献回顾，他选择了一种被称为锁孔手术的脑外科手术，幸运的是，这项手术最终获得了成功。因此，文献回顾有两个主要目标：一是作为一项独立的回顾，或者说文献回顾本身就是工作目标（即独立的工作）；二是在研究过程的一个或多个阶段（即研究概念化阶段、研究计划阶段、研究实施阶段和研究传播阶段），针对主要研究进行的资料审查。

第九个误区：文献回顾总是随着主要研究的类型变化而变化。 通常，教科书的作者会曲解文献回顾，称其会依据准备开展的主要研究类型而有所不同，尤其是关于定量和定性方面的研究。例如，认为"**所有**定性研究人员在开始正式的研究之前，特别是在收集了一些甚至所有数据之后，都不进行文献回顾"就是一个误解。几乎所有的定性研究设计都需要文献回顾，至少文献回顾可以让研究人员更好地理解研究背景。一个值得注意的例外是扎根理论研究，这是一种涉及一整套严密的系统程序的研究，为了从数据中产出关于社会现象的实质性理论（Glaser & Strauss, 1967），这一理论的一些支持者反对在数据采集之前进行初步的文献回顾。然而，有趣的是，一些扎根理论者却持相反观点（关于在扎根理论研究中数据采集之前进行文献回顾的优缺点的非常精彩的讨论，请参见 McGhee, Marland, & Atkinson, 2007）。

一些作者宣称或暗示定性研究只需要在文献回顾部分包含定性研究，这是这个误区中的另一个曲解。然而，在文献回顾部分（或文章中有关这一问题的其他地方）引用定量研究内容并不能阻止一项主要研究被归类为定性研究。此外，在开展研究——无论是定量研究、定性研究还是混合研究——时，如果对以前的相关方法与经验缺乏足够的了解，研究就无法有效开展。

关于定性研究方面的文献回顾不同于定量研究方面的文献回顾的这些观点具有误导性，因为很多已发表的定性研究中都有详细的文献回顾。例如，阿斯托、迈耶、贝雷（Astor, Meyer, & Behre, 1999）曾进行过这样一项定性研究，他们要求五所高中的学生和老师确认"学校内外最危险的区域和暴力事件发生的地点与时间"，以及"查明暴力事件肇事者/受害者的年龄和性别"（p.3）。随后，研究人员采访了这些学生和老师，询问他们确认暴力事件发生地点和时间的理由。尽管这项研究确实是定性研究，但是作者仍然进行了深入的文献回顾，在

40页的文章中，文献回顾的篇幅占到7.5页（即占比18.8%）。因此，在大多数情况下，在主要的定量、定性或混合研究开始之前，对文献进行缜密的回顾就已经开始了。但正如对下一个误区所解释的那样，文献回顾并不仅仅是为主要研究提供信息。

第八个误区：文献数量决定这个主题的重要性。一些研究方法论教科书的作者普遍错误地认为，研究课题的重要性取决于现有文献的数量。事实并非如此。事实上，一个研究领域的可用资料不多，很有可能意味着现有文献相对较少，研究人员确定的是一个新的重要研究领域。多年来，我们的一些研究生因为迷信这个误区，而在他们的文献回顾显示其所研究主题的相关文献较少时，便不明智地决定放弃这一主题。如果我们事先知晓他们的意图，就会说服其不要这样做，并且告诉他们缺乏文献实际上是一个令人满意的结果，因为这显然表明我们在这一领域的知识库还存在空白。

此外，我们告诉学生，即便某一研究课题只有很少的文献或者根本就没有文献，研究者也可以通过检索相关主题进行细致的文献回顾。比如，大约20年前，当本书的作者之一（即安伍布奇）对他的"统计焦虑"的学位论文进行文献回顾时，他发现在这一领域仅有为数不多的研究成果被公开发表。然而，通过回顾关于数学焦虑、考试焦虑及一般焦虑等相关领域的大量文献，并利用它们来了解"统计焦虑"概念，他便能够对相关文献进行广泛回顾（参见Onwuegbuzie, 1993）。

第七个误区：文献回顾是价值中立的。由教科书作者延续的另一个误区涉及文献回顾的范围，即以中立方式呈现信息主体。然而，文献回顾的范围更为广泛，因为在撰写文献回顾时，作者会做出一系列决定，例如哪些文献将被纳入或剔出回顾范围、哪些文献将被强调或批判等等。所以，一篇文献回顾往往会在不经意间以某种方式包含一种观点。文献回顾者应力求**系统化**，而非试图保持中立。

我们将系统化定义为一套严格的程序、这些程序的文献记录，以及文献回顾者在这些程序中处理特定偏见的方式。这意味着你应该像提供重要研究证据一样，严格审查你的回顾过程，包括运用透明程序来寻找、评估及综合相关研究结果。然而，与某些健康科学领域对"系统化文献回顾"的定义不同，我们认为，文献回顾者并不能在文献研究中保持完全中立，而会受到影响文献回顾过程中的决策的哲学假设和信仰系统的指引。无论如何，最重要的是，正如我们将在下一章中讨论的那样，文献回顾是由你的文化视角所塑造的，并形塑着你的文化视角。例如，代表一种文化（如某一本土背景）的文献回顾者对某一基于文化主题的文献的诠释可能就不同于代表另一种文化的文献回顾者。

第 1 章　文献回顾的基础

第六个误区：文献回顾是对现有文献的总结。与文献回顾相关的另一个误区是文献回顾只是对现有文献的总结。然而，文献回顾绝不仅仅是对信息的总结。事实上，如果文献回顾者仅仅对每一条信息（如每一篇研究文章）进行总结，那么他/她很可能会得到不完整的信息，甚至可能得到误导性的信息。如前所述，除了总结每条信息外，文献回顾者还应该评估和分析信息，然后再决定是否将其纳入最后一组信息片段中，这些信息片段被组合成一个连贯的整体，形成了文献回顾——这个过程被称为**综合**。文献回顾者在调查了各种资料来源或以往研究成果的证据后，通过总结、分析、评价和综合的方式对以往的研究成果进行解读。这四个目标将在第五个误区中获得更深入的讨论。

二、关于顺序的误区

第五个误区：定量研究的文献回顾在主要研究开始时就结束了。对文献回顾的另一种误解是，在定量研究中，应该在主要研究开始之前就完成对相关文献的搜索。这一误解给人一种错觉，即文献回顾在主要研究开始之前就有了一个终点，从而未能被重新回顾。文献回顾一般应该贯穿研究之前、研究期间、研究之后等研究全过程。例如，当在定量研究、定性研究或混合研究中出现意外发现时，研究者应该重新审视文献，尝试将其语境化。

案例：在主要研究的全过程中持续进行文献回顾

安伍布奇、柯林斯和埃尔贝多尔（Onwuegbuzie, Collins, & Elbedour, 2003）进行了一项定量研究。他们调查了小组成员组成对研究论文质量的影响，以及由参与一门入门级教育研究方法课程 15 个教学单元的 70 个研究生合作学习小组（规模从 2 人到 7 人不等）撰写的研究方案。这些研究者观察到研究能力（即期中考试和期末考试平均分数）与小组结果（即研究评论和研究计划的分数）之间的正相关关系。其中，"那些包括个体层面高成就学生的小组往往比那些包括个体层面低成就学生的小组更有可能产出更优结果"（p. 226）。由于存在这种关系，研究者们对文献进行了回顾，以确定这种现象是否已被其他研究人员在其他情境下发现了。

在这篇文献回顾中，研究人员将他们发现的这种关系称为马太效应（Matthew effect），这是一个用来表示"富人越来越富"的短语。在他们的研究中，它代表了这样一种现象：平均个人成绩最高的小组（即最"富有"的群体）更有可能产出最优秀的以组为单位的研究评论与研究计划。反之亦然。这些研究人员接着讨论了马太效应的起源和演变，并假设了马太效应为什么会发生。

事实上，认为文献回顾在主要研究开始时就已结束的论断源于错误的认知，即：(a) 研究是一个线性过程，而非交互式的、流动的和迭代的；(b) 文献回顾是静态的，而非不断变化和持续的过程；(c) 文献回顾在功能方面是一维的（即仅提供有关主题的信息），而不是多维的（即它们可以提供有关研究过程所有方面的信息）。事实上，正是这种错误认知导致诺贝尔奖得主彼得·梅达瓦（Peter Medawar, 1964, p.42）爵士将传统的科学论文称为"一种欺诈"，因为它描绘了"一个完全错误的概念，甚至是对科学思想本质的歪曲"。

有趣的是，当安伍布奇等人（Onwuegbuzie et al., 2003）最初将他们的原稿提交给《教育研究杂志》进行审查以便出版时，一些期刊审稿人质疑马太效应并没有在原稿的文献回顾部分被讨论，而只在讨论部分被提出。基于这一审稿意见，编辑建议几位作者在其修改稿的文献回顾部分加入关于马太效应的讨论。不过在修改过程中，几位作者不得不在其附件中说明，加入这样的讨论将会产生误导，因为它会给人留下这样的印象，即讨论马太效应的决定在收集和分析数据之前就已经形成。明智的是，编辑接受了作者的观点，同意马太效应只应出现在讨论部分，以反映其缘起。

第四个误区：文献回顾是一个线性的过程。一些研究方法教材的作者们提出了一个误区，即文献回顾是一个线性过程，文献回顾确定在研究者的主要研究之前出现。虽然在大多数情况下，文献回顾确实在主要研究之前，但研究并没有理由不能在主要成果与现有信息之间摇摆。作为一种方法论，文献回顾是迭代的，受到研究者的信仰体系、价值观和哲学假设（即指导研究的那些关于知识及如何获得知识的主张）的影响并反过来影响研究者。文献回顾是一个非线性的过程，这与贝茨（Bates, 1989）的"摘浆果（berrypick）"概念是一致的，在这里，文献回顾者——

> 只是从一个宽泛主题的某一维度或某一相关文献开始，并在各种信息来源之间来回穿梭。他们遇到的每一条新信息都会为其提供新的思路和方向以及检索的新概念。此外，在每个阶段，根据检索的不同概念，检索人可以识别有用的信息及参考文献。换言之，检索并非由单个最终检索集满足的，而是在不断修改的搜索各阶段中对各个参考文献和信息的一系列选择。这种逐位检索在这里被称为"摘浆果"，即被喻为在森林里采摘越橘或蓝莓。浆果散落在灌木丛里；它们不是成束存在的，一次只能摘取一个。人们可以在不改变（发展）搜索需求的情况下对信息进行分类。(p.23)

这一非线性概念将在我们即将进行的文献回顾定义中被讨论。

第三个误区：文献回顾只是研究过程中的一个阶段。几乎所有研究方法教科书的作者提出的另一个误区是，文献回顾只代表研究过程的一个阶段。然而，正

第 1 章 文献回顾的基础

如我们将在下一章概述的，文献回顾本身就是一种研究。实际上，在他们所谓的研究回顾中，安伍布奇、柯林斯等人（Onwuegbuzie, Collins, et al., 2010）将混合研究过程的 13 个步骤——由柯林斯、安伍布奇和萨顿（Collins, Onwuegbuzie, & Sutton, 2006）提出——映射到文献回顾过程中。因此，安伍布奇、柯林斯等人（Onwuegbuzie, Collins, et al., 2010）将文献回顾过程概括为包含 13 个步骤的研究。

在这一点上，文献回顾所涉及的步骤数量并不像承认文献回顾过程等同于研究那样重要。事实上，正如我们将在本书后面讨论的那样，文献回顾过程既可以代表一种定量研究（例如元分析，它包括总结或汇总从涉及一个或多个相关研究假设的文献回顾中获得的个人定量研究结果）（Glass, 1976），也可以代表一种定性研究（例如元综合，"是对目标领域中的定性研究结果进行系统审查或整合的一种形式，这些研究结果本身就是对数据的解释性综合"）（Sandelowski & Barroso, 2003, p.227），还可以代表一种混合研究（例如，结合元分析与元综合），我们建议最细致的文献回顾应使用混合研究技术，所以，文献回顾过程可以代表混合调查研究。有鉴于此，我们认为每当研究者进行实证研究时，文献回顾过程实质上会将该研究转化为两个研究：文献回顾和主要研究。对于一个研究新手来说，这可能有点吓人；然而，正如你在本教科书中看到的，文献回顾实际上通过推动研究者在主要研究过程每个阶段所做的决定来帮助他们优化其主要研究。

三、关于定位的误区

13

第二个误区：文献回顾只涉及对已发表作品的回顾。一个普遍存在于研究方法教科书中的误区是文献回顾只涉及对已发表作品的回顾。不幸的是，这个误区在研究方法教科书之外也被延续了下来。例如，多伦多大学的一个网站对文献回顾的定义如下："文献回顾是对被认可的学者和研究人员就某个主题发表的文献的描述［重点补充］。"事实上，大多数研究方法教科书提供了关于如何搜索相关出版作品的有用信息（如通过图书馆订阅数据库），但却没有关于如何搜索*未出版*作品的信息。

然而，未出版作品（也被称为灰色文献）代表了一个非常重要的信息来源。有趣的是，2004 年在纽约举行的第六届灰色文献国际会议上，参会代表将灰色文献定义为："灰色文献是指各级政府、学术界、工商界制作的印刷品和电子文档，且这些文献不受商业出版商控制，也就是说灰色文献的生产主体并非以出版作为其主要活动。"（Grey Literature Conference Program, 2004）灰色文献通常代表的是无法通过常规渠道获得的信息。然而，灰色文献"往往是原创的，而且通常是新近出现的"（Debachere, 1995, p.94）。灰色文献中的灰色指的是大脑灰质，因为很多这类文献在本质上是极具智慧的，因此，对于在许多学科领域提出知识主张具有重要意义。灰色文献作为一种文献类型有较长的历史，至少可以追溯到 20 世纪 20 年代，尤其是在欧洲科学界（Augur，1989）。

一般来说，灰色文献代表着非传统的、有时是短暂的作品，包括以下内容：报告（如预印本、初步进展情况和高级报告、政府机构或科学研究小组的技术报告、统计报告、备忘录、最新报告、市场研究报告、研究小组或委员会的工作文件、白皮书）、会议记录、技术报告、技术规范和标准、非商业翻译、参考书目、技术和商业文件，以及尚未商业出版的官方文件（如政府报告和文件）（Alberani, Pietrangeli, & Mazza, 1990）。其中，非商业翻译和报告构成了灰色文献的主要部分（Augur, 1989）。欧格（Augur, 1989）认为，以下类型的组织发行灰色文献：协会、教堂、县议会、教育机构、联合会、研究所、慈善机构、实验室、图书馆、博物馆、私人出版商、研究机构、协会、工会、信托机构和大学。

事实上，到目前为止，已经召开了 15 次关于灰色文献的国际会议（参见 http://www.textrelease.com/gl15conference/organizations.html），有 7 卷专门讨论灰色文献的期刊——《灰色期刊：灰色文献的国际期刊》，它以印刷品和电子文档两种形式出现（参见 http://www.textrelease.com/publications/journal.html），第 1 卷出现在 2005 年。最近还出版了一本关于灰色文献的书（Farace & Schöpfel, 2010），有力地证明了未出版作品的重要性。

第一个误区：**文献回顾只涉及文献的收集**。毫无疑问，研究方法教科书作者们延续的最普遍的错误观念是文献回顾仅仅是收集那些已经以印刷品或数字形式存在的文献。然而，随着 Web 2.0 技术的出现，信息不再局限于文献。克雷斯（Kress, 2010）指出，多模态指的是**符号学**（semiotics，即通过标记和符号进行交流的研究）和通过各种方式或不同层次的媒体传播信息。克雷斯（Kress, 2010）解释道，在多模态文本和环境中，"一个社会的文化及其意义表达形成了一个紧密而完整的整体，故而这个社会在一定程度上具有普遍性"（p.8）。有鉴于此，由于我们认为文化在理解文献及其他信息来源时非常重要，因此将模式作为文化嵌入的表现形式就成为文献回顾的重要来源。

此外，Web 2.0 工具还允许文献回顾者只需动动鼠标就可以访问数据库、图像、指南、地图和其他工具。因此，在第 8 章中，我们将"多模态文本和环境"的概念扩展到包括以下五种主要模式（MODES）中的任何一种——媒体、观察、文档、专家和二手数据，并将其作为文献搜索的延伸。在这一章中，我们在模型的步骤 5 中提出了一些评估电子资源的指导标准。事实上，由于文献（即文档）仅代表这五种模式中的一种，因此我们更喜欢"文献的*研究回顾*"这一术语，而非"文献回顾"这一传统术语。传统术语"回顾"揭示了这第一个误区。然而，

第1章 文献回顾的基础

为了（暂时）保持平静，我们还是使用了"文献回顾"这一术语。但要记住，在文化传统中，特定的哲学假设和信仰体系在整个回顾过程中驱动着决定。

工具：对于需要避免的十个误区的总结

表1-2简要回顾了这10个误区。

表1-2 与文献回顾相关的误区概述表

类型		标签
范围	第十个误区	文献回顾仅有一个目标
	第九个误区	文献回顾总是随着主要研究的类型变化而变化
	第八个误区	文献数量决定这个主题的重要性
	第七个误区	文献回顾是价值中立的
	第六个误区	文献回顾是对现有文献的总结
顺序	第五个误区	定量研究的文献回顾在主要研究开始时就结束了
	第四个误区	文献回顾是一个线性的过程
	第三个误区	文献回顾只是研究过程中的一个阶段
定位	第二个误区	文献回顾只涉及对已发表作品的回顾
	第一个误区	文献回顾只涉及文献的收集

应用概念

由于我们已经探索了整体情况，即在任何特定主题领域寻求进一步的知识以及十个误区所造成的陷阱，那么接下来我们就将转向你进行文献回顾时可能开展的实践及具体理由。

1.5 进行文献回顾的原因

你的文献回顾也许是有意而为之的，也就是说，你的课程老师为你指定了一个主题，例如解释一个特定现象。你的文献回顾也可能是探索性的，你试图通过它来为你的主要研究或毕业论文/学位论文研究提供信息，却不太确定从哪里开始。在许多研究生培养计划中，文献回顾被纳入研究方法类课程，并且常常成为你完成毕业论文的基础。不管怎样，通过了解哪些问题已经解决、哪些关键问题会产生影响以及与之相关的主要批评，文献回顾将帮助你对某一主题了如指掌。

工具：关于进行文献回顾的原因的回顾

图1-2展示了研究人员进行文献回顾最常见的原因。我们将这些原因分为三个主要类型：主题驱动型、方法驱动型和联系驱动型。

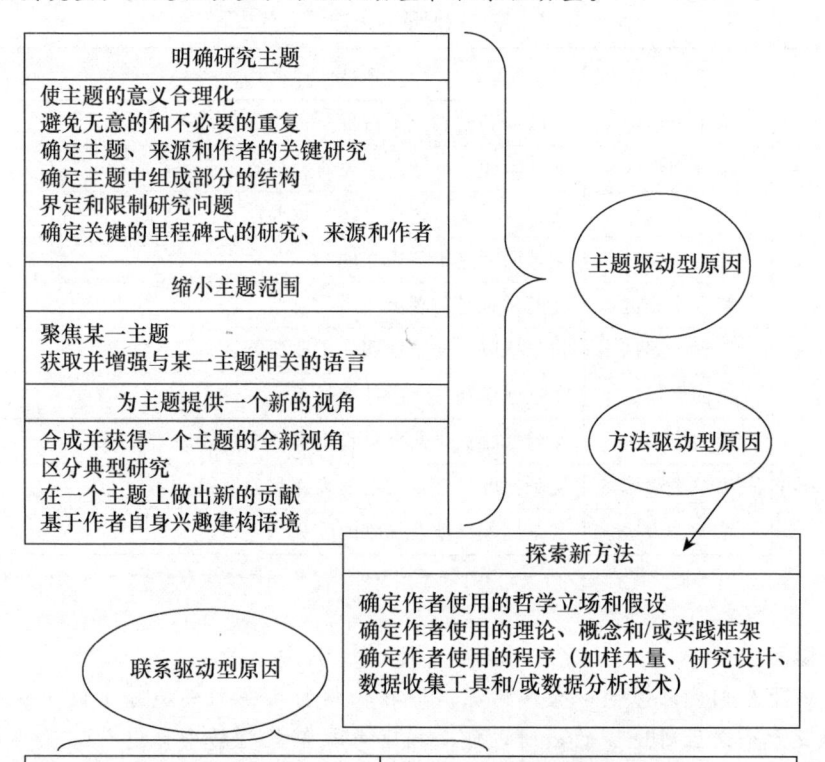

明确研究主题
使主题的意义合理化 避免无意的和不必要的重复 确定主题、来源和作者的关键研究 确定主题中组成部分的结构 界定和限制研究问题 确定关键的里程碑式的研究、来源和作者
缩小主题范围
聚焦某一主题 获取并增强与某一主题相关的语言
为主题提供一个新的视角
合成并获得一个主题的全新视角 区分典型研究 在一个主题上做出新的贡献 基于作者自身兴趣建构语境

主题驱动型原因

方法驱动型原因

探索新方法
确定作者使用的哲学立场和假设 确定作者使用的理论、概念和/或实践框架 确定作者使用的程序（如样本量、研究设计、数据收集工具和/或数据分析技术）

联系驱动型原因

与研究主题建立内部联系	与研究主题建立外部联系
确定理论/概念与实践之间的关系 识别矛盾与不一致 确定想法与实践之间的关系 确定已采用的各种研究方法的优缺点	区分已经研究的和需要研究的内容 评估主题或问题的语境 弥合某一主题业已明确的分歧 将研究置于历史背景中 为研究假设提供理论基础 为论证目标研究的意义奠定基础 确定作者的调查范围 为将来的研究提供路径 协助解释研究结果

图1-2 文献回顾常见原因示意图

1.6 文献回顾的目标

在文献回顾开始之前，作者必须确定其目标。如前所述，文献回顾的目标可以是两方面的：（a）独立研究，即其本身就是目标，或（b）为主要研究提供信息。无论目标为何，文献回顾都不仅代表了高水平的学术研究，而且代表了受我们的经验、教育、培训、价值观、道德和精神总体影响的一种原始且独特的作品，这些作品有时是通过**自反性**（reflexivity）实践来协商产生的。自反性是观察研究过程对研究者（或文献回顾者）的影响以及这种影响如何影响被研究者的一个循环过程。无论文献回顾的目标是什么（即独立研究或为主要研究提供信息），无论研究主题领域是什么，文献回顾者都应该**严谨以对**。所谓严谨，是指我们所进行的文献回顾应该是**合乎情理的**（即整合了调查、策略和设计决策的基本原理）、**系统的**（即遵循一套指导方针，如我们在随后章节中概述的模型）、**评估性的**（即对此过程中的每一个步骤都要评估其相关性和可信度）、**透明的**（即记录信仰、价值观、哲学假设和与决策相关的立场）。

一、透明度的重要性

在一定程度上，通过留下定性研究人员所谓的**审计轨迹**，在文献回顾过程中所做的决定应该是可重复的。审计轨迹是由哈珀（Halpern）于1983年以及施万特（Schwandt）和哈珀于1988年提出的一种策略。在文献回顾的语境下，审计轨迹是对文献回顾从开始到结束所采取步骤的详细描述，包括回顾的呈现。简单地说，审计轨迹表示在文献回顾过程中保存的有关所用程序和所采取步骤的记录。这就像一条路上撒着的面包屑痕迹，可能会让另一位研究人员了解文献回顾者为完成回顾而收集资料的旅程。特别是在制定审计轨迹时，哈珀（Halpern，1983）指出了需要记录的与文献回顾有关的**信度**或所谓**内部效度**方面的信息，即文献回顾者对原文作者观点的重建或表述，包括：

- 原始数据（如所有选定文献、书面记录）。
- 数据整理及分析结果（如简明注释、定量总结、定性总结和理论注释等概要）。
- 过程说明，包括方法说明（如程序、策略、原理、设计）和可靠性说明（即与所收集信息的信度、效度和适当性有关的说明）。

- 与意图和倾向有关的材料，包括个人笔记（如文献回顾者记录其想法、思想、经验、关注点、挑战和动机的自反性注释）和期望（如预测和意图）。

工具：文献回顾目标的可视化

花点时间来思考图1-3，它呈现了文献回顾的两个主要目标。

```
              文献回顾的两大目标
             /                    \
    独立研究                    信息性的文献回顾
  （其本身就是目标）            （为主要研究提供信息）
```

图1-3 文献回顾的两大目标示意图

二、文献回顾的目标

由于我们已经介绍了这样一种观点，即文献回顾并不仅仅是对于文献的回顾或报告，其本身可以作为一个目标独立存在或为主要研究提供信息，因此在上述两大目标中再确立一些内部目标就值得关注。基于布鲁姆、恩格尔哈特、弗斯特、希尔和克拉斯沃尔（Bloom, Engelhart, Furst, Hill, & Krathwohl, 1956）及克拉斯沃尔、布鲁姆、玛西娅（Krathwohl, Bloom, & Masia, 1964）的学习分类法，我们在安伍布奇、柯林斯等人（Onwuegbuzie, Collins, et al., 2010）的思想基础上探索文献回顾的目标，安伍布奇、柯林斯等人认为文献回顾过程包括总结、分析、评估和整合四个因素（Krathwohl, 2002）。因此，我们提出了安伍布奇（Onwuegbuzie, 2010）所称的文献回顾目标分类法，如图1-4所示。该图适用于理解布鲁姆等人（Bloom et al., 1956）的认知目标和情感过程的分类。

当你要开展文献回顾时，你将进行基于操作的输入，例如检索文献和存储文献。然而，总结、分析、评估和整合这四个目标属于认知和情感反应，它们反过来又将影响你的最终报告。这四个目标形成了一个层次体系，总结是文献回顾的最低层次，而整合则为最高层次。因此，文献回顾者应该努力实现这种高层次整合。

第 1 章 文献回顾的基础

工具：文献回顾的目标分类

文献回顾的目标	认知目标	情感过程
（最高层次）整合	安排 比较 对比 转化 分类 解释 推导 推断 生产	**组织** 整合来自多条信息的不同概念、理论、发现和证据，并将其纳入自己的架构；比较、对比、关联和扩展所学知识 **描述** 持有一种特定的价值观或信仰，这种价值观或信仰现在会对文献回顾者的评论产生影响，从而使其成为一种元表征，即来自每一条相关信息的表征的连贯组合
评估	评估 支持 反驳 证明	**评估** 为每条信息赋值
分析	利用 应用	**回应** 积极参与文献回顾过程；文献回顾者不仅被动地回顾信息，而且以某种方式对信息做出反应
（最低层次）总结	知道 理解 描述	**接收** 最低层次目标；被动地回顾信息；如果没有这个层次，就无法理解文献

图 1-4 将文献回顾的目标分类映射到布鲁姆等人的认知目标和情感过程的分类

资料来源：Adapted from "Literature review taxonomy of objectives," by A. J. Onwuegbuzie, 2010, unpublished manuscript, Sam Houston State University, Huntsville, TX. Copyright 2010 by A. J. Onwuegbuzie.

1.7 详细定义综合文献回顾

正如我们之前在综合文献回顾定义中所讨论的，七个步骤的综合过程代表了一种方法，这种方法产生了一种信息的综合，这些信息既可以作为一种"文献研究"单独存在，也可以为主要研究提供信息。在本章的前面，我们给出了综合文献回顾的（宏观）定义：综合文献回顾是一种方法论，既可以作为独立研究，也可以在研究过程的多个阶段为主要研究提供信息。这种方法论优化了混合研究技术的使用，这一技术包括在一个系统地、整体地、协同地、周期性地探索、解释、综合和交流已发表及未发表信息的过程中的文化、伦理及多模态文本与设置。

综合文献回顾的扩展定义

以下更为具体（微观）的定义扩展了综合文献回顾的宏观定义，并回应了上述十个误区中的每一个，完成了我们将严格的道德流程、文化意识和多模态资源整合在一起的愿景。

专栏 1.2

综合文献回顾的微观定义

综合文献回顾是一种方法论上以及文化上先进的方法，涉及记录对与哲学假设/信仰、调查（方法）和实践指南（组织、总结、分析、整合、表达、评估）有关的选定主题的知识现状的调查过程，并形成一个结论，该结论是从主要包括五种模式（即媒体、观察、文档、专家和二手数据）的多模态文本和环境中对所选主题的相关已发表和/或未发表信息进行解释的逻辑论据。除了表示一个连续的、迭代的、交互的和动态的过程外，综合文献回顾还具有整体性和协同性。最终的结论独立存在或用来为主要的定量、定性和混合研究提供信息，其被置于社会之中，影响未来的认知方式。

可以看出，一般的（即宏观）和具体的（即微观）定义都驳斥了所有十个误区。具体地说，第十个误区（即"文献回顾仅有一个目标"）和第九个误区（即"文献回顾总是随着主要研究的类型变化而变化"）都被"要么代表一个目标本身，要么用来为主要的定量、定性和混合研究提供信息"打破。第五个误区（即"定量研究的文献回顾在主要研究开始时就结束了"）和第四个误区（即"文献回顾是一个线性的过程"）被以下句子驳斥："除了表示一个连续的、迭代的、交互的和动态的过程外，综合文献回顾还具有整体性和协同性。"第八个误区（即"文献数量决定这个主题的重要性"）被短语"其被置于社会之中，影响未来的认知方式"反驳。

第七个误区（即"文献回顾是价值中立的"）被"综合文献回顾是一种……文化上先进的方法"反驳。第六个误区（即"文献回顾是对现有文献的总结"）被"组织、总结、分析、整合、表达、评估"驳斥。第三个误区（即"文献回顾只是研究过程中的一个阶段"）被微观定义的开头"综合文献回顾是一种方法论上……的方法"驳斥。第二个误区（即"文献回顾只涉及对已发表作品的回顾"）被"对所选主题的相关已发表和/或未发表信息进行解释"反驳。最后，第一个误区（即"文献回顾只涉及文献的收集"）则因以下表述而无效："……形成一个结论，该结论是从主要包括五种模式（即媒体、观察、文档、专家和二手数据）的多模态文本和环境中对所选主题的相关已发表和/或未发表信息进行解释的逻辑论据。"

第 1 章 文献回顾的基础

1.8 在哪里可以找到文献回顾

尽管实证性研究论文的具体设计可能因期刊而异，但研究论文通常包括以下主要部分：标题、作者姓名和单位名称、引言、方法、结果、讨论、参考文献、附录。正如我们在消除文献回顾误区时所解释的，文献回顾为主要研究的许多部分提供了信息。如果说文献回顾本身就是目标，那么它实际上就是研究的一部分。因此，尽管我们致力于将文献作为一个整体来进行严格设计，但文献回顾在研究报告的多个章节中使用部分回顾的情况并不少见。

图 1-5 呈现了一份研究报告的八个主要部分。在大部分情况下，研究回顾位于第一个叙述部分，即引言部分（参见 American Psychological Association，2010），且贯穿四个主要方面：(a) 问题的介绍和解释，(b) 问题重要性的探索，(c) 相关学术研究的综合描述（即文献回顾报告），以及 (d) 陈述假设及与即将进行的研究设计的对应关系。如图 1-5 所示，尽管引言部分重点介绍的是文献回顾报告，但引言的其他部分及主要研究报告的其他部分（如果文献回顾旨在为主要研究提供信息）则取决于你将在主要研究报告中通过文献回顾报告建构的论点。

工具：一份典型的主要研究报告各组成部分示意图

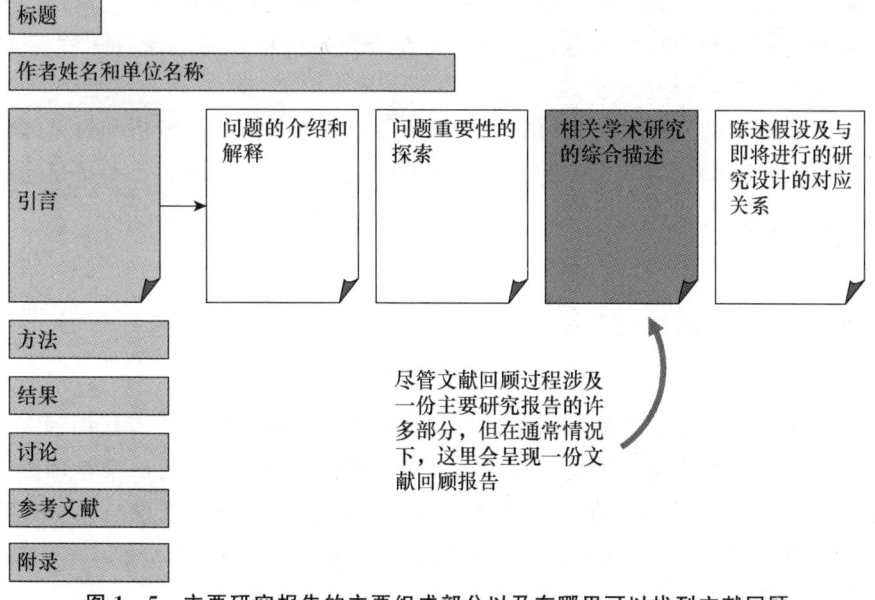

图 1-5 主要研究报告的主要组成部分以及在哪里可以找到文献回顾

结　论

必须认识到，作为一名研究者，你将在文献回顾过程中变得学识渊博。简言之，你将学习如何在你的文献回顾过程中，通过提供审计轨迹和反思你的想法与哲学假设来进行严格而透明的研究。你在文献回顾中所做的一切都是文化能力、伦理道德、哲学假设以及你对某一主题的看法的结果。

复习一下这些基本观点：
- 对知识的追求是研究的基础且通过文献加以呈现。
- 三种研究传统（定量、定性和混合）理解知识的方法各不相同，并处于一个连续统上。
- 文献回顾是研究过程中最重要的组成部分，因为它建立在先验知识的基础之上。因此，无论是作为一种过程还是一种结果，文献回顾在本质上都是一种方法论。
- 认识到关于传统文献回顾的十个共同误区是非常重要的，这样你就可以避免重蹈覆辙。
- 研究人员进行文献回顾的共同原因是多方面的，且这些原因可以增加与调查相关的主题和方法的知识。
- 文献回顾应该是合乎情理的、系统的、评估性的和透明的。文献回顾有两个主要目标：即作为目标本身，或作为主要研究的信息来源。在后一种情况下，文献回顾贯穿整个研究。
- 文献回顾的目标延伸到研究的许多阶段：背景、方法、分析和讨论部分。
- 综合文献回顾强调了流程和文档查询的交互概念，并根据需要扩展了搜索范围以包括其他模式。

核心（CORE）结论

在每一章的结尾，我们都提供了自反性指南，以便文献回顾者认识到潜在的偏见与潜在的机会并重新审视检索过程。这个过程就是我们所说的文献回顾者的核心（CORE），具体而言即为自反性：批判性检视、组织、反思与评估。我们鼓励使用核心（CORE）来批判性地审视文献回顾的过程及结果。图1-6描述了这一核心（CORE）过程。

简而言之，核心（CORE）过程帮助你审视"是什么""为什么"。我们每一

第 1 章　文献回顾的基础

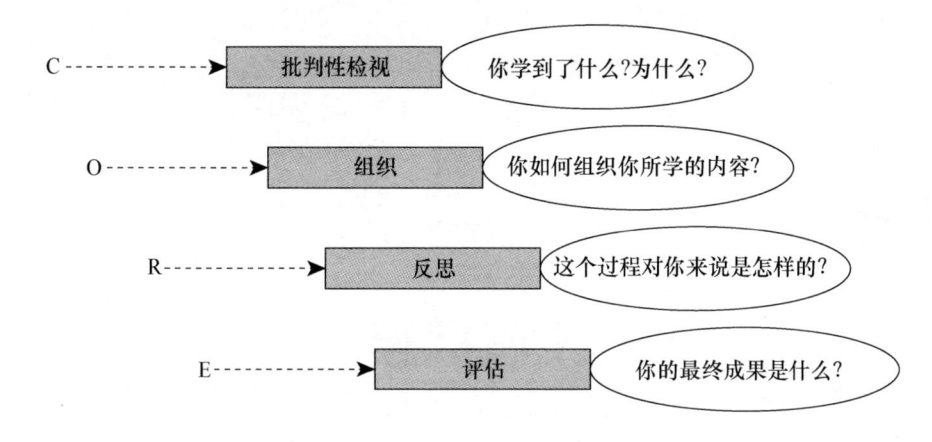

```
C ------▶ 批判性检视    你学到了什么?为什么?
O ------▶ 组织          你如何组织你所学的内容?
R ------▶ 反思          这个过程对你来说是怎样的?
E ------▶ 评估          你的最终成果是什么?
```

图 1-6　核心（CORE）的解析

章中的指导性问题都是以广为人知的苏格拉底式提问为基础的。古希腊哲学家苏格拉底会与同伴进行提问式对话，以此作为一种探究和辩论的形式。为了反思，我们提出了一些问题以开展自我对话，挑战偏见、观点、假设及随后的行动（Paul & Elder, 2006）。在下一章中，我们将在此基础上讨论文献回顾者身份中的关键要素，并介绍指引你探求知识的七步骤模型。

第 1 章　评价一览表

核心（CORE）	指导性问题和任务
批判性检视	在你读过的文献中有哪两个或两个以上的误区流传至今？作为一个误区终结者，一篇全面的文献回顾对你的领域/学科有何价值？
组织	回想你过去读过的一些研究成果。作者在多大程度上利用先验知识对研究背景做出了贡献？创建一个原因列表可能有助于你对经验进行概念化操作。
反思	想想你最熟悉的研究传统。你是如何知晓这一传统的？以及与之相关的哪些观点会引起你的共鸣？
评估	在考虑布鲁姆等人（1956）的分类法时，为什么文献回顾者想要避免简单地描述文献？

第 2 章

文献回顾

第 2 章思路图

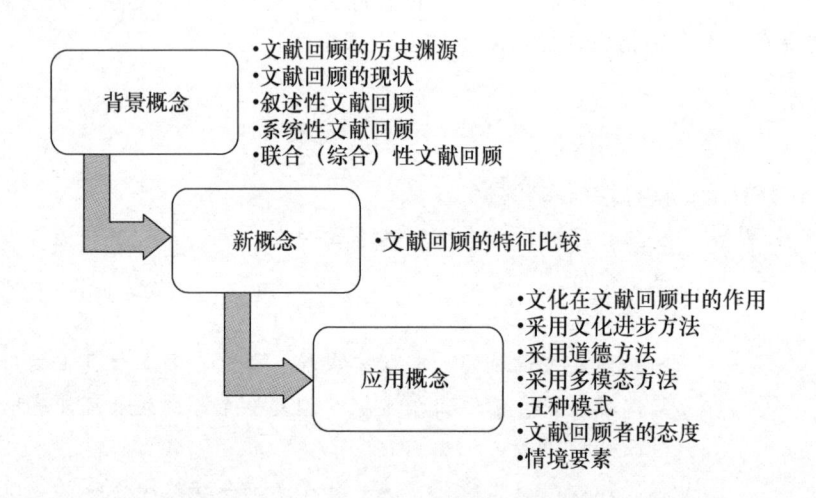

```
背景概念 ──→ ·文献回顾的历史渊源
            ·文献回顾的现状
            ·叙述性文献回顾
            ·系统性文献回顾
            ·联合（综合）性文献回顾

新概念  ──→ ·文献回顾的特征比较

应用概念 ──→ ·文化在文献回顾中的作用
            ·采用文化进步方法
            ·采用道德方法
            ·采用多模态方法
            ·五种模式
            ·文献回顾者的态度
            ·情境要素
```

▶ 背景概念

你可能会认为，就像观鸟者辨识一种鸟一样，文献回顾者也可以识别不同类型的文献回顾之间的相似之处并根据显著特征对其进行分类。然而，从历史上看，无论其类型如何，弄清楚文献回顾的起源都有助于回顾过程本身在以印刷品形式出版的文献中发现其根源。

第 2 章 文献回顾

2.1 文献回顾的历史渊源

对文献的正式回顾可以追溯到 350 年前，始于 1665 年 3 月 6 日出版的第一本英文学术期刊，作者是英国皇家学会的通讯秘书亨利·奥尔登堡（Henry Oldenburg）。亨利·奥尔登堡编辑并自费出版的这本杂志被称为《皇家学会哲学汇刊》。有趣的是，这本杂志出现在古登堡（Gutenberg）首次使用印刷技术大约 200 年之后，也就是 1635 年国王查理一世（Charles I）正式向公众开放皇家邮政服务整整 30 年后（Willinsky，2005）。在期刊名称中使用"哲学"一词源于"自然哲学"，在创刊之时，它是"科学"的同义词。这本杂志自创刊之日即成为科学信息的一个重要来源，直至今日亦如此。1887 年，该杂志扩展并细分为两本独立期刊：一本与物理科学领域相关（即《皇家学会哲学汇刊 A 辑：数学、物理学与工程学》），一本与生命科学领域相关（即《皇家学会哲学汇刊 B 辑：生物科学》）。

在其漫长而辉煌的历史中，许多里程碑式的科学发现被发表在这些期刊上，包括查尔斯·达尔文（Charles Darwin）、艾萨克·牛顿（Isaac Newton）和迈克尔·法拉第（Michael Faraday）等著名科学家撰写的论文。有趣的是，当我们使用哈林（Harzing，2009）的"出版或出局（Publish or Perish）"软件进行引文分析时，发现在这些期刊上发表的文章已经被超过 20 万篇公开发表的论文引用！

2.2 文献回顾的现状

自第一本学术期刊问世以来，期刊数量一直呈指数级增长。事实上，据威尔（Ware，2006）所言：

> 世界上大约有 23 000 种学术期刊，每年共发表 140 万篇论文。两个多世纪以来，每年发表的论文数量和创办的期刊数量都在稳步增长，分别增长了 3% 和 3.5%。其快速增长的原因是研究人员的数量同样在持续增长，每年增长约 3%，目前约为 550 万人。（p.3）

事实上，金哈（Jinha，2010）估计 2009 年全世界共发表了 1 477 382 ~ 1 504 600 篇学术文章。此外，2010 年全球估计有 5 000 万篇学术期刊论文被发表（Jinha，2010）。数十年来，传统文献回顾的两个主要分支——叙述性文献回顾和系统性文献回顾出现在期刊和其他著作（如书籍）中。下面两节内容将分别讨论这两个分支。

2.3 叙述性文献回顾

叙述性文献回顾是对某一特定主题的文献进行总结及最优评价的书面报告，并不涉及对任何定量或定性研究结果的整合。[我们将在稍后定义联合（综合）性文献回顾时描述整合定量研究结果和定性研究结果的方法。]

工具：对叙述性、系统性和联合（综合）性文献回顾进行分类

图2-1呈现了传统文献回顾的两大分支，这两个分支将在下面的章节中被详细描述。

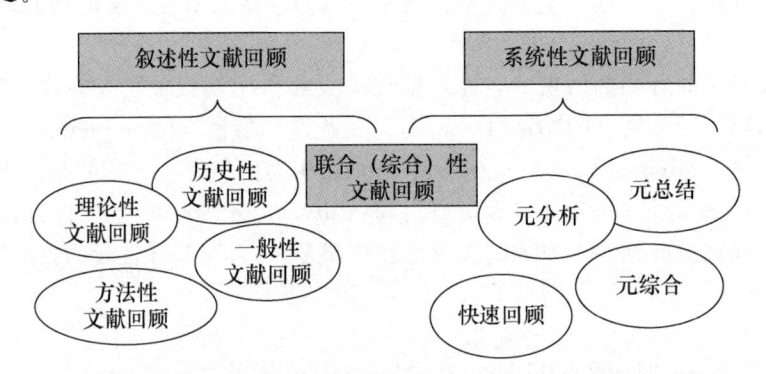

图2-1 叙述性文献回顾的四种主要类型、系统性文献回顾的四种主要类型、叙述性文献回顾与系统性文献回顾相结合的一种主要类型

叙述性文献回顾是文献回顾中最常见的一类，通常提供关于一个主题的概括性叙述，而不是解决某一特定问题，如干预在产生预期结果方面效果如何。

在最全面的情况下，叙述性文献回顾涵盖了给定主题中的广泛问题。此外，在最值得信赖的情况下，每一篇被纳入文献回顾的作品都经过了文献回顾者对其适当性的某种形式的批判性分析；然而，读者通常并不了解文献回顾者的决策。此外，叙述性文献回顾没有提供任何信息，包括如何进行文献回顾、选择了多少文献、选择文献的标准是什么，以及从每篇选定的文献中得出的结论的效度或信度。

案例：四种常见的叙述性文献回顾

叙述性文献回顾的四种常见类型是一般性文献回顾、理论性文献回顾、方法性文献回顾和历史性文献回顾。图2-2展示了这四种文献回顾类型。

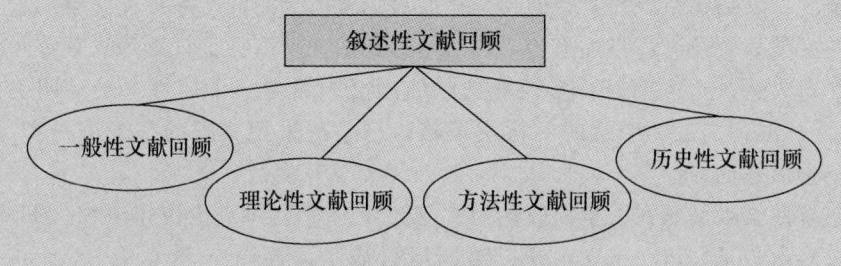

图2-2 叙述性文献回顾的类型

一般性文献回顾是一种传统类型。它包括一篇正文或一段叙述，是对其感兴趣的主题的最新知识和关键内容进行回顾。开展一般性文献回顾的信息通常从现有文献中提取，包括实质性研究发现，以及对特定主题的概念性、理论性和/或方法论意义上的贡献。尽管一般性文献回顾可以单独成文，但其往往作为研究报告、学位论文、毕业论文或课程论文导论的一部分出现。作为一项学术性工作，文献回顾必须以一个指导性概念（如研究目标、潜在问题或议题、文献回顾者的议论文章）来界定。

在**理论性文献回顾**中，文献回顾者考察了理论是如何形塑研究的。《教育研究评论》(*Review of Educational Research*, 2011)的编辑指出，"在一定程度上，研究被引用和被诠释，它（理论性文献回顾）服务于理论的规范、解析和阐释"(p.3)。理论性文献回顾主要描述了一个理论是如何被用于框架研究和意义建构的。

方法性文献回顾是关于研究中所使用的研究设计和方法（如样本量、抽样方案、工具、步骤、分析）的描述，这些方法通常被用来解决某一特定研究问题或审视某一现象。方法性文献回顾应该概述所使用方法的优缺点，并提供未来的发展方向。

在**历史性文献回顾**中，文献回顾者将现有文献置于历史语境中加以审视。此外，对现象的解释也是建立在历史事件框架之内的。

2.1 系统性文献回顾

相较于叙述性文献回顾，**系统性文献回顾**是对围绕某一研究主题的一个特定研究问题的所有研究成果的批判性评估和评价。文献回顾者非常明显地使用一种有组织的方法，运用预先确定的一组特定标准来识别、收集和评估关于这个主题的文献。一项系统性文献回顾通常包括对选定文献的描述，并以某种方式将每篇文献的结论整合起来。与叙述性文献回顾不同，系统性文献回顾的程序是预先明确设定的，以确保系统性文献回顾是显而易见且可复制的。系统性文献回顾中所囊括的文献都会经过适当性筛选，特别是那些被文献回顾者认定为有效或可信的文献必定入选。具体而言，系统性文献回顾必须具备四个属性：一是明确的采用/排除标准；二是一个透明的检索策略；三是被采用文献的系统编码和分析；四是某种形式的结论综合。

系统性文献回顾在医学领域最为常见。1993年，科克伦协作组织（The Cochrane Collaboration）成立，并以英国流行病学家阿奇·科克伦（Archie Cochrane）命名（The Cochrane Collaboration，2012）。这个国际性的多学科组织由来自100多个国家的28 000多名医疗专家志愿者组成，他们回顾了通过随机对照实验测试的医疗干预措施的效果。这些系统性文献回顾的研究成果被呈现于《科克伦评论》（*Cochrane Reviews*）中，其发表在科克伦图书馆中的系统性文献回顾的科克伦数据库部分（Cochrane Library，2012）。

工具：系统性文献回顾的类型

图2-3呈现了系统性文献回顾的四种类型：元分析、快速回顾、元总结和元综合。

图2-3 系统性文献回顾的类型

一、元分析

在一项**元分析**(meta-analysis)——由格拉斯（Glass，1976）首次提出的一种分析法——中，文献回顾者从尽可能多地提出了相关研究假设的单项定量研究中整合定量研究结果。元分析有两个主要目标。第一个目标是估计所选研究的平均**效应量**。例如，迪·卡斯特努沃、罗顿多、艾科维洛、多纳蒂和加埃塔诺

(Di Castelnuovo，Rotondo，Iacoviello，Donati，& Gaetano，2002) 对 13 项考察葡萄酒消费量与心血管疾病之间关系的研究进行了元分析。他们报告说："在涉及 209 418 人的 13 项研究中，相较于非饮酒者，饮酒者罹患心血管疾病的相对风险为 0.68（95％可信区间，0.59~0.77）。"（p.2836）0.68 这个数字被称为**比值比**[即一种效应量的度量方法，用来描述二分类变量之间的关联强度或非独立性，二分类变量在这里指的是葡萄酒消费量（是或否）与心血管疾病（是或否）]。迪·卡斯特努沃等人的发现表明，在这 13 项研究中，饮酒者罹患心血管疾病的可能性平均要比不饮酒者少三分之二（即 0.68）。这一发现无疑让人现在就想喝酒！然而，我们如果真的喝酒了，那可能就很难完成这一章的写作了。

元分析的第二个目标是检验作为研究设计效应的其中一项功能的研究效应量的可变性（例如，效应量是否随着性别而变化；在随机实验研究和非随机实验研究中，效应量是否不同）——这是一种被称为同质性分析的技术。例如，在葡萄酒的例子中，研究人员可以调查 0.68 的比值比是否男女有别，或者效应量是否随研究质量而变化。

二、快速回顾

快速回顾（rapid review）是一种加速或简化的系统性文献回顾（Grant & Booth，2009）。其目标是在更短的时间内综合信息。快速回顾通常针对政府决策者、医疗保健管理者和医疗专业人员等受众（如 Hailey，2007）。快速回顾既可能由临床紧迫性所决定，也可能是由于进行全面系统回顾的时间和资源不足（Ganann，Ciliska，& Thomas，2010；Watt et al.，2008）。系统性文献回顾通常至少需要 6 个月到 1 年时间才能完成（Ganann et al.，2010），但快速回顾可能只需要几周甚至几天时间。快速回顾的一些方法性策略包括：通过限定年份、数据库、语言和电子检索以外的来源进行有限检索；只使用一名文献回顾者来进行标题和摘要审查；仅对全文文献进行回顾；评估方法质量（Ganann et al.，2010）。

案例：快速回顾

在海夫特、梅斯和翁赫纳（Heyvaert，Maes，& Onghena，2011）的文章中可以找到一个快速回顾的例子，这篇文章发表在我们担任编辑的期刊《学校研究》上，这些研究人员进行了快速回顾以确定在综合水平上（即选定文献中信息的综合阶段）混合定性和定量研究方法的现有文献。具体地说，这些研究人员研发了一种检索策略，包括：(a) 检索三个相关的电子数据库（即 Web of Science、PsycINFO 和 ERIC）；(b) 手动检索两个定期发表混合研究文章的期刊 [即《混合方法研究杂志》（*Journal of Mixed Methods Research*）和《定性与定量：国际方法论杂志》（*Quality & Quantity：International Journal of*

Methodology)]；(c) 检索所有已确定的相关文章的参考文献列表。他们使用了两组检索项：(a) 混合方法和多元方法；(b) 综合、回顾、元、聚合。这一快速回顾确定了应用混合研究原则的六个详细的综合框架。

三、元总结

如桑德洛夫斯基和巴罗佐（Sandelowski & Barroso，2003）所言，一项**定性元总结**（qualitative meta-summary）是"对目标领域中的定性结果进行系统回顾或整合的一种形式，这些定性结果本身就是专题性或主题性总结或数据调查"（p.227）。

> **案例：元总结**
>
> 桑德洛夫斯基和巴罗佐（2003）对 45 篇已发表和未发表的关于艾滋病阳性妇女的定性研究报告进行了元总结，从中提取了 800 项发现并将其缩减到 93 项，据此确定了效应量。定性研究中的效应量——安伍布奇（Onwuegbuzie，2003a）创造的一个短语——代表"为了从这些数据中提取更多的意义并验证模式或主题的存在而对定性数据进行的定量转换"（Sandelowski & Barroso，2003，p.231）。由定性数据所产生的效应量的一个例子是通过观察结果或主题的计数来表示的。桑德洛夫斯基和巴罗佐（2003）记录了 5 个研究结果，其效应量在 25% 到 60% 之间，已发表和未发表的定性研究对这些研究结果的贡献大致相同。此外，共有 73 项研究结果的效应量小于 9%，其中 47 项的效应量仅为 2%。

四、元综合

正如桑德洛夫斯基和巴罗佐（2003）所指出的，**元综合**（meta-synthesis，也称为元综合法、定性元分析、元研究、元民族志、正式扎根理论和聚合分析）（Zimmer，2006）是指"对目标领域中的定性研究结果进行系统回顾或整合的一种形式，这些研究结果本身就是对数据的解释性综合，包括现象学、民族志、扎根理论，以及对现象、事件或案例的其他完整连贯的描述或解释"（p.227）。

第一个元综合可能是由社会学家格拉泽（Glaser）和施特劳斯（Strauss）进行的，他们在 20 世纪 60 年代末 70 年代初发展了扎根理论（Glaser & Strauss，1967），这引发了他们名为"**地位通道**（Status Passage）"的研究（Glaser & Strauss，1971）。这项研究综合了四项研究，其中他们研究了死亡过程和其他各种主要的生命转变过程。然而，格拉泽和施特劳斯并不认为他们的研究代表了任何一种综合，而只是通过对从一项研究中提炼的代码和主题与从其他三项研究中

第 2 章 文献回顾

提炼的代码和类别进行比较,从而延伸了扎根理论。

"元综合"一词是在 1985 年由斯特恩(Stern)和哈里斯(Harris)提出的,也就是在格拉斯 1976 年创造"元分析"一词不到十年后。"元综合"这个术语非常恰当,因为前缀"*meta*"来源于希腊语,意为"*超过*"或"*超越*",而"*synthesis*"同样来源于希腊语,意思是"*合并或联合*"。因此,根据定义,一项元综合的首要目标是超越一系列定性研究的发现。严格来说,元综合更符合整体论概念(即系统或现象作为一个整体,本质上决定其组成部分如何运作),而非还原论概念(即一个系统或现象的所有元素都可以被其组成部分单独还原或解释)。

斯特恩和哈里斯(1985)采用元综合的方法发展了一种解释性理论或模型,这一模型解释了一组不同但相关的定性研究结果。元综合类似于元分析,因为它代表了对两个或多个研究结果的整合,试图使研究结论更易于在实践中应用。然而,元综合在四个重要方面与元分析存在差异:第一,元分析涉及对定性结果的整合,而元综合则不同,主要涉及对定量结果的整合。第二,元综合代表一种解释性分析,而元分析则涉及聚合定量结果(如效应量)。第三,元综合的一个重要目标是*理论的发展*,而元分析的一个重要目标则是*理论的验证*。第四,虽然元分析的总体目标是增加分析人员对感兴趣的现象得出因果结论的信心,但元综合的总体目标更具解释性,其旨在理解和阐释现象。换言之,元综合通过新的见解和理解为新知识的产生提供了途径和空间,这些见解和理解包含并提炼了从要素研究中提取的含义,这意味着元综合代表了一个不断扩展的、空间开放的分析(Sandelowski, Docherty, & Emden, 1997;Sherwood, 1997a, 1997b)。

也许最重要的元综合类型是诺布利特和哈雷(Noblit & Hare, 1988)创造的一种*元民族志*。根据这些作者的说法,元民族志代表相互联系的民族志的一种综合。正如我们在附录表 A-2 中所定义的,在民族志中,研究者描述和解释了反映一个文化群体生活的知识、信仰、行为和/或意义系统的文化现象。诺布利特和哈雷(1988)将元民族志描述如下:"我们的元民族志方法使我们拥有了一个严格程序,可以对任何一套民族志或解释性研究做出实质性的解释……元民族志本身可以被视为一项完整的研究。[元民族志]比较和分析文本,在这个过程中创造新的解释。这比我们通常所说的文献回顾要复杂得多。"(p. 9)

有趣的是,诺布利特和哈雷(1988)认为元民族志代表"一项完整的研究本身",驳斥了第十个误区(即"文献回顾仅有一个目标")、第六个误区(即"文献回顾是对现有文献的总结")和第三个误区(即"文献回顾只是研究过程中的一个阶段")。事实上,他们在这里陈述的观点与我们的如出一辙,即文献回顾代表了一项研究。我们将在第 3 章围绕"文献回顾作为一项研究"展开讨论。

> **案例：元综合**
>
> 皮尔斯蒂克（Pielstick，1998）提供了一个元综合的优秀案例。他对变革型领导进行了一项元民族志研究，概述了在 20 年的时间（即 1978—1998 年）里，人们对变革型领导的了解。皮尔斯蒂克（1998）的元民族志研究得出了以下结论："研究发现分为七大主题：（1）创造共同愿景；（2）沟通愿景；（3）建立关系；（4）发展支持性组织文化；（5）指导实施；（6）展现个性；（7）取得成果。这些已被重构为以下模型。对未来的共同愿景由领导的四大支柱来支撑：定期与追随者沟通、建立与追随者之间的关系网、基于共同价值观和信仰建立社区意识、通过授权和其他行动引导愿景实现。这些支柱的基础是非凡的性格。"（pp.20-31）

元综合包括将一项研究的结果转化为另一项研究的结果。这些转化是在一个转化连续统上进行的。转化连续统的一端表示可以使用共同的隐喻、概念和主题进行转化的研究，或可称之为**互惠性转化**。转化连续统的另一端是包含相互对立结论的研究，即代表矛盾或悖论的研究，或可称之为**反驳性转化**（参见 Noblit & Hare，1988）。在这两个极端之间的研究是重叠的而非替代性的，或可称之为**重叠转化**。重要的是，反驳和重叠可能会产生其他在最初的叙述中并未确定的新兴类型或理解。

工具：元综合中的互惠性转化与反驳性转化

正如沃尔什和唐恩（Walsh & Downe，2005）所指出的，元综合"尊重多重语境，这些语境可以被剥离出来，从而揭示出从独立研究中看不到的现象的生成过程"（p.205）。图 2-4 展示了构成元综合的转化连续统。

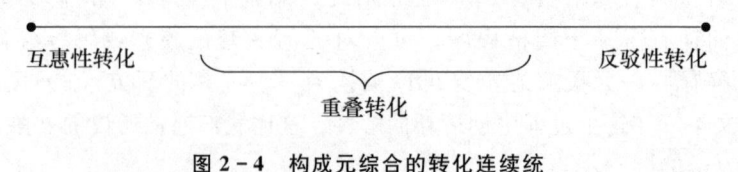

互惠性转化 ———————————— 反驳性转化
　　　　　　　　　重叠转化

图 2-4　构成元综合的转化连续统

2.5 联合（综合）性文献回顾

到目前为止，我们已经讨论了叙述性文献回顾的四种主要类型（即一般性文献回顾、理论性文献回顾、方法性文献回顾和历史性文献回顾）和系统性文献回顾的四种主要类型（即元分析、快速回顾、元总结和元综合）。有趣的是，有一种文献回顾类型——**联合（综合）性文献回顾**——可以同时被分为叙述性文献回顾和系统性文献回顾。

正如《教育研究评论》（2011）的编辑所言："联合（综合）性文献回顾将现有的关于教育主题的文献串在一起，努力了解该学术领域的发展趋势。在这样的回顾中，作者描述了这个问题是如何在文献中被概念化的、研究方法和理论是如何影响学术成果的，以及文献的优缺点是什么。"（p. 2）

这种形式的回顾是综合性的，因为它结合了对现有的实证文献和理论文献的回顾，以获得对某一特定现象更全面的理解。此外，联合（综合）性文献回顾允许使用多种方法对研究进行评估，包括基于定量（如实验性方法）和基于定性（如扎根理论）的方法。例如，元分析可以"伴随着一个解释性框架，使论文超越关于效应量的报告和计算机搜索的书目结果"（*Review of Educational Research*，2011，p. 2）。此外，联合（综合）性文献回顾"包括了广泛用途：定义概念、回顾某一特定主题的问题"（Whittemore & Knafl，2005，pp. 547-548）。因此，联合（综合）性文献回顾代表了迄今为止最广泛的文献回顾类型。

工具：联合（综合）性文献回顾的可视化

图 2-5 展示了叙述性文献回顾和系统性文献回顾相结合的性质，两者可以在不同程度上结合。

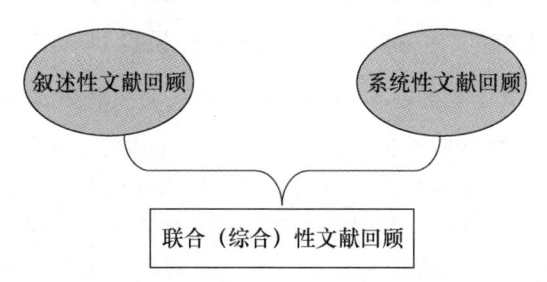

图 2-5 叙述性文献回顾和系统性文献回顾相结合的联合（综合）性文献回顾

2.6 文献回顾的特征比较

当以最佳方式进行（如使用的检索策略尽可能透明）时，叙述性文献回顾和系统性文献回顾都有许多优点。例如，在假定文献回顾者自己的理解及其使用的基于叙述的文献回顾技术发生在同一语境网络或框架内，并且是同一语境网络或框架的产物的情况下，叙述性文献回顾在本质上是解释性的，它可以帮助文献回顾者以最佳方式提取现象的意义。这些基于语境的意义可能主要导致分析型归纳（即适用于更广泛的理论）(Curtis, Gesler, Smith, & Washburn, 2000)，它们代表只能在个别（即特殊的）文献语境中解释的知识主张。

> **新概念**
>
> 可以看出，目前的文献回顾有九种类型，包括叙述性文献回顾的四种主要类型（即一般性文献回顾、理论性文献回顾、方法性文献回顾和历史性文献回顾）、系统性文献回顾的四种主要类型（即元分析、快速回顾、元总结和元综合）和可能结合叙述性文献回顾技术与系统性文献回顾技术的一种文献回顾类型［即联合（综合）性文献回顾］。
>
> 为了应用本章中介绍的概念来增加意义，我们以视觉展示的方式介绍了一些工具，通过这些工具，我们可以区分、比较、整合和分类文献回顾，从而也可以创造一些新颖的和具有创新性的东西。这些工具可能有助于你反思你自己的综合文献回顾的重要性，因为无论它最类似于何种类型的文献回顾，它都是一个严格、透明、文化进步的过程的结果，就如同你的想象一般永无止境。

工具：叙述性文献回顾与系统性文献回顾的 11 个特征之比较

图 2-6 是基于叙述性文献回顾和系统性文献回顾特征的对叙述性文献回顾和系统性文献回顾这两端的可视化展示。

在叙述性文献回顾谱系的最顶端是非详尽的文献回顾，它代表了以非线性方式进行选择的一种文献样本，这种方式涉及文献回顾者在选择文献时采取自反性立场，其中，选择/排除文献的标准是不明确的，并无正式的评估标准被用于评估每一篇被选定的文献，且无法确定关于文献选择的内部一致性（要么是因为选择了某一文献回顾者，要么是因为选择策略不系统），归纳推理技术被用于从每

第 2 章 文献回顾

个文献源中提取意义，主观性是文献回顾过程的基础，解释性方法被用来进行文献回顾。

非详尽的	详尽的
样本	群体
非线性	相对线性
自反的	独立的
迭代的	先验的
选择/排除标准不明确	选择/排除标准明确
非正式的评估标准	正式的评估标准
无内部一致性	评分者间信度/内部一致性
归纳的	演绎的/外展的
主观的	客观的/主体间的
解释的	聚合的/转化的

叙述性文献回顾 ●————● 系统性文献回顾

图 2-6　叙述性文献回顾和系统性文献回顾的特征

与此形成鲜明对比的是，在系统性文献回顾谱系的最顶端是详尽的文献回顾，它代表了以（相对）线性方式进行选择的整个文献群体，这种方式涉及文献回顾者在选择文献时采取独立的或中立的立场，其中，选择/排除文献的标准是明确和透明的，正式的评估标准被用于评估每一篇被选定的文献，与定量研究的选择相关的评分者间信度和与定性研究的选择相关的内部一致性是可获得的，演绎推理技术（用于定量系统性文献回顾，如元分析）和外展推理技术（用于定性系统性文献回顾，如元综合）被用于从每个文献源中提取意义，客观性（用于定量系统性文献回顾，如元分析）和/或主体间性（用于定性系统性文献回顾，如元综合）是文献回顾过程的基础，聚合方法（用于定量系统性文献回顾，如元分析）和/或转化方法（用于定性系统性文献回顾，如元综合）被用来进行文献回顾。

相比之下，在元综合和元总结的情况下，通过使用正式的批判性评估技术来促进对相关主要研究的全面检索，系统性文献回顾可以促进理论建构（即提高理论水平，使之超出仅利用一项研究的信息所能达到的水平）、理论解释（即一项研究产生的抽象概念通过其他研究的发现得到增强）和/或理论发展（即研究结果被整合成一个更完整和连贯的理论）；而在元分析的情况下，可以推进理论验证和外部（统计）归纳（即根据从代表性文献中获得的信息对感兴趣的总体进行推断或预测）(Onwuegbuzie, Slate, Leech, & Collins, 2009)。尽管如此，所有九种类型的文献回顾都有一个重要缺陷，即它们没有充分反映 21 世纪文献回顾所必需的三个要素：文献回顾的文化语境、文献回顾的伦理本质和信息的多模态性质。

工具：确定整合的目的和级别

图 2-7 根据文献回顾在"目的性—系统性"连续统中的位置，将九种文献回顾类型映射到图中。我们所谓的目的性即非系统性，文献的选择或基础理论的使用并不像叙述性文献回顾那样足够透明。例如，一般性文献回顾是最具目的性的（即最不系统的），而元分析则是最具系统性的。有趣的是，联合（综合）性文献回顾之所以被放在原点，是因为它常常涉及一系列研究成果的组合，这些研究成果经过了系统性文献回顾，并与经过了目的性文献回顾的概念性、理论性和/或方法性成果相结合。

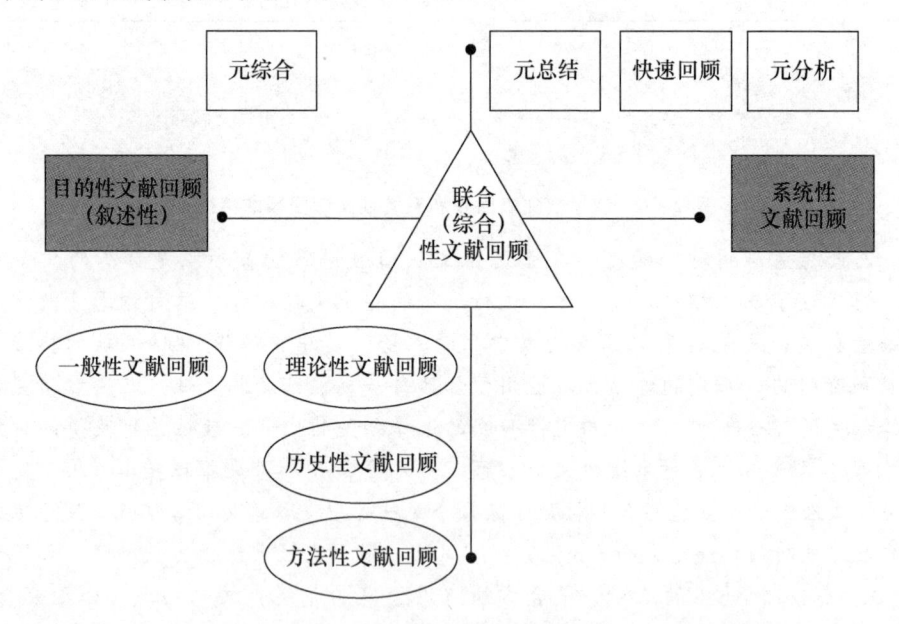

图 2-7　九种类型文献回顾的"目的性—系统性"连续统示意图

工具：使用文献回顾网格对文献回顾进行分类

在"目的性—系统性"连续统示意图之后，图 2-8 为我们展示了所谓的文

第 2 章　文献回顾

献回顾网格图。该图说明了如何对特定形式的文献回顾进行分类。图中所示为描述两组极点的二维图，即：(a) 横轴表示文献回顾检索的详尽程度，选择性文献回顾和详尽性文献回顾位于连续统的两端；(b) 纵轴表示文献回顾研究的类型，独立的文献回顾研究（即文献回顾本身就是目标）和嵌入的文献回顾研究（即为主要研究提供信息的文献回顾）位于连续统的两端。

在图 2-8 中，标记为"(1)"的左上象限代表了这样一种文献回顾，它提供了从选择的（即非详尽的）现有文献中得到的大量的理论性、概念性或方法性的论文/章节。标记为"(2)"的右上象限代表了一种详尽的（或至少是广泛的）文献回顾，其为毕业论文、学位论文或发表在包含页数/字数限制的期刊上的实证（定量、定性或混合研究）论文等实证性研究提供信息。标记为"(3)"的左下象限代表对选择的（即非详尽的）现有文献的回顾，其自身即为目标，如课程计划或作业。最后，标记为"(4)"的右下象限表示对现有文献的详尽的（或至少是广泛的）回顾，其自身即为目标，例如一篇文章或一本书的包含历史性文献回顾、理论性文献回顾或方法性文献回顾的章节。

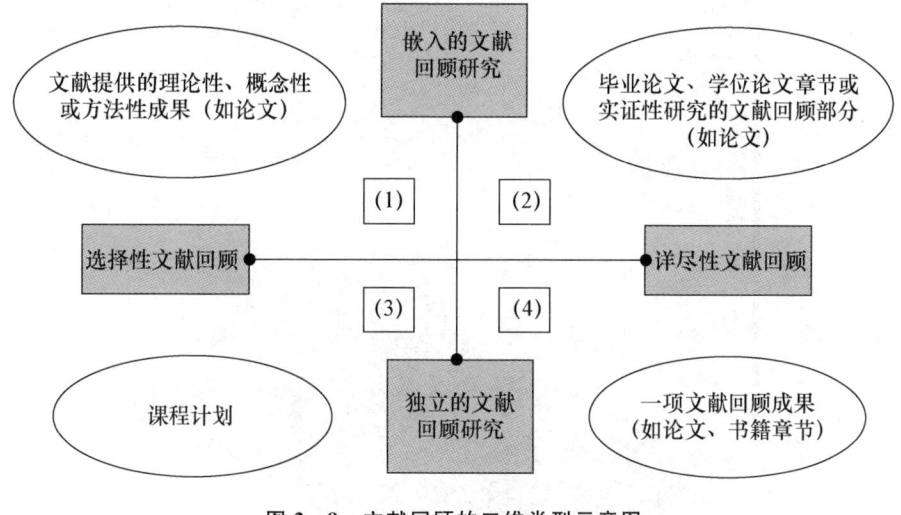

图 2-8　文献回顾的二维类型示意图

工具：文献回顾分类/组织的三维模型

图 2-9 展示了我们对文献回顾进行分类和组织的三维模型。具体来说，可以看到该模型包含三个维度，每个维度都聚焦于进行文献回顾的给定视角集，且每个维度都与其他两个维度呈 90 度角。

维度 1（系统性回顾的程度）可以被概念化为对信息源选择的系统化程度进

行分类，目的性（即叙述性）位于连续统的一端，系统性则位于连续统的另一端。连续统的中点代表所使用的目的性技术与系统性技术的平衡点。这可能包括一项联合（综合）性研究，其中，针对特定问题陈述或研究问题的定量研究被选择并接受系统性文献回顾，针对相同或相关问题陈述或研究问题的关键定性文章被选择并接受叙述性文献回顾或元综合。连续统的所有其他点代表某种程度的系统性文献回顾。

在维度2（文献回顾研究类型）中，独立的文献回顾研究位于连续统的一端，嵌入的文献回顾研究则位于连续统的另一端。通过独立的文献回顾研究，文献回顾自身即为目标。相比之下，通过嵌入的文献回顾研究，对于实证研究而言，文献回顾是嵌入主要研究的研究。连续统的所有其他点代表某种程度的文献回顾研究。

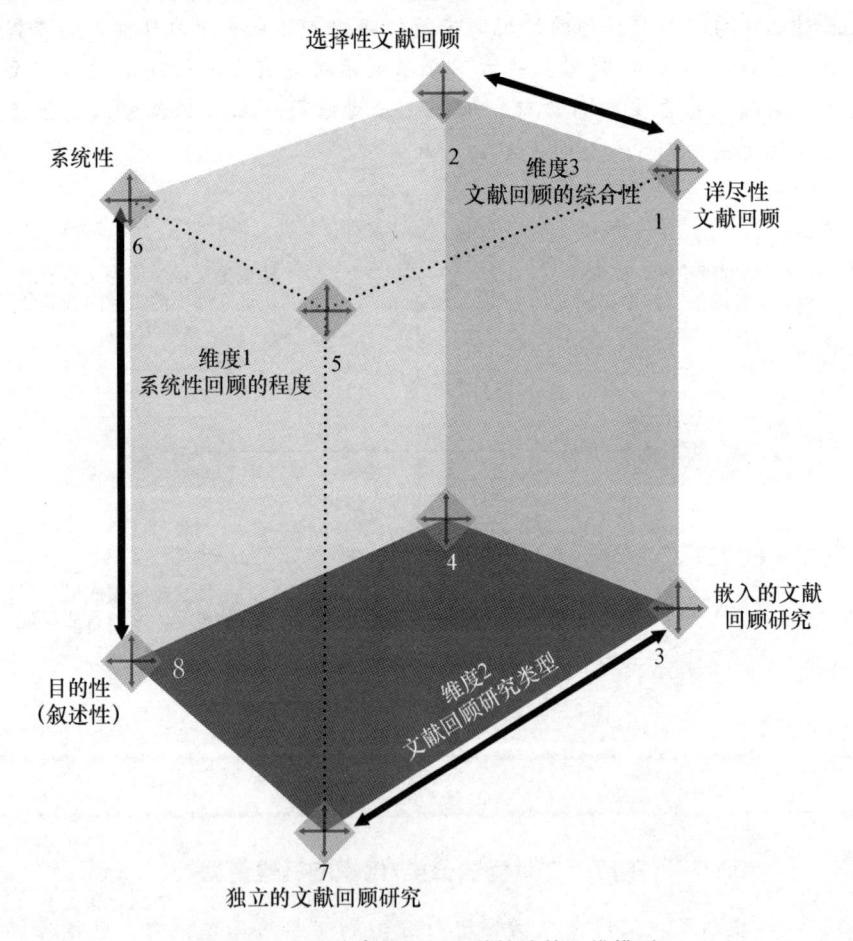

图 2-9　用于分类和组织文献综述的三维模型

注：在每个维度上连续统的方向性都是任意的。该图没有暗示一个连续统的其中一端优于另一端的意图。相反，连续统点的适当性取决于文献回顾的目的、目标及问题。环绕数字代表了系统性回顾的程度、文献回顾研究类型和文献回顾的综合性三个维度上极值点的八种可能组合。

在维度3（文献回顾的综合性）中，选择性文献回顾位于连续统的一端，详尽性文献回顾则位于连续统的另一端，连续统的中点代表了选择性文献回顾和详尽性文献回顾之间的平衡点，就像快速回顾一样。连续统的所有其他点代表了某种程度的选择性（即非详尽性）文献回顾。

利用这一模型，一个给定的文献回顾——包括前面讨论的九种类型的文献回顾——可以被定位在三维空间的某个地方，这显示了文献回顾的多维复杂性或高度复杂性。例如，一项文献回顾可能代表一项系统的（属于维度1）和详尽的（属于维度3）研究，该研究为一项主要研究提供信息（即嵌入的文献回顾研究；属于维度2），正如元分析的情况一样。或者，一项文献回顾可能代表一项选择性的（属于维度3）、目的性的（属于维度1）和独立的研究（属于维度2）。

2.1 文化在文献回顾中的作用

无论何种类型的文献回顾，由于作者是在特定时间与语境下写作的，因此他们会受到特定的行为准则、价值观、规范、信仰和习俗的约束，这些都会影响他们的交流，即文化交流。**文化**是在特定群体的成员之间共享的一组经验、习得传统、原则和行为指南，在交流中充满活力且极具影响力。因此，知识是通过一个多层面的社会及文化背景来习得的。文化也非常广泛，可以包括许多"文化中的文化"。族群如企业、社区等就具有文化中的文化。因此，文化内部有极强的多样性，文化会随着时间的推移而发生变化，且对政治、经济、社会和个人身份至关重要。因此，"研究人员也具有文化性"是理所当然的！在你开始文献回顾之前，认识到文化的作用是很重要的。请记住，你检索的文献的作者可能与你拥有相同或不同的文化背景。

作为一种立足于文化的方法论，文献回顾之所以独特，是因为它不仅要综合文献回顾者的文化视角，而且要综合信息来源的多种声音，并以此作为提供最终论据或普遍报告的有意义的努力。因此，文献回顾过程中最重要的一个方面是意识到文献和其他信息源深深植根于文化之中。事实上，许多学习型理论家已经描述了文化在知识获取中的重要作用。随着社会环境的变化，对内容的解释很可能也会发生变化。例如，列维·维果茨基（Lev Vygotsky, 1978）的社会发展理论就关注了学习者如何利用与文化相关的标志和符号作为获取知识的基础。

维果茨基认为，人类通过标志和符号来创造文化。反过来，文化决定了何种知识具有价值以及如何获取知识。因此，文化驱动知识获取。每项研究都是：

(a) 针对一个或多个文化群体（如民族、年龄组、社区、企业、教育机构）进行的；(b) 由代表一个或多个文化群体的一名或多名研究人员进行的；(c) 由代表一个或多个文化群体的人消费（如阅读、复制、应用）的产品。

案例：文化中的信息

为了更好地理解文化是如何内化于知识之中的，可以细想一下哥伦布发现新世界的西方历史故事。如果从该地区土著人的视角来写，那么这个故事看起来将会与许多历史书中的描述截然不同。因此，代表不同文化的参与者可以发现实质性的不同之处；代表不同文化的两名研究人员可以对同一发现做出不同的解释；代表不同文化的两名消费者可以通过不同方式来运用这些发现和/或研究人员的解释。例如，一项关于低学业水平儿童的亚组研究可能会被同一亚组的一些父母利用，来促使这些儿童更努力地学习。这项研究也可能被同一个亚组的其他父母利用，来倡导学校提供更好的学术服务。对于相同的发现，却有不同的解释。

2.8 采用文化进步方法

通过认识到信息来源中存在的一些偏见，进行综合文献回顾的一种文化进步方法包括许多研究机构所谓的**文化能力**，它不是对文化的掌控，而是关注对文化多样性的尊重。基于加列戈斯、廷德尔和加列戈斯（Gallegos, Tindall, & Gallegos, 2008）对研究中文化能力的概念化，我们对**文化进步的文献回顾者**给出了如下定义："文化进步的文献回顾者尊重并有效回应人们（即参与者）和由代表所有文化、种族、民族、语言、阶级、宗教和其他多样性属性的人（即研究人员、作者）所产生的研究和其他知识来源，其方式是接受、承认、肯定和重视所有参与者和研究人员/作者的价值，保护并维护他们的尊严。此外，一名文化进步的文献回顾者会保持高度的自我意识，以了解在检索和解释文献及其他信息来源时，她/他自己的背景和其他经历如何成为可能的优势或局限。"这是我们认为所有文献回顾者都应努力做到的。

同时，为了适应美国心理协会（2003）的多元文化准则，一名文化进步的文献回顾者应不断努力培育：(a) **关于信仰的文化意识**，即通过对自己的偏见和个人价值观以及这些因素如何影响自己在一般性、解释性及其他特定信息源的文献回顾过程中的每一步决策保持敏感而实现；(b) **文化知识**，即获取每个知识源的文化背景知识（例如每位参与者及每名作者/研究者的文化），了解文化背景在生成作者/研究人员的知识主张方面所起的作用；(c) **文化技能**，即能够以文化敏感和文化相关的方式传达文献回顾报告。因此，通过对文化在文献回顾过程中所起作用持积极的立场，可以假设一种文化进步的方法甚至是超越文化的能力的方法。

> **案例：避免偏见和缺陷的研究解释**
>
> 例如，一个不采用文化进步方法的文献回顾者在从文献和其他方面综合关于某种文化或族群的发现时，可能会不知不觉地或无意地促成文化赤字模型的形成。基于文化赤字模型的研究只将与所研究的文化或种族相关的负面结果，解释为完全或大部分源于其文化的特征，而不是将这些发现置于承认权力动态、制度障碍，以及其他不受文化控制的相关问题的更广泛的社会文化背景中，也不肯定这个群体中存在的文化丰富性。文化赤字模型的一个例子发生在美国，美国当时出版了一本名为《钟形曲线》（Herrnstein & Murray, 1994）的书，书中以与遗传学有关的负面视角呈现智力得分，给人一种"这个世界上存在着一个基于遗传学的认知精英群体"的错误印象。

在较浅的层面上，文献回顾者可能不知不觉地或无意地推广文化赤字模型的一种潜在方式是完全地或主要地综合定量研究结果——这些研究有助于"回答人物、地点、数量、程度以及具体变量之间的关系等问题"（Adler, 1996, p.5）——并且在很大程度上忽略了那些比定量研究更适合回答"为什么"和"怎么样"等问题的定性研究。最近，在美国，美国评估协会（2011）公开发表声明称，评估不可能是文化无涉的，参与评估的人必须努力成为拥有文化能力的人，意识到自己的文化地位、他人的文化地位以及真诚互动的方式（参见http://www.eval.org/ccstatement.asp）。同样，文献回顾也不可能实现文化无涉，文献回顾者必须努力采用文化进步的方式。因此，通过关注你的文献回顾过程并反思你所在群体的风俗习惯（如传统、种族、生活方式），你将成为新一代文化进步的文献回顾者中的一员，认识到文献回顾是一个整体的文化过程，一个人在其中经历一系列情感、提高认识、创新概念。

2.9 采用道德方法

从广义上讲，**伦理学**包含了与研究和学科主题相关的道德原则和最佳实践，其精髓渗透到了文献回顾全过程的各组成部分。首先，文献回顾者必须是一个道德的人。总体而言，伦理学包括与研究和学科主题相关的道德原则和最佳实践（即标准）。在诸多学科及学科内分支中，多种道德准则不断更新以反映该领域的变化和新问题。

工具：纳入研究伦理

最值得注意的是，伦理学包括一些道德原则，这些道德原则包括但不限于：

- **无恶意**：不伤害他人。
- **慈善**：为他人的利益而采取行动；可以采取慈善行动来帮助消除或防止伤害，或者改善他人的处境。
- **公正**：根据普遍原则和规则，以公正和正当的方式做出决定，以确保公平和公正地对待所有人。
- **忠诚**：忠心、忠实和履行承诺。

此外，有道德的研究者在研究和探索的主题所涉及的学科中都会考虑最佳实践。我们已经将一些重要的研究人员准则改编为文献回顾者的特质：

- **专业能力**：认识到局限性，在你所研究主题的一系列技能和知识范围内承担任务并报告结果。
- **正直**：公平、诚实、尊重他人成果并恰当地予以展示。
- **学术责任**：通过文档（即审计轨迹）遵循最佳实践，并反思在选取和删除文档时所做的选择。
- **尊重权利、尊严及多样性**：努力消除因歪曲他人学术而产生的偏见，不因年龄、性别、种族或族裔、民族、宗教、性取向、残障等原因而歧视他人。
- **社会责任**：应用对一个主题的社会维度的认识。

在众多伦理学研究方法中，最适合文献回顾者的两种方法是美德伦理学和实用伦理学。在文献回顾的语境中，**美德伦理学**是指将文献回顾者的品格作为道德行为的动力，而不是以规则为中心。作为一名秉持美德伦理学的文献回顾者，你会较少关注在文献回顾过程中形成的报告，而会考虑在文献回顾过程中的每一步所做的决定彰显的自己的品格和节操（例如，善与恶）。因此，一名秉持美德伦理学的文献回顾者会对自己进行的每一篇文献回顾进行个案评估。相比之下，作为一名坚持**实用伦理学**的文献回顾者，你会在社会道德进步与科学知识同步发展的前提下，按照社会设定的标准来评估文献回顾。

道德的研究对于文献回顾者来说是非常重要的，因为文献回顾者必须尊重他人的作品，并且小心不要歪曲被回顾者的声音。因此，在将一个信息来源的所有内容整合为一个研究综述时，文献回顾者要注意两个层面的责任：被选定的信息

第 2 章 文献回顾

来源的代表性伦理和文献回顾过程中的透明度伦理。

2.10 采用多模态方法

在第 1 章中，我们指出研究方法教科书的作者最容易陷入的误区是文献回顾只涉及文献的收集（即第一个误区）。这种信息形式，特别是传统的印刷文本，在很大程度上代表了所谓的**单模态文本**，它主要涉及语言（即文字）符号系统，包括书面语言的词汇和语法等方面。然而，我们这整个世界是由**多模态文本**组成的。

如第 1 章所述，当一个文本将两种或两种以上的符号系统（如文本、图像、声音）组合或混合成一个单一的信息源，从而形成一个复合、统一和连贯的整体时，这个文本就是多模态的。每种沟通方式都可能传输一条独立于其他方式的消息。作为一个集合，这些基本的沟通方式生成解释和建构意义，在读者看来，这不同于单独考虑的任一方式。换言之，当文本结合或混合两个或多个符号系统时，文本就是多模态的。反过来，**符号系统**就是符号和符号过程的排列。安斯泰和波尔（Anstey & Bull，2010）确定了以下五个符号系统：

语言：包括词汇、书面语言和口头语言的语法等元素。
视觉：包括静止和运动图像中的颜色、矢量和位置等元素。
声音：包括音调、音量、音乐节奏和其他音效等元素。
空间：包括空间中物体的靠近、方向、位置和组织等元素。
姿势：包括面部表情和肢体语言中的动作、速度和静止等元素。

几乎所有 Web 2.0 源代码都包含两个或更多这样的符号系统。例如，一个网页就可能包含一些符号系统，如语言（如书面语言）、视觉（如图片）、声音（如音乐、音效）、空间（如地图）和姿势（如移动影像）。它们代表所有五个符号系统。

阅读路径

在多模态文本的语境中，克雷斯（Kress，2010）提到了"*阅读路径*"这个术语，他将其描述为"兴趣、注意力、参与、提示和框架的路径"（p.176）。对于传统的印刷文本（如纸质的期刊文章、书籍），作为读者的文献回顾者的阅读路径取决于文化建构的规则和惯例（Kress，2003）。例如在某些文化（如西方文化）中，文本被从左到右阅读，而在某些其他文化（如讲中文①、日语、阿拉伯语、希

---
① 这里指竖排印刷的中文。——译者注

伯来语、意第绪语、乌尔都语的文化）中，文本则被从右到左阅读。相比之下，在数字（即 Web 2.0）环境中，阅读路径在很大程度上是由作为读者的文献回顾者的阅读目的、兴趣和模态线索所确定的（Karchmer-Klein & Shinas, 2010）。

因此，在数字环境中，作为读者的文献回顾者对信息的解释可能不同于目标文本的作者/创建者。作为读者的文献回顾者在阅读多模态文本时必须做出的决定对文献回顾者提出了额外的要求，例如倾向于模态扫描，并识别出进行意义建构的最相关模态（Karchmer-Klein & Shinas, 2010）。文献回顾者不仅必须采用文化进步的方法，通过他们带给信息源的文化视角来适当提高理解和意义建构水平，而且在确定阅读路径时必须采用伦理的方法。因此，在数字环境下，文献回顾者的文化进步方法、道德方法和多模态方法是密不可分的。

2.11 五种模式

综合文献回顾过程反映了 Web 2.0 时代文本的多模态特性。正如第 1 章中指出的，我们将"多模态文本和环境"的概念扩展为以下五种主要模式：媒体、观察、文档、专家和二手数据。也就是说，为了进行综合文献回顾，文献回顾者不仅要采用文化进步方法和道德方法，而且要努力从这五种模式中获取尽可能多的信息。我们将在第 8 章"步骤 5：扩展检索"中提供关于每种模式的更多信息。

一、媒体

媒体是照片、视频和图画/绘画的视觉展现。你可能听说过一句格言"百闻不如一见（a picture is worth a thousand words）"，这句话在综合文献回顾过程中寻找意义时同样适用。例如，照片和视频可以帮助提供情境信息。特别是照片和视频提供了一种通常被称为快照的即时视觉呈现，或是这种呈现的静止状态，可以帮助你在文献回顾中建构意义。计算机中介传播（computer-mediated communication，CMC）和 Web 2.0 工具在促进意义建构方面可以发挥重要作用。这些工具包括：YouTube（即允许文献回顾者上传、查看和共享视频片段的视频共享工具）、Flickr（即提供视频和照片访问的工具）、Panoramio（即照片共享工具）、iMovie（即视频编辑软件应用程序）和 iTunes（即用于播放和组织数字音乐和视频文件的工具）。

二、观察

文献回顾者在初次检索中检查文档后，可以进一步通过收集观察来获取有用信息。这种模式也能帮助你作为文献回顾者在写作中建构意义。例如，如果一名

第 2 章 文献回顾

文献回顾者对于了解有效能的学校（如小学、中学）的特征颇感兴趣，那么他/她可以通过实地走访一所或多所被权威组织（如认证机构）评定为有效能的学校来获得更多的背景信息。在那里，文献回顾者可以通过观察这些学校的方方面面（如规模、地点、犯罪水平、可用的安全措施）来审查这些学校的社会文化背景，而这种观察可以与现有文献相结合。此外，在这些校园里，只要不违反法律或道德，文献回顾者就还可以通过对相关场景进行拍照或录像来收集媒体数据。一名文献回顾者甚至可以通过绘制一个学区、州、县、省、地区，甚至是有效能的学校所在的国家的地图来搜集更多信息。此外，文献回顾者可以分析已发表的关于有效能的学校的主题的实证研究文章，并绘制任何已确定的这类学校所在地区的地图，以便现有文献中的发现可以实现地理语境化。

三、文档

如前所述，文献回顾者通常拥有由自己支配的印刷形式和数字形式的文档。随着 Web 2.0 时代的技术进步，文献回顾者拥有诸如脸谱网（Facebook，约 2004 年）、Myspace.com（约 2003 年）、Ning（约 2005 年）、第二人生（Second Life，约 2003 年）[①]、Bebo（约 2005 年）、Friendster（约 2002 年）和 Orkut（约 2008 年）等网络资源。这些社交网络论坛允许文献回顾者以多种形式（如文档、照片）进行社交和信息交流。这些媒体能够提供可被纳入文献回顾的情境信息。研究多产作者的社交网站可能是扩展文献回顾的一个有效途径。近年来，一种越来越流行的数字文档形式通常被称为博客（blog，一个表示网络日志的混合术语）。

博客是由一人或多人根据需要更新内容（如评论、事件描述、图片、视频）的网站或网站的一部分，条目通常按时间倒序显示。在最佳状态下，博客是互动的，允许他人回复以前的帖子。此外，博客用户可以通过图形用户界面（GUIs）相互发送消息，使博客成为另一种社交网络。博客可能包含语言（如文本）、视觉（如图像、网页）、声音（如音乐、音效）和空间（如地图）等符号系统。除了文本形式外，博客还可以聚焦于艺术（即艺术博客）、照片（即照片博客）、视频（即视频博客）、音乐（即 MP3 博客）和音频（即播客）。微博是另一种类型的博客，它包含非常短的博客文章。因为许多博客对某一特定主题发表评论，并且现存超过 1 亿 5 000 万个公共博客，所以它们对于文献回顾者来说可能是一个获取信息的有效途径。博客相对于印刷文本（如期刊文章、书籍）的一个优势是时效性，因为印刷文本在信息出现（如研究结果形成）与向公众提供信息（如文章发表）之间总有一个时间间隔，而博客通常可以提供几乎是即时的信息，时间

[①] 第二人生是一个在美国非常受欢迎的网络虚拟游戏，通过由 Linden 实验室开发的一个可下载客户端程序运行。在游戏中，玩家可以做许多现实生活中的事情，比如吃饭、跳舞、购物、唱卡拉 OK、驾车、旅游等。通过各种各样的活动，世界各地的玩家可以相互交流。——译者注

间隔很短。此外，*RSS 技术*（约 1999 年）允许文献回顾者在新的（研究）成果发布时进行更新。大多数图书馆订阅的数据库（如 Education Full Text、PsycINFO）允许文献回顾者根据其搜索条件设置 RSS 源。因此，文献回顾者将获得任何他们感兴趣的新的研究成果。文献回顾者还可以将来自多个站点的"源"聚合到一个位置。RSS 源可以使用通常被称为 *RSS 阅读器*（也被称为源阅读器或聚合器）的软件读取，该阅读器可以基于网络、桌面或移动设备来使用。

四、专家

一种拓展综合文献回顾的极为有效的方法是文献回顾者与其在文献回顾过程中确定的一些顶尖和/或多产作者进行正式或非正式的直接访谈或讨论。在这些访谈/讨论中，文献回顾者应试图获得作者对感兴趣的主题的最新思考。最理想的情况是，文献回顾者要么与选定的多产作者进行单独的面对面访谈，要么与其中两位或多位作者进行面对面（焦点）小组访谈。或者，文献回顾者如果与作者相距甚远，那么可以要求与作者进行研究人员所谓的*虚拟访谈*，包括使用某种形式的 CMC 和 Web 2.0 工具，无论是异步的（如电子邮件、博客）还是同步的（如聊天室、即时消息传递、第二人生，以及通过移动电话提供的短信服务）。

五、二手数据

确保进行综合文献回顾的第五种有效方法是使用现有的二手数据，并将相关信息纳入文献回顾报告。*二手数据*表示的是由文献回顾者以外的其他人收集的信息。社会科学领域流行的二手数据包括调查、人口普查和各组织（如教育机构、认证机构）收集的记录。二手数据的一个重要优势是可以节省文献回顾者自己收集数据所花费的时间。另一个重要优势通常是其具有预设的有效性/合法性和可靠性/可信赖性，再次使用这些数据的文献回顾者无须对其进行审查。此外，二手数据可以提供基线数据，文献回顾者可以将其与随后收集的主要数据进行比较。

公共领域关于跨学科、跨领域、跨地区、跨国家和跨大洲的二手数据比比皆是。挑战不仅在于找到它们，而且在于找到它们的最新版本。实现这一点的一种方法是使用关键词字符串，例如"国家数据＋国家名称"或"国家统计数据＋国家名称"。例如，使用谷歌搜索引擎上的搜索字符串"国家数据＋英国"就可以找到英国（UK）国家统计出版物主页，其二手数据围绕以下主题：

- 农业与环境。
- 商业与能源。
- 儿童、教育与技能。
- 犯罪与司法。
- 经济。

第 2 章 文献回顾

- 政府。
- 保健与社会照护。
- 劳动力市场。
- 民众与城镇。
- 人口。
- 旅行与交通。
- 平等与多样性。
- 移民。

工具：定位专家的潜在 Web 2.0 途径

表 2-1 提供了可用于定位专家的潜在工具汇总表。

表 2-1 就某一主题联系专家的工具列表

Web 2.0 工具	定义	用途	优势
推特 （约 2006 年）	免费的在线社交网络和微博服务，全球用户超过 3.8 亿	使文献回顾者能够向使用此工具的多产作者、选定的研究人员或利益相关者发送和阅读最多 140 个字符的基于文本的帖子（即推文）	文献回顾者可以通过推特网站、兼容的外部应用程序（如智能手机）或某些国家提供的短信服务发布推文。此外，文献回顾者可以订阅多产作者的推文，这种做法被称为"关注（following）"
Internet-based social bookmarking services （约 1996 年）	一种组织和管理在线资源的热点链接书签的网络方法	通过加入多产作者/研究人员的网络，文献回顾者能够访问作者/研究人员的网页链接	与谷歌文档等文件共享存储库不同，在线资源本身是不共享的；相反，提供的书签引用这些资源，元数据提供标记（类似于关键词）、这些资源的描述以及对重要信息的简短评论或总结
Delicious （约 2003 年）	社交书签服务	允许文献回顾者建立一个由作者/研究人员和同事组成的社区，他们通过书签材料共享、观察和评论标签模式	文献回顾者可以建立他们自己的在线文献评论身份，通过他们基于文献回顾的书签集和对特定主题信息源的评论而闻名
CiteULike （约 2004 年）	免费学术型社交书目网站	允许文献回顾者管理和发现学术参考文献，以及在线保存书籍和文章	文献回顾者可以使用此服务存储他们在网上找到的参考文献、发现新文章和资源、接收自动的文章推荐、与其他用户共享参考文献、找出谁正在阅读相同的文章和资源，以及存储和搜索 pdf 文件。CiteULike 包含超过 500 万篇参考文献

续表

Web 2.0 工具	定义	用途	优势
LinkedIn（约 2003 年）	有多种语言供选择的专业社交网站，拥有来自 200 多个国家和地区的 1.35 亿注册用户	使文献回顾者能够监控社区中添加了新资源的用户。最重要的是，文献回顾者可以使用这个工具与引用类似资源的其他文献回顾者建立关系	文献回顾者可以保留一份与其有某种关系的人的联系方式列表，被称为"联系（connections）"

　　实事求是地讲，一名文献回顾者实质上就是一名研究者。作为一名文献回顾者和研究者，认识到研究过程中固有的许多身份和责任是很重要的。严格来说，你受到多重制约，其中三个我们已经重点讨论过了：(a) 文化背景、(b) 研究伦理和 (c) 最新的多模态资源。此外，作为一名文献回顾者，你需要批判性思维来审视文献回顾过程及结果的各个方面，并注意可能成为解释研究的一部分的任何偏见。我们强调了一些额外的属性，这些属性对于文献回顾非常重要。

2.12 文献回顾者的态度

一、原创性

　　在学术研究中，成为一个**有创见的思想者**是至关重要的，所以为了拓展学科知识，不仅要复制已经进行或已经知道的内容，还要以一种重要的方式来增进理解，哪怕只是增进了一点点。请记住，作为一名文献回顾者，你不是简单地重述或报告某一特定主题领域的已有研究，而是为了一个原创的、有意义的逻辑论据而将其与原始思想结合起来，"该结论是从主要包括五种模式（即媒体、观察、文档、专家和二手数据）的多模态文本和环境中对所选主题的相关已发表和/或未发表信息进行解释的逻辑论据。"（根据我们在第 1 章中介绍的综合文献回顾的微观定义）。此外，作为一个有创见的思想者，当你在数据库进行检索时，你将使用一种想象力和创造力相混合的思想来创造一个独特的关键术语组合——揭示新的知识。在七步骤模型中，我们将向你展示如何将检索范围扩展到图书馆订阅数据库和互联网资源之外，以定位和整合一些显著资源，从而便于储存思想、概念或文章。在这个过程中，在文化进步方法、道德方法和多模态方法的驱动下，你不能否认这样一个事实：你的个人经历、教育、培训、价值观、道德和精神会影响你作为一个有创见的

第 2 章 文献回顾

思想者的特质。

二、自反性

此外，文献回顾者是一个**批判性的思想者**，对每一个确定的信息来源进行评价并对信息来源的发现过程进行评价。也就是说，批判性的思想者评论了文献回顾中确定的每一个信息来源**以及**信息来源发现过程中的每一个步骤——在文献回顾之前、期间和之后。这是通过评论和**反思**来完成的。自反性关注的是认知和情感的改变，有时甚至是你在文献回顾研究中可能经历的社会变迁——所有这些都代表了某种形式的转变。

工具：在联合（综合）性文献回顾过程中运用自反性

正如在对七步骤模型的介绍中所提到的，我们已经嵌入了自反性指南来检查潜在的偏见以及重新审视每一步的各个方面。图 2-10 呈现了我们所说的文献回顾者的核心——自反性。具体而言，它包括：批判性检视、组织、反思和评估。

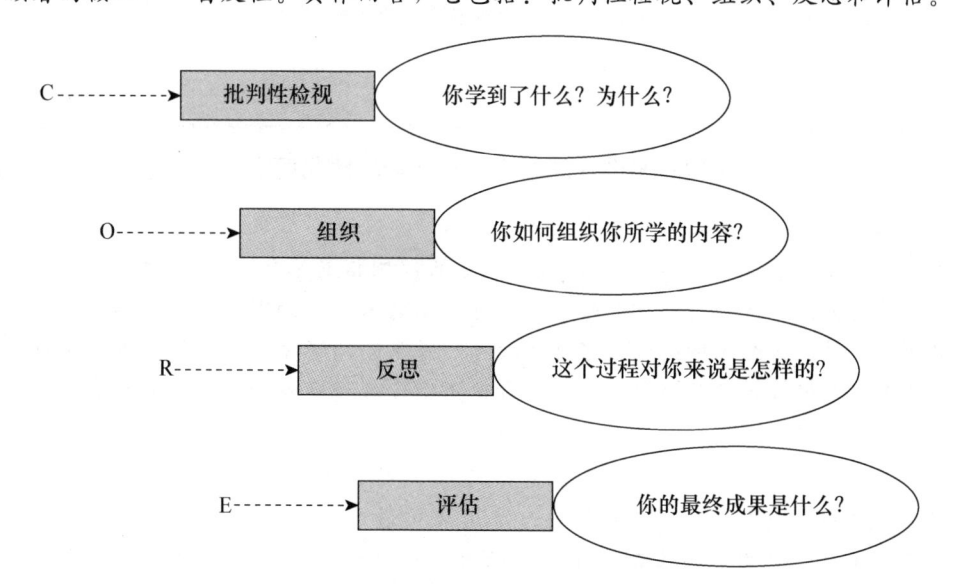

```
C ----→ 批判性检视     你学到了什么？为什么？
O ----→ 组织          你如何组织你所学的内容？
R ----→ 反思          这个过程对你来说是怎样的？
E ----→ 评估          你的最终成果是什么？
```

图 2-10 在联合（综合）性文献回顾中使用核心（批判性检视、组织、反思和评估）

从本质上说，你的审计轨迹或者你在文献回顾中做出的决定需要在你的最终报告中体现，这样你的发现和解释才能让那些没有"站在你的立场上"的人理解。事实上，你对如何批判性地收集、检查和解释文献的交流程度就是你影响知识库的程度，不仅影响你研究的主题，而且影响你自反性研究者的身份。因此，文献回顾者是进行文献回顾的主要工具。

工具：将你作为研究者和文献回顾者的角色可视化

图 2-11 呈现了你作为一名文献回顾者的角色，这些角色影响了文献回顾过程及最终报告。

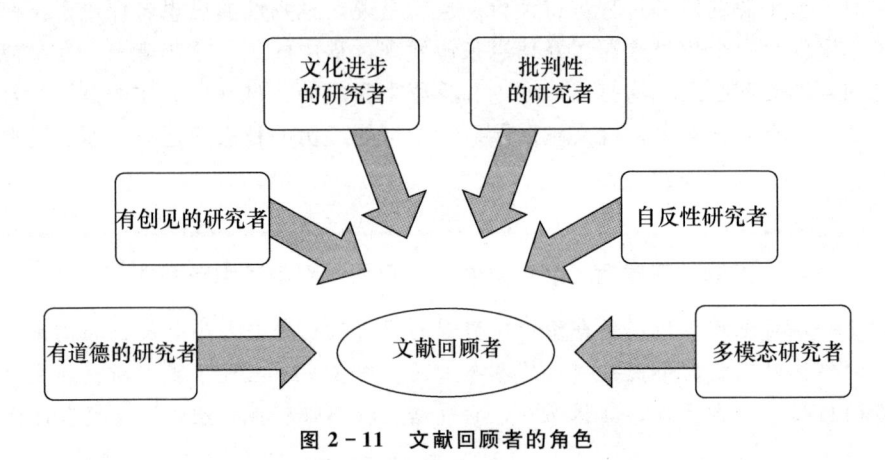

图 2-11　文献回顾者的角色

工具：将你在回顾其他资源中的角色可视化

图 2-12 描述了文献回顾者在多个来源（如文章、信息）和所涉及的历史及文化差异方面的身份。作为一名寻求从文献回顾信息来源中创造新知识的研究者，你需要关注这一过程中的每一项工作或信息来源。如图 2-12 所示，作为一名研究人员，文献回顾者考虑了许多投入，并且必须通过自己的视角或文化情境来协调这些投入的多种语境。然后，在使用七步骤模型进行文献回顾之后，文献回顾者形成了一个最终产品，即对道德、文化和多模态的认知。

文化进步性和伦理责任都是通过文献回顾者不断的反思实践来实现的。图 2-12 展示了综合文献回顾是如何采用文化进步方法、道德方法和多模态方法的。图 2-12 中的所有元素都由你的自反性来协调，其中包括正式审查的文献回顾过程和你作为研究者的身份。通常，运用你自己独特的方式来反思你检索的信息来源，你可能只会意识到你存在一些潜在的偏见。重要的是要认识到，你不仅会在你检索的文献领域变得非常博学，而且在你获取知识的过程中，你会成长为一名研究人员。在这个角色中，正直是关键。因此，这是一种文化进步、道德和多模态的研究方法，驱动着后面章节中提出的每一个步骤。

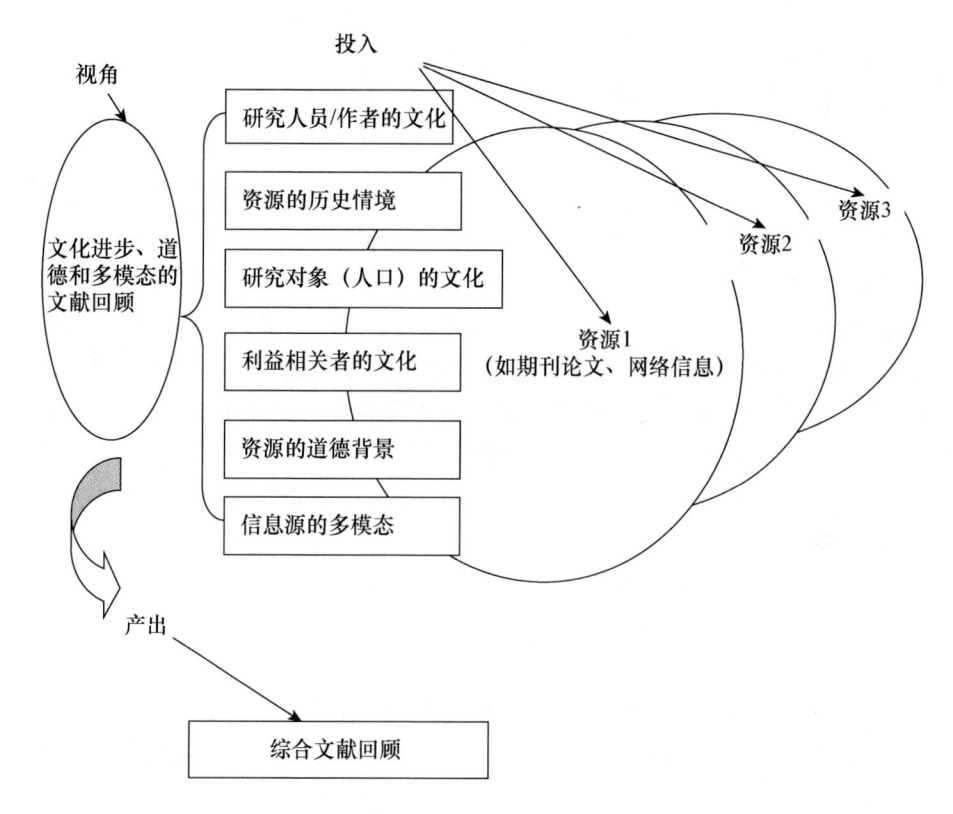

图 2-12 文献回顾者认为许多资源的观点位于文化、历史情境、研究对象的文化、利益相关者的文化、资源的道德背景，以及由与解释滤镜相同的组成部分协调的多模态信息资源中的诸多层次或方式中

2.13 情境要素

如果文献回顾者忽略了上述任何一种或多种角色，知识的传递就可能会陷入死胡同而停滞不前，只会重申那些对该信息的研究和研究人员/作者的社会文化和历史背景都不敏感的内容。关注情境要素是为了忠实地表达作者的意图和观点。但请记住，我们经常回顾的文章也包含作者解释的其他研究的文献回顾。此外，每一项实证研究都是针对一组利益相关者进行的。

结 论

当考虑到对知识的探索时，有趣的是注意到文献回顾已经转变成至少九种不同类型：四种是叙述性的，四种是系统性的，一种是二者结合型的。因此，三种研究传统（定量、定性和混合）可能依赖这些类型的文献回顾中的任何一种来确定其方向。此外，作为目标本身，独立的文献回顾也可以通过这些类型中的一种来完成。我们从第4章开始，基于综合文献回顾的定义设计了综合文献回顾的七步骤模型。事实上，由于文献回顾可能具有不同程度的类型划分，因此图2-9所示的三维模型允许运用一种方式来描绘文献回顾可能采取的多种形式或多种角色的特征。进行一项综合文献回顾，且当你开始运用七步骤模型时，你的最终成果将落在这个三维模型的某个地方。

让我们来回顾一下这些与文献回顾特征相关的观点：

- 几十年来，传统文献回顾有两大分支：叙述性文献回顾和系统性文献回顾。
- 文献回顾的九种类型包括：一般性文献回顾、理论性文献回顾、方法性文献回顾和历史性文献回顾，以及元综合、元总结、快速回顾、元分析和联合（综合）性文献回顾。
- 快速回顾代表一种加速或简化的系统性文献回顾。系统性文献回顾的类型还包括：元总结、元综合、元分析。
- 与所有类型文献回顾相关的一个重要缺陷是，它们没有充分反映21世纪文献回顾所必需的三个要素：文献回顾的文化语境、文献回顾的伦理本质和信息的多模态性质。
- 当以最佳方式进行（如使用的检索策略尽可能透明）时，叙述性文献回顾和系统性文献回顾都有许多优点。
- 文化是在特定群体的成员之间共享的一组经验、习得传统、原则和行为指南，在交流中充满活力且极具影响力。文化能力不是对文化的掌控，而是关注对文化多样性的尊重。
- 从广义上讲，伦理学包含了与研究和学科主题相关的道德原则和最佳实践。
- 当一个文本结合或混合两个或多个符号系统时，这个文本就是多模态的。并且为了进行文献回顾，文献回顾者不仅应采用文化进步方法和道德方法，而且应努力从五种模式中获取尽可能多的信息。
- 文献回顾者是进行文献回顾的主要工具，必须通过自己的视角或文化情境来协调各种资源或投入的多重语境。

第 2 章 评价一览表

核心（CORE）	指导性问题和任务
批判性检视	叙述性文献回顾和系统性文献回顾的优势各是什么？分别在何种情境下使用？ 你如何解释为什么作为一名文献回顾者，伦理道德在诠释资料时是非常重要的？
组织	对于迄今为止的章节，创建一个需要更清晰说明的术语列表。 对于你使用的任何资源，请创建一个用于存储的电子文档。 在讨论的多模态文本中，哪些是你最熟悉的，哪些是你想进一步研究的？ 对于你收集的任何资源，请确保将其保存在电子文档中，并对信息加以组织。
反思	作为一名文献回顾者，为什么你会认为无论是独立的文献回顾还是为主要研究提供信息的文献回顾，在呈现报告的时候，其透明度都是很重要的？ 为什么一篇文献回顾在考虑其他作者作品的情况下可能是原创的？
评估	辨析文献回顾的特点并对其进行比较。在这些回顾中，找出你所在学科和专业的文献回顾的任何趋势。 对于解释关于特定总体的循证研究，你有什么新的想法？你的思维范式如何得到改善？

第3章

文献回顾方法论

第3章思路图

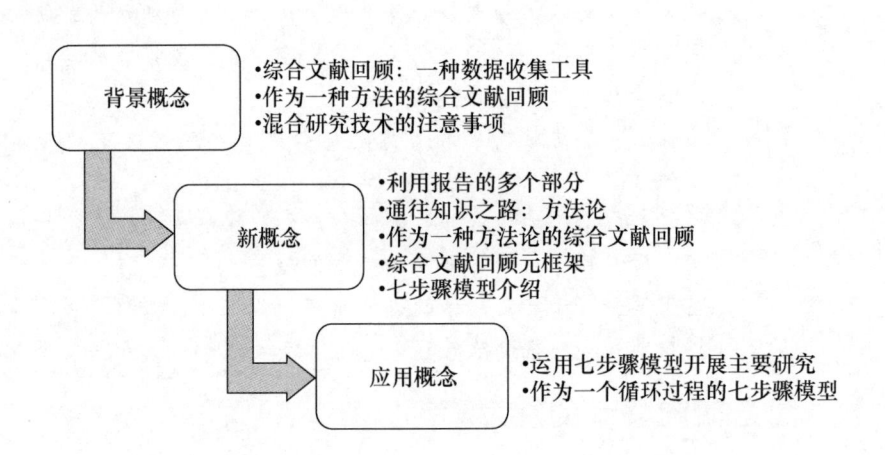

- 背景概念
  - 综合文献回顾：一种数据收集工具
  - 作为一种方法的综合文献回顾
  - 混合研究技术的注意事项
- 新概念
  - 利用报告的多个部分
  - 通往知识之路：方法论
  - 作为一种方法论的综合文献回顾
  - 综合文献回顾元框架
  - 七步骤模型介绍
- 应用概念
  - 运用七步骤模型开展主要研究
  - 作为一个循环过程的七步骤模型

3.1 综合文献回顾：一种数据收集工具

"*数据*(data)"这个词意味着大量的信息。这些信息可以从单词、数字、图像、超链接、音频和视频等众多来源中提取。所以，文献回顾者为一篇文献回顾而收集的信息就是数据。正因为此，将文献回顾过程视为一种数据收集工具，即收集与感兴趣的主题相关的一系列信息的一种手段是合情合理的。作为一种数据收集工具，文献回顾涉及识别、记录、理解、意义建构和信息传递等活动。事实上，文献回顾过程是通过数据收集来实现的。在最佳形式中，文献回顾代表了一个正式的数据收集过程，其中信息被以综合的方式加以收集。

3.2 作为一种方法的综合文献回顾

在研究领域，"**方法**（method）"一词是指研究者在研究设计、抽样设计、数据采集、数据分析、数据解释等方面系统运用的具体方法和程序。文献回顾代表着一种方法，因为文献回顾者选择了一系列的策略和程序来识别、记录、理解、建构意义和传递与感兴趣的主题相关的信息。此外，正如安伍布奇、利奇和柯林斯（Onwuegbuzie, Leech, & Collins, 2011）所言，进行文献回顾就如同开展科学研究，文献回顾者收集的信息就相当于数据。事实上，与所有研究一样，文献回顾包括了我们在第 1 章中讨论的以下四个阶段，即概念化、计划、实施和传播。因此，当文献回顾独立存在（即为一项独立的工作）时，它就代表着一种随着文献回顾过程结束而结束的研究。相反，当文献回顾的目的是为主要研究提供信息时，其代表的是一种嵌入式研究。故而从本质上来说，无论大小，所有包含文献回顾的研究实际上都涉及两种研究：对先前知识的研究（即文献回顾）和由研究者进行的主要研究（即文献回顾研究嵌入主要研究之中）。考虑到这一点，正如第 1 章中所言，研究人员不应再将文献回顾视为一项研究诸多步骤的其中之一，而应将文献回顾视为一项嵌入式研究。

3.3 混合研究技术的注意事项

正如你将在随后章节中看到的，最好的文献回顾不仅代表一种研究，而且代表一种混合研究。换言之，综合文献回顾是通过运用**混合研究技术**，即通过在同一文献回顾中收集和分析定量和定性信息而实现的。如第 1 章所述，传统意义上许多教科书作者给人的印象是"文献回顾总是随着主要研究的类型变化而变化"（第九个误区），它不仅包括"对现有文献的总结"（第六个误区），还包括对以往（相关）研究结果的总结。这样的误区给人一种错觉，那就是定量研究工作只应总结定量数据，而定性研究工作只应总结定性数据。因此，一位只总结定量研究结果的文献回顾者将只会使用定量数据来完成文献回顾。正如在第 2 章中所讨论的，为这一误区开处方的文献回顾者很可能会进行基恩·格拉斯（Gene Glass，1976）所创的"元分析"，即文献回顾者为了整合研究结果而将尽可能多的可用的单独定量研究所产生的定量结果结合起来，以解决一组相关的研究假设。反之，一位只总结定性研究结果的文献回顾者将只会使用定性数据来完成文献回顾。例如，属于这一阵营的一位文献回顾者可能会进行桑德洛夫斯基和巴罗佐（Sandelowski & Barroso，2006）所谓的元综合，即文献回顾者为了整合研究结果而对选定的定性研究结果进行整合，这些定性研究结果代表对一组相关研究问题的解释性综合数据。

> **新概念**
>
> 最全面的文献回顾包括从定量研究中得到的定量结果和从定性研究中得到的定性结果的综合。在同一篇文献回顾中综合定量和定性研究结果，文献回顾过程就呈现为混合研究（Onwuegbuzie, Collins, et al., 2010）。

3.4 利用报告的多个部分

作为一项混合研究，综合文献回顾通过认识到意义建构可以发生在作品（如研究文章、书籍章节、书籍）的任何方面——包括标题、摘要、文献回顾部分、理论或概念框架、目的陈述、研究问题、假设、教育意义陈述、方法部分（如参与者、工具、程序、研究设计、分析）、结果部分和讨论部分——而得到增强。这些部分包含定量和/或定性信息。例如，至少以下元素包含定量信息：

- 在信息来源的文献回顾部分呈现的每项定量研究相关的结果。
- 一项或多项研究的样本量。
- 在信息来源的文献回顾部分呈现的定量和/或定性研究。
- 为文献回顾部分选择的每项定量研究结果中的部分发现。

此外，以下元素包含定性信息：

- 在信息来源的文献回顾部分呈现的每项定性研究相关的结果。
- 在信息来源的文献回顾部分介绍的每项定量、定性或混合研究的文献回顾部分。
- 在信息来源的文献回顾部分提供的与每项定量、定性或混合研究相关的样本特征信息。
- 在信息来源的文献回顾部分提供的每项定量、定性或混合研究的结论部分，以及为文献回顾部分选择的每项定性研究结果中的部分发现。

第 3 章 文献回顾方法论

由于每一部作品中都潜藏着大量的定量和定性数据,因此每一篇文献回顾都可同时分析定量和定性信息。因此,每一篇文献回顾最好都使用混合研究技术。简单地说,文献回顾就代表了一种混合研究。文献回顾者可以用定量研究方法来整合定量型文献,用定性研究方法来整合定性型文献。例如,在定量研究技术方面,文献回顾者可以利用**相关性研究技术**,通过研究来考察阅读干预对阅读成绩的影响大小与受干预学生的平均年龄之间的关系。再如,关于定性研究方法,文献回顾者可以利用案例研究技术来收集定性信息,其中每篇文献都代表一个案例。并且依照斯塔克(Stake,2005)的分类法,文献回顾可以被视为一种**内在的案例研究**[即文献回顾旨在选择感兴趣的突出特定案例(如说明性案例与偏离性案例)的信息来源]、一种**工具性案例研究**(即文献回顾旨在为洞察某一现象或问题或者获得一种概括而审查某一特定案例)或是一种**集体/多个案例研究**(即文献回顾旨在为审视某一现象而考察多个案例),其中,工具性案例研究是可以映射到文献回顾过程中的最常见的定性研究方法。

事实上,文献回顾者有许多定量和定性的研究设计可供选择,这些研究设计在第 1 章中已经被讨论过。不管怎样,无论采用何种定量与定性相结合的研究方法进行文献回顾,很明显,综合文献回顾都是一种混合研究。因此,尽管正式文献回顾已有 350 年的历史,但让我们感到惊讶的是,直到最近其才被界定为混合研究。事实上,在海夫特等人(Heyvaert et al.,2011)开创性工作的基础之上,与第 2 章中提出的叙述性和系统性文献回顾类型相似,我们只确定了运用混合研究原则的七个框架,即:(a)惠特莫尔和克纳福(Whittemore & Knafl,2005)所谓的综合性回顾;(b)加贝尔(Gaber,2000)所谓的元需求评估;(c)哈登和托马斯(Harden & Thomas,2010)所谓的混合方法综合;(d)桑德洛夫斯基、维欧伊斯和巴罗佐(Sandelowski,Voils,& Barroso,2006)所谓的*混合研究综合*;(e)普卢耶、加尼翁、格里菲斯和约翰逊-拉弗勒(Pluye,Gagnon,Griffiths,& Johnson-Lafleur,2009)所谓的*混合研究回顾*;(f)波森、格林豪尔、哈维和沃尔什(Pawson,Greenhalgh,Harvey,& Walshe,2005)所谓的*现实主义回顾*;(g)安伍布奇、柯林斯等人(Onwuegbuzie,Collins,et al.,2010)所谓的混合研究综合。

3.5 通往知识之路:方法论

一直以来,所有文化的一个共性就是对知识的追求。获取知识的一个重要途径是通过一种叫作**方法论**的框架。方法论的定义非常之多,例如,方法论既可以被定义为"涉及知识形成原则的逻辑分支"(American Heritage Dictionary, 1993, p.858)或"一门学科或一项调查中的实践、程序和规则的体系",也可以被定义为"一套工作方法"或"对这些方法的研究或理论分析"(p.858)。或者说,方法论是一种广泛的科学研究方法,它包含一个系统或一组特定领域(如社会和行为科学)或学科(如社会学)中的实践、方法、规则和原则。有些作者交替使用方法论(methodology)和方法(methods),然而,这两个概念是非常不同的。实际上,方法只是方法论的一个组成部分。

方法论的概念化

格林(Greene, 2006)在其开创性的文章中提出,人类研究方法的发展必须考虑以下四个相互关联但概念各异的领域:(a)哲学假设和立场;(b)研究逻辑;(c)研究实践指南;(d)社会政治承诺(另见Greene, 2008)。第一个领域"**哲学假设和立场**"是指与方法论相关的核心哲学或认识论信仰。该领域还包括关于公理要素的信念:**认识论**(即对知识的性质和范围的研究),涉及诸如知者与被知者间关系的问题;**本体论**(即现实的本质),涉及单个和多个建构现实以及主观性与客观性的问题;**价值论**(即价值研究),涉及价值观在研究中的作用等问题。因此,哲学假设和立场这一领域"引导调查人员以特定方式关注特定事物,并为这种关注、观察和解释的方式提供适当的哲学和理论依据"(Greene, 2006, p.93)。

根据格林(Greene, 2006)的研究,第二个领域"**研究逻辑**"涉及确定适当的研究目标、研究宗旨、研究目的和研究问题,适当的抽样设计,广泛的研究设计和程序,推论的质量标准,以及报告调查结果的标准。此外,这一领域还涉及为每一种研究策略确定理由的逻辑,并以连贯的方式将所有研究要素连接起来。

第三个领域"**研究实践指南**"提供了具体的研究策略。在这里,哲学假设和立场(第一个领域)及研究逻辑(第二个领域)被转化为具体的研究程序。因此,研究实践指南显示了*如何进行研究*,其中包括与第二个领域所涉及的抽样设计、研究设计、数据收集、数据分析和数据解释相关的程序。第三个领域还包括收集(如调查、访谈)、分析(如相关性、持续比较法)、解释和报告数据的具体程序。因此,研究实践指南为研究提供了具体细节。

第四个领域"**社会政治承诺**"涉及以下问题:谁的利益应该通过特定研究方法来满足,调查研究在社会中的位置,研究是否有助于集体理论知识,调查研究是否产生知识,是否将研究告知政府决策者和利益相关者,研究是否处于一个没有政治争议的受保护空间,以及研究是否位于代表社会批判或对特定利益、观点和群体的倡导的相互竞争的元素中。社会政治承诺领域对于研究在社会中的定位起着重要作用。据格林(Greene, 2006)所言,虽然价值观存在于所有四个领域,但它们在第四个领域中被公之于众(p.94)。

第3章 文献回顾方法论

工具：方法论四大领域之概述

表3-1对这四个领域进行了综合。作为一个集合，这四个领域为方法论提供了一个统一的、交互式的框架和一套实用的方法指南。此外，这些领域在定量和定性研究传统方面都得到了充分发展。近年来，这些领域在混合研究方面已经开始充分发展，混合研究仍然代表着一种新兴的研究方法。

表3-1 推动方法论发展的四大领域

领域	描述
哲学假设和立场	这个领域指的是与方法论相关的核心哲学或认识论信仰。这个领域"引导调查人员以特定方式关注特定事物，并为这种关注、观察和解释的方式提供适当的哲学和理论依据"（Greene，2006，p.93）
研究逻辑	这个领域属于传统意义上的方法论。它引导研究人员的"关注"，以便"观察、记录、理解或解释重要的东西"（Greene，2006，p.93）
研究实践指南	这个领域为研究实践提供了具体的研究策略。在这里，前两个领域被转化为具体的研究程序。因此，研究实践指南显示了如何进行研究，其中包括与第二个领域所涉及的抽样设计、研究设计、数据收集、数据分析和数据解释相关的程序
社会政治承诺	这个领域包括描述和论证研究在社会中的定位。它"关注的是引导研究人员向一个特定的目的地不断迈进，因为它确定了社会科学在社会中的优先角色，并为社会研究实践提供了基于价值的理论和意义。虽然价值观存在于所有四个领域，但它们在第四个领域中被公之于众"（Greene，2006，p.94）

资料来源："Toward a methodology of mixed methods social inquiry," by J. C. Greene, 2006, *Research in the Schools*, 13（1），pp.93-98.

3.6 作为一种方法论的综合文献回顾

在对文献回顾的定义进行概念化时，我们进一步思考了格林（Greene，2006）的以下观点："当所有这些领域相互配合，当它们之间环环相扣且运行顺畅，当其整体呈现有力、连贯、清晰且说服力强时，社会调查的方法论就获得了可信度和说服力。"（p.94）我们认为，综合文献回顾是一种方法论，因为它有可能有一个"以理由、定位、程序和原理紧密连接的逻辑来进行调查的一致基础"（Greene，2006，p.94）。具体地说，文献回顾从根本上有几个哲学假设和立场

(第一个领域),其中一些将在下一章被更详细地讨论。

> **案例:后实证主义哲学框架**
>
> 文献回顾可能植根于**后实证主义哲学**,它主张对社会知识坚持一种客观但容易出错的立场。采用后实证主义研究方法进行文献回顾的研究者可能更重视定量研究结果而非定性研究结果。此外,后实证主义文献回顾者会高度重视理论的发展、验证、修改和扩展(第四个领域)。因此,推动文献回顾的中心问题和假设是由关于特定人类行动、行为、经验或干预的影响或结果的因果问题来表示的。此外,后实证主义者认为,系统性文献回顾因其能够概括归纳而成为检验因果假设的最佳文献回顾分析技术(第二个领域)。这些系统性文献回顾的基础是具有悠久传统的技术,如元分析(第三个领域)。

> **案例:建构主义哲学框架**
>
> 文献回顾可能植根于**建构主义哲学**(如社会建构主义者/建构主义者),它常常与这样一种主张联系在一起,即对同一现象的相互矛盾但同等有效的多种解释可以共存,这种现象被称为多重现实。采用某种形式的建构主义方法进行文献回顾的研究者可能会更重视定性研究结果而非定量研究结果。此外,建构主义文献回顾者将高度重视获得关于人类经验的局部的、情境的理解和意义创造(第四个领域)。核心问题围绕着语境和意义展开,并引导文献回顾者通过文献回顾来建构并重新诠释潜在情境下的主观性(即内部人的)观点(第二个领域)。以建构主义为基础的文献回顾为一些公认的原则所指导,如归纳推理、详细丰富的描述以及自反性(第三个领域)。

方法论的相互对话

为了更好地理解方法论和文献回顾的概念,我们可以来看一下音乐是如何通过多种流派来表达的,如流行音乐、爵士音乐、古典音乐等。音乐家常常会创作和演奏由多种流派、哲学及方法结合而成的融合音乐。因此,文献回顾过程中的方法论就类似于融合音乐,在进行文献回顾之后,你会在时间维度中留下印记,如同"碳足迹(carbon footprint)"[①]一般。尽管作为文献回顾者,你将在七步骤

[①] 总的来说,"碳足迹"指的就是一个人在各类日常活动过程中所引起的温室气体排放的集合。比如,日常用电、用油、用气,或是在搭乘交通工具出行的过程中所产生的碳耗量。碳耗量越多,碳足迹就越大。——译者注

模型的第一步中探索并确定你自己的哲学立场，但我们认为我们写作本书的哲学立场即为约翰逊（Johnson，2011）最近所称的**辩证多元主义**，这是一种方法和视角的深思熟虑的、折中的融合。辩证多元主义是一种受多种方法或多种数据影响的研究立场。有时，当我们研究一个直接聚焦于缺医少药者和边缘化人群（如需要指导的儿童/青少年或成年人）的生活和经验的主题时，我们会使用一个被称为"**批判性辩证多元主义**"的自我概念化的哲学视角（Onwuegbuzie & Frels，2013a）。"批判性辩证多元主义"代表了一种社会正义范式，其目标是让被研究者发声及对其赋权（Onwuegbuzie & Frels，2013a）。因此，与其将文献回顾仅仅视为研究的一个阶段，还不如将其看作一种方法论。我们基于安伍布奇、利奇等人（Onwuegbuzie，Leech，et al.，2011）的观点建立了我们的方法论概念："文献回顾是一种方法论，因为它代表了一种广泛的科学研究方法，包括一套研究目标、研究目的和研究问题，以及方法和程序、质量标准和报告标准。文献回顾的每个单独部分（如选择一个主题、搜索文献、展开论证、调查文献、评论文献和撰写综述）（参见 Machi & McEvoy，2009）必须兼容以优化研究流程。"（p.187）

3.7 综合文献回顾元框架

正如前几章所述，文献回顾在其发展历史中有多种方法展示自己，包括对三种研究传统（即定量、定性、混合）中的某一种的使用。在本章中，我们讨论了文献回顾作为一种数据收集工具、一种方法、一种混合研究技术以及最重要的是一种方法论加以呈现的路径。此外，因为方法论常常可能是一种抽象的过程，所以它需要某种机制或过程来实现。这将是一个框架。现在，你可能会问，为什么是元框架？前缀"meta"用于表示"关于(about)"（它自己的类别），例如，"元数据"即为关于数据的数据。毫无疑问，在七步骤模型中有许多框架，诸如"步骤中的步骤"。因此，综合文献回顾是一个**元框架**。例如在步骤 1"探索信仰和主题"中，我们讨论了信仰系统的许多部分，如世界观、特定领域/学科的信仰和特定主题的信仰。我们设想，如果一个人在一个问题上持多种信仰，那么他/她可能有一个元信仰系统。

回到前文所述的将音乐流派喻为方法论的隐喻，一个交响乐团就存在各种框架。作曲家本身会使用一个框架——也许是传统的三乐章交响曲或四乐章交响曲，也许是交响诗——来传达作曲思想。管弦乐队的每个组成部分及每位乐师又会使用一个框架来解释乐曲，另外，指挥则有特定步骤来开始和结束音乐会。因此，音乐会本身就是一个包含许多步骤、过程、方法和思想的元框架。

3.8 七步骤模型介绍

正如我们在本章中所讨论的，文献回顾涉及文化、道德、多模态以及作为一名研究者的身份等方面，而研究者身份又包括价值观、信仰和经验。顾名思义，综合文献回顾七步骤模型包括七个步骤：(a) 步骤1：探索信仰和主题。(b) 步骤2：启动检索。(c) 步骤3：存储和组织信息。(d) 步骤4：选择/删除信息。(e) 步骤5：扩展检索以包括一种或多种模式（媒体、观察、文档、专家和二手数据）。(f) 步骤6：分析和综合信息。(g) 步骤7：呈现综合文献回顾报告。这七个步骤是多维的、交互的、新兴的、迭代的、动态的、整体的和协同的。

所谓多维的，是指每个步骤都有多个组成部分或维度。所谓交互的，是指每一步都依赖于所有其他步骤。也就是说，通过在文献回顾的不同阶段来回切换，每个步骤都与其他步骤相关。所谓新兴的，是指当线索出现时就应该跟踪，比如好的侦探跟踪所有线索。正如我们前面已经讨论且将在第8章中更详细地讨论的那样，作为文献回顾的一部分，文献回顾者应采访多产作者，以了解其最新的未发表成果、正在进行的成果和/或未来成果（即步骤5）。这些作者提供的信息将最大限度地被呈现。所谓迭代的，是指这些步骤是递归的。也就是说，任何一个步骤甚至是所有步骤都是可以重复的，需要重复多少次就重复多少次。此外，文献回顾者经常在这些步骤之间往复。例如，文献回顾者可能会接收到来自一位或多位多产作者的信息（即步骤5），这可能导致其关注进一步的检索（即返回步骤2）或选择/删除信息（即返回步骤4）。所谓动态的，是指综合文献回顾是充满活力、生机勃勃、富有趣味、丰富多彩的，因而也是令人兴奋的。所谓整体的，是指文献回顾者应尽可能多地融入符号系统。最后，所谓协同的，是指综合文献回顾要遵循霍尔和霍华德（Hall & Howard, 2008）协同方法的四个核心原则："一是综合五种模式中尽可能多的信息，最终形成比传统文献回顾更全面的文献回顾；二是采用辩证的方法进行文献回顾，使用辩证方法时，多个哲学假设和立场交织在一起；三是为了从整体上推进文献回顾，尤其是信息整合，而将定量和定性研究方法置于同等地位予以考虑；四是平衡文献回顾者的多重角色（即文化进步的研究者、有道德的研究者、多模态研究者、原创性思想者、批判性思想者、自反性研究者）。"

工具：七步骤的元框架

图3-1描述了我们在前三章中所讨论的一些概念的元框架。作为一名文献

第 3 章 文献回顾方法论

回顾者,你必须统揽全局,因为作为一名文化进步的研究者,证明你所做的每一个决定都是合理的,并且在不改变你所回顾的这些文献的作者本意的基础之上,透过你自己的视角来向他人呈现你的文献回顾,是一种道德责任。

如图 3-1 所示,元框架的核心就是七步骤模型的核心,即推进文献回顾过程的文化进步方法。模型中的不同分层代表道德方法、多模态文本及情境,以及作为一名原创性思想者、批判性思想者与自反性研究者的文献回顾者身份。

综合文献回顾元框架

作为一种方法论

文化进步

道德

多模态文本及情境

研究者身份

七步骤模型

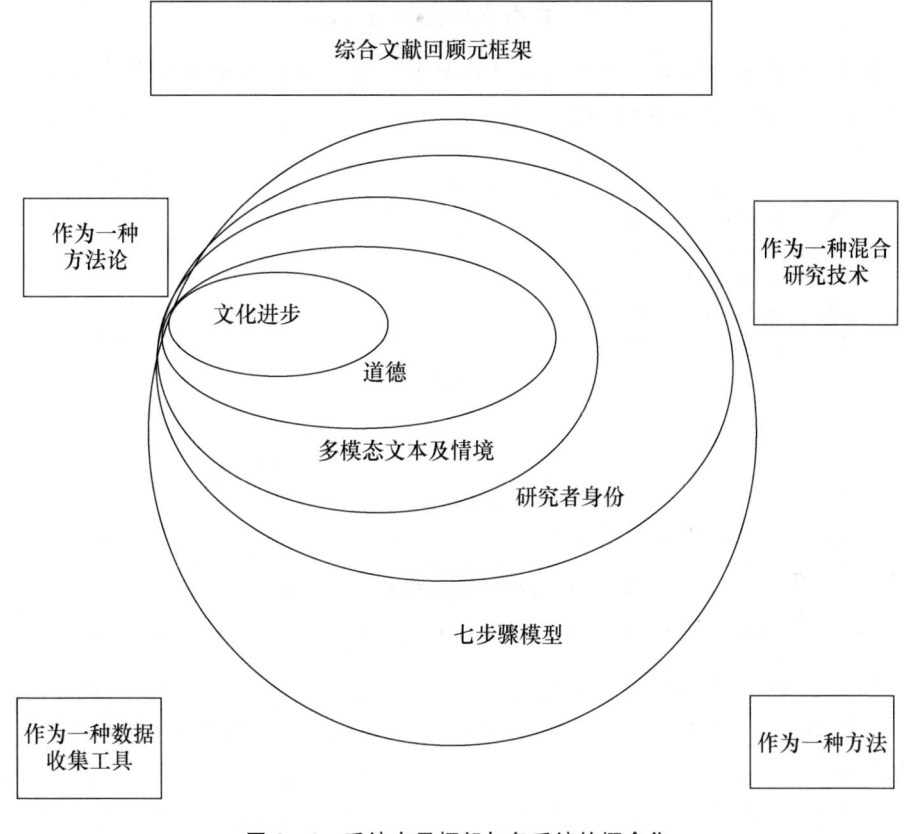

作为一种混合研究技术

作为一种数据收集工具

作为一种方法

图 3-1 系统内元框架与各系统的概念化

探索、解释和交流阶段

第一阶段即探索阶段,包括一系列的调查步骤。特别是文献回顾者应该探索他们的一系列信仰体系,包括他们的世界观、研究哲学信仰、特定学科信仰和特定主题信仰,以及这些信仰体系之间的相互关系(步骤 1)。此外,文献回顾者还应该探索他们感兴趣的主题,使用各种方法(如个人信仰、知识和经验,专业信仰、知识和经验)来探究与该主题相关的初始关键词,为其信息搜索提供信息

（步骤1）。此外，文献回顾者还应探究潜在的信息数据库，一旦确定了适当的数据库，他们就应对这些数据库展开检索以探索与主题相关的信息，并确定有助于集中检索的最恰当的关键词（步骤2）。文献回顾者还应探究将选择哪些文献和删除哪些文献（步骤4），并通过五种模式中的一种或合并多种来扩展检索（步骤5）。在步骤5，即探索阶段的最后一个步骤中，文献回顾者应探索如何存储和组织信息。

工具：七步骤模型的三个阶段

图3-2展示了综合文献回顾过程的七个步骤，这些步骤被细分为以下三个阶段：探索阶段、解释阶段和交流阶段。

探索阶段

步骤1：探索信仰和主题
步骤2：启动检索
步骤3：存储和组织信息
步骤4：选择/删除信息
步骤5：扩展检索以包括一种或多种模式（媒体、观察、文档、专家、二手数据）

解释阶段

步骤6：分析和综合信息

交流阶段

步骤7：呈现综合文献回顾报告

图3-2 综合文献回顾的三个阶段

第二个阶段为解释阶段，即文献回顾者解释他们通过前五个步骤获取的信息。这种解释是通过分析和综合途径来实现的。顾名思义，这一阶段是解释性的，因为它是分析、评估和解释选定信息源的终点，随后这些信息源将被整合，从而形成塔沙科里和泰德利（Tashakkori & Teddlie，1998）所谓的元推论——代表了从每一个信息源得到的推论，这些推论又被组合成一个连贯的叙述。

第三个也是最后一个阶段，为交流阶段，即文献回顾者向适当的受众传播他们的文献回顾报告。这种传播可以采取一些陈述的形式加以呈现，如表演（例如表演民族志，其中文献回顾报告通过戏剧形式予以表现）、视觉（例如通过绘画、照片、视频、多媒体）、口头（例如在课堂上提交文献回顾报告；作为毕业论文/学位论文答辩的一部分提交文献回顾报告；在研究会议上单独提交文献回顾报告，或将其作为主要研究报告的一部分）或者最重要的书面形式（例如作为课堂作业、毕业论文/学位论文章节、研究论文、书籍章节，通过博客、网站或基于互联网的社交书签服务）——文献回顾报告的打印版本和/或数字版本将被存储

第 3 章　文献回顾方法论

在某处（如图书馆、文献数据库、网站）。通常，其目标是将研究报告提供给他人，从而促进知识生成循环往复。

工具：七步骤模型概览

图 3-3 呈现了七步骤模型的流程图，反映了探索、解释和交流阶段。

如图所示，步骤 3（存储和组织信息）在文献回顾过程中发挥关键作用，因为每个选定的信息源都需要被存储和组织，至少在初始阶段如此。因此可以看到，箭头从步骤 2、步骤 4 和步骤 5 指向步骤 3，这表示从步骤 2、步骤 4 和步骤 5 中获取的信息必须被存储和组织。同样，箭头从步骤 3 指向步骤 4、步骤 5（通过步骤 4）和步骤 6，这表明应该在移动到步骤 4、步骤 5 和步骤 6 之前对在先前阶段获取的信息进行存储和组织。在后面的章节中，你将了解进行综合文献回顾的七个步骤中的每一个步骤。

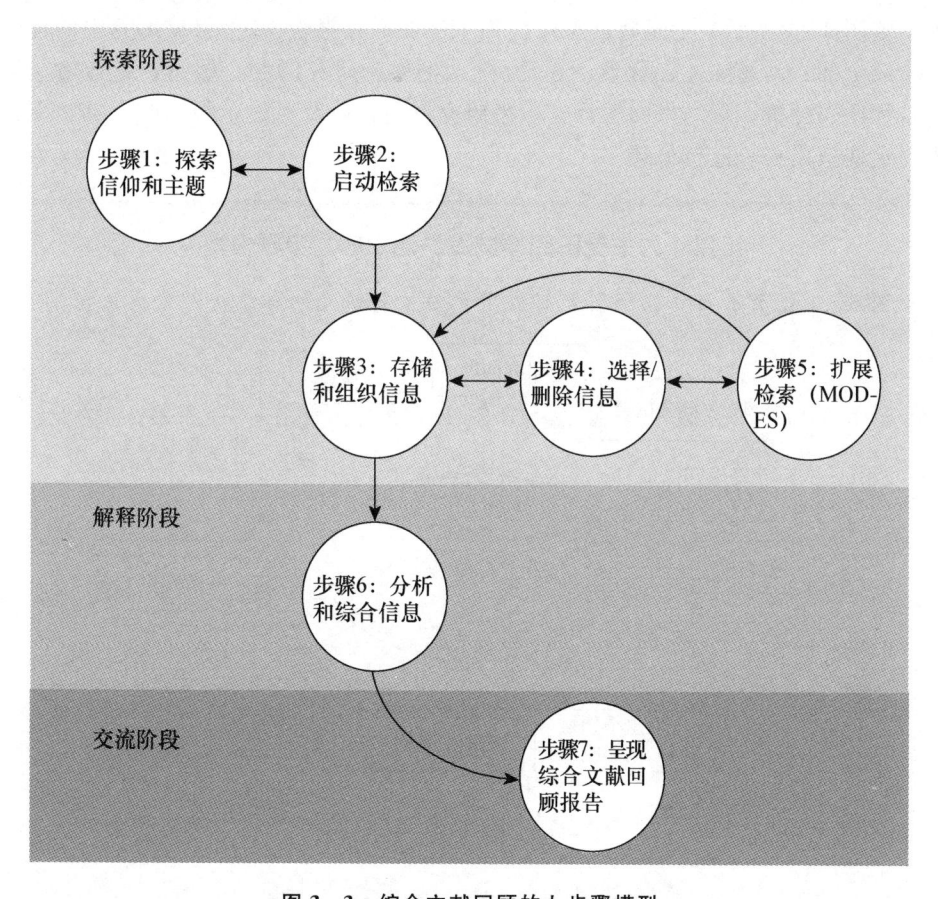

图 3-3　综合文献回顾的七步骤模型

应用概念

正如我们在第1章中所言，在文献回顾开始之前，文献回顾者必须首先确定文献回顾的目标究竟是其自身（即作为一个独立的研究）还是作为一个为主要研究提供信息的研究。如果其自成目标，那么七步骤模型将仅用于生成文献回顾报告（例如为了书面交流、为了口头交流）。但如果文献回顾的目标是为主要研究提供信息，那么文献回顾者应根据需要在主要研究的全过程中进行一系列的文献回顾。

3.9 运用七步骤模型开展主要研究

如图3-4所示，七步骤模型可应用于主要研究报告12个组成部分中的任何一个或全部：问题陈述、背景、理论/概念框架、研究问题、假设、参与者、工具、程序、分析、对结果的解释、未来研究方向，以及对这个领域的影响。下文将对这些应用一一进行概述。

工具：为主要研究领域提供信息的七步骤模型

图3-4展示了七步骤模型如何被用于为主要研究的各组成部分提供信息。

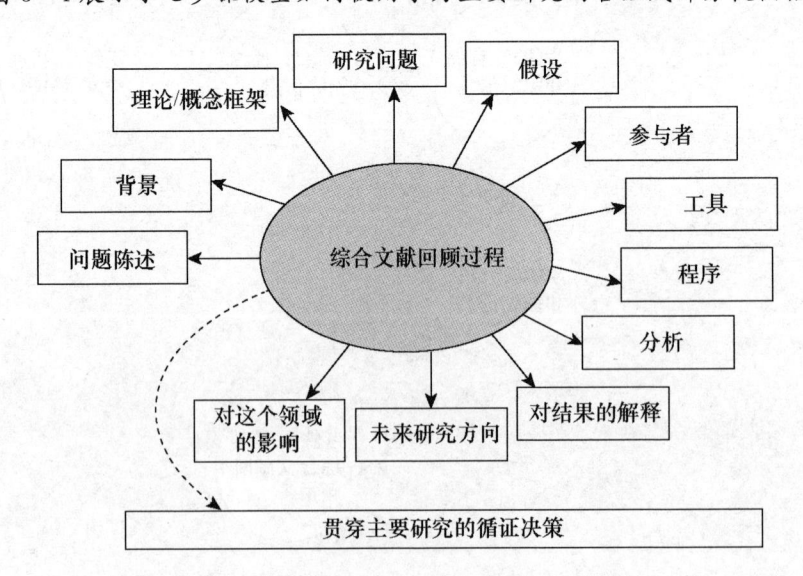

图3-4 主要研究报告各部分的综合文献回顾过程

一、问题陈述

有效的（即值得研究的）*问题陈述*（也称*关于问题的陈述*）是对研究者和/或实践者面临的当前重要挑战（即问题）的描述，对于这些挑战，现有文献中并没有足够的解决方案。此外，一份值得研究的问题陈述应该明确已确定问题的性质与范围。更具体地说，问题陈述是研究报告中的一个部分，其中包含研究主题、该主题中的研究问题、基于以往研究和实践而确定这一问题的理由、以往研究或实践知识的不足或缺陷，以及为各种受众解决这一问题的重要性（Creswell, 2002, p. 650）。显然，要获得"基于以往研究和实践而确定这一问题的理由"以及确定"以往研究或实践知识的不足或缺陷"，都需要全面的文献回顾。

二、背景

很明显，一名文献回顾者需要提供足够的背景信息，以便能够撰写一份主要研究报告的文献回顾部分。因此，我们不需要在这里做进一步的说明，因为我们希望它是隐含其中的！

三、理论/概念框架

正如莱斯特（Lester, 2005）所指出的，一种*理论框架*通过对规范理论的运用来指导研究过程，而这种规范理论又是"通过对某些现象和关系的明确、合乎逻辑的解释的运用才发展而来的"（p. 458）。相比之下，*概念框架*是"这样一种观点，即考虑到正在调查的研究问题，选择用于调查的概念及其之间的任何预期关系都是适当和有用的"（p. 460）。实际上，所有定量、定性和混合研究至少在某种程度上都是由理论框架和/或概念框架驱动的。为了确定"对某些现象和关系的明确、合乎逻辑的解释"（即理论框架），或确定"选择用于调查的概念及其之间的任何预期关系都是适当和有用的"（即概念框架），文献回顾者必须熟悉现存的大量文献。

四、研究问题

*研究问题*是研究者试图利用研究方法回答的疑惑。在大多数情况下，研究问题源自文献，因为它们代表了目标的缩小，而这又反过来反映了我们知识宝库中的一个空白。即使研究问题源自实践经验，也最好对文献进行审视，不仅要将研究问题语境化，还要检查以确定是否有一个或多个其他研究团队尚未解决这一研究问题。因此，文献回顾有助于研究者最终确定其研究问题。

五、假设

研究*假设*是针对一个可以通过研究来检验的可观测现象提出的解释。或者说，假设是一种声明性陈述，其中研究者——通常在定量研究或混合研究的定量阶段——对感兴趣的变量之间存在的关系进行预测或判断。如约翰逊和克里斯滕森（Johnson & Christensen, 2010）所述："提出的假设通常来自文献回顾或理论。"（p.77）因此，一名文献回顾者需要进行一次文献回顾以便最终确定其研究假设。

六、参与者

在研究报告的**参与者**部分，作者至少描述了样本/群体规模、抽样方案（如何选择样本），以及样本/群体成员的特征。检查文献以将所有抽样决定情境化总是一个好主意。例如，在对假设进行检验的定量研究中，这些关系是否存在所需要的适当的样本规模（即所谓的统计功效）部分取决于构成假设基础的变量之间预期关系的大小（即所谓的效应量）。有关感兴趣的变量之间关系的预期规模的信息可以从先前经验报告中记录的相同或相似变量之间的关系规模中收集。因此，文献回顾可以在帮助文献回顾者明智地选择参与者方面发挥重要作用。

七、工具

在一项研究中，**工具**是用来促进实现以下一个或多个研究目标的手段：探索、描述、解释、预测、影响。例如，在定量研究中，其主要研究目标是描述、解释、预测或影响数据，工具就被用来测量、观察或记录数据。而在以探索或描述为主要研究目标的定性研究中，工具又被用来记录或考察现象。在混合研究中，工具可以因任何原因而被用于定量和定性研究。文献回顾在帮助文献回顾者选择最适合进行主要研究的工具方面发挥至关重要的作用。不幸的是，根据我们的经验，我们注意到许多研究人员，特别是研究新手，没有彻底研究过他们所选择的工具。

案例：使用综合文献回顾选择一种工具

吉布森和登博（Gibson & Dembo, 1984）宣称，他们的教师效能感量表（Teacher Efficacy Scale, TES）是根据班杜拉（Bandura, 1977）的自我效能理论编制的。然而，德林格（Dellinger, 2005）却证明，这一论断在文献中一再遭到反驳。此外，德林格（2005）还记录了许多研究人员通过经验证明TES具有较差的心理测量特性（例如，Coladarci & Fink, 1995; Guskey & Passaro, 1994; Henson, 2002, 2003; Tschannen-Moran, Woolfolk Hoy, & Hoy, 1998; Witcher et al., 2006），并因此而质疑了TES的维度。特别是，他们得出的结论是TES拥有比开发人员声称的两个子量表更多的子量表。然而，尽管与TES相关的测量效度不佳，以及基础效度（即反映"研究者对所研究的结构和/或现象的先验理解")(Dellinger & Leech,2007,p. 323)和历史效度(即反映"通过使用和引用现存文献中的相关性而积累的有效性证据类型")(Dellinger,2005,p. 44)不足,但许多研究人员依然使用 TES。事实上,在写作时,探索性论文(PQDT)数据库显示有 666 篇论文(绝大多数文章)使用了该量表来收集效能数据或评估/讨论 TES 的心理测量特性,这与亨森、科根和瓦切-哈斯(Henson,Kogan,& Vache-Haase,2001)所宣称的 TES 是"该领域最常用的工具"(p. 404)是一致的,尽管其存在着较差的心理测量特性,可能会使利用该工具发现的任何结论失效。TES 工具的问题只是一个例子,说明不进行文献回顾会导致研究人员选择不合适的工具。

八、程序

程序部分是"研究报告中描述研究将会如何开展的部分"(Johnson & Christensen,2010,p. 592)。这一部分还包括对研究设计的描述,正如我们在前一章中所定义的,研究设计是用来解决研究问题的框架(如大纲或计划)。与参与者和工具部分一样,文献回顾可以在帮助文献回顾者做出合理的程序决定方面发挥重要作用。

九、分析

在研究情境中,**分析**能将基础数据分解成更小的部分,以便更好地理解这些数据所代表的现象。除了检查方法来源以确定分析数据的适当方法外,考虑到研究问题和/或假设,文献回顾者还应审视与主要研究相似的报告,以弄清所进行的分析及分析人员遇到的任何问题。例如对于定量研究而言,弄清楚不同研究人员在分析过程中如何处理缺失数据(即不是从一个或多个参与者那里获得的信息)是很有帮助的。而在定性研究中,明确哪些分析技术导致了数据饱和则可能是有所助益的(例如分析提出了主题或类型,以至于分析人员得出结论,新的数据不会为发展这些主题或类型提供任何新的信息或见解)(Morse,1995)。因此,文献回顾可以在帮助文献回顾者做出正确的分析决策方面发挥重要作用。

十、对结果的解释

正如我们在前一章中所讨论的,当驳斥第三个误区时,如果不从现存文献中吸收相关信息,研究人员就无法将他们的发现置于语境之中。因此,研究人员需要融入一个部分中以讨论**研究结果的含义**。更重要的是,当偶然(即意外)发现出现时,需要利用现有文献来帮助解释这些发现。例如,在前一章中,我们描述了安伍布奇等人（Onwuegbuzie et al., 2003）如何在其研究的解释阶段进行了一次文献回顾，结果他们发现了一种被称为马太效应的现象以描述合作学习小组在入门级教育研究方法课程中的表现。因此，解释阶段的文献回顾有助于纳入或排除对立的解释。

十一、未来研究方向

显而易见，文献回顾者需要进行文献回顾以便为**未来研究方向**提供有用的指导，而不致在未来进行不必要的、多余的研究。因此，我们无须赘言，但会将其作为对这一主题的最终想法而将这一特性予以保留。

十二、对这个领域的影响

在解释自己的研究结果时，文献回顾者绝对不能提供事先已被证明不合适的建议。因此，文献回顾者需要进行一次回顾以助其提出具有文化进步性的、深思熟虑的、道德的建议。一份研究报告的**"对这个领域的影响"**部分允许文献回顾者去吸纳关于这个主题未来研究的一些想法。

3.10　作为一个循环过程的七步骤模型

正如我们已经讨论过的，七步骤模型可以被用来为一份主要研究报告中至少12个组成部分提供信息。对于主要研究而言，七步骤模型应被视为一个周期性过程，其中文献回顾者应尽可能多地经历七个步骤，以充分了解研究报告的所有组成部分。但这并不意味着七步骤模型需要至少应用12次。事实上，通过仔细地对每个信息源进行编码，可以在同一个七步骤周期内为其中几个（如果不是大多数）组成部分提供信息。我们将在七步骤模型的第3步中（即第6章）向你展示如何实现这一点。

请记住，尽管我们在这里将文献回顾作为一项为主要研究的各部分提供信息的工作加以讨论，但文献回顾本身也可以是独立的，在这种情况下，它同样也是一个周期性过程。事实上，在写这本关于文献回顾的书时，我们进行了自己的文献回顾研究，并将报告作为独立的文献回顾加以呈现。我们考虑了研究问题，即对社会科学文献回顾的误读。随后我们知道，依时间顺序对文献回顾进行简单描述并不会增加任何知识；然而，我们确定我们需要将这些信息整合成一个新的定义。由此，综合文献回顾诞生了！

结 论

最后必须记住，作为一名文献回顾者，你应该意识到你作为一名有文化能力和道德的研究人员的身份，你的全面的文献回顾可能成为其他人未来研究或在你的研究领域取得最佳成果的基础。事实上，文献回顾是一种方法论。因此，作为一种方法论、方法或其他，文献回顾在"文献"中占有重要地位，并且可以影响你所在领域或学科中的利益相关者。既然我们已经讨论了许多考虑研究传统的方法，并在第1章和第2章中将这些想法与文献回顾联系了起来，那么现在就是开始你极为重要的文献回顾之旅的时候了。在下一章中，你将开始步骤1，探索你的世界观、研究哲学信仰、特定主题信仰和特定学科信仰。此外，在步骤1中，我们将开始指导你通过反思实践或我们所谓的核心（CORE）过程来记录你的步骤。我们建议你在继续学习之前先回顾这些重要的章节概念：

- 文献回顾代表了一种数据收集工具、一种方法、一种混合研究技术，尤其是一种方法论。
- 当文献回顾自身即为目标（即是独立的）时，文献回顾代表了一种随着文献回顾过程结束而结束的单一研究。
- 当文献回顾的目标是为主要研究提供信息时，文献回顾代表了一种嵌入式研究。
- 通过使用混合研究技术，即通过在同一文献回顾中收集和分析定量和定性信息，综合文献回顾得以被促进。
- 文献回顾可以被视为一种内在的案例研究［即文献回顾旨在选择感兴趣的突出特定案例（如说明性案例与偏离性案例）的信息来源］。
- 文献回顾也可以是一种工具性案例研究（即文献回顾旨在为洞察某一现象或问题或者获得一种概括而审查某一特定案例）。
- 文献回顾还可以是一种集体/多个案例研究（即文献回顾旨在为审视某一现象而考察多个案例）。
- 方法论是一种广泛的科学研究方法，它包含一个系统或一组特定领域或学科中的实践、方法、规则和原则。这些假设适用于综合文献回顾。

工具：七步骤使用范例

图3-5呈现了我们设计七步骤模型的文献回顾概要。如图所示，在步骤7中，我们在编写最终报告（即这本教科书）时根据需要重新审视了这些步骤。

如何进行文献回顾

```
                  ┌─────────┐      ┌─────────┐
                  │ 步骤1:探索│─────▶│ 步骤2:  │
                  │信仰和主题│      │ 启动检索│
                  └─────────┘      └─────────┘
```

定义了我们的世界观以及文化如何影响知识
提炼综合文献回顾这一主题
确定我们的研究立场为（批判性）辩证多元主义
创造了问题陈述：所有文献回顾教科书都忽略了文献回顾的文化、道德和多模态要素

检索：
研究教材
文献回顾书籍
图书馆数据库

编制参考文献清单并将其存储在电子文档中

步骤3：存储和组织信息　　步骤4：选择/删除信息　　步骤5：扩展检索（MODES）

联系并与之进行虚拟访谈：
- 一位将文献回顾作为方法论的研究方法领域的多产作者
- 一位多模态文本和新文学方面的多产作者（以获取相关主题的额外信息来源）

进行一次互联网检索，以进一步了解灰色文献、RSS和其他Web 2.0资源
对文献回顾进行一次历史性文献回顾
咨询媒体（YouTube）以获得文献回顾和技术方面的额外资源

步骤6：分析和综合信息

使用迭代过程对每个章节和章节内容进行决策
合成信息来源，形成十个误区
基于误区和问题陈述创建综合文献回顾定义

编列每一章的大纲
组成章节，每一章以特定的要点结束
设计概念图以展示和呈现复杂的思想
编辑写作
咨询三名学生——一名本科生和两名硕士生——以获得反馈/评论
在编写/澄清概念时，根据需要重新审视综合文献回顾及其步骤

步骤7：呈现综合文献回顾报告

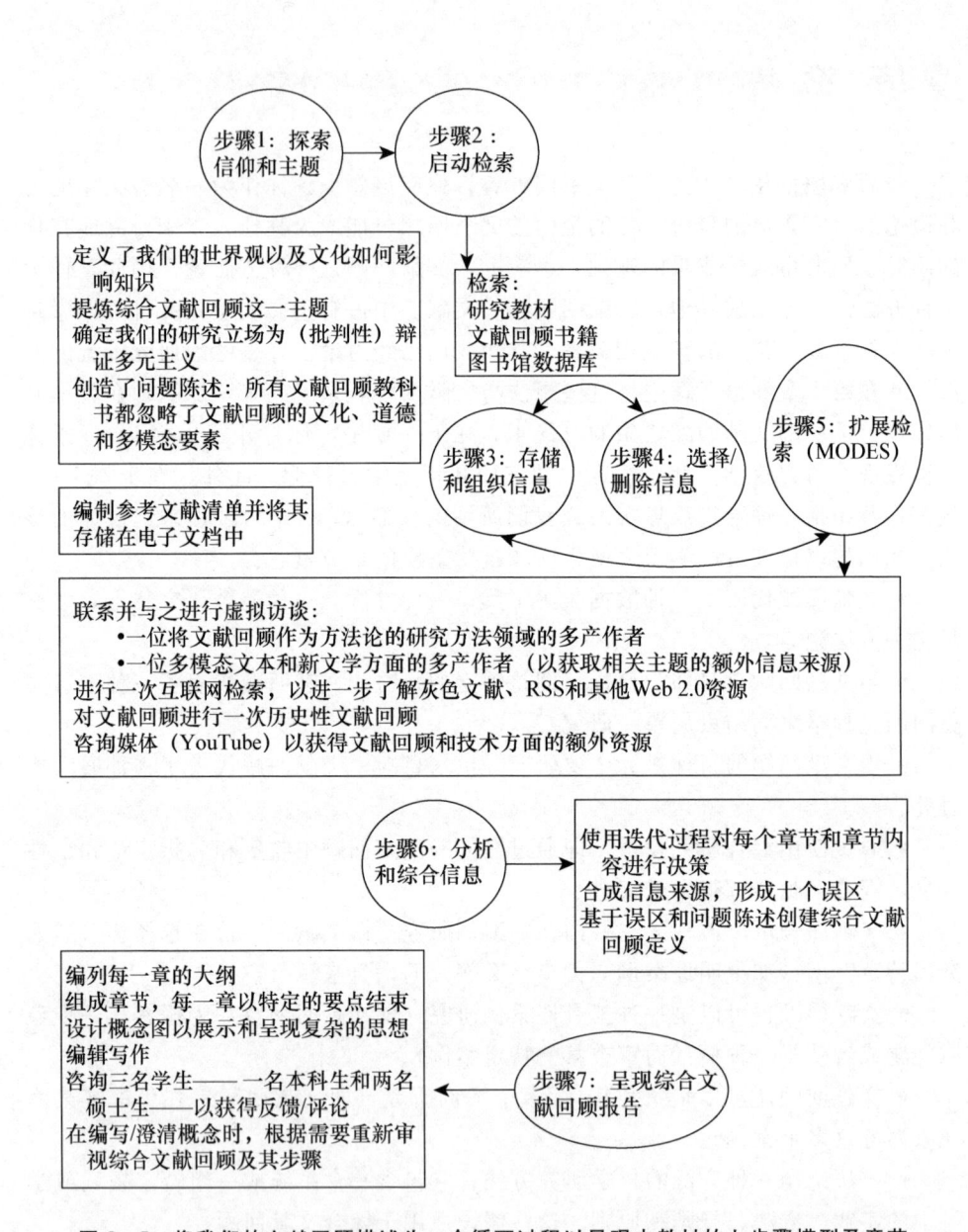

图3-5　将我们的文献回顾描述为一个循环过程以呈现本教材的七步骤模型及章节

第3章 文献回顾方法论

第3章 评价一览表

核心（CORE）	指导性问题和任务
批判性检视	想想一个特定的知识，也许是一个历史事实或概念。为什么你认为文化会影响这种知识的交流方式？
组织	细想一下你阅读研究报告的经验。你觉得报告的某些章节比其他章节更有趣吗？新的专业术语对你来说是个障碍吗？收集一些信息来源来帮助你阅读更难的部分。
反思	将综合文献回顾视为一种方法论在哪些方面是重要的？研究方法的变化会以何种方式影响研究的进行方式？
评估	讨论你收集定性和定量数据来理解某一新话题的一次经历，如医疗程序或在什么餐厅用餐。一项传统如何增加你对另一项传统的理解？

第二篇
探　索

你所在位置

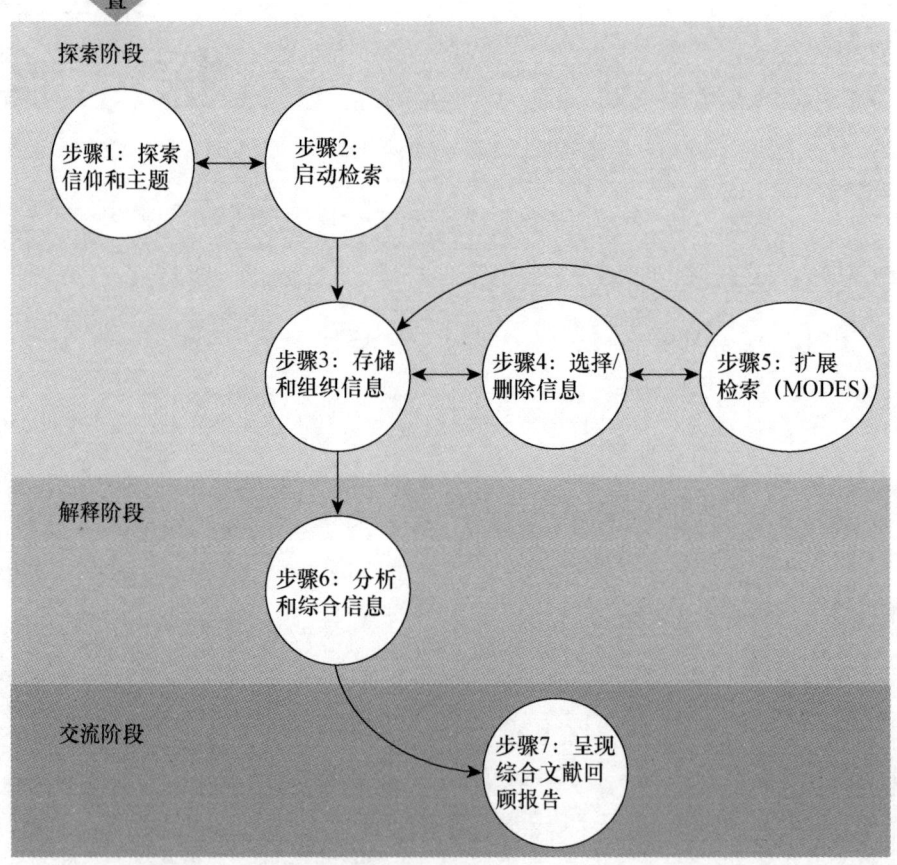

```
探索阶段
  步骤1：探索信仰和主题 ↔ 步骤2：启动检索
                              ↓
  步骤3：存储和组织信息 ↔ 步骤4：选择/删除信息 ↔ 步骤5：扩展检索（MODES）
                              ↓
解释阶段
  步骤6：分析和综合信息
                              ↓
交流阶段
  步骤7：呈现综合文献回顾报告
```

第4章

步骤1：探索信仰和主题

第4章思路图

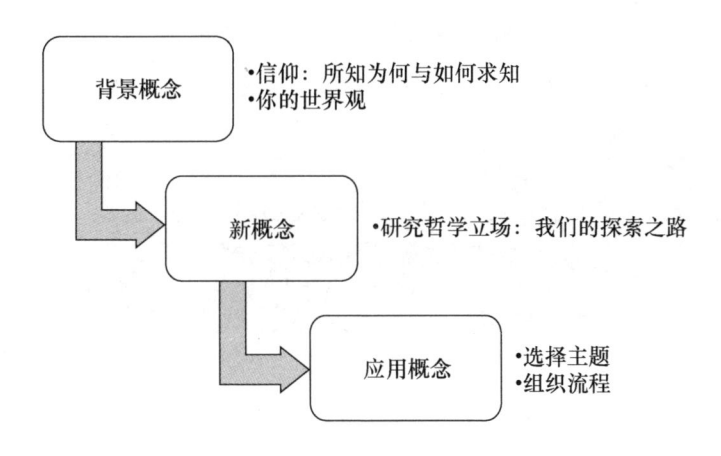

- 背景概念
  - 信仰：所知为何与如何求知
  - 你的世界观
- 新概念
  - 研究哲学立场：我们的探索之路
- 应用概念
  - 选择主题
  - 组织流程

4.1 信仰：所知为何与如何求知

当我们开始考虑信仰时，会再次回到文化层面去问一个问题：我们如何知道我们所知道的？在成长过程中，我们有可能吸收了父母的信仰、社会或文化的信仰、传统的信仰、道德教化以及宗教信仰。随着时光流逝，我们的经历可能会强化也可能会挑战我们的信仰。此外，在哲学领域，**哲学思维**促使我们去研究形塑我们信仰的思维以及它们与其他信仰的逻辑联系。

在"步骤1：探索信仰和主题"中，我们不建议你改变你的核心信仰，也不打算挑战你的信仰体系。然而，我们确实希望你开始进行批判性反思，这样你就知道你为什么会偏好一些特定想法，以及为什么要理性地来协调其中的一些想法。因此，我们假设所有研究都是基于文化及信仰体系的，包括我们决定研究什么问题、如何寻找及在何处寻找这些问题的答案、强调什么及如何强调我们的研究发现，以及如何描述研究发现。事实上，任何一个研究主题都不是靠掷硬币或转轮盘来随机选择的。你将选择一个能够与你所关心的、所感兴趣的或吸引你注意力的事物产生共鸣的想法。在某种程度上，你甚至可能不知道为什么要选择或提炼这样一个主题。开始进行的第一个步骤包括探索你的信仰以及这些信仰如何影响你的文献回顾。尽管存在诸多的信仰体系，但在第一个步骤中，我们还是要强调认识论和价值论，因为它们和你个人的世界观相互影响。接下来，我们将讨论你的世界观究竟是如何成为你信奉一种或多种研究哲学信仰、特定学科信仰和特定主题信仰的视角的。

工具：揭示你的交互信仰体系

图4-1展示了选择和形成你的文献回顾主题的交互信仰体系。

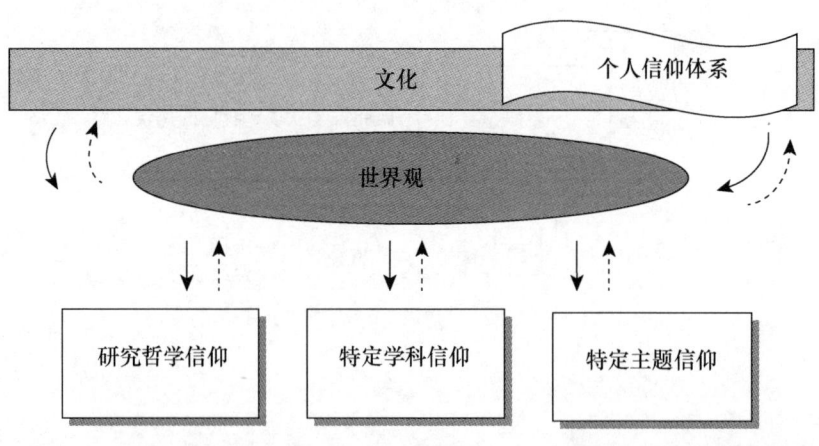

图4-1 综合文献回顾中的文化、个人信仰体系、世界观和方法的交互过程

4.2 你的世界观

如第2章所述，文化能够对文献回顾产生极为重要的影响。在图4-1中，

第 4 章 步骤 1：探索信仰和主题

我们已经说明了随着生活而不断变化与演进的文化在我们的信仰体系中是如何影响我们所谓的"世界观"的。"世界观"一词由德语"*Weltanschauung*（世界观）"演变而来，由单词"*Welt*（world，世界）"和"*Anschauung*（view 或 outlook，看法或观点）"组成。你的世界观就是一种哲学立场，它为指导你的行动提供了一套基本的信仰（Denzin & Lincoln，1994）。世界观受以下因素影响：

- *认识论*（epistemology），即知识的本质及来源。例如，经验主义认识论者认为知识源自感性经验。理性主义认识论者则认为可以通过推理产生知识（Schwandt，2007）。
- *本体论*（ontology），即通过对现实或存在的研究来理解作为世界的一部分的万事万物。例如，唯心主义认为除了意识和内心体验，世界别无他物。现象学关注的是意识体验的基本结构。
- *价值论*（axiology），即价值观影响知识获取方式的观点，包括研究者或者被研究的观念或人（即被调查者）的社会及文化规范。
- *理解*（*Verstehen*），用于指代人类科学的目的，包括在社会、历史和文化背景下用来理解的方法（Schwandt，2007）。

世界观也可以被视为一个人的哲学、思维方式、人生哲学、价值观、人生观、生活方式、意识形态，甚至信仰。广义地说，世界观可以被视为一个整体视角，通过这一视角，人们观察、解释及确认其所知道的知识是真实的。简而言之，世界观代表着个体的整体。换言之，世界观是一种信仰、感知、态度和观念的框架，通过这个框架，个体可以解释世界并与之互动。然而，世界观并非一成不变的。它受一个人的信仰的影响，也影响着其他类型的信仰。同时，世界观影响着选定的研究哲学信仰、特定学科信仰和特定主题信仰，这些信仰反过来又在不同程度上重塑着世界观，且在一定程度上影响着一个人的文化（图 4-1 中的实线箭头表示确定的影响，而虚线箭头仅表示可能的影响）。这是一个有生命的过程！

一、认识论信仰：认知

关于认知的一种传统解释是在以下几种情形下，一个人知道信息是真实的：(a) 一个人对信息确信无疑；(b) 信息事实上就是真实的；(c) 该人有充足的理由相信信息是真实的。20 世纪最具影响力的哲学家之一艾耶尔（Ayer，1956）解释说，这三个条件是知识的充分必要条件。关于你的信仰和认知，你可能会认为知识唯一的真正基础是从你自己的感官体验中获得的经验证据，或者认为理性在你的认知过程中起着至高无上的作用。

一方面，也许你认为，以文献或颇具影响力的人物的形式表现出来的权威是解释何为真实的最好方法。另一方面，你又可能依赖直觉来确认信息或认知。关于信仰，这一点表现得尤为典型，因为信仰是你思考和感知过程的一部分，如果你坚信德国从未赢得过世界杯足球赛的奖杯，那么你就会认为德国真的从未赢得过这个荣誉。区分信仰与哲学家所谓的真理之间的差异是非常重要的（特别是如果你生活在德国）。回到理解知识的第三个充分必要条件，你可以证明你所说的是正确的，因为它本来就是真实的。

你的认识论，或者说你对自己所知信息的确信程度会影响你对有效证据的接受程度，也就是你愿意相信文献回顾中所研究的信息来源的程度。你的**认识论信仰**会影响你赋予经验证据、理性、直觉和信息来源的意义，以及你在综合这些知识时所承担的风险。通过列举一些你确信信息为真以及如何辨识信息为真的方法，你已经建立了自己的认识论信仰体系。这是你世界观的一部分。

二、价值论信仰：价值观

正如每个人都是独一无二的，价值观的概念同样丰富多彩。尽管一般来说，人们之间具有一定的相似性，但每个人的特性都受到特定 DNA 遗传密码的限制。同样，我们可能拥有一些与姐妹、兄弟、配偶或闺蜜相同的信仰；然而，价值观却将我们的信仰带入不同的领域，如道德价值观和非道德价值观、传统价值观和非传统价值观、客观价值观和主观价值观、绝对价值观和相对价值观。通过调查我们的**价值论信仰**或信仰的价值——无论是个人的还是社会的——我们开始认识到我们的世界观的另外一个部分。

我们一直在讨论认知的本质以及人们在社会背景下铸造信仰的方式。因此，人们都是通过不同的感知、思考、认识、行动或整体世界观来应对生活以及生活任务的。

世界观是一个互动的循环过程，它随着你吸收新的知识和文化理解而发生改变。如前几节所述，你的一般信仰受你的教养、文化、社会环境和生活经历的影响。这些信仰在整个研究过程中，尤其是当你考虑一个研究主题时，有着重要的作用。即使你被分配了一个研究课题，但由于你具有独特的世界观，你也不会用与其他研究人员或文献回顾者完全一样的方式去研究探索它。这就是我们说"文献回顾者是进行文献回顾的主要工具"的原因——到目前为止，这一事实还没有得到文献回顾书籍及章节作者的承认。事实上，我们创造了这样一个说法："你不能将文献回顾者从文献回顾中抽离！"

此外，一般信仰在整个文献回顾过程中发挥着重要作用，几乎影响着每一个决定。例如，一般信仰至少部分地影响一个信息来源（如文章）是否会被选择以及是否会被重视。具体地说，你在选择文献回顾信息来源时可能会排除一篇论文，因为论文中发表的声明、提出的理论、报告的研究结果是由你的信仰体系、价值观、经验感知方式之外的作者提出的。在反思信仰的同时，审视和商定我们在综合文献回顾核心部分所讨论的内容同样关键：文化进步的立场、道德规范和

第4章 步骤1：探索信仰和主题

多模态信息来源——特别是你所选择的信息来源中的文化要素如何被呈现，以及你的文化又是如何影响你所选择的信息来源的。

在这一点上，我们想向你介绍我们为全书七个步骤的大多数案例所选择的主题。这一主题基于我们自己的一些价值观，而且是一种导师制主题。专栏4.1概述了弗雷尔斯在导师制领域的研究（Frels，2010），我们在本书中用它作为综合文献回顾的例子。我们将这项研究称为二元导师制研究（Dyadic Mentoring Study）。

专栏4.1

二元导师制研究

在本书中，我们使用二元导师制研究（Frels，2010）及其他与导师制相关的实例来帮助解释七步骤模型，并为综合文献回顾提供实际示例。在这种特定语境中，"导师制"一词指的是一位乐于助人的成年人为年轻人提供学术和情感上的支持。"校本导师（school-based mentor）"一词是指在公立或私立学校与年轻人进行交流的乐于助人的成年人，因此学术环境就是他们交流的一部分。

三、特定学科及特定主题信仰

文献回顾者也应该探索特定学科（如教育学、心理学、社会学）的信仰。**特定学科信仰**是决定了我们如何思考这个领域或学科、我们认为这一领域或学科中最重要的东西是什么，以及我们如何获得这些知识的一些想法。例如，在对"有效教学"进行文献回顾时，文献回顾者应该检视其关于自身偏好的信仰，如与具有特定教学风格的教师的关系经历、结构化作业与创造性作业，或者关于合作学习和个人或小组作业的一般态度。认识到这些信仰，反过来又可以使文献回顾者在其经验中考虑文化和社会原则；相反，意识到这些偏见，将有助于在开始文献回顾检索时记录关于保留和舍弃某些信息来源的决定。

类似于特定学科信仰，**特定主题信仰**更专注于学科领域内的一个方面，并且基于我们如何思考、思考什么以及我们如何获得这种理解。特定主题信仰通常允许人们"各抒己见"，人们往往对此非常热衷。

案例：以书面形式呈现信仰体系

专栏4.2是弗雷尔斯为确定她的世界观、特定学科信仰和特定主题信仰而写的摘录。她解释道，作为美国的心理治疗师，她之所以提出这些观点，是因为她相信高效的教师通过良好的人际关系能做到最好。

> **专栏 4.2**
>
> **建立在教育学科或领域的观点和教学主题之上的世界观的例子**
>
> 我认为我的世界观哲学是人本主义和存在主义的,即一个人真正地承认对自己的生命的责任并留意对自己和世界的责任(Yalom,1980)。我相信这一概念与教育相关(我的专业观点),即如果教师与学生建立了牢固的关系,他/她就能够牢记责任并感受到其与班级、课程和他/她最好的自我拥有更好的联系。梅(May,1983)概述的人本主义、存在主义阐明了不同层次的关系:(a)真实的人的层次(教师乐于见到学生,反之亦然,以缓解所有人都经历过的孤独感);(b)朋友的层次(两个人相互信任,真正关心、倾听和理解彼此);(c)尊重的层次(教师和学生有能力超越自我,关心彼此)。
>
> 关于教学这个话题,我的哲学是建立在我作为学校顾问和心理治疗师的专业经验之上的,我相信教师和学生都有从教学经验中受益的潜力。此外,我相信这个观点对有效的教学很重要。这些想法为我进行文献回顾提供了一个整体的视角。

4.3 研究哲学立场:我们的探索之路

或许更为微妙的是,研究**哲学立场**影响着文献回顾者做出的决定,即是否将某种研究方法(如定性研究)纳入文献回顾信息来源,以及如果选择了某种研究方法,那么应该对其给予多大的重视。同时,研究哲学立场还影响着文献回顾者将从所选信息来源中获取的信息实现语境化的方式。

> **新概念**
>
> 你可能会问:什么是研究哲学立场以及为什么我需要知道这一点?研究哲学被一些研究者称为研究范式(关于研究范式概念的精彩讨论,参见 Morgan,2007)。在第 1 章中,我们讨论了研究传统(即定量、定性和混合研究),并且已经有很多关于研究哲学在影响研究者选择研究传统和数据收集策略(如调查、访谈、包含封闭式和开放式项目的问卷)方面的作用的文章。

当我们讨论了我们所知为何、如何求知以及有助于我们整体世界观的价值观之后,我们必须认识到哲学辩论就是我们人类历史的一部分,其可以追溯至古代,这一时期见证了原始理性主义者[在实体中寻找确定性的绝对主义者,如苏

第 4 章 步骤 1：探索信仰和主题

格拉底（Socrates，前 470—前 399）、柏拉图（Plato，前 429—前 347）]、智者[本体论相对主义者，如普罗泰戈拉（Protagora，前 490—前 420）]和原始经验主义者[以获得对人类日常生活中所见及经历的理解为目标的现实主义者，如亚里士多德（Aristotle，前 384—前 322）]的出现（Johnson & Gray，2010）。这三类哲学家的哲学思想和（普遍）真理理论各不相同，原始理性主义者认为真理是永恒不变的，智者认为真理是不断变化且相对的，原始经验主义者则认为主体间性是真理的一个方面（Johnson & Gray，2010）。

约翰逊和格雷（Johnson & Gray，2010）认为，原始理性主义者可以被视为原始定量主义者，而智者可以被视为原始定性主义者，这意味着关于如何接近真理本质的争论已经存在了很长一段时间。一般来说，20 世纪对知识的追求大体可分为三大阵营，即以自然科学为模型（定量研究）、人文科学和主体性（定性研究），以及两者的制衡系统（混合研究），这三大阵营与三大研究传统（定量研究、定性研究、混合研究）相关（关于哲学和理论议题历史的精彩回顾请参见 Johnson & Gray，2010）。

一种普遍的研究立场与**后实证主义**有关。后实证主义认为事实承载着理论，承载着价值，并包含一些社会结构。另一种普遍的探索方法建立在**建构主义**基础之上，要么是激进建构主义，要么是社会建构主义（Schwandt，2007）。**激进建构主义**认为，人类知识不能准确地表达或忠实地复制外部世界，因此是一种无止境的认知建构。这种立场基于皮亚杰（Piaget，1896—1980）和康德（Kant，1724—1804）提出的概念。相比之下，**社会建构主义**更为关注社会过程和互动，试图理解社会影响如何形成对生活和生活环境的主体间理解。

最后是建立在詹姆斯（James，1842—1910）、杜威（Dewey，1859—1952）和皮尔斯（Peirce，1839—1914）相关理论基础上的**中间实用主义**（pragmatism-of-the-middle），在其一般形式中（实用主义有许多分支。参见 Biesta，2010；Johnson & Onwuegbuzie，2004；Johnson et al.，2007），知识被视为组织经验的工具，同时还要考虑传统、视角和哲学取向的影响（Schwandt，2007）。同样重要的是，作为本章的作者，我们以自己的哲学立场撰写相关内容，这就是实用主义的一种变体。与实用主义相似，这一研究立场是一种（批判性的）**辩证多元主义**——一种综合所收集信息来源的综合性混合研究（社会公正）方法。

案例：陈述研究立场

第 88 页的专栏 4.3 摘录了我们在撰写这本有关文献回顾的教科书以及创建综合文献回顾元框架时是如何报告自己的研究立场的。

在文献回顾者花了一些时间认识到信仰和价值观对文化和经验而言的特殊性

之后，很可能在他们的头脑中就有了一个需要研究的主题领域。同样重要的是，要考虑你感兴趣的领域以及大家需要知道的领域。通过考虑你感兴趣的领域（至少部分来自你的特定学科信仰）以及学术界的需要来选择一个主题，你将为未来的研究建立起知识体系。因此，花些时间与你所研究领域的其他学者讨论你的潜在主题领域不仅可以满足社会的需求，还可以发现一些热门主题领域以及该主题领域的特定话语。当你开始七步骤模型的第二步——开始为初始检索记录关键词时，这种讨论也将对你有所帮助。

工具：常见研究哲学立场汇总表

表 4-1 简要概述了一些最常见的研究哲学立场（也称为范式）。尽管每种立场都有变体和分支，但这些立场可能有助于你理解文献回顾者探索和报告新知识的各种方式（对于一些常见的研究哲学立场的更广泛概述，我们建议你参考 Onwuegbuzie, Johnson, & Collins, 2009）。

表 4-1 当代研究哲学立场（范式）及特点

	后实证主义	中间实用主义	建构主义	批判理论	参与式研究
最类似的研究传统	定量研究	混合研究	定性研究	定性研究	定性研究
认识论	研究者是中立的、情感超然的，他们应该消除偏见，从经验上寻求证明所述假设的正当性	知识建立在现实世界基础之上并通过经验来建构；正当性来自有根据的断言	意义是共同创造的；知识是主观的，且在研究者与研究参与者之间是不可分离的	价值观在研究结果中起着中介作用	研究结果是共同创造的、体验性的、实践的
本体论	确定社会科学探究应是客观的	传统二元论被否定；它关注的是人类经验的内在世界对行动的影响	对同一现象的多种相互矛盾但同等有效的解释代表着多重现实	现实受到随着时间推移不断演变的社会、政治、文化、种族、民族、经济以及性别价值观的影响	意识和既定的世界秩序是通过主客观现实共同创造的
方法论	概括是时间与情境无涉的；获得社会科学成果的真正原因可以主要通过定量（有时是定性）方法可靠而有效地确定	运用深思熟虑的/辩证的折中主义和方法及视角的多元化；重视实践中起作用的要素并寻求解决个人和社会问题	运用辩证法（即对话中的两面性）和归纳推理，认为时间与情境无涉的概括既不可取也不可能	运用对话或辩证的方法	把政治参与作为合作行动研究的重点，并强调实用性

第 4 章 步骤 1：探索信仰和主题

虽然各种研究哲学立场存在差异，但它们也有一些共同特点，你可能会同意并赞同不止一种立场，记住这一点可能对你会有所助益。我们喜欢以餐厅自助餐供应线上的佳肴作为比喻。在第一次吃自助餐时，人们经常会尝试甚至喜欢许多菜肴；然而，有些菜肴并不能替代其他菜肴，它们也不属于同一个盘子。此外，在频繁地享用自助餐后，你可能会倾向于某一两道菜肴，如果没有提供自助餐，你就会选择你最喜欢的那道菜肴。同样的道理，一段时间后，你会倾向于一种研究立场并开始检索文献，以及通过这种理解的视角来进行研究。祝你胃口好！

从不同的研究视角来看，一名坚定支持后实证主义的定量研究人员将对定性研究的价值持怀疑态度，并且可能不愿意将定性研究文章作为信息来源的一部分纳入文献回顾，或者与选定的定量研究文章相比，充其量只会选择数量极少且占比不相称的定性研究文章和/或对其进行最少的讨论。此外，具有强烈后实证主义（定量）取向的文献回顾者可能更倾向于报告信息来源（如实证主义文章）中包含的数据资料，而不是去讲述数据背后的故事。

相反，一位具有强烈建构主义倾向的定性研究人员则不太可能探索特定的数据库，比如那些代表医学领域的数据库，可能他们认为那些数据库主要包括的是定量研究成果。

与一位艺术家不会在自己的艺术作品上标明自己的艺术风格（如印象派、现代派）类似，你不太可能读到一篇期刊论文或一本教科书，作者在文中或书中明确地表明他/她是一名后实证主义者或建构主义者（尽管我们希望他们能具体说明其研究哲学立场）。正因为此，作为一名文化进步的文献回顾者，你将能够以批判的眼光去阅读实证研究的方法、发现和结果以及概念作家的观点，就如同艺术评论家一般。

应用概念

在七步骤模型中，我们鼓励文献回顾者通过探究信息来源的历史和实践意义来调和自己的文化偏见。这就是文献回顾者在寻找信息来源时，会以一种（批判性的）辩证的多元立场来寻求最佳结果的原因，其中一些研究成果被选取，根据其提供的信息的质量（如可靠性、有效性、可信度、可依赖性、可验证性、可转移性、真实性、适当性、实用性）而非根据其类型为文献回顾提供信息。从这个意义上讲，一个起源于印度的民间故事[①]浮现在我的脑海中。在这个佛教故事中，盲人们固定站在某一个地方来检查一头大象。一个人摸摸象腿，说大象像柱子；另一个人摸摸象尾巴，说大象像绳子；第三个人摸摸象鼻子，说大象像树枝；等等。最后，在仔细聆听之后，国王宣布所有人的结

---

① 原文出自佛教经典《大般涅槃经》，后衍生出汉语成语"盲人摸象"。——译者注

论都是正确的，并解释产生差异的原因是每个人仅仅触摸了大象的一个部分。

这个故事的寓意是拥有不同信仰体系的人也可以和谐地工作，或者正如13世纪苏菲派诗人鲁米（Rumi）后来解释的那样，个人视角天生是有限的。因此，记住以下几点非常重要：

- 你的文化进步立场包括承认研究人员存在偏见。
- 你可以通过保持开放的心态和批判性反思来协调作者的偏见和你自己的偏见。
- 认识到你的研究哲学立场是在进行文献回顾过程之前意识到的第一步。

专栏 4.3

基于文献回顾主题来说明研究立场的一个示例

当我们在为这本书做文献回顾时，我们的研究哲学立场就是约翰逊（Johnson，2011）最近所称的辩证多元主义，即一种需要研究者在同一研究中纳入多个视角的认识论。我们认为，我们的辩证研究哲学立场是适合文献回顾的，特别是适合全面的文献回顾，因此研究的透明度受到高度重视。此外，它与我们基于芬克（Fink，2003）的整合课程设计模型的教学主题领域产生了共鸣。正如芬克（2003）所指出的，教学中的整合"建立在已出版的关于教学设计和良好教学的文献中已经存在的许多想法的基础上，并将这些想法纳入其中"（p. xiii）。

4.1 选择主题

一个主题领域也可能源于你在日常工作环境中遇到的实际问题，随着对解决方案的探索，最终会出现可行的主题。或者，在解决家庭或家庭环境中的实际问题的尝试中也可能会导致潜在主题的出现。例如，你可能还记得在第1章中，安伍布奇的父亲罹患颅内动脉瘤，这导致安伍布奇对文献进行了一次彻底回顾以决定应该选择他父亲的脑外科医生为其家庭提供的几种脑手术选择中的哪一种。

个人兴趣是研究主题的另一个来源。例如，弗雷尔斯和安伍布奇都是美国最受欢迎的运动即美国国家橄榄球联盟（the National Football League，NFL）的忠实球迷，他们分别狂热地支持着休斯敦得克萨斯人队（the Houston Texans）和旧金山49人队（the San Francisco 49ers）。事实上，安伍布奇和弗雷尔斯都很幸运地到现场观看了在美国新奥尔良举行的旧金山49人队与巴尔的摩乌鸦队（the Baltimore Ravens）之间的超级碗 XLVII 比赛，不幸的是，旧金山49人队在比赛中以非常接近的比分（即 31∶34）失利。（安伍布奇直到现在还没有从他

第 4 章 步骤 1：探索信仰和主题

支持的球队输球的沮丧中缓过神来！）搞笑的是，安伍布奇的很多朋友指责安伍布奇应为旧金山 49 人队在这场比赛中的长达 30 多分钟的"短路"负责，当时旧金山 49 人队落后 22 分。对于这一指责，安伍布奇不予置评。在几年前，安伍布奇就想知道一支球队的进攻型球员是否比防守型球员为球队的成功做出了更大的贡献。这种好奇心驱使着安伍布奇进行了一次全面的文献回顾，在无法从现有文献中获得对这个问题的明确回答之后，他紧接着进行了两项研究，研究成果发表在了学术期刊上（即 Onwuegbuzie，1999，2000b）。他得出的结论是："在预测 NFL 球队成功时，防守端比进攻端更重要。"（Onwuegbuzie，1999，p. 151）安伍布奇还进行了一项与之类似的体育方面的文献回顾，为一项调查预测美国职业篮球队成功因素的研究提供信息，该研究同样发表在了学术期刊上（Onwuegbuzie，2000a），目前他正在对流行的橄榄球运动进行全面的文献回顾。无论如何，这都说明了文献回顾的主题可以直接来源于兴趣或爱好，甚至研究人员可以为了兴趣爱好而进行文献回顾！

考虑到文献回顾者是如何利用传统的定量、定性或混合研究以及评论性论文、概念性论文和其他信息来源〔我们在步骤 5 中将其解释为模式（MODES）〕进行先前研究的，他们应该认识到在研究的时候至少在某种程度上要把这些信息来源包括在内。通常情况下，在定量研究中，研究问题与解释、预测或描述一种现象有关。而在定性研究中，在大多数情况下，研究问题与事件或现象相关，并倾向于探究发生了什么以及发生的原因。因此，混合研究对研究问题的调查就是对两种传统不同程度的结合。

如果文献回顾是为了给主要研究提供信息，那么对于主题的选择就直接关系到所谓的**"关于问题的陈述"**或**"问题陈述"**。"关于问题的陈述"基于议题或困境，或基于缺乏对与主要研究相关的一般主题领域的了解。事实上，即便文献回顾自身即为目标，文献回顾者也会希望建构一个"关于问题的陈述"，以便他/她能够说明文献回顾是如何丰富所研究领域/学科及自身的知识库的。通过将一个或多个问题与某个一般性主题领域相关联，文献回顾者保持了一种*批判性的立场*，这是一种在调查与该主题相对立观点的过程中，就该主题获得的文化的、历史的和实践的知识保持的开放心态。事实上，研究问题（如果进行文献回顾是为了给主要研究提供信息）可以指导文献回顾，反过来，如果在进行文献回顾之前就已经知道了研究问题，那么它可能会因文献回顾而被修改。或者，如果在进行文献回顾之前不知道研究问题，那么文献回顾者就可以使用通过综合文献回顾收集的知识来明确我们知识库中的不足，从而提炼出一个或多个研究问题，这些研究问题如果能够得到充分解决，就将会慢慢填补知识库中的相关空白。

就这一点而言，在七步骤模型中，主题领域非常广泛，因为它还没有通过对数据库的初始检索而细化或缩小主题范围。但是，与世界观、特定学科信仰以及基于文化、经验和研究问题的特定主题信仰相关的一种总体思想得以确立。通过文献回顾的后续步骤，这一总体思想将成为研究焦点。因此，问题陈述也可能随着文献回顾者研究步骤的逐步推进而不断演化。此外，可以对问题陈述进行修改，以制定初始检索的指导标准，以及开发用于指导初始检索的试探性（研究）问题。例如，弗雷尔斯在美国担任学校辅导员的经历就使得她对学校中需要额外学术或情感支持的学生的成人导师所起的作用进行了研究。她的研究，即二元导师制研究，就是她的"师生关系对教育的成功很重要"这一世界观的产物。此外，她的特定学科信仰也源于她在学校的工作经历（即项目服务覆盖更广泛的学生群体并且是高效且有益的）。因此，随着对文献的检索并发现了二元导师制这一主题，她将研究导师制作为校本课程一部分的想法就变得更加集中。为了选择一个主题——而且这个主题会随时变化——抱持一种好奇心是非常重要的。约翰逊和克里斯滕森（Johnson & Christensen, 2010）指出，文献回顾者从探索日常生活、实际问题或以往研究开始其探究之路。

案例：撰写问题陈述

为二元导师制研究建构一个问题陈述。问题陈述如下：有些辅导项目是有效的，有些则不是；有些辅导项目保留了导师，有些则没有。

这些问题陈述可以转换为综合文献回顾（暂定）焦点问题：在学校环境中，成功的二元导师制计划包括哪些组成部分？产生可持续的二元导师制关系的项目有哪些特点？

重温专栏 4.2 有助于确认如何根据世界观和经验形成二元导师制研究主题，以及在最终的综合文献回顾报告中如何对其进行解释。在第 3 章中，我们将文献回顾者界定为一位颇具独创性的思想家，他/她将某种知识与独创性思想结合起来，为了一种独创的、有意义的和"从主要包括五种模式的多模态文本和环境中对所选主题的相关已发表和/或未发表信息进行解释的逻辑论据"。这种思维方式包括想象力和好奇心。

工具：帮助选择主题的流程图

下面的矩阵（见图 4-2）为你提供了一个选择一般性主题的头脑风暴指南，它为综合文献回顾提供了一个概念框架。此图有助于你建构一个或多个问题陈述和潜在问题，这些问题将指导你在步骤 2 中所进行的对数据库的初始检索。

如图所示，文献回顾者基于过去的经验和在生活中所扮演的角色开始在自己感兴趣的领域或学科开展研究工作。在选择了一个大致领域之后，文献回顾者依靠创造性、开放性、对新的可能性的想象以及一种质疑态度来采纳一个原创想

第 4 章　步骤 1：探索信仰和主题

法。接下来，文献回顾者将这个新的想法框定下来，它可能是一个问题或一个预先设定的问题陈述。请记住，这一过程可能会发生变化，事实上，作为一名具有批判性思维的文化进步的文献回顾者，这一过程是循环往复的。

此外，如图所示，在运用问题去指导主题选择之后，重要的是认识到与研究者及其所研究的领域/学科以及政治观点和道德观点相关的哲学假设。接下来，在确定一般性主题之前，文献回顾者应该审查进行文献回顾的原因（参见第 1 章图 1-2）。这些以主题为中心、以方法为中心或以联系为中心的原因实际上推动了文献回顾研究。在你开始这个过程的时候，保持纪律性和组织性是关键。在开始此过程时，以下部分将提供一些工具。

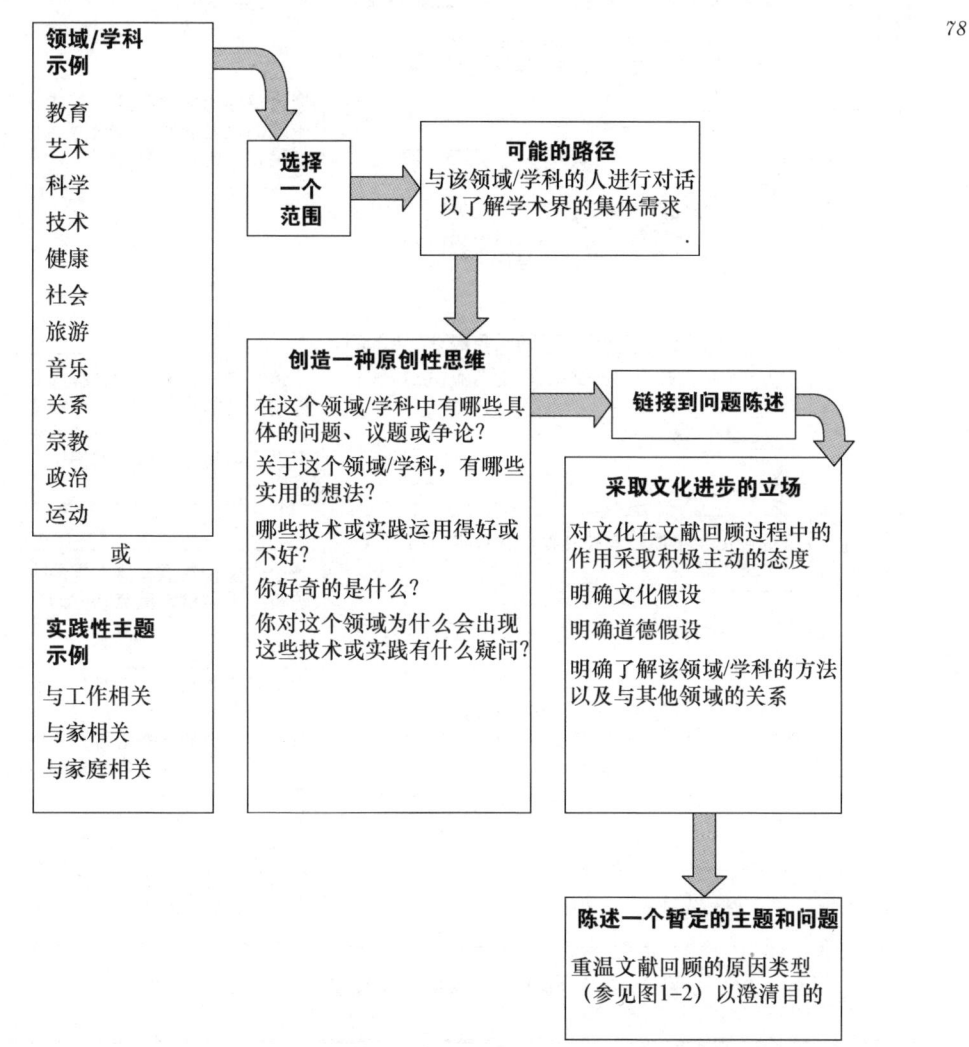

领域/学科示例
教育
艺术
科学
技术
健康
社会
旅游
音乐
关系
宗教
政治
运动

或

实践性主题示例
与工作相关
与家相关
与家庭相关

选择一个范围

可能的路径
与该领域/学科的人进行对话以了解学术界的集体需求

创造一种原创性思维
在这个领域/学科中有哪些具体的问题、议题或争论？
关于这个领域/学科，有哪些实用的想法？
哪些技术或实践运用得好或不好？
你好奇的是什么？
你对这个领域为什么会出现这些技术或实践有什么疑问？

链接到问题陈述

采取文化进步的立场
对文化在文献回顾过程中的作用采取积极主动的态度
明确文化假设
明确道德假设
明确了解该领域/学科的方法以及与其他领域的关系

陈述一个暂定的主题和问题
重温文献回顾的原因类型（参见图 1-2）以澄清目的

图 4-2　依据世界观、研究哲学信仰、特定学科信仰和特定主题信仰来选择主题的指南

4.5 组织流程

工具：组织步骤1的流程图

图4-3提供了一个流程图，用于探索你对步骤1的理解及其优势，并呈现了本章中的信息以帮助你整理关于选择主题的想法。

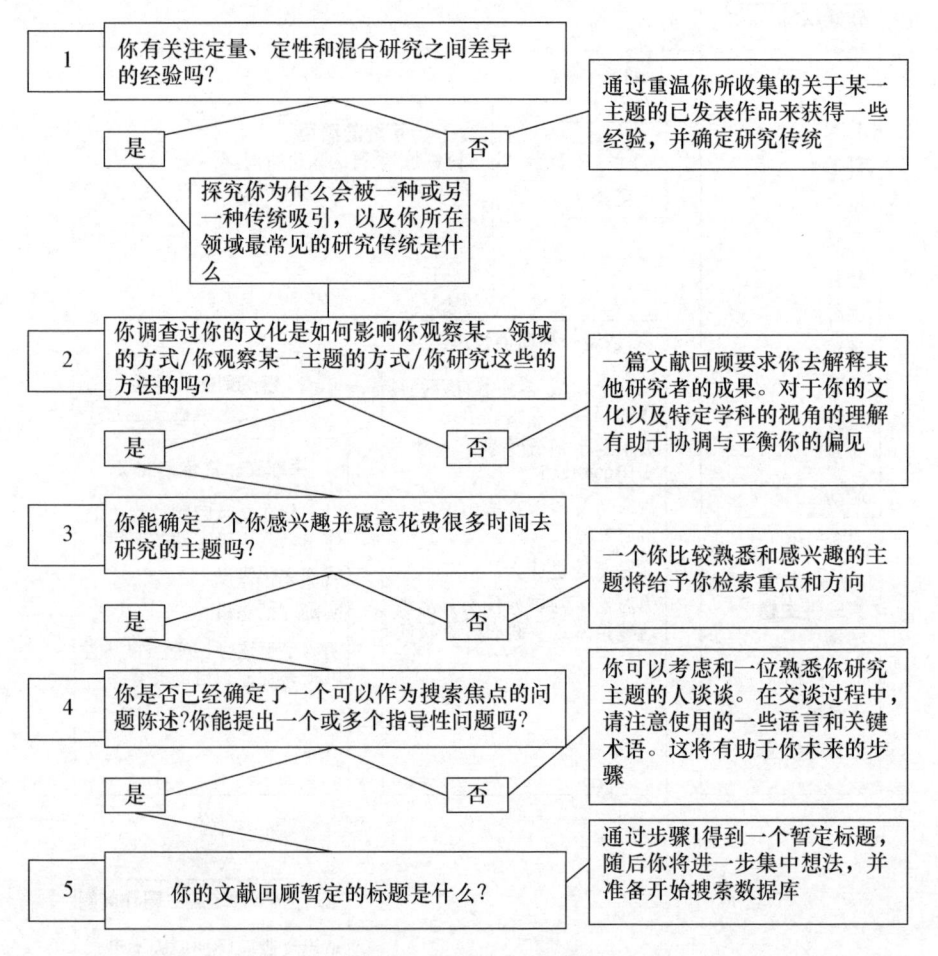

1 你有关注定量、定性和混合研究之间差异的经验吗？
- 是
- 否 → 通过重温你所收集的关于某一主题的已发表作品来获得一些经验，并确定研究传统

探究你为什么会被一种或另一种传统吸引，以及你所在领域最常见的研究传统是什么

2 你调查过你的文化是如何影响你观察某一领域的方式/你观察某一主题的方式/你研究这些的方法的吗？
- 是
- 否 → 一篇文献回顾要求你去解释其他研究者的成果。对于你的文化以及特定学科的视角的理解有助于协调与平衡你的偏见

3 你能确定一个你感兴趣并愿意花费很多时间去研究的主题吗？
- 是
- 否 → 一个你比较熟悉和感兴趣的主题将给予你检索重点和方向

4 你是否已经确定了一个可以作为搜索焦点的问题陈述？你能提出一个或多个指导性问题吗？
- 是
- 否 → 你可以考虑和一位熟悉你研究主题的人谈谈。在交谈过程中，请注意使用的一些语言和关键术语。这将有助于你未来的步骤

5 你的文献回顾暂定的标题是什么？

通过步骤1得到一个暂定标题，随后你将进一步集中想法，并准备开始搜索数据库

图4-3 步骤1流程图

工具：有助于塑造信仰的问题

表4-2展现了一个反思过程，这样你就可以开始清楚地表达一些与选择特定主题领域相关的决策。你可能会决定记录下自己的一些想法，以便对你选定的主题领域进行更深入的思考。

表4-2 最常见的研究哲学立场之概述

具有挑战性的领域	自我追问	
澄清	你为什么选择或陈述你所陈述的内容？	*你的主题*。是什么让你选择了这个主题？
假设	你认为什么是真实的？	*你的信仰*。你的主题领域有哪些真理？
理由和证据	你认为是什么原因让你选择或陈述这个主题？	*你的文化*。你的经历在哪些方面帮助你去相信你的主题领域的特定原则？
观点和视角	还有什么不同的观点？来自不同文化的人会看到什么？	*你的价值观*。对于你的主题信仰，可能有哪些相反的观点？
影响和后果	我选择的或陈述的内容有何优缺点？有哪些概括？我说的话会对别人有什么影响？	*你的世界观*。与你的研究主题和研究方法相关的文化概括有哪些？
关于问题本身	这个问题的重点是什么？我想知道什么？为什么？	*你的哲学立场*。为什么要探究这个主题？为什么你会看到与之相关的特定议题或问题？

在步骤1中，你应该组织你的电子归档系统并创建电子文档。对于你的电子工作区，我们建议你熟悉一下使用文件夹存储研究信息来源与工作草稿的概念。下面的屏幕截图显示了我们创建文件夹的方法。在第一个屏幕截图（见图4-4）中，我们创建了一个名为"THE综合文献回顾"的文件夹。

接下来，以一名文献回顾者的身份开始进行思考，在这个文件夹中新建一个文件夹。我们将其命名为"反思（Reflections，见图4-5）"。你正在为步骤1创建的文档就是一两个简短的段落，来陈述你的总体世界观、特定主题信仰、特定领域/学科信仰，以及研究哲学立场（本段示例见专栏4.2）。你可以将此文档存储在名为"步骤1信仰"的文件夹中。

在本章中，我们概述了开始进行综合文献回顾的第一步，这类似于一种"认识你自己"的说法，其中包括了一个人如何看待和理解世界及人类处境的哲学探索。我们强调，你选择的主题基于许多假设，包括价值观、经验、兴趣以及关于如何求知的信仰。通过自反性，包括你对以上假设的认知，你就可以开始消除你

如何进行文献回顾

的综合文献回顾中固有的偏见。

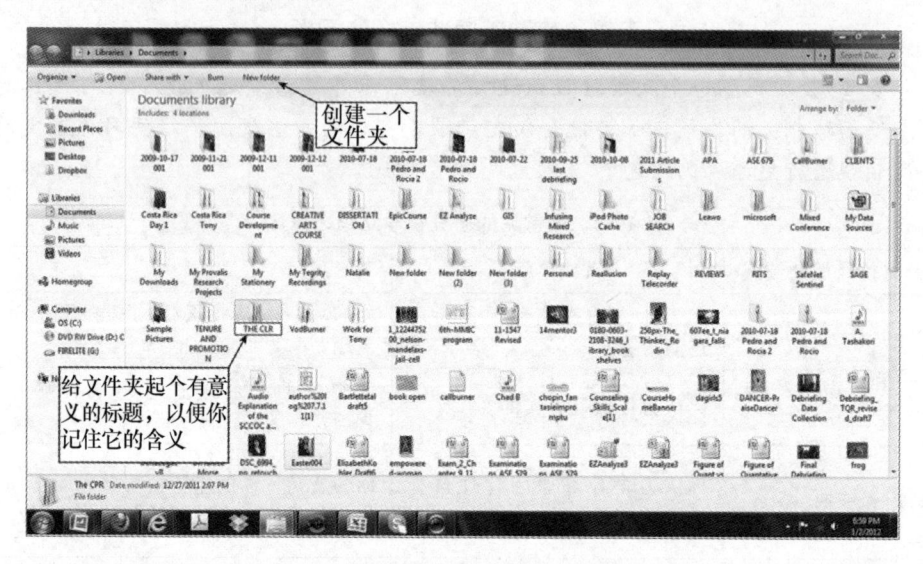

图 4-4 创建文件夹有助于组织电子文档

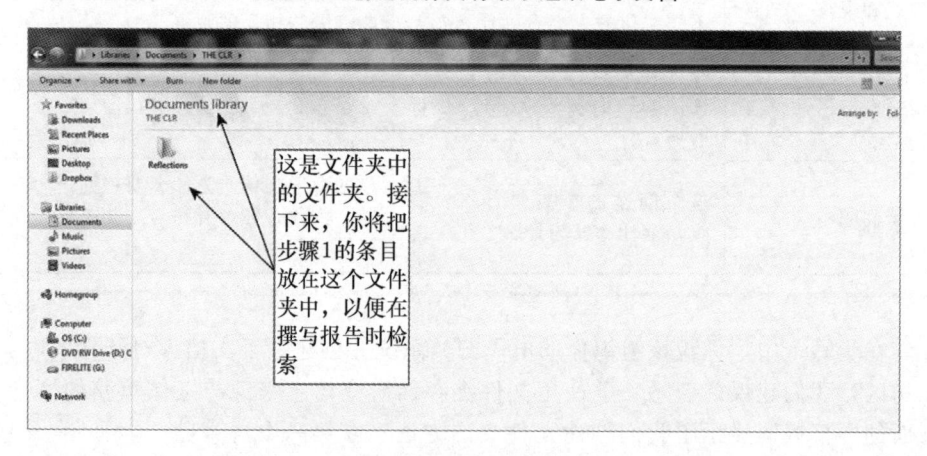

图 4-5 一个专门用来反映每章所学内容的文件夹

结 论

在阅读了这一章"步骤1：探索信仰和主题"之后，请记住一句话："冰冻三尺，非一日之寒。"在第1章中，我们讨论了三种研究传统、如何以多种方式表达对知识的追求，以及文献回顾的常见原因。在第2章中，我们提供了文献回顾过程的基石，在这一过程中，文献回顾者是文化进步的、道德的和多模态的探

第 4 章　步骤 1：探索信仰和主题

索者。接下来，第 3 章扩展了对于作为一种数据收集工具、一种方法、一种混合研究技术和产生元框架的一种方法论的新的综合文献回顾的定义的理解。所有这些章节都是开始综合文献回顾七个步骤之基础。在本章中，我们介绍了七个步骤中的第一个步骤，它确定了你接下来进行的所有步骤的基调，因为信仰影响了我们解读文献的方式。为了结束这一章，以及在每一章的结尾涉及七个步骤，我们提出了一些反思问题以帮助你记录一些工作日志与讨论要点。在继续阅读之前，请先回顾本章中介绍的一些主要思想。

- 世界观是一种哲学立场，它为指导文献回顾者的行动提供了一套基本信仰，包括研究哲学信仰、特定学科信仰和特定主题信仰。
- 文化进步的立场包括保持高度的自我意识，以了解在检索和解释文献及其他信息来源时，你自己的背景和其他经历如何成为可能的优势或局限，并努力发展文化意识和信仰、文化知识以及文化技能。
- 你可以通过保持开放的心态和批判性反思来消除作者的偏见及你自己的偏见。
- 通过考虑你的兴趣领域以及学术界需求来选择一个主题，你将为其他文献回顾者未来的研究建立一个知识体系。
- 文献回顾通常与问题陈述联系在一起。
- 花点时间与你所在领域的其他学者讨论你的潜在主题领域是很有帮助的。
- 综合文献回顾过程不是静态的，事实上，对于一个具有批判性思维的文化进步的文献回顾者而言，该过程是循环往复的。

第 4 章　评价一览表

核心（CORE）	指导性问题和任务
批判性检视	你在多大程度上确定了与你对主题领域的看法相关的文化基础？你如何看待在文化情境下，你自己与你研究主题领域中其他知识渊博者的关系？你的文献回顾有哪些与文化相关的局限性？
组织	你在多大程度上记录并存储了描述你的世界观、特定主题信仰和研究立场的段落（见专栏 4.2）？你在多大程度上为你的文档创建了电子归档系统以建立审计轨迹？关于"可信的"研究，你有哪三种信仰？你在多大程度上更倾向于一种传统而非另一种？为什么？
反思	你在多大程度上列出了一个你认为与文化相关的挑战？
评估	你对自己的文化和世界观在多大程度上会影响你的决定和对他人决定的看法有什么新的理解？

你所在位置 ↓

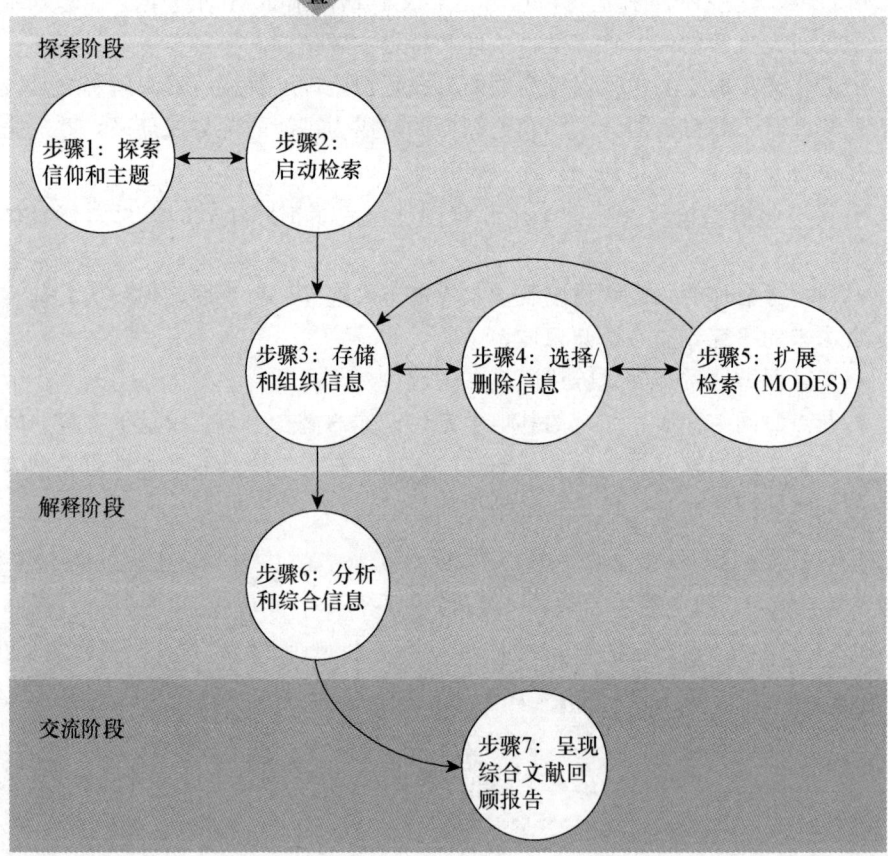

探索阶段

- 步骤1：探索信仰和主题 ↔ 步骤2：启动检索
- 步骤3：存储和组织信息 ↔ 步骤4：选择/删除信息 ↔ 步骤5：扩展检索（MODES）

解释阶段

- 步骤6：分析和综合信息

交流阶段

- 步骤7：呈现综合文献回顾报告

第 5 章

步骤 2：启动检索

第 5 章思路图

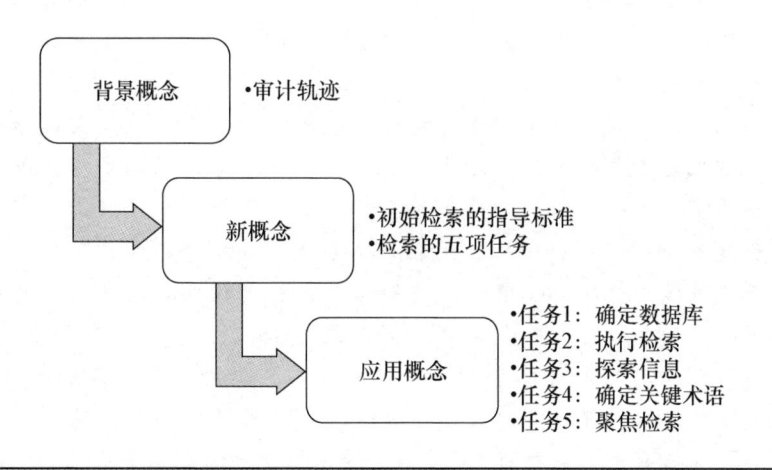

```
背景概念 ──→ •审计轨迹
    │
    ↓
  新概念 ──→ •初始检索的指导标准
    │        •检索的五项任务
    ↓
  应用概念 ──→ •任务1：确定数据库
              •任务2：执行检索
              •任务3：探索信息
              •任务4：确定关键术语
              •任务5：聚焦检索
```

> **背景概念**
>
> 伦敦所有持证的出租车司机都被要求能够依靠记忆来快速决定行进的最佳路线并且能够轻松回应乘客的需求，包括考虑天气和交通状况等相关因素，而这些决定的做出都不需要查看地图、依靠卫星导航、通过无线电询问出租车调度员或询问乘客本人。因此，为了获得在伦敦任何地方驾驶黑色出租车的执照（即成为一名绿色徽章司机），所有司机都必须通过一项名为"知识"的特殊考试。源于1865年的"知识"考试要求每名出租车司机都对伦敦了如指掌。更具体地说，"知识"考试要求出租车司机深入研究320条预先设定的伦敦街

道路线，包括位于伦敦市中心的查令十字街六英里①半径内的 25 000 条街道和 20 000 个地标与名胜古迹。因此，"知识"是世界上对出租车司机要求最高与最严苛的培训课程，通常需要准备 2~4 年的时间方能通过考试。

回顾一下，我们在第 1 章中定义了综合文献回顾，虽然我们使用了"综合（comprehensive）"这个术语，但这并不意味着文献回顾者应该收集和使用关于某一特定主题的所有文献。这不仅不可能，而且不合适。作为一种涵盖混合研究（定量研究和定性研究）技术的方法论，文献回顾过程之"综合"属性指只收集最重要的信息，而非使用所有信息来源。此外，作为一种文化进步的方法，综合文献回顾反映了在文化、情境、时间维度中理解信息的重要性，因此，即便是一些关于正在研究的主题的文献也可能不适合被采用。让我们来设想一下出租车司机和关于伦敦的知识：有些街道可能年代久远，存在障碍物，或者不适合旅行；一些路线在一天中的某些时间段会受到特定交通状况的影响；一些老街道可能会受到大雨的影响；一些道路已被确定为往返于名胜古迹的传统路线。对于司机来说，使用同一张地图将会是一种过时的做法。事实上，知识是一种流动的、时效性很强的信息来源，兼具传统与进步两种趋势。我们提供了一个思路图用于概述步骤 2 的背景概念、与步骤 2 相关的新概念，以及与应用步骤 2 相关的概念。接下来，我们列出了本章中提供的步骤 2 的实例。

掌握伦敦街道路线的知识并建构多模态非常类似于通过文献回顾来获取与感兴趣的主题相关的知识。尤其是这两套知识都需要对许多路径进行严格审查以获得全面认知。正如伦敦出租车司机所需掌握的知识随着被审查街道与地标数量的增加而增长一样，代表一个领域（如社会科学、应用科学）或学科（如教育学、数学、心理学）的知识也会随着被调查信息来源的数量增加而增加。启动和进行数据库检索（步骤 2）是确定潜在主题后的重要一步，这是由信仰体系与世界观指导的。一名文献回顾者检索数据库的范围越广，收集到全面信息的可能性就越大，或者收集到足够的重要信息的可能性就越大，这就会为研究选定主题的重要方面提供一系列可能的信息来源。

5.1 审计轨迹

启动检索涉及几项任务，包括：确定潜在的文献数据库、执行初始检索、探

---

① 1 英里约等于 1.609 千米。——译者注

第 5 章 步骤 2：启动检索

索关于选定主题的信息、确定与此主题相关的关键术语、运用主题指导标准来聚焦检索。此外，这一步骤涉及对上述各项任务的详细说明。这些细节说明了第 2 章中所述的伦理对于综合文献回顾的作用，特别是在**学术责任**领域，即通过记录和反思在整个综合文献回顾过程中所做的决定来坚持做到最好。此外，归档过程，或者说审计轨迹，强调了文献回顾者作为一名具有独创性与批判性的思考者的角色，他/她检查和反思文献回顾过程与最终成果的方方面面。

工具：步骤 2 的任务列表

图 5-1 呈现了步骤 2 的流程、相关任务以及这些任务如何交互并进入七步骤模型的下一步。

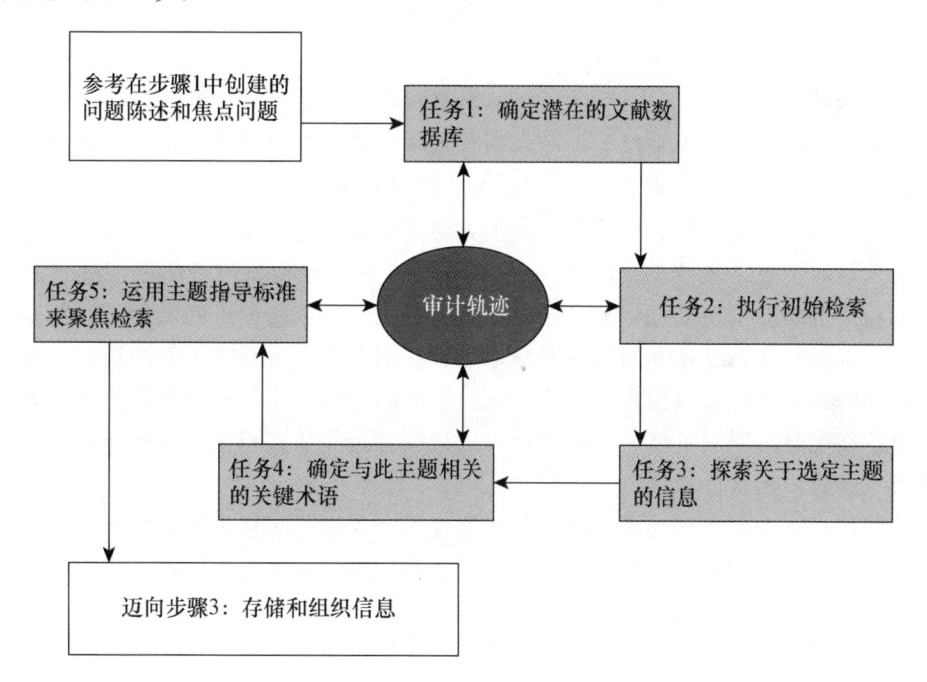

```
参考在步骤1中创建的      →   任务1：确定潜在的文献
问题陈述和焦点问题              数据库
         
任务5：运用主题指导标准  ←  审计轨迹  →  任务2：执行初始检索
来聚焦检索

任务4：确定与此主题相关       任务3：探索关于选定主题
的关键术语                    的信息

迈向步骤3：存储和组织信息
```

图 5-1 步骤 2 所涉及的任务：检索数据库

通过重温步骤 1 中的问题陈述与焦点问题示例以及第 4 章中介绍的二元导师制研究，你应该认识到如何在检索开始和发展时建立指导标准。激发弗雷尔斯对一篇关于导师制的文献回顾感兴趣的一个问题就是一些校本辅导项目有效，但另一些项目则不然。这一问题陈述帮助她开始了一个基于（暂定）焦点问题的文献检索，以探索成功的二元导师制计划的一些组成部分。如图 5-1 所示，通过确定潜在的文献数据库，开始检索时首先要考虑焦点问题。在这个任务中，**创建一张地图**作为检索的审计轨迹非常重要，这意味着去跟踪每个检索链、每个用于检索的术语以及数据库。接下来，使用初始关键词进行的初始检索将产生一些信息源（任务2）。对于每个关键词而言，记录与其相关的文献数量（即点击率）的形式可以是简单地记记笔记或日志。在收集了通过初步检索获得的潜在信息源之后，这些工作很可能为探索关于选定主题的信息提供其他思路（任务3）。同样，在记录每一个其他想法时，信息的审计轨迹也会相应发展。出现的信息也有助于确定最合适的关键词（任务4）。追踪关键词是将其与初始关键词组进行比较和对比的方式。然后再使用这组新的关键词来进行聚焦检索（任务5）。

5.2 初始检索的指导标准

随着初始检索的进行，一些特征逐渐显现出来，将某些信息源区分为潜在信息源而非其他。突显出来以集中检索的那些特征就成为主题指导标准。**主题指导标准**是一种指导方针，它有助于对所选主题潜在的最合适的信息源进行聚焦检索。这些主题指导标准为明确初始检索方向提供了理论基础。也就是说，一些标准是从你对主题、领域和/或学科的信仰中以及在开始检索时产生的。在你检索的过程中可能会出现其他标准。这些标准随着检索的进行而不断发展，它们是从步骤1的初始问题陈述和问题演变而来的。它们在检索中划定了暂时边界并帮助文献回顾者缩小检索范围或关注检索重点。如同出租车司机确定某些路线可能比其他路线更好的原因一样，文献回顾者也记录着指导初始检索的一些想法，这些就成了步骤2的审计轨迹。

我们在第2章中概述了文献回顾者的身份，提出了文化进步和伦理责任是通过持续的反思实践来实现的。通过在综合文献回顾过程的这个步骤中反思和记录标准并记录信息源中的属性、整体、情境和概念，作为检索主要工具的文献回顾者为将要得到的结果建构起完整性。此外，在执行初始检索时，文献回顾者必须记录下所有信息，因为所有信息都很重要。无关信息可能会留待日后再说（即步骤4），但是如果没有相关文档记录，它们就不能被复制。由聚焦检索和主题指导标准定位和收集的信息源将被存储和组织，这将导向第6章中介绍的步骤3。

5.3 检索的五项任务

为了解决研究伦理问题，特别是严谨性问题，我们概述了为步骤2创建审计轨迹的最小任务。图 5-1 突显了审计轨迹，因为它在整个任务体系中发挥着核心作用，所以位居五大任务之中心。一般来说，审计轨迹的记录应该足够详细，以便在数周、数月甚至数年后，还能对初始检索和后续检索的步骤进行回溯！在图 5-1 中还可以看到，箭头在审计轨迹和五大任务中的每一项之间来回穿梭。从每项任务指向审计轨迹的箭头表示每项任务都受到审计轨迹的影响。相反，从审计轨迹指向每项任务的箭头则表示审计轨迹（包括记录你对每项任务的评估，如流程注释和/或个人记录）有助于确定是已经充分执行该任务并继续执行下一任务，还是继续执行此任务，抑或是根据需要返回到前一任务。例如，如果初始检索（任务 2）没能获得足够数量的文献来提供关于所选主题的充足信息（任务 3），那么识别更多潜在的文献数据库（任务 1）可能是有益的。因此，包括五项任务的初始检索至少将涉及五项评价——每项任务至少有一个评价阶段，而每个评价又包括一个审计轨迹。以下各节将更为详细地介绍这五项任务中的每一项。

5.1 任务 1：确定数据库

不同的领域和学科可以通过发表研究成果的学术期刊加以辨识。因此，确定潜在的文献数据库涉及选择代表多个领域/学科的数据库，形成我们所谓的**多学科**[即涉及多个学科的数据库，如最著名的学术检索数据库（EBSCOhost）]、**交叉学科**（即涉及结合两个或多个学科的数据库，如 MEDLINE）和**跨学科**（即涉及跨两个或多个学科的数据库，如 ProQuest Statistical Insight）初始检索。所有学科数据库都使用两种主要类型的文献数据库：图书馆订阅数据库和公共网络资源。

应用概念

　　初始检索的第一项任务是确定要使用哪些数据库来进行文献检索。学术界包括一系列的领域和学科。每个领域和学科都代表着在学院或大学层面进行正式讲授和科学研究的一个知识领域。

　　这两大知识领域在这些高等院校内通过院系与学术团体等学术单位的努力都得到了加强。有些作者交替使用"领域"和"学科"这两个术语。然而，和其他作者一样，我们认为这两个术语还是存在一个重要区别（参见 Nordenstreng, 2007）。具体来说，我们认为一个领域要比一个学科更广泛，因为一个领域可能包含尚未成为主流的知识分支。正如阿伯特（Abbott, 2001）所指出的，当一个学术领域形成一个教师就业市场时，它就转变为一个学科，

> 在这个市场上，不同机构的博士学位授予部门定期聘用彼此的毕业生。不过，一个领域是否可以被归类为一门学科常常会引起争论。例如，关于传播研究究竟是一个领域还是一个学科就存在诸多争论（参见 Nordenstreng, 2007）。

一、图书馆订阅数据库

图书馆订阅数据库是一个有组织的且通常是详尽的电子信息集合，它允许用户通过各种方式（如主题、标题、作者、关键词）检索特定主题、文献标题、期刊论文、学位论文和/或书籍。图书馆订阅数据库通常包含几千到数百万的文献。尽管许多数据库只包含引文或引文与摘要，但有些数据库还是包含了期刊、杂志、报纸或电子资料库以及书籍中发表的文献全文。全文是指文献中包含的全部文本（如期刊论文，书籍、杂志、报纸文章）可从图书馆订阅数据库中获得，以供查看、复制、下载和打印。

图书馆订阅数据库可以是多学科、交叉学科和/或跨学科的。正如**"订阅"**一词所暗示的，图书馆订阅数据库中包含的大量信息都包含有版权、许可和专利信息，因此它们并不是免费的。故而，许多高校图书馆每年都要为一系列数据库支付订阅费，规模较大的图书馆往往会比规模较小的图书馆支付更多的数据库订阅费。正因为此，如果一所大学为一个数据库支付了订阅费，那么该校师生就不必再为这个数据库中的全文文献付费了。

图书馆还为纸质期刊、杂志和报纸等非电子信息源支付订阅费。尽管图书馆订阅数据库使用互联网作为传送系统，但它们并不被视为网络资源。事实上，图书馆订阅数据库中的许多（如果不是大多数）公开资源在开放网络（即可以免费在网络上访问的信息，通常无须登录）中是不可（免费）使用的，除非它们是在开放获取期刊（即包含数字、在线、免费、不受大多数版权和许可限制的论文的期刊；有关 8 000 多种开放获取期刊的目录，请参见 http://www.doaj.org/）上发表的论文。你需要向你所在机构的图书馆查询，以确定它订阅了哪些数据库。

二、公共网络资源

相比之下，公共网络资源则代表着直接源自互联网的电子信息。互联网是一个全球互联计算机网络系统，全世界数十亿用户可以使用一系列电子、无线和诸如台式电脑、笔记本电脑、平板电脑和智能手机等光学设备，通过无线或有线方式访问该系统。公共网络资源通常通过以下三种工具之一来展现：主题目录、搜索引擎和元搜索引擎。

（一）主题目录

主题目录是由人们收集和整理的网站目录。更具体地说，主题目录通常被称

第 5 章　步骤 2：启动检索

为**主题树**，因为它们从几个主要类别开始，然后分支到子类别、主题和子主题。例如，要从互联网公共图书馆目录（www.ipl.org）中查找有关埃及学（即关于古埃及历史、艺术、语言、文学和宗教的研究）的资源。互联网公共图书馆目录是一个有助于学术研究的主题目录，你可以在一级检索条件中选择"按主题分类的资源"（见图 5-2），二级检索条件是"社会科学"，然后三级检索条件是"埃及学资源"。因此，主题目录作为你研究主题的起点非常有用。当你对所需信息不是非常清楚时，主题目录对于浏览主题也很有用。许多主题目录包含一个关键词检索选项，这就免除了你处理多级别主题和子主题的麻烦。

案例：互联网目录

如果你在互联网公共图书馆目录的第一级检索条件框输入术语"埃及学"，那么你将看到"埃及学资源"的一个链接，该链接将带你访问"埃及学资源"网站（见图 5-2、图 5-3）。有趣的是，雅虎！（Yahoo!）是目前互联网上最大的主题目录，也是一个对查找在公众中流行的主题而言非常有用的网站。一般来说，由于主题目录只代表互联网上可用网站的一小部分，因此它们对于查找感兴趣主题的一般信息最为有用。

图 5-2　展示了如何使用互联网公共图书馆目录查找有关埃及学主题的信息的屏幕截图

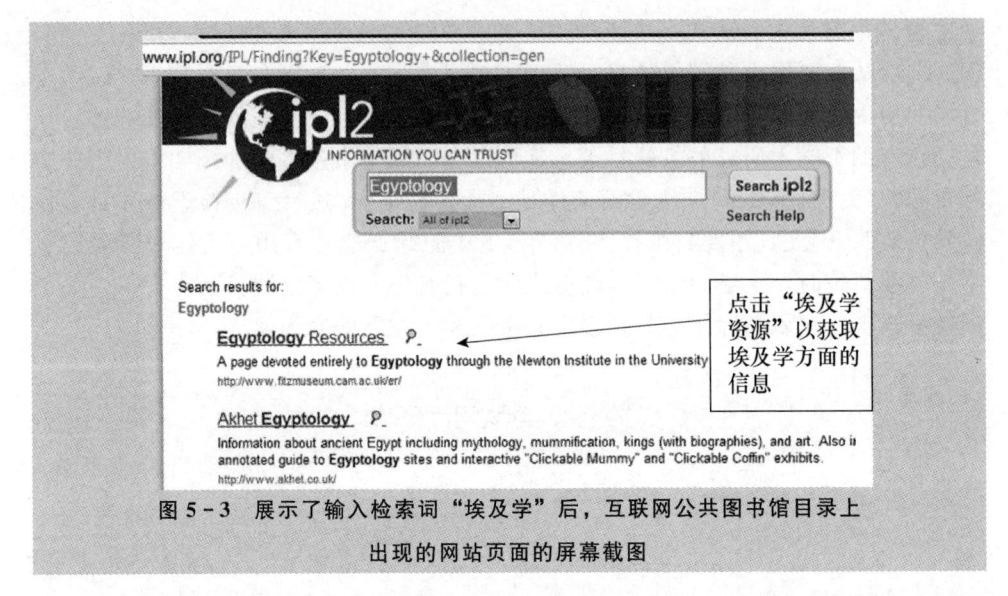

图 5-3 展示了输入检索词"埃及学"后，互联网公共图书馆目录上出现的网站页面的屏幕截图

（二）搜索引擎

如果获取某一主题的特定信息比使用主题目录更为重要，那么运用搜索引擎或元搜索引擎会更有用。搜索引擎（大约 1990 年）是由被称为蜘蛛或网络爬虫的软件连接的大型网页数据库。当在谷歌（www.google.com）等搜索引擎上输入一个或多个主题关键词（即搜索字符串）时，搜索引擎会检索其目录中包含的数千甚至数百万页，以查找包含此关键词的实时信息等内容。然后，通过使用包括相关性、在其他学术文献中被引用的次数（最重要的因素）和出版日期在内的组合排序算法，搜索引擎能提供包含此关键词的最佳匹配网页的列表（根据搜索引擎的标准通常首先显示"最佳"结果），一般显示文档标题和每个网页的网址以及包含关键词的简短摘要或摘录（通常为一两行）。

根据关键词所涵盖主题的广泛程度，该网页列表既可以少至一个页面，亦可以多至数百个页面。这个网页列表通常被称为搜索引擎结果页面（SERPs）。例如，在谷歌搜索引擎上使用关键词"研究（research）"将获得超过 5 亿个结果。在众多搜索引擎中，我们推荐使用学术性网络资源，其中"谷歌学术（Google Scholar）"（https://www.scholar.google.com）是非常全面的数据库。谷歌学术的一项独特魅力就是其可以免费提供给全世界任何一个能够上网的人使用。然而需要注意的是，尽管谷歌学术免费提供学术成果（如期刊论文、书籍）的引文以及大多数学术期刊论文的摘要，但是除非用户所在机构的图书馆订阅了包含所选成果的来源（例如期刊），否则用户必须付费才能获得这些学术成果的全文。

（三）元搜索引擎

相比之下，元搜索引擎是一种搜索工具，它可以同时向多个搜索引擎和/或数据库提交检索请求，然后将结果聚合到单个列表中或根据其来源（如搜索引擎）显示结果。因为这些元搜索引擎通过多个搜索引擎进行检索，并将这些搜索引擎的结果组合在一起，所以它们可以通过减少用户分别利用不同搜索引擎进行检索的需求，从而大幅度减少用户花在检索主题上的时间。不同元搜索引擎之间存在着本质上的差别，因为每个元搜索引擎都会检索一组不同的搜索引擎（如最流行的搜索引擎 vs. 鲜为人知的搜索引擎 vs. 其他数据库），而且检索搜索引擎的数量以及结果呈现的方式都是独一无二的。

例如，Dogpile[①] 元搜索引擎（www.dogpile.com）就可以检索以下搜索引擎：谷歌、雅虎、必应和Ask.com。尽管元搜索引擎允许文献回顾者进行广泛的搜索，但使用元搜索引擎的一个缺点是它们提供了大量不相关、不可信甚至是误导性的信息，其中大部分信息没有经过任何形式的同行审查或有效性检验，文献回顾者在获取足够数量的相关及可信信息之前必须进行这些检验。因此，元搜索引擎应该谨慎使用。

工具：按时间顺序列举的公共互联网搜索工具

表 5-1 为三类公共网络资源搜索工具（主题目录、搜索引擎和元搜索引擎）中的每一种都列举了几个搜索工具。此表还提供了每个工具的网址以及成立年份。虽然这个列表并不详尽，但是这些搜索工具代表了许多最流行的工具。不过，请记住，新的搜索工具将继续被开发出来，因此新的电子搜索工具可能会随之而出现。

表 5-1 按时间顺序列出的公共互联网搜索工具

互联网搜索工具类型	网址	成立年份
主题目录		
Virtual Reference Shelf	http://www.loc.gov/rr/askalib/virtualref.html	20 世纪 80 年代中期
The WWW Virtual Library	http://vlib.org/	1991
雅虎	http://www.yahoo.com	1994
InfoMine	http://infomine.ucr.edu/	1994
Internet Public Library	http://www.ipl.org	1995
Best Information on the Net	http://library.sau.edu/bestinfo/	1995
LookSmart	http://www.looksmart.com/	1995
About.com	http://www.about.com	1996

---

① Dogpile 是一个著名的元搜索引擎，诞生于 1996 年 1 月 2 日，现属于 InfoSpace 公司，是目前性能较好的统一检索入口式元搜索引擎之一。——译者注

续表

互联网搜索工具类型	网址	成立年份
Digital Librarian	http://www.digital-librarian.com/	1996
CompletePlanet：The Deep Web Academic Info	http://www.academicinfo.net/subject-guides	1998
Open Directory Project	http://www.dmoz.org/	1998
Intute	http://www.intute.ac.uk/search.html	2006
A1WebDirectory.org	http://www.a1webdirectory.org/	2007
搜索引擎		
雅虎	http://www.yahoo.com	1994
Lycos（高级搜索）	http://www.lycos.com	1994
AltaVista（高级搜索）	http://www.altavista.com/	1995
谷歌（高级搜索）	http://www.google.com/	1996
HotBot	http://www.hotbot.com/	1996
Ask（高级搜索）	http://www.ask.com/	1996
搜搜（中文）	http://www.soso.com/	1998
Gigablast（高级搜索）	http://www.gigablast.com/	2000
Exalead	http://www.exalead.com/search/	2000
百度（中文，日文）	http://www.baidu.com/	2000
Hakia	http://hakia.com/	2004
搜狗（中文）	http://www.sogou.com/	2004
DuckDuckGo	http://duckduckgo.com/	2006
谷歌学术	http://scholar.google.com/	2007
有道（中文）	http://www.youdao.com/	2007
必应	http://www.bing.com/	2009
Yandex（俄语）	http://www.yandex.com	2010
Blekko	http://www.blekko.com	2010
Volunia.com（多语种）	http://www.volunia.com/	2012
元搜索引擎		
WebCrawler	http://www.webcrawler.com/	1994
MetaCrawler	http://www.metacrawler.com/info.metac.a/search/home	1994
Excite	http://www.excite.com/	1995

续表

互联网搜索工具类型	网址	成立年份
Dogpile	http://www.dogpile.com/info.dogpl/search/home	1996
Beaucoup	http://www.beaucoup.com/	1996
Mamma	http://www.mamma.com/	1996
Ixquick Metasearch	https://www.ixquick.com/	1998
Monster Crawler	http://monstercrawler.com/	1999
MetaEUREKA	http://www.metaeureka.com/	2000
Info.com	http://www.info.com/	2003
Findelio	http://www.findelio.com/	2005
Quintura	http://www.quintura.com/	2005
DeeperWeb	http://deeperweb.com/	2009
Yippy（原名Clusty）	http://www.yippy.com/	2010

5.5 任务2：执行检索

一旦主题（尽管是暂定的）被选中（步骤1），并且已经确定了启动检索的潜在数据库和图书馆订阅数据库，步骤2的第2个任务就开始了。这项任务包括对选定的主题进行初始检索。

案例：创建指导标准

为了说明这项任务，我们选择了"导师制"这一主题作为"步骤2：启动检索"的一个案例，因为该主题在某种程度上与世界各地几乎所有学生和教师都相关，无论其领域或学科为何。此外，为了聚焦检索，其他特征或指导标准将有助于描述一个重点主题。如果我们希望某个主题与本书的读者最为相关，那么指导标准可能包括这样一个特征：信息来源应该与作为本书读者的学生、研究人员和教职人员（包括管理人员和导师）相关。所以，检索的重点将是描述与指导大学生，而非指导中小学生有关的信息源。因此，审计轨迹中应记录的两个指导标准是：(a) 选择了关注导师制关系的信息；(b) 指导情境是高等教育阶段或大学水平。

工具：图书馆数据库的比较

表 5-2 呈现了图书馆订阅数据库和互联网搜索引擎的比较。

由于使用图书馆订阅数据库相对于使用公共网络资源的整体优势，我们建议尽可能使用图书馆订阅数据库作为文献回顾的起点。如果无法访问图书馆订阅数据库，那么使用"谷歌学术"将是初始检索合理的第二选择。

表 5-2 图书馆订阅数据库与互联网搜索引擎之间的差异

图书馆订阅数据库	互联网搜索引擎/元搜索引擎
可用性/成本	
许多学院和大学为大量期刊的图书馆订阅数据库付订阅费。与图书管理员核实，确定哪些数据库可以自由访问。 图书馆订阅数据库不能通过搜索引擎或开放网络访问。	大多数搜索引擎是免费的，搜索引擎提取的大部分信息也是免费的，包括在开放获取期刊上发表的文章全文（有关 8 000 多种开放获取期刊的目录，请参见 http://www.doaj.org/）。 来自非开放获取期刊和书籍的论文全文通常不是免费提供的。可以从非开放获取期刊上发表的文章中获得的信息最多就是标题、摘要和引文。 一些通过互联网搜索引擎识别的网站包含授权及专利信息，要求用户通过其账户登录。登录可能需要也可能不需要支付订阅费。
何时最适用	
图书馆订阅数据库最适合用于学术研究。 当你需要获得可信信息时，它们也适用。 当你不想涉猎不相关信息时，它们尤其有用。 当你想在不看到任何广告的情况下进行搜索时，它们特别有用。	当你对最新信息感兴趣时，互联网搜索引擎特别有用，因为大多数发表在期刊上的文章有延时。 当你对娱乐新闻等非学术信息感兴趣时，它们也是最适用的。 当你想要在不违反任何许可或版权法的情况下将信息传递给他人时，它们也适合使用。 当你有足够时间浏览所提供的所有信息并评估每一条信息的有效性时，也可以使用它们。
检索到的信息类型	
学术期刊论文 博/硕士学位论文 书籍 工具书（如百科全书） 报纸文章 特殊收藏 大学档案馆藏 政府文件 数字馆藏 通过你的大学的馆际互借（ILL）系统免费获得的文献	有限数量的免费学术期刊文章（即来自开放获取期刊） 教育网站（如教育类 App 商店） 互动/社交网站（如维基百科、博客、脸谱网） 政府网站（如美国国会图书馆、英国政府网站存档） 商业网站（如亚马逊） 统计网站（如美国国家教育统计中心、联合国统计司） 学术团体网站（如国际混合方法研究协会） 最新新闻和咨询（如 BBC、CNN、路透社、欧洲新闻台、半岛电视台）

续表

图书馆订阅数据库	互联网搜索引擎/元搜索引擎
可信度	
图书馆订阅数据库中的作品通常是由合格的作者撰写的。 图书馆订阅数据库中包含的所有作品均已由知识渊博的审稿人、编辑和/或出版商进行了审查。 作者通常需要提供透明且可靠（即循证）的研究结论。 数据库定期更新。	任何人都可以在互联网上发布信息，无论其质量和有效性如何。 在互联网上发布的许多信息没有经过学科专家的评估，因此，在使用和引用互联网资源时应该格外小心。 自由写作让作者不必过于担心语言方面的政治正确，因此这种语言可能提供比从图书馆订阅数据库中提取的文献更有意义、更丰富的信息。 由于作品可以在世界范围内实时获得，因此很容易对其进行评估。 网站可能不会定期更新，因此信息会很快过时；但是经常更新的网站可能包含最新的可用信息。
稳定性	
图书馆订阅数据库中已发表的作品是永久存储的。 可以在相当长的一段时间内从相同的数据库检索相同的已发表作品。	包含感兴趣信息的网址无须另行通知就可以被删除。 网页中包含的信息可以被移动到没有转发网站地址的其他网页。 由于各种原因，网页链接可能会在不经意间断开。
可检索性	
图书馆订阅数据库允许用户搜索、识别、检索和下载信息。 图书馆订阅数据库允许用户使用布尔运算符（Boolean operators）以及受文件类型、语言、时间和主题限制的工具进行集中搜索。	互联网搜索引擎允许用户搜索、识别、检索和下载信息。然而，你将需要浪费精力阅读不相关的信息。
引用	
图书馆订阅数据库通常包含带有管理选项的完整引文。 引用某一特定检索文献的其他作者的名单通常无法获得。 来自数据库的信息通常可以通过参考文献管理软件包（如RefWorks、ProCite、EndNotes、RefMan）以系统的方式与来自其他数据库的信息组合/合并。	大量信息的引用往往是不完整的。 从网络上检索到的很多信息是二手信息，这使得这些信息更容易出错。 引用某一特定检索文献的其他作者的名单通常是可以获得的（参见，例如谷歌学术）。

工具：社会和健康科学领域的电子资源

表 5-3 列出了跨多个领域的图书馆订阅数据库列表。尽管这个列表并不详尽，但它确实包含了许多常用的图书馆订阅数据库。

如图 5-1 所示，无论对数据库做出何种选择，都必须通过列举所有选定的图书馆订阅数据库和所使用的任何搜索引擎、网站地址以及选择每个信息源的理由来创建审计轨迹。审计轨迹信息最初可以是手写笔记的形式，但最终应以电子方式存储，这些电子方式包括文字处理软件程序（如 Microsoft Word）、电子表格应用程序（如 Microsoft Excel）或我们在第 6 章中描述的其他信息存储系统和技术。

表 5-3　代表社会和健康科学领域最广泛使用的电子资源的电子书目数据库

数据库（主机 Host）	描述	网址
Academic Search Premier（EBSCOhost）	多学科全文数据库	通过你的大学图书馆访问
African Journal of Legal Studies（ProQuest）	专门研究非洲国家法律的期刊库	http://www.africalawinstitute.org/ajls/或通过你的大学图书馆访问
Business Source Premier（EBSCOhost）	商业领域的学术数据库	http://ebscohost.com/thisTopic.php?marketID=1&topicID=2
CINAHL（EBSCOhost）	护理及卫生领域期刊的全文综合数据库	http://www.ebscohost.com/cinahl/
EconLit（EBSCOhost）	涵盖与经济学相关的领域	http://www.aeaweb.org/econlit/index.php 或通过你的大学图书馆访问
Education：A SAGE Full-Text Collection（CSA Illumina）	教育领域的学术数据库	http://online.sagepub.com/或通过你的大学图书馆访问
Education Full Text（WilsonWeb）	教育领域的学术数据库	http://hwwilson.com/Databases/educat.cfm
ERIC（EBSCOhost）	教育资源信息中心	www.eric.ed.gov 或通过你的大学图书馆访问
European Constitutional Law Review（Academic Search Premier）	专门研究欧洲国家法律的期刊库	http://journals.cambridge.org/action/displayJournal?jid=ECL 或通过你的大学图书馆访问
Health Reference Center（Gale InfoTrac）	涵盖健康科学和社会心理科学领域的一流期刊	通过你的大学图书馆访问
Health Source：Nursing/Academic Edition（EBSCOhost）	专注诸多医学学科的全文期刊	http://www.ebscohost.com/thisTopic.php?marketID=1&topicID=83 或通过你的大学图书馆访问

续表

数据库（主机 Host）	描述	网址
MEDLINE	涵盖医学、护理、牙科、兽医、保健系统方面的医学信息	http://www.ncbi.nlm.nih.gov/pubmed 或通过你的大学图书馆访问
PAIS International (SilverPlatter)	主要领域包括执法、农业、林业和渔业、银行和金融、商业和服务部门、文化和宗教	http://www.csa.com/factsheets/supplements/pais.php 或通过你的大学图书馆访问
PsycARTICLES（EBSCOhost）	心理学领域中同行评议的学术与科学论文全文的权威来源	http://www.apa.org/pubs/databases/psycarticles/index.aspx 或通过你的大学图书馆访问
PsycINFO（EBSCOhost）	学术期刊论文、书籍章节、书籍和学位论文的摘要资源	http://www.apa.org/pubs/databases/psycinfo/index.aspx 或通过你的大学图书馆访问
SocINDEX with full text	综合性、高质量的社会学研究数据库	通过你的大学图书馆访问
Social Services Abstracts (CSA Illumina)	社会学及社会行为科学相关学科的国际文献摘要与索引	http://www.csa.com/factsheets/socioabs-set-c.php 或通过你的大学图书馆访问

案例：在检索中选择关键词

Education Research Complete 数据库是一个适合"大学生导师制"主题的数据库，因为它作为全面的教育研究数据库可以追溯到1880年。如图5-4所示，检索关键词可能包括"导师制"和"大学生"。通过单击"搜索"，可使用以下14个字段选项之一：全文、作者、标题、主题词、摘要或作者提供的摘要（Author-Supplied Abstract）、作者提供的关键词（Author-Supplied Keywords）、地理术语（Geographic Terms）、人员（People）、评论和成果（Reviews & Products）、出版社（Company Entity）、出版物名称、ISSN、ISBN 和登录号（Accession Numbers）。

在这一案例中，如果要检索特定作者，作者的姓名将被输入关键词框（即最左上角框），并且选择"作者"字段选项。这将使电子检索更为有效，因为只是检索了**文献**（如期刊文章、书籍）**的"作者"**部分而非全部。或者，如果要检索特定标题，就在"关键词"框中输入标题（如果已知），然后选择"标题"字段选项。但是，对于初始检索，保留显示"选择字段（可选）"的选项卡（这是默认选项）即可，而无须使用14个字段选项中的任何一个。其他值得使用的默认值包括：

如何进行文献回顾

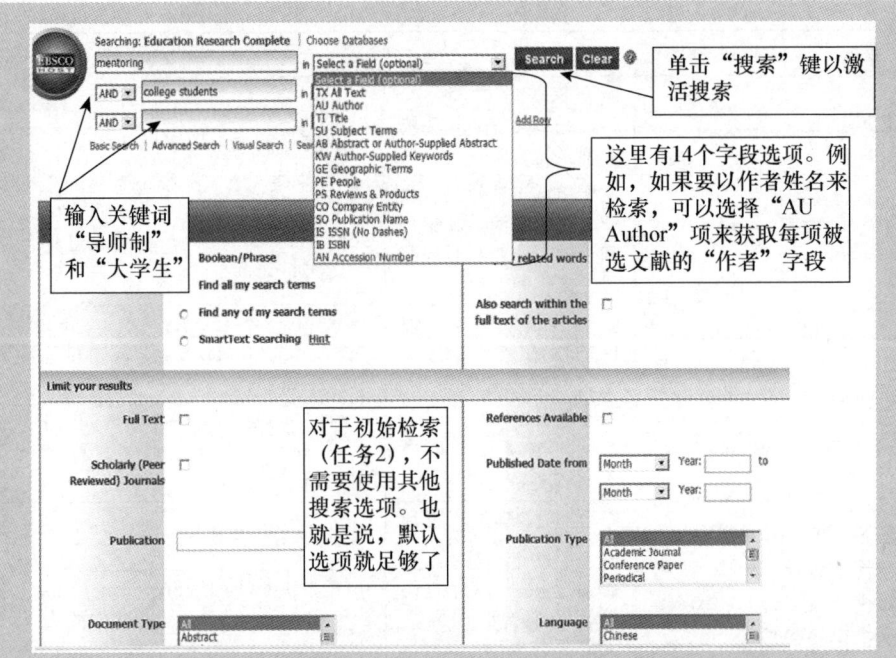

图 5-4　使用关键词"导师制"和"大学生"以及 14 个字段选项在 Education Research Complete（EBSCOhost）数据库中进行初始检索的屏幕截图

- "搜索模式"选项的"布尔/短语（Boolean/Phrase）"选项，允许使用布尔运算符"AND""OR"和"NOT"（我们将在概述任务 5 时讨论布尔运算符的概念）。
- "文献类型"选项的"全部"选项，意味着将搜索以下类型的文献：摘要、论文、书目、书评、案例研究、目录、社论、娱乐评论、勘误表、采访、信函、讣告、诗歌、诗歌评论、公报、产品评论、配方、短篇故事和演讲。
- "出版物类型"选项的"全部"选项，意味着将搜索以下类型的出版物：学术期刊、会议论文集、期刊、参考书和行业出版物。
- "语言"选项的"全部"选项，意味着将搜索以下语言：中文、克罗地亚语、荷兰语/佛兰芒语、英语、爱沙尼亚语、法语、德语、冰岛语、意大利语、拉丁语、立陶宛语、马其顿语、挪威语、葡萄牙语、俄语、斯洛伐克语、西班牙语和土耳其语。
- "页数"选项的"全部"选项，意味着将搜索所有页面。此外，你还可以限制选择全文文章或学术（同行评议）期刊。

此外，检索文献的时间可以限定为从任何一个月和/或一年（如 1990 年；当时加拿大研发了第一批电子辅导项目中的一个）到任何一年（如 2013 年）。对于初始检索，最好不选任何月份或年份，这样就会默认检索所有年份。

案例：跟踪检索结果数（Tracking the Number of Hits）

在撰写本章时，我们使用关键词"导师制"和"大学生"并保留上述默认值，共检索到 752 个结果，部分结果（即检索结果第一页的一部分）呈现在图 5-5 中。对任何其他相关数据库的初始检索与此检索相同，并且应做注释以记录下**检索结果数**，这就是每个案例的每个搜索链的结果。如前所述，在初始检索中做出决定时，主题指导标准确定了哪些结果对综合文献回顾具有重要意义或潜在的有用性。

图 5-5 使用"导师制"和"大学生"关键词在 Educational Research Complete（EBSCOhost）数据库中进行初始检索的屏幕截图，共检索到 752 篇文献

案例：使用书籍搜索

尽管文献回顾者使用的最常见的纸质或数字文献类型是在期刊上发表的论文，但还有许多其他类型的文献能为文献回顾者提供信息，包括以下形式：书籍、学位论文、毕业论文、专著、百科全书、互联网网站、政府文件、热门杂志、贸易目录、采访记录、公司报告、国会/议会法案和广告。其中，书籍尤其有用。因此，我们建议除了搜索图书馆订阅数据库以及运用互联网搜索引擎之外，还可以利用亚马逊网站（www.amazon.com）等在线书店。

案例：检索中一本书的目录

如图 5-6 所示，使用同样的关键词（即"导师制"和"大学生"）在亚马逊网站上搜索，能得到 188 个结果，其中，排在书单第 15 位的由古德拉德·辛克莱（Goodlad Sinclair，1998）所著的这本书似乎具有特殊潜力。亚马逊网站的一个非常有用的特性是用户可以翻看一些书籍的大部分内容。尽管这些书籍的任何部分都不能通过电子方式复制、保存或打印，但用户可以在屏幕上阅读大部分书籍内容并在书中搜索关键字或短语。图 5-7 显示了辛克莱（1998）这本书的目录的部分内容。

图 5-6 通过在亚马逊网站上使用关键词"导师制"和"大学生"进行初始检索而获得的部分书籍列表的屏幕截图

另一种在线阅读图书的方法是谷歌图书（Google Books；http://books.google.com/），这是一项出现于 2004 年的服务。图 5-8 显示了通过在主页搜索框中输入辛克莱（1998）的书名而启动的谷歌图书搜索。谷歌图书拥有超过 2 000 万本扫描图书，约占全球图书总量的 15%。其他可能值得试试的免费互联网知识宝库（即数字图书馆）包括 HathiTrust（约 2008 年；http://www.hathitrust.org/）、Internet Archive（约 1996 年；http://archive.org/index.php）、Wikibooks（约 2003 年；http://www.wikibooks.org/）、Project Gutenberg（约 1971 年；http://www.manufacturersdirectory.com/results1.aspx?keywords=project+gutenberg）和 Wikisource（约 2003 年；https://www.wikisource.org）。总之，初始检索有许多选择，特别是图书馆订阅数据库、互联网搜索引擎和在线书店/数字图书馆。选择使用的任何工具都应作为主题指导标准和第 2 步审计轨迹的一部分进行记录。

第 5 章　步骤 2：启动检索

图 5-7　通过在亚马逊网站上使用关键词"导师制"和"大学生"进行初始检索而得到的《导师制与学生辅导》一书目录的屏幕截图

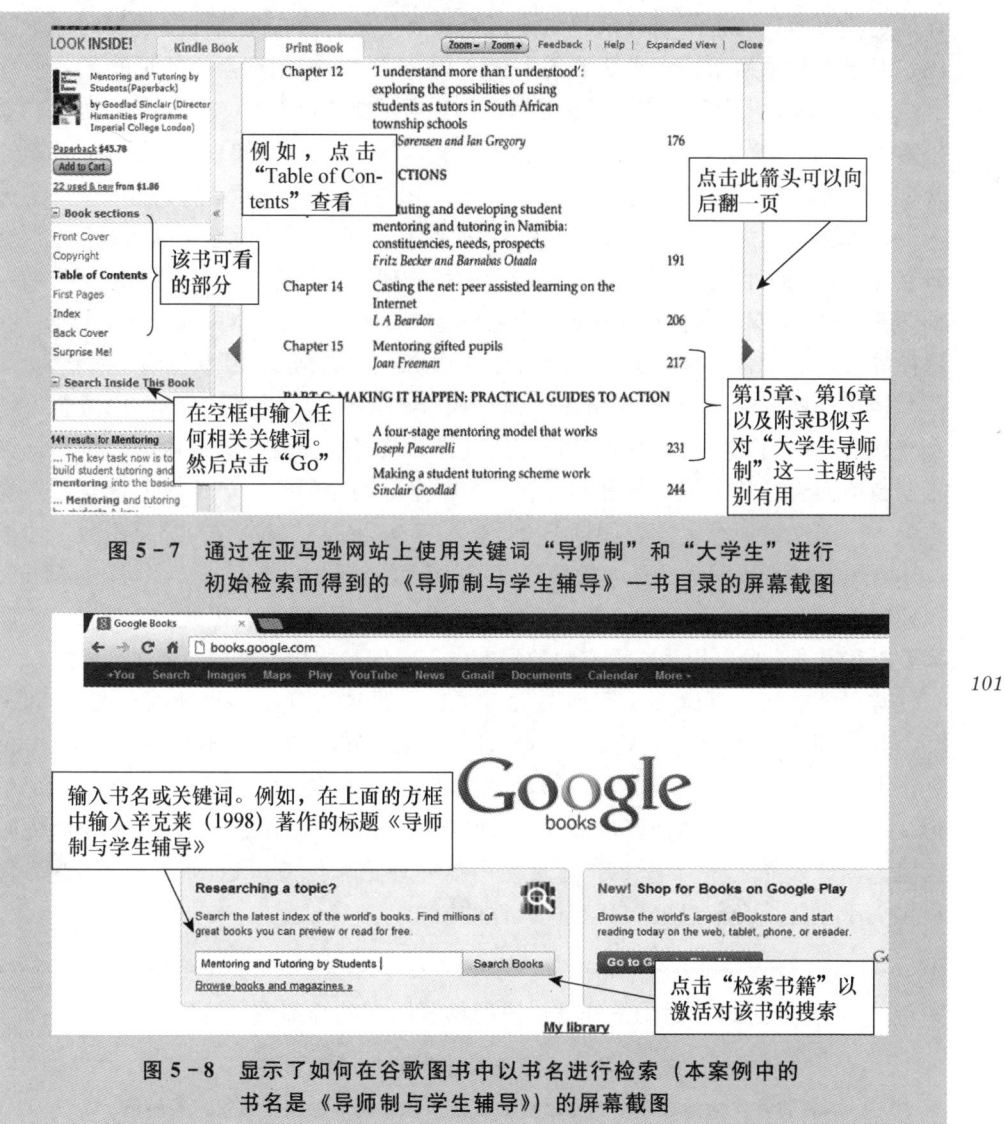

图 5-8　显示了如何在谷歌图书中以书名进行检索（本案例中的书名是《导师制与学生辅导》）的屏幕截图

5.6　任务 3：探索信息

在初始检索（任务 2）之后，下一个任务就是获取有关选定主题的信息（任务 3）。在这一点上，你可能会问："如果我的初始检索已经对大量文献进行了分类，那么我怎么可能阅读所有文献呢？"如果真是这样的话，这就是一个很好的问题！不过有个好消息，你不必阅读你选定的每一份文献的全文。事实上，对于你选定的书籍，通常阅读目录和浏览相关章节足矣。而在文献回顾过程的这个阶段，对于那些从初始检索中获取的大量论文，通常只需阅读摘要就足够了。

然而，提取几十篇论文来阅读是可能的，这可能会让你进一步追问："如果初始检索选定了许多文章，那么我应该阅读所有文章的摘要吗？"如果情况属实，那么这又是一个很好的问题。答案是"你应该读一些有代表性的摘要"。那么这又会产生另一个好问题："我怎样才能分辨出有代表性的摘要？"请记住，综合文献回顾涉及混合研究技术，我们可以使用定量研究传统中的**抽样理论**来获得这一代表性数据。现在，抽样理论涉及收集、分析和解释从一个感兴趣的总体的随机样本中收集到的数据。在这种情况下，"总体"是指当一个关键词或短语被输入数据库时所获得的总摘要集。

运用抽样理论，表5-4给出了需要阅读的摘要数量的最小值，从而获得了具有代表性的摘要数量，并将其作为通过检索获得的摘要总数的函数。例如，为了获得前面通过关键词"导师制"和"大学生"确定的665篇论文的代表性摘要数量，一名文献回顾者需要阅读242（$N=650$）～248（$N=700$）篇论文，插值（interpolation）表明大约244篇摘要（244篇更接近242篇而非248篇，同理665篇摘要更接近650篇而非700篇）可以代表总共665篇摘要。因此，阅读前244篇摘要是很有意义的，因为在大多数数据库中，它们是按相关性顺序依次列出的。

你可能会认为阅读244篇摘要太多了！但是请记住，一篇摘要一般有50～400个单词（参见Hahs-Vaughn & Onwuegbuzie，2010；Hahs-Vaughn，Onwuegbuzie，Slate，& Frels，2009），考虑到大学生阅读速度为每分钟300个单词，所以即便是最长的摘要也能在90秒内阅读完，244篇摘要可以在6小时内阅读完。因此，如表5-4所示，通过使用抽样理论，你就可以阅读一些能够为你提供关于主题综合信息的、具有代表性的摘要。

工具：运用抽样理论进行检索所需的样本数量列表

表5-4 为了获得具有代表性的摘要数量
并将其作为数据库中摘要总数的函数而需要阅读的摘要数量的最小值

N	n	N	n
10	10	450	207
50	44	500	217
100	80	550	226
150	108	600	234
200	132	650	242
250	152	700	248
300	169	750	254
350	183	800	260
400	196	850	265

续表

N	n	N	n
900	269	15 000	375
950	274	20 000	377
1 000	278	30 000	379
2 000	322	40 000	380
3 000	341	50 000	381
4 000	351	75 000	382
5 000	357	100 000	384
6 000	361	250 000	384
7 000	364	500 000	384
8 000	367	1 000 000	384
9 000	368	10 000 000	384
10 000	370	500 000 000	384

注：N 表示通过检索获取的文章数；n 表示为获得具有代表性的摘要数量而需要阅读的最少摘要数量。Adapted from "Determining sample size for research activities," by R. V. Krejecie and D. W. Morgan, 1970, *Educational and Psychological Measurement*, 30, pp. 607-610.

5.7 任务 4：确定关键术语

除了阅读一些具有代表性的摘要并利用这些摘要收集有关主题的信息外，我们还可以利用摘要来选择与主题最相关的文章并完整阅读这些文章。在进行初始检索时，我们建议至少阅读六篇文章，并（至少）阅读任何相关书籍或其他材料（如毕业论文、学位论文、专著、百科全书、政府文档）的印刷版或电子版的一部分。因为格斯特、邦斯和约翰逊（Guest，Bunce，& Johnson，2006）通过审查六份文件（即访谈记录）证明，最少六篇论文就"足以提炼有意义的主题和有用的解释"（p.78）。通过阅读这些信息来源——最好是整体阅读——信息可以被*情境化*，这对于理解那些重要解释信息的关键要素是至关重要的。情境化也激发了我们将主题置于历史情境中进行考察的意识。此外，在初始检索中，通过完整阅读至少六个信息来源，我们可以获得额外的关键词和短语，从而实施聚焦检索（即任务 4）。

案例：运用 Microsoft Excel 跟踪检索

以"导师制和大学生（mentoring and college students）"方面的文献回顾为例，合适的关键词包括"导师制（mentoring）""导师（mentors）""指导者（mentor）"

"指导关系（mentorship）""大学生（college students）""本科生（undergraduate students）""大一新生（freshmen）""大二学生（sophomores）""大三学生（juniors）""大四学生（seniors）""研究生（graduate students）""硕士研究生（master's students）""博士研究生（doctoral students）"和"博士毕业生（Ph. D. students）"。与前两项任务一样，通过记录所有新的关键词和短语来保持审计轨迹是非常重要的。任务4的Excel电子表格如图5-9所示，它有助于保持审计轨迹的持续性。

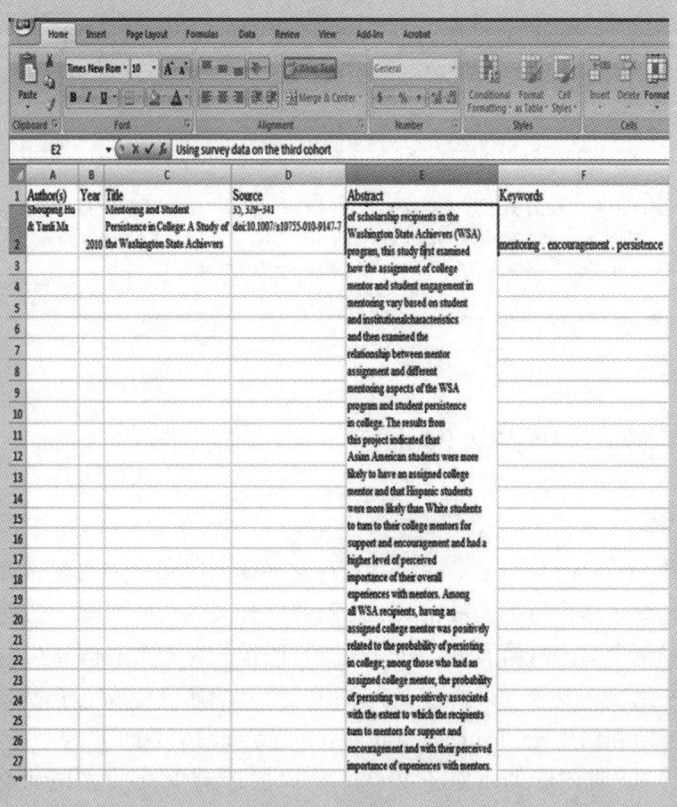

图5-9 通过Excel电子表格在任务4期间留下审计轨迹的示例

5.8 任务5：聚焦检索

聚焦检索任务提醒我们，综合文献回顾是一个连续的动态过程，它运用混合研究技术，因为它很像定性调查和数据收集，这包括了分类、决策和关注有意义

第 5 章 步骤 2：启动检索

的特定数据的一些方法。此外，聚焦检索任务取决于正在进行的决策、反思和解释。信息源的最终集合（包括所有可能的信息）经过了筛选、排序、再次筛选、分类、反思、存储和组织（步骤 3）。在整个过程中，文献回顾者的文化进步视角有助于确保所选信息能反映公平性并确保主题得到公正表达。

启动检索的最后一个任务可以通过三种主要方式完成。第一种方式是利用在完成任务 4 的过程中获得的关键词和短语列表。使用这一列表，可以探索与主题相关联的同义词和其他单词。如前所述，论文、书籍和其他信息来源有助于生成额外的关键词或**可操作的关键词**。此外，使用百科全书或同义词词典可以生成关键词或**基本关键词**。

案例：对新关键词使用同义词

如图 5-10 所示，在研究大学生导师制时，微软的 Word 程序被用来识别关键词。对于单词"mentor"，右键点击单词的任何部分，然后从下拉选项中选择

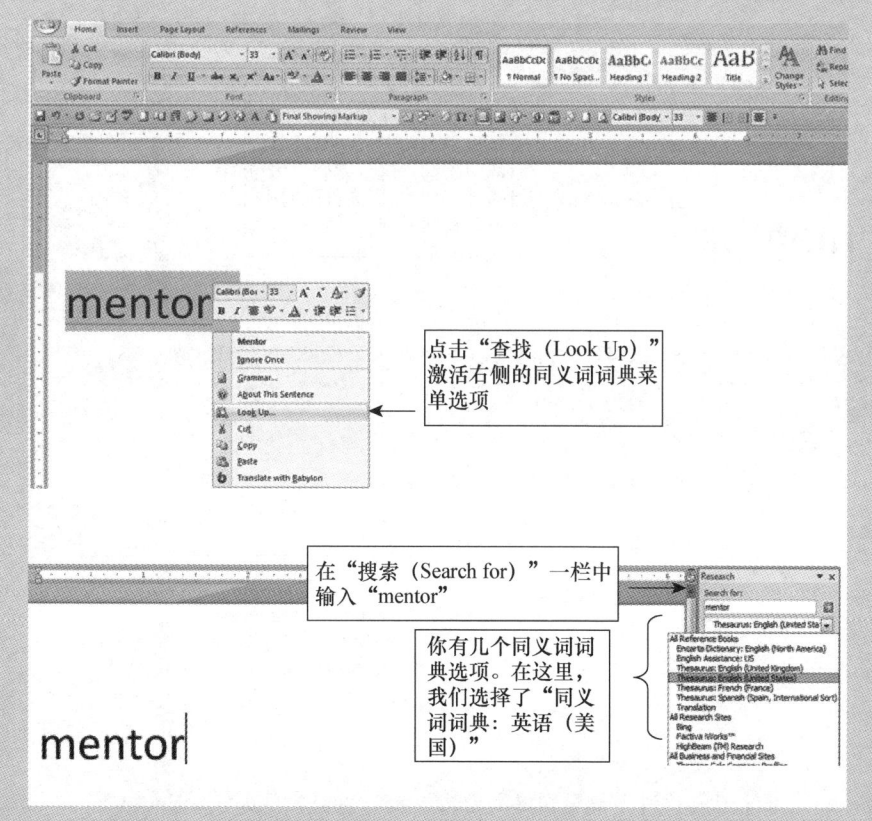

图 5-10　屏幕截图显示了使用微软 Word 程序从单词"mentor"中识别基本关键词（即同义词）的两个步骤

如何进行文献回顾

"查找（Look Up）"，如图 5-10 的第二部分所示。接下来，选择同义词词典选项。然后，此图显示了包括"同义词词典：英语（美国）[Thesaurus：English (United States)]""同义词词典：英语（英国）[Thesaurus：English (United Kingdom)]"和"同义词词典：法语（法国）[Thesaurus：French (France)]"的同义词词典版本。对于"导师制和大学生"方面的文献回顾，我们选择了"同义词词典：英语（美国）"，在图 5-10 的第二部分的右边出现了以下关键词：adviser, counselor, guide, tutor, teacher, guru。在这些词中，adviser（或其变体 advisor）和 tutor 似乎有可能成为这个主题的关键词。无论使用何种策略来获取关键词和短语，都必须认识到关键词是检索图书馆订阅数据库、互联网搜索引擎/元搜索引擎以及在线书店/数字图书馆的手段。在图 5-11 中，我们对这三个步骤进行了扩展以获得可能的新检索词。务必确保为审计轨迹而保留所有关键词的运行列表！

图 5-11　两个屏幕截图显示了使用微软 Word 程序从单词"mentor"中识别基本关键词（即同义词）的最后步骤

第 5 章 步骤 2：启动检索

案例：使用布尔运算符

图 5-12 和图 5-13 分别显示了使用两行和三行关键词获得的检索结果。让我们来看看图 5-13。在第一行中，使用了关键词"mentor*"，其中通配符[星号（*）]会导致对"mentor"一词的变体（即 mentor、mentors、mentoring、mentorship）的检索。在第二行中，关键词"college students"与布尔运算符"AND"一起使用，该运算符与"mentor*"一起用于检索数据库中包含"mentor"和"college students"的任何变体（即"mentor"和"college students"、"mentors"和"college students"、"mentoring"和"college students"、"mentorship"和"college students"）的所有文献。在第三行中，关键词"K-12"与布尔运算符"NOT"一起使用，该运算符与"mentor*" AND "college students"一起用于检索包含"mentor"和"college students"两个词的任何变体但不包含短语"K-12"的所有文献。

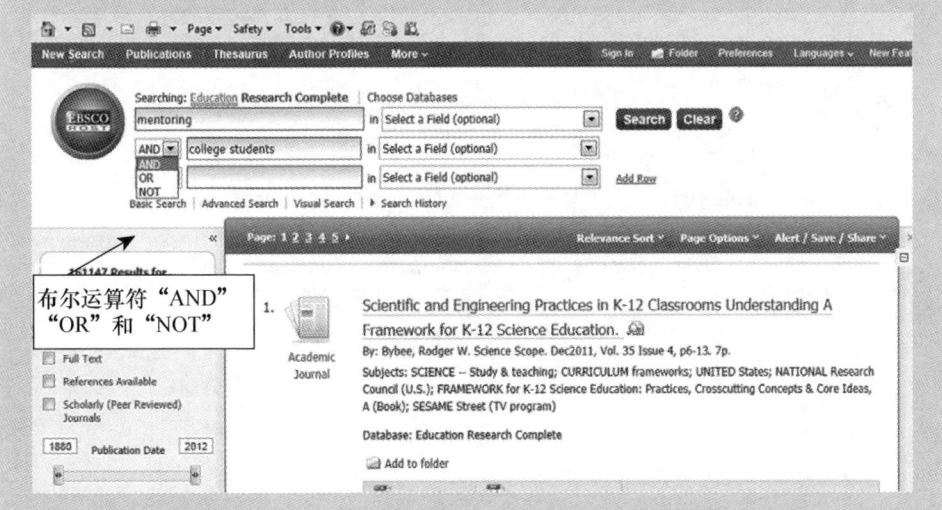

图 5-12 使用关键词"mentoring"和"college students"在 Education Research Complete 数据库中进行聚焦检索的屏幕截图——说明了如何使用布尔运算符"AND""OR"和"NOT"

从图 5-13 可以看出，通过这一检索路径获得了 823 个检索结果，低于使用搜索字符串"mentor*" AND "college students"时获得的 11 728 个结果（见表 5-5）。通过添加额外的关键字行，检索会变得更加聚焦，这种做法非常便捷。如在图 5-14 中，我们添加了第四行，其中包含关键词"tutor*"（即单词"tutor"与星号并排）以及布尔运算符"NOT"——NOT "tutor*"与"mentor*" AND "college students"以及 NOT "K-12"在一起，搜索包含单词"mentor"和"college students"的任何变体，但不包含短语"K-12"以及单词"tutor"

如何进行文献回顾

的任何变体（如"tutor""tutors""tutoring"）的所有文献。可以看到，通过这一检索路径获得的结果是 736 个，低于使用搜索字符串"mentor*"AND"college students"以及 NOT"K-12"时获得的 823 个结果。

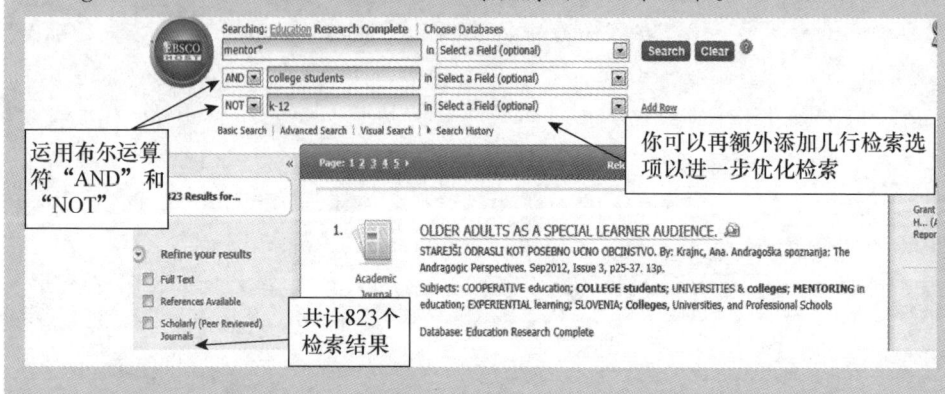

图 5-13　使用关键词"mentoring"AND"college students"以及 NOT"K-12"
　　　　　在 Education Research Complete 数据库中进行聚焦检索的屏幕截图

图 5-14　使用关键词"mentoring"AND"college students"以及 NOT"K-12"和 NOT"tutor*"
　　　　　在 Education Research Complete 数据库中进行进一步聚焦检索的屏幕截图

工具：基本和高级布尔搜索策略

聚焦检索的第二种方式是使用所谓的**布尔运算**。表 5-5 列出了 6 种基本布尔运算和11种高级布尔运算。应该注意的是，几乎每种文献检索工具都能识别6种基本布尔运算（即 AND、OR、NOT、星号、引号、圆括号），但某些文献检索工具却不能识别11种高级布尔运算。因此，6种基本布尔运算被描述为聚焦检索工具。前3种基本布尔运算（即 AND、OR、NOT）可以通过我们前面描述的 Education Research Complete 数据库直接运用。

如表5-5所示，与使用布尔运算符 AND 相比，使用布尔运算符 OR 大大增加了获得的文献数量。情况总是如此。因此，布尔运算符 OR 扩大了检索范围，而布尔运算符 AND 缩小了检索范围。在表5-5中，使用布尔运算符 NOT 也大大增加了获得的文献数量；但是，布尔运算符 NOT 究竟是扩大还是缩小检索范围取决于从检索中排除的单词或短语。使用星号可以扩大搜索范围，而使用引号则可以将检索范围缩小到只获得一篇文献。最后，如表5-5所示，括号的使用有助于缩小检索范围，特别是当检索字符串中至少有一次与布尔运算符 OR 结合使用时。在任何情况下，都应该将这些布尔运算符组合起来进行聚焦检索。

表5-5 基本和高级布尔搜索策略

布尔运算符	布尔策略解读	布尔策略示例	布尔策略示例解读	检索结果数（Education Research Complete）
基本策略					
AND	在数据库中检索包括"and"两边关键词/词组的所有文献	mentoring AND college students	检索数据库中包含"mentoring"和"college students"两个词的所有文献	665
OR	在数据库中检索至少包括"or"两边一个关键词/词组的所有文献；用于连接同义词、反义词、替换拼写或缩写等关键词	mentoring OR college students	检索数据库中包含"mentoring"或"college students"或这两个词的所有文献	88 897
NOT	排除关键词/词组后再检索所有文献	mentoring and NOT college students	检索包含"mentoring"一词但不包含"college students"一词的所有文献	8 024
*	使用星号（*）作为通配符来检索关键词的变体；它替换出现在字符串后面的字母，可以在一个单词中多次使用，并且可以在任何位置使用	mentor* AND college students	检索包含词组"college students"和任何以"mentor"开头的单词（如"mentors""mentoring"）的所有文献	11 728

续表

布尔运算符	布尔策略解读	布尔策略示例	布尔策略示例解读	检索结果数（Education Research Complete）
" "	检索包括引号中字符串的所有文献	"mentoring and college students"	检索包含短语"mentoring and college students"的所有文献	1
( )	使用两个或多个布尔运算的组合来检索所有文献	(mentoring OR tutoring) AND college students	检索包含"mentoring and college students"或"tutoring and college students"（但不包含"mentoring and tutoring and college students"）的所有文献	1 512
高级策略				
W/n	在数据库中检索文献，关键词之间间隔不超过"n"个单词；将表示单个想法各部分的单词和词组连接起来，或将紧密相关的想法连接起来	mentoring W/3 "college students"	检索"mentoring"和"college students"之间间隔三个或更少单词的所有文献；包括"mentoring and college students""mentoring among college students"等词组，但不包括"mentoring in the area of college"	N/R
PRE/N	在数据库中检索文献，其中第一个检索词在第二个检索词之前的检索词数不超过规定的单词数；主要用于不同语序显著改变词义的情况（如"summary judgment"与"judgment summary"）	mentoring and college* PRE/3 students	检索包括"mentoring"和一个字符串的所有文献，在这个字符串中，"college"和"students"之间间隔不超过三个单词；这个字符串包括"college students""colleges containing students"等词组	N/R
W/p	使用出现在同一段落中的关键词来检索数据库中的文献	mentoring OR tutoring W/p "college students"	检索在包括"college students"的同一段落中还包含"mentoring"或"tutoring"的所有文献	N/R

续表

布尔运算符	布尔策略解读	布尔策略示例	布尔策略示例解读	检索结果数（Education Research Complete）
W/SEG	在数据库中检索两个关键词都出现在同一部分中（如在同一个标题中）的文献	mentoring W/SEG "college students"	检索"mentoring"和词组"college students"出现在同一部分中的所有文献	N/R
W/s	在数据库中检索两个关键词出现在同一个句子中的文献	mentoring W/s "college students"	检索"mentoring"和词组"college students"出现在同一个句子中的所有文献	N/R
ALLCAPS	检索所有字母大写的关键词或词组	mentoring and ALLCAPS (GPA) and "college student"	检索所有文献，其中"mentoring"和美国"学术成就"的大写简称（即 GPA：平均绩点）以及"college student"一起出现	N/R
ATLEAST	在数据库中检索某个单词或短语出现至少指定次数的文档；当你只希望获得那些对某个主题进行深入探讨而非一笔带过的文献时，请使用 ATLEAST	mentoring and ATLEAST10 (college students)	在数据库中检索出现了"mentoring"一词且词组"college students"出现至少 10 次的文献	N/R
CAPS	在数据库中检索关键词中包括大写字母的文献	mentoring and CAPS (college students)	在数据库中检索出现"mentoring"一词且词组"college students"中包括一个大写字母的文献	N/R
NOCAPS	在数据库中检索关键词中不包括大写字母的文献	mentoring and college students and NOCAPS (achieve*)	在数据库中检索"mentoring"和"college students"与"achieve"或"achievement"等词一起出现的文献，但不包括 ACHIEVE	N/R
PLURAL	在数据库中检索关键词仅以复数形式出现的文献	PLURAL (mentor) and college students	在数据库中检索出现复数单词"mentors"和词组"college students"的文献	N/R

续表

布尔运算符	布尔策略解读	布尔策略示例	布尔策略示例解读	检索结果数（Education Research Complete）
SINGU-LAR	在数据库中检索关键词仅以单数形式出现的文献	SINGULAR（mentor）and college students	在数据库中检索出现单数单词"mentor"和词组"college students"的文献	N/R

注：N/R=该数据库无法识别这一布尔运算。

案例：限定检索

聚焦检索的第三种方式是使用**限定符**，即文献回顾者缩小检索范围（即聚焦）的一些选项。每种检索工具（即图书馆订阅数据库、互联网搜索引擎和在线书店/数字图书馆）都有自己的一套限定符。正如前文所述，Education Research Complete 数据库就包含一些限定条件，点击"高级搜索（Advanced Search）"后可以看到这些限定条件（见图 5-15），其部分呈现于图 5-16 中。限定条件显示为：搜索模式［即"布尔/短语""检索所有关键词（Find all my search terms）""检索任一关键词（Find any of my search terms）""SmartText 搜索（SmartText Searching）"］、"应用相关词语（Apply related words）"选项、"也在论文全文中检索（Also search within the full text of the articles）"选项、"全文（Full Text）"检索选项（将只检索全文文献）、"学术（同行评议）期刊［Scholarly（Peer Reviewed）Journals］"检索选项（将只检索学术期刊）、在标有"出版物（Publication）"的空白处输入感兴趣的出版物名称（如我们担任编辑的全国性/国际期刊《学校研究》）、"参考文献可用（References Available）"检索选项（将对可用的参考文献进行搜索）、文献类型（document type，即摘要、论文、书目、书评、案例研究、目录、社论、娱乐评论、勘误、采访、信件、讣告、诗歌、诗歌评论、公报、产品评论、配方、短篇故事和演讲）、页数（number of pages，即等于、小于、大于，允许用户指定页面范围）、"图像快速查看类型（Image Quick View Types）"（即黑白照片、彩色照片、图形、地图、图表、图解、插图）选项、"出版起始日期（Published Date from）"（即月、年）和"出版结束日期（Published Date to）"（即月、年）选项、"出版类型（Publication Type）"（即学术期刊、会议论文、期刊、工具书和商业出版物）选项、"语言（Language）"（即全部、中文、克罗地亚语、荷兰语/佛兰芒语、英语、爱沙尼亚语、法语、德语、冰岛语、意大利语、拉丁语、

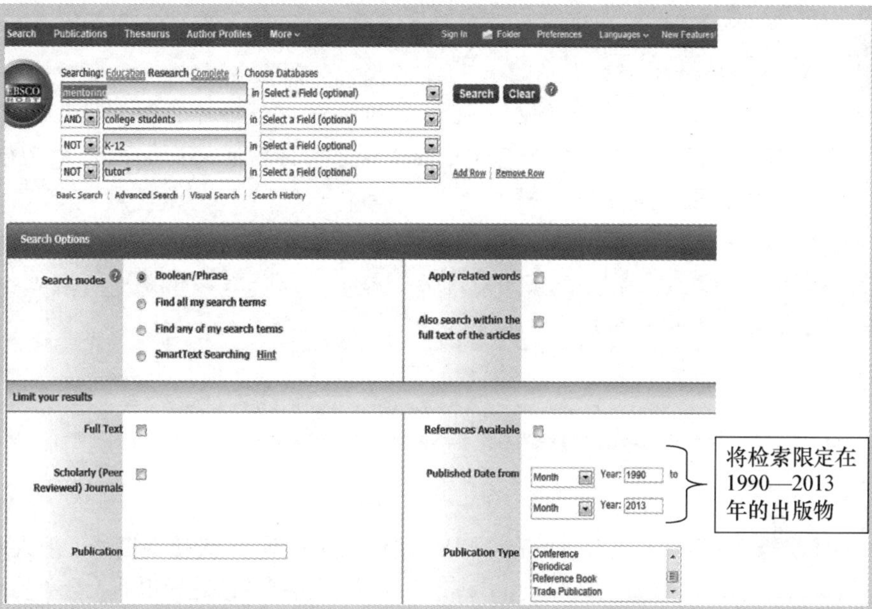

第 5 章　步骤 2：启动检索

图 5-15　使用"高级检索（Advanced Search）"选项和"出版日期 1990—2013 年"在 Education Research Complete 数据库中进行进一步聚焦检索的屏幕截图

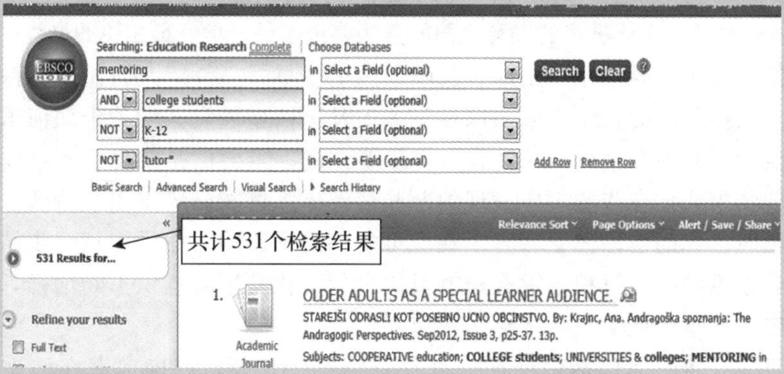

图 5-16　使用"高级检索（Advanced Search）"选项和"出版日期 1990—2013 年"在 Education Research Complete 数据库中进行进一步聚焦检索而获得 531 个检索结果的屏幕截图

立陶宛语、马其顿语、挪威语、葡萄牙语、俄语、斯洛伐克语、西班牙语和土耳其语）选项、"封面故事（Cover Story）"检索选项、"图像快速查看（Image Quick View）"检索选项、"PDF 全文（PDF Full Text）"检索选项（将只搜索 PDF 全文文献）。

通过使用这些限定符中的一个或多个，我们可以限定检索范围或进一步聚焦检索。检索工具中最常见的限定符与发布年份有关。例如在前面提到的关于

"导师制和大学生"的文献检索中，将信息来源限定在 1990 年开始的后电子辅导时代（e-mentoring era）是有意义的。因此，如图 5-15 所示的检索范围可以限定在 1990 年到离正式写作本书时最近的一个完整年份——在本案例中为 2013 年。通过这次检索共获得了 531 个检索结果（见图 5-16），比之前没有使用任何限定符所获得的 736 个结果少了 205 个——表明在 1989 年年底之前，"导师制和大学生"领域［但不包括 K-12 以及单词"tutoring"的任何变体］发表了 205 份文献。与前 3 个任务的情况一样，必须将在此任务中建立的各种路径作为审计轨迹的一部分予以记录。

结 论

对于步骤 2（实际上是对于所有步骤），请记住这句话："天使畏惧处，愚人敢闯入（Fools rush in where angels fear to tread）。"这句话指那些缺乏知识的人会鲁莽地去做一些智者会避免的事情。在进行全面文献回顾时亦如此，不宜仓促而行。相反，一项全面文献回顾应该系统性地、循序渐进地进行。在综合文献回顾的探索阶段，尤其是在"步骤 2：启动检索"中，归档时的细节导向就是这样。一个深思熟虑的、认真谨慎的、反思的、文化进步的以及道德的方法将产生最可信、最相关的最终产品。

在第 4 章中，我们概述了综合文献回顾的步骤 1，包括人们如何看待和理解世界及对人类状况的哲学探索，以及你如何基于诸多假设（如关于如何求知的价值观、经验、兴趣和信仰）来选择一个研究主题。重要的是要意识到，作为完成步骤 2 的结果，你在步骤 1 中发现的一些信仰体系可能已经发生了些微变化。在研究文献时，你的信仰体系和哲学观念可能将受到影响。如果在每一步结束时都利用好做记录的反思过程，那么随着对信息的文化及情境意识不断增强，最初选择的暂定主题也可能会发生变化。

简言之，步骤 2 包括多项任务以及归档这些任务，以确定潜在的文献数据库、执行初始检索、探索关于选定主题的信息、确定与此主题相关的关键术语，以及运用主题指导标准来聚焦检索。这些任务产生初始信息源集来存储和组织信息（步骤 3）。这些信息源将在"步骤 4：选择/删除信息"阶段被认真审查，目的是根据相关性和评估标准来决定保留哪些文献和舍弃哪些文献，以便只选择可靠信息。接下来，利用模式（MODES）来审视多元视角、额外洞见、替代解释等，初始检索变成了一个扩展检索（expanded search）。此外请记住，启动检索所包括的任务和主题指导标准与综合文献回顾方法论中的伦理方法论有关。

在回顾第 5 章时，以下内容很重要：

- 启动检索包括一些任务。首先，它从确定潜在的文献数据库开始。接下

第 5 章 步骤 2：启动检索

来，使用初始关键词进行的初始检索将产生一些信息源（任务 2），产生的信息源数量或获得的检索结果数量应该被记录在案。

- 主题指导标准的使用为明确初始检索的方向提供了理论基础，并在开始检索之前揭示了关于主题、领域和/或学科的一些初步想法。
- 可以在潜在文献数据库中确定领域和学科。有些数据库是多学科、交叉学科或跨学科的。
- 当没有明确信息时，使用互联网的主题目录对于浏览主题很有用。许多主题目录包含一个关键词检索选项，该选项通常不需要你处理多级别主题和子主题。
- 与网络资源相比，使用图书馆订阅数据库具有整体优势，所以图书馆订阅数据库是文献回顾好的起点。
- 如前所述，在初始检索中做出决定时，主题指导标准确定哪些结果对综合文献回顾具有重要意义或潜在用处。
- 在进行初始检索时，完整阅读至少六篇论文有助于确定有意义的主题和有用的解释。
- 由于检索是有重点的，因此信息源就应该被情境化以免其被误解。情境化也激发了我们将主题置于历史情境中的意识。
- 综合文献回顾是一个连续的动态过程，在数据（信息源）收集过程中运用了混合研究技术。识别关键词、运用布尔运算符和使用限定符有助于集中或缩小检索范围，并应被记录为审计轨迹的一部分。

第 5 章 评价一览表

核心（CORE）	指导性问题和任务
批判性检视	你是否考虑过其他领域是如何看待你的主题的？ 在你的主题数据库中，你可能发现的信息源的最初趋势和/或偏见是什么？你是否陷入了自满思维模式的陷阱？
组织	在每次检索时，你在多大程度上记录了每个检索链、使用的数据库和结果？ 你有没有将你初始检索的记录储存在至少两个地方？
反思	在你的检索中，有哪些新想法脱颖而出？你是否在你的主题领域找到了足够的文献？如果没有，其原因为何？ 想想指导你进行初始检索的世界观和信仰系统。你如何简明扼要地阐述你的主题指导标准？你是否考虑了综合文献回顾的文化进步立场以便不忽略特定资源？
评估	你有没有运用抽样理论来验证你的初始检索？你是否认真记录了反映信息源的情境？

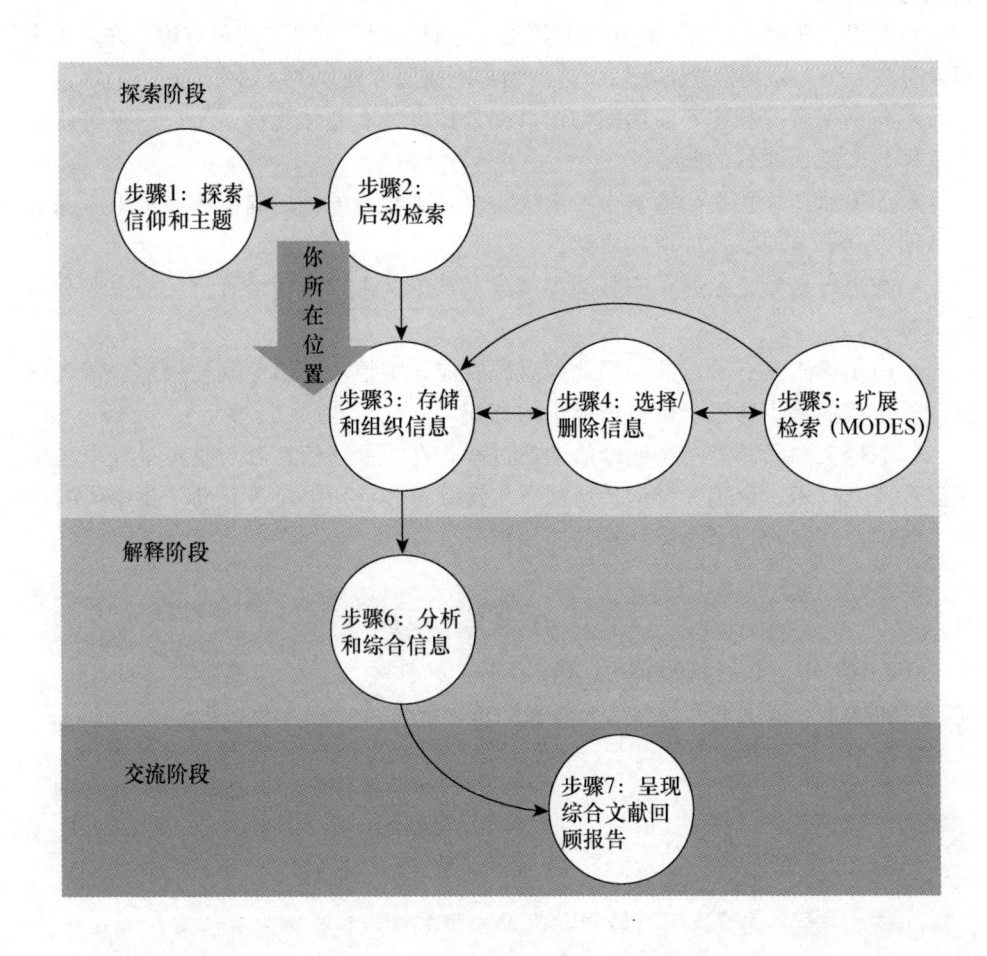

```
探索阶段
  步骤1：探索          步骤2：
  信仰和主题    ↔     启动检索

         你
         所   ↓
         在
         位
         置

  步骤3：存储    ↔   步骤4：选择/   ↔   步骤5：扩展
  和组织信息         删除信息            检索（MODES）

解释阶段
  步骤6：分析
  和综合信息

交流阶段
                     步骤7：呈现
                     综合文献回
                     顾报告
```

第 6 章

步骤 3：存储和组织信息

第 6 章思路图

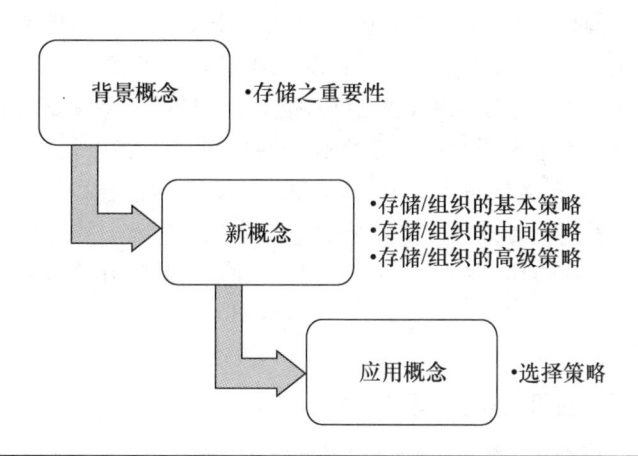

```
背景概念 —— •存储之重要性
   ↓
新概念 —— •存储/组织的基本策略
        •存储/组织的中间策略
        •存储/组织的高级策略
   ↓
应用概念 —— •选择策略
```

▶ 背景概念

综合文献回顾过程中的步骤 3，即存储和组织信息是至关重要的一步，因为它从提取第一个信息的那一刻开始（步骤 2），并在后来针对同一主题的综合文献回顾中继续执行。也就是说，存储和组织信息是一个持续的过程，作为一名全面的文献回顾者，这个过程应该贯穿其一生。

6.1 存储之重要性

就单个综合文献回顾而言，从本章开篇展示的七步骤模型可以看出，除了促进步骤 2 之外，存储和组织信息这一步骤还推动探索阶段的每一步。存储和组织信息的另一个重要作用是它代表了留下审计轨迹的长久方式，允许文献回顾者或进行审计的人（如学位论文委员会主席/主管）跟踪综合文献回顾过程及其结果，正如我们在第 1 章中所述，这包括：

- **原始数据**（如所有选定文献、书面记录）。
- **数据整理**及分析结果（如简明注释、定量总结、定性总结和理论注释等概要）。
- **过程说明**，包括方法说明（如程序、策略、原理、设计）和可靠性说明（即与所收集信息的信度、效度和适当性有关的说明）。
- 与意图和倾向有关的材料，包括**个人笔记**（如文献回顾者记录其想法、思想、经验、关注点、挑战和动机的自反性注释）和期望（如预测和意图）。

为了便于进行综合文献回顾，文献回顾者应该尽可能系统化地存储和组织信息。由于我们撰写的本书同时适用于文献回顾初学者/初学研究人员、文献回顾新手/新手研究人员和文献回顾老手/熟练研究人员，所以在以下章节中，我们将概述如何在三个不同的复杂程度上存储和组织信息：基本、中级和高级策略。此外，我们将描述如何使用各种形式的技术和不同水平的协作来存储和组织信息。

6.2 存储/组织的基本策略

一、索引卡[①]

存储信息的方法（device）既可以基于手动的策略，也可以基于技术的策略。这样的方法可以存储信息、处理信息，或二者兼具。**手动方法**提供了存储信息的基本媒介。在这些方法中，那些涉及手写笔记的方法代表了最基本的媒介。索引卡（index cards）的使用就是这样一种低级别的存储手段。具体而言，索引卡可

[①] 原书中此处并无此二级标题，译者根据上下文逻辑，特加入此标题以保持逻辑之连贯性。——译者注

第 6 章　步骤 3：存储和组织信息

被用于记录有关文献的信息，包括作者、出版年份、文献类型（如书籍、书籍章节、论文）、叙事类型（如经验性的、概念性的、理论性的、方法性的）、实证报告类型（如定量研究、定性研究、混合研究）、内容概要、主要发现/结论、完整的参考文献。通常，每个索引卡只代表你在综合文献回顾过程中选择的一项工作。但是，你可以使用多个索引卡来存储任何单个文献的信息，然后将这组索引卡固定在一起（如装订起来）作为保持其完整性的一种手段。图6-1展示了初始检索后用于二元导师制研究的索引卡示例，随后其将被转换为数字形式。

图 6-1　初始综合文献回顾检索后用于二元导师制研究的索引卡示例

请记住，在索引卡上记录文献摘要时，用你自己的语言来组织这个摘要以避免**剽窃**是非常重要的。例如，据《美国心理协会写作手册（第 6 版）》（APA，2010）的作者们所言，著者不应将另一位作者的文字和观点据为己有，而必须坚持"荣誉应当属于有功之人（give credit where credit is due）"（p.15）。因此，索引卡中所包含的任何内容——包括对文献的概述——都应被重新组织措辞，并应尽可能使用不同于原作者的措辞或陈述文字。这样的话，当信息从索引卡传输到综合文献回顾报告时，就消除了剽窃原始文献的可能性。除了索引卡中显示的每条摘要语句外，还应将从中提取信息的文献页码记录在索引卡上，以便快速检索到原始信息。

如何进行文献回顾

> **案例：使用索引卡编码**
>
> 索引卡也可以通过**颜色编码**来组织，它提供了通过使用不同颜色来显示不同信息的系统。例如，对于实证报告类型，文献回顾者可以使用蓝色表示定量研究、使用绿色表示定性研究、使用黄色表示混合研究。

（一）使用索引卡的优势

使用索引卡存储和组织信息有以下几个优势。首先，索引卡对于不能使用计算机的文献回顾者来说是一个有用的策略。事实上，世界上有相当一部分人无法使用计算机或缺乏使用计算机的技能，这就产生了全球数字鸿沟（参见 Kshetri & Dholakia, 2009）。另一个即使在发达国家也常常无法使用计算机，而且可以从使用索引卡中获益的人群是小学生。这些索引卡可供小学生在为课堂项目做文献回顾时使用。此外，索引卡可以在计算机不易访问的时候使用，因为它们相对较小且便于携带。此外，这些索引卡还可以作为参考卡来提供一套简明注释［美国学生将其称为备忘单（cheat sheet）或要点一览表（crib sheet）］，以供文献回顾者在诸如论文答辩或会议陈述过程中准备以口头方式呈现综合文献回顾结论时快速地参考一下。

索引卡的另一个优势是它们与某些类型的定性数据分析方法兼容，因此可以促进综合文献回顾的步骤 6，即分析和综合信息。事实上，索引卡特别适用于被称为**持续比较分析**（Glaser, 1965）的定性数据分析方法。在文献回顾的情境中，**持续比较分析**涉及系统地将从综合文献回顾过程中提取的信息还原为代码，然后从这些代码中发展主题（Onwuegbuzie, Leech, et al., 2011）。

在二元导师制研究中，47 份信息来源分别被写在单独的卡片上。首先，反复阅读每一组索引卡上的信息是很重要的，这样才能完全熟悉这些信息。然后，将每张卡片上的信息与其他卡片进行比较，并分配一个标签，该标签在本例中写在每张索引卡的右上角。因此，相似的部分将被以相同代码进行标记，并且在对所有数据进行编码之后，可以将索引卡分成不同的堆，根据相似程度对代码进行分组，每一堆都包含有相似代码的索引卡。如果文献回顾者认为索引卡需要用一个以上的代码进行编码（如**双重编码**），那么他/她可以用重复的信息复制索引卡，而这些索引卡有不同的代码（如在每张索引卡的右上角标注）。在这种情况下，同样的索引卡可以被放在不同的堆中，从而形成多个主题。

工具：手动编码的分步指南

专栏 6.1 呈现了安伍布奇和弗雷尔斯（Onwuegbuzie & Frels, 2012）概述的使用索引卡对通过综合文献回顾检索提取的选定信息进行持续比较分析的四步

第 6 章 步骤 3：存储和组织信息

骤指南。我们将在第 9 章"步骤 6：分析和综合信息"中对其进行详细讨论。

专栏 6.1

**使用索引卡对通过综合文献回顾检索提取的选定信息
进行持续比较分析的四步骤指南**

第一步，使用第一种颜色标记（如蓝色）突显（即手写代码）所有信息来源中属于你所在领域（即第一个代码）特定主题的特定文本（如单词、短语、句子或段落）。使用第二种颜色标记（如绿色）突显属于第二主题领域（即第二个代码）的文本。以此类推，直到以各种颜色突显属于所有特定主题（你的所有代码）的文本。

第二步，对你编码的每一个信息来源（如你的第一个文档、第二个文档等等）中用第一种颜色编码的每一个短语或句子进行复述，并运用你自己的语言在索引卡上写下每一句带颜色的句子。第一种颜色和卡片编成代码 #1。

第三步，使用每个信息来源中的第二种颜色重复这个过程，并将你复述的第二种颜色的句子转移到第二张索引卡上。这些在不同的新索引卡上的信息将成为代码 #2 的数据。

第四步，重复这个过程，直到你把每种颜色的句子从每一个选定信息来源中汇编到单独的索引卡上。

现在你有好几堆索引卡，每种颜色一堆。重新阅读属于第一堆的文献并确定这组文献（即代码组）的共同点，以便你为其命名。这个名字就是第一个主题的名字。重复这个过程，直到每一堆都有一个主题名。然后，每个主题及其包含的文献被用来为写作文献回顾提供信息。你不需要提供这些卡片上所有文章的完整参考资料，但需要在写作中回溯你整理的文献及其他信息来源清单。

资料来源：Adapted from "Writing a literature review," by A. J. Onwuegbuzie and R. K. Frels, 2012c, in C. Wagner, B. Kawulich, & M. Garner (Eds.), *Doing social research: A global context*, Maidenhead, England: McGraw-Hill, pp. 43–44. Copyright 2012 by McGraw-Hill.

（二）使用索引卡的局限性

尽管索引卡在存储和组织信息方面非常有用，而且相较于依靠个人记忆也具有很强的优越性，但其仍存在一些局限性。其中一个局限就是在不使用大量索引卡的情况下很难存储来自特定信息来源的信息，而这很快就会变得非常麻烦。此外，与输入摘要信息相比，手写以及更正或修改摘要信息更为耗时。另外，由于索引卡的尺寸相对较小，因此每个索引卡上只能显示有限的信息。另一个局限是，如果两名或多名文献回顾者共同进行综合文献回顾，那么除非为每名文献回顾者创建一组完全相同的索引卡，否则文献回顾者很难比较注释。此外，还有一个局限是，丢失一张或多张索引卡并非不可能。这是关于信息组织极为重要的一个限制因素。不幸的是，手动检索那些索引卡中包含的单词、短语、句子、数字等可能非常耗时，尤其是在涉及大量索引卡的情况之下。

二、文字处理软件程序

尽管被认为是一种基本策略，但使用文字处理软件程序（一种计算机软件应用程序）意味着对于使用索引卡的策略升级，因为文献回顾者可以为每份文献输入注释，而非手写注释。因此，与索引卡相比，文字处理软件程序的使用在技术水平和协作水平上更进了一步。表 6-1 提供了文字处理软件程序的综合列表，但并非详尽无遗。表中的文字处理软件程序分为商业文字处理软件程序和免费/开源文字处理软件程序。使用这些文字处理软件程序中的几乎任何一个都可以使文献回顾者以电子形式完成编辑、设置格式（如更改字体和字号）、检查拼写、检查语法、使用内置同义词词典（这对于解释文本以避免剽窃非常有用）、打印和保存等任务。

工具：文字处理软件程序列表

当使用文字处理软件程序时，文献回顾者在一个页面上概述的选定文献不得超过一个；但是，可以使用多个页面来存储关于任何单个文献的信息，然后这些页面可以在打印出来以后被固定在一起（如装订），以保持其完整性。有趣的是，文字处理软件程序可以以类似于索引卡的格式来打印出每份文献上的信息。例如，Microsoft Word 就可以以明信片的形式打印信息［被称为"双日本旋转明信片（Double Japan Postcard Rotated）"］。

表 6-1 按时间顺序排列的商业和免费/开源文字处理软件程序列表

文字处理软件 程序名称	网址	首发年份
商业文字处理软件程序		
WordPerfect	http://www.wordperfect.com/gb/product/office-suite/?&mapcounter=1&pid=prod5200107	1979
Nota Bene	http://www.notabene.com/	1982
Microsoft Word	http://office.microsoft.com/en-gb/word/	MS-DOS(1983) Mac OS/Mac OS X (1985) Windows(1989)
Applixware	https://www.vistasource.com/wp/	1986

续表

文字处理软件程序名称	网址	首发年份
FrameMaker	http://www.adobe.com/products/framemaker.html	1986
Lotus Word Pro	http://www-01.ibm.com/software/info/app/ecatalog/index.html	1989
Nisus Writer	http://www.nisus.com/	1989
CopyDesk	http://www.quark.com/Products/QuarkCopyDesk/	1991
WordPad	http://windows.microsoft.com/en-us/windows/usingwordpad#1TC=windows-7	1995
GNU TeXmacs	http://www.texmacs.org/tmweb/home/welcome.en.html	1996
Mariner Write	http://marinersoftware.com/	1996
PolyEdit	http://polyedit.com/	1998
InCopy	https://creative.adobe.com/products/incopy	1999
WordFile4ME	http://www.byronsoftware.org.uk/School/WordFile/index.htm	1999
Atlantis Word Processor	http://www.atlantiswordprocessor.com/en/	2000
ThinkFree Office	http://www.thinkfree.com/main.jsp	2001
Mellel	http://www.mellel.com/	2002
OpenOffice Writer	https://web.archive.org/web/20110428102539/http://www.openoffice.org/	2002
Apple Pages	http://www.iworkcommunity.com/	2005
免费/开源文字处理软件程序		
TextMaker	http://www.softmaker.com/english/ofwtm_en.htm	1987
Kingsoft Writer	http://www.wps.com/	1989
Groff	https://www.gnu.org/software/groff/	1990
TextEdit	https://developer.apple.com/library/mac/samplecode/TextEdit/Introduction/Intro.html	1990s
LyX	http://www.lyx.org	1995
Calligra Words	https://www.calligra.org/	1998
AbiWord	http://abisource.com/	1999
Ted	http://www.nllgg.nl/Ted/	1999
Atlantis Nova	http://www.atlantiswordprocessor.com/en/	2000

续表

文字处理软件程序名称	网址	首发年份
Jarte	http://www.jarte.com/	2001
NeoOffice Writer	http://www.neooffice.org/neojava/en/index.php	2003
Lotus Symphony	http://www-03.ibm.com/software/products/en/lotusymp	2007
GNU TeXmacs	http://www.texmacs.org/tmweb/home/welcome.en.html	2010
LibreOffice Writer	https://www.libreoffice.org/discover/writer/	2011
Apache OpenOffice	http://www.openoffice.org/	2012
Polaris Office	https://www.polarisoffice.com/view/login	2013

（一）使用文字处理软件程序的优势

使用文字处理软件程序具备一些优势，特别是相较于使用索引卡而言。首先，文字处理软件程序可供所有能够使用计算机的人使用。如表6-1所示，即便文献回顾者买不起商业文字处理软件程序（如 Microsoft Word、WordPerfect），他/她也可以使用免费/开源文字处理软件程序。除了能够以电子形式编辑、设置格式、检查拼写、检查语法、使用内置同义词词典、打印和保存外，文字处理软件程序还可以使文献回顾者将从综合文献回顾检索中提取的文档中的文本（和图像）复制并粘贴到文献回顾者通过文字处理软件程序创建的文档中，以便存储和组织信息。但是，在复制和粘贴材料时，你应该注意：不要在综合文献回顾最终报告中剽窃任何材料；不要在未获得必要的版权许可的情况下，在综合文献回顾报告中粘贴图像或长引语，否则将违反版权法。

也许最为有用的是，文字处理软件程序允许文献回顾者以极快的速度（以秒为单位）检索文本（即单词或字符串），从而查找到某个或所有实例。此外，如果需要，那么文本可以被检索并用其他文本加以替换。文字处理软件程序的另外一个有用功能是可以跟踪文献回顾者在持续存储和组织信息过程中所做的更改。例如，Microsoft Word 使用气球（balloons）来显示删除、格式更改、注释和作者从文档的一个部分移动到另一个部分的内容。与使用索引卡时的情况一样，文献回顾者可以使用不同颜色来区分信息源的类型（如基于定量研究的、基于定性研究的、基于混合研究的）。例如，Microsoft Word 拥有20种预定义的颜色方案。文献回顾者还可以使用文字处理软件程序的倾斜、加粗和下划线功能来突显文本，这就要比使用索引卡时手动进行处理更加容易。

第 6 章 步骤 3：存储和组织信息

与索引卡相比，文字处理软件程序的另一个优势是每个文档都自动带有日期戳和时间戳，这是帮助文献回顾者监控其综合文献回顾检索次序的重要组织功能。此外，综合文献回顾检索的每次迭代都可以使用不同的文字处理文档。另外，相对于索引卡而言，使用文字处理软件程序的文献回顾者不容易弄丢其存储和组织的信息，因为所有文字处理文档都可以很容易地被保存起来，以便将来在计算机的硬盘驱动器或便携式数据存储设备（如 USB 闪存驱动器）上使用或访问；或者，为了获得更高的安全性，这些文字处理文档还可以被保存到云端，从而为文献回顾者提供了在任何地方访问它们的权限。而且，由于文字处理软件程序生成的文档是数字格式的，因此可以通过互联网（如通过电子邮件）或其他计算机网络以电子方式发送给共同回顾者。

（二）使用文字处理软件程序的局限性

尽管文字处理软件程序对于存储和组织信息非常有用，而且它们比使用索引卡更胜一筹，但它们也存在一些局限性。其最大的局限性可能就是文献回顾者不能使用文字处理软件程序以自动方式对与不同文献相关的摘要信息进行分组或排序。相反，文献回顾者必须通过文字处理软件程序的"复制粘贴（copy-and-paste）"选项手动对摘要信息集进行分类，具体方法是复制感兴趣的部分并立即将其移动（即粘贴）至由文献回顾者定义的属于同一类别的另一部分内容之前或之后，以便所有属于同一类别的摘要信息都能在连续的页面中呈现出来。不幸的是，这种手动组织摘要信息的方式可能非常耗时，特别是当涉及大量文献的摘要信息已经被记录在案时。

6.3 存储/组织的中间策略

一、电子表格程序[①]

我们认为存储/组织的中间策略就是使用电子表格（即电子表格程序），这意味着对使用索引卡与使用文字处理软件程序的升级。确实，与索引卡和文字处理软件程序相比，电子表格的使用在复杂程度（即中间水平）与技术水平方面更进了一步。广义地说，**电子表格**程序（约 1962 年）是一种交互式计算机应用程序，用于存储、组织和分析以表格形式呈现的信息（即数据），从而使数据以行和列的形式被组织起来，而行和列的每个组合都表示一个单元格（cell）。电子表格程

---

① 原书中此处并无此二级标题，译者根据上下文逻辑，特加入此标题以保持逻辑之连贯性。——译者注

序的实用之处就在于每个单元格都既可以包含数字数据,也可以包含文本数据。此外,使用者可以利用内置的或由其创建的公式来计算和自动显示一个新单元格中的值,而这个新单元格是基于一个或多个其他单元格中所含的数据形成的。通过更改一个或多个其他单元格中包含的数据,该新单元格中的值将会自动相应更新。关于内置功能,电子表格程序包含运算、数学、统计和财务功能。这些电子表格程序还提供在文本和数字之间进行转换的功能,以及对文本字符串进行操作的功能。

工具:电子表格程序列表

表6-2提供了电子表格程序的综合列表,但并非详尽无遗。此表中的电子表格程序分为商业电子表格程序和免费/开源电子表格程序。实际上,使用这些电子表格程序中的任何一个都允许文献回顾者以电子形式存储和组织从综合文献回顾中提取的信息。在这些电子表格程序中,最常用的是 Microsoft Excel (Power, 2004)。

表6-2 按时间顺序排列的商业和免费/开源电子表格程序列表

电子表格名称	网址	首发年份
商业电子表格程序		
Framework	http://www.framework.com/	1984
Microsoft Excel	http://office.microsoft.com/en-us/excel	1985
StarOffice	http://web.archive.org/web/20101206170712/ http://www.oracle.com/us/products/applications/open-office/index.html	1985
Corel Quattro Pro	http://www2.corel.com/us/	1988
Mariner Calc	http://marinersoftware.com/	1989
Quantrix	http://www.quantrix.com/	20世纪90年代早期
Mesa	http://download.cnet.com/Mesa/3000-20411_4-3325.html	1991
PlanMaker	http://download.cnet.com/Plan-Maker/3000-18494_4-76016264.html	1994
SSuite Accel	http://www.ssuitesoft.com/accelspreadsheet.htm	1999
ThinkFree Office	http://www.thinkfree.com/main.jsp	2001
NeoOffice	http://www.neooffice.org/neojava/en/index.php	2003
wikiCalc	http://www.softwaregarden.com/products/wikicalc/	2005
Sheetster	http://sourceforge.net/projects/sheetster/	2007
Numbers	https://www.apple.com/mac/numbers/	2007
Resolver One	http://download.cnet.com/Resolver-One/3000-2077_4-10797708.html	2008

续表

电子表格名称	网址	首发年份
免费/开源电子表格程序		
3D-Calc	http：//www.medcalc.org/legacysoftware/atari/	1989
Kingsoft Office/WPS Office	http：//www.wps.com/	1997
OpenOffice Calc	https：//web.archive.org/web/20110429120308 http：//download.openoffice.org/index.html	2000
Gnumeric	http：//www.gnumeric.org/	2001
Tiki Wiki CMS Groupware	http：//info.tiki.org/tiki-index.php	2002
Simple Groupware	http：//www.simple-groupware.de/cms/	2004
ZCubes	http：//home.zcubes.com/	2006
Siag	http：//siag.nu/	2006
IBM Lotus Symphony	http：//www-03.ibm.com/software/products/en/lotusymp	2007
Pyspread	http：//manns.github.io/pyspread/download.html	2008
CellPro	http：//www.download366.com/cellpro?utm_source=google&utm_medium=cpc&utm_campaign=366_USA_en_longtail_Productividad&utm_content=CellPro&utm_term=cellpro&gclid=COXmwsG3zcACFZTm7AodGzwAQw	2008
LibreOffice Calc	https：//www.libreoffice.org/discover/calc/	2010
Calligra Sheets	https：//www.calligra.org/sheets/	2013

（一）使用电子表格程序的优势

与使用索引卡和文字处理软件程序相比，使用电子表格程序有几大优势。首先，电子表格程序（至少是免费/开源电子表格程序）对所有能够使用计算机的人来说都是可以访问的。有趣的是，Softpedia[①]（2012年）的数据显示，超过10亿用户（占全球总人口的14%以上）可以访问Microsoft Office——这是一套针对Microsoft Windows和OS X[②]操作系统的办公应用程序，包括Microsoft Excel（以及Microsoft Word和Microsoft PowerPoint）。根据Softpedia（2012）的

---

① Softpedia网站是国外的一个软件下载网站。它通过了权威的网站安全检测机构WOT、URLVoid、SiteAdvisor的认证评级，是一个可以信任的软件下载网站，主要收录游戏、驱动程序、手机应用、Windows、Mac、Linux三大平台的软件和资讯。——译者注

② OS X是苹果公司为Mac系列产品开发的专属操作系统。——译者注

数据,每秒钟就有一个人在全球范围内购买 Microsoft Office 程序。因此,在本节关于电子表格程序的其余部分中,我们将把注意力集中在 Microsoft Excel 上。

案例:文献汇总表

图 6-2 显示了储存在 Microsoft Excel 电子表格中的二元导师制研究文献回顾部分摘要汇总表的屏幕截图。

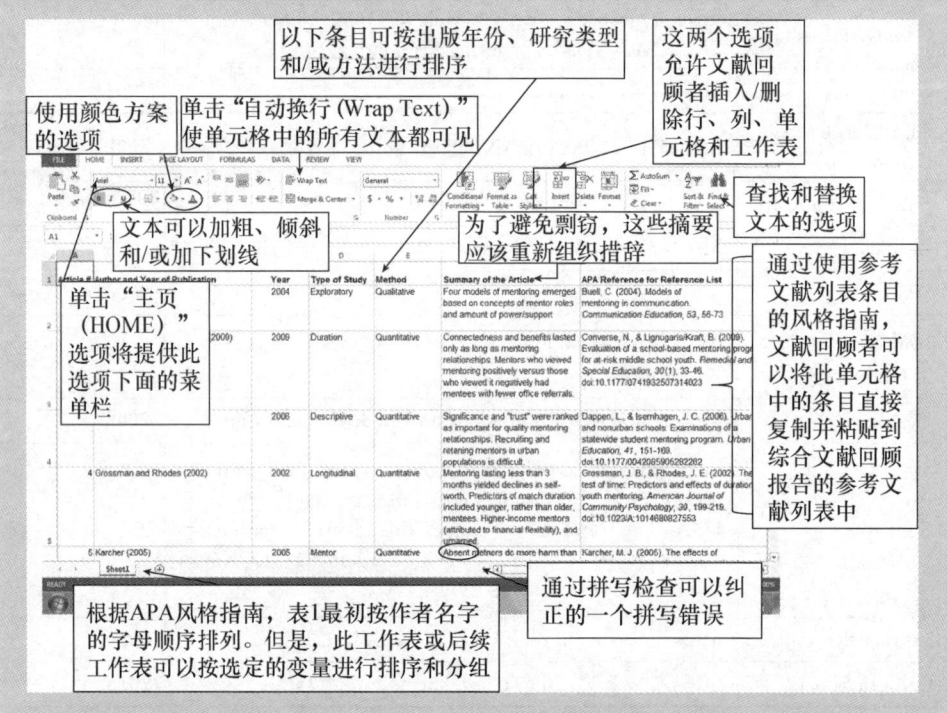

图 6-2 显示了使用"主页"选项存储在 Microsoft Excel 电子表格中的二元导师制研究文献回顾部分摘要汇总表的屏幕截图

与 Microsoft Word 一样,Microsoft Excel 允许文献回顾者以电子方式编辑、设置格式(例如,更改字体和字号,加粗或倾斜文本,在所有或选定文本下加下划线,将下边框应用于单元格或行,画一条线给单元格加下划线)、检查拼写(见图 6-3)、使用内置同义词词典、打印和保存。此外,Microsoft Office 剪贴板允许文献回顾者从其他程序(如 Microsoft Word、pdf 文件、HTML 文档、网页、电子邮件)复制多个文本和图像,并将它们粘贴到用于存储和组织综合文献回顾信息的 Microsoft Excel 文件中。反过来,存储在 Microsoft Excel 文件中的综合文献回顾信息又可以被复制并粘贴到文献回顾者用于编写综合文献回顾报告的文字处理软件程序(如 Microsoft Word)中。因此,

第 6 章　步骤 3：存储和组织信息

我们再次提醒你，在复制并粘贴到综合文献回顾报告中之前，请用自己的语言重新解读从综合文献回顾中提取的信息以确保避免剽窃和侵犯版权。如图 6-3 所示，"跟踪修订（Track Changes）"菜单允许文献回顾者跟踪、维护和显示对两个或多个文献回顾者共享的 Excel 工作簿所做的更改信息。然后，其他文献回顾者就可以决定接受或拒绝跟踪到的修订。

另一个有用的工具是出现在"回顾（REVIEW）"选项下的"翻译（Translate）"菜单选项卡（见图 6-3）。这项功能允许文献回顾者将用不同语言（如法语）编写的文本（如单词、短语、段落）翻译为目标语言（如英语）。使用"翻译"菜单选项卡可以帮助文献回顾者将用不同语言撰写的文献信息纳入研究范围，从而扩展检索（即步骤5）。

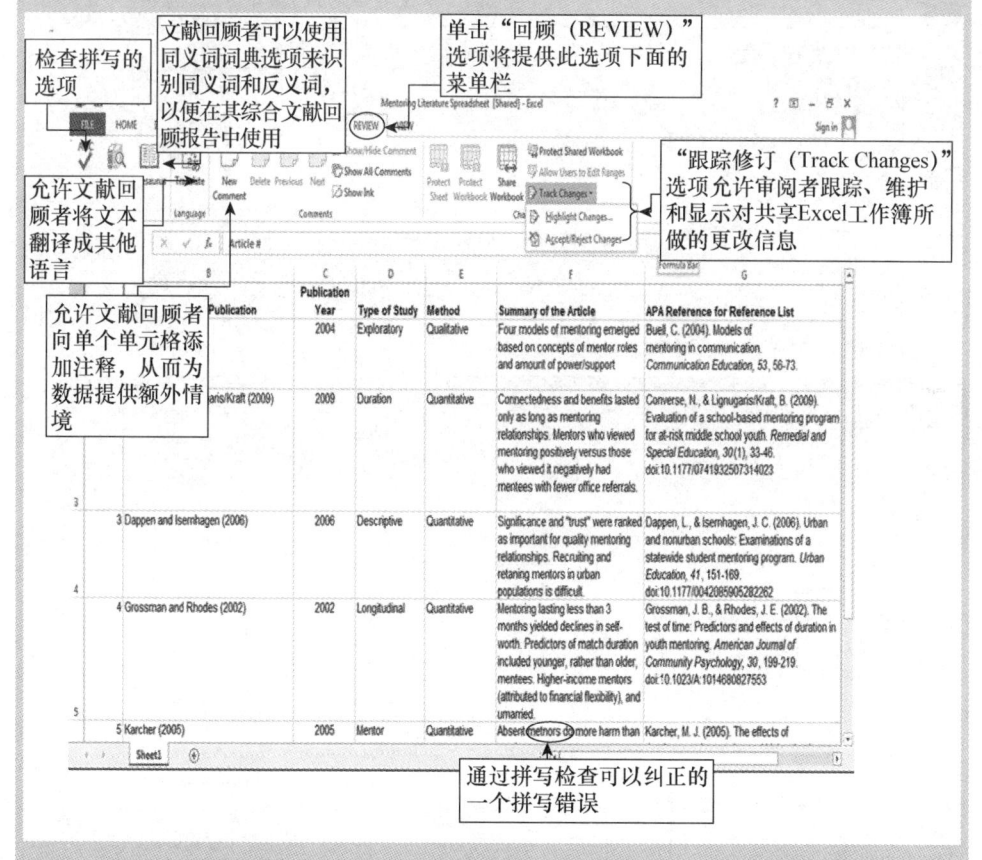

图 6-3　显示了 Microsoft Excel 电子表格中可用的"回顾"选项的屏幕截图，其中包括拼写检查、同义词词典、翻译、注释插入和跟踪修订

案例：根据变量对信息来源进行排序

先前我们注意到，当使用索引卡或文字处理软件程序时，任何文献的排序或分组都必须手动进行。而在使用 Microsoft Excel 时，程序可以自动进行排序或分组。图 6-4 和图 6-5 说明了如何按照一个或多个变量对行（即文献）进行排

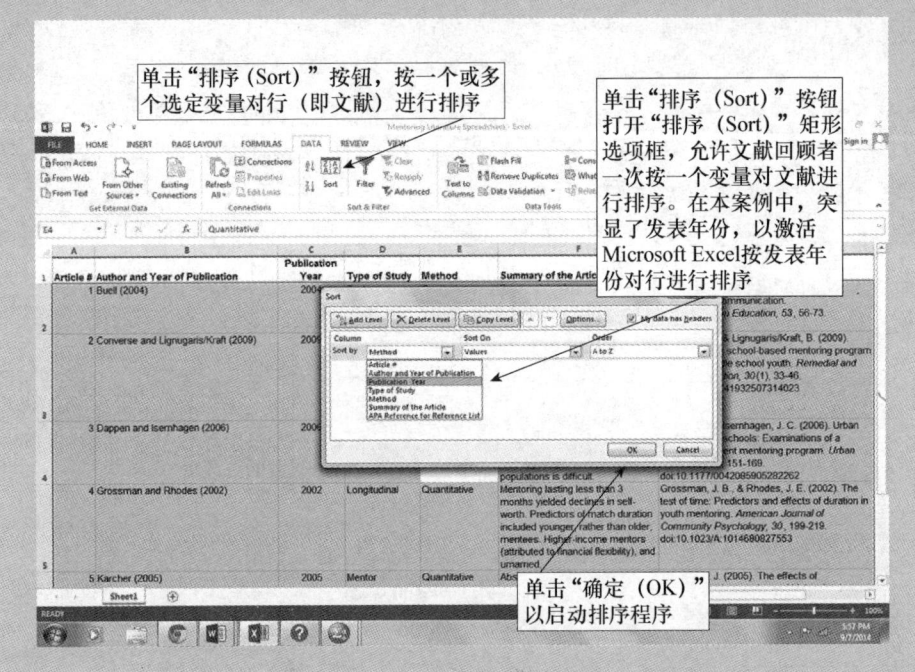

图 6-4 显示了如何根据变量对文献进行排序的屏幕截图

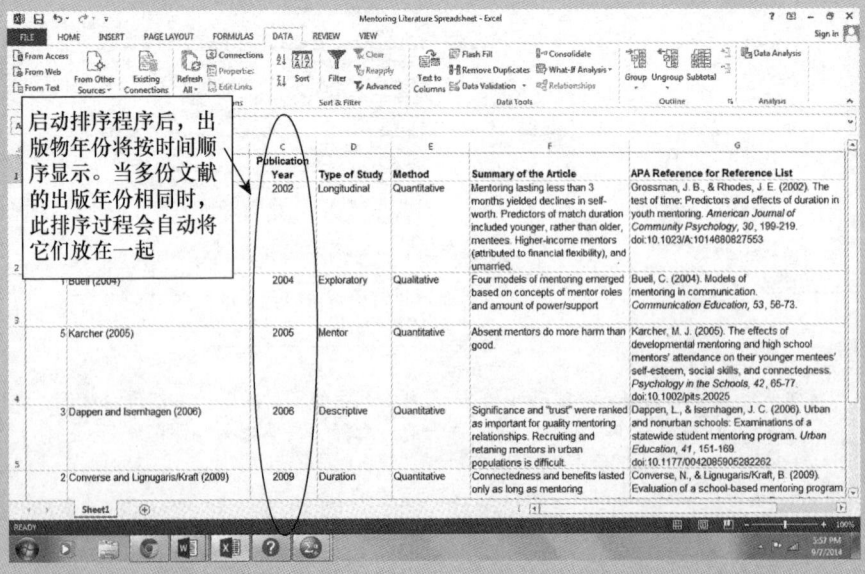

图 6-5 显示了按出版年份（即按时间顺序）对文献进行排序的屏幕截图

第 6 章 步骤 3：存储和组织信息

序。文献排序是分析和综合信息的一种非常有效的方法，因为它可以识别重要模式。例如，通过按出版年份对文献进行排序，文献回顾者可以确定与基础主题相关的文献发布趋势以及知识体系中的缺失。

案例：过滤数据

Microsoft Excel 的另一个优势是文献回顾者不仅可以检索文本（如一个字母、一个单词、一串字符）并找到包含文本的单元格、空白单元格（如通过 Go To 命令）以及满足条件（如包含字符串 "mentor"）的单元格，还可以使用通配符（例如带有通配符的 "mentor*" 可以用来查找以 "mentor" 开头的任何单词，包括 "mentor" "mentors" "mentored" "mentoring" 和 "mentoriship"）或问号（即 "gr?y" 可以同时找到 "gray" 和 "grey"）来查找和替换文档。图 6-6 的屏幕截图显示了 "查找和选择（Find & Select）" 菜单中的可用选项。"查找和选择" 菜单的一个特别有用的功能是 "自动过滤（AutoFilter）" 选项，它允许文献回顾者在一列或多列数据中查找文本，并通过显示或隐藏包含此文本的数据来筛选这些数据。在筛选数据时，如果一列或多列中的文本不符合筛选（即选择）条件，就隐藏整行。

图 6-6　显示了 Microsoft Excel 电子表格中 "查找和选择" 菜单中的可用选项（其中包括查找和替换）的屏幕截图

图 6-7 显示了使用 "自动过滤" 选项的屏幕截图。图 6-8 显示了在使用 "定量（quantitative）" 过滤标准后，仅显示定量文献的屏幕截图。随着 Microsoft Excel 文件中包含的文献数量的增加，"自动过滤" 选项的实用价值呈指数级增长。

与使用索引卡和文字处理软件程序一样，文献回顾者可以使用不同颜色对包含在 Microsoft Excel 文件中的信息进行排序和过滤。使用颜色编码可以帮助

如何进行文献回顾

125 文献回顾者探索和分析存储在 Microsoft Excel 文件中的信息。文献回顾者还可以使用 Microsoft Excel 的倾斜、加粗和下划线功能来突显文本。与文字处理软件程序相同，Microsoft Excel 文件会自动加盖日期戳和时间戳。此外，由于 Microsoft Excel 文件是数字格式的，因此可以通过互联网（如通过电子邮件）或其他计算机网络将其发送给共同回顾者。

126

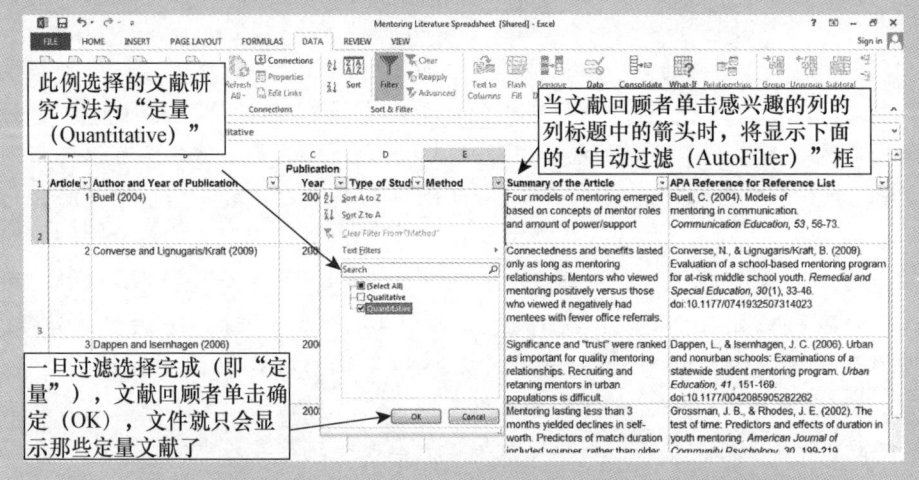

图 6-7　显示了用于在一列或多列数据中查找文本并通过显示或隐藏包含此文本的数据来筛选这些数据的"自动过滤"选项的屏幕截图

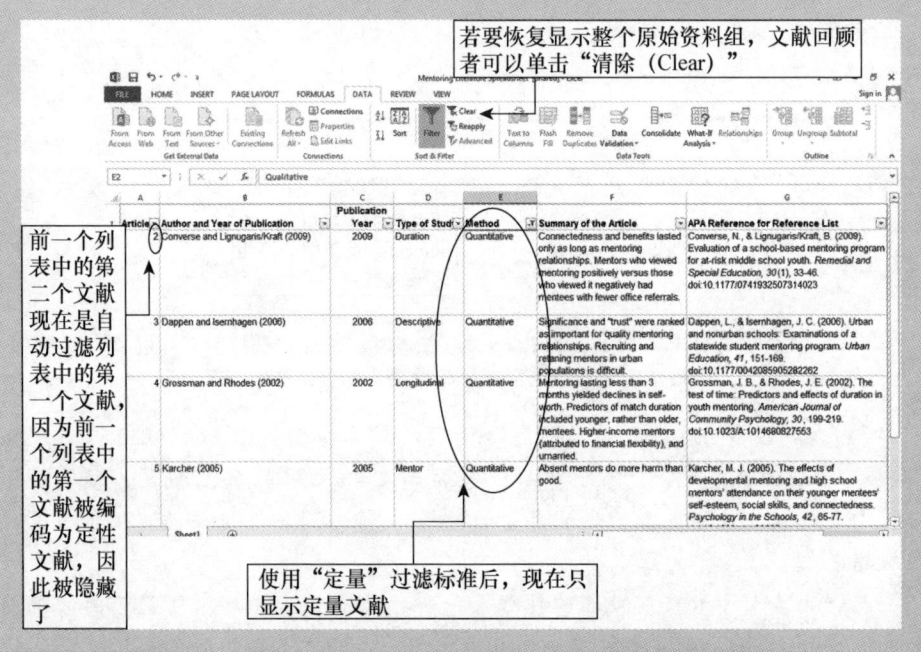

图 6-8　使用"定量"过滤标准后仅显示定量文献的屏幕截图

第 6 章 步骤 3：存储和组织信息

与许多其他电子表格程序一样，Microsoft Excel 可以有多个交互电子表格，通常被称为工作表（worksheets）或简单表格（sheets），这些表格被编撰在一起以生成一个工作簿。具体地说，工作簿（代表一个文件）包含存储在各种工作表中的所有信息，这些工作表通常由在页面之间切换的选项卡来区分，每个选项卡包含一个工作表。因此，在存储和组织综合文献回顾信息的情境中，文献回顾者可以在综合文献回顾流程的不同环节使用不同的工作表。特别是，第一个工作表可以包含在综合文献回顾过程中任何阶段所选择的所有工作。然后，后续工作表可以包含反映在综合文献回顾过程中选择/取消选择过程（即步骤 4）的第一个工作表的更小子集。例如，在二元导师制研究中，弗雷尔斯使用以下标准确定了她综合文献回顾报告的最后 47 篇文献：(a) 研究或概念阐明或扩展了她对导师制现象的理解（即提供了意义）；(b) 研究设计严谨，包括生动性、创造性、彻底性、一致性和敏感性。

毫无疑问，电子表格程序与文字处理软件程序和索引卡之间的最大区别在于，电子表格实际上可以用来分析和综合信息，而不仅仅是存储和组织信息。特别是描述性统计可以用来分析和综合综合文献回顾信息。实际上，频率计数和比例/百分比在这里特别有用。例如，文献回顾者可以确定包含在其电子表格数据库中的基于定量、定性和混合方法的研究总数或比例，然后在撰写综合文献回顾时报告这些信息。例如，在二元导师制研究中，弗雷尔斯使用这一分析确定了她通过综合文献回顾检索获得的 23 篇关于导师制计划的实证文章中，18 篇文章代表定量研究，只有 5 篇文章代表定性研究；她利用这一发现进一步证明了她进行定性研究的决定是正确的。

如果你喜欢冒险，那么你可以使用电子表格进行一项或多项**推论分析**（inferential analyses，如单变量分析、多变量分析）来分析综合文献回顾信息。例如，文献回顾者可以通过卡方分析（chi-square analysis）来检验实证研究中使用的方法（即定量方法、定性方法与混合方法）与另一个变量之间的关系。例如，在二元导师制研究情境中，研究是针对小学生还是中学生进行的。有趣的是，Microsoft Excel 有一个分析工具包（Analysis ToolPak），允许文献回顾者进行一系列统计分析。

工具：安装用于统计分析的分析工具包

为了访问这个统计分析库，你必须加载分析工具包插件，该插件使用 Microsoft Excel Version 2013，包含以下步骤：

1. 单击菜单栏左上角的"文件（FILE）"选项卡，单击"选项（Options）"，然后单击"加载项（Add-Ins）"。

2. 在"管理（Manage）"框中，选择"*Excel* 加载项（Excel Add-Ins）"，然后单击"运行（Go）"。

3. 在"加载项"对话框中，选中"分析工具包（Analysis ToolPak）"复选框，然后单击"确定(OK)"。

4. 如果"可用加载项(Add-Ins available)"框中未列出"分析工具包"复选框，请单击"浏览(Browse)"来找到它。

5. 如果系统提示你的计算机当前未安装分析工具包，则应单击"是(Yes)"进行安装。

遵循这些步骤，你可以比说20遍"综合文献回顾"更快地安装和激活分析工具包。如果你睡眠不足，那么说20遍"综合文献回顾"可能需要更长时间！图6-9提供了一个屏幕截图，显示了如何通过分析工具包获得Microsoft Excel中可用的"数据分析"菜单（Data Analysis menu）。图6-10显示了Microsoft Excel中可用的分析工具。

图6-9 显示如何获取"数据分析"菜单的屏幕截图

Microsoft Excel分析工具

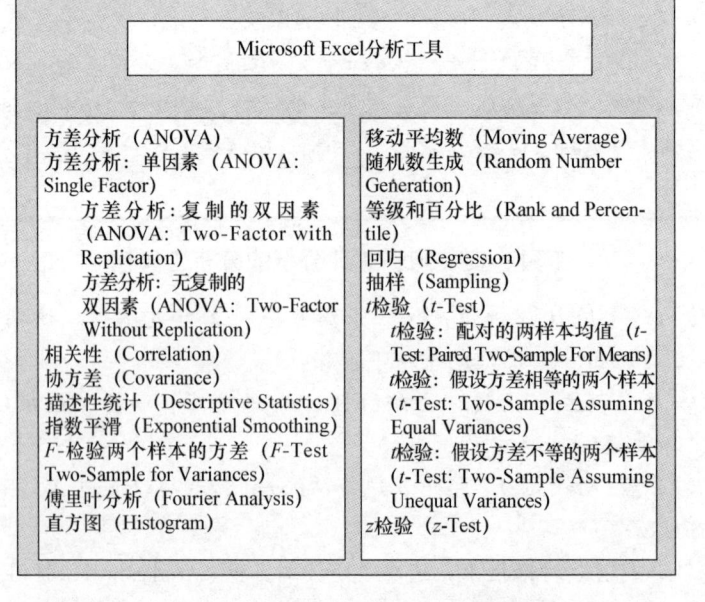

方差分析（ANOVA）
方差分析：单因素（ANOVA: Single Factor）
　方差分析：复制的双因素（ANOVA: Two-Factor with Replication）
　方差分析：无复制的双因素（ANOVA: Two-Factor Without Replication）
相关性（Correlation）
协方差（Covariance）
描述性统计（Descriptive Statistics）
指数平滑（Exponential Smoothing）
F-检验两个样本的方差（F-Test Two-Sample for Variances）
傅里叶分析（Fourier Analysis）
直方图（Histogram）

移动平均数（Moving Average）
随机数生成（Random Number Generation）
等级和百分比（Rank and Percentile）
回归（Regression）
抽样（Sampling）
t检验（t-Test）
　t检验：配对的两样本均值（t-Test: Paired Two-Sample For Means）
　t检验：假设方差相等的两个样本（t-Test: Two-Sample Assuming Equal Variances）
　t检验：假设方差不等的两个样本（t-Test: Two-Sample Assuming Unequal Variances）
z检验（z-Test）

图6-10 分析工具包在Microsoft Excel中提供的分析工具

第6章 步骤3：存储和组织信息

除了统计分析外，文献回顾者还可以使用 Microsoft Excel 创建图形表示（即图表）。例如，频率计数和比例/百分比可以转换为条形图或饼图。

工具：用于创建视觉呈现的可用图表工具

图 6-11 显示了如何获取 Microsoft Excel 中用于创建图表的"插入图表（Insert Chart）"菜单的屏幕截图。图 6-12 呈现了在 Microsoft Excel 中创建图表的可用工具。在第 9 章中，我们将进一步讨论可用于分析和综合综合文献回顾信息的统计分析类型。在第 10 章中，我们将讨论如何使用图表来创建一个引文地图（citation map），以显示一个主题的已发表作品随时间演化的规律。

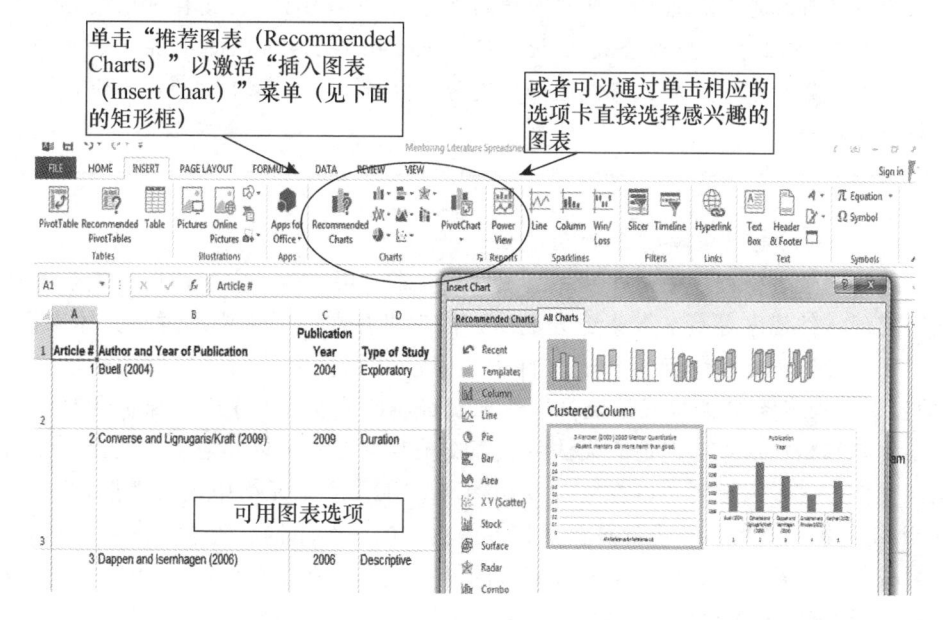

图 6-11 显示了如何获取 Microsoft Excel 中用于创建图表的"插入图表"菜单的屏幕截图

柱状图（Column charts）
折线图（Line charts）
饼图和甜甜圈图（Pie and doughnut charts）
条形图（Bar charts）
面积图（Area charts）
XY（散点）图和气泡图 [XY (scatter) and bubble charts]
股票图（Stock charts）
曲面图（Surface charts）
雷达图（Radar charts）
组合图（Combo charts）

图 6-12 在 Microsoft Excel 中创建图表的可用工具

最后，使用诸如 Microsoft Excel 这样的电子表格程序的另一个特别值得注意的优势是随后生成的文件可以被导入专门的分析软件进行更高级的分析。例如，Microsoft Excel 文件可以被导入许多计算机辅助定性数据分析软件（computer-assisted qualitative data analysis software，CAQDAS）程序（如 QDA Miner、MAXQDA、NVivo），这些程序可以被用于随后为综合文献回顾信息的分析和综合提供信息，例如，帮助识别新兴主题。我们将在本章后面讨论 CAQDAS 的使用。类似地，文献回顾者可以将像 Microsoft Excel 这样的电子表格导入许多统计软件程序（如 SPSS）以进行更高级的分析。文献回顾者可能考虑进行的一种常见的高级分析是元分析，如第 2 章所定义的，元分析代表文献回顾者结合（即聚合）尽可能多的可用的单个定量研究的定量结果以解决一组相关的研究假设，其目标是整合结果。非常方便的是，Microsoft Excel 文件可以被导入多个元分析软件程序［如综合元分析（Comprehensive Meta-Analysis，CMA）］。在第 8 章和第 9 章中，我们将概述如何进行元分析，并在第 9 章讨论其中几种元分析软件程序。

（二）使用电子表格程序的局限性

尽管电子表格程序用于存储和组织信息非常有用，并且它们比使用索引卡和文字处理软件程序等基本策略更为优越，但它仍存在一个主要局限。具体来说，电子表格程序不能在任何工作表文件中实际存储综合文献回顾进程的选定文献（即步骤 2 和步骤 4）。也就是说，尽管文献回顾者可以从不受版权保护的数字文件中复制和粘贴信息，但他们无法将整篇文献存储在一个单元格中。然而，作为次佳操作，文献回顾者可以在 Microsoft Excel 工作表单元格中插入超链接（hyperlinks，即用户可以单击计算机文档或网页中的一个单词、短语、图片、图标、符号或其他元素，以切换到文档或网页的另一部分，或者打开另一文档、网页或文件）、特定的图表组件或图像。

工具：创建超链接

专栏 6.2 展示了创建指向现有文件或网页的超链接的七个步骤。图 6-13 显示了一个列的示例的屏幕截图，该列包含了从综合文献回顾检索中选择的每份文献的**超链接**。这些超链接的有用之处在于，如果你单击其中任何一个，那么它将立即打开文献。但需要注意的是，如果你将包含这些超链接的 Microsoft Excel 文件发送（如通过电子邮件）给其他人（如共同回顾者），那么此人将无法激活这些超链接并打开这些文献，除非保存这些文献的目录使用某种形式的云存储。我们现在转向云存储。

第 6 章 步骤 3：存储和组织信息

图 6-13 屏幕截图显示了一个列的示例，该列包含了从综合文献回顾检索中选择的每份文献的超链接

专栏 6.2

创建指向现有文件或网页的超链接的步骤

1. 在工作表上，右键单击要创建指向任何可用电子文件（如论文、图片、网站）的超链接的单元格或图形。

2. 点击"超链接（Hyperlink）"。

3. 在"链接到（Link to）"下，单击"现有文件（Existing File）"或"网页（Web Page）"。

4. 执行下列操作之一：

输入要链接到的已知文件或网页的名称和位置，请在"**地址**（Address）"框中键入该信息。

要查找一个网页，请单击"**浏览网页**（Browse the Web）"，打开要链接的网页，然后在不关闭浏览器的情况下切换回 Excel。或者，要使用最近链接的网页，请单击"**浏览过的网页**（Browsed Pages）"，然后单击网站。

要选择一个文件，请单击"**当前文件夹**（Current Folder）"，然后单击要链接到的文件（如保存在硬盘上的期刊论文）。或者，要使用最近使用的文件，请单击"**最近使用的文件**（Recent Files）"，然后单击该文件。可以通过在"**查找**（Look in）"列表中选择其他文件夹来更改当前文件夹。

5. 如果要创建指向文件或网页中特定位置的超链接，请单击"**书签**（Bookmark）"，然后双击要使用的书签。链接到的文件或网页必须有书签。

6. 在"**要显示的文本**（Text to Display）"框中，键入用于标记超链接的文本。

7. 若要在将鼠标指针放在超链接上时显示有用信息，请单击"**屏幕提示**（ScreenTip）"，在"**屏幕提示**"文本框中键入所需的文本，然后单击"**确定**（OK）"。

二、基于 web 的应用程序

尽管被认为是一种中间策略，但运用**基于 web 的应用程序**（web-based applications）仍意味着对仅仅使用电子表格的升级，因为文献回顾者能够共享用于存储和组织信息的数字文件。因此，与电子表格相比，基于 web 的应用程序的使用在技术水平和协作水平上更进一步。

这些基于 web 的应用程序的最大吸引力就在于它们在很大程度上可以免费使用。我们都喜欢能够免费使用工具，对吧？迄今为止，文献回顾者未充分利用的一种高度流行的基于 web（即基于云计算）的应用程序是谷歌云端硬盘（Google Drive）[①]。广义地说，谷歌云端硬盘代表了由谷歌托管的文件存储和同步服务。因为它是于 2012 年 4 月 24 日被发布的（Mossberg, 2012），所以它是一项相对较新的服务。然而，在如此短的时间内，谷歌云端硬盘每月的活跃用户已经超过 1.9 亿（Sambit Satpathy, 2014）。它之所以受欢迎，是因为它结合了云存储、文件共享以及对文档［通过谷歌文档（Google Docs）］、电子表格［通过谷歌表格（Google Sheets）］、演示文稿［通过谷歌幻灯片（Google Slides）］和其他电子格式的共享编辑。另外，可以通过网络搜索引擎搜索在谷歌云端硬盘上公开共享的文件。谷歌云端硬盘用户最初将获得 5GB 的免费在线存储空间，但如果想要获得更多存储空间就必须付费。

（一）谷歌文档

在前文关于文字处理软件程序的使用介绍中，我们概述了如何使用像 Microsoft Word 这样的程序来存储和组织信息。好吧，如果你有兴趣使用文字处理软件程序以协作的、基于云计算的方式存储和组织信息，那么你可以使用谷歌文档（www.google.com/enterprise/apps/business/products/docs/）。尤其值得

[①] 谷歌云端硬盘是美国谷歌公司于 2012 年 4 月 24 日正式推出的一项云存储服务，可以向用户提供 5GB 的免费存储空间，同时用户还可以付费扩容。——译者注

第6章 步骤3：存储和组织信息

一提的是，谷歌文档是一个免费的、基于 web 的文字处理软件程序，它与谷歌云端硬盘集成在一起，允许多位文献回顾者通过同时在线创建、打开和编辑文档来实时共享文档。更具体地说，文献回顾者能够看到由其他文献回顾者通过可见的特定颜色/光标所做的逐字符更改。不足之处是，文献回顾者无法收到任何更改的通知；但当另一位文献回顾者通过侧边栏聊天选项发表或回复评论时，谷歌文档可以通知文献回顾者。谷歌文档的其他局限是，它无法突显特定文献回顾者在写作过程中实时进行的编辑修改；此外，文献回顾者也不能直接跳转到所做的编辑修改。但是，文献回顾者可以看到对文档所做的添加，每位文献回顾者都可以根据颜色进行区分，但要定位这些修改，必须手动检查整个文档，这很不方便。另外应该注意，修订历史应用程序一次只显示一个编辑。

使用谷歌文档创建的文档可以通过 web 界面导入或通过电子邮件发送。重要的是，通过谷歌文档创建的文档可以使用多种格式（如 pdf、RTF、文本、HTML）保存到文献回顾者的计算机［即硬盘驱动器或可移动/可重写存储设备（如 USB 闪存）］中。这些文档也会被自动保存到谷歌云端硬盘。在每次保存 Microsoft Office Word 文档时，联机副本都会自动更新。Microsoft Office Word 文档可以脱机查看和编辑，并在以后联机时进行同步更新。在保存到谷歌云端硬盘时，它会自动保留修订历史记录以便文献回顾者查看以前的编辑内容，这就非常方便。文献回顾者还可以对文档进行标记和归档，以强化信息组织。

谷歌文档有一个基本的查找和替换工具。此外，谷歌文档还提供了一个基于 web 的剪贴板工具，允许文献回顾者在谷歌文档、电子表格、演示文稿和绘图中复制和粘贴信息（如文本、图像）。这个基于 web 的剪贴板还可以被用于在不同的计算机之间复制和粘贴信息。复制的信息最多可以在谷歌服务器上存储 30 天。尽管谷歌文档不像 Microsoft Office Word 那么全面，但它的简便性使其对许多文献回顾者具有潜在吸引力。

案例：使用谷歌文档

图 6-14 中的截图显示了作为谷歌文档文件的二元导师制研究文献回顾页面的一部分。你可以看到，谷歌文档与文字处理软件程序类似，因为它包含以下选项卡："文件（File）""编辑（Edit）""视图（View）""插入（Insert）""格式（Format）""工具（Tools）""表格（Tables）""附件（Add-ons）"和"帮助（Help）"。

如何进行文献回顾

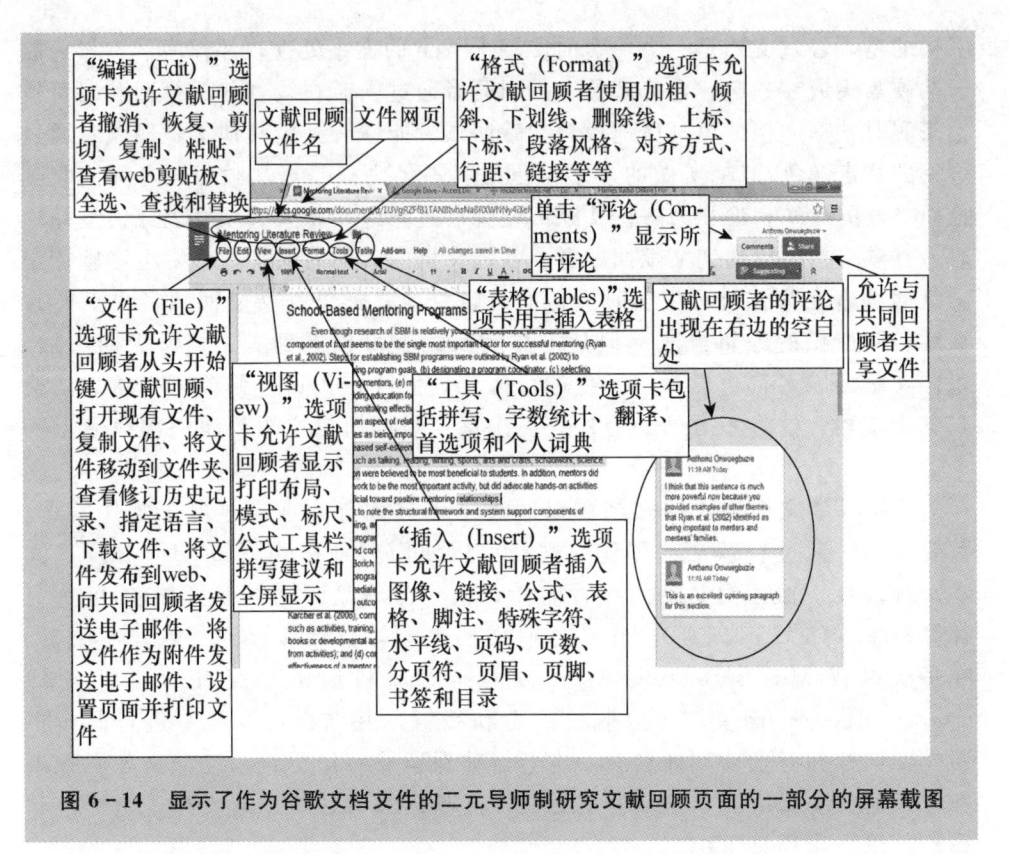

[图6-14的标注文字：]
- "编辑（Edit）"选项卡允许文献回顾者撤消、恢复、剪切、复制、粘贴、查看web剪贴板、全选、查找和替换
- 文献回顾文件名
- 文件网页
- "格式（Format）"选项卡允许文献回顾者使用加粗、倾斜、下划线、删除线、上标、下标、段落风格、对齐方式、行距、链接等等
- 单击"评论（Comments）"显示所有评论
- "文件（File）"选项卡允许文献回顾者从头开始键入文献回顾、打开现有文件、复制文件、将文件移动到文件夹、查看修订历史记录、指定语言、下载文件、将文件发布到web、向共同回顾者发送电子邮件、将文件作为附件发送电子邮件、设置页面并打印文件
- "视图（View）"选项卡允许文献回顾者显示打印布局、模式、标尺、公式工具栏、拼写建议和全屏显示
- "表格（Tables）"选项卡用于插入表格
- "工具（Tools）"选项卡包括拼写、字数统计、翻译、首选项和个人词典
- "插入（Insert）"选项卡允许文献回顾者插入图像、链接、公式、表格、脚注、特殊字符、水平线、页码、页数、分页符、页眉、页脚、书签和目录
- 文献回顾者的评论出现在右边的空白处
- 允许与共同回顾者共享文件

图6-14 显示了作为谷歌文档文件的二元导师制研究文献回顾页面的一部分的屏幕截图

（二）谷歌表格

在前文关于电子表格的使用介绍中，我们概述了如何使用像Microsoft Excel这样的程序来存储和组织信息。好吧，如果你有兴趣使用电子表格以协作的、基于云计算的方式存储和组织信息，那么你可以使用谷歌表格。尤其值得一提的是，谷歌表格是一个免费的、基于web的电子表格，它与谷歌云端硬盘集成在一起，允许多位文献回顾者通过同时在线创建、打开和编辑文档来实时共享文档。

案例：Microsoft Excel中的摘要表

图6-15显示了存储为谷歌表格文件的二元导师制研究文献回顾的部分摘要表的屏幕截图。这个文件是通过上传我们之前提交的二元导师制研究的Microsoft Excel文件（如图6-2所示）创建的。因此，你可以看到，谷歌为Google Chrome Office编辑谷歌表格（和谷歌文档）提供了一个扩展，使文献回顾者能够通过工作表（和文档）应用程序在谷歌浏览器（Google Chrome）上

第6章 步骤3：存储和组织信息

查看和编辑 Microsoft Excel（和 Microsoft Word）文件。此外，可以在不必下载的情况下打开 web 上可用的 Microsoft Office 文件（例如，通过网站、电子邮件附件）。

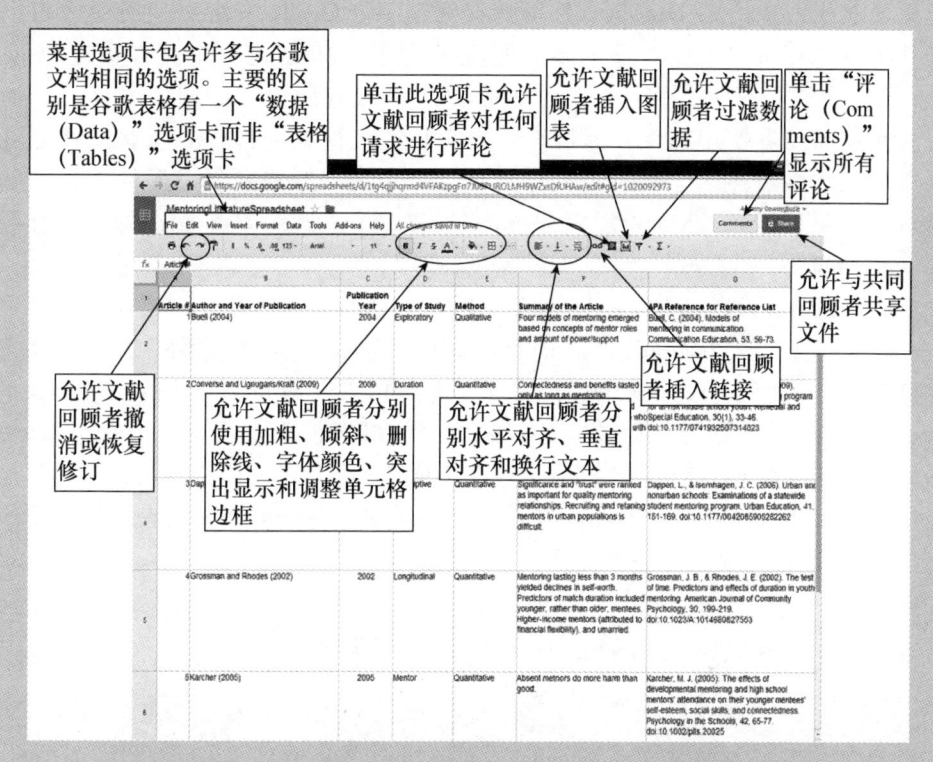

图 6-15 显示了存储为谷歌表格文件的二元导师制研究文献回顾的部分摘要表的屏幕截图

在图 6-15 中，你可以看到谷歌表格与文字处理软件程序类似，因为它包含以下选项卡：文件、编辑、视图、插入、格式、数据、工具、附件和帮助。这些选项卡与谷歌文档提供的选项卡类似，只是谷歌表格有一个"数据（Data）"选项卡，而非"表格"选项卡。"数据"选项卡允许文献回顾者按任意列（从 A 到 Z 或从 Z 到 A）对谷歌表格进行排序、指定排序范围、过滤数据、制作透视表报表，以及验证数据（例如，通过提供单元格范围来识别无效数据）。文献回顾者可以非常方便地在他们的移动设备上使用谷歌云端硬盘。例如，iPhone 和 iPad 上的 Safari 浏览器允许文献回顾者查看文档和电子表格，以及创建和编辑谷歌文档和电子表格。大多数其他移动设备也可以通过移动浏览器查看和编辑谷歌文档和电子表格。这些移动应用还允许文献回顾者脱机工作。

如何进行文献回顾

(三) Dropbox[①]

另一个可用于存储和组织信息的工具是 Dropbox (约 2008 年),它为文献回顾者提供云存储、文件同步、个人云和软件等。Dropbox 由总部位于加利福尼亚州旧金山的 Dropbox 公司拥有和运营。Dropbox 使文献回顾者可以在其每台计算机(包括台式电脑和笔记本电脑)上创建一个文件夹。Dropbox 随后会同步每个文件,以便它们都显示具有相同内容的同一文件夹,而不管文献回顾者使用哪台计算机来查看它。此文件夹中包含的所有文件都可以通过互联网和移动电话应用程序访问。Dropbox 为多家公司提供软件,如 Microsoft Windows、Mac OS X、Android、Linux、iOS、BackBerry OS 以及各种 web 浏览器。

文献回顾者可以很方便地将任何文件拖放(drop,即上传)到所需的文件夹中。此外,文献回顾者可以通过 Dropbox 网页功能手动上传文件。然后,此文件将被自动上传到 Dropbox 的云服务中,并可供文献回顾者的其他任何安装了 Dropbox 软件的计算机和设备以及文献回顾者授权其使用 Dropbox 文件夹的其他任何人使用。此外,Dropbox 还会通过在计算机上显示的实时消息,自动向其他有权访问文献回顾者的 Dropbox 文件夹的人通知对 Dropbox 文件夹所做的任何更改(如添加或删除一个或多个文件)。

案例:使用 Dropbox 文件夹

图 6-16 中的屏幕截图显示了用于二元导师制研究的 Dropbox 文件夹。Dropbox 最吸引人的特点是它能在用户之间同步和共享文件。此外,Dropbox 包含一个修订历史记录的应用程序,其中从 Dropbox 文件夹中删除的文件可以在任何同步的计算机或设备中恢复。另外,多个用户可以编辑和重新发布文件,而不用覆盖原版本。版本历史记录保留 30 天;但是,文献回顾者可以为无限期保留版本历史记录付费。Dropbox 用户最初可获得 2GB 的免费在线存储空间。如果需要更多的存储空间,那么用户将不得不为此付费。此外,文献回顾者可以通过完成与其他文献回顾者共享文件夹和邀请其他人加入 Dropbox 等任务来获得额外的免费存储空间。在任何情况下,2GB 的在线存储空间都允许文献回顾者存储和组织来自多个综合文献回顾的信息!

[①] Dropbox 是一款免费网络文件同步工具,是 Dropbox 公司运行的在线存储服务,通过云计算实现互联网上的文件同步,用户可以存储并共享文件和文件夹。——译者注

第 6 章 步骤 3：存储和组织信息

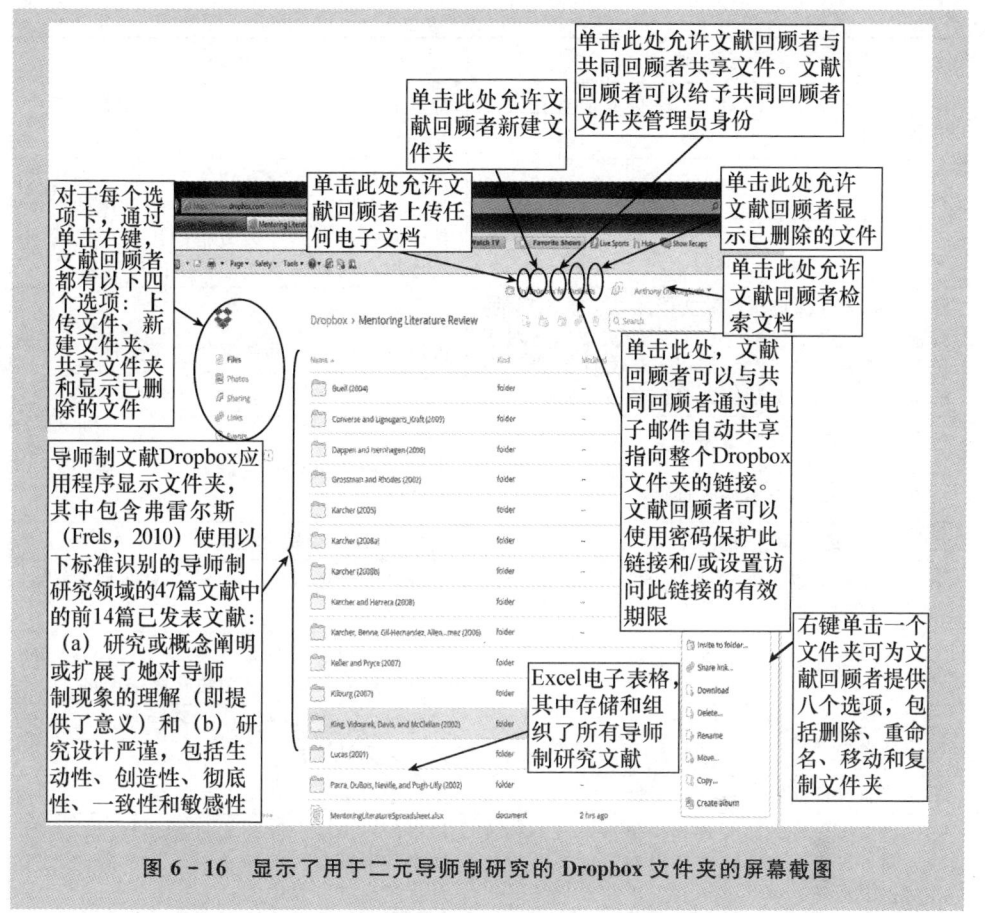

图中标注文字：

- 单击此处允许文献回顾者与共同回顾者共享文件。文献回顾者可以给予共同回顾者文件夹管理员身份
- 单击此处允许文献回顾者新建文件夹
- 单击此处允许文献回顾者上传任何电子文档
- 单击此处允许文献回顾者显示已删除的文件
- 单击此处允许文献回顾者检索文档
- 对于每个选项卡，通过单击右键，文献回顾者都有以下四个选项：上传文件、新建文件夹、共享文件夹和显示已删除的文件
- 导师制文献 Dropbox 应用程序显示文件夹，其中包含弗雷尔斯（Frels，2010）使用以下标准识别的导师制研究领域的47篇文献中的前14篇已发表文献：(a) 研究或概念阐明或扩展了她对导师制现象的理解（即提供了意义）和 (b) 研究设计严谨，包括生动性、创造性、彻底性、一致性和敏感性
- 单击此处，文献回顾者可以与共同回顾者通过电子邮件自动共享指向整个 Dropbox 文件夹的链接。文献回顾者可以使用密码保护此链接和/或设置访问此链接的有效期限
- Excel 电子表格，其中存储和组织了所有导师制研究文献
- 右键单击一个文件夹可为文献回顾者提供八个选项，包括删除、重命名、移动和复制文件夹

图 6-16　显示了用于二元导师制研究的 Dropbox 文件夹的屏幕截图

工具：谷歌云端硬盘与 Dropbox 的对照比较表

你可能会问：谷歌云端硬盘和 Dropbox 都是存储和组织信息以及共享信息的有用工具，那么我应该使用哪一个呢？好吧，为了帮助你决定使用哪个应用程序来存储和组织从综合文献回顾中提取的信息，我们绘制了表 6-3 来比较谷歌云端硬盘和 Dropbox。当你有机会（希望越快越好）尝试使用这两个应用程序时，看看哪一个最适合你的综合文献回顾需求。

表 6-3　谷歌云端硬盘与 Dropbox 之比较

谷歌云端硬盘	Dropbox
主要是一个基于 web 的文档编辑和文件存储系统	主要是一个同步程序
擅长文档编辑和存储应用；允许组内用户同时在线编辑文档；管理员可以锁定文档以防止进一步编辑	在用作同步应用程序时表现优异

续表

谷歌云端硬盘	Dropbox
特别适用于长时间存储一些文件并能够在以后下载它们	特别适用于定期更新文件并在每个设备中复制更改
不允许通过桌面客户端共享	允许通过链接或与其他文献回顾者创建共享文件夹以直接通过桌面应用程序共享文件；同一共享文件夹组中的用户可以看到其他用户放置在该文件夹中的所有内容
除非所有文件都是在谷歌文档网站上被编辑的，否则无法自动上传新文件并同步更改，这对于包含大量非谷歌文档（如以 pdf 文件形式发布的文献）的综合文献回顾来说是不现实的	可以从 Dropbox 网站上传单个文件
包含一个功能强大的搜索工具，它可以对文件名和文本执行高度指定的搜索，还可以使用光学字符识别来搜索图像之情境	不包含功能强大的搜索工具
提供 5GB[a] 的免费存储空间	提供 2GB 的免费存储空间
只有非谷歌文档文件（如图片、视频）才会被计入 15GB 的限制	上载到 Dropbox 账户的每个文件都被计入 2GB 的限制
不提供任何额外的免费存储空间	为完成任务（如向朋友推荐 Dropbox）的文献回顾者提供额外的免费存储空间
可在线编辑文档	无法进行在线文档编辑；编辑前必须将文档下载到计算机上
不支持通过桌面客户端共享文件	支持通过桌面客户端共享文件
提供版本历史记录以允许撤消修改，选择性文件夹同步以管理内容，事件跟踪，以及自定义共享权限	提供版本历史记录以允许撤消修改，选择性文件夹同步以管理内容，事件跟踪，以及自定义共享权限

[a] 原书为 15GB，但经过查证，此处应该为 5GB，下同。——译者注

三、基于互联网的社交书签服务

使用基于互联网的社交书签服务（internet-based social bookmarking services），我们认为这本身就是一种中间策略，意味着从使用电子表格和基于 web 的应用程序升级。事实上，与电子表格和基于 web 的应用程序相比，基于互联网的社交**书签服务**（bookmarking service）的使用在技术水平和协作水平上又更进了一步。通常，基于互联网的社交书签服务是一种基于 web 的集中服务，它使文献回顾者能够添加、批注、编辑和共享基于 web 的文档的书签。例如，该工具可用于建立一个由来自导师制研究领域的专家和文献回顾者同行组成的社区，他们可以共享、批注、讨论和评论代表该领域的文献（如期刊论文、书籍、书籍章节、视频、照片、网站）。特别是，这些研究导师制的社区成员可以共同组织他们的书签［即标记(tagging)］和共同构建词汇表［即大众分类法(folksonomies)]。在第 8 章中，我们将介绍几种最流行的基于互联网的社交书签服务。

同样，文献回顾者可以使用基于互联网的社交网站服务进行学术研究。一种流行的免费社交网站服务是研究之门（ResearchGate，http://www.researchgate.net/，约 2008 年），这是一个供科学家和研究人员分享工作、提出问题和回答问题的网站。研究之门包含许多可以在社交网站中找到的功能，包括用于识别其他具有相似研究兴趣的用户的资料。文献回顾者可以使用研究之门跟踪（follow）单个研究人员/作者，甚至关注导师制等研究主题。此外，他们还可以使用博客工具撰写（简短的）对某份文献或某位研究人员/作者的评论。文献回顾者可以发布问题，这些问题将被自动发送给研究人员/作者——这些研究人员/作者在他们的用户资料上声明他们在该领域拥有专业知识，并被打分，从而获得其学术声誉排名。另外，文献回顾者可以使用私人聊天室，在那里他们可以与其他文献回顾者共享数据，并编辑和讨论这些共享文档。（当然，文献回顾者切勿将任何侵犯著作权的作品上传到研究之门网站。）每天有超过 10 000 名用户注册，并拥有 450 万研究人员（Taylor，2014），研究之门正迅速成为我们所谓的文献回顾者的脸谱网！

对于文献回顾者来说，另一个可能有用的社交网站是 Academia.edu（约 2008 年）。特别是，Academia.edu 是一个文献回顾者可以用来跟踪其关注的研究人员/作者作品的网站。在撰写本书时，已有超过 1 300 万研究人员/学术机构在 Academia.edu 上注册，贡献了超过 300 万篇作品和超过 100 万个研究兴趣，每月吸引超过 1 500 万独立访客。

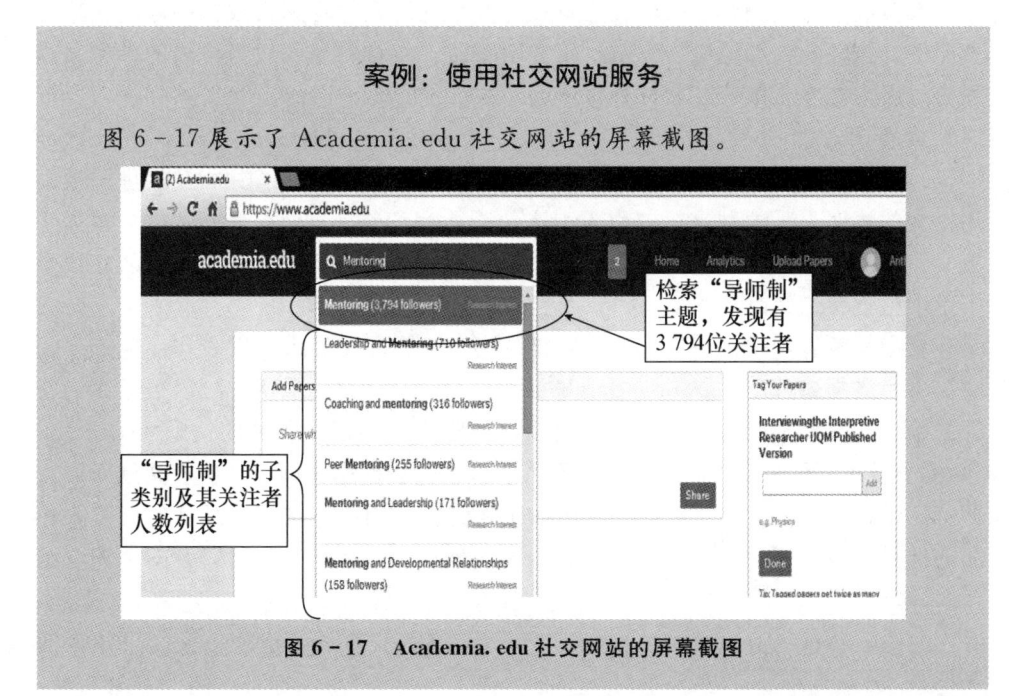

案例：使用社交网站服务

图 6-17 展示了 Academia.edu 社交网站的屏幕截图。

图 6-17　Academia.edu 社交网站的屏幕截图

6.4 存储/组织的高级策略

一、参考文献管理软件程序[①]

我们认为使用参考文献管理软件程序代表了一种高级策略，这意味着对于使用电子表格、基于 web 的应用程序和基于互联网的社交书签服务的升级——后三种代表了存储和组织信息的中间策略。确实，与这些中间策略相比，参考文献管理软件程序的使用在复杂程度和技术水平的延续中是更进一步的。广义地说，**参考文献管理软件程序**（reference management software program，约 1984 年）是用于存储和组织学术著作的。一般来说，这些软件程序包含一个数据库，其中可以记录完整的参考书目。此外，有了许多这样的参考文献管理软件程序，文献回顾者就可以使用 web 浏览器来检索参考资料，并将其直接下载到自己的程序中。此外，它们还包括生成许多最常见的参考格式（如《美国心理协会写作手册》、《芝加哥体例手册》、美国现代语言学会的《MLA 手册》）的机制，以便参考书目列表可以由参考文献管理软件程序自动编译，以符合许多学术著作出版商的要求。

大多数参考文献管理软件程序可以与文字处理软件程序集成在一起。在这种情况下，当任务（如论文、章节）正在编写时，将自动生成适当格式的参考文献列表（因为参考文献管理软件程序不会生成 100% 无错误的参考文献列表，所以应经常重复检查以确保格式正确）（Onwuegbuzie, Hwang, Frels, & Slate, 2011），从而最大限度地降低在参考文献目录（即参考书目）中未完整呈现被引用论文的概率——这种错误被称为引文错误。我们将在第 11 章中讨论更多关于引文错误的问题。此外，大多数参考文献管理软件程序允许文献回顾者从在线图书馆中检索参考文献。

参考文献管理软件程序还可以直接从书目数据库中导入已发表作品的摘要信息。**书目数据库**（bibliographic database）包含所有（或几乎所有）以数据库为特征的领域或学科出版的文献列表（例如，包含代表心理学领域的文献的 PsycINFO 数据库），而参考文献管理软件程序则与书目数据库不同，其代表文献回顾者对特定学科或跨学科出版的相关文献的个人选择。因此，文献回顾者对已发表作品的选择是数据库中较小的一个子集，因其足够小，所以文献回顾者的个人电脑

[①] 原书中此处并无此二级标题，译者根据上下文逻辑，特加入此标题以保持逻辑之连贯性。——译者注

第6章 步骤3：存储和组织信息

能轻松容纳！参考文献管理软件程序最吸引人的地方就在于，一旦引用被记录下来，就可以在将来根据需要多次使用它来生成参考文献列表。

工具：参考文献管理软件程序列表

目前，有许多参考文献管理软件程序可用。表6-4按编写时的时间顺序列出了31个商业和免费/开源参考文献管理软件程序。你可以发现，参考文献管理软件程序已经有30多年的历史了，Reference Manager是第一个这样的程序。Reference Manager的一个独特功能是文献回顾者可以指定是否允许其他文献回顾者对数据库进行编辑。

表6-4 按时间顺序列出的商业和免费/开源参考文献管理软件程序

参考文献管理软件程序名称（操作系统）	网址	首发年份	主要引文格式
商业参考文献管理软件程序			
Reference Manager（Windows）	http://www.refman.com/	1984	APA/Chicago/Turabian/Harvard/MLA
EndNote（Windows；Mac OS X）	http://endnote.com/	1988	APA/Chicago/Turabian/Harvard/MLA
Bookends（Mac OS X）	http://www.sonnysoftware.com/bookends/bookends.html	1988	APA/Chicago/Turabian/Harvard/MLA
Biblioscape（Windows）	http://www.biblioscape.com/	1997	APA/Chicago/Turabian/Harvard/MLA
RefWorks（基于网络，操作系统独立）	http://www.proquest.com/products-services/refworks.html	2001	APA/Chicago/Turabian/Harvard/MLA
RefDB（跨平台）	http://refdb.sourceforge.net/	2001	APA/Chicago/Turabian/Harvard/MLA
Sente（Mac OS X）	http://www.thirdstreetsoftware.com/site/Sente.html	2004	APA/Chicago/Turabian/Harvard/MLA
Citavi（Windows）	http://www.citavi.com/	2006	APA/Chicago/Turabian/Harvard/MLA

续表

参考文献管理软件程序名称（操作系统）	网址	首发年份	主要引文格式
Papers（Windows；Mac）	http://www.papersapp.com/	2007	APA/Chicago/Turabian/Harvard/MLA
WizFolio（跨平台）	http://wizfolio.com/	2008	APA/Chicago/Turabian/Harvard/MLA
SciRef（Windows）	http://sci-progs.com/	2012	APA/Chicago/Turabian/Harvard/MLA
Paperpile（跨平台）	https://paperpile.com/	2013	APA/Chicago/Turabian/Harvard/MLA
免费/开源参考文献管理软件程序			
Pybliographer（Linux）	http://www.pybliographer.org/	1998	APA
BibDesk（Mac OS X）	http://bibdesk.sourceforge.net/	2002	APA
JabRef（跨平台）	http://jabref.sourceforge.net/	2003	APA/Chicago/Turabian/Harvard/MLA
refbase（跨平台）	http://www.refbase.net/index.php/Web_Reference_Database	2003	APA/Chicago/Turabian/Harvard/MLA
Bibus（Windows；Mac OS X）	http://bibus-biblio.sourceforge.net/wiki/index.php/Main_Page	2004	APA
CiteULike（集中托管网站）	http://www.citeulike.org/	2004	APA/Chicago/Turabian/Harvard/MLA
Wikindx（便携）	http://wikindx.sourceforge.net/	2004	APA/Chicago/Turabian/Harvard/MLA
Algaion（跨平台）	http://sourceforge.net/projects/aigaion/	2005	APA/Chicago/Turabian/Harvard/MLA
BibBase（集中托管网站）	http://bibbase.org/	2005	APA
KBibTeX（跨平台）	http://home.gna.org/kbibtex/	2005	APA/Chicago/Turabian/Harvard/MLA

续表

参考文献管理软件程序名称（操作系统）	网址	首发年份	主要引文格式
BibSonomy（集中托管网站）	http://www.bibsonomy.org/	2006	APA/Harvard
Zotero（Windows；Mac OS X；Linus）	https://www.zotero.org/	2006	APA/Chicago/Turabian/Harvard/MLA
Bebop	http://people.alari.ch/derino/Software/Bebop/index.php	2007	None
Mendeley（2 GB 免费；跨平台）	http://www.mendeley.com/	2008	APA/Chicago/Turabian/Harvard/MLA
Referencer（Linux）	https://launchpad.net/referencer/	2008	Unclear
Docear（跨平台）	http://www.docear.org/	2009	APA/Chicago/Turabian/Harvard/MLA
Qiqqa（Windows；安卓）	http://www.qiqqa.com/	2010	APA/Chicago/Turabian/Harvard/MLA
colwiz（3 GB 免费；Windows；Mac OS X；Linus）	http://www.colwiz.com/	2011	APA/Chicago/Turabian/Harvard/MLA
ReadCube（Windows；Mac OS；IOS）	https://www.readcube.com/	2011	APA/Chicago/Turabian/Harvard/MLA

（一）商业参考文献管理软件程序：EndNote

在纯商业的参考文献管理软件程序中，EndNote[①]（第二早出现的程序）是最受欢迎的程序之一。EndNote 将参考文献归类到*图书馆*(libraries) 中。文献回顾者可以通过以下方式之一添加对图书馆的引用：手动、导入、导出、从另一个 End-Note 库复制，以及从 EndNote 连接。使用 EndNote 时，文献回顾者可以使用一个包含下拉菜单的窗口来选择他们需要的参考文献类型（如期刊论文、书籍、报纸文章、电影）。此外，文献回顾者可以选择常规（如作者、出版年份、标题）和

---

① Endnote 由 Thomson Corporation 下属的 Thomson ResearchSoft 开发，是 SCI（Thomson Scientific 公司）的官方软件，有支持国际期刊的参考文献格式 3 776 种，写作模板几百种，涵盖各个领域的杂志。——译者注

特定（如 ISBN、摘要）字段。

案例：EndNote 在引文中的应用

图 6-18 显示了安装在 Microsoft Word 2013 上的 EndNote X7。由于它很受欢迎，因此许多书目数据库允许文献回顾者直接将参考文献导出到他们的 EndNote 库。文献回顾者可以从这些数据库中选择多个参考文献而无须手动键入参考文献信息和摘要，这样就可以节省文献回顾者的时间。（节省的时间意味着你在社交生活中获得的时间！）此外，EndNote 非常有用的一点是，在 EndNote 中，文献回顾者可以从 EndNote 内部检索数百个在线资源来添加引用和 pdf 文件。文献回顾者还可以通过导入其计算机或便携式数据存储设备（如 USB 闪存）中已经存在的 pdf 文件来构建 EndNote 库。这样，EndNote 就可以组织这些 pdf 文件。此外，文献回顾者可以一次导入一个或多个 pdf 文件，也可以让 EndNote 自动上传添加的任何新文件。另外，在导入过程中，文献回顾者可以很容易地重命名 pdf 文件。EndNote 还可以检索文献回顾者订阅的书目数据库（如通过他们的大学图书馆）和免费的在线文献全文，然后自动下载 pdf 文件并将其添加到 EndNote 库中。它的另一个有用的特性是，文献回顾者可以注释他们的 pdf 文件以帮助他们今后查找引用。更具体地说，文献回顾者可以将单个文档、Excel 电子表格、图像或其他数字文件类型保存到 EndNote 库的每个参考文献中。最后，文献回顾者还可以跨平台同步其参考文献以访问其附件。

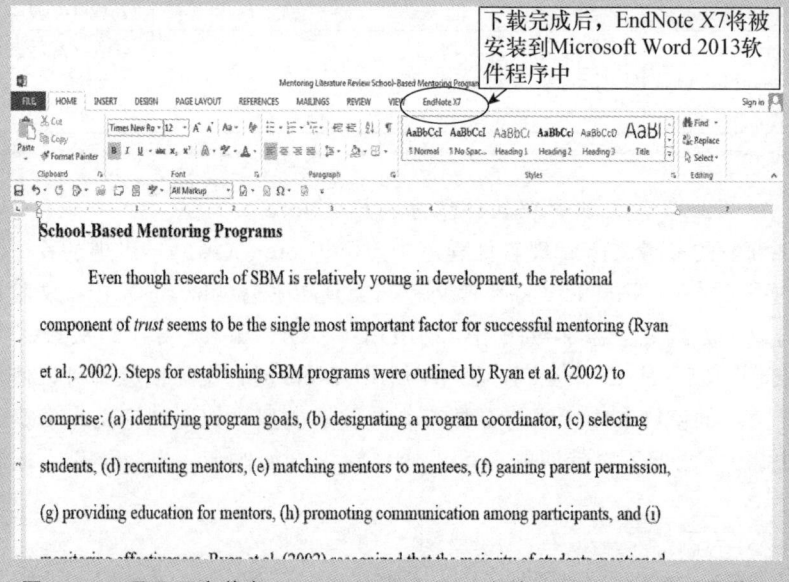

图 6-18　显示了安装在 Microsoft Word 2013 上的 EndNote X7 的屏幕截图

第 6 章 步骤 3：存储和组织信息

EndNote 能自动定位和更新信息，这意味着你不必花费无数小时搜索个人记录，这将再次有助于改善你的社交生活！另一组增强社交生活的功能是有针对性的高级检索功能，它使文献回顾者可以在几秒钟内检索他们的整个库，包括 pdf 文件和注释，以及查找特定的参考文献或参考文献组。对许多不擅长手工编制参考书目的作者来说最有用的是（Onwuegbuzie & Hwang, 2012, 2013; Onwuegbuzie, Hwang, Combs, & Slate, 2012; Onwuegbuzie, Hwang, et al., 2011），EndNote 可以自动将参考文献格式转换成多种书目输出格式（如 APA、Chicago、Turabian、Harvard/MLA）。图 6-19 显示了 EndNote X7 中的可用选项。

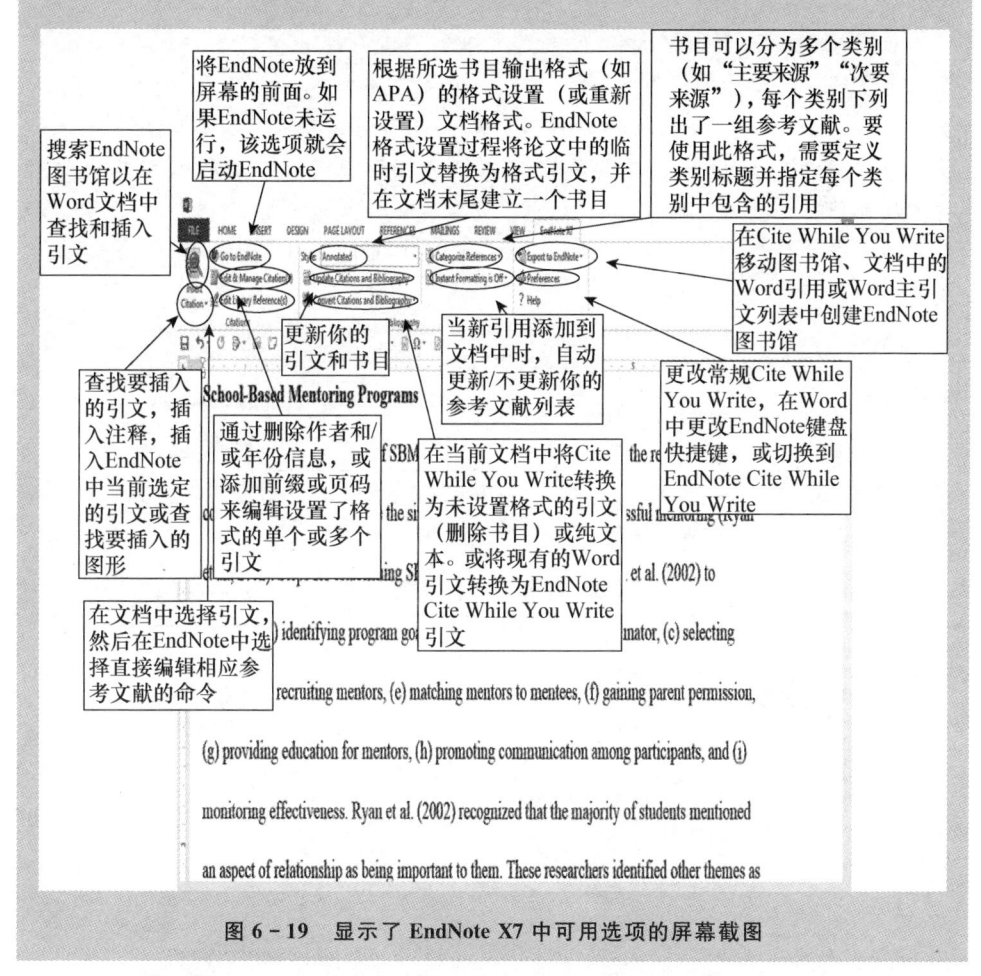

图 6-19　显示了 EndNote X7 中可用选项的屏幕截图

（二）部分免费的参考文献管理软件程序：Mendeley

不能或不想花钱购买纯商业参考文献管理软件程序的用户，可以考虑使用表 6-4 中 19 个部分或完全免费的参考文献管理软件程序中的一个或其他此类程序。我们推荐的一个部分或完全免费的参考文献管理软件程序是 Mendeley。你对此

如何进行文献回顾

感兴趣吗？（当我们第一次注意到此工具时，我们非常感兴趣。）Mendeley 是一个桌面和网络程序，用于存储和组织文献、识别最新的文献，并与其他文献回顾者在线协作。也就是说，Mendeley 将 Mendeley Desktop（一种可用于 Windows、OS X 和 Linux 的 pdf 和参考文献管理软件程序）与 Mendeley Web（一种供文献回顾者和研究人员使用的在线社交网站服务）结合在一起。Mendeley 要求文献回顾者将所有的基本引文数据存储在服务器上。

案例：利用 Mendeley 来存储和组织信息

与 EndNote 一样，Mendeley 允许文献回顾者存储和组织参考文献和 pdf 文件、自动从 pdf 文件中提取元数据、为 pdf 文件添加批注、从在线资源中导入参考文献、在 Microsoft Word 中插入引用、自动创建书目、从其他参考文献管理软件程序中导入/导出、与其他文献回顾者共享参考文献、对数据库中的所有文献进行全文检索、标记 pdf 文件、重命名 pdf 文件，以及提供有关作者和文献的读者统计信息。图 6-20 至图 6-25 提供了六张与 Mendeley 有关的屏幕截图。

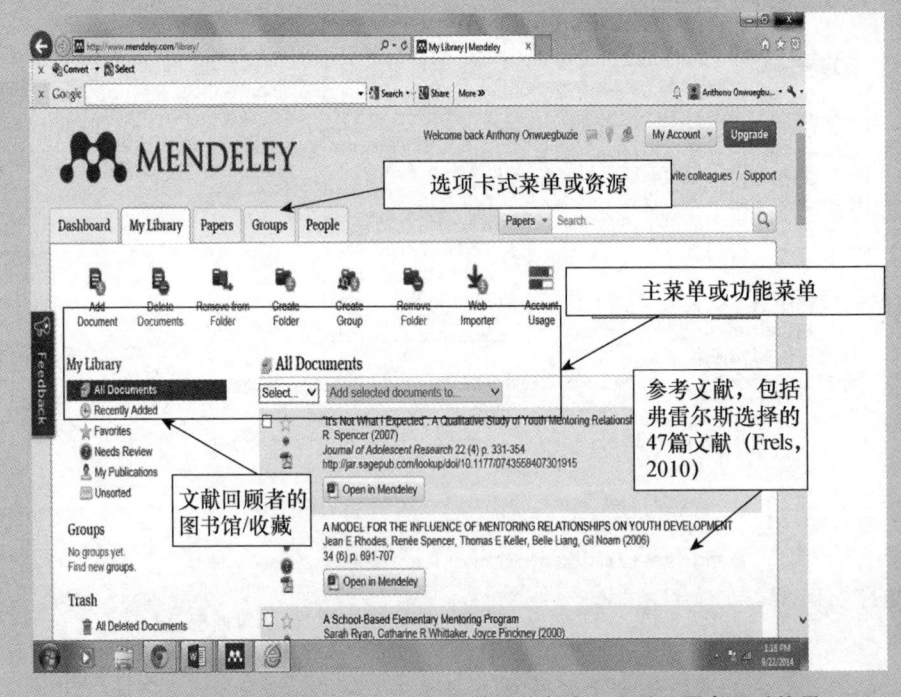

图 6-20　屏幕截图显示了 Mendeley 的网络版本，文献回顾者可以使用它来存储和组织从综合文献回顾中提取的在线文献

第 6 章 步骤 3：存储和组织信息

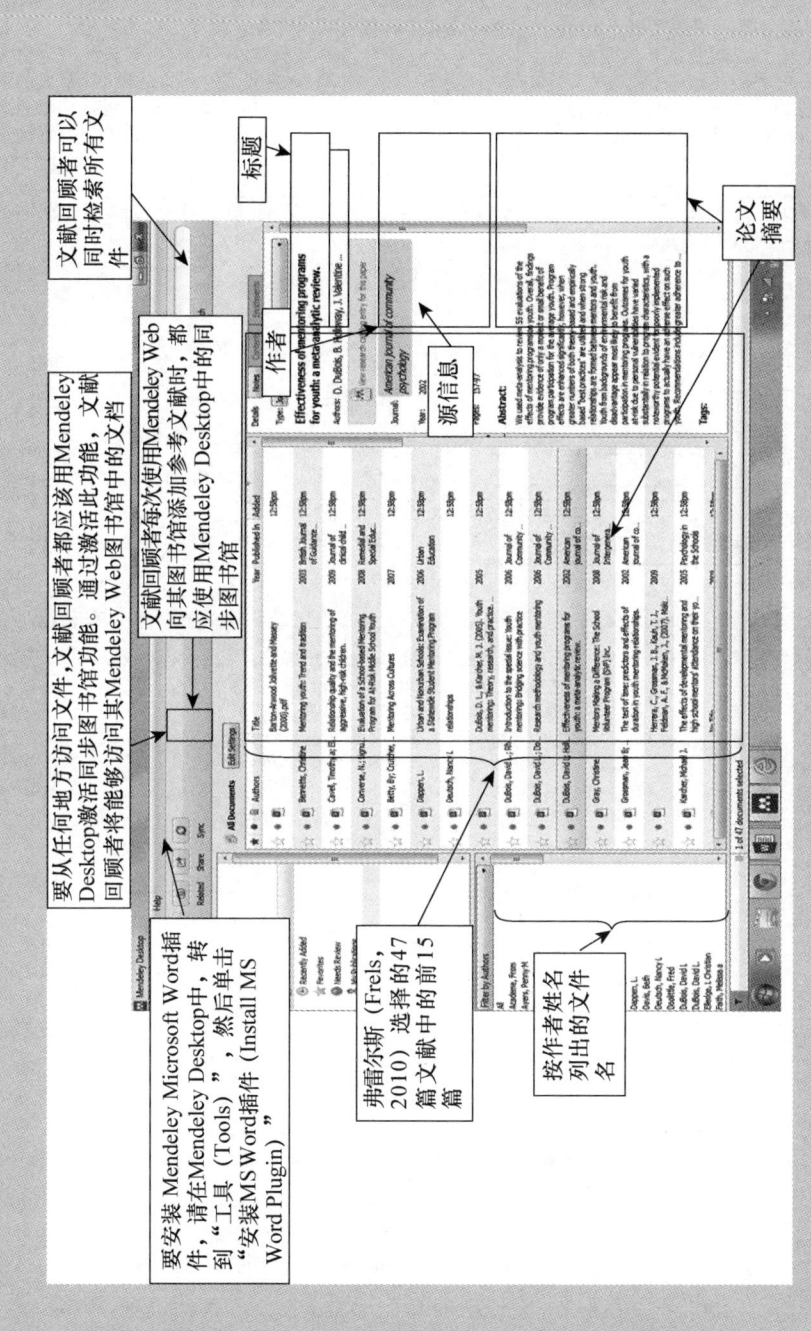

图 6-21 屏幕截图显示了 Mendeley 的桌面版本，文献回顾者可以使用它来存储和组织从综合文献回顾中提取的在线作品

如何进行文献回顾

Mendeley的桌面版本包含了由弗雷尔斯（Frels, 2010）确定的导师制研究领域的47篇文献，使用了以下标准：(a) 研究或概念阐明或扩展了她对导师制现象的理解（即提供了意义）和 (b) 研究设计严谨，包括生动性、创造性、彻底性、一致性和敏感性

同步Desktop和web应用程序

Mendeley的网络版本包含了由弗雷尔斯（2010）确定的导师制研究领域的47篇文献，使用了以下标准：(a) 研究或概念阐明或扩展了她对导师制现象的理解（即提供了意义）和 (b) 研究设计严谨，包括生动性、创造性、彻底性、一致性和敏感性

此处的Desktop和web应用程序文件夹包含完全相同的参考文献

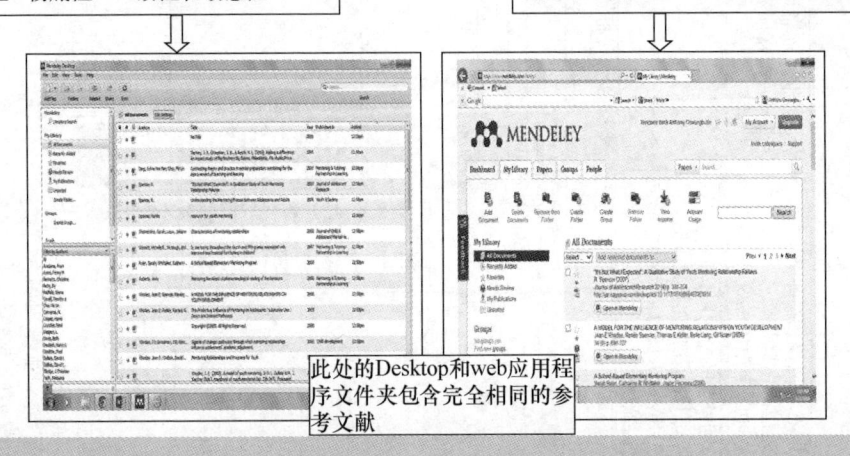

图 6-22 显示 Mendeley 如何同步 Desktop 和 web 应用程序中的文件的屏幕截图

在Mendeley Desktop中，单击"添加文件（Add Files）"，浏览文件位置，然后单击"打开（Open）"按钮

文献回顾者可以一次选择一个或多个文件

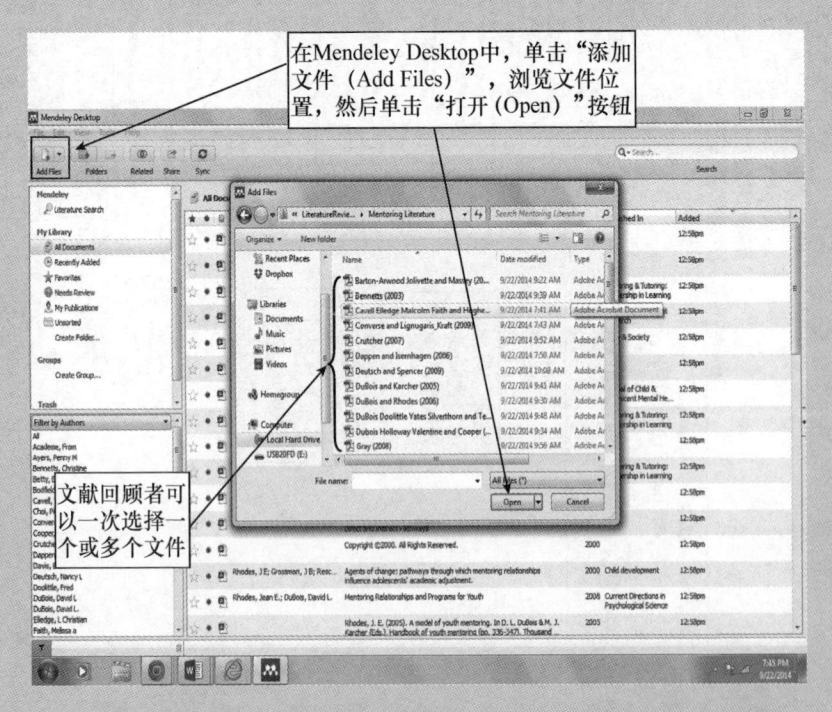

图 6-23 显示了如何通过在 Desktop 应用程序中添加文件来存储综合文献回顾信息的屏幕截图

第 6 章　步骤 3：存储和组织信息

> Mendeley可以根据文件详细信息组织文件并重命名。对于这些选项，请见：工具→选项→文件管理器

> 文献回顾者可以将文件归类到子文件夹中

> 文献回顾者可以根据作者、出版年份和标题来重命名文件

图 6-24　显示了如何组织综合文献回顾文件的屏幕截图

> 单击"插入引文（Insert Citation）"将引文直接插入现有的Microsoft Word文档中

> 已添加到Microsoft Word的Mendeley工具栏

> 从"插入一段引文（Insert a citation）"选项卡中包含的下拉列表中选择引文风格（如APA、Harvard），然后单击"插入书目（Insert Bibliography）"以基于文本中的引文创建参考文献列表

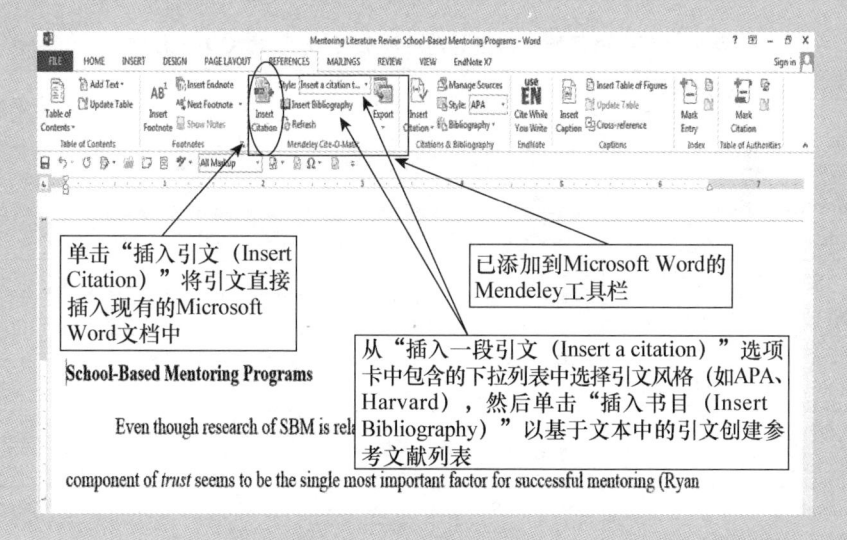

图 6-25　显示了 Mendeley 已安装到 Microsoft Word 2013 中的屏幕截图

　　Mendeley 的一个非常有用的特性是它拥有免费的 iPhone 和 iPad 应用程序。但 Mendeley 最棒的地方还在于它为文献回顾者提供了 2GB 的免费 web 存储空间。要获得这个免费空间，你只需在 Mendeley 网站（http://www.mendeley.com）注册即可。

二、计算机辅助定性数据分析软件

使用**计算机辅助定性数据分析软件**(CAQDAS) 程序被认为是一种高级策略，这意味着对使用参考文献管理软件程序的升级，因为 CAQDAS 程序不仅允许文献回顾者存储和组织信息，而且便于文献回顾者对这些信息进行正式分析。因此，与参考文献管理软件程序相比，CAQDAS 程序的使用是沿着技术水平发展的连续统又推进了一步。

工具：CAQDAS 程序潜在项目清单

表 6-5 提供了商业和免费/开源 CAQDAS 程序的综合列表，但它并非详尽无遗。尽管这些 CAQDAS 程序大多是纯定性方法软件，但其中一些（如 QDA Miner、WordStat、MAXQDA、Dedoose）却是混合方法软件，在这些软件中，定性数据（如文本、图像）可以在同一软件程序中获得定性和定量分析，从而也成为计算机辅助混合方法数据分析软件（computer-assisted mixed methods data analysis software，CAMMDAS）程序。在这些 CAMMDAS 程序中，我们特别推荐用 QDA Miner 来存储和组织综合文献回顾信息。

表 6-5　按时间顺序列出的商业和免费/开源 CAQDAS 程序

CAQDAS 程序名称（操作系统）	网址	首发年份
商业 CAQDAS 程序		
HyperRESEARCH（Windows；Mac OS）	http://www.researchware.com/	1991
ATLAS.ti（Windows；Mac OS）	http://www.atlasti.com/index.html	1993
f4analyse（Windows；Mac OS；Linux）	http://www.audiotranskription.de/english/f4-analyse	
MAXQDA（Windows；Mac OS）	http://www.maxqda.com/	1995
WordStat（Windows）	http://provalisresearch.com/	1998
NVivo（Windows；Mac OS）	http://www.qsrinternational.com/products_nvivo.aspx	1999
Transana（Windows；Mac OS）	http://www.transana.org/	2001
QDA Miner（Windows）	http://provalisresearch.com/	2004

续表

CAQDAS 程序名称（操作系统）	网址	首发年份
XSight（Windows）	http://www.qsrinternational.com/products_xsight.aspx/	2006
Dedoose（Windows；Mac；Linux）	http://www.dedoose.com/	2009
Qiqqa（Windows；安卓）	http://www.qiqqa.com/	2010
QCAmap（网页浏览器）	http://www.qcamap.org/	
webQDA（网页浏览器）	https://www.webqda.com/	
Qualrus（Windows；Mac OS；Linux）	http://www.qualrus.com/	
免费/开源 CAQDAS 程序		
Aquad（Windows）	http://www.aquad.de/en/	1987
ELAN（基于 Java 的 Windows；Mac OS；Linux）	https://tla.mpi.nl/tools/tla-tools/elan/	2002
TAMS Analyzer（开源；Mac OS）	http://tamsys.sourceforge.net/	2002
Coding Analysis Toolkit（基于网络）	http://cat.ucsur.pitt.edu/	2008
RQDA（Windows；Mac OS；Linux）	http://rqda.r-forge.r-project.org/	2008
Compendium（基于 Java）	http://compendium.open.ac.uk/institute/	2009
FreeQDA（基于 Java）	https://github.com/produnis/FreeQDA/downloads	2012
QDA Miner Lite（Windows）	http://provalisresearch.com/	2012

案例：使用 CAQDAS 程序进行存储、编码和分析

QDA Miner

QDA Miner 是存储、组织和分析综合文献回顾信息的出色工具。图 6-26 中的三个屏幕截图展示了如何在 QDA Miner 中创建一个新的综合文献回顾项目，其中包含了为二元导师制研究的文献回顾选择的 47 篇文献。在将从综合文

如何进行文献回顾

献回顾过程中提取的所有文献导入 QDA Miner（见图 6-27）后，文献回顾者可以手动编辑、编码和注释任何或所有文档，从而可以对其进行一组或多组定性分析、定量分析，以及通过忽略无关信息并关注相关信息进行混合分析。例如，通过对集合中每篇实证研究文章的方法部分进行编码，文献回顾者可以确定研究方法（如定量研究、定性研究与混合研究）随时间演变的发展趋势或者比较不同作者使用的研究方法。

另一个例子是，通过手动标记每篇文献各部分（如作者、标题、摘要、参考文献部分），文献回顾者可以进行所谓的科学计量学（scientometrics）和文

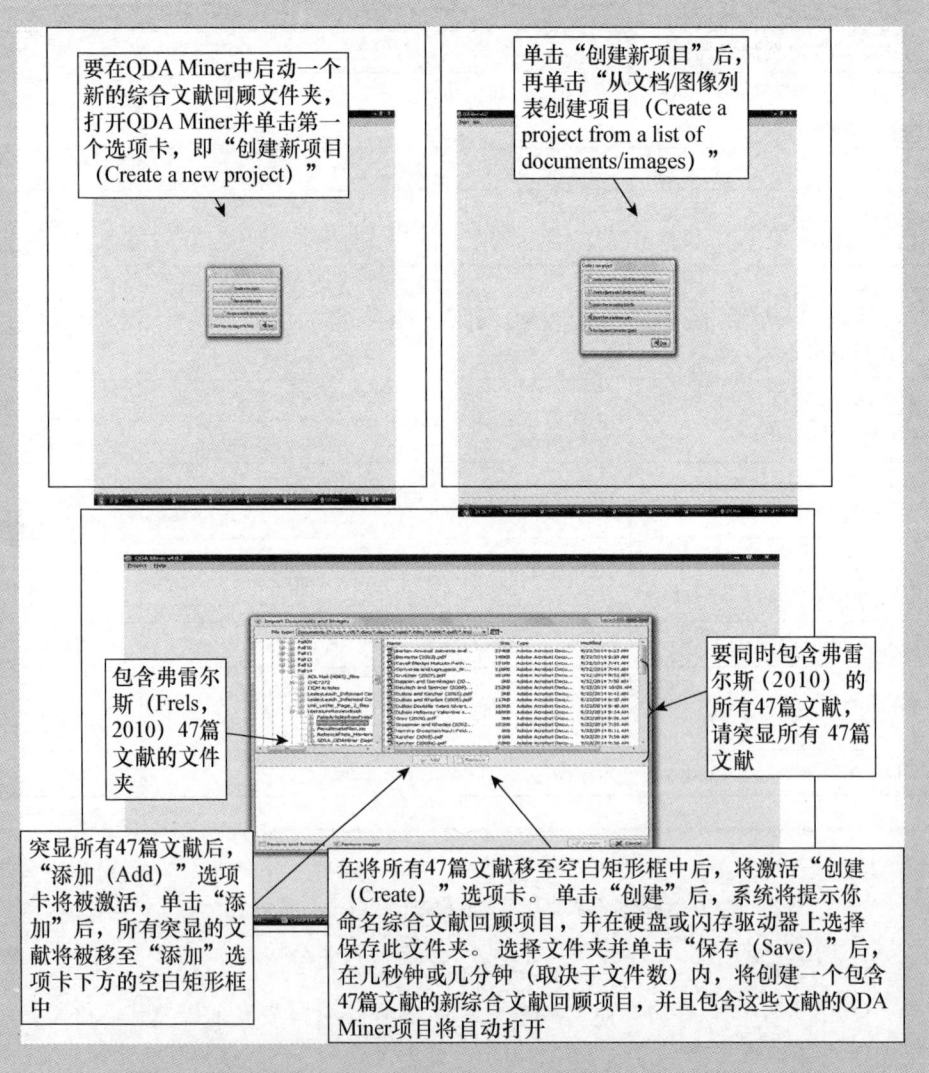

图 6-26 屏幕截屏显示了如何在 QDA Miner 中创建一个包含二元导师制研究领域中的 47 篇文献的新的综合文献回顾项目

第 6 章　步骤 3：存储和组织信息

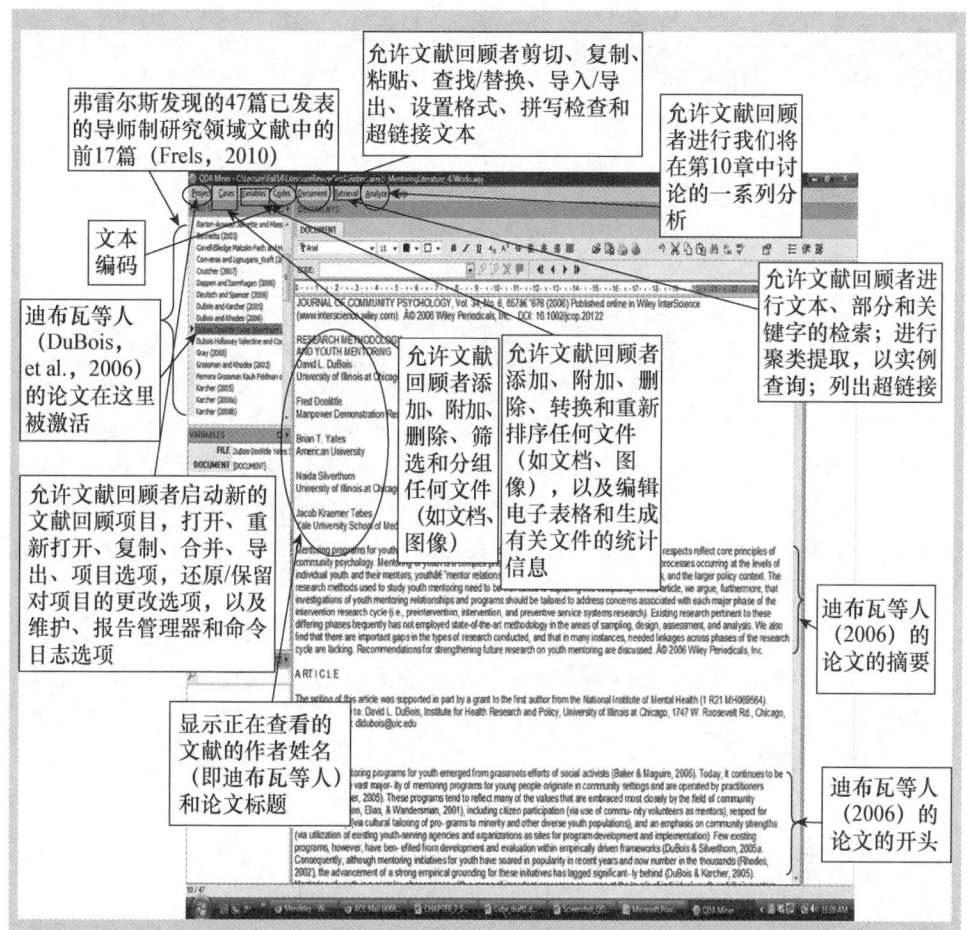

图 6-27　屏幕截图显示了 QDA Miner 被用来存储和组织二元导师制研究领域的 47 篇文献

计量学（bibliometrics）研究，这是对综合文献回顾信息本身进行分析的分析方法（Péladeau，2014）。科学计量学和文献计量学可能涉及对作者或特定文献科学贡献的评估（Péladeau，2014）。像 QDA Miner 这样的 CAQDAS 程序的一个特别吸引人的地方是，它允许导入通过我们将在第 8 章讨论的所有五种模式（即综合文献回顾过程的步骤 5）提取的综合文献回顾信息。这包括对媒体信息（如音频、视频）和二手数据（如保存为 Excel 文件）以及文献回顾者对专家进行的访谈的导入。QDA Miner 之类的程序的另一个有用特性是它们可以被用作（口头）演示工具。我们将在第 10 章讨论综合文献回顾报告的正式口头陈述。

所以，我们怀疑你们当中的许多人在想：我迫不及待地想尝试一下 CAQ-DAS 或 CAMMDAS 程序。好消息是，许多 CAQDAS/CAMMDAS 程序允许文献回顾者下载并使用 30 天左右的完全免费版本。我们还有更好的消息要告诉你。如果你无力购买 QDA Miner 的副本，那么我们相信你一定会很高兴听到下面这个

如何进行文献回顾

消息，即 QDA Miner 的研发者 Provalis Research 为 QDA Miner 开发了一个配套软件程序，即 QDA Miner Lite，你可以使用它来存储和组织综合文献回顾信息。由于它是免费的，因此你将无法使用一些更高级的操作，特别是那些与分析信息有关的操作。但是，QDA Miner Lite 提供了基本操作，例如从纯文本、RTF、HTML、pdf、Excel、Microsoft Access、CSV 和制表符分隔的文本文件导入数据。

案例：在 QDA Miner 中创建新文件

文献回顾者甚至可以使用 QDA Miner Lite 从其他 CAQDAS 程序［如 AT-LAS.ti、HyperRESEARCH 和 Transana（见表 6-5）］和参考文献信息系统（Reference Information System，RIS）文件中导入数据。文献回顾者还可以运用 QDA Miner Lite 使用布尔（即 AND，OR，NOT）和位置（即 includes，enclosed，near，before，after）运算符（有关布尔运算符的更多讨论，请参阅第 5 章）进行检索。此外，文献回顾者可以使用 QDA Miner Lite 将其创建的表导出为 XLS、制表符分隔和 CSV 格式，以及将图形导出为 JPEG、BMP、PNG 和 WMF 格式。所以，你没有理由不（至少）把 CAQDAS 程序当作综合文献回顾工具来使用！

6.5 选择策略

为了让你理解我们在本章中提供的众多策略，我们在一个连贯的框架内提出了这些战略。具体来说，首先，我们将这些策略细分为复杂程度函数。也就是说，我们将这些策略细分为基本策略（如文字处理软件程序）、中间策略（如基于 web 的应用程序）和高级策略（如参考文献管理软件程序）。

应用概念

存储和组织信息（即综合文献回顾流程中的步骤 3）是综合文献回顾过程中的关键步骤，因为如果不存储和组织综合文献回顾信息，就无法进行分析和综合。在本章中，我们提出了一系列存储和组织综合文献回顾信息的策略，这些策略可供初学者、新手和经验丰富的文献回顾者/研究人员使用。这些策略范围从使用索引卡到使用 CAQDAS/CAMMDAS 程序。

第6章 步骤3：存储和组织信息

工具：对存储和组织信息的策略进行分类

第一，你可以在图6-28中看到上述存储和组织信息的策略。第二，我们根据技术运用水平细分了这些策略。在图6-28中，这些策略不仅从上到下（即跨整个复杂性级别）复杂程度有所增加，从左到右（即在每个复杂性级别内）复杂程度也有所增加。第三，也是最后一点，我们根据促进文献回顾者/研究人员之间协作的潜力程度对这些策略进行了细分。同样，在图6-28中，这些策略不仅在协作水平上从上到下（即跨整个复杂性级别）有所提高，从左到右（即在每个复杂性级别内）也有所提高。

```
步骤2和步骤4          基本策略           步骤2和步骤4
     ↓                                      ↓
   索引卡                              文字处理软件程序


                     中间策略

步骤2和步骤4        步骤2和步骤4        步骤2、步骤4和步骤5
     ↓                 ↓                     ↓
 电子表格程序      基于web的应用程序      基于互联网的
                                         社交书签服务


步骤2和步骤4          高级策略          步骤2和步骤4到7
     ↓                                      ↓
参考文献管理软件程序                   CAQDAS/CAMMDAS
```

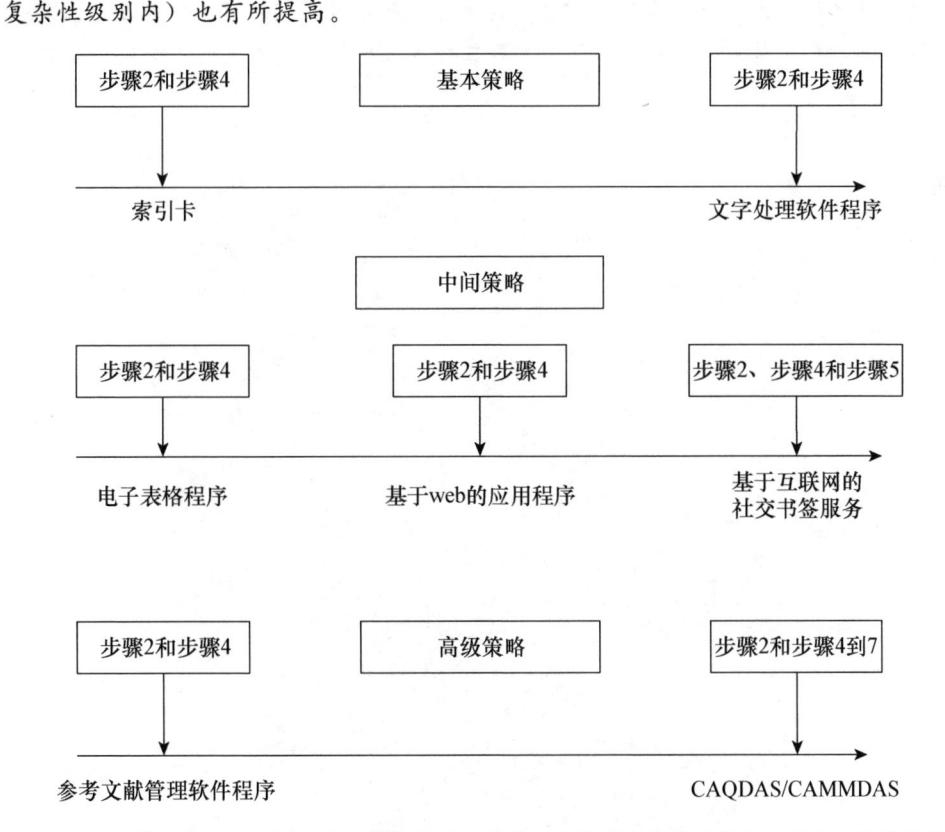

图6-28 对从综合文献回顾过程中提取的用于存储和组织信息的策略进行分类的一种类型学，以及每种策略所涉及的步骤

图6-28还显示了每种策略协商的综合文献回顾过程的步骤。你可以看到所有这些策略都经过了步骤2（即启动检索）和步骤4（即选择/删除信息）。从图6-28也可以看出，只有两套策略可以帮助文献回顾者协商超出步骤2和步骤4的步骤。具体来说，基于互联网的社交书签服务还可以帮助文献回顾者充分协商步骤5，将检索范围扩大到包括五种模式中的一种或多种，因为这些书签服务通常

用于共享文献。因此，只要不违反任何版权法或保密协议，从扩展检索中提取的任何信息都可以与其他人共享。这些信息包括视频、音频、图像和保存为电子表格（如 Microsoft Excel）的二手数据集。

工具：存储/组织的三维模型

CAQDAS/CAMMDAS 程序的影响更为深远，因为它们不仅允许文献回顾者存储和组织通过启动检索（即步骤 2）和扩展检索（即步骤 5）获取的信息，而且允许文献回顾者分析和综合信息，甚至提交最终报告。图 6-29 展示了我们的三维模型，用于对存储和组织从综合文献回顾过程中提取的信息的策略进行分类。

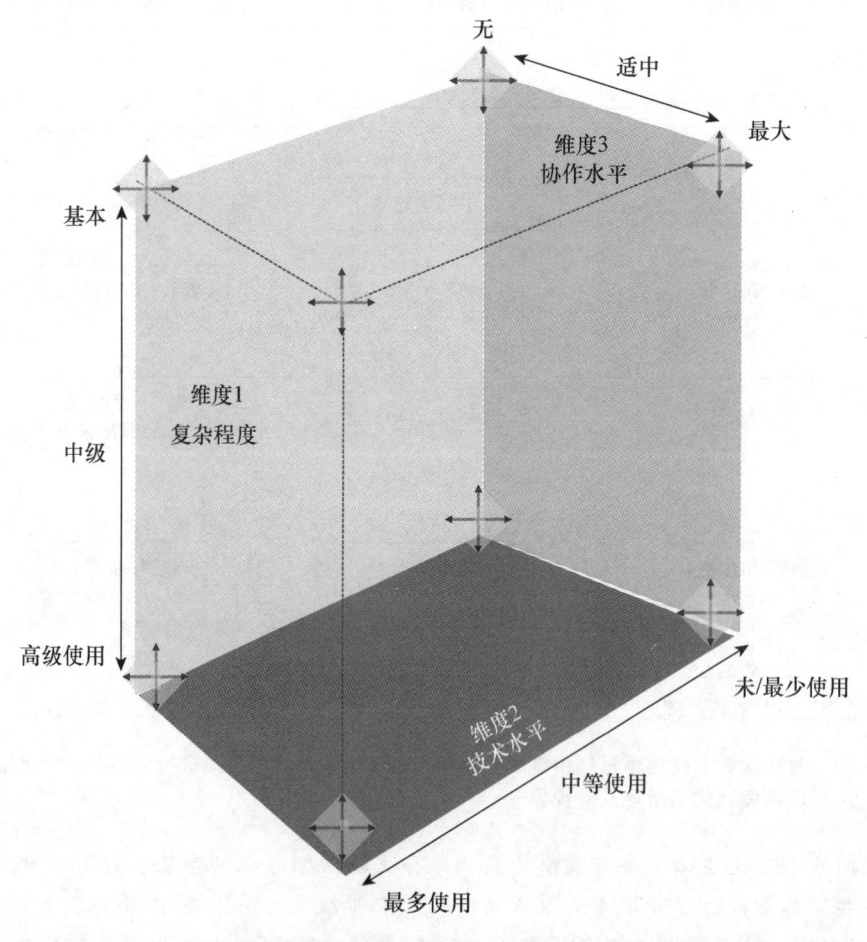

图 6-29 用于存储和组织从综合文献回顾过程中提取的信息的分类策略的三维模型

注：菱形代表复杂程度、技术水平和协作水平三个维度上的极点的八种可能组合。

第 6 章　步骤 3：存储和组织信息

从图 6-29 可以看出，该模型包括上述三个维度——复杂程度（维度 1）、技术水平（维度 2）和协作水平（维度 3），每个维度都与其他两个维度呈 90 度角。在使用该模型时，用于存储和组织从任何综合文献回顾过程中提取的信息的任何策略都可以被定位在三维空间中，以表示所用策略的多维复杂性。

结　论

有趣的是，除了参考文献管理软件程序外，本章中介绍的任何工具最初都不是为存储和组织综合文献回顾信息而设计的。然而，正如我们已经证明的那样，它们的使用具有逻辑吸引力，特别是我们在复杂程度、技术水平和协作水平上的提升。目前，我们认为代表存储和组织信息的黄金标准的是以协作的方式使用 CAMMDAS 程序（如 QDA Miner），因为它们可以在综合文献回顾过程的每个步骤中发挥重要作用。但是，最终由你来决定你将使用什么策略来存储和组织综合文献回顾信息。无论你选择何种策略，我们都希望你喜欢使用它，并希望它能帮助你最大限度地提高综合文献回顾的质量。请记住，在整个综合文献回顾过程中，你将返回你选择的任何系统，并对组织收集信息来源的某些方式进行更改。

以下是作为步骤 3 的复习而总结的一些概念：

- 索引卡可被用于记录有关文献的信息，包括作者、出版年份、文献类型（如书籍、书籍章节、论文）、叙事类型（如经验性的、概念性的、理论性的、方法性的）、实证报告类型（如定量研究、定性研究、混合研究）、内容概要、主要发现/结论、完整的参考文献。
- 与索引卡相比，文字处理软件程序的使用在技术水平和协作水平上更进了一步，允许文献回顾者以电子形式编辑、设置格式、检查拼写、检查语法、使用内置同义词词典、打印、保存，以及将从综合文献回顾检索中提取的文档中的文本（和图像）复制并粘贴到文献回顾者为存储和组织信息而通过文字处理软件程序创建的文档中。
- 电子表格程序允许文献回顾者以电子形式存储和组织从综合文献回顾中提取的信息。在这些电子表格程序中，最常用的是 Microsoft Excel（Power，2004）。
- 文献回顾者可以使用 Microsoft Excel 创建图形表示（即图表）。例如，频率计数和比例/百分比可以转换为条形图或饼图。
- 谷歌云端硬盘和 Dropbox 有一个非常重要的共同点：它们各自有效且无额外费用，可让你将综合文献回顾文件在线存储在云端，并允许你从任何地方的任何计算机或移动设备访问它们。

- 研究之门（http://www.researchgate.net/，约 2008 年）是一种流行的免费社交网站服务。这是一个供科学家和研究人员分享工作、提出问题和回答问题的网站。
- 使用 EndNote 时，文献回顾者可以选择常规（如作者、出版年份、标题）和特定（如 ISBN、摘要）字段。
- 使用被视为高级策略的计算机辅助定性数据分析软件（CAQDAS）程序意味着对使用参考文献管理软件程序的升级，因为它们不仅允许文献回顾者存储和组织信息，而且便于文献回顾者对这些信息进行正式分析。
- 以协作的方式使用计算机辅助混合方法数据分析软件（CAMMDAS）程序（如 QDA Miner）代表了存储和组织信息的黄金标准，因为它在综合文献回顾过程的每个步骤中都可以发挥重要作用。

第 6 章　评价一览表

核心（CORE）	指导性问题和任务
批判性检视	哪种类型的存储单元看起来最有用？如果一款软件代表着获取新信息以了解更多信息，那么你有多大信心会去冒险和尝试？
组织	在这个过程中，你在多大程度上组织了你的信息？你如何命名和/或组织文档以最轻松地进行检索？ 既然你已经启动了识别"选定信息来源（selected sources）"的过程，那么请考虑不同类型的流程图以及可能记录你运行轨迹的方式。
反思	在组织和创建自己的信息查询系统方面，你最惊讶的是什么？想想你的文献合集。如果你要给作者和研究参与者以身份，那么什么样的文献可能会丢失？注意你对这个问题的一些惊讶或疑惑，这样你就可以在报告的局限性中解决它。
评估	你对存储文档有什么新的想法？什么样的计算机技术有助于你在这个领域的发展？

154

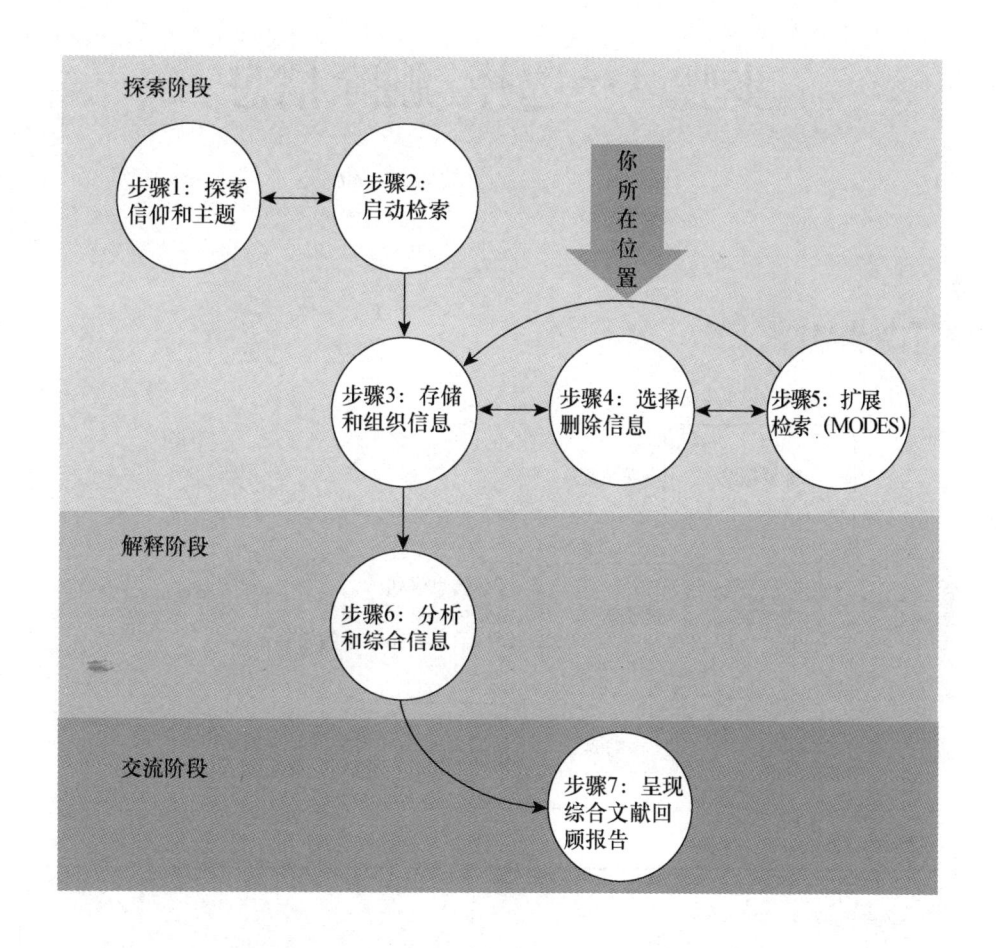

```
探索阶段

  步骤1: 探索        步骤2:              你
  信仰和主题    ↔   启动检索             所
                                         在
                                         位
                                         置
                        ↓           ↙
                    步骤3: 存储    步骤4: 选择/    步骤5: 扩展
                    和组织信息 ↔  删除信息     ↔  检索 (MODES)
                        ↓

解释阶段

                    步骤6: 分析
                    和综合信息

交流阶段
                        ↘
                           步骤7: 呈现
                           综合文献回
                           顾报告
```

第7章

步骤4：选择/删除信息

第7章思路图

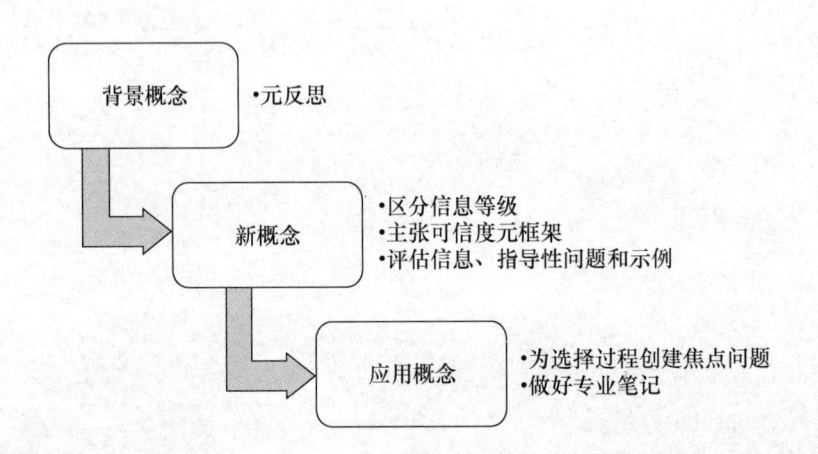

```
背景概念 → ·元反思

新概念 → ·区分信息等级
        ·主张可信度元框架
        ·评估信息、指导性问题和示例

应用概念 → ·为选择过程创建焦点问题
        ·做好专业笔记
```

▸ 背景概念

　　与定性研究一样，综合文献回顾的分析过程始于研究者提出与现象相关的问题或疑惑的那一刻。例如，定性访谈问题关注的是参与者所说的话，这往往会产生新的问题。因此，定性研究者经常指出，一项研究的分析阶段是从收集数据开始的。同样，当文献回顾者开始选择/删除信息过程时，由于审查、分类和评价的性质，分析信息来源是不可避免的。首先，文献回顾者开始筛选最初存储的文档及类别，目的是选择一个文献样本进行分析和综合。

第 7 章　步骤 4：选择/删除信息

> 这一过程涉及集中且有意为之的信息分类以及对信息有用性的批判，并为建立所选主题的新证据奠定基础。选择/删除信息的排序和有意的努力代表了一种定量或定性的初始分析，可以将其视为隐含或嵌入式分析类型。
>
> 从本质上来说，综合文献回顾过程的探索阶段（即步骤 1 到步骤 5）是文献回顾者（作为原创性思想者、批判性思想者和自反性研究者）身份、哲学和主题信仰、道德意识和文化进步实践的直接结果。这些属性和文化意识有助于文献回顾者根据信息来源本身（如通过其可信度、可靠性、声誉）以及根据文献回顾目标从信息来源中提取的信息，来确定每一条信息在综合文献回顾中的位置。例如，一篇文章可能会让文献回顾者对许多方面产生求知兴趣，文献回顾者还可能发现这篇文章的研究情境或地点为他/她正在寻求解决的问题提供了启示。因此，选择/删除信息过程本身是有保证的和透明的，这一点很重要。不能仅仅因为一个信息来源对产生的想法提供了某种支持，就自动选择该信息来源；相反，该信息来源应接受与其他信息来源相同的审查。有鉴于此，最终的综合文献回顾报告将基于可靠的论据、可信的来源以及深思熟虑的启示和影响。

7.1　元反思

维持道德的与透明的实践的本质需要反思、组织和记录，这一过程被我们称为**元反思**（meta-reflection）。这样，当另一名文献回顾者评估综合文献回顾成品时，它将经受未来研究人员的评估选择过程。在整个选择/删除信息过程中，应该对信息来源、与信息来源相关的想法以及与审计轨迹信息来源相关的任何限制进行现场注释。与往常一样，文献回顾者应该提供足够的细节以便他/她稍后可以回溯这些步骤。这样的审计轨迹不仅对当前综合文献回顾中的文献回顾者非常有帮助，而且对同一研究领域中将来进行综合文献回顾的文献回顾者非常有帮助。此外，当综合文献回顾涉及多名文献回顾者时，审计轨迹将至关重要，而且当综合文献回顾为包含多名研究人员的研究提供信息时，情况亦然。包含多名研究人员的研究是非常普遍的，超过三分之二的研究是这种情况（Onwuegbuzie，2014f）。这些标准涉及在评估收集信息来源时的主张。"步骤 4：选择/删除信息"涉及建立一组选择使用信息来源的标准。它还整合了我们在第 2 章中描述的一些道德原则：无恶意（即不造成伤害），慈善（即为他人的利益而采取的行动），公正（即做出中立、有正当理由、公正和公平的决定），忠诚（即涉及忠诚、忠实和履行承诺），专业能力（即认识到技能和知识的局限性），正直（即尊重和诚实），学术责任（即了解报告标准），以及尊重权利、尊严及多样性（即不歪曲他人的学术成果）。为此，选择/删除信息涉及评估信息价值的批判性思维和自反性实践。这些准则提供了一种元反思的路径，帮助文献回顾者根据作者报告的主张（即主张是否可信以及是否突出某一主题）——包括提供替代解释和/或多角度的信息源——来决定是否选择或删除信息。

> **新概念**
>
> 在仔细检查信息之前，将数据库的初始检索看作一个样本是很有帮助的，该样本是一个从总体或更大的信息来源集中选择的一组案例（如参与者）。在综合文献回顾中，抽样受到研究人员判断的影响，因此，抽样代表一个有目的的样本，由主题问题和其他区分标准来确定。因此，文献回顾者定义了样本中包含的标准和/或属性，我们称之为评估标准（Evaluation Criteria），这是基于良好研究实践而预先制定的严格标准。这些实践和评估标准在本节的部分内容中得到了详细说明，本书附录B还提供了额外资源。

7.2 区分信息等级

选择/删除信息这一步骤（与其他步骤非常类似）代表了一个持续的过程，因为从本章开篇的七步骤模型中可以看出，通过扩展模式（MODES）（步骤5）获得的信息应被排序、存储和组织（步骤3）并进行选择/删除（步骤4）。一些评估过程甚至会在不知情的情况下进行。如果你将综合文献回顾视为一项独立研究或为主要研究提供信息的研究，那么信息来源必须可靠。

因此，每名文献回顾者都应根据综合文献回顾的目标和在初始检索中创建的问题陈述和焦点问题（步骤2），针对某个主题领域来创建自己的评估标准。这些标准指导综合文献回顾的选择。接下来，对于每个信息来源，文献回顾者都必须能够依据以下三个方面来区分该信息来源是否值得信赖：评估标准将不断演变，因为每个信息来源都提供了合理的论点、证据和结果。

工具：抽样流程图

图7-1提供了步骤4的预览，它可以产生三个主要类别的信息：（a）被分类和存储以供基础和补充使用的选定信息；（b）被存储和组织以供可能使用的非

选信息；(c) 不可用的非选信息。

这三个类别之间的主要区别在于：第一个类别包含了因提供某种有意义的信息而被视为"必用资源（must-use sources）"的信息源。第二个类别包含了被视为"可能需要的资源（possibly needed sources）"的信息源，这样，如果这些被丢弃的信息被证明是相关的，那么文献回顾者无须在未来的数据库检索中重新识别这些信息。第三个类别包括以下信息源：(a) 提供与你的主题无关的信息；(b) 对你自己的综合文献回顾报告的基础或补充部分均无用；(c) 包含某种类型的明显有误的主张或推理；(d) 在研究过程中存在重大缺陷［例如，基于抽样的缺陷，如研究涉及的样本量太小而无法概括其发现；基于工具的缺陷，如所使用的定量工具缺乏足够的分数信度（score reliability）或分数效度（score validity）］和/或解释存在的缺陷（如证据缺乏效度/信度）。

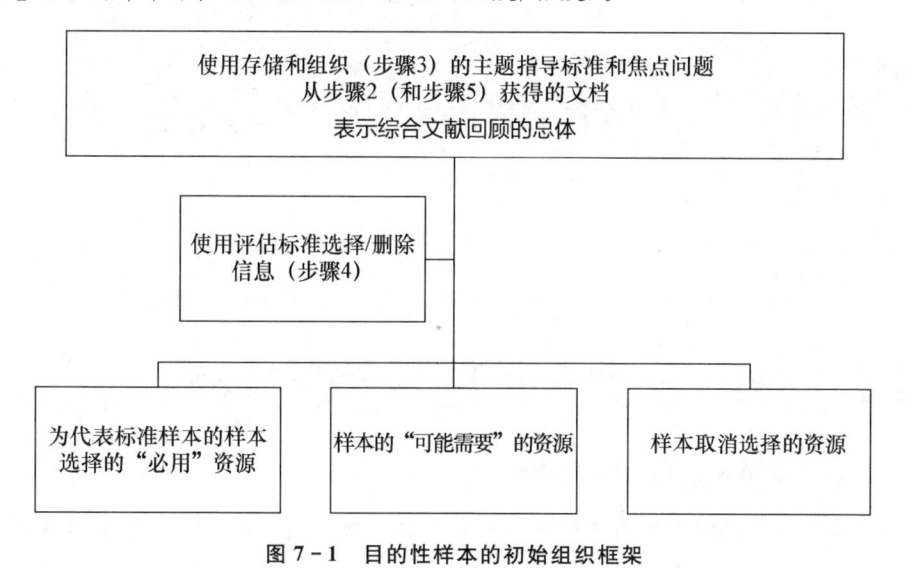

图 7-1　目的性样本的初始组织框架

案例：审计轨迹的可视化显示

请记住，初始检索和组织信息来源时使用的相同思想将成为主题的评估标准。图 7-2 提供了一种根据步骤 2 中创建的指导标准和焦点问题来跟踪选择/删除信息的方法并扩展为步骤 4 中的评估标准。这个来自二元导师制研究的例子还演示了审计轨迹的概念，以及对用于数据分析/综合的信息来源样本初始检索的跟踪。通过审视该图，你还可以发现检索是如何扩展的，以及综合文献回顾探索阶段包含的步骤是如何以迭代方式进行并相互影响的。

159

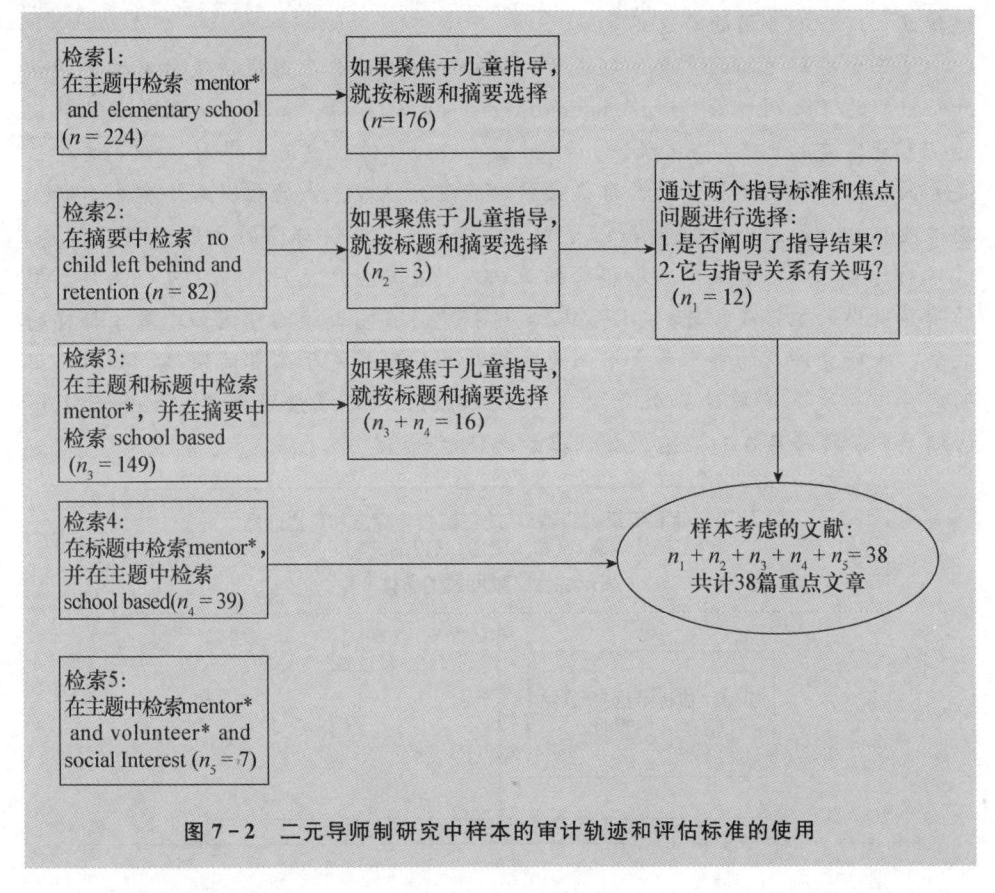

```
检索1:
在主题中检索 mentor*
and elementary school
(n = 224)
         ──→  如果聚焦于儿童指导,
              就按标题和摘要选择
              (n=176)

检索2:
在摘要中检索 no
child left behind and
retention (n = 82)
         ──→  如果聚焦于儿童指导,
              就按标题和摘要选择
              ($n_2$ = 3)
                              ──→  通过两个指导标准和焦点
                                    问题进行选择:
                                    1.是否阐明了指导结果?
                                    2.它与指导关系有关吗?
                                    ($n_1$ = 12)

检索3:
在主题和标题中检索
mentor*,并在摘要中
检索 school based
($n_3$ = 149)
         ──→  如果聚焦于儿童指导,
              就按标题和摘要选择
              ($n_3 + n_4$ = 16)

检索4:
在标题中检索mentor*,
并在主题中检索
school based ($n_4$ = 39)
                                       样本考虑的文献:
                                       $n_1 + n_2 + n_3 + n_4 + n_5$ = 38
                                       共计38篇重点文章

检索5:
在主题中检索mentor*
and volunteer* and
social Interest ($n_5$ = 7)
```

图 7-2 二元导师制研究中样本的审计轨迹和评估标准的使用

一、基础型和补充型信息来源

步骤 4 中的文献回顾者类似于陪审员,他必须决定在确定被告有罪或无罪时选择哪些证据和舍弃哪些证据,被告可能是在法庭上被起诉的个人、团体或组织。陪审员要考虑的一个问题是对每一个选定的证据赋予多少权重。在排序过程中,你很可能倾向于一篇解释一些重要方法论概念的文章,或者一个与你的主题相关或提供一些背景来建立你的主题的理论概念——在这种情况下,它将是适合的补充型信息来源。但是,由于它没有直接针对综合文献回顾的主题区域,因此它可能并不适合被选择为基础型信息来源。

相反,如果某个信息来源揭示了一些与你的主题直接相关的想法和/或发现,那么它将被界定为基础型信息来源。在这一点上,将综合文献回顾视为研究本身是有帮助的,但如果综合文献回顾旨在为主要研究提供信息,那么它就是一种嵌入研究中的研究类型。

第 7 章 步骤 4：选择/删除信息

工具：主要研究报告的 12 个组成部分

图 7-3 呈现了报告的 12 个组成部分以及如何将选择的信息来源（样本）分类为补充型信息来源，这些补充型信息来源可以作为独立研究为综合文献回顾的任何组成部分提供信息，或进一步扩展为主要研究提供信息。基础型信息来源和补充型信息来源在"步骤 6：分析和综合信息"中被分开运用。此外，参考图 7-1，寻找一些"可能"信息来源的工作将导致步骤 3 中创设的文档被进一步组织。花一些时间来识别综合文献回顾中使用的潜在信息来源的内容是步骤 4 的一个关键环节。因此，下文将提供进一步的背景知识，让你了解基于每个信息来源作者所发表主张的选择/删除信息过程。

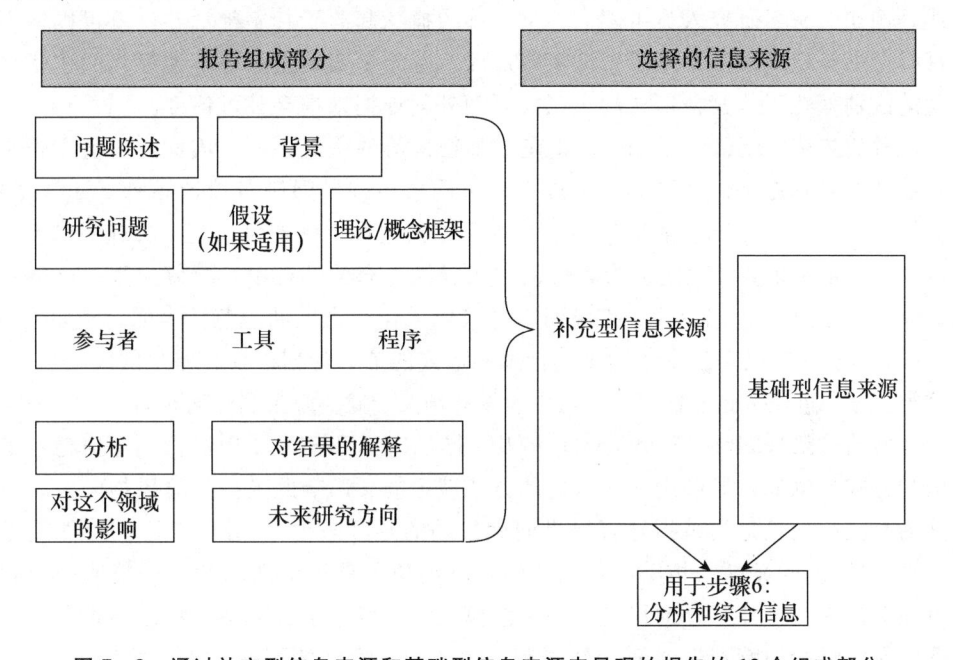

图 7-3　通过补充型信息来源和基础型信息来源来呈现的报告的 12 个组成部分

二、根据主张评估信息来源

在评估标准中，首先要考虑的是如何使用信息来源。学术界及学术写作领域的交流取决于**确立主张**（establish claim）的能力。也就是说，一个口头或书面的陈述需要一个理由或参考文献作为后盾。然而，由于在综合文献回顾的交流阶段进行了更详细的讨论，因此主张的前提必须是可靠的。有鉴于此，你自己的综合文献回顾最终报告的质量取决于每项主张是否是值得信赖的、有效的、可靠的以及合法的，而不管文献回顾者是否喜欢这一主张。通过评估那些引起争论的主张，你将形成一些初步印象，这将导致在综合文献回顾的解释阶段（即步骤6：分析和综合信息）需要解决的预感和/或分析型问题。

此时，你可能会问自己：如何根据主张确定哪些信息来源是可信的和/或相关的呢？你需要考虑收集信息来源的总体要点，即建构一个或多个想法或主张并为这些主张建构某种类型的案例。事实上，在对信息来源进行排序时，你应该评估每个信息来源中的主张类型以及主张是如何建立的，并且你应该通过收集信息来源来评估你预先建构的主张信息。哈特（Hart，2005）确定了以下五种为交流思想而确立的主张类型：(a) 事实主张；(b) 价值主张；(c) 政策主张；(d) 概念主张；(e) 解释主张。

事实主张（claims of fact）是可以分别通过证实或反驳来证明其为真或假的陈述。例如，一名研究人员可能会声称导师的概念起源于希腊神话，这就可以使用百科全书等权威性信息来源来证实或反驳。基于事实的主张与其他形式的主张之间的区别就在于，其他形式的主张需要额外的证据来提高其可信度。

价值主张（claims of value）则是对某物价值的主观判断。因此，价值主张不能被证明是真还是假。例如，一位作者可能会声称导师制对被指导者（如学生）和导师表达自己的观点都很有价值。为了评估这种主张的可信度，文献回顾者可以评估主张人在多大程度上为其价值主张提供了充分的理由。**政策主张**（claims of policy）是关于应该采取什么措施而不是采取了什么措施的规范性声明。例如，一名研究人员可能会声称中学应该实行某种形式的辅导计划以提高差生的成绩水平。这类主张和价值主张非常相似，可以引发一场关于此类政策利弊的对话。

概念主张（claims of concept）涉及不同的定义和某人使用语言或任何特定术语的方式。例如，导师定义导师制的方式就可能会影响此人的指导风格。对一位认为自己的角色是为被指导者提供明确鼓励的导师来说，"导师"一词可能就是"鼓励者"的同义词。相反，一位认为自己的角色是提供活动和传授技能的导师可能会认为"导师"一词代表着一种楷模。每个概念主张都基于特定的定义，这些定义因经验的特定性质而受到限制，因此会导致情绪反应。正如哈特（2005）所描述的，单词的使用并不源于词典的定义，而是代表了使用者的解释。同样，**解释主张**（claims of interpretation）代表了一些可以是假设、思想、信仰、命题、理论、方案、模型、假设等形式的主张。解释主张描述了附加在某些现实或证据上的实际意义。现实和证据需要解释，而这些解释可能因个人或群体而异。

除了哈特（2005）的主张清单之外，实证研究者使用的一种经常被忽略但很重要的主张类型是我们通过观察得出的。**观察主张**（claims of observation）是来自实证研究的陈述，这些陈述居于一组研究发现之内且解决了一些相同的研究问题。除非研究结果源自总体数据，否则它就不能被证明是真还是假，而只能为知识主张提供支持或反驳。然后，文献回顾者可以通过将观察主张所依据的研究结果集合置于解决同一研究问题的现有结果集合之中，从而部分地评估观察主张的信度。这样，文献回顾者就可以确定观察主张在多大程度上代表了证据的优势或不足。与其他主张类似，基于观察的主张不同于基于事实的主张，因为与基于事实的主张不同，所以基于观察的主张需要额外的证据来提升其信度。

三、从次要主张中确定主要主张

实际上，从"步骤2：启动检索"和"步骤5：扩展检索"中提取的每一条信息都可以被识别为代表这六种主张中的一项或多项。在文献回顾者选择或删除信息之前，他/她需要确定主张的目的、方向以及主张之间的相互关系。因此，主张在性质上既可以是主要的，也可以是次要的。**主要主张**（即主要信息来源）是由信息来源（如文章、书籍、书籍章节）的作者直接提出的主张，如基于作者自己的主要研究。相比之下，**次要主张**（即次要信息来源）是包含在某一信息来源中的主张，这些主张不是由该信息来源的作者直接提出的，而是由该信息来源的作者所引用的人（即该主张的原始所有者）推断出来的——这个人可能是一位研究人员、理论家、方法学家或一名评论家。

案例：撰写主张

查看你可能在样本信息中识别的一些主张的实际案例将有所助益，并且经过一些有目的的阅读实践后，验证主张变得更加容易。首先，至关重要的是，在阅读报告时，要确定主张的原始所有者是谁。一方面，如果信息来源的作者发表了诸如"据桑托斯（Santos，2010）所言（According to Santos）"之类的陈述，那么该作者是**非叙实的**（non-factive），这意味着作者是态度不明确的（non-committal），因为他/她并没有就桑托斯（2010）提出的主张发表意见。另一方面，如果信息来源的作者使用了诸如"卡佩尼克（Kapernick，2012）从理论上论证的（As theorized by Kapernick）"之类的陈述，那么该作者是**叙实的**（factive），因为他/她明确表示他/她同意卡佩尼克（2012）的说法。在这里，主张是由信息来源的作者和卡佩尼克（2012）（作者引用的人）共同提出来的。相反，如果一个信息来源的作者发表了诸如"威廉姆斯（Williams，2013）的无用理论（The defunct theory of Williams）"的言论，那么这个作者是**反叙实的**（counter-factive），因为作者明确表示他/她不同意威廉姆斯（2013）的说法。在这种情况下，信息来源的作者正在提出**反主张**（counter-claim），这代表了一种与威廉姆斯（2013）的主张相反的观点。如果信息来源的作者为这种反主张提供了引证，那么他/她将与被引证者共享该反主张的所有权。我们将在第11章中详细讨论作者的立场和意见，以帮助你撰写自己的综合文献回顾。

案例：主张类型概述

为了更好地理解评估主张的审查过程，我们提供了二元导师制研究的摘录和图 7-4 中的主张类型。每一项主张都是根据在选择/删除信息过程中被认为可信和可靠的信息提出的。

主张：事实 性质：次要 声音：文献回顾者	如第二章所述，大多数SBM项目模型被设计为结果驱动模型来评估被辅导者的获益情况，很少处理二元结构中固有的交互、迭代和协作过程。项目建模的使用 (Borich&Jemelka, 1980) 就是一种这样的线性模型，它通过导师制在三个方面（即即时结果、中间结果和最终结果）促进被辅导者获益。卡彻等人(Karcher et al., 2006)描述了该模型的四个调节要素：(a) 输入（例如，导师制项目包含的要素，如活动、培训和被辅导者）；(b) 活动（例如，学术书籍或发展活动等各种内容）；(c) 结果（例如，行为、态度或活动产生的技能）；(d) 限制（例如，促进或妨碍导师制项目效力的特殊资源）。根据我的发现，程序建模中固有的重要组件其实并不重要。例如，对二元交换的观察显示，输入、活动和培训并不影响关系协同。事实上，这11名选定的导师每年参加一次培训，在活动或辅导技巧方面几乎没有得到指导。学生的成绩是通过教师与我的通信而透露的，导师很少收到任何学校工作人员的正式报告。同样，关系二元导师制成败的非常重要的制约因素还包括学校氛围。尼尔森、巴斯塔曼特、威尔逊和安伍布奇 (Nelson, Bustamante, Wilson, & Onwuegbuzie, 2008)明确了学校领导在学校氛围营造方面需要考虑的文化能力。根据这些作者的观点，一所具有文化能力的学校应该包括"从文化多样性中培养社区意识"的能力 (p.209)。考虑到没有显示出亲密和持久关系的二人组（经常在一起的二人组），所以学校氛围是有限的并且没有邀请导师。相反，在我的研究中，来自其他学校的二元导师制组合却因学校氛围的一些重要要素而活力四射。尽管这些导师中的一些人没有子女入学，也不了解学校的一些运作程序，但他们还是获得了认可。即使如此，这些导师们还是可以尽情地享受生活，展示自己独特的个性。例如，约翰·亨利先生目睹了朱尼尔努力打开为他带来的小礼物。约翰·亨利先生用小刀打开了礼物，而不必担心学校的规定或教师的反应。经过的学生和教师对此事也没有做出什么反应。同样，我作为一名研究人员也同样受到校长、教师和学生的亲切欢迎。	主张：概念 性质：主要 声音：作者
主张：观察、价值、解释 性质：主要和次要 声音：文献回顾者（主导）和作者（从属）		主张：观察 性质：主要 声音：文献回顾者
主张：观察 性质：主要 声音：文献回顾者		主张：政策 性质：主要 声音：作者（主导）和文献回顾者（从属）
主张：观察和解释 性质：主要 声音：文献回顾者		主张：价值 性质：主要 声音：文献回顾者

图 7-4　二元导师制研究的摘录显示了所有六项主张

看完此图之后，试想一下有人告诉你一些你不相信的事情，比如"大象会飞"。如果此人使用了任何一种或多种类型的主张（如事实主张、观察主张），其中有一种主张信度不足，你就很可能会完全否定这个想法。同样，在图 7-4 提供的二元导师制研究的例子中，如果这个例子中使用的任何一个参考信息来源缺乏信度，那么这些想法可能就会被完全舍弃——由于不可靠的信息来源。但是，如果对作者提出的主张进行审查时没有发现任何虚假或难以置信的主张

第 7 章 步骤 4：选择/删除信息

陈述，你就可以相信他/她的想法并保留其信息供你自己进行文献回顾时使用。事实上，如果一篇文献中的一个或多个想法受到很大重视，那么这篇文献将与其他收集的文献一起被归类到基础型信息来源文件夹中，并在综合文献回顾过程的步骤 6 中获得分析和综合。

四、根据论点评估信息来源

在了解了你的信息来源和主张的重要性之后，请务必暂停一下并检查主张的信度，以便你可以为自己在综合文献回顾中的论点做出规划。简而言之，每一个被选定的信息来源都与你产生了共鸣，并能为你提供一条论证路径。熟悉图尔敏（Toulmin，1958）的论证模型对你的选择过程会很有帮助，根据该模型，你可以为每项主张确定：（a）支持该主张的*证据*（evidence）；（b）将主张与其证据联系起来的*保证*（warrant）；（c）*支持*（backing），包括用于为保证和证据提供正当理由的情境和假设。

当文献回顾者评估每个信息来源时，使用哈特（Hart，2005）的指导性问题可以促进对主张的评估，例如：该信息来源的主张是否合理？证据、保证和支持也都是合理的吗？所有这些要素是否都证明了本信息来源中的主张是完整的和一字不差的，或者是否需要根据其他信息来源以某种方式修改本信息来源中的任何主张？我要提取什么证据？该证据是否有保证和/或支持？使用主张、证据、保证和支持等要素来建构你的观点是你作为文献回顾者应该建立的自然推理过程（即论证路径）的基础。

案例：合并论点（Incorporating Argument）

图 7-5 展示了一个合并图尔敏（1958）论证模型的例子。我们列出此图以说明应如何谨慎和有意图地选择信息来源。例如，如果你想提出在美国小学实施导师制计划的主张——这种主张既代表政策主张，也代表价值主张——那么你就有责任根据可信的信息来源来提出自己的主张。在该图中，金、维杜瑞克、戴维斯和麦克莱伦（King, Vidourek, Davis, & McClellan, 2002）通过他们的立场支持了在美国学校开展导师制计划的呼吁。他们认为在小学生中，导师制计划与同学校的联系程度以及自尊和学业成绩的提高有关。在本案例中，主张与证据之间的联系得到证实，即"学校联系（school connectedness）是被认为有可能因滥用药物、情绪困扰和越轨行为而辍学的学生的有力保护因素"（Frels, 2010, p.1）。

```
         证据                                      主张
        (数据)          ──────────────────▶       (所以……)

在小学生中，导师制计划与同学校的              导师制计划应在美国小学中
联系程度以及自尊和学业成绩的提高              实施（政策主张、价值主张）
有关（如King, Vidourek, Davis, &
McClellan, 2002)

                            保证
                          (既然……)

             "学校联系是被认为有可能因滥用药物、情绪困扰
              和越轨行为而辍学的学生的有力保护因素"
                         (Frels, 2010, p.1)

                            支持
                          (因为……)

              当学生与成人榜样而非家长联系在一起时，
                他们会在更大程度上发展得更好
                      (Search Institute, 2009a)
```

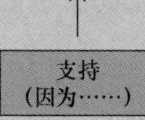

图7-5　图尔敏（1958）论证模型

资料来源：Adapted from *Doing a literature review: Releasing the social science research imagination*, by C. Hart, 2005, London, England, p.89.

此外，本案例利用信息来源建立了支持（即情境与假设），这一支持来自"检索研究所（Search Institute, 2009b）"，其支持这样的论点，即当学生与成人榜样而非家长联系在一起时，他们会在更大程度上发展得更好。重要的是，检索研究所被认为是一个可靠的来源，因为它是一个领导机构，它"研究和致力于强化发展型关系，帮助年轻人获得由发展委员会支持的发展资金，在发展委员会中，年轻人的成功是每个人工作的重中之重"（Search Institute, 2009a, p.1）。

图7-5说明了一个论点是如何从信息来源中产生的，以及主张是如何基于证据、保证和支持的。在这个例子中，导师制计划应在美国小学中实施的主张似乎是一个合理的论点。例如，如果有人声称应在小学实施导师制计划，即删除"美国"一词，那么除非他/她能找到超出美国范围的证据、保证和支持，否则需要将"美国"一词纳入主张之中。因此，使用图尔敏（1958）的论证模型不仅为评估作者的主张提供了一种非常有用的方法，而且为文献回顾者评估他们自己在文献回顾报告中提出的主张提供了一种非常有用的方法。此外，它表明你自己的推理路线在你选择的信息来源和你计划建构的论点中起着作用。

五、根据真实性和价值评估信息来源

评估标准的另一个组成部分是认识到论证真实性和价值的路径。**真实性**（authenticity）是指提供构成要素信息的人（如作者、教育家、政治家）的可信度。相反，**价值**（merit）包括提供构成要素信息的人的知识、能力和公正性、信息的相关性和可信度。例如，在图 7-5 中的论证过程中，使用信息来源"检索研究所（Search Institute, 2009a）"——其具有超过 50 年的历史（Search Institute, 2009b）——为支持元素提供了真实性和价值。

在为文献回顾选择信息来源的过程中，真实性和价值都可以受到更大限度的评估。正如我们在本章开始时所指出的，信息来源的选择过程与陪审团成员审查法院案件中提供的信息的过程非常相似：其中一些信息可能基于经验信息，如事实主张和观察主张；另一些信息可能基于经验信息所得出的推论，如解释主张、政策主张和概念主张；还有一些信息可能基于更抽象的关联，如价值主张。无论如何，认识到你在自己的文献回顾中提出的主张类型是大有裨益的。

7.3 主张可信度元框架

图 7-6——我们称之为主张可信度元框架——概述了基于每个信息来源中包含的主张和论点的评估标准如何发生变化的情况。从图中可以看出，其中两项主张（即事实主张、观察主张）代表经验信息，三项主张（即解释主张、政策主张、概念主张）通过经验信息得到最佳信息，三项主张（即政策主张、概念主张、价值主张）代表抽象信息。对于代表经验信息或通过经验信息得到最佳信息的主张，审视定量、定性或定量与定性结合（即混合研究）之间的差异是很有帮助的。

评估标准的下一个步骤——检查和批判**合法性**（legitimation）也出现在了图中，这是一个包含有效性（在定量研究传统中）和可信度或可靠性（在定性研究传统中）的术语。根据合法性来评估信息来源就是要确定你是否确信你的发现实际上是可验证、有根据且有证据支持的。

一、根据合法性评估信息来源

在细致审查主张与论点所依据的信息之后，我们就更容易认识到这些信息来源是否够用。接下来，在你的系统性研究进程中，重要的是调查每份实证研究报告以确定有效性证据（定量研究）、可信度证据（定性研究）以及合法性证据（混合研究），即研究人员在多大程度上充分解决了针对研究结果的有效性/可信

如何进行文献回顾

```
事实主张    观察主张    解释主张    政策主张    概念主张    价值主张
  ↓           ↓          ↓          ↓          ↓          ↓
[代表经验信息]    [通过经验信息得到最佳信息]    [代表抽象信息]
       ↓              ↓         ↓                ↓
  [源于定量数据]   [源于定性数据]   [源于混合数据]
       ↓              ↓              ↓
  评估合法性      评估合法性      通过混合合法性类型学等框架
 (如有效性、可靠性) (如可信度或可靠性)    评估合法性
                                 (Onwuegbuzie & Johnson, 2006)

         通过统一框架（如验证框架）进行评估
         (Leech, Dellinger, Brannagan, & Tanaka, 2010)

         选择信息来源              删除信息来源
```

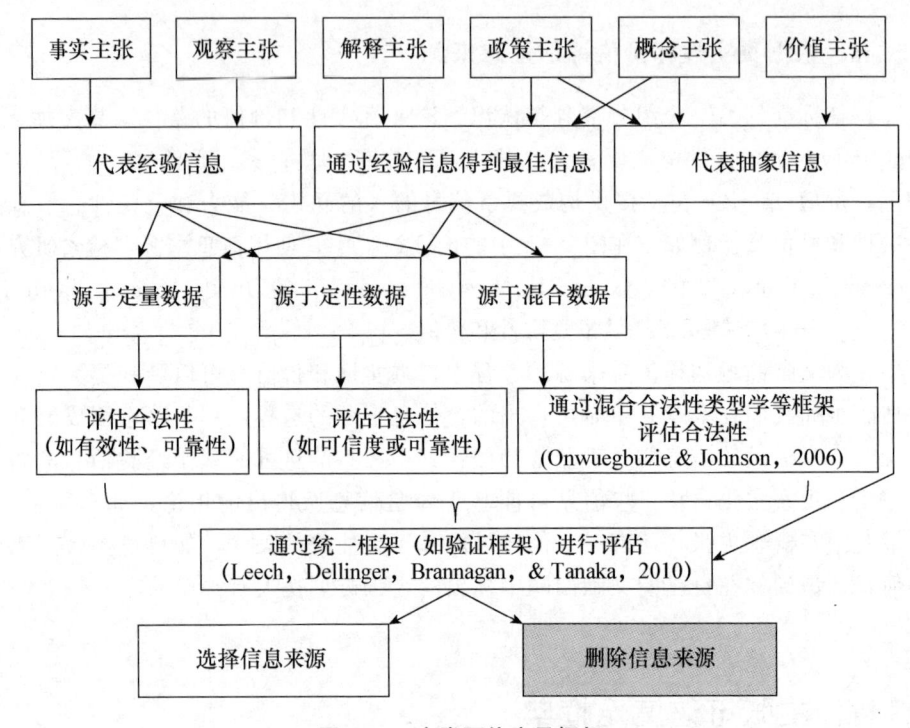

图 7-6　主张可信度元框架

度/合法性的潜在威胁。如果研究过程中一个或多个领域（如设计、实施、解释、传播）的价值以某种方式受到损害，那么项目就处于危险或**威胁**（threat）之中。威胁包括损害证据的**有效性**（validity）或可靠性（在定量研究中）、证据的**可信度**（credibility）或可靠性（在定性研究中）、证据的**合法性**（legitimation）或可靠性（在混合研究中）。当你重新阅读并思考综合文献回顾的每份实证研究报告时，请记录相关的数据或方法：定量、定性或混合。然后，应该评估每项研究之合法性，这样你就不会用不可靠的信息来源来建构自己的主张了。

为此，请检查每一份定量研究报告、每一份定性研究报告和每一份混合研究报告，以确定研究人员是否开展了**严格的研究实践**（rigorous research practices）。也就是说，你需要确定研究在多大程度上遵循了社会、行为、健康等领域的标准。如果研究人员没有报告与严格的研究实践相关的一些重要方面，那么很明显该报告是不透明的，因此可能也是不可信的。接下来我们将回顾一些优秀实践，这些实践应该在你可能选择的定量研究中予以解决。在使用后文中介绍的一些优秀实践指导原则检查每份报告之后，你可能会决定选择信息/删除信息。或许你可能决定选择信息，但要注意你犹豫的原因，因为它基于你发现的对结果的有效性/可信度/合法性的威胁。

二、选择定量研究

如果经验信息是定量的,那么可以使用几种合法性框架来评估信息质量,从而评估研究者提出的主张(即事实主张、价值主张、政策主张、概念主张、解释主张和/或观察主张)。在检验定量实证研究时,重要的是确定研究人员如何处理质量问题,这些问题涉及研究结果的内部效度和外部效度。根据坎贝尔和斯坦利(Compbell & Stanley, 1963)的研究,**内部效度**(internal validity)可以被定义为"推断两个变量之间存在因果关系的能力"(Johnson & Christensen, 2010, p.247)。此外,当看似合理的对立解释无法根除时,内部效度就会受到威胁或损害。相比之下,**外部效度**(external validity)则被定义为"研究结果可以推广到不同人群、情境、时间、结果和治疗变量之中的程度"(Johnson & Christensen, 2010, p.585)。应该注意的是,一类效度的水平高并不意味着另一类效度的水平也很高。例如,即便一个研究结果代表了高水平的内部效度,这一特征也并不一定会因其能够在研究情境之外进行推广而意味着该结果必然具有高水平的外部效度。

在定量研究中检验合法性是相当复杂的。当你开始选择潜在的经验性定量信息来源时,注意研究人员处理合法性的方式是有帮助的。关于外部和内部效度威胁的概述,请参见附录 B 中的安伍布奇(Onwuegbuzie, 2003b)定量合法性模型(Quantitative Legitimation Model)[另请参见安伍布奇、丹尼尔和柯林斯(Onwuegbuzie, Daniel, & Collins, 2009)的元验证模型]。在研究了附录 B 中列出的威胁以及这些威胁在研究过程各阶段是如何产生的之后,请考虑以下场景。如果一名定量研究人员基于一个非常小的样本量(比如说样本量为 10)证明了导师制计划增加了小学生同学校的联系程度,那么即便这一研究结果的内部效度很高(如是通过运用单一受试者实验设计等实验研究设计产生的,见附录 A),该样本量也仍会通过**总体效度**(population validity)的外部效度威胁对可推广性(即作者的发现可以在多大程度上从其研究样本扩展到小学生群体)构成威胁。这也会在**生态效度**(ecological validity)方面[即作者的发现在多大程度上可以超越其研究样本而推广到不同地点(如地区、城市、区域甚至国家)的其他学校的学生]出现问题。因此,你要么删除这项研究——因样本量很小而具有严重缺陷——要么选择这项研究,并在对其结果进行分析和综合(即步骤 6)之后,在综合文献回顾报告中呈现这一结果(步骤 7)时确保这一结果被充分情境化——如通过提示样本量限制(例如,"然而,由于样本量小,在推广这些研究结果时应该非常谨慎……")。

同样,在对各种定量信息来源的检查中,根据定量研究结果是否受到对内部效度及外部效度的重要威胁的限制,你会在启动检索(步骤 2)或扩展检索(步骤 5）中从你的文献集合中删除任何有严重缺陷的文献。对于涉及开发或使用（相对）新的定量工具的定量研究，理解研究人员如何验证工具是很有帮助的。以下内容讨论了三种主要的效度类型（Onwuegbuzie, Daniel, et al., 2009）：内容效度、标准效度和建构效度。有关这三种效度类型的更多信息，请参阅梅西克（Messick, 1989, 1995）的开创性著作。

内容效度（content-related validity）是指一种工具上的项目代表被测量内容的程度。内容效度的证据通常不是以数字形式提供的；相反，这些证据是基于判断的，最好是由多名专家进行判断，他们仔细地、批判性地、系统性地检查工具，以确定工具项目所测量的内容和目标是否充分代表了构成内容域的那些项目。

案例：工具审查（Examination of an Instrument）

在哈里斯和纳库拉（Harris & Nakkula, 2008）开发的匹配特征问卷（Match Characteristics Questionnaire, MCQ）中可以看到关注内容相关标准的一个例子，该问卷用于二元导师制研究。测量匹配关系质量的 MCQ 包含了为中小学生导师开发的 62 个项目（15 个分量表）。通过评估以下项目的程度可以收集 MCQ 的内容效度证据：（a）每个 MCQ 项目对受访者来说都是相关的、重要的和有趣的［即表面效度（face validity）］；（b）每个 MCQ 项目都属于其各自的子量表［即项目效度（item validity）］；（c）全套 MCQ 项目完全代表匹配关系质量的总内容领域［即抽样效度（sampling validity）］。如果在你自己的文献回顾中，你要讨论一些二元导师制研究的结果，那么你应该确定报告中是否描述了一些与内容相关的标准。

标准效度（criterion-related validity）需要收集逻辑和经验证据，其是指测量工具反映的分数与一个独立的外部/标准变量相关的程度，该变量被认为可以直接测量潜在特征或行为。回到我们的 MCQ 示例，可以通过评估以下项目获得 MCQ 的标准效度证据：（a）MCQ 分数与另一个已建立的、在同一时间点可用的匹配关系质量测量上的分数的相关程度［即同时效度（concurrent validity）］；（b）MCQ 分数与另一个已建立的、未来匹配关系质量测量标准的分数的相关程度，或与在未来某个时间点可用的其他标准的测量的相关程度［即预测效度（predictive validity）］。同样，当你审查因工具的使用而产生的潜在信息来源时，你可能会注意到研究人员是如何确定标准效度的。

建构效度（construct-related validity）也需要收集逻辑和经验证据，它是指一种工具在多大程度上可以被解释为代表某种特征或质量的有意义的测量。我们再次回到 MCQ 示例，通过评估以下项目可以获得 MCQ 的建构效度证据：

15个MCQ分量表与匹配关系质量的结构域的对应程度［即结构效度（structural validity）］、分数的含义及使用MCQ的预期和非预期后果［即结果效度（outcome validity）］，以及与一组MCQ分数相关联的意义和用法可推广到其他人群的程度［即可推广性（generalizability）］。如果研究人员在一份研究报告中介绍了一种工具如MCQ的使用，却没有恰当地描述该工具的**心理测量属性**（psychometric properties），那么你就可以取消选择该特定研究报告作为信息来源；或者如果你选择了它，那么请为你自己的读者说明该缺陷如何限制了你的论证路径。

当你反思你的每一篇定量研究文献时，请确定作者描述工具和心理测量属性的程度［如评分信度（score reliability）、评分效度（score validity）］。在步骤2和步骤5中选择的涉及开发或使用（相对）新的定量工具的每项定量研究都可以通过使用缺乏评分效度的工具来确定研究结果是否受到限制甚至无效（即内容效度、标准效度、建构效度低）。在这两种情况下，文献回顾者都需要决定是否删除研究或信息。如果该研究仍然被选为综合文献回顾报告的一部分，那么请记住，在你自己的报告中，你应该指出测量限制。这方面的一个例子是："在我用于文献回顾的三个选定的定量信息来源中，一个研究人员工具的建构效度是值得怀疑的，因为……"附录B中还列出了效度领域列表，并基于安伍布奇、丹尼尔等人（Onwuegbuzie, Daniel, et al., 2009）的效度类型对每种效度——内容效度、标准效度、建构效度——进行了描述。

三、选择定性研究

如果经验信息是定性的，那么信度就有几个潜在的威胁。与审查定量研究报告一样，审查定性研究报告也可能相当复杂。通常，作者会在这个领域使用不同的术语，比如可信度和可靠性（trustworthiness）。在审查每一份定性研究和混合研究报告之前，有必要检视针对内部信度和外部信度的一些威胁，以建立所有报告中数据结果的可信度。

在定性研究和定量研究中，威胁可能发生在研究过程的任何阶段：研究设计/数据收集阶段、数据分析阶段和数据解释阶段。据安伍布奇和利奇（Onwuegbuzie & Leech, 2007b）所言，**内部信度**（internal credibility）代表"内在环境或群体中解释和结论的真实价值、适用性、一致性、中立性、可靠性和/或可信度"（p. 234）。相反，**外部信度**（external credibility）则代表"发现和结论的可证实性和可转移性"（p. 235）。因此，实际上，定性研究中的内部信度与定量研究中的内部效度平行，而定性研究中的外部信度与定量研究中的外部效度平行。在检视你的定性研究信息来源或报告之前，了解研究人员处理信度威胁的方式将帮助你确定每份报告中提供的证据的价值。同样,就像我们在研究一篇定量研究文章时注意到的,作为一名文献回顾者,你要记住的一个重点是你所回顾的研究的严谨性和透明度。如果报告显示信度受损,那么你可能决定删除该文献,或者在意识到限制的情况下选择它。

作为一个与我们先前关于总体效度的示例相似的例子,如果在二元导师制研究中进行定性研究的结果超出了11个样本成员(即选定成员)的范围,那么该样本量将通过以下两点对外部信度构成威胁,即:(a)对**总体推广性**(population generalizability)[即研究结果可在多大程度上超越研究样本(选定的小学生和导师)而推广到总体(所有小学生和导师)]的威胁;(b)对**生态推广性**(ecological generalizability)[即研究结果可在多大程度上超越研究样本而推广到不同地点(如地区、城市、区域甚至国家)的其他学校的学生]的威胁。在出现推广性过高的情况下,文献回顾者要么从研究列表中删除该研究,要么在意识到这一限制的情况下选择该研究。如果要选择一项以一个或多个合法性问题为特征的研究,那么在步骤6中对其结果进行分析和综合之后,记录下限制是很重要的。此外,当在综合文献回顾报告中呈现这一结果(步骤7)时,文献回顾者要确保这一结果被充分情境化——如通过提示样本量限制(例如,"然而,在推广这些研究结果时应格外小心,因为研究的目的是通过一小部分信息丰富的案例来深入了解这一现象,而不是将这些结果推广到总体……")。

选择/删除定性报告的系统性过程与选择/删除定量报告的过程非常相似。首先,考虑提出的主张。然后,把定性研究证据与你的论点结合起来。接下来,将每一篇定性研究文章单独拿出来再读一遍,其唯一的目的是检查所使用的研究方法以及这些方法是否超出了可信或合法的界限。检视在步骤2(以及随后的步骤5)中选择的每篇定性研究成果,以确定定性研究结果是否受到对内部信度和/或外部信度的重要威胁的限制。一旦确定了这些威胁,文献回顾者就能决定是否删除定性研究或信息。威胁既可以是作为设计和/或过程的一部分发生的**内部威胁**(internal threats),也可以是当研究人员解释和说明过程时发生的**外部威胁**(external threats)。此外,为了审查可能被视为文献回顾的一部分的定性研究,我们根据安伍布奇和利奇(Onwuegbuzie & Leech, 2007b)在定性研究的解释推论过程中遇见的一些常见威胁创建了一个指南(见附录B)。

工具:评估标准

表7-1提供了一个参考指南,可以添加到合法性领域的评估标准中。

表 7-1　将合法化威胁转化为问题和应用

项目	定义	当威胁经常发生时	检查研究报告时要问的问题	如何在报告中找到证据的示例
描述性效度	记录内容的事实准确性	作为设计结果的数据收集	是否根据谈话记录、访谈、焦点小组准确记录了相关内容？	是否使用了录音设备？是否解释了成员检查或其他诚信措施？
观测偏差	没有足够的语言或行为样本得出结论，或者缺乏持续的观察	作为设计结果的数据收集数据分析	研究人员是否提供了细节、描述、理由和案例？	在程序中，报告是否解释了数据收集点的持续时间/时长和数量？在数据分析中，研究人员是否解决了饱和问题？
研究者偏见确认偏差	不能被搁置的个人偏见或先验假设，并在潜意识中传递给参与者和/或收集到的数据	作为设计结果的数据收集数据分析与解释	是否讨论了最初的预感和/或意外发现？	在程序中，研究人员是否提供了数据收集、访谈问题和/或观察清单项目的示例？在讨论中，研究人员是否讨论了替代性及证实性证据？
反应性	参与者对研究结果的反应/改变	作为设计结果的数据收集	研究人员是如何介绍自己和/或数据收集工具的？他们是如何招募并与参与者互动的？	在设计中，研究人员是否解释了样本的逻辑步骤及类型？在程序中，他们是否提到了机构审查委员会（IRB）？在结果或讨论中，他们是否解决了限制？

7.4　评估信息、指导性问题和示例

一、选择混合研究

在讨论混合研究（包括效度和信度威胁）之前，作为文献回顾者，你应该牢记研究人员开展混合研究的一些原因，以及混合研究的独特性和复杂性。事实上，混合可能以一种或多种方式不同程度地发生：

- 哲学假设和立场，或关于求知的核心信仰。
- 收集数据（数字和文字/行为）。
- 通过将定量数据转换为定性数据来分析数据，反之亦然。

- 解释数据。

识别好的混合研究需要掌握关于*为什么*研究人员可能混合的背景信息。格林、卡拉切利和格拉汉姆（Greene, Caracelli, & Graham, 1989）区分了用于混合定量和定性传统的理论基础。格林等人（Greene et al., 1989）创建了这些理论的类型学，这在混合研究中考虑合法性时是很重要的。这些学者认为，混合方法的潜在原因可能是：

- **互补性**（complementarity），即试图通过混合或结合定量和定性的研究结果来阐述、说明、加强或澄清对研究的理解。
- **启动**（initiation），包括确定在将定量结果和定性结果进行比较时出现的悖论和矛盾，这可能导致重构研究问题。
- **三角测量**（triangulation），包括寻求定量结果与定性结果之间的一致性或收敛性。
- **扩展**（expansion），包括使用不同研究阶段的定量结果和定性结果来扩展研究的广度和范围。
- **发展**（development），包括使用定量结果来帮助为定性结果提供信息，反之亦然。

有趣的是，这五个原因中每一个的首字母就形成了缩写CITED，这非常适合本章。这个缩写让我们很容易在世界范围内组织关于混合方法的研讨会和课程时记住这五个原因！如果经验信息代表了定性和定量研究传统的结合，那么可以使用一些合法性框架来评估信息的信度，从而可以评估上述六项主张中的一项或多项。特别是，安伍布奇和约翰逊（Onwuegbuzie & Johnson, 2006）提供了九种合法性类型：样本整合合法性、内部-外部合法性、弱点最小化合法性、顺序合法性、转换合法性、范式混合合法性、可公度性合法性、多重效度合法性和政治合法性。附录B列出了这九种混合方法的合法性类型，并对每种类型进行了说明。另一个研究混合研究的框架由泰德利和塔沙科里（Teddlie & Tashakkori, 2009）建构，该框架使用一些指导性问题来帮助识别研究过程的整合威胁。

例如，一种混合研究合法性类型是**样本整合**（sample integration），即参与者或样本项相互关系的呈现方式。假如通过混合研究设计产生了一些信息，据报道，导师制计划基于以下因素增强了美国公立学校的学生同学校之间的联系：(a) 对大样本小学生进行的定量研究和 (b) 对小样本中学生进行的定性研究。然后，文献回顾者应该评估样本整合合法性的程度，以便将这些定量和定性结果整合到一个一致的推论中，即塔沙科里和泰德利（Tashakkori & Teddlie, 1998）所谓的元推论（meta-inference）。如果文献回顾者得出结论，认为作者没有足够的样本整合合法性来提出（解释）这一主张，那么他/她要么不将作者的主张包括在其文献回顾报告中，要么使用某种形式的反事实陈述（counter-factive statement）来报告作者的推论（例如，"尽管如此，由于样本整合合法性受到威胁，因此这一结论是有问题的……")。无论使用哪种混合合法性框架，都可以检查在步骤2（和步骤5）中选择的每一项混合研究，以确定威胁是否已被最小化到某种程度。

二、价值和验证的评估点

回到主张可信度元框架（见图7-6），可以看出我们迄今为止讨论过的所有主张评估框架都可以应用于经验信息，或通过经验信息得到最佳信息。然而，在选择/删除信息来源时，作为信息和信息来源的评估者，你将需要认识到某些信息是有价值的，并且这些信息来源于经验研究以外的其他来源。为了解释所有类型报告的一些重要内容，利奇、德林格、布兰纳根、塔娜卡（Leech, Dellinger, Brannagan, & Tanaka, 2010）设计了一个框架，"组织信息以帮助对包括文献来源在内的所有数据类型进行验证或合法化"（p.19）。他们的目的是提出一种方法来"评估个别研究的推论并组织对一系列文献的思考"（p.327）。

有些信息来源虽然可能不符合我们讨论过的所有标准，但可能还是包括有价值的领域，如报告在历史上的地位，或报告如何提供有意义的结果。我们要认识到其他有价值的领域也适用于定量、定性或混合研究，以及适用于概念、方法或其他抽象信息来源。我们需要注意到利奇等人（Leech et al., 2010）提出的其他一些想法可以揭示除了合法性之外选择/删除一个信息来源的一些重要原因，特别是效用/历史因素和结果因素的影响。

效用/历史因素（utilization/historical element） 同样的推论在不同的作者那里可能会产生不同的主张，我们称之为"半满的杯子与半空的杯子(glass half full versus glass half empty)"的情形。正如德林格和利奇（Dellinger & Leech, 2007）推测的那样，"由于在现有文献或其他应用（如做出决策或制定政策）中的使用（适当或不适当），应用效度或历史效度证据累积成一项研究的推论、测量或发现"（p.325）。因此，文献回顾者应设法查明某一特定信息在其他地方是如何被使用的。在这样做的时候，文献回顾者应该评估该信息使用方式的效度。在第3章中，当我们讨论吉布森和登博（Gibson & Dembo, 1984）的教师效能感量表（TES）的历史效度时，我们提供了一个关于文献回顾者没有审查历史性证据的潜在陷阱的案例，尽管大量的证据已经使其心理测量特性变得极为可疑，但仍有许多研究人员还在使用TES。

工具：来源验证

专栏7.1说明了利奇等人（Leech et al., 2010）对重要领域的概念化，以考虑呈现某些类型的价值。

专栏 7.1

验证框架：建构验证的要素

基本要素

关于数据含义，研究人员（不）承认哪些前概念、前逻辑、偏见、先验知识和/或理论？

文献回顾是否适合研究目的？

文献回顾的质量如何（如对文献的评价和综合是否适当、全面、相关、彻底等）？

文献回顾是否告知了目的、设计、测量、分析和推论？

文献回顾是强化还是动摇了基础理论？

定量研究传统	定性研究传统		混合研究技术
设计相关要素	主要标准：	次要标准：	设计质量
测量相关要素	可靠性	明确性	合法性
推论相关元素	真实性	灵活性	解释性
	批判性	创造性	严谨性
	正直性	彻底性	
	一致性	敏感性	

翻译忠诚度/推论一致性审计

这些推论是否遵循理论/生活经验、研究文献、目的、设计、测量和分析之间的联系？元推论与这些要素一致吗？所选择的方法论方法如何最大限度地利用达到研究目的所需的可用信息？在理论、研究文献、目的、设计、测量和分析方面，是否有更好的方法？

效用/历史因素

调查结果/测量结果/测量方法的使用频率、使用对象、使用方式、使用恰当程度以及对数据意义的贡献（如果有的话）是否有价值？

结果因素

使用调查结果/措施的结果是什么或曾经是什么？这些结果在社会/政治上是否可以被接受？如果有的话，这些结果对数据的意义有什么贡献？

资料来源：Adapted from "Evaluating mixed research studies: A mixed methods approach," by N. L. Leech, A. B. Dellinger, K. B. Brannagan, and H. Tanaka, 2010, *Journal of Mixed Methods Research*, 4, p. 20. Copyright 2010 by Sage Publications.

结果因素（consequential element） 只要有可能，文献回顾者就应该检查彰显论证路径特征的四个要素中每一个的结果。正如利奇等人（Leech et al., 2010）所指出的，"这些结果的特征、社会可接受性和充分性为数据和/或数据推

第 7 章　步骤 4：选择/删除信息

论的意义积累了有效性证据"（pp.21-22）。与验证框架的所有其他组件一样，结果因素也应该受到重视。

案例：检视结果因素

图 7-7 呈现了二元导师制研究的部分摘录，显示了验证框架希望如何识别用于构建信息来源验证的上述结果要素。

在二元导师制研究中，弗雷尔斯（Frels, 2010）利用验证框架（Leech et al., 2010）检查每个信息来源，以揭示可能通过研究结果推断出的任何结果或特定社会因素

在过去的十年里，全美各地的机构和学区领导的代表通过宣传导师和学员的真实生活体验而认可了导师制项目（参见 BBBS, n.d.），他们注意到当特定实践和组成要素到位时，导师制会对儿童和青少年发展产生积极影响（Cavell, Elledge, Malcolm, Faith, & Hughes, 2009; DuBois, Holloway, Valentine, & Cooper, 2002; Karcher, 2008b, Karcher & Herrera, 2008; Schmidt, McVaugh, & Jacobi, 2007）。到 2002 年，国家导师制数据库中已包括 1 700 多个倡导导师制活动的组织（DuBois, Holloway, et al., 2002）。

尽管许多导师制关系对儿童和青少年产生了重大影响（Converse & Lignugaris/Kraft, 2009; DuBois, Holloway, et al., 2002）但有些导师制关系影响很小或没有影响，甚至可能对儿童和青少年有害（Karcher, 2005; Karcher & Herrera, 2008; Rhodes, Reddy, & Grossman, 2005）。根据罗德斯和迪布瓦（Rhodes & DuBois, 2008）的说法，导师制项目"只要能够成功地建立起促进积极发展变化的密切、持久的联系，就可能是有效的"（p.257）。最重要的是，卡彻（Karcher, 2005）确定经常缺席每周一次的辅导会议的导师可能弊大于利。

因此，导师制关系似乎需要导师具有特殊的支持性特征，类似于真实性、移情、协作和友谊等强辅导关系的特征（Spencer, 2004）。

斯宾塞（Spencer, 2004）承认，青年导师制领域正处于理解投入更多精力解释关系如何形成的重要性的关键时刻。最近，研究人员呼吁进行"明确和系统的努力，以批判性地检视导师制"（Karcher et al., 2006, p.710）。事实上，评估青年导师制的质量需要协调一致地关注二元导师制关系（学生和导师）的动态，以更好地理解导师制现象（Deutsch & Spencer, 2009）。

图 7-7　展示结果要素的一份二元导师制研究摘录

资料来源：Adapted from *The experiences and perceptions of selected mentors: An exploratory study of the dyadic relationship in school-based mentoring*, by R. K. Frels, 2010, unpublished doctoral dissertation, Sam Houston State University, Huntsville, TX, pp.3-4. Copyright 2010 by R. K. Frels.

应用概念

此时，你可能已经意识到文献回顾过程中的步骤 4 涉及人们所谓的"批判性的眼光（a critical eye）"。就像检查一件物品是否有什么明显缺陷一样，你也要检查你的信息来源是否适合出现在你的报告中。然而，作者通常不会报告我们在这一步中讨论过的一些内容。如果是这种情况，并且你希望在综合

> 文献回顾的任何部分中包含来自信息来源的某些信息,那么你可能(a)由于缺少报告而对这些信息不太重视,也可能(b)为自己的报告做一个注释,说明一个或多个信息来源被使用,尽管某些合法性问题未被解决。

7.5 为选择过程创建焦点问题

考虑步骤4和选择过程,就像收纳衣柜里供你今后穿戴的衣物的过程一样。你会从多个方面来检查一件衣服是否合身,可能包括颜色、针脚、织物的耐用性、设计、与特定环境的适宜性等等。然而,有些问题将指导你的选择过程。你将收集到的衣物搭配在一起的方式可以表达你的指导思想体系,但现在你的关注焦点则基于质量和价值。对信息来源的选择是一个独特且独立的过程,基于质量、价值和良好的匹配。关于是否选择/删除信息的决定通常比较复杂。这种批判过程包括评价、支持、反驳、论证、具体化、评判、辨析、解释、联系、总结,以及最后决定。这取决于你为综合文献回顾目标所做的长期规划:是为主要研究提供信息还是独立存在。无论如何,在某种程度上,它都应该有助于丰富你所在领域或学科的知识库或实践,并且应该建立在坚实的基础之上。有鉴于此,一种只收集高质量信息来源的批判性眼光是文献回顾者道德和负责任特质的一部分。对于在步骤3中存储和分类的每篇文献,应基于"主张可信度元框架"进行新的重点评估。

7.6 做好专业笔记

请记住,由于作者报告其发现和想法的方式不同,因此选择/删除信息的过程可能会让人筋疲力尽。有一条建议是,要把注意力集中在你确实希望在论点中概括的内容上。为了达到这个目的,将你从信息来源中收集到的一些重要观点以及"哪些信息来源倾向于被放在一起"等内容以书面形式记录下来会很有帮助。然后,重新审视一些主张。在进行步骤4时,务必确认除了主张和合法性之外的一些要素,例如根据基础、历史、社会或其他价值要素验证信息来源的重要性。通过评估潜在信息来源的所有方面,文献回顾者将处于有可能囊括来自信息来源的所有有用信息的最佳位置。

第 7 章　步骤 4：选择/删除信息

当然，文献回顾者基于"步骤 1：探索信仰和主题"而做出的决定可能各不相同。因此，有必要记录一些价值要素以及你为所选的每个信息来源标识的任何威胁，以便你在自己的工作中对这些信息一目了然。此时，该文档可能包含一些你观察到的扩展检索项目。例如，你可能注意到一位作者引用了你选择的主题领域中的另一份有趣的文献，并且你在论文的参考文献列表中也找到了该文献。当你产生扩展你主题领域的想法时，你应该开始制作一个电子表格。记录检查、分类、评估和选择/删除信息也将帮助你建构自己的综合文献回顾，因为你会注意到进行有效论证的方法。

结　论

在本章中，我们提供了选择/删除信息来源的多种考虑因素。文献回顾者必须严格执行这一步骤以避免推广作者的任何谬论，包括欺骗性的、误导性的、不合理的或错误的论点（在第 11 章中，我们将进一步讨论谬论）。确实，只有以如此严格的方式评估信息，文献回顾者才能向读者保证他们的综合文献回顾报告一直是并且将继续是道德的和文化进步的。在你执行综合文献回顾七步骤的过程中，你将继续发现可能以某种方式对你的报告做出贡献的信息来源。因此，评价标准成为一个更加综合的过程，作为一名文献回顾者，你开始形成一种批判性眼光。下一章将介绍步骤 5，也就是综合文献回顾探索阶段的最后一步——扩展检索。正如你可能在七个步骤的每个章节前的图示中注意到的那样，从步骤 5 中得到的信息来源也应该使用步骤 4 进行检视，并使用步骤 3 进行存储。

在阅读下一章并进入"步骤 5：扩展检索（MODES）"之前，必须牢记以下概念和关键术语：

- 综合文献回顾的分析过程始于研究者提出与现象相关的问题或疑惑的那一刻。
- 选择/删除信息包括对信息进行分类、评估信息的有用性，以及为建立所选主题的新证据奠定基础的集中的、有意的行为。
- 作为一个原创性思想者、批判性思想者和自反性研究者，文献回顾者回顾了哲学和主题信仰、道德意识和文化进步实践。
- 选择/删除信息包括使用评估标准或评估信息价值的道德原则的批判性思维和自反性实践。
- 交流思想的主张可分为以下六种：事实主张、价值主张、政策主张、概念主张、解释主张和观察主张。
- 对于每项主张，你必须确定：（a）支持该主张的*证据*；（b）将主张与其证据联系起来的保证；(c) 支持，包括用于为保证和证据提供正当理由的情境和假设。

- 评估标准有助于根据与以下方面相关的级别来选择/删除信息来源：(a) 正当的主张；(b) 合理的论点；(c) 合法的结果（效度/信度）；(d) 验证框架的领域，如基础、架构、历史/社会价值和结果。
- 根据合法性评估信息来源可以确定你是否确信你的发现实际上是可验证、有根据且有证据支持的。
- 威胁既可以是作为设计和/或过程的一部分发生的内部威胁，也可以是当研究人员解释和说明过程时发生的外部威胁。

第7章 评价一览表

核心（CORE）	指导性问题和任务
批判性检视	你将分析/综合多少文献？有不止一种观点吗？是否包括了定性和定量研究？是否有概念性文献？ 你是否有一个理论视角（如社会学习理论、生态理论和系统理论）可以帮助你从整体上来理解所有文献？
组织	你在多大程度上记录了基础文献和补充文献？ 你如何在组内创建组，以便在分析过程中识别变量（如作者、情境和参与者人口统计信息）？
反思	你准备如何与访谈专家讨论你的主题领域？
评估	通过整理文档，你有什么新的想法？你的注意力是如何提高的？你对一个问题有透彻的理解吗？你为主题确定的问题是否基于可靠的来源？

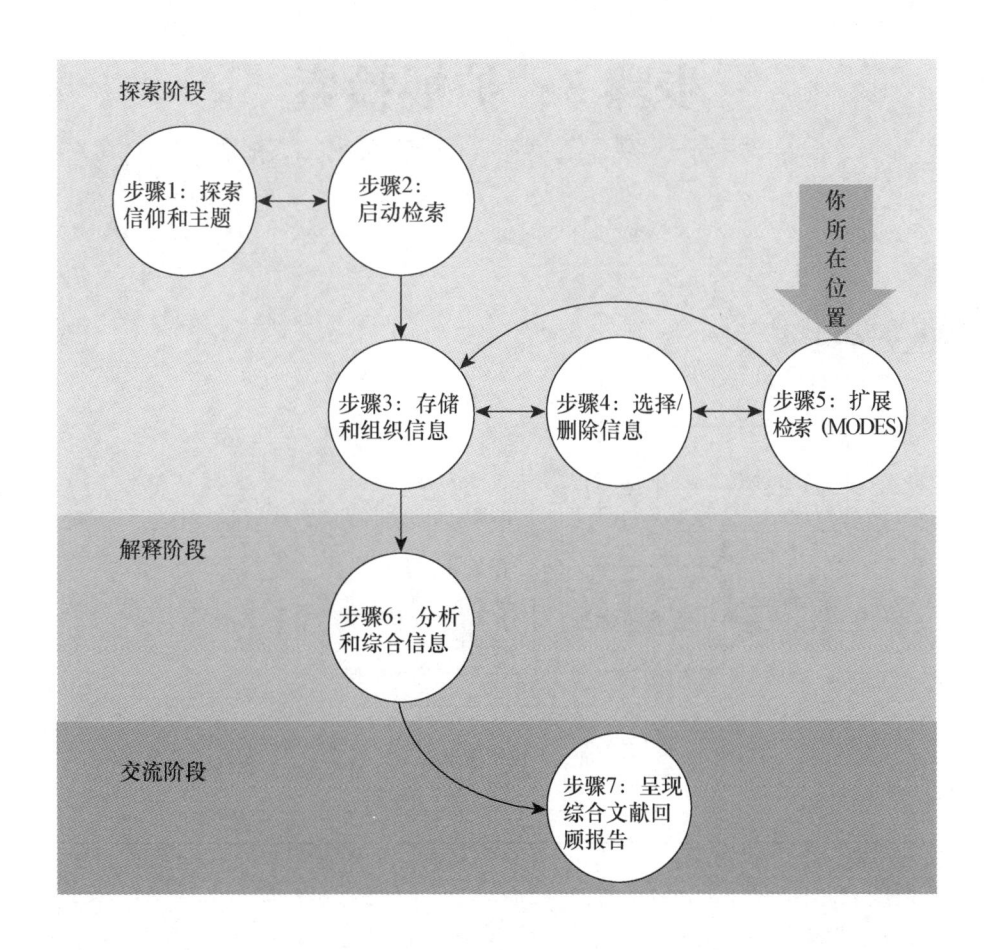

```
┌─────────────────────────────────────────────────────────┐
│ 探索阶段                                                 │
│                                                          │
│  ┌──────┐      ┌──────┐                                  │
│  │步骤1:│ ←→   │步骤2:│                          你      │
│  │探索  │      │启动  │                          所      │
│  │信仰和│      │检索  │                          在      │
│  │主题  │      │      │                          位      │
│  └──────┘      └──────┘                          置      │
│                   ↓                               ↓      │
│              ┌──────┐   ┌──────┐   ┌──────────┐         │
│              │步骤3:│←→ │步骤4:│←→ │步骤5:扩展│         │
│              │存储和│   │选择/ │   │检索(MODES)│        │
│              │组织  │   │删除  │   │          │         │
│              │信息  │   │信息  │   │          │         │
│              └──────┘   └──────┘   └──────────┘         │
│                 ↓                                        │
├─────────────────────────────────────────────────────────┤
│ 解释阶段                                                 │
│              ┌──────┐                                    │
│              │步骤6:│                                    │
│              │分析和│                                    │
│              │综合  │                                    │
│              │信息  │                                    │
│              └──────┘                                    │
│                  ↓                                       │
├─────────────────────────────────────────────────────────┤
│ 交流阶段                                                 │
│                     ┌──────┐                             │
│                     │步骤7:│                             │
│                     │呈现  │                             │
│                     │综合文│                             │
│                     │献回顾│                             │
│                     │报告  │                             │
│                     └──────┘                             │
└─────────────────────────────────────────────────────────┘
```

第 8 章

步骤 5：扩展检索
—— 媒体、观察、文档、专家和二手数据

第 8 章思路图

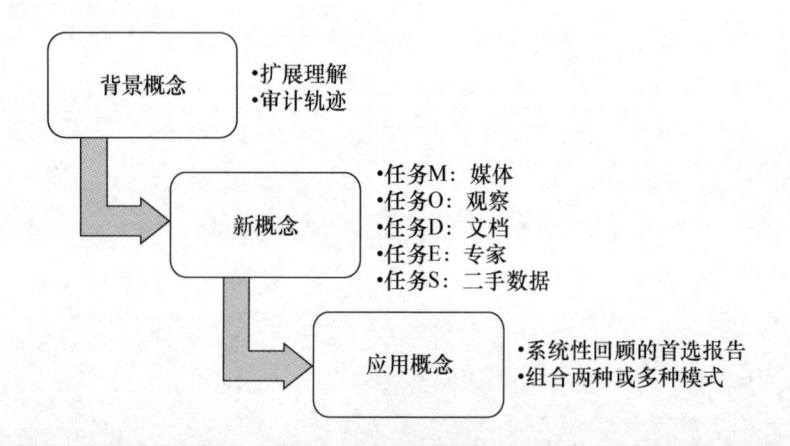

```
背景概念 ──→ •扩展理解
            •审计轨迹

新概念 ──→ •任务M：媒体
          •任务O：观察
          •任务D：文档
          •任务E：专家
          •任务S：二手数据

应用概念 ──→ •系统性回顾的首选报告
            •组合两种或多种模式
```

> ▸ **背景概念**
>
> 　　与七步骤模型的大部分内容类似，步骤 5 使用所谓的多任务或行动来增加流程的严谨性和完整性，从而将你的文献回顾工作带入一个新的层次。但是，我们在整个步骤中开展的工作并不总是在线性过程中发生的。实际上，如每一章之前的流程图所示，这些步骤（以及固有操作或任务）被分为几个阶段，并且是递归的，因为其中一个步骤可能会影响其他步骤，你将经常重新回到先前的步骤。因此，在本章中，我们提出了一些创新的方法以运用多种途径和技术来扩展传统的文献回顾。

第 8 章 步骤 5：扩展检索

8.1 扩展理解

就像侦探一样，想要进行全面文献回顾的文献回顾者应该利用这五个广泛的数据来源来为其文献回顾提供信息，即媒体、观察、文档、专家和二手数据。有趣的是，这五个信息源的第一个字母组合起来，拼写出了单词"模式（modes）"。我们相信模式这个词是非常合适的，因为根据 dictionary.com（一个免费的在线词典）的定义，它代表"一种行为或行为的方式""某种特定类型或形式的事物"和"一种指定的条件或状态，例如执行任务或对问题的响应"（http://dictionary.reference.com/browse/modes？s＝t）。单词"模式"的所有这些定义都非常适合于文献回顾情境，因为这就是进行文献回顾的方式。

步骤 1 到步骤 4 对文献进行了传统回顾，并且在使用第 4～7 章中概述的指南和技术完成对文献的传统回顾之后，你可能会获得一些有用的信息。然而，这些信息不太可能是全面的或最新的。因此，为了对文献进行全面的回顾，文献回顾者应该通过扩大信息检索尽可能地超越传统的文献回顾。在本章中，我们提供了完成步骤 5 的具体信息，这需要完成五大任务，包括通过媒体、观察、文档、专家和二手数据收集数据。

8.2 审计轨迹

图 8-1 说明了步骤 5 的流程，其中（a）审计轨迹和（b）存储和组织信息都位于同心圆组的内圆中。这是因为这两个过程在文献回顾的扩展检索步骤（即步骤 5）中发挥核心作用。你可能还记得，我们在综合文献回顾过程的前四个步骤中讨论了留下审计轨迹的重要性（参见 Halpern，1983；Schwandt & Halpern，1988）。

工具：可视化审计轨迹流程

对五个扩展检索任务中的每一个都应记录审计轨迹。正如我们在前几章中反复强调的那样，在留下审计轨迹时，你应该提供足够的细节以便你可以在稍后的某个时间点回溯你的步骤。作为审计轨迹过程的一部分，你应该使用我们在步骤 3 中概述的技术（代表最里面的圆形），存储和组织从五项扩展检索任务中提取

如何进行文献回顾

的所有信息。

如图 8-1 所示，在五项扩展检索任务所在的最外层圆形中没有箭头。这是因为这五项扩展检索任务实际上并非线性的，这些任务可以按任何顺序发生。然而应该注意的是，代表这五项任务的数据源是相互作用的和多方向的，这与侦探提取的数据源是相互作用的和多方向的很相似。例如，与专家证人面谈可能会导致侦探返回犯罪现场并收集更多观察数据；反过来，从犯罪现场收集观察数据又可能有助于侦探确定最适合采访的专家证人，以及最适合提出的问题。在扩展检索过程和犯罪调查过程中，过程都在达到**饱和**(saturation) 时结束，这时就可以得出结论，额外的信息不会产生任何新的见解（Morse，1995）。

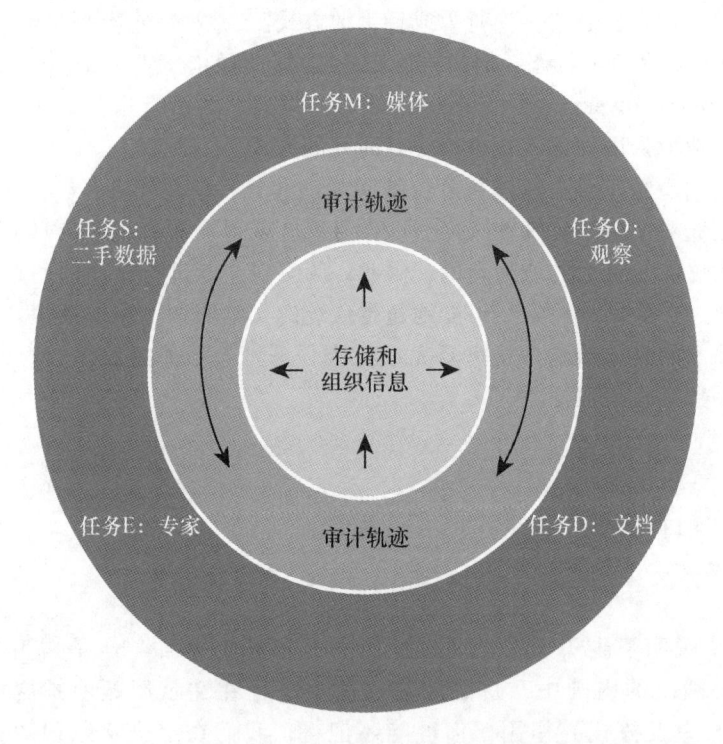

图 8-1 文献回顾扩展周期：扩展文献回顾过程的五项任务流程

新概念

描述这五种扩展途径是为了扩展你已经收集到的想法（即在步骤 1 到步骤 4 中）。这些任务不是按照任何顺序或重要性，而是以拼写单词**模式**（MODES）这样一种最容易记住的方式来详细说明的。

第 8 章　步骤 5：扩展检索

8.3　任务 m：媒体

通过媒体进行扩展检索包括使用音频和/或视觉工具检索信息。下面列出并讨论了每种工具。

一、音频工具

音频工具方面的一个有用来源是使用有声图书。有声图书是由一个人或多个人阅读的文本的音频记录。最早的录音可以追溯到 1877 年，当时托马斯·阿尔瓦·爱迪生（Thomas Alva Edison）发明了留声机，声音通过两根针（一根用于录音，一根用于回放）被记录在锡箔圆筒上，尽管从 20 世纪 30 年代起，学校和公共图书馆就开始提供录音，但直到 20 世纪 80 年代，图书零售商才开始经常性地宣传和展示他们书架上的有声图书。自 20 世纪 90 年代末以来，有声图书可以直接从网站上下载。

案例：有声图书

下载有声图书的一个特别有用的网上资源库是 JustAudioBooks（即 https://www.justaudiobooks.com）。该网站包含超过 10 万本可下载到多种设备［包括台式电脑、笔记本/手提电脑、平板电脑（如 iPad 系列电脑）、MP3 设备、iPod 等］上的有声图书。图 8-2 展现了输入关键词"导师制（mentoring）"后的 JustAudioBooks 网站页面。图 8-3 显示了使用关键词"导师制

图 8-2　显示 JustAudioBooks 网站页面的屏幕截图

(mentoring)"搜索到的一些有声图书。一个类似的网站是 AudioBookStore (http://www.theaudiobookstore.com/)。

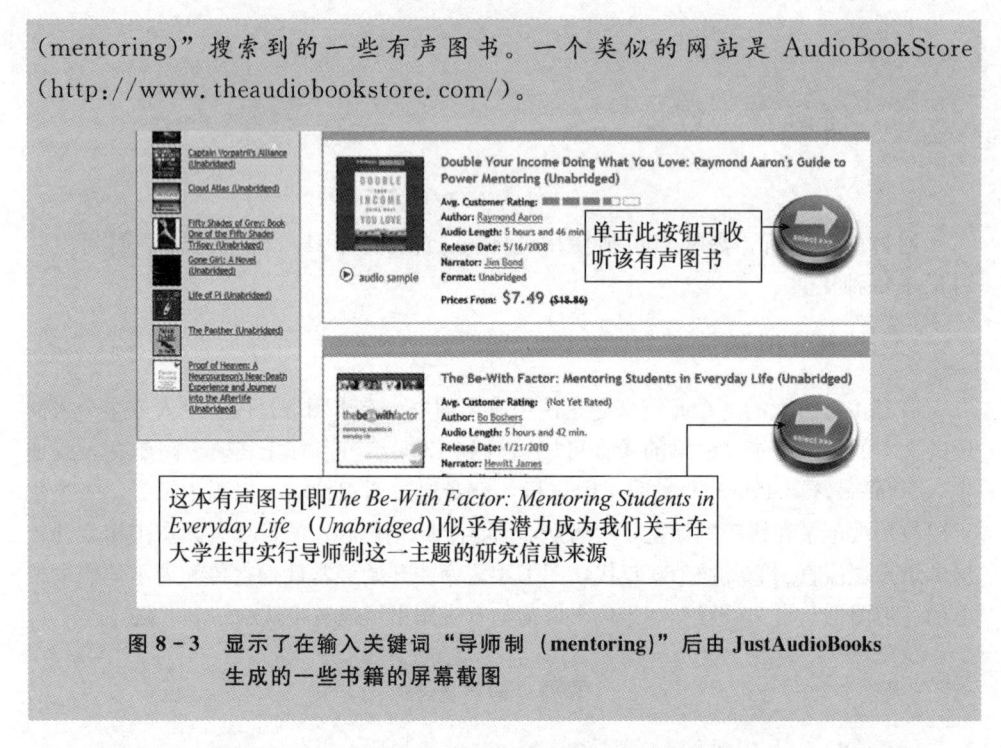

图 8-3　显示了在输入关键词"导师制（mentoring）"后由 JustAudioBooks 生成的一些书籍的屏幕截图

二、视觉工具

视频　就视觉工具而言，视频是扩展搜索的另一种方式。我们可以通过图书馆订阅数据库和公共网络资源访问视频。关于图书馆订阅数据库，一个非常全面的存储库是"学术视频在线（Academic Video Online）"。图 8-4 显示了学术

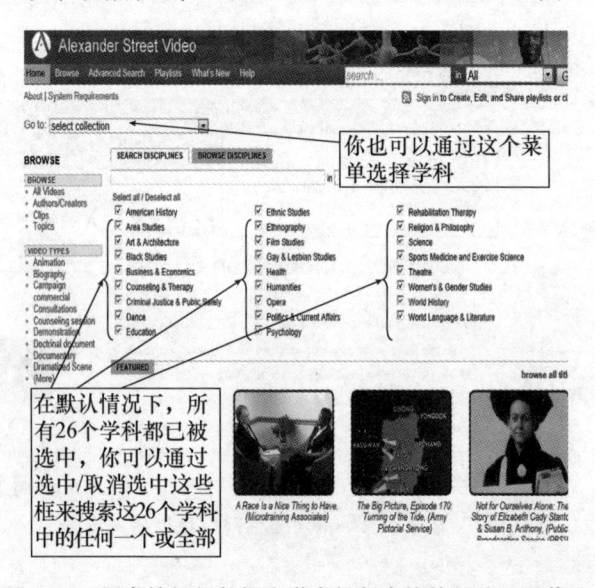

图 8-4　图书馆订阅数据库学术视频在线的网站页面截图

第 8 章 步骤 5：扩展检索

视频在线的网站页面截图，图 8-5 显示了如何使用检索字符串"导师制和大学生（mentoring and college students）"通过学术视频在线进行检索。你可以对 26 个学科中的任何一个或全部（如艺术和建筑、咨询和治疗、教育、民族志、健康、人文、政治与时事、心理学、科学、世界历史）进行检索。此外，你还可以检索以下类别：作者/创建者、标题和系列、主题、文本和注释。也可以选择默认的"全部（All）"选项来检索所有四个类别。

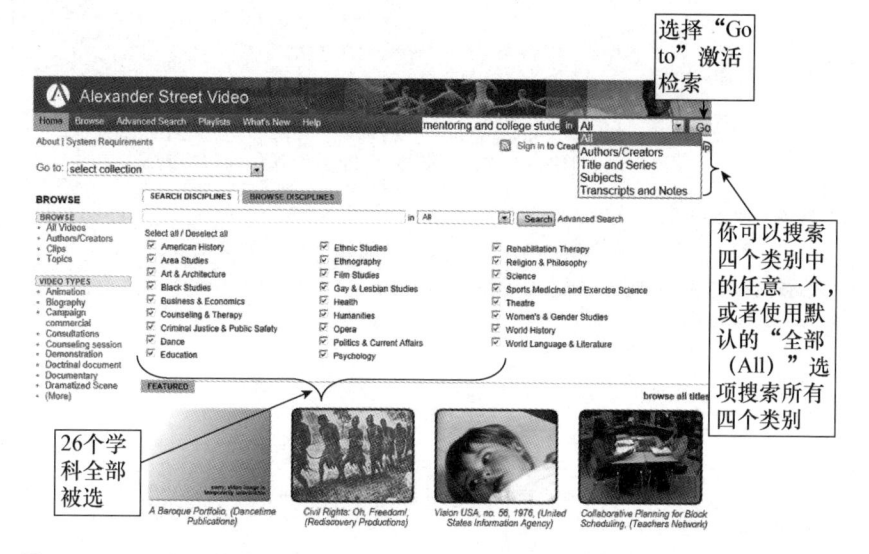

图 8-5　显示使用搜索字符串"导师制和大学生（mentoring and college students）"的图书馆订阅数据库学术视频在线网页的屏幕截图

案例：视频工具

图 8-6 显示了这次视频搜索的结果，获得了 33 个视频。首先列出的视频是一段 36 分 38 秒的潜在有用视频，由纳迪亚·福阿德（Nadya Fouad）博士命名为"为多元文化和倡导能力提供指导（Mentoring for Multicultural and Advocacy Competencies）"。图 8-7 显示了学术视频在线的高级检索选项。这些选项允许用户指定标题、系列、作者/创建者、主题、出版商、学科（即 26 个学科）、视频类型（如讲座/演讲、传记、纪录片、社论、访谈）、语言（共 94 种语言，如阿拉伯语、英语、法语、波斯语、斯瓦希里语）、字幕语言（共 11 种语言：阿拉伯语、加泰罗尼亚语、荷兰语、英语、芬兰语、法语、德语、希伯来语、意大利语、俄语、西班牙语）、发布年份（从××××年到×××年），并对检索结果进行排序[即按照相关性（默认值）、标题、录制日期排序]。

如何进行文献回顾

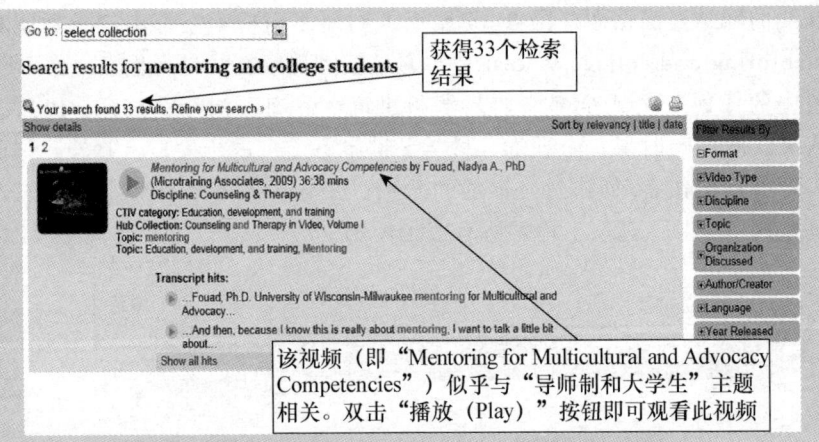

图 8-6 使用搜索字符串"导师制和大学生（mentoring and college students）"后，显示了图书馆订阅数据库学术视频在线网站页面的屏幕截图

图 8-7 显示了图书馆订阅数据库学术视频在线高级检索选项的屏幕截图

案例：YouTube

许多视频数据库可以通过公共网络资源访问。然而，最受欢迎的网站还是 YouTube（约 2005 年），这是一个视频共享网站，用户可以上传、观看、下载和分享视频。图 8-8 显示了 YouTube 主页。图 8-9 显示了输入搜索字符串"导师制和大学生（mentoring and college students）"后 YouTube 界面的第一页，大约有 12 000 个检索结果。另一个例子是，如果你正在进行一项关于混合（方法）研究主题的文献回顾，那么你可能会发现涉及本文献回顾书籍作者之一的有用的两个视频：http://www.youtube.com/watch?v=6DWe-9GuudJY 和 http://videolectures.net/ssmt09_onwuegbuzie_mmr/。在撰写本书时，它们的浏览量分别超过 10 000 次和 6 000 次。

图 8-8 显示了公共网络资源 YouTube 网站页面的屏幕截图

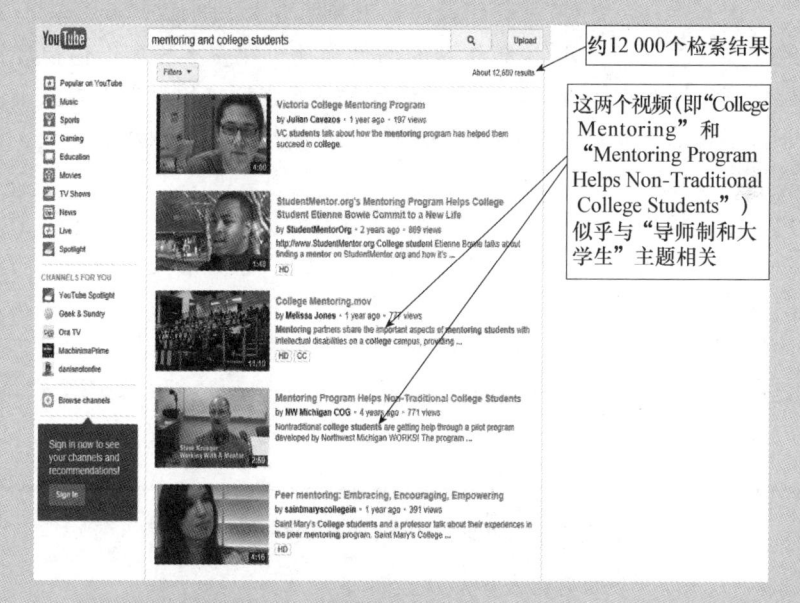

图 8-9 显示了输入搜索字符串"导师制和大学生（mentoring and college students）"后的 YouTube 第一页的屏幕截图

  一个有用的视频编辑软件应用程序是 iMovie（约 1999 年）。iMovie 是苹果公司拥有的专有视频编辑软件应用程序，专门为 Macintosh 个人电脑（即 Mac，约 1984 年）和移动操作系统 iOS（如 iPhone、iPad、iPad mini、iPod touch）设计。iMovie 将数码摄像机的视频片段导入 Mac，并从硬盘上导入视频和照片文件。然后，用户可以通过插入标题、音乐、声音效果、图像、视频增强工具、转化（如暗化）等方式来编辑视频片段和照片。

  iTunes（最初被称为 SoundJam MP）是苹果公司于 2000 年收购并更名的另一个有用的基于媒体的工具，可用于扩展文献回顾。具体来说，iTunes 同时是一个媒体播放器和媒体库应用程序，可以用来在运行 OS X 操作系统和基于 iOS 的移动操作系统的个人计算机上播放、下载和组织音频和视频文件（如音乐、音乐视频、电视节目、有声图书、播客、电影）。

三、公开资源（Open Sources）的标准

在选择视频为你的文献回顾提供信息时，请务必牢记"并非所有音频和视频都是平等创建的"这一事实。因此，在选择任何音频/视频之前，你应该检查其真实性（即确保音频/视频实际上是由发布者创建的）和准确性（即评估音频/视频内容的真实准确性）。帮助确定真实性的因素包括在视频中出现的作者的面孔或声音。评估音频/视频真实性的一种有用方法是直接联系作者，如通过某种形式的专家访谈（见下文专家访谈部分）。在确定音频/视频内容的准确性时，应考虑以下三个因素：（a）音频/视频作者的知识和能力水平如何？（b）音频/视频内容的时效性如何？（c）音频/视频作者的偏见和动机在多大程度上值得怀疑？此外，在寻求真实性和准确性时，最好使用反映主要来源（如由学术界人士认为对导师制非常了解的人创建）而非次要来源（如由概述某人的想法、理论、概念或类似内容的人创建）的音频/视频。

照片、图画和绘画 照片、图画和绘画等有用但利用率极低的视觉工具可以为文献回顾提供信息。许多人说："百闻不如一见。"但是，文献回顾者却很少将照片、图画和绘画副本作为文献回顾的一部分。脸谱网和推特等社交网站是提取相关照片的有效途径，Panoramio（约2005年）则是另外一个照片共享工具。但请务必记住，如果你希望在最终的文献回顾报告中出现照片、图画或绘画副本，那么你应确保这样做不违反任何版权法并获得适当的授权。

工具：常见的音频和视频共享网站列表

表8-1包含60个常见的音频和视频共享网站。

表8-1 按字母顺序列出的音频和视频共享检索工具

名字	网址	发布年份	备注
AcFun.弹幕视频网	www.acfun.tv	2007	中文视频分享网站
Afreeca	www.afreeca.com	2006	总部位于韩国，主要业务是转播电视频道，但也允许用户上传自己的视频和节目
Archive.org	www.archive.org	2001	总部位于加利福尼亚州旧金山市，为公众提供永久存储和免费的数字化资料，包括网站、视频、音乐和大约300万本公共领域的书籍
哔哩哔哩	www.Bilibili.tv	2010	在中国使用，用户可以提交、查看和评论视频

续表

名字	网址	发布年份	备注
Blip.tv	http://blip.tv	2005	该公司成立于纽约市，为原创网络电视剧的制作人提供了一个平台，让他们可以发布自己的作品并从中赚钱
BlogTV	www.blogtv.com	2004	创立于以色列的一个网络广播公司，允许用户向世界展示他们的才能和想法
Break.com	www.break.com	1998	幽默网站，包括喜剧视频、flash 游戏和其他材料
Buzznet	www.buzznet.com	2005	用户参与围绕想法、事件和兴趣（主要是音乐、名人和媒体）形成的社区
Comedy.com	http://comedy.com	2006	幽默网站
Crackle	www.crackle.com	2007	由索尼影视娱乐有限公司拥有，其内容主要包括索尼的电影和电视节目库
Dailymotion	www.dailymotion.com/us	2005	总部位于法国巴黎，是全球第三大视频网站
EngageMedia	www.engagemedia.org	2006	关注澳大利亚、东南亚和太平洋地区的社会公正和环境问题
ExpoTV	www.expotv.com	2004	总部位于纽约，是一个面向消费者的视频平台
脸谱网	www.facebook.com	2004	提供社交网络服务
Flickr	www.flickr.com	2004	图像托管和视频托管网站
Fotki	www.fotki.com/us/en	1996	数字照片共享、视频共享、媒体社交网络网站和 web 服务套件；它是世界上最大的社交网络网站之一
Funny or Die	www.funnyordie.com	2006	喜剧视频网站
Hulu	www.hulu.com	2008	包括来自许多电视公司（如 NBC、福克斯、ABC、CBS）的电视节目、电影、预告片、剪辑和幕后花絮的流媒体视频点播网站
Lafango	http://lafango.com	2008	允许用户创建个人资料、上传和共享无限媒体（音频、视频、图像和文本）、在用户开发的社区内进行交流、参加竞赛和撰写博客
LiveLeak	www.liveleak.com	2006	关注时事、政治和基于现实的镜头，如世界各地的战争场景
Mail.Ru	http://mail.ru	1998	最受欢迎的俄罗斯网站
MaYoMo	www.mayomo.com	2009	用户制作的移动公民新闻网站

续表

名字	网址	发布年份	备注
Mefeedia	www.mefeedia.com	2004	媒体搜索网站
Metacafe	www.metacafe.com	2003	总部位于加利福尼亚州旧金山市，专门从事电影、视频游戏、体育、音乐和电视等类别的短视频娱乐
Mevio	www.mevio.com	2004	美国的互联网娱乐网站
Mobento	www.mobento.com	2011	视频流和搜索网站
Myspace	www.myspace.com	2003	总部位于加利福尼亚州比佛利山，是一个社交网站
MyVideo	http://myvideo.ro	2006	位于罗马尼亚的布加勒斯特，是一个视频托管服务网站，提供罗马尼亚语、德语和荷兰语版本，其中德语版本网站是互联网上访问量最大的1 000个网站之一
Nico Nico Douga	www.nicovideo.jp	2006	日本访问量排名第十四的网站
OneWorldTV	http://oneworldgroup.org/tv	2001	关注气候变化、人权、社会正义等的非营利互联网视频分享和社交网站
Openfilm	www.openfilm.com	2008	寻找和发行独立电影的网站
Ourmedia	www.ourmedia.org	2005	免费展示或播放所有非色情图片、文本、视频或音频片段
Panopto	www.panopto.com	2007	提供讲座录音、录像，视频流和视频内容管理软件，这些软件通常在电子学习环境中使用
Photobucket	http://beta.photobucket.com	2003	图片托管、视频托管、幻灯片创建和照片共享网站
Rambler Vision	www.rambler.ru	1996	俄语网站
ReelTime.com	www.reeltime.com	2004	一家位于华盛顿州西雅图的基于互联网的视频点播提供商
Rutube	http://rutube.ru	2006	提供针对俄语使用者的网络视频流服务
SAPO Videos	www.sapo.pt	1995	葡萄牙语互联网服务提供商
SchoolTube	www.schooltube.com	2006	为美国和全球中小学社区服务
ScienceStage	http://sciencestage.com	2008	面向科学的全球性多媒体门户，专门从事在线视频流传输，支持科学家、学者、工业研究人员和专业人员之间的交流；被学者和学生用作虚拟教育工具
Sevenload	http://en.sevenload.com	2006	德国视频分享网站

续表

名字	网址	发布年份	备注
SmugMug	www.smugmug.com	2002	提供面向视频游戏的web服务
Trilulilu	www.trilulilu.ro	2007	罗马尼亚最大的用户生成内容（UGC）网站
土豆	www.tudou.com	2005	中国的视频共享网站
Twitvid	https://twitter.com	2006	提供在线社交网络服务和微博服务，使用户能够发送和阅读多达140个字符的文本消息（即"推文"）
VBOX7	http://vbox7.com	2006	保加利亚最大的视频共享娱乐网站
Veoh	http://veoh.com	2007	允许用户查找和观看主要的工作室内容、独立作品和用户创建的资料
Viddler	www.viddler.com	2005	交互式在线视频平台（OVP），用于上传、共享、增强、标记、评论和将视频分组
Videojug	www.videojug.com	2006	教学视频网站
Videolog	www.videolog.tv	2006	巴西主要在线视频提供商之一
Vidoosh	www.vidoosh.tv	2007	位于比利时布鲁塞尔的伊朗视频共享网站
Vidyard	https://secure.vidyard.com	2011	为企业、消费者品牌和内容制作者托管和分析视频的视频营销平台
Vimeo	http://vimeo.com	2011	一个美国视频分享网站
Vuze	www.vuze.com	2003	允许用户查看、发布和共享原始DVD和HD质量的视频内容
vzaar	http://vzaar.com	2007	商业在线视频网站
Wildscreen.tv	www.wildscreen.tv	2007	允许用户上传自己制作的视频内容；它是作为YouTube的替代品而设计的，因为独立的电影制作人、音乐家和其他艺术家可以将自己制作的内容货币化
Yahoo! Screen	http://screen.yahoo.com	2006	用户可以上传和共享视频的视频共享网站
优酷	www.youku.com	2006	中国的中文视频托管服务网站；世界第二大视频网站
YouTube	www.youtube.com	2005	视频分享网站；世界上最大的视频网站
Zoopy	www.zoopy.com	2006	在线和移动社交媒体社区，托管用户发布的视频、照片和音频

8.1 任务□：观察

一、实地观察

虽然观察结果主要用于定性研究，但它也可以为简单的文献回顾提供信息。重要的是要注意观察对主题重要的概念可能会如何影响提供调查背景的本质。我们在第1章的图1-5中解释了报告的这一部分。实际上，这些观察不仅有助于理解文献回顾，还可能形成图像以帮助读者理解与主题相关的领域。因此，扩展文献回顾的第二种方法是收集观察结果（Onwuegbuzie, Leech, et al., 2011）。你可能想知道这个概念以及综合文献回顾的观察结果是如何区别于主要研究中的观察结果的。与其他为综合文献回顾提供信息的信息来源一样，直接观测可以为进一步研究或主要研究提供依据或创设背景。

> **案例：结合第一手观察**
>
> 在美国公立学校进行导师制文献回顾的研究人员，通过实地前往一个或多个开展导师制计划的学校可以获得比任何研究性论文更多的背景信息。一旦到了学校，研究人员就可以观察到学校（如规模、地点）和社区的各个方面，对这些方面可以与现存文献结合起来进行观察。我们建议读者参考安伍布奇关于加沙地带青少年创伤后应激障碍、抑郁、焦虑和应对的文献回顾，这是一个真实的案例（参见 Elbedour, Onwuegbuzie, Ghannam, Whitcome, & Abu Hein, 2007）。安伍布奇在加沙地带待了几天，亲身观察了那里的情况。在那里，安伍布奇还可以与几名巴以冲突的受害儿童及青少年交谈。这些数据不仅为随后的文献回顾提供了极为有用的信息，而且有助于促进对文献的审查（Onwuegbuzie, Collins, et al., 2010, p.184），而这种审查是通过发现从未去过加沙地带的作者所写的许多关于加沙地带情况的不准确报道而实现的。通过这一直接观察，安伍布奇获得了一个全面的图景，并在他的综合文献回顾中提出了关于巴以双方儿童和青少年的相关观点。

二、测绘观察

将观察数据纳入文献回顾的另一种技术是通过测绘从选定信息来源中提取的信息来考察一种或多种类型事件的趋势。例如，在对美国公立学校发生的暴力事件进行文献回顾时，研究人员可以绘制学校枪击事件发生的地点图，试图确定枪击事件的模式或趋势。这一信息就可被纳入文献回顾。

第8章 步骤5：扩展检索

例如，在一篇关于校园暴力的文献回顾中，我们考察了发生在美国的校园枪击事件（Onwuegbuzie & Frels，2013b）——从1927年（密歇根州巴斯学校；45人死亡，58人受伤）到2012年（康涅狄格州纽敦市桑迪胡克小学；28人死亡，2人受伤），再到2015年（俄勒冈州罗斯堡乌姆普夸社区学院；截至撰写本书时已有9人死亡）。在对这些致命事件的发生地进行测绘后，我们确定了这些枪击事件大多发生在俄勒冈州罗斯堡等人口不到25 000人的农村或郊区，这表明学校的极端暴力问题并不仅限于城市地区。

地理信息系统　　只要有可能，我们就建议你也考虑使用某种形式的地理信息系统（geographic information system，GIS）来为文献回顾提供测绘信息。地理信息系统应用程序允许用户收集和分析一个结构化数据库，其中包含面向地球的空间地理元素（参见Goodchild，Fu，& Rich，2007；Institute，2009）。使用地理信息系统应用程序，可以通过地图、图表、模型、矩阵和其他可视化形式来表示数据（Frels，Frels，& Onwuegbuzie，2011）。因此，正如安伍布奇、利奇等人（Onwuegbuzie，Leech，et al.，2011）所指出的那样，"现有文献中的信息可以与地理信息系统相结合，通过提供有助于识别模式、趋势和关系的空间和地理环境，提高研究人员对潜在现象的理解"（p.197）。因此，例如，一名文献回顾者可以利用地理信息系统或其他绘图应用程序来绘制美国校园屠杀的地点以判定案件发生的趋势。然后，这张地图就可以作为文献回顾的一部分而被呈现在最终报告中。

工具：开源地理信息系统产品列表

你可以考虑使用开源（即免费）的地理信息系统软件产品。表8-2提供了免费/开源地理信息系统产品的示例。MapWindow GIS项目就是其中的一个示例。

表8-2　开源地理信息系统产品

产品	研发者	平台	网址
GRASS GIS	U. S. Army	Multiple	http://grass.osgeo.org/
SAGA GIS	University of Göttingen	Multiple	http://www.saga-gis.org/en/about/software.html
Quantum GIS	Open Source Geo-spatial Foundation	Multiple	http://quantumgis.com/welcome-to-the-quantum-gis-project.html
MapWindow GIS	Environmental Protection Agency	Windows	www.mapwindow.org

注：多个（Multiple）平台包括Windows、Mac OS和Linux。

实地求真　　在可能的情况下，文献回顾者应设法通过一种被称为"实地求真

(ground truthing)"的技术来验证他们的地理信息系统数据。具体而言,"实地求真"包括实际访问一个或多个收集地理信息系统数据的地方,以便亲自获取数据的视觉图像（Frels et al.,2011）。当文献回顾者无法访问该地方时,他们可以要求自己信任的伙伴（如同事、朋友、家人）访问该地方。或者,文献回顾者也可以向值得信赖的当地专家寻求帮助,以实地验证地理信息系统数据的真实性。如果任何人都无法访问该地方,那么文献回顾者应该考虑通过诸如实时航拍或卫星图像等工具交叉验证地理信息系统数据（Steinberg & Steinberg, 2006）。正如斯坦伯格和斯坦伯格（Steinberg & Steinberg, 2006）所指出的那样,"实地求真可能是将地理信息系统整合到社会科学研究中的最重要步骤之一"（p.82）。

8.5 任务D：文档

在第5章（即"步骤2：启动检索"）中,我们描述了如何检索用于为文献回顾提供信息的最常见的纸质或数字资源类型,即已发表的文章。我们演示了如何从图书馆订阅数据库和公共网络资源中提取这些文章。

案例：期刊聚焦的问题

在离开我们对期刊文章的讨论之前,我们将提供另一个有用的技巧来扩展你的检索范围。具体来说,无论你感兴趣的主题是什么,我们都建议你不断检索,以确定该主题是否是在各大期刊上发表的论文所关注的焦点。在特定领域检索特殊问题的有用格式如下：主题名称、期刊与"特殊问题"（TOPIC NAME and JOURNAL and "SPECIAL ISSUE"）。

特殊问题被放入引号中,是因为期刊特殊问题通常被称为特殊选题（special issues）,正如第6章中所提到的,使用引号会导致检索包含含有引号中的字符串的所有文档。因此,对于我们的导师制和大学生示例,我们使用了以下搜索字符串：导师制和大学生和期刊和"特殊选题"（mentoring and college students and journal and "special issue"）。我们通过此次检索发现了一些特殊选题,包括1997年在《职业行为杂志》（*Journal of Vocational Behavior*）上发表的关于组织中的导师制特殊选题的研究和1996年在《皮博迪教育杂志》（*Peabody Journal of Education*）上发表的关于导师和导师制特殊选题的研究,这些特殊选题中的每一篇文章都是关于导师制主题的。由此可见,寻找特殊选题是非常有成效的。尽管论文是文献回顾者最常使用的印刷或数字文档类型，但除了书籍（我们在步骤 2 中讨论过）外，还有其他许多有用的文档，包括：学位论文和毕业论文、专著、百科全书、政府文件、贸易目录以及法律和公共记录信息。我们将在随后的章节中讨论这些文档类型。

一、学位论文（Dissertations and Theses）

学位论文是由学生完成的一种文档，是他们申请学位或职业资格所必需的一部分。在某些地区（如美国、斯洛文尼亚、斯洛伐克），"thesis"一词通常被用于学士或硕士学位课程的一部分，而"dissertation"一词则通常被用于博士学位课程。在另一些地区（如英国、葡萄牙、巴西），情况恰恰相反，"dissertation"一词通常被用于学士和/或（授课）硕士学位，而"thesis"通常被用于博士学位。

学位论文通常代表一种扩展的实证研究，或一种扩展的分析或对选定主题的回顾。传统上，这些文档往往包含一个标题页、一个目录、一个摘要和多个章节（如导论、文献回顾、方法、结果、讨论、书目/参考文献部分）；但是，它们的结构因领域或学科以及大学类型（如研究型大学和教学为主型大学）和地区的不同而不同。最新的一种论文形式叫作*期刊准备论文*（journal-ready dissertation），它与总论一章并列，包含三篇准备在期刊上发表的稿件。萨姆休斯敦州立大学（Sam Houston State University）对期刊准备论文有明确的指南（http://www.shsu.edu/dotAsset/e8038f71-a5d7-4b49-a74c-f119d279e8bd.pdf）。

无论采用哪种格式，学位论文的篇幅都比大多数期刊文章要长得多。例如，哈蒙、霍利和桑德斯（Harmon, Howley, & Sanders, 1996）对国际学位论文文摘（Dissertation Abstracts International，DAI）——一个学位论文数据库——的电子检索就显示了 1989—1993 年间撰写的专注于农村教育的 196 篇博士论文。这 196 篇博士论文主要由美国学生撰写，篇幅从 74 页到 923 页不等，其中大部分（80%）篇幅在 100 页到 300 页之间。由于学位论文总篇幅较长，因此它们通常比大多数已发表的期刊文章有更长的文献回顾部分。所以，不仅学位论文经常提供有用的实证结果，可以为文献回顾提供参考，而且学位论文的文献回顾章节，尤其是那些因缺乏严格篇幅限制而较长的且较新的回顾可以帮助你扩展你自己的文献回顾，或者至少可以通过检查是否包含所有最相关的文献来帮助你检验文献回顾。

DAI 是一个非常流行的图书馆订阅数据库，用于获取美国学生撰写的学位论文（如上一段所述）。有趣的是，大多数（即 95%～98%）毕业于美国大学的研究生会将其学位论文提交给 ProQuest 以便在 DAI 上发表或列出。这些论文清单

如何进行文献回顾

提供以下信息：包括标题的书目引用、作者姓名、学位授予机构、授予年份、页数和 ProQuest 订单号。自 1988 年以来，大多数 DAI 条目还包括论文顾问/导师/主席的名字。此外，自 1980 年以来，DAI 的条目中还包括 350 字的学位论文摘要。这些论文清单包括每月约 5 000 份来自美国的新条目，按主题进行分组并刊登在两个独立的部分：A 部分（人文和社会科学），B 部分（科学和工程）。在 ProQuest 学位论文数据库的所有印刷资料中，DAI 是最新的。国际硕士学位论文文摘（Masters Abstracts International，MAI）是 ProQuest 学位论文数据库中硕士学位信息的来源，每年刊载超过 12 000 篇硕士论文引文和摘要。

案例：学位论文

图 8-10 展示了如何使用搜索字符串"导师制和大学生（mentoring and college students）"通过 ProQuest 学位论文数据库进行检索。我们通过此检索

图 8-10 屏幕截图显示了使用搜索字符串"导师制和大学生（mentoring and college students）"在图书馆订阅数据库 **ProQuest** 中进行检索的网站页面

获得了 75 891 篇文献。但是，可以通过选择以下选项来缩小结果范围：全文、主题、索引项（关键词）、大学/机构、大学/机构位置、标记、语言、数据库和发布日期。图 8-11 显示了准备从图书馆订阅数据库 ProQuest 中下载关于"导师制和大学生"主题的选定论文的 pdf 文档的屏幕截图——前提是文献回顾者所在机构订阅了该数据库。

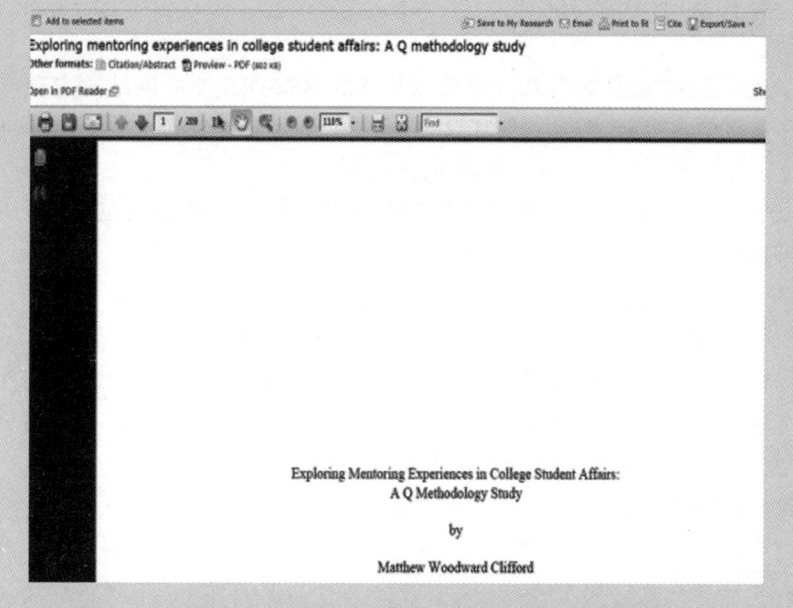

图 8-11　屏幕截图显示了可从图书馆订阅数据库 ProQuest 下载的关于"导师制和大学生"主题的选定论文的 pdf 文档——前提是文献回顾者所在机构订阅了该数据库

不幸的是，由于学位论文全文通常只能通过图书馆订阅数据库获得（而不是通过公共网络资源获得），而能否对这些全文自由访问通常取决于文献回顾者所在机构是否订阅了该数据库，因此许多研究人员未能将学位论文作为其文献回顾的一部分。然而，由于它们潜在的丰富特质，我们鼓励你尽可能将其作为扩展文献回顾的一部分。

二、RSS 技术

如第 2 章所述，RSS 技术会在新的学位论文上传后通知用户。根据你所在机构的情况，你也许可以直接从你所在机构的网站上为学位论文创建一个 RSS 提要（RSS feed）。

案例：RSS 提要

专栏 8.1 显示了创建 RSS 提要以及获取 RSS 阅读器以读取 RSS 提要的网站的步骤。

专栏 8.1

为最近的检索创建 RSS 提要以及获取 RSS 阅读器的网站的步骤

你可以创建 RSS 提要，它可以自动将有与你的检索匹配的新文档可用的消息通知你。请按照以下步骤创建 RSS 提要：

1. 单击"结果"页上的"创建 RSS 提要（Create RSS feed）"，或从最近检索的列表中单击。
2. 上一步将打开一个新窗口，显示你的 RSS 提要的详细信息。
3. 复制显示在你的 RSS 提要旁边的 URL。
4. 将 URL 添加到 RSS 阅读器中，或将其集成到你的网页中。

在第一次访问 RSS 提要时，将不会有新文档可用。但是，一旦有新文档可用，你的提要就将自动更新为新信息。

利用你的 RSS 提要

只要有与你的检索匹配的新文档可用，你的 RSS 提要就会更新。你可以直接从文章摘要链接到 ProQuest 中的全文（如果可用）。不过，你必须登录 ProQuest 才能查看全文。

RSS 阅读器是什么？

RSS 阅读器可以帮助你同时查看来自多个站点的最新信息。许多读者可以免费阅读。他们有很多选择。一个基于 web 的阅读器可以在 http://www.bloglines.com 上找到。

如果你的 RSS 提要未被查看，那么它将在三个月后过期。

资料来源：改编自 ProQuest 网站（http://proquest.umi.com/i-std/en/abi/rss/rss_search.htm）。

三、专著（Monographs）

专著（约 1821 年）一词源自希腊语 mono（单独）和 grapho（写作）。因此，专著也被称为学术论文（scholarly treatise），是涵盖某一主题或某一主题组成部分的一种非常详细的文章或书。一本专著的目标是在一个非常具体的主题上呈现新的原创信息和学术研究，从而推进作者的职业生涯和学术领域的发展。一般来说，一本专著只会由一名作者来撰写；然而，在必要的情况下，一本专著可能会

第 8 章 步骤 5：扩展检索

涉及多名作者。专著比期刊文章长，甚至可能是一本小书的长度。

案例：专著

专著在许多领域和学科中是司空见惯的。例如，在医学研究方面，国际癌症研究机构（the International Agency for Research on Cancer）就出版了一些专著以明确增加癌症风险的环境因素，从而为防止接触致癌因素提供法律辩护。另一个例子是美国国家药物滥用研究所（National Institute on Drug Abuse）出版了一系列专著，用以监测哪些措施在预防药物滥用和成瘾方面起/不起作用，目的是利用这些信息来确定改进关于药物滥用的预防、治疗措施和政策的最佳做法。

由于专著的印刷数量通常很少，因此出版商的印刷成本相对较高。所以，互联网正迅速成为一个发布专著的流行场所。事实上，现在互联网上有上百万的专著，因此更容易为专著创建 RSS 提要。有趣的是，公共知识项目（Public Knowledge Project）正在开发"开放专著出版（Open Monograph Press）"(http://pkp.sfu.ca/omp/)，这是一个专著工作区，其存档和索引旨在使专著可供查阅和检索（见图 8-12）。因此，扩展文献回顾的一个有用方法是检索你所在领域的专著数据库。

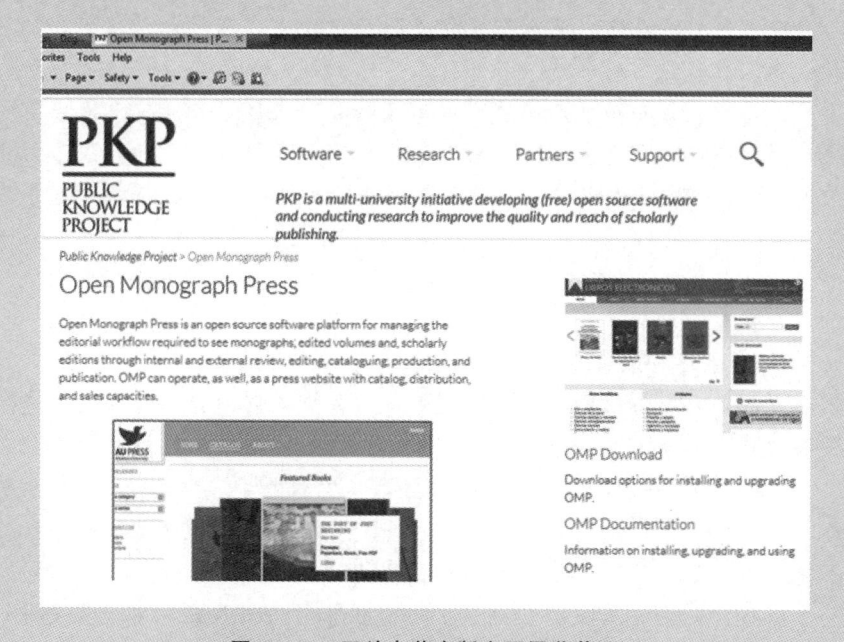

图 8-12 开放专著出版主页屏幕截图

因此，一本专著的出版往往证明作者在其学术领域获得了很高的认可度。在大多数情况下,专著是作为一个独立的、非连载的文档而编写的,尽管有些专著是作为一个有限卷集的一部分而出版的。因此,专著不同于系列出版物,如杂志、期刊或报纸。专著主要由图书馆购买,一般在短期内作为单独的卷出版。

四、百科全书

百科全书(encyclopedias,也可拼写为 encyclopaedia 或 encyclopædia)是一种参考型著作或纲要(如一本书、一系列书、网站或光盘),其中包含许多不同主题的信息摘要或关于特定主题的大量信息。通常,百科全书由按主题字母顺序排列的文章或条目组成。此外,它们不同于词典;特别是,与词典条目尽可能简洁地关注单个词的语言信息不同,百科全书条目包含有关基础主题的事实信息。迄今最早的百科全书是由生活在公元 1 世纪的罗马政治家老普林尼(Pliny the Elder)于公元 77—79 年撰写出版的《自然史》(*Naturalis Historia*)。这部百科全书包含 37 章,涵盖自然史、建筑、医学、地理和地质学等主题,其中包括 200 多名作者撰写的 2 000 篇作品中的 20 000 个事实。在中世纪,百科全书是用英语、阿拉伯语和波斯语写成的。此外,还有来自中国和印度的百科全书。

案例:百科全书

百科全书包括许多学科深入而又相关的知识积累,通常包括地图和插图以及统计数据。百科全书的另外一个吸引人的地方是它们的条目经常包含引文和参考书目。因此,百科全书是扩展文献回顾的极好来源。然而,大多数百科全书的定价对于个人用户来说太高。幸运的是,高等学校(如大学)经常订阅最受欢迎的百科全书。一个非常受欢迎的百科全书图书馆订阅数据库是《不列颠百科全书》(Encyclopædia Britannica)/《大英百科全书学术版》(Britannica Academic Edition)。图 8-13 是《不列颠百科全书》/《大英百科全书学术版》数据库的屏幕截图。

1993 年,通过所谓的跨媒体提案(Interpedia proposal),第一个免费的基于互联网的在线百科全书问世,该提案允许任何具有互联网访问权限的人通过撰写文章并将其上传到所有跨媒体页面的中央目录中来为百科全书做贡献。然而,直到 2000 年,一部稳定的、免费的互联网百科全书,即 Nupedia(仅持续到 2003 年)方才建立起来。这部百科全书于 2001 年由英文维基百科继承,目前包含 430 多万篇文章。英文维基百科是维基百科的第一个也是最大的版本,是一个多语种、免费的互联网百科全书,由非营利的维基媒体基金会支持,该维基百科由任何有权访问该网站的人共同编辑。截至本书出版前,它共有 3 000 万篇文章,涉及 287 种语言。因此,它是互联网上规模最大、最受欢迎的通用参

第 8 章　步骤 5：扩展检索

考书，在 Alexa 的所有网站中排名全球第六，在全球范围内拥有约 3.65 亿读者。与纸质百科全书相比，维基百科和其他在线百科全书（即数字百科全书）的优势在于，有关某一主题的新信息几乎可以立即更新，而不必等待印刷版本的下一次发布。此外，数字百科全书比印刷版本更容易检索关键词或短语。

图 8-13　《不列颠百科全书》/《大英百科全书学术版》数据库的屏幕截图

数字百科全书的另一个优势是它们包含了很难甚至不可能以纸质版本存储的媒体信息，如音频和视频、动画、单词和短语的超文本显示以及项目的超链接。然而，尽管其访问信息相对容易，但由于信息不受任何同行审查，因此信息的准确性可能值得怀疑。因此，我们要求你在使用数字百科全书扩展你的文献回顾时一定要谨慎。事实上，许多大学教师不鼓励甚至禁止学生引用从数字百科全书（尤其是维基百科）中提取的任何信息。

五、政府文件（Government Documents）

政府文件涉及政府机构发布的文件。在美国，政府文件包括联邦政府和地方政府发布的文件。这些文件包括统计报告（如美国人口普查）、法规、听证会、条约和期刊。文件也可以由联合国和世界卫生组织等国际政府组织或政府间组织（IGOs）（政府间组织的完整清单见 http://www.uia.org/yearbook）和世界贸易组织等非政府组织（NGOs）发布。

大多数大学图书馆会收藏政府文件，这些文件通常被单独放在一个区域内，并有自己的分类方案。例如，每一份美国联邦文件都有其唯一的文件管理员（SuDocs) 编号（参见 http://www.fdlp.gov/cataloging/856-sudoc-classification-scheme?start=1）。政府文件可以以多种形式出版，包括纸质、缩微胶片、CD-ROM 和网络/线上发布。

一个非常受欢迎的政府文件图书馆订阅数据库是美国政府印刷局（the United States Government Printing Office，GPO）。它是世界上最大的出版商，通过联邦文件保管计划（the Federal Documents Depository Program，约 1813 年）向公众提供其出版物。联邦寄存图书馆计划（The Federal Depository Library Program）定期免费向位于 50 个州、6 个地区和哥伦比亚特区的大约 1 400 个寄存图书馆分发出版物，其中一半以上（52%）的寄存图书馆是大学图书馆，接近五分之一（19%）的寄存图书馆是公共图书馆。图 8-14 显示了美国政府印刷局数据库的屏幕截图。

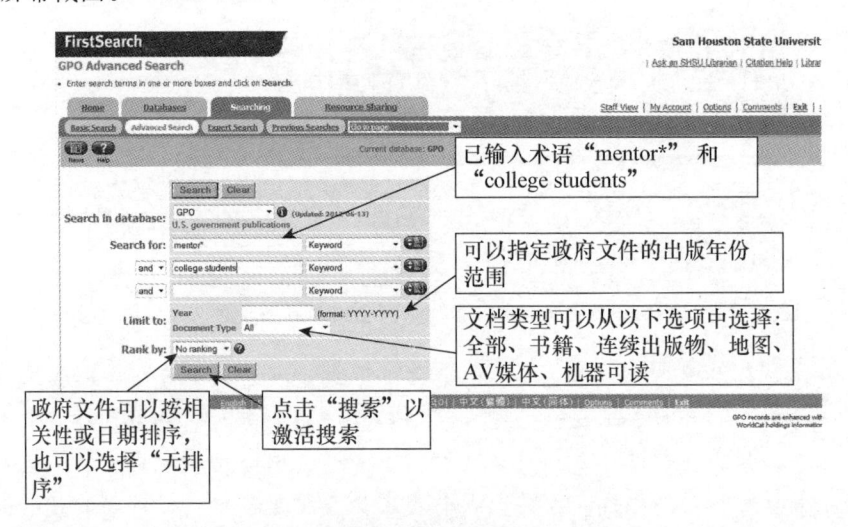

图 8-14　美国政府印刷局数据库屏幕截图

案例：政府数据库

图 8-15 显示了在美国政府印刷局数据库中使用检索字符串 "mentor*" 和 "college students" 后的结果截图。在这种情况下，由于这四个标题似乎都不涉及大学生的导师制（mentoring *of* college students），而只涉及大学生开展的导师制（mentoring *by* college students），因此除非可以使用其他相关关键词来产生一个或多个相关信息来源，否则该数据库不能被用于扩展文献。然而，正如这里的情况一样，可能会发生特定的扩展检索并不能为文献回顾提供额外信息的情况，在这种情况下，你可以检索替代文档类型或通过其他四种模式中的一种或多种进行扩展检索。

第 8 章　步骤 5：扩展检索

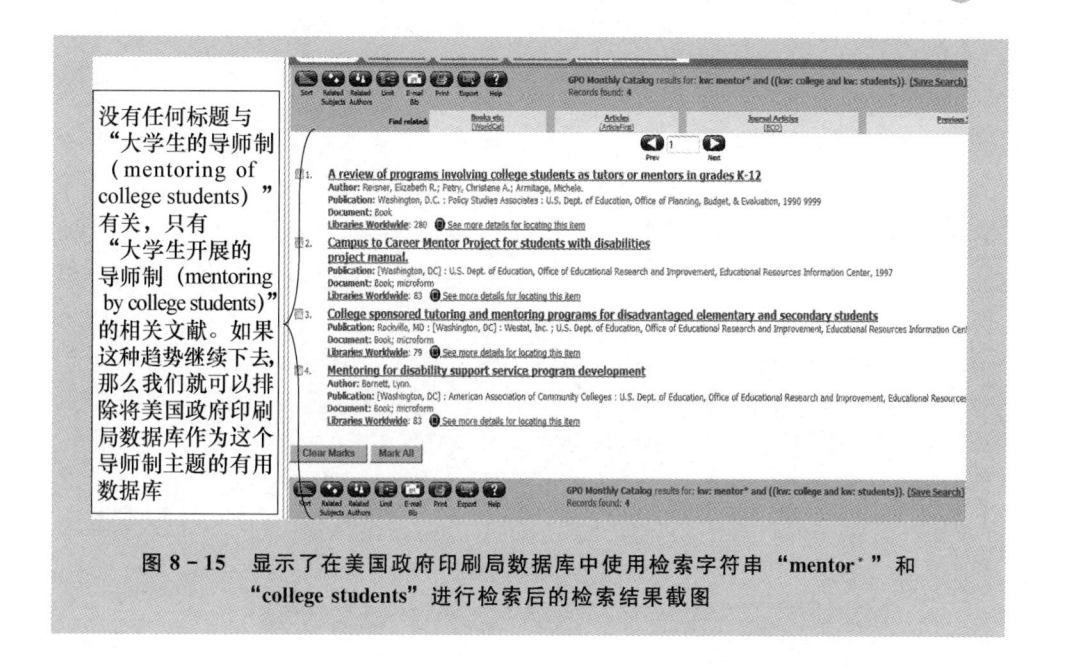

图 8-15　显示了在美国政府印刷局数据库中使用检索字符串"mentor*"和"college students"进行检索后的检索结果截图

（图中标注：没有任何标题与"大学生的导师制（mentoring of college students）"有关，只有"大学生开展的导师制（mentoring by college students）"的相关文献。如果这种趋势继续下去，那么我们就可以排除将美国政府印刷局数据库作为这个导师制主题的有用数据库）

六、贸易目录（Trade Catalogues）

从广义上说，贸易目录是由制造商、批发商和零售商出版的印刷文件。这些文件通过做广告宣传来促进销售，包括销售产品的详细说明、产品使用说明以及客户满意的证明。然而，对于文献回顾者而言，也许最相关的贸易目录集就是贸易文献集（Trade Literature Collection），它以提供美国商业、市场营销、技术、设计等方面历史的优秀资源而闻名于世。贸易目录收藏的一个例子是美国国家艺术图书馆，该馆藏有许多贸易目录，与英国维多利亚和阿尔伯特博物馆的研究兴趣相吻合。

七、法律和公共记录信息（Legal and Public Records Information）

在法律领域之外，利用法律信息来强化文献回顾的做法并不常见。然而，许多领域的许多主题具有法律背景。例如，回到我们的导师制和大学生的例子，虽然这个话题似乎与法律背景相去甚远，但我们发现 2008 年的《高等教育机会法》（Higher Education Opportunity Act）（公法 110—315）中包括一系列与学院和大学相关的、让智力障碍学生有更大机会获得学位的法律。在这个法案中，"导师（mentor）"这个词出现了 42 次，而"导师制（mentoring）"这个词出现了 62 次。例如，在修订后的第 402E 节（《美国法典》第 20 卷第 1070a-15 节）中，允许的服务包括"涉及高等教育机构教员、学生或此类人员的任何组合的辅导计划"（p.3203）。因此，利用《高等教育机会法》，文献回顾很可能有多种机会在法律背景下对高等教育中的导师制进行审查。

案例：法律评论（Legal Reviews）

法律评论可以作为扩展文献回顾的有用来源。有一些免费的法律研究网站为法律评论提供了便利，如康奈尔法学院的法律信息研究所、FindLaw.com、Martindale-Hubbell、Casetext、Lawyers.com、HG.org 和 CanLII。一个特别有用的数据库是 LexisNexis（约 1973 年），它代表了世界上最大的法律和公共记录相关信息的电子数据库。

具体来说，LexisNexis 数据库包含了从 18 世纪 70 年代至今的美国现行法律法规以及无数已发表的案例意见。此外，它还包括从 1980 年到现在的公开可用的未发表的案例意见和一个简报与动议图书馆，以及一个章程、案例判断和司法管辖区（如法国、澳大利亚、中国香港、南非、英国）意见的图书馆。此外，LexisNexis 数据库还包含适用于提供资料的国家/地区的法律评论和法律期刊文章。图 8-16 显示了 LexisNexis 数据库的屏幕截图。

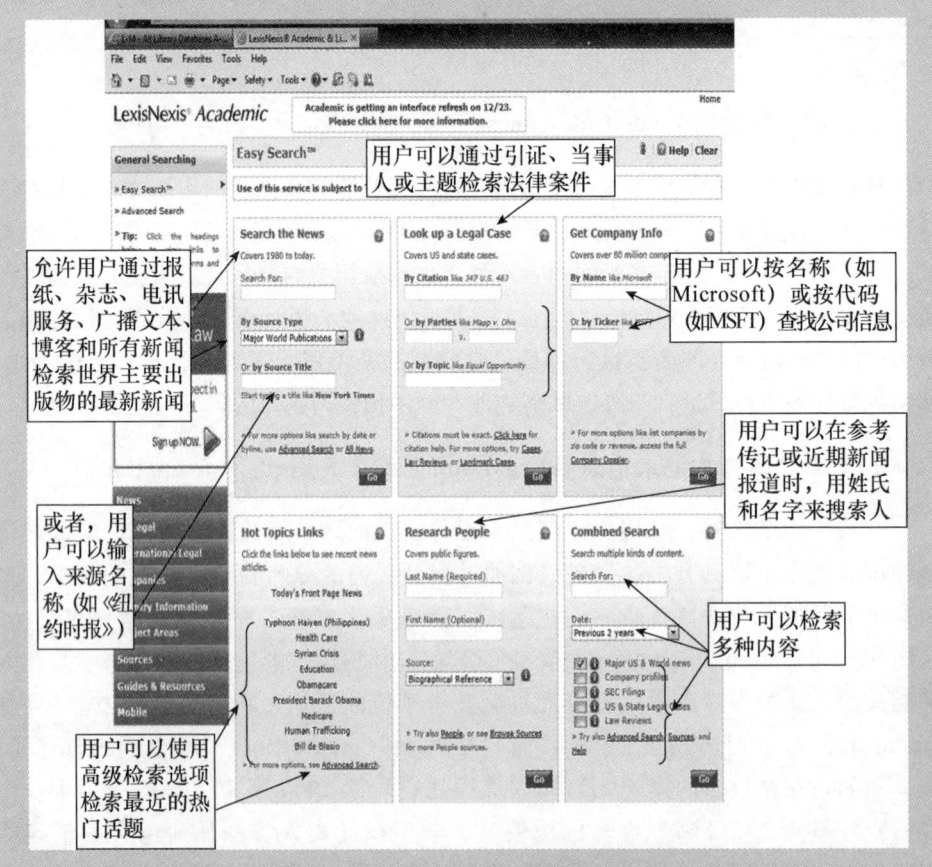

图 8-16 LexisNexis 数据库屏幕截图

可以看出，该数据库允许以下搜索：
- 通过以下六种来源获取1980年至今的全球主要新闻：报纸、杂志、电讯服务、广播文本、博客和所有新闻。或者，用户可以输入来源名称（如《纽约时报》）。
- 通过引证（如347 U.S.483）、当事人（如Mapp诉俄亥俄州）或主题（如导师制）检索法律案件。
- 按名称（如Microsoft）或按代码（如MSFT）查找公司信息。
- 检索最近的热门话题。有一个高级检索选项，允许用户：(a) 检索所有可用日期（默认），或将检索限制在当前日期或记录允许的最早日期（天、周、月或年）；(b) 插入与公司、行业、主题、地理位置或人员相关的索引词；(c) 选择世界主要出版物的来源——所有新闻、外语新闻、广播文本、行业新闻出版物、公司信息、联邦和州案例以及美国法律评论。
- 在参考传记或近期新闻报道时，用姓氏和名字来搜索人。
- 检索多种内容。(a) 检索所有可用日期（默认），或将检索限制在当前日期或记录允许的最早日期（天、周、月或年）。(b) 选择以下一种或多种来源提供的信息：美国和世界主要新闻、公司简介、美国证券交易委员会（SEC）文件、联邦和州的法律案件或法律评论。(c) 使用高级检索选项，允许用户：一是检索所有可用日期（默认），或将检索限制在当前日期或记录允许的最早日期（天、周、月或年）；二是插入与公司、行业、主题、地理位置或人员相关的索引词；三是选择一种划分方式（如署名、城市、国家、版本）。

因此，LexisNexis数据库代表了一个极其丰富的信息源，在大多数情况下，文献回顾者应该考虑使用它，而不必考虑自己的学科或领域。

八、灰色文献（Grey Literature）

到目前为止，在本节中，我们已经介绍了通过检索其他文档来扩展文献回顾的方法。在很大程度上，我们已经向你介绍了多种检索已发布文档的方法，包括纸质文档和电子文档。然而，正如我们在第1章中所指出的，许多未发表的作品，也就是所谓的灰色文献，也可以成为丰富的信息来源。让我们简要回顾一下，灰色文献可以是报告（如预印本、初步进展情况和高级报告、政府机构或科学研究小组的技术报告、统计报告、备忘录、最新报告、市场研究报告、研究小组或委员会的工作文件、白皮书）、会议记录、技术报告、技术规范和标准、非商业翻译、参考书目、技术和商业文件，以及尚未商业出版的官方文件（如政府报告和文件）（Alberani et al., 1990）。

灰色文献是图书馆和信息科学的一个领域，涉及以电子和纸质形式制作、分发和访问各级政府、学术界、企业和组织的多种文档类型，其不受商业出版的控制，即出版不是生产主体的主要活动（Grey Literature Network Service，2012，p.2）。

会议论文 在众多灰色文献资源中，未发表的会议论文可能是扩展文献回顾的一个非常有成效的途径。事实上，越来越多的专业协会正在建立包含以前提交的会议论文的在线资料库。例如在教育领域，约有 25 000 名成员的美国教育研究协会（American Educational Research Association，AERA；约 1916 年）每年举办的年会可谓美国教育领域最负盛名的会议。AERA 的网站提供了一个在线存储库的链接，该存储库包含了以前提交的会议论文。

案例：会议论文

图 8-17 显示了 AERA 在线存储库的屏幕截图，其中显示了一篇以前的年度会议论文（2010 年以后）。该存储库允许用户执行简单搜索或高级搜索（见图 8-18）。简单搜索使用单个条件来检索所有元数据，这些元数据可以是一个单词、

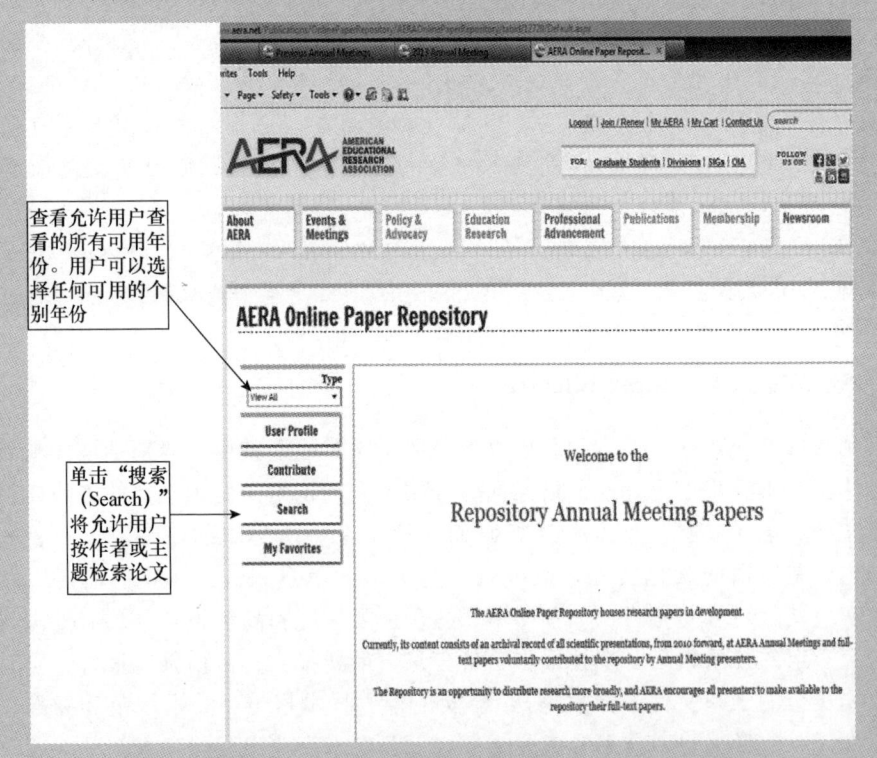

图 8-17 显示了一篇以前的年度会议论文（2010 年以后）的 AERA 在线存储库的屏幕截图

第 8 章　步骤 5：扩展检索

多个完整单词或多个单词的一部分。它不区分大小写。相反，高级搜索使用多个条件来检索选择的元数据或文档。它允许选择要搜索的元数据（即论文标题、会议标题、论文类型、会议地点、描述符、方法、署名、会议单元、摘要、演示文稿、后续出版物、URL 链接、DOI 链接）和搜索方法（即包含、不包含、以……开头、以……结尾）。它也不区分大小写。

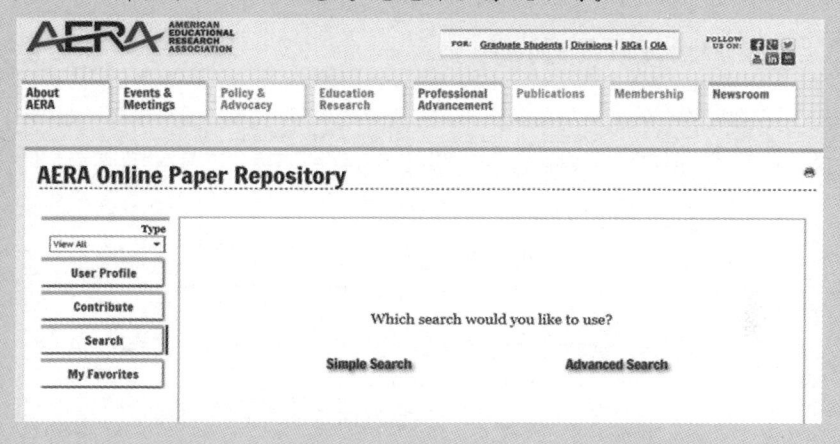

图 8-18 显示了一篇以前的年度会议论文（2010 年以后）的 AERA 在线存储库的屏幕截图，呈现了进行简单搜索或高级搜索的选项

图 8-19 中的屏幕截图显示了使用关键词"导师制（mentoring）"在 AERA 在线存储库中检索以前的年度会议论文的结果。你可以看到，在撰写本书时，第一个网页上有五篇可用（即可下载全文）论文。通过仔细阅读这些文档，我们可能会找到至少一篇与我们的示例主题"导师制和大学生"相关的论文。我们想提醒你，这些关于"导师制（mentoring）"的论文是未发表的，并且可能永远不会被发表——至少在它们未发表的版本中。此外，我们想指出，由于其威望很高，因此 AERA 吸引了世界上许多最多产的教育研究人员。因此，这些未发表的论文中至少有一些可能是最前沿的论文，这意味着如果未能检索这个在线存储库，就可能会导致导师制方面的文献回顾遗漏一个或多个当前的关键引用。

因此我们建议，作为通过文档模式进行扩展检索的一部分，你要确定代表你所在领域或学科的任何专业协会（特别是国家和国际级别的协会）是否为未发表的会议论文提供在线存储库。请记住，即使是那些不提供在线知识库的专业协会，通常也会列出最近几年提交的每一篇会议论文的标题，甚至可能是摘要。通过阅读标题和可用的摘要，你可以为你的综合文献回顾识别任何潜在的论文，并与作者联系以获取该论文的数字或硬盘拷贝版本。我们将在下一节中更详细地讨论联系作者的概念。

如何进行文献回顾

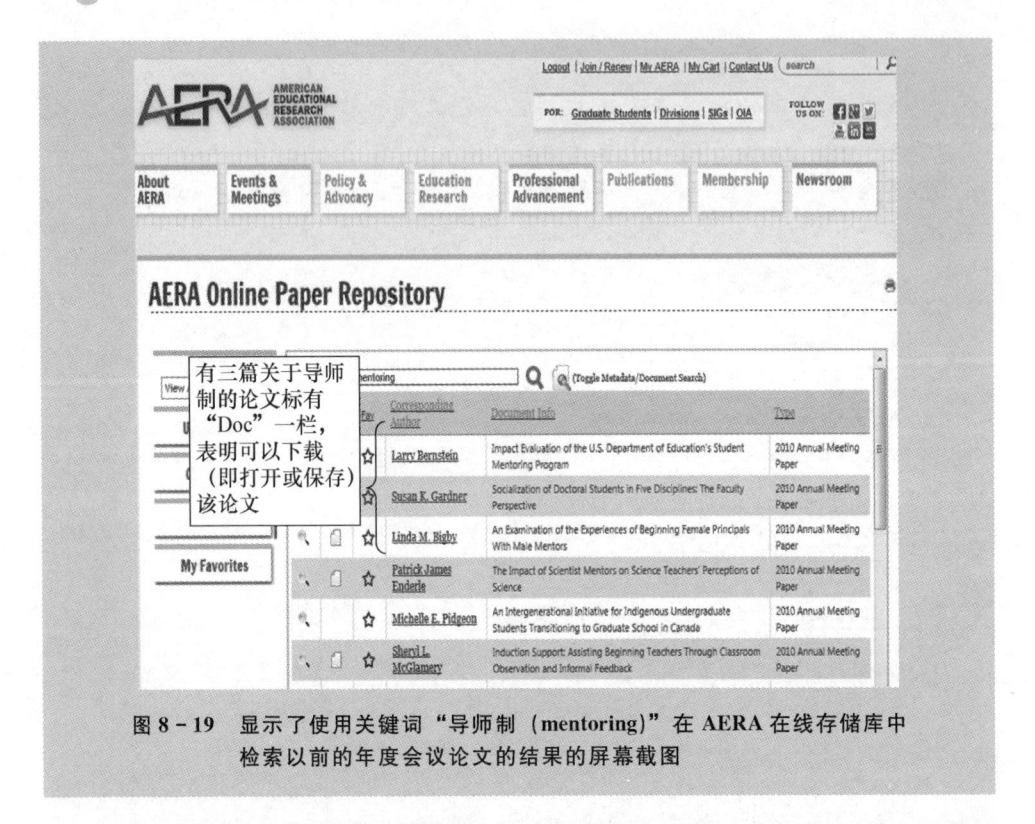

图 8-19 显示了使用关键词"导师制（mentoring）"在 AERA 在线存储库中检索以前的年度会议论文的结果的屏幕截图

博客 博客代表了另一种有用的灰色文献类型。正如我们在第 2 章中提到的那样，博客是一种网站或网站的一部分，由一人或多人根据需要更新内容（如评论、事件描述、图片、视频），条目通常按时间倒序显示。获取灰色文献博客的一个有用方法是订阅 GreyNet 的电子邮件清单（http://www.greynet.org/home/listserv.html）。GreyNet 的电子邮件清单会进行调整以确保帖子与灰色文献相关。版主会组织博客内容并将其发布给电子邮件清单订阅者。

案例：博客

回到我们的"导师制和大学生"的例子。在快速浏览使用关键词"导师（mentor）"和"博客（blog）"的 Dogpile 元搜索引擎后，我们就会发现几个关于"导师制"的博客网站，包括一个属于路易斯·扎卡里博士（Dr. Lois Zachary）的名为"路易斯·扎卡里的辅导专家博客"的网站（参见 http://mentoringexpert.wordpress.com/）。

在这个网站上，博主有针对性地为导师和被指导者（包括参与指导过程或开始指导体验的任何人）提出提示、指南和实用建议。因为扎卡里博士是一位国际公认的导师制和领导领域的专家，所以仔细阅读这个网站以搜寻丰富文献回顾的任何信息就变得很有意义。当我们在 Dogpile 元搜索引擎（www.dogpile.com）上使用搜索字符串"导师制博客和大学生（mentoring blog and college students）"时，出现了更多相关网站。例如，一个大学和职业指导博客（参见 http://www.studentmentor.org/blog/）以及大学生导师制博客——Stu 的博客（参见 http://www.studentmentor.org/blog/）。我们在这里仅列出了两个博客网站。搜索与感兴趣主题相关的博客网站的另一个好处是，它通常有助于确定主题领域的专家。这为下一节内容提供了一个很好的过渡。在下一节中，我们将概述如何让你所确定的主题领域的专家参与进来，帮助你扩展你的文献回顾。

8.6 任务 E：专家

一、识别专家（Identifying Experts）

在进行启动检索（步骤 2）、存储和组织信息（步骤 3）以及选择/删除信息（步骤 4）时，你应该已经确定了哪些作者/研究人员是你所选主题领域最多产的作者/研究人员。我们将这些多产的作者/研究人员称为专家，是基于这样一个假设，即他们职业生涯中的很大一部分时间都致力于围绕这一主题开展研究和写作。这些专家的知名度应该很高，因为他们会在这个领域发表多部著作并会被许多其他作者引用。但是，如果在这个阶段你仍不确定谁是最多产的作者/研究人员（即专家），那么收集这些信息的一个有用策略是对你在步骤 2 至步骤 5 中收集的信息来源的参考文献列表进行内容分析。

识别某一领域最多产的作者/研究人员的一种极为创新的方法是使用计算机辅助定性数据分析软件（computer-assisted qualitative data analysis software）。例如，弗雷尔斯、安伍布奇和斯莱特（Frels, Onwuegbuzie, & Slate, 2010b）使用定性软件 QDA Miner（Provalis Research，2009a）和 WordStat（Provalis Research，2009b）分别进行内容分析和字数分析，以确定在过去 15 年中，每位作者（主要和次要）在其担任编辑的期刊《学校研究》上发表的相关文章的数量。

另一种确定感兴趣领域的专家的直接方法是使用哈林（Harzing，2009）的"出版或出局"软件（www.harzing.com/pop.htm）。"出版或出局"是一个免费软件程序(可在 Windows 或 Mac OS X 上下载)，它使用"谷歌学术"检索和分

如何进行文献回顾

析学术引用。再次回到我们的导师制示例，我们使用"出版或出局"软件来确定这个领域中被引用最多的作者。图 8-20 呈现了通过哈林（2009）的"出版或出局"软件和在"谷歌学术"使用关键词"mentor*"检索到的导师制研究领域被引用最多的文献的结果截图。这张截图显示了截至本书写作时，在导师制研究领域被引用最多的 34 位作者（剩下的作者名单可以通过向下滚动页面获得）。这些作者按被引用的次数排序。从图中可以看出，K. E. 克拉姆（K. E. Kram）有一本名为《工作中的导师制：组织生活中的发展关系》的书。（虽然没有显示在屏幕截图中，但如果你将屏幕向右滚动就会看到。）在写作本书时，这本 1988 年出版的书已被引用了 3 208 次，比该领域的任何其他著作的被引次数都多。

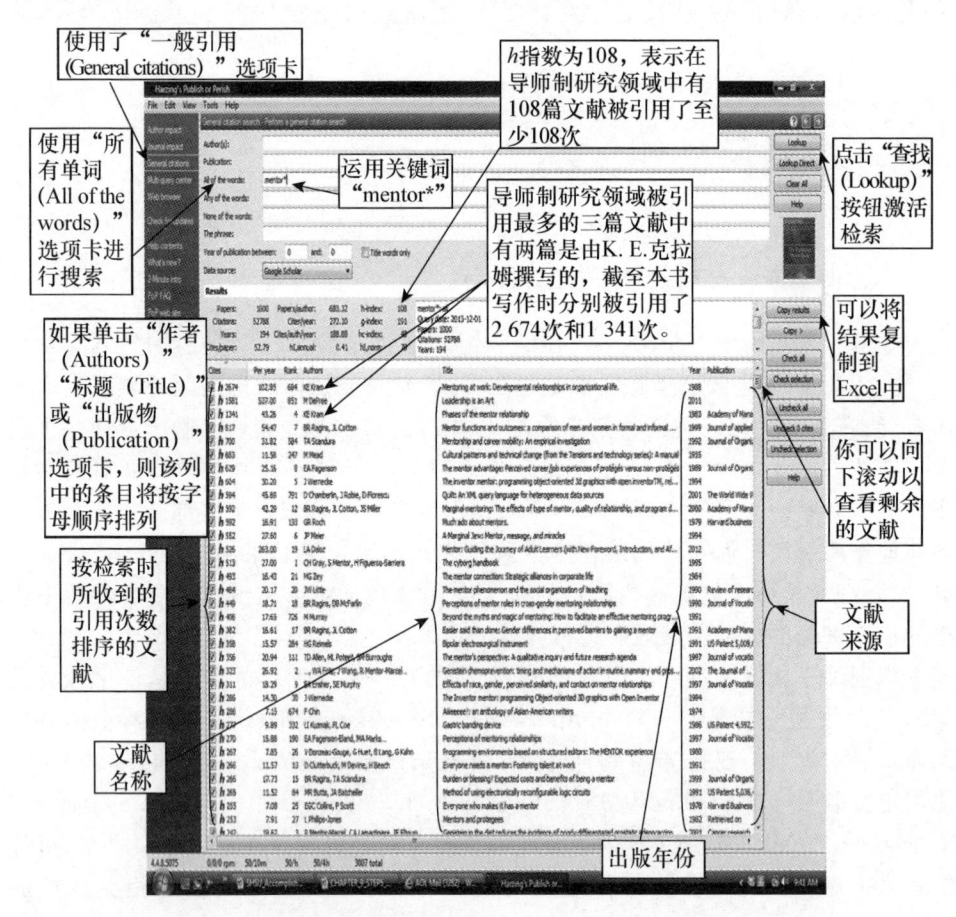

图 8-20　屏幕截图显示了通过哈林（2009）的"出版或出局"软件和在"谷歌学术"使用关键词"mentor*"检索到的导师制研究领域被引用最多的文献（按被引用的次数排序）

案例：活跃作者

有趣的是，K. E. 克拉姆于1983年发表在《美国管理学会学报》（*Academy of Management Journal*）上的《导师制关系的阶段》（"Phases of the mentoring relationship"）排在被引排行榜第三位。截至本书写作时，这篇论文被引用了1 635次。你可能已经在步骤2"启动检索"或步骤5"扩展检索"中了解了其中一个或两个引用，甚至可能在步骤3中存储和组织了这些引用。如果没有，那么我们的下一个任务是确定这些作品是否适用于你的文献回顾。如果它们涉及大学生，那么至少在某种程度上这些作品很可能是适用的。如果它们与大学生无关，那么我们应该仔细阅读这些作品，以确定它们能否以任何方式为我们的文献回顾提供信息。如果我们认为它们适用，那么很明显 K. E. 克拉姆将是我们感兴趣的专家。假设 K. E. 克拉姆是一位我们感兴趣的专家，那么我们的下一个任务就是确定 K. E. 克拉姆是否仍然是一位活跃作者——特别是要注意，K. E. 克拉姆被引用最多的文章是在30多年前发表的。（显然，我们只想联系目前在这一领域仍然活跃的专家。）

我们可以用"谷歌学术"来确定 K. E. 克拉姆是否是一位活跃作者。图8-21的屏幕截图显示了使用姓名"K E Kram"在"谷歌学术"进行检索的结果。高级检索选项用于将检索时间限制在2013年及以后。从图中可以看出，K. E. 克拉姆在2013年出版了许多作品。因此可以看出这位作者仍然非常活跃。此外，通过点击一个或多个开放访问链接（如屏幕右侧有pdf或HTML超链接的文章），我们可以发现 K. E. 克拉姆的名是 Karin，这表明她是一位女士。这些开放获取的文章还表明，她所在机构是美国纽约哥伦比亚大学内科和外科医学院微生物学和免疫学系。其中一些文章还包含她的电子邮件地址。或者，我们可以通过访问其所在机构的网站以获取这些信息。所以，如果我们决定联系她，那么是完全可以实现的。利用我们对参考文献列表和/或"出版或出局"软件的内容分析得到的信息，我们继续识别主题领域的关键专家，直到我们至少找到三位感兴趣的专家为止。我们关于采访三位专家的建议与在案例研究中使用三到五名参与者的建议（Creswell, 2002）、每个小组至少有三名参与者进行采访的建议（Onwuegbuzie & Leech, 2007a）和最小焦点小组至少有三名参与者的建议（Morgan, 1997）是一致的。

如何进行文献回顾

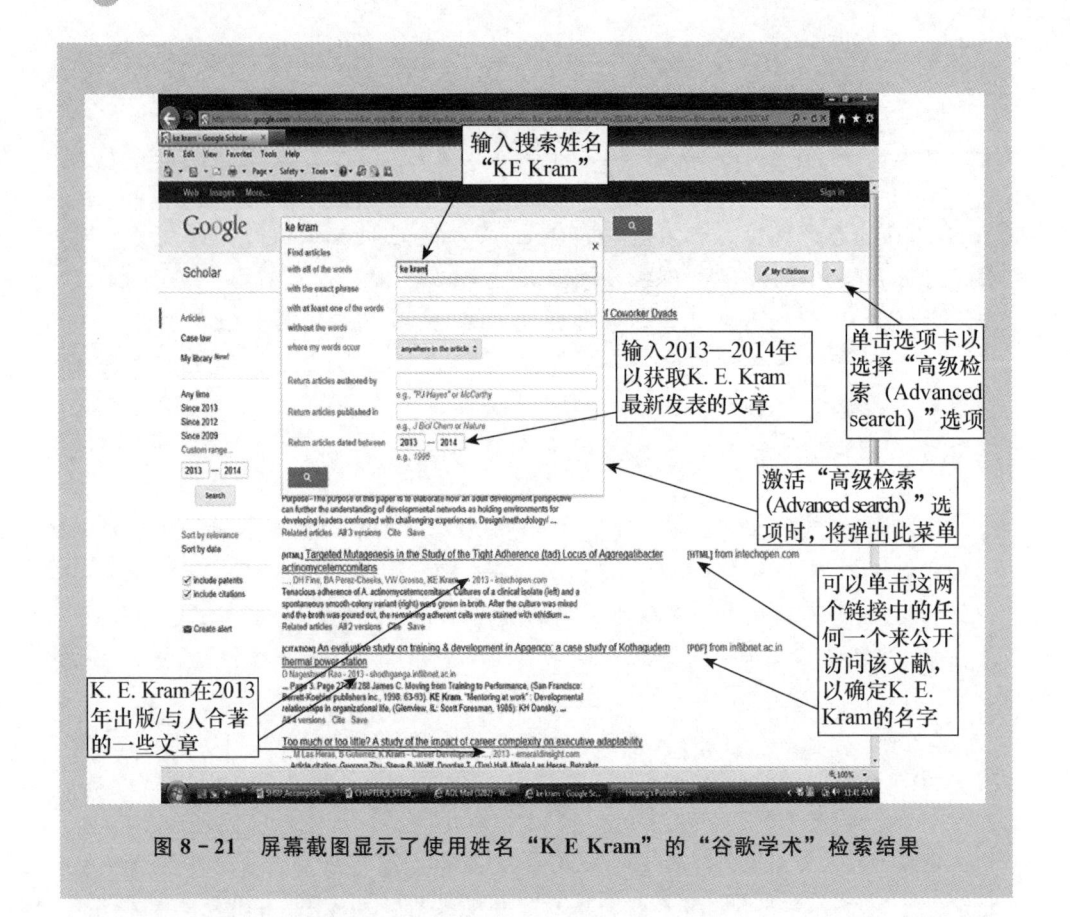

图 8-21　屏幕截图显示了使用姓名"K E Kram"的"谷歌学术"检索结果

案例:"出版或出局"软件

使用"出版或出局"软件的另一个好处是通过查看"年份(Year)"一栏(见图 8-20),你可以确定你的主题领域的发文趋势(如在导师制方面发表论文最多的是哪一年)。另外,通过查看"出版物(Publication)"一栏,你可以确定发表渠道的趋势(如哪家期刊发表的关于导师制的文章最多)。然而,更重要的是,"出版或出局"软件生成的作品列表可以用于验证步骤 2 中的检索和步骤 5 中的扩展检索,并查看是否可以确定到目前为止你错过的任何其他信息来源。一个有趣的注释是"出版或出局"软件揭示了导师制的 h 指数是 161。这意味着,至少有 161 篇关于导师制领域的著作被引用了至少 161 次,说明导师制这一主题已经非常成熟。为了更好地理解这个数字,使用搜索词"tutor*"通过"出版或出局"软件进行检索,发现 h 指数为 88。

第 8 章　步骤 5：扩展检索

二、访谈专家（Interviewing Experts）

一旦你确定了感兴趣的活跃专家，你就可以通过采访他们或直接与他们进行正式或非正式的交谈来扩大你的检索范围，正如我们在第 2 章中提到的。这些访谈/会谈的主要目的是试图获得专家们对感兴趣主题的最新想法。综合文献回顾过程中的专家就像侦探调查犯罪时的专家证人。一般来说，在综合文献回顾流程内，尤其是在扩展检索步骤（即步骤 5）中，与这些专家联系的最不麻烦的方式是向他们发送电子邮件。

案例：电子邮件/访谈（Email/Interview）

专栏 8.2 提供了一封发送给专家的电子邮件示例。可以看到，这封电子邮件为专家提供了几种选择。首先也是最重要的，专家可以选择因太忙而拒绝访谈。当然，我们希望这种情况不会发生。如果专家感兴趣并愿意接受采访，那么他/她可以选择面对面或远程（即虚拟或通过电话）采访，或者同步或异步（即通过电子邮件）采访。此外，你会注意到有关准备获得机构审查委员会（Institutional Review Board，IRB）批准与专家进行面谈的道德声明，这与我们在第 2 章中关于作为一名道德的综合文献回顾者的相关描述相符。

专栏 8.2

发送给专家的电子邮件示例

尊敬的 M. Entor 博士：

　　我叫 A 研究员，是导师大学的一名研究生。我目前正在进行一项关于大学生导师制的研究。在进行我的文献回顾时，我检索到了您的许多作品并认真进行了拜读，发现它们对理解这一主题非常有用。您的大作解答了我关于导师制的许多疑惑。从积极的方面来看，您的大作还提出了一些非常重要的问题。我读了一本由安伍布奇和弗雷尔斯撰写的关于进行综合文献回顾的教科书，他们建议在可能的情况下，作为进行综合文献回顾的一部分，文献回顾者应该采访多产的专家。因此，虽然我知道您很忙，但我还是想知道我是否可以采访您以询问一些关于您的宝贵工作的问题。我们的访谈不会超过 30 分钟。我住在离您学校不远的地方。所以，我很乐意在您选择的地点（这也是我的首选）与您面谈。或者，我可以虚拟地（如 Skype、GoToMeeting、Google Hangout）或通过电话采访您。请告诉我您喜欢哪种模式。作为另一种选择，我可以把我的问题通过电子邮件发给您。如果需要的话，我会寻求机

> 构审查委员会的批准来对您进行访谈。当然，我会在我的文章中感谢您的帮助。
>
> 我期待您在方便的时候能给我回信。
>
> 顺祝近祺！
>
> A 研究员

面对面进行富有成效的访谈的好处是你更有可能获得专家的充分关注。此外，根据丹汉姆和安伍布奇（Denham & Onwuegbuzie, 2013）以及安伍布奇和弗雷尔斯（Onwuegbuzie & Frels, 2012a, 2012b）的建议，在面对面的访谈中，你更容易观察到专家的非言语行为，例如：身势语（kinesics，以身体位移和姿势为特征的行为）、近体距离（proxemics，反映受访者/采访者特殊关系的行为）、时间行为（chronemics，如停顿、沉默、犹豫等时间言语标记）和副语言学（paralinguistics，表示声音表达的声调、强度或情感色彩的行为）。对于综合文献回顾，这些非言语数据可以与言语（即访谈）数据集成，以实现以下五个目的中的一个或多个：（a）*证实*(corroborate) 言语叙述（三角测量）；（b）*捕捉*(capture) 潜在信息（互补）；（c）*发现*(discover) 与言语交流相矛盾的非言语行为（启动）；（d）*拓宽*(broaden) 理解范围（扩展）；（e）基于其他见解创建新方向(create new directions)（发展）（Denham & Onwuegbuzie, 2013）。

与面对面访谈相比，虚拟的专家访谈则具有多方面优势。首先，虚拟访谈减少了与时间、地点、空间以及面谈成本（如交通费用）相关的挑战。此外，虚拟访谈还允许文献回顾者联系上难以进行面谈的专家（如行动不便的专家、工作繁忙的专家、在外旅行的专家）。通过运用虚拟访谈，可以增加那些经常使用计算机中介传播（computer-mediated communication，CMC）和 Web 2.0 工具进行研究并且在虚拟环境中感到舒适的专家的参与度（Biddix, 2008；Onwuegbuzie, Leech, et al., 2011）。根据我们自己的经验，我们发现大部分多产专家同意接受某种形式的虚拟访谈。例如，在进行二元导师制研究时，弗雷尔斯通过对专家的虚拟访谈扩展了她的研究，以寻找特定信息来了解她所定位文献的某些背景。通过使用电子邮件联系导师制研究领域的专家，她发现了一个量化指标，并把它作为测量导师制双方关系质量的数据收集过程的一部分。而这是专家免费提供的。该工具有助于支持或三角测量她的定性研究结果（参见 Frels & Onwuegbuzie, 2013）。此外，弗雷尔斯还通过 Skype 咨询了一位研究方法方面的专家，以帮助自己了解其所选择的一些文献。因此，弗雷尔斯能够将每位专家提供的见解与她对该主题的现有知识相结合并扩展她对所收集文献的理解。

基于多个原因，作为综合文献回顾的一部分，采访专家大有裨益。首先，通过采访专家，文献回顾者可以给专家提供一个发声的机会，以验证、修改、反驳

第 8 章　步骤 5：扩展检索

或更新文献回顾者从他们的文献回顾中收集到的发现、解释和/或概念/想法。其次，这些专家还可以将他们未发表的最新作品、正在写作的作品和/或未来的作品，以及他们熟悉的其他合著者/合作研究者或作者/研究者的作品告知文献回顾者。事实上，专家向文献回顾者提供其未发表的作品并添加到文献回顾者的文献收藏中的情况并不罕见。正如我们前面所讨论的，这些作品就是灰色文献。事实上，这样的作品对文献回顾者来说是最有价值的，因为它们代表了这些专家的最新想法。正如安伍布奇和利奇等人（Onwuegbuzie, Leech, et al., 2011）所描述的，将已发表的作品（无论是印刷品还是电子文献）作为唯一文献来源的一个重要局限是，作者形成结论、理论或概念的时间点与作品正式出版并提供给文献回顾者的时间点之间存在一个时间差。我们称这一时间差为**出版时滞**（emergence-to-publication time lag）。除了一些领域（如必须尽快公布临床试验结果的医学领域）外，其他领域出现至少 1 年的出版时滞并不罕见。

不幸的是，我们已经经历了长达 3 年的出版时滞，以至于到本书出版时，相关文献回顾至少已有 3 年历史了——这是一个足够长的时间，某些领域的整个范式都已经发生了转向（例如，在教育工作者和研究人员中，就已将术语 mentally retarded 替换为 intellectually disabled）。在期刊上发表书籍章节和形成特刊论文集特别容易出现漫长的出版时滞，因为从第一组作者到最后一组作者将其作品提交给期刊/图书编辑的时间间隔可能非常长，这就使得第一组作者提供的一些信息已经过时。

类似地，期刊发行量和成交量的积压可能会导致印刷手稿的出版出现重大延误，同样会使这些作品中提供的某些信息过时。因此，即便文献回顾者在作品一经发布时就获得了它（如使用 RSS 提要），也还是有些信息可能已经过时。此外，即使是以最及时的方式出版的作品，作者的研究结果、概念或理论的某些方面也仍然有可能在相对较短的时间内发生变化。不幸的是，在这种情况下，作者的视角改变并未反映在文献回顾者所审查作品中的任何地方。

专家通过访谈过程帮助文献回顾者扩展其文献回顾的第三种方法是，通过提供对以前作品中所用方法的专家评论来帮助文献回顾者选择最合适的方法（如最合适的工具、研究设计、程序）用于当前和/或未来的研究。专家甚至可以直接批评文献回顾者准备用于其主要研究的方法。

案例：同步访谈（Synchronous Interviewing）

访谈专家为扩展文献回顾提供了巨大的潜力，反过来又使文献回顾者更接近一个丰富而详细的综合文献回顾。实际上，作为本书的作者，我们曾经就是其他作者的文献回顾专家。例如，安伍布奇最近参加了一位作者进行的为时 1 小时的访谈，该作者正在撰写有关混合研究中的合法性的文章。对于我们来说，

如何进行文献回顾

担任专家访问者和被访问专家都是非常好的经历，因为它使我们能够提出一些可能是文献回顾者考虑的标准问题，例如专栏 8.3 中的问题。当然，这些只是文献回顾者可以向专家提问的众多问题中的几个。实际上，这里显示的问题都是一般性问题，文献回顾者也可能会提出一些直接从阅读专家作品中产生的问题。

专栏 8.3

在访谈中向专家提问的问题示例

1. 您对我们关于这个主题的了解程度有什么看法？
2. 除了您自己的作品，您认为这一领域的主要作品有哪些？
3. 您认为这一领域的主要研究者有哪些？
4. 您认为我们对该主题的知识存在什么误解？
5. 自从您上次发表作品以来，您对这个主题的想法是否有所演化？
6. 您对该主题的最新想法是什么？
7. 您有什么新的研究吗？如果有的话，能否与我分享？
8. 您认识从事任何新研究的其他人吗？如果认识，您是否可以与我分享他们的研究？
9. 我还应该探索哪些其他资源来了解更多关于这个主题的信息？
10. 您认为这一领域未来的发展方向是什么？

对那些在指导者/顾问、导师或有经验的合著者指导下进行文献回顾的学生来说，一旦他们采访了一位或多位专家，他们就可能经历一次安伍布奇、利奇和柯林斯（Onwuegbuzie, Leech, & Collins, 2008）概念化的汇报式访谈（debriefing interview），在这种访谈中，文献回顾者被其指导者/顾问/导师/合著者或理解潜在研究主题的其他人访谈。（即便是经验丰富的文献回顾者，也可能会因参与汇报式访谈而受益。）这位汇报者会向文献回顾者提出问题，帮助他/她发现任何隐藏的偏见；评估文献回顾者在采访多产作家之前、期间或之后出现的预感或直觉；并增进文献回顾者对从多产作者/研究人员那里获得的信息的理解（Onwuegbuzie, Leech, & Collins, 2011）。然后，这些汇报式访谈可以被录音或录像从而提供审计轨迹，文献回顾者可以将其与步骤 1 至步骤 5 中收集的所有文献回顾数据放在一起进行分析。

工具：汇报式访谈问题

安伍布奇、利奇和柯林斯（Onwuegbuzie, Leech, & Collins, 2008）提供

了访谈问题的类型，汇报者可以根据以下八个方面向文献回顾者询问他/她的想法：

- 文献回顾者的访谈经历（例如，"你如何描述你的训练/访谈经历？"）。
- 文献回顾者对多产作者的看法（例如，"你认为哪位多产作者的回答最有帮助？"）。
- 文献回顾者对非言语交流的了解深度［例如，"你认为音质（如音量、音调、声音质量）或多产作者与你之间的对话在多大程度上影响了访谈的进程？"］。
- 文献回顾者对从访谈中提取的信息的解释（例如，"从多产作者那里获得的哪些信息让你吃惊？"）。
- 关于访谈如何影响文献回顾者的想法［例如，"访谈的哪一部分（如果有的话）影响了你？"］。
- 关于采访对多产作者影响的担忧（例如，"还有哪些背景变量可能影响参与者的反应？"）。
- 在访谈过程的任何阶段可能出现的道德或政治问题（例如，"如果有的话，你在访谈中遇到了哪些类型的道德问题？"）。
- 文献回顾者对访谈中出现的问题的识别（例如，"你在研究过程中遇到了什么困难？你是如何处理这个困难的？"）。

为了在综合文献回顾中汇报专家的额外想法，一名文献回顾者可能会转向安伍布奇等人（Onwuegbuzie et al.，2008）在古帕和林肯（Guba & Lincoln，1989）的五项基于建构主义的原则基础上提出的一些问题。古帕和林肯的五项原则又被称为"**真实性标准**(authenticity criteria)"：

- 公平性［即"在评估过程中请求和尊重不同结构及其潜在价值结构的程度"（Guba & Lincoln，1989，pp. 246–247）］。
- 本体论真实性（即多产作者的意识水平受到参与访谈的影响的程度）。
- 教育真实性［即多产作者意识到但不一定与其他利益相关者（如其他多产作者/研究人员、其作品的阅读者）的结构和价值观一致的程度］。
- 催化真实性［即多产作者将访谈中出现的关于其他利益相关者立场的新架构或想法演化为决策和行动的程度（例如，修改自己的立场，在该领域开展后续工作）］。
- 战术真实性（即由于参与采访，多产作者有权采取行动的程度）。

使用计算机中介传播（CMC）和 Web 2.0 工具 每天，世界各地的许多人在使用 CMC 和 Web 2.0 工具进行专业互动和社交互动。因此，令人惊讶的是，迄今为止，没有一本文献回顾教科书的作者推荐使用这些工具作为文献回顾过程的一部分。我们计划通过为综合文献回顾过程引入 CMC 和 Web 2.0 工具来打破

这一现状，当然这些工具既可以是异步的，也可以是同步的。在与专家同步交流方面，一个很有潜力的 CMC 工具是推特。在本章的前面，我们着重介绍了国际上公认的导师制和领导领域专家路易斯·扎卡里博士的导师制博客网站，即"路易斯·扎卡里的辅导专家博客"（参见 http://mentoringexpert.wordpress.com/），其中包括对导师和被指导者的提示、指南和实用建议。有趣的是，扎卡里博士还有一个推特账号（https://twitter.com/LoisZachary）。

因此，当你开始搜索任何感兴趣的专家的联系信息时，你可能首先需要确定该专家是否有推特账号。对于拥有推特账号的专家，你可以利用兼容的外部应用程序（如智能手机）、推特网站或 SMS（某些国家提供）通过一篇推文向他们询问诸如专栏 8.3 中的问题（即向他们发送最多 140 个字符的文本形式的问题）。此外，你可能会决定关注（即订阅）这些专家的推文。使用推特来扩展文献回顾的一个优势是拥有推特账号的专家通常习惯于使用技术手段来进行交流；因此对他们来说，通过推文来询问你感兴趣的主题或他们的工作可能比使用任何其他交流方式的阻力都要小，并且使他们有机会与其他关注者一起深入探讨感兴趣的话题。

推特不仅有助于通过模式（MODES）的专家部分来扩展文献回顾，还可以通过模式（MODES）的观察部分来扩展文献回顾。特别是推特可以被用来**建立真值**(ground truth) 的（即验证）GIS 数据。即使是世界上最大的新闻机构，如英国广播公司（BBC）新闻（https://twitter.com/BBCNews），也使用推特发布突发新闻。无论如何，全球有超过 5 亿的推特注册用户，每天发布超过 3.4 亿条推文（Lunden, 2012），所以现在是让文献回顾者利用它来扩展其文献回顾并帮助他们走向全面文献回顾的时候了。

除推特外，其他可用于与专家交流的 CMC 工具还包括专业网络服务。此类服务的一个例子是 LinkedIn（约 2003 年），它在 200 多个国家/地区拥有超过 2.59 亿的用户，全球每月有超过 1.8 亿独立访客，并且以 20 种语言提供服务。以上信息是我们从 LinkedIn 的产品副总裁迪普·尼沙尔（Deep Nishar）发布的博客中获取的（参见 Nishar, 2013）。一旦被认证，文献回顾者就可以与其主题领域的专家保持联系。实际上，文献回顾者应该发现许多潜在的专家都已在 LinkedIn 等专业网络服务机构中注册了。

另一种基于 CMC 的与专家交流的途径是基于互联网的社交书签服务，这是一种用于组织和管理在线资源的热链接书签的互联网方法。在这里，文献回顾者可以加入专家网络，从而可以访问专家的网页链接。尽管与谷歌文档等文件共享存储库不同，在线资源本身并未在这些社交书签服务中共享，但书签提供了对这些资源的参考，元数据则提供标记（类似于关键词）、对这些资源的描述以及重要信息的简短评论或摘要。这些只是许多可用的基于 CMC 的工具的一部分，它们还提供了与专家就其主题进行交流的途径。随着时间的推移，这些工具的功能只会增加。对于文献回顾者来说，这确实是一个令人振奋的时代，可以扩展他们的检索范围！

三、同时访谈多位专家（Interviewing Multiple Experts Simultaneously）

可能会出现这样的情况：你有机会同时采访多位专家。也就是说，并没有共同研究或共同写作但相互尊重的多位专家可以同时接受访谈。在这种情况下，文献回顾者可以进行像焦点小组访谈一样的小组访谈——既可以是面对面的，也可以是依托虚拟方式的。除非所有专家居住和/或工作在同一地点，否则焦点小组访谈很可能会以虚拟方式同步或异步进行。一个在线焦点小组特别适合同时访谈多位专家（参见 Lobe，2008）。与一对一专家访谈的情况一样，专栏 8.3 中的问题可以作为一个有用的起点。无论使用何种方法，在进行这些焦点小组访谈时，我们都建议文献回顾者尽最大可能将焦点小组组织好（参见 Morgan，2008；Nicholas et al.，2010；Onwuegbuzie, Dickinson, Leech, & Zoran, 2009，2010；Palmer, Larkin, de Visser, & Fadden, 2010；Stancanelli, 2010；Vicsek, 2010）。

基于德尔菲法的访谈流程　文献回顾者与多位专家进行交流的另一种方式是使用德尔菲法的一种变体。广义上讲，**德尔菲法**（Delphi method）是一种从专家那里收集数据的技术，目的是就给定主题达成共识（Brewer，2007）。

案例：德尔菲法变体（Delphi Variations）

专栏 8.4 展示了安伍布奇、利奇和柯林斯（Onwuegbuzie, Leech, & Collins, 2011）运用德尔菲法的一种变体进行访谈，以获得混合研究的包容性定义的示例。

专栏 8.4

德尔菲法变体示例

为了获得混合研究的包容性定义，作为其文献回顾的一部分，安伍布奇、利奇和柯林斯（Onwuegbuzie, Leech, & Collins, 2007）邀请了 31 位混合研究领域的权威方法学家分享他们目前对混合研究的定义。作为文献回顾者，约翰逊等人（Johnson et al., 2007）本可以使用这些方法学家在其出版的著作中提供的定义。然而，由于混合研究领域在不断发展，因此许多发表还不到一年的定义都被认为急需其作者更新，这就是我们之前讨论过的出版时滞局限。通过使用常量比较分析法（Glaser & Strauss, 1967）来分析从选定的混合方法学家那里得到的 19 个定义，约翰逊等人（2007）提取了主题，然后将其用于概念化已普及的混合研究的包容性定义（即共识）。因此，对文献回顾者来说，收集已发表文献之外的数据最终将成果丰硕。

资料来源：Adapted from "Innovative qualitative data collection techniques for conducting literature reviews," by A. J. Onwuegbuzie, N. L. Leech, and K. M. T. Collins, 2011, in M. Williams & W. P. Vogt (Eds.), *The Sage handbook of innovation in social research methods*, Thousand Oaks, CA：Sage, p. 194. Copyright 2011 by Sage.

基于互联网的社交书签服务 同时与多位专家进行交流的一种非常有用的方式是利用基于互联网的社交书签服务。一个很有潜力的社交书签服务是Delicious (https://delicious.com/)。该服务允许文献回顾者建立一个由专家和其他文献回顾者组成的社区，他们可以共享、注释、讨论和评论信息来源，如期刊文章、书籍和网站。另一个有用的网站是CiteULike (http://www.citeulike.org/)，这是一个基于学术的免费社交书目网站，允许用户在线保存论文和书籍。特别是文献回顾者可以使用这个网站来检查其他用户的书目并查看标签(tag)和作者云(author clouds)——一种云状的图形标识，高频词汇的标识要比低频词汇的标识在视觉上显得更大和更为明显。

案例：CiteULike

图8-22的屏幕截图显示了使用搜索字符串"导师制和大学生（mentoring and college students）"从CiteULike获得的检索结果。截至本书写作时，系统中有700多万篇文章，每天添加的文章超过1 000篇。当用户将文章或书籍添加到在线图书馆收藏中时，所有书目中的单个引用都会自动更新。因此，所有用户都可以实时了解CiteULike社区中的哪些人添加了新信息来源，这由每个引用末尾显示的数字和用户ID来表示。

同样，Zotero (http://www.zotero.org)也是一个免费的学术书目程序，一旦被安装，就驻留在计算机的web浏览器中。该工具不仅允许用户编辑从图书馆数据库中获得的学术引文，还允许用户将从互联网上提取的任何信息来源（如网站、博客文章、维基条目和灰色文献）存档。Zotero还可以用来保存全文作品的副本。然后，用户可以添加标记、附件、注释等。截至本书写作时，其他社交书签服务包括StumbleUpon (http://www.stumbleupon.com/)、Diigo (https://www.diigo.com/)、Digg (http://digg.com/)和reddit (http://www.reddit.com/)。

在研究方法论方面，Methodspace (http://www.methodspace.com/)是一个很有用的网站，在这里，一名文献回顾者可以与来自世界各地的多位研究方法论专家进行交流。或者，文献回顾者可以通过使用Ning (http://ning.com)

第 8 章 步骤 5：扩展检索

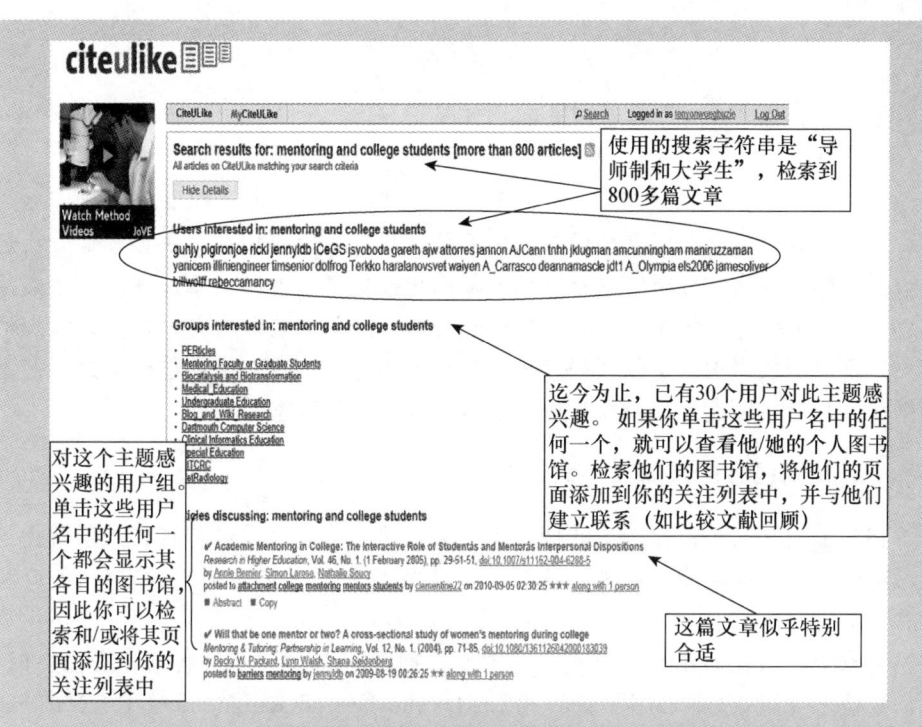

图 8-22　显示了使用搜索字符串"导师制和大学生"从 CiteULike
获得的检索结果的屏幕截图

或 Elgg (http://elgg.org/) 等免费软件来建立自己的文献回顾小组和论坛，以支持特殊兴趣小组。通过使用社交书签服务和社交网络软件，文献回顾者将了解到新信息并可以评估这些新信息的重要性，以及与引用类似作品的其他文献回顾者建立联系 (Greenhow, Robelia, & Hughes, 2009)。此外，正如格林豪等人 (Greenhow et al., 2009) 推测的那样，"作为对印刷版期刊手稿传统同行评审的补充，这些技术允许每个在线读者对材料进行评级或排名、标记和注释"(p.253)。总之，通过在（扩展）文献回顾过程中与专家以及其他文献回顾者进行交流，工作重点已经由获取文献转为关注创造、培育，以及维持人际互动、人际合作和人力资本。

更重要的是，通过正式或非正式访谈与该领域的专家进行交流，有助于文献回顾者在更大程度上捕捉到专家的想法，这与安伍布奇和弗雷尔斯 (Onwuegbuzie & Frels, 2013a) 倡导的批判性辩证多元主义研究哲学相一致。代表社会公正范式的批判性辩证多元主义的目标是让参与者发声并对其赋权 (Onwuegbuzie & Frels, 2013a)——此处的参与者是指被文献回顾者引用作品的那些专家们——而这一目标是通过允许专家作为研究人员（即共同回顾者）最大限度地参与整个文献回顾过程，特别是知识构建部分而实现的。

8.7 任务5：二手数据

文献回顾者可以扩展文献回顾的第五种方法是使用可用的二手数据，分析这些数据，然后将这些分析结果整合到文献回顾报告中。如第2章所述，**二手数据**（secondary data，如调查、人口普查和记录）是指由文献回顾者以外的人收集的信息。将二手数据纳入文献回顾过程有三种主要方法：（a）使用已分析过的二手数据；（b）使用原始二手数据；（c）收集和分析二手数据。

一、使用已分析过的二手数据

在二手数据已经被分析了的情况下，文献回顾者应该尽量节省将二手数据纳入文献回顾过程的时间。此外，这些二手数据通常具有预先确定的有效性/合法性和可信度/可靠性程度，而无须由文献回顾者重新审查。例如，你可能还记得在第2章中，当我们在谷歌搜索引擎中使用搜索字符串"国家数据+英国"时，我们定位了英国（UK）国家统计出版物［the United Kingdom (UK) National Statistics Publication, UKNSP］主页，其中就包含围绕几个主题的二手数据。现在让我们回到导师制和大学生的例子。假设为了确定导师制在英国高等教育机构中是否重要，我们想找出第一年辍学的学生比例是多少。在UKNSP数据库的11个可用主题（如经济）中，收集绩效数据最相关的主题是"儿童、教育与技能"。

案例：数据库

图8-23展示了UKNSP数据库关于该主题的屏幕截图。从图中可以看出，最相关的链接是"高等教育和成人教育提供者"。图8-24展示了"高等教育和成人教育提供者"数据库的截图，显示了两个相关链接，其中就包含英国高等教育的绩效指标。例如，点击"威尔士高等教育绩效指标（Higher Education Performance indicator for Wales）"链接可获得一份pdf文件（http://wales.gov.uk/docs/statistics/2013/130418-higher-education-performance-indicators-2011-12-en.pdf），该文件提供了一些人口层面的统计数据，如"2010—2011年，22%的威尔士HEIs（高等教育机构）全日制本科新生没有入学就读"（p.2）。因此，诸如此类的二手数据结果就可以被轻松地纳入文献回顾。事实上，这些数据以及在文献回顾过程步骤2（启动检索）到步骤5（扩展检索）中获得的与"导师制可以增加毕业概率"相关的任何结果都可以用来为证明导师制的重要性建立一个案例。

第 8 章　步骤 5：扩展检索

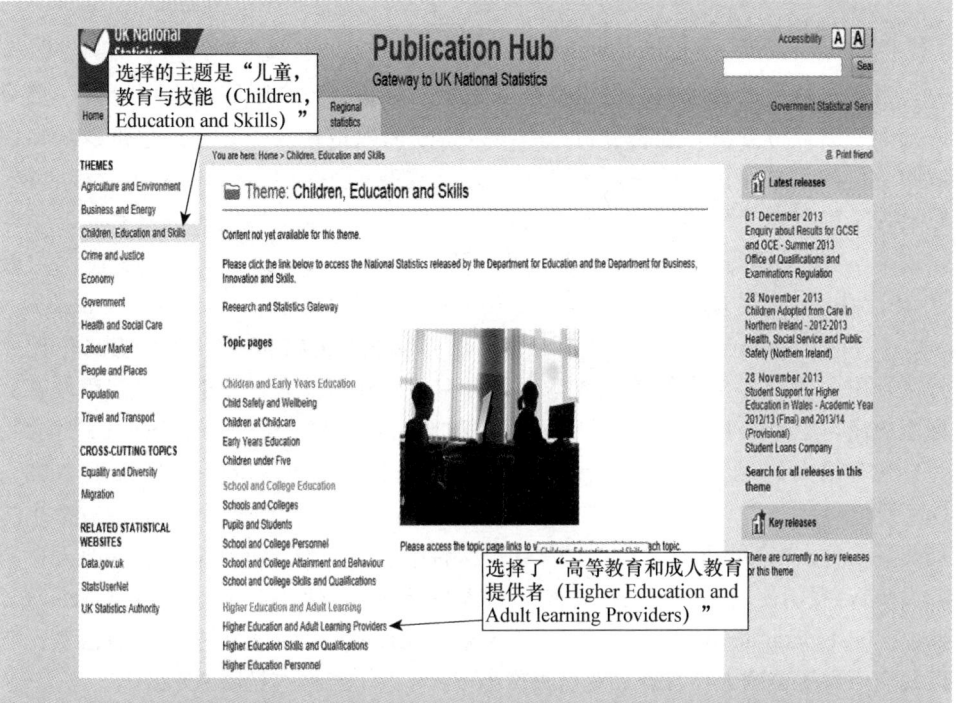

图 8-23　显示了以"儿童、教育与技能"为主题的英国国家统计出版物数据库的屏幕截图

图 8-24　来自英国国家统计出版物数据库的屏幕截图，主题为"儿童、教育与技能"，显示了两个相关链接，其中包含英国高等教育的绩效指标

二、使用原始二手数据

当二手数据已被收集但还没有被（完全）分析时，文献回顾者可以对一部分或全部数据进行分析，并将分析结果纳入文献回顾报告之中。有无数跨越众多领域和学科的数据库供文献回顾者考虑使用。让我们再次以导师制和大学生为例。假设为了确定在美国实行导师制的必要性，我们想确定本科生的毕业率（即学业完成率）。为了获得最新数据，我们可以找到一个国家数据库，例如美国国家教育统计中心数据库（the National Center for Education Statistics database, http://nces.ed.gov/）。除此之外，我们还可以获得美国50个州（包括哥伦比亚特区）中一个或多个州的教育数据库。得克萨斯州可能是一个有理由使用教育数据库的州，原因如下：(a) 它是美国人口第二多的州（U.S. Lensus Bureau, 2012）；(b) 它有很大比例的少数族裔学生得不到充分的服务（College Board, 2013）；(c) 到2040年，得克萨斯州公立学校和大学的学生人数将增加，并且大多数学生将是非盎格鲁人（Murdock et al., 2002）。我们想指出，关于第一个原因（即人口第二大州），我们使用了美国人口普查局（人口估算）数据库（http://www.census.gov/popest/data/national/totals/2012/index.html）的二手数据以获得这一信息，所以我们下载了美国人口普查局免费提供的Excel电子表格（见图8-25）。

图 8-25 来自美国人口普查局（人口估算）数据库的屏幕截图

不管怎样，我们现在已经建立了一个使用得克萨斯州数据库来扩展我们的文献回顾的案例。我们有几个免费教育数据库可用，这是便利之处。一个特别有用的数据库是得克萨斯州高等教育责任系统（Texas Higher Education Accountability System, http://www.txhigheddata.org/Interactive/Accountability/）数据库（见图8-26）。点击"Go"将出现图8-26中所示的网站，从中可以下载 Excel 文件，该文件包含许多变量（即关键指标、背景指标），这些变量属于以下类别：参与、成功、卓越、研究或机构效率和效能。

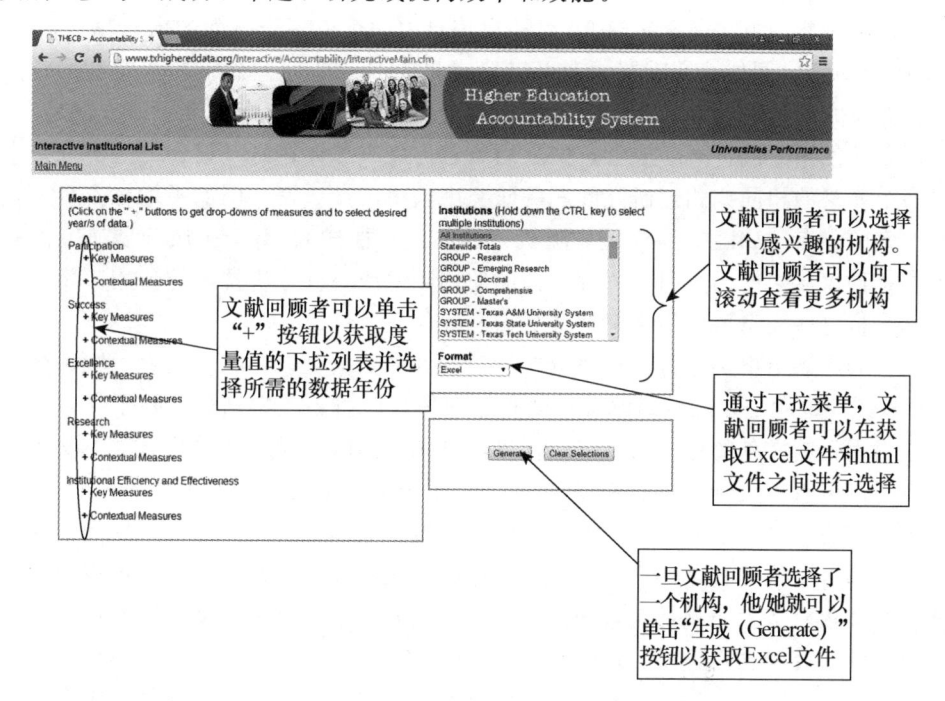

图8-26　得克萨斯州高等教育责任系统数据库

在下载了合适的 Excel 文件（取决于感兴趣的信息和文献回顾者的统计理解水平）后，由于这些二手数据通常涉及较大样本量，因此文献回顾者经常需要进行一系列的统计分析，范围包括从描述性分析［集中趋势测量（如均值、中位数）、差异量数/离散量数分析（如方差、标准差）、位置测量（如百分位秩，z 值）］到探索性分析（如探索性因素分析、聚类分析）再到推断性分析（如多元回归、方差分析）。（有关58项统计技术和类型学的综述，请参见 Onwuegbuzie & Hitchcock，2015。）例如，最近研究人员就调查了与毕业率相关的因素（如终身教职的比例）（参见 Smith et al.，2013；Wilcox-Pereira, Valle, Gonzales, Venzant, & Paitson, 2014）。

三、收集和分析二手数据

通过二手数据扩展文献回顾的前两种策略涉及使用由其他方收集的档案数据，第一种策略涉及使用已由其他方分析过的数据，第二种策略涉及让文献回顾者来分析这些档案数据。文献回顾者通过二手数据扩展文献回顾的第三种策略是收集和分析二手数据。该策略包括在从步骤2到步骤4中确定的一系列选定文献中收集相同的信息，然后分析该信息以确定趋势。

特别是，文献回顾者可以跨作品收集和比较信息。正如我们在第 7 章中所讨论的，与主要研究报告的 12 个组成部分有关的信息提供了一组补充信息。识别趋势的一种常用方法是确定这 12 组补充信息中一个或多个方面的流行率（prevalence rates）。例如，文献回顾者可以检查报告引言部分一个或多个要素的相同或相似研究问题的研究的流行率，例如特定引用、理论/概念框架、研究问题和/或假设的使用的流行率。或者，文献回顾者可能有兴趣在研究报告方法部分一个或多个要素的相同或相似研究问题的研究中获得统计数据，例如平均样本量、抽样方案的分布〔如随机抽样与非随机（目的性）抽样〕、每个区域开展研究的频率、每种仪器的使用频率、每种干预的使用频率或每种分析技术的使用频率。收集和分析这些信息可以为文献回顾提供重要信息。

我们应该指出，进行流行率分析所需的许多数据可以在综合文献回顾的步骤 3 中收集，也就是在文献回顾者存储和组织信息时收集。特别是，除了在电子表格中插入每篇文献的相关信息（如作者、标题、出版年份、来源）之外，文献回顾者还可以收集关于主要研究报告这 12 个组成部分中的一个或多个部分的信息。在这个阶段你可能会问：为什么花时间收集这些数据是值得的？如果你问了这个问题，那么，这确实是一个好问题！通过收集这些数据，文献回顾者可以确定哪些现有文献对文献回顾是有效的，哪些则是无效的，这反过来又可以对他们在实证研究的研究概念化阶段、计划阶段和/或实施阶段开展主要研究有所助益。

此外，跟踪现有文献中的参与者信息也是值得的。这种信息映射不仅有助于检查与选定研究参与者相关的趋势，而且对映射研究结果非常有用。特别是在定量研究方面，利用研究地点的相关信息可以绘制影响大小的图表以检查这种现象是否存在区域、全国甚至全球性趋势。类似地，可以绘制出针对同一研究问题的主题和其他定性研究结果的图表。因此，这种映射可以增强由（定量）元分析和（定性）元综合产生的解释（Onwuegbuzie, Leech, & Collins, 2011）。这会将文献回顾扩展为空间整合的文献回顾。

应用概念

收集一篇文献的信息有助于获取我们所谓的该文献的 DNA。事实上，收集这些信息可以帮助文献回顾者改进文献回顾的撰写。特别是收集和分析文献的 DNA 信息有助于扩展和增强我们在第 2 章中描述的所有四种常见的叙述性回顾，即一般性文献回顾、理论性文献回顾、方法性文献回顾和历史性文献回顾。在第 2 章中，我们还描述了代表传统文献回顾两个主要分支之一的系统性文献回顾，作为对所有涉及某一研究主题特定研究问题的研究结果的批判性评论和评估。

此外，系统性文献回顾还涉及透明地使用一种有组织的方法，利用预先确定的一组具体标准来识别、收集和评价关于这一主题的文献。

8.8 系统性回顾的首选报告

一套具体的标准已由报告指南实现了标准化，例如系统性回顾和元分析的首选报告项目（Preferred Reporting Items for Systematic Reviews and Meta-Analyses，PRISMA）（Moher et al.，2009）。正如 PRISMA 声明网站（http://www.prisma-statement.org/）所宣称的那样，PRISMA 代表了一组以证据为基础的、标准化的、最小的项目集，其目的是帮助文献回顾者改进评估医疗保健干预措施的益处和风险的系统性回顾和元分析的报告。

工具：医疗保健系统性回顾的报告标准

报告文献检索的另一个标准是 STARLITE 项目，它代表抽样策略、研究类型、方法、年份范围、限制、纳入和排除、使用的术语、电子资源（Booth，2006）。STARLITE 专注于报告医疗保健领域的定性系统评价。报告文献检索的其他标准包括：随机对照试验中的 CONSORT 声明（CONSORT Group，2010）、报告诊断准确性研究的 STARD 声明、报告流行病学观察研究元分析的 MOOSE 声明和报告流行病学观察研究的 STROBE 声明（STROBE Group，2010）。表 8-3 列出了文献回顾中报告研究的常用标准。

表 8-3 文献回顾中报告研究的常用标准

标准	网址/引用	说明
PRISMA 声明	www.prisma-statement.org Moher et al. (2009)	PRISMA 代表系统性回顾和元分析的首选报告项目（Preferred Reporting Items for Systematic Reviews and Meta-Analyses）。PRISMA 声明的目的是帮助作者报告广泛的系统性回顾以评估医疗干预的利弊。PRISMA 关注的是作者如何确保透明和完整地报告系统性回顾和元分析。
STARLITE 声明	www.ncbi.nlm.nih.gov/pmc/articles/PMC1629442 Booth (2006)	STARLITE（抽样策略、研究类型、方法、年份范围、限制、纳入和排除、使用的术语、电子资源）可用于传达文献检索报告的重要内容。

续表

标准	网址/引用	说明
MOOSE 声明	www.consort-statement.org/mod_product/uploads/MOOSE%20Statement%202000.pdf Stroup et al. (2000)	MOOSE 代表流行病学观察研究的元分析（**M**eta-analysis **o**f **O**bservational **S**tudies in **E**pidemiology）。它为提高元分析对作者、文献回顾者、编辑、读者和利益相关者的有用性提供了指导。
STROBE 声明	www.strobe-statement.org/index.php?id=strobe-home von Elm, Altman, Gøtzsche, Vanderbroucke, and the STROBE Initiative (2007)	STROBE 是一个由流行病学家、方法学家、统计学家、研究人员和期刊编辑共同发起的国际性合作倡议，他们参与了观察性研究的实施和传播，共同目标是加强流行病学家观察研究的报告（**ST**rengthening the **R**eporting of **OB**servational studies in **E**pidemiology）。
CONSORT 声明	www.consort-statement.org Schulz, Altman, Moher, and the CONSORT Group (2010)	CONSORT 声明旨在改进随机对照试验（RCT）的报告，使读者能够理解试验设计、进行分析和解释并评估其结果的有效性。它为文献回顾者准备试验结果报告、促进其完整而透明地报告以及帮助其进行批判性评估和解释提供了一种标准方法。 CONSORT 代表临床试验报告统一标准（**CON**solidated **S**tandards **o**f **R**eporting **T**rials）。
STARD 声明	www.stard-statement.org Bossuyt et al. (2003)	STARD 声明的目标是提高诊断准确性研究报告的准确性和完整性，使读者能够评估研究中存在偏见的可能性（内部效度），并评估研究的概括性（外部效度）。STARD 声明包含 25 个项目的清单，并建议使用描述研究设计和患者流动的流程图。STARD 代表诊断准确性研究报告的标准（**STA**ndards for the **R**eporting of **D**iagnostic accuracy studies）。
COREQ 声明	intqhc.oxfordjournals.org/content/19/6/349.long Tong, Sainsbury, and Craig (2007)	COREQ 代表定性研究报告的综合标准（**CO**nsolidated criteria for **RE**porting **Q**ualitative research.）。COREQ 声明包括访谈和焦点小组的 32 个项目清单。
ENTREQ 声明	www.equator-network.org/reporting-guidelines/enhancing-transparency-in-reporting-the-synthesis-of-qualitative-research-entreq Tong, Flemming, McInnes, Oliver, and Craig (2012)	ENTREQ 代表在报告定性研究综合报告时提高透明度（**EN**hancing **T**ransparency in **RE**porting the synthesis of **Q**ualitative research）。

续表

标准	网址/引用	说明
SQUIRE 声明	squire-statement.org/guidelines Davidoff, Batalden, Stevens, Ogrinc, Mooney, and the SQUIRE Development Group (2008)	SQUIRE 代表卓越质量改进报告标准（Standards for QUality Improvement Reporting Excellence）。它为报告正式的、有计划的研究提供了一个框架，这些研究旨在评估改善护理质量和安全的干预措施的性质和有效性。
CHEERS 声明	www.ispor.org/taskforces/EconomicPubGuidelines.asp Husereau et al. (2013)	CHEERS 代表统一的健康经济评估报告标准（Consolidated Health Economic Evaluation Reporting Standards）。它为作者和文献回顾者提供了指南，以支持生物医学文献中健康经济和结果研究报告的质量、一致性和透明度。
CARE 声明	www.care-statement.org Gagnier et al. (2013)	CARE 声明提供了一个框架，以支持从护理角度对病例报告和数据进行完整性、透明度和数据分析的需要。首字母缩写 CARE 是由"case"中的前两个字母和"reports"中的前两个字母组成的。
SAMPL 声明	www.equator-network.org/wp-content/uploads/2013/07/SAMPL-Guidelines-6-27-13.pdf Lang and Altman (2013)	SAMPL 代表已发表文献中的统计分析和方法（Statistical Analyses and Methods in the Published Literature）。它为在生物医学期刊上发表的论文提供了基本的统计报告指南。

使用 PRISMA 的目的是帮助作者提供一个透明且完整的文献回顾。根据 PRISMA 声明网站所言，尽管 PRISMA 主要关注随机试验的系统性回顾和元分析，但它也可以作为其他类型研究（如诊断研究、观察研究）回顾报告的基础。PRISMA 还可以在文献回顾过程中用于评估研究。目前，PRISMA 声明包括一个含 27 个项目的清单和一个四阶段流程图（要获取这两项内容，请参见 http://www.prismatatem.org/statement.htm）。特别是流程图通过系统性回顾的不同阶段呈现了信息流，列出了有关文献检索中确定的记录数、纳入和排除的文献数以及排除原因等信息。目前，代表健康科学的 170 多家期刊支持 PRISMA 声明。与我们当前的模式（MODES）章节最相关的项目示例是"方法（Methods）"下的项目 7，该项目规定文献回顾者"描述检索中的所有信息源（如带有覆盖日期的数据库、与研究作者联系以确定其他研究）及最后检索日期"。你会注意到，"与研究作者联系以确定其他研究"这句话与我们在扩展检索中请教专家［即模式（MODES）］的想法是一致的。

8.9 组合两种或多种模式

至此，本章已经概述了文献回顾者如何通过以下五种模式分别收集数据以扩展信息检索范围，从而朝着对文献进行综合回顾的目标一步步迈进。综合文献回顾也就是要超越传统的文献回顾，而五种模式（MODES）即媒体、观察、文档、专家和二手数据。然而在结束本章之前，我们应该指出，可以同时通过两种或多种模式收集信息。例如，可以在使用其余四种模式中的一种或多种模式的同时收集二手数据。举例说明，在绘制了美国校园屠杀的地点图之后，文献回顾者可以将通过这五种模式提取的调查结果与定量[①]的社会学数据（如总体犯罪率、社区暴力犯罪的总体发生率、社区枪支犯罪的总体发生率、贫困率、教育、医疗、宗教）联系起来。文献回顾者特别感兴趣的可能是利用地理信息系统绘制全美枪支销售的分布图，以便他/她能够审查枪支销售与校园屠杀之间的关系（即二手数据分析）。

结　论

自 20 世纪 60 年代以来，*信息爆炸*（information explosion）一词被用来描述可用信息量的迅速增加以及由此带来的后果。尽管这些丰富的信息在许多领域（如犯罪学、法医心理学、国土安全）得到了很好的应用，但在进行文献回顾时，文献回顾者却未能充分利用这些信息。遗憾的是，现有的文献回顾著作全都局限于呈现如何进行*传统的*文献回顾（即收集已经存在的纸质或数字形式的文献）。尽管其中的许多作品充分展示了如何进行*传统文献回顾*，但这些指南并未跟上信息爆炸的步伐。因此在本章中，我们提供了一个框架，用来提取与任何研究主题相关的更多信息。具体而言，我们概述了如何通过单独使用或同时使用以下五种模式来扩展信息检索——媒体、观察、文档、专家和二手数据，从而实现对文献的全面审查。因此，传统的文献回顾是一维的，而运用模式（MODES）可以将文献回顾过程转化为多维的、互动的、新兴的、迭代的、动态的、整体的、协同的综合文献回顾！

正如安伍布奇、利奇等人（Onwuegbuzie, Leech, et al., 2011）所主张的，我们认为在文献回顾过程中，模式（MODES）的使用增强了*代表性*（representation）和*合法性*（legitimation）。所谓增强代表性，也就是说文献回顾者能够提取

[①] 原书此处为"定性的（qualitative-based）"，但结合上下文，此处应为"定量的"。——译者注

第 8 章　步骤 5：扩展检索

最相关的和最新的知识，这些知识为文献回顾过程提供了信息，从而增加了达到知识饱和的可能性，进而产生更丰富的解释和更多的理解。相比之下，增强合法性指的是增加从文献回顾过程中演化出来的解释的有效性（如通过直接询问多产的作者）。此外，通过这些模式收集数据进一步证实了我们在第 3 章中提出的观点，即全面的文献回顾过程不仅是一种数据收集工具和方法，而且是一种混合研究技术，甚至是一种方法论。因此，通过模式（MODES）收集数据具有额外的伦理含义。实际上，正如第 2 章所述，在扩展检索时，文献回顾者不仅应该通过使用模式（MODES）采用多模态方法，而且应该同时采用文化进步方法和道德方法。道德含义包括在适当的时候寻求机构审查委员会的批准。尽管寻求机构审查委员会的批准需要文献回顾者做一些额外工作——如弗雷尔斯（Frels，2010）和约翰逊等人（Johnson et al.，2007）提取的其他信息所示——但我们认为为了达到目的，采取这种方法是合理的。此外，通过模式（MODES）的使用，文献回顾过程不会被视为一个静态的过程，即在进行主要研究之前，在特定的时间点被动地提取信息。相反，文献回顾过程是积极主动进行的，这样它就转变为"一个在研究之前、期间和之后发生的意义形成过程"（Onwuegbuzie, Leech, et al.，2011，p.200）。

作为演示如何通过使用模式（MODES）扩展文献的一部分，我们提供了许多链接/网站。在你阅读本章时，其中一些链接/网站可能已更改或删除；但重要的不是某一特定的网站，而是文献回顾者越来越多地使用许多 CMC 和 Web 2.0 工具来扩展他们的文献检索。人们不禁要问，当 Web 3.0 工具（即将来临）成为现实时，模式（MODES）还能扩展多少［据预测，"随着语义网技术、分布式数据库、自然语言处理、机器学习、机器推理和自主代理的出现，这些领域将变得更加互联、开放和智能"（Spivack，2013，p.17）］。

在下一章中，我们将介绍步骤 6，它将分析和综合一些选定的信息来源。在继续执行步骤 6 之前，请再次返回步骤 3"存储和组织信息"，以便你开始对将要分析和综合的信息来源进行排序。请记住，你的某些信息来源不需要被归类到基础型信息来源中，而可以作为补充型信息来源，并且可以与基础型信息来源分开进行分析和综合。我们还建议你在步骤 5 中回顾这些概念：

- 超越传统的文献回顾包括使用其他资源来扩大检索范围，这些资源包括媒体、期刊论文以外的文档、该主题领域的专家和二手数据。
- 媒体是包括有声图书、视频存储库和视觉工具的信息源。
- 观察结果可以提供依据或创设背景，以便将综合文献回顾理解为一份独立的报告或为主要研究提供信息。
- 地理信息系统是一种绘图工具，可用于创建一个显示，并应用于对背景和地面真实的现象进行了解。

- 期刊论文以外的文档为你的主题提供了支持,其中包括期刊特殊选题、学位论文或毕业论文、专著、政府文件、博客、灰色文献以及许多其他文章。
- 专家可以是多产作者/研究人员,他们的职业生涯中有很大一部分时间致力于研究和撰写某一主题。
- 面对面访谈[①]包括一些结果(信息)和过程项目,如近体距离(反映受访者/采访者特殊关系的行为)、时间行为(如停顿、沉默、犹豫等时间言语标记)和副语言学(表示声音表达的声调、强度或情感色彩的行为)。
- 德尔菲法是一种从专家那里收集数据的技术,目的是就给定主题达成共识。
- 与专家交流和使用基于互联网的社交书签服务有助于文献回顾者在更大程度上捕捉专家的声音。
- 在期刊上发表书籍章节和形成特刊论文集特别容易出现漫长的出版时滞,因此,它们会包含一些过时的信息。
- 汇报式访谈有助于识别任何隐藏的偏见并评估对话/访谈的预感或直觉,以便更好地认识和理解。
- 二手数据可通过调查、人口普查和记录等形式获得,如果是原始二手数据或已分析过的二手数据就可用于文献回顾。
- 总的来说,模式(MODES)的使用提高了代表性和合法性,因为文献回顾者能够提取最相关的和最新的知识,从而使文献回顾过程更加趋于饱和和合法化。

第8章 评价一览表

核心(CORE)	指导性问题和任务
批判性检视	你在多大程度上确定了扩展检索的方法?
组织	你在多大程度上以书面形式记录了模式(MODES)路径?你如何存储该信息,以便你可以轻松地检索它?
	如果你要联系专家,那么你对该主题领域的了解如何?你想探索哪些领域?你如何表达你的问题?
反思	通常,我们不知道的事情会限制我们对某一主题的理解。如何使用模式(MODES)填补知识空白?
评估	你可以获得哪些技术技能来促进你的综合文献回顾?作为一名文献回顾者/研究人员,如何提高你的技术技能?

[①] 原书中此处为"虚拟的同步访谈(virtual synchronous interviews)",但结合上下文,此处应为"面对面访谈"。——译者注

第三篇
整 合

探索阶段

- 步骤1：探索信仰和主题 ↔ 步骤2：启动检索
- 步骤3：存储和组织信息 ↔ 步骤4：选择/删除信息 ↔ 步骤5：扩展检索（MODES）

解释阶段

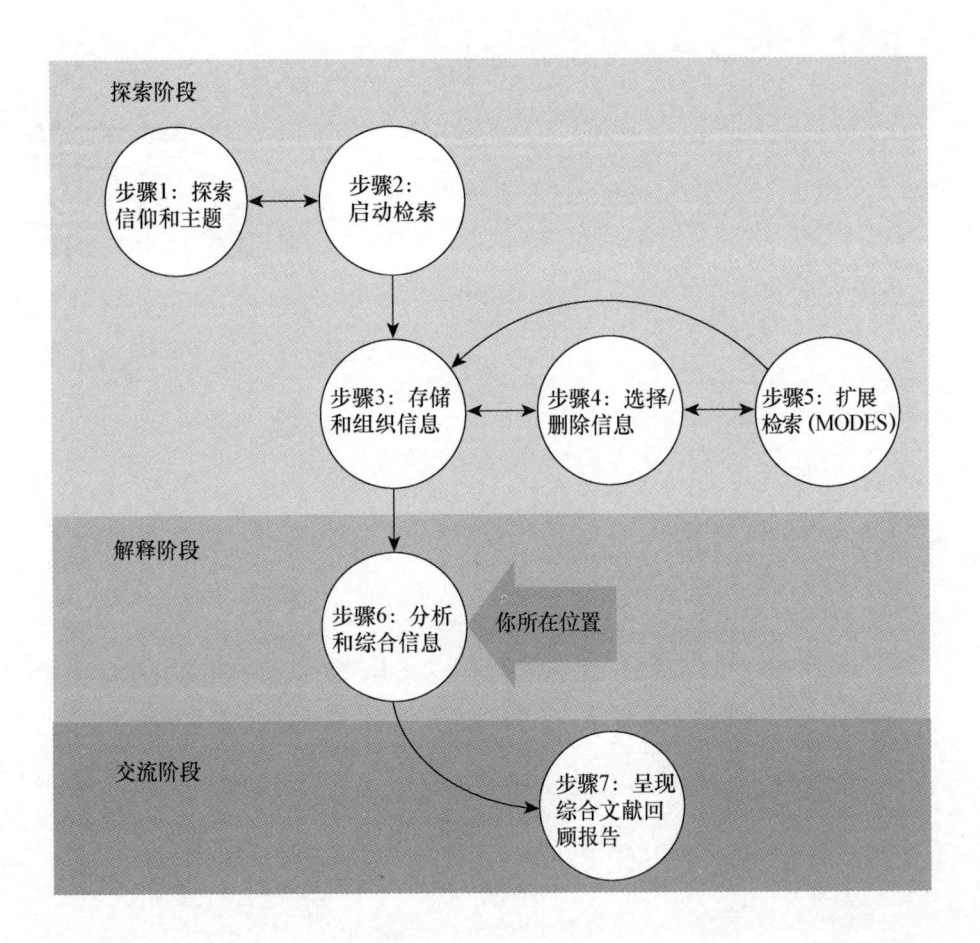

- 步骤6：分析和综合信息 ← 你所在位置

交流阶段

- 步骤7：呈现综合文献回顾报告

第 9 章

步骤 6：分析和综合信息

第 9 章思路图

背景概念
- 信息分析与信息综合之间的差异
- 信息来源的本质
- 创建分析问题

新概念
- 数据分析的本质：三大层次
- 处理决策和新兴议题

应用概念
- 信息的定性数据分析
- 信息的定量数据分析
- 信息的混合数据分析
- 选择分析

背景概念

你可能还记得，为了选择/删除信息（即步骤 4），文献回顾者必须对每一组信息进行初步分析。这个初步分析的主要功能是帮助文献回顾者利用他们文化进步的、多模态的、道德的和自反性研究者的身份以确定最终样本所选择的信息是应该（a）位于基础型信息集内还是应该（b）构成补充型信息集的 12 个组成部分中的一个或多个。温馨提醒，在我们的综合文献回顾示例中，二元导师制研究只使用了 209 个最终样本中的 47 篇文献。其余 162 篇文献被归类为 12 个补充部分中的一个或多个。一旦对最终的信息样本进行了分类，文

如何进行文献回顾

献回顾者就可以进行正式的分析了。无论文献回顾是作为一项独立的工作进行，还是为主要研究提供信息，"步骤 6：分析和综合信息"都涉及对选定文献的某种形式的分析和综合。

近些年，几位作者试图通过提供逐步进行文献回顾的指南以使文献回顾过程变得更加透明（Bettany-Saltikov, 2012; Combs, Bustamante, & Onwuegbuzie, 2010a, 2010b; Cronin, Ryan, & Coughlan, 2008; Dellinger & Leech, 2007; Fink, 2009; Garrard, 2009; Hart, 2005; Jesson, Matheson, & Lacey, 2011; Leech et al., 2010; Machi & McEvoy, 2009; Onwuegbuzie et al., 2010; Onwuegbuzie & Frels, 2012c; Onwuegbuzie, Leech, & Collins, 2012; Ridley, 2012）。然而，尽管这些教科书内容翔实，但没有一本教科书明确说明了如何使用现有的数据分析技术来分析和解释在文献处理过程中提取的信息。因此，本章的目标是填补这一极其重要的空白。

9.1 信息分析与信息综合之间的差异

信息**分析**（analysis）涉及系统地将信息分解为不同的组成部分，而信息**综合**（synthesis）则涉及在通过分析确定的各部分之间建立联系。因此，综合不仅仅是总结，而是在分析之后进行的一项工作，旨在"将信息重新组合成新的或不同的排列。这种排列应呈现以前没有产生过的连接和模式"（Hart, 2005, p. 110）。当你选择/删除信息（步骤4）并扩展检索（步骤5）时，你很可能会继续决定采用（或不采用）哪些信息来源来进行分析或编码。此时，你可能已经识别出一些不适合编码但可能可以被用来证明某个特定内容的合理性或定义一个概念的信息来源。例如，在二元导师制研究的引言部分，作者呈现了背景和情境以介绍这一主题。然而，这些参考文献中的大多数并没有被用于对选定的资料来源进行形式分析或专题编码。关键点就在于：你的所有信息来源都可以用在综合文献回顾的叙述中，但只有一部分会被编码和综合。因此，在阅读本章以了解各种可用的分析选项之后，确定一个或多个关于你的主题的中心或指导性问题非常重要，这样你的分析策略就可以持续聚焦。例如，作为二元导师制研究一部分而创建的概念图最初就被用作审计轨迹；但接下来，它对确定要分析哪些信息来源又非常有帮助。

9.2 信息来源的本质

这时，你可能会问自己：我应该使用哪种分析方法呢？我们希望通过帮助你认识到"你为综合文献回顾收集的信息现在已成为你的数据"这一事实来促进此过程。无论你是倾向于定量研究、定性研究还是混合研究，由于综合文献回顾的性质涉及通过模式（MODES）收集文字、观察结果和图像（如图片/照片/视频），因此在某种程度上，分析/综合始终存在定性成分。确实，正如我们在第3章中所指出的，至少每个为综合文献回顾提供信息的实证信息来源中的以下要素（无论是代表定量研究、定性研究还是混合研究）都包含定性信息：

- 有关为综合文献回顾提取的每项定性、定量和混合研究的样本特征信息；
- 为综合文献回顾提取的每个信息来源的文献回顾部分中提出的与每项定性研究相关的研究结果（如主题、元主题、隐喻、引语、叙述）；
- 为综合文献回顾提取的每项定性研究的结论部分中显示的研究结果（如主题、元主题、隐喻、引语、叙述）；
- 从为综合文献回顾提取的每项定量、定性和混合研究的讨论/结论部分获得的信息。

此外，定性、定量和混合研究的以下要素产生定量信息：

- 与为综合文献回顾提取的每项定量、定性和混合研究相关的样本量；
- 与为综合文献回顾提取的每项定量研究相关的研究结果（如描述性统计、得分可靠性、p值、效应量、置信区间、元分析信息）；
- 在为综合文献回顾提取的每项定量研究的结论部分显示的研究结果（如描述性统计、得分可靠性、p值、效应量、置信区间、元分析信息）。

因此，由于可以从综合文献回顾过程中提取的信息来源中获得大量的定性和定量数据，因此文献回顾者有大量机会使用定性分析的方式、方法、技术和/或定量分析的方式、方法、技术来分析综合文献回顾信息。当在分析/综合综合文献回顾信息过程中同时使用定性和定量分析的方式、方法和技术时，文献回顾者便会进行所谓的混合式分析/综合。

9.3 创建分析问题

在二元导师制研究中，弗雷尔斯为选择建构综合文献回顾基础信息的主题信息来源提出了两个指导标准：（a）该信息来源阐明了弗雷尔斯对导师制的理解；（b）该信息来源帮助她理解了指导关系方面。基于这两个标准，在开始分析/综合［我们称之为**分析问题**（analysis questions）］之前，创建指导性问题非常重要。对于这篇文献回顾，分析问题是：研究人员在学校环境中以何种方式处理指导关系？哪些因素对建立和促进牢固的指导关系有效/无效？重要的是要认识到，如果综合文献回顾要为主要研究提供信息，那么创建综合文献回顾的指导性问题是为了探索与整个研究的主要研究问题相关的主题。

如第 3 章所述，每篇文献中潜在固有的大量定量和定性数据可同时用于分析一些定量和定性信息。请记住，综合文献回顾代表一种混合的研究，一名文献回顾者可能会使用定量研究方法和定性研究方法来综合定量研究文献和定性研究文献。与步骤 1 至步骤 5 的系统性过程非常类似，步骤 6 的目的是对选定的信息来源进行系统性分析。因此，在下文中，我们将首先使用术语"方式（approach）""方法（method）"和"技术（technique）"在三个广泛的层次上解释数据分析的总体性质。接下来，我们概述了使用定性、定量和混合研究传统来进行与这些层次相关的分析的一些方法，这些方法将被用于构建你自己的综合文献回顾数据方法。

> **新概念**
>
> 通过区分你是希望将综合文献回顾的信息视为整个系统还是系统的选定部分，可以查看数据分析。因此，分析的本质包括三种广泛程度的分析，即：分析方式、分析方法和分析技术。就像考古学家的例子一样，指导性问题可能有助于你确定要使用的层次。

9.4 数据分析的本质：三大层次

在最广泛的层面上，**分析方式**（analytic approach）指的是进行代表整个系统的数据分析的任何一种或多种方法，在为综合文献回顾提取信息的情况下，这些方法将得到整体集合的信息。相比之下，**分析方法**（analytic method）是就一个不太宽泛的层面而言的，即代表系统一部分的数据分析，或者通过分析对一个或多个信息来源进行更深入的检查。在这种情况下，你为综合文献回顾提取的信息可能会被分组并分析其含义。最后，所谓**分析技术**（analytic technique），指的是数据分析过程中的单个步骤。通常，无论你是将信息集合作为一个整体进行分析，还是以子集的形式进行分析，分析技术都是一种你可以使用的组件。因此，定性数据分析就像定量数据分析一样，技术嵌套在方法中，方法又嵌套在方式中。

一、定性数据

哈特（Hart，2005）认识到了文献回顾者系统地从文献中提取"关键思想、理论、概念和方法论假设"的重要性（p.110）。然而，他的观点是话语分析、对话分析、内容分析和符号分析等技术不在分析范围之内。虽然我们同意哈特（2005）关于信息分析过程系统性的观点，但我们认为，*所提取的信息是数据*（information extracted serves as data），所进行的分析取决于研究人员的技能。因此，你在收集和分类信息来源时，应将分类为用于分析和综合的信息作为数据集。因此，如果不了解定性数据分析方式、方法和技术，就很难从整体或案例（数据集的一部分）层面分析综合文献回顾信息。

定性传统中的数据分析方式与研究设计直接相关（有关通过综合文献回顾确定的 34 种定性数据分析方式的性质和历史的讨论，请参阅 Onwuegbuzie & Denham，2014a，2014b）。为了分析作为一个整体系统收集的信息，文献回顾者可能选择第 1 章和第 3 章中描述的一种指导方式。举个例子，你可能决定使用扎根理论设计的组件（Glaser & Strauss，1967），这需要通过常量比较分析进行编码（Glaser，1965）。定性传统中的分析方法可以集成到大多数方式中，可能包括迈尔斯和胡伯曼（Miles & Huberman，1994）的一系列案例内分析和跨案例分析，这将在本章后面讨论。此外，一种或多种定性分析技术可与任何定性数据分析方式一起使用，而不会损害方式之完整性。例如，值编码（values coding）可以用作常量比较分析的一部分而不会阻止分析人员声称进行了常量比较分析。相反，如果任何一种定性数据分析方式——同样代表整个系统（如常量比较分析）——被用作另一种定性数据分析方式（如领域分析）的一部分，那么这一主要定性数据分析方式的完整性将至少在一定程度上受到损害。例如，如果一种领域分析方式被合并到一种常量比较分析方式中，那么整个分析就不再被称为常量比较分析了。

二、定量数据

整个信息系统的定量数据分析方式包括描述性分析、探索性分析、验证性分析和推理分析。为综合文献回顾收集的信息可能完全是数字形式的。在这种情况下，分析数据的一种定量方式是将分析应用于全面收集的信息。相反，如前所述，术语"*数据分析*（data analysis）"方法是指代表系统一部分的分析，对于综合文献回顾而言，就是将这些统计信息应用于包含数字数据的信息分组。定量数据分析方法包括集中趋势测量、离散/变异性、分布形态、方差分析、回归分析、因子分析和空间分析。最后，术语"*技术*（techniques）"是指代表分析过程中一个步骤的数据分析，在定量传统中包括均值、中位数、标准差、独立样本 t 检验、重复测量方差分析、探索性因素分析、描述性判别分析、路径分析等。通常，一种或多种定量分析技术和方法是定量数据分析方式的基本组成部分。例如，均值（即代表集中趋势测量方法）和标准差（即代表离散/变异性方法）的定量分析技术是描述性分析方式的组成部分。

工具：可视化混合方法集成的级别

图 9-1 展示了一个连续统，该连续统显示了定性和定量分析方式、方法和技术从无整合到完全整合的整合方式。当文献回顾者仅使用定性分析方式、方法和/或技术（如元综合，我们将在本章后文介绍），或仅使用定量分析方式、方法和/或技术（如元分析，我们也将在本章后文介绍）时，不会发生整合。相反，当文献回顾者使用一种混合分析，其中定性和定量分析方式、方法和/或技术完全混合时，就会发生完全整合。在无整合与完全整合之间是定性和定量分析方式、方法和/或技术的组合，它们代表部分整合。我们倾向于让文献回顾者尽可能地将定性和定量方式、方法和/或技术完全整合起来。但是我们认识到，整合的程度至少部分取决于文献回顾者的哲学信仰体系。

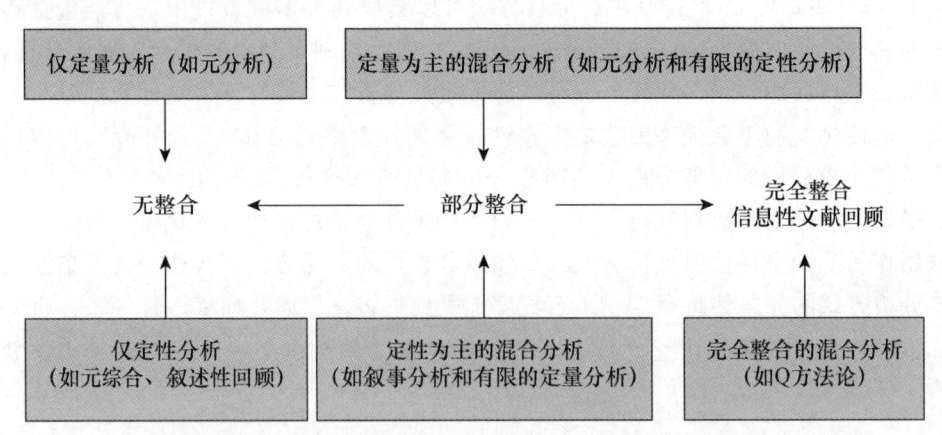

```
仅定量分析（如元分析）        定量为主的混合分析（如元分析和有限的定性分析）
        ↓                              ↓
      无整合    ←———————    部分整合    ———————→    完全整合
                                                   信息性文献回顾
        ↑                ↑                              ↑
   仅定性分析        定性为主的混合分析              完全整合的混合分析
（如元综合、叙述性回顾） （如叙事分析和有限的定量分析）      （如Q方法论）
```

图 9-1　定性和定量分析方式、方法和/或技术的整合程度

在本章的剩余部分中，我们希望能够促进在分析和综合信息的步骤 6 中做出许多决策。首先，我们将概述决策和新兴议题的一些考虑因素——不管其选择的方式、方法和技术为何。然后，我们将介绍与研究传统（定性、定量和混合方法）有关的各种方式和方法，其为赋予那些被设计为综合文献回顾基础信息的信息以意义提供了合适且实用的路径。

第 9 章 步骤 6：分析和综合信息

9.5 处理决策和新兴议题

在像研究人员一样继续分析收集到的任何信息之前，重新审视综合文献回顾的总体目标是很重要的。将你的基础信息视为一个完整的系统，并考虑它可能具有的任何固有部分。接下来，回顾你为分析而创建的指导性问题以及你试图在分析/综合中描述的与你的总体目标相关的含义。分析数据不仅仅是编码和寻找共同的主题。它是为了你将在交流阶段（步骤 7）呈现的后续综合而进行的数据反思。综合文献回顾的指导性问题将有助于在分析过程中提供一些边界。然而，这个过程是灵活的。分析和综合还包括建立联系、分类和备忘录——所有这些都源于你的哲学立场以及对（定性、定量和/或混合）方式、方法和技术的选择。如前所述，数据分析是研究方法的产物，与研究方式直接相连。分析技术是从不同角度优化解释的策略。这一过程可以包括获得想法反馈、识别代码、减少信息、计数频率、关联类别，以及创建和检查数据显示。要做的第一个决策是确定将以演绎方式（即从一般信息得出结论：验证性的）还是归纳方式（即从信息中进行观察：得出结论）来开发代码。根据所选择的研究方式，一些编码策略比其他策略更具系统性。但无论采用何种方式，编码都是唯一的，通常是通过执行(by doing)来获得的。

要做的第二个决策是根据你的哲学体系和理论框架来确定哪些构想是最重要的。思维导图或者记录过程将帮助你确定编码的方向以及数据中可能存在的差距。当意料之外的想法浮出水面且你正在编写代码时，你可以返回概念图，并根据你的设计来决定如何处理它们（有关概念图的更多信息，请参见 Maxwell, 2005）。要做的第三个决策是，是否使用计算机辅助定性数据分析软件（CAQDAS）程序进行编码。在开始使用任何 CAQDAS 之前，请先区分代码与主题之间的差别。"*代码*(code)"就是文本（或通过 MODES 获取的其他数据）中突出显示的一个特定部分。代码名可以更改且不一定是新兴议题，在通常情况下，代码是一个分析单元。"*类别*(categories)"一词通常指的是按更广泛的概念分组的代码，而"*主题*(theme)"一词则指的是以某种方式链接和整合的代码。

最后，你对分析的考虑还取决于你自己在数据分析方面的专业水平。为了有助于促进步骤 6 的决策，并与每项工作中潜在固有的大量定量和定性数据相一致，下一节将介绍定性、定量和混合研究传统方面的一些常见方式、方法和技术（在初级、中级和高级难度上），这有助于在绘制分析设计图之前进行回顾。其他的决策，比如使用哪种特定的分析，则完全由你自己来决定！

9.6 信息的定性数据分析

安伍布奇、利奇等人（Onwuegbuzie，Leech，et al.，2012）确定了17种定性数据分析方式，这些方式最适合分析从综合文献回顾中得到的信息。

工具：定性分析列表和可能的模式（MODES）

表9-1给出了部分定性数据分析方式及其简短说明。从该表可以看出，在分析通过五种模式（MODES）中的每一种提取的信息之前，文献回顾者需要做出许多设计决策。

表9-1 安伍布奇、利奇等人（2012）确定的关于模式（MODES）的一些可能的定性数据分析方式

分析类型	分析的简要说明	与模式相关的使用
常量比较分析（Constant comparison analysis）	系统地将信息来源归纳为代码，然后从代码中开发主题。这些主题可以成为文献回顾部分的标题和副标题。	所有五种模式：媒体、观察、文档、专家和二手数据
经典内容分析（Classical content analysis）	在假设代码频率产生意义的前提下，系统地将信息来源演绎或归纳为代码，然后计算代码数。	所有五种模式：媒体、观察、文档、专家和二手数据
字数统计（Word count）	计算在研究内或研究间的文献分析中使用的单词（关键词）总数或特定单词的使用次数。	所有五种模式：媒体、观察、文档、专家和二手数据
情境中的关键词（Keywords-in-context）	识别关键词并利用周围的词来理解关键词在信息来源中或跨信息来源的潜在含义。	所有五种模式：媒体、观察、文档、专家和二手数据
领域分析（Domain analysis）	利用符号与引用之间的关系来识别信息来源中的领域。	所有五种模式：媒体、观察、文档、专家和二手数据
分类分析（Taxonomic analysis）	创建一个分类系统，以图形形式（如流程图）对领域进行分类，以帮助理解领域之间的关系。	所有五种模式：媒体、观察、文档、专家和二手数据
成分分析（Componential analysis）	使用矩阵和/或表格来发现领域的子组件之间的差异。	所有五种模式：媒体、观察、文档、专家和二手数据

续表

分析类型	分析的简要说明	与模式相关的使用
主题分析（Theme analysis）	搜索领域之间的关系，以及搜索如何将这些关系链接到整个文化情境中。	所有五种模式：媒体、观察、文档、专家和二手数据
话语分析（Discourse analysis）	选择具有代表性的或独特的语言使用片段，如研究人员采访记录中的几行，然后详细检查所选语段的修辞组织、变异性、可靠性和定位。特别适用于实证文章、文献回顾文章、理论/概念文章和方法论文章。	所有五种模式：媒体、观察、文档、专家和二手数据
成员分类分析（Membership categorization analysis）	研究作者/研究人员如何在其作品中传达研究术语、概念、结果和类别。	五种模式中的三种：媒体、专家和二手数据
符号学（Semiotics）	假设一个单独的术语没有意义，而将谈话和文字作为一个符号系统。这种分析形式显示了符号是如何相互关联的，以便创造和排除特定的意义。	五种模式中的四种：媒体、文档、专家和二手数据
显示内容分析（Manifest content analysis）	通过客观的、系统的和经验的方法描述交流中观察到的（即明显的）内容。	所有五种模式：媒体、观察、文档、专家和二手数据
定性比较分析（Qualitative comparative analysis）	系统地分析不同信息来源之间的相似性和差异性，通常作为一种理论构建方法，允许文献回顾者在先前构建的类别之间建立联系，并进一步测试和开发类别；此分析对于评估不同信息来源发现的因果关系特别有用。	所有五种模式：媒体、观察、文档、专家和二手数据
叙事分析（Narrative analysis）	考虑故事赋予研究结果以意义的潜力，并将数据视为故事，使文献回顾者能够将数据简化为摘要。	五种模式中的一种：专家
文本挖掘（Text mining）	分析多个信息来源中自然出现的文本，以便发现和捕获语义信息。	五种模式中的两种：文档和二手数据
微型对话者分析（Micro-interlocutor analysis）	分析来自研究人员、学者或实践者的一个或多个焦点小组的信息，了解参与者对每个问题的回答、每个参与者的回答顺序、回答的特征、使用的非言语交流等。	五种模式中的一种：专家

资料来源：Adapted from "Qualitative analysis techniques for the review of the literature," by A. J. Onwuegbuzie, N. L. Leech, and K. M. T. Collins, 2012, *The Qualitative Report*, 17 (Art. 56), p. 12. Copyright 2012 by Anthony J. Onwuegbuzie, Nancy L. Leech, Kathleen M. T. Collins and Nova Southeastern University, Florida.

如何进行文献回顾

由于来自模式（MODES）的信息的性质最常代表定性数据，如文字、图片、观察结果，而且主要来自其他文章（如主要研究人员解释研究及结果的文字），因此我们提供了一个对定性数据分析进行的更深入描述，这一描述从一些最常用的初级定性数据分析开始，以较困难的中级和高级定性数据分析结束，如下所示：

- 常量比较分析。
- 民族志分析包括的四种分析（即领域分析、分类分析、成分分析和主题分析）。
- 话语分析。
- 定性比较分析。

一、初级分析

常量比较分析 常量比较分析是由格拉泽和施特劳斯（Glaser, 1965, 1978, 1992；Glaser & Strauss, 1967；Strauss, 1987）提出的，是扎根理论设计的核心要素（Glaser & Strauss, 1967）。施特劳斯和科尔宾（Strauss & Corbin, 1998）认为，常量比较分析具有五个主要特征：（a）建立理论而非检验理论；（b）为研究人员提供分析工具以促进数据分析；（c）帮助研究人员从数据中提取多种含义；（d）为研究人员提供分析数据的系统性和创造性框架；（e）帮助研究人员在构建主题时识别、创建和观察数据组成部分之间的关系。

在扎根理论研究中，所收集的数据通过以下一系列过程被进行分析：开放编码(open coding)阶段（数据被分组成较小的段，每个段都被赋予一个描述符或代码）、轴向编码(axial coding)阶段（代码被分组成相似的类别），以及选择性编码(selective coding)阶段（其中对新兴理论进行了整合和完善，为了"从数据中创建理论"（Strauss & Corbin, 1998, p. 56）。有趣的是，根据利奇和安伍布奇（Leech & Onwuegbuzie, 2007）的研究，"自从对常量比较分析进行修改后，就可以将其用来分析一轮（如单轮访谈）中收集的数据"（p. 565），甚至可以将其用于分析单个案例中的单个文档（即案例内分析）。此外，利奇和安伍布奇（Leech & Onwuegbuzie, 2007）概述了常量比较分析如何"与谈话、观察、图画/照片/视频和文档一起使用"（Leech & Onwuegbuzie, 2008, p. 594）。因此，常量比较分析可用于分析所有五种模式，如下所示。

媒体 为了对来自媒体（即音频或视频）的信息进行常量比较分析，分别对每个音频片段或图像/帧进行检查和编码；将这些代码进行分块，将这些块聚类，并将这些块标记为主题，直至达到某种形式的饱和，即数据饱和〔即信息反复出现（通过音频或视频），以至于文献回顾者能够预见它发生，由此收集的更多信

第 9 章　步骤 6：分析和综合信息

息似乎没有额外的解释价值］（Sandelowski, 2008；Saumure & Given, 2008）或理论饱和（即可以假设新兴主题足以解释任何未来收集的数据）（Sandelowski, 2008）。正如安伍布奇和利奇等人（Onwuegbuzie, Leech, et al., 2012）所指出的，一些 CAQDAS 程序（如 Transana、ATLAS.ti）可用于增强音频和视频数据的编码。

观察　常量比较分析也可用于分析观察数据，方法是对文献回顾者收集到的主题观察数据进行编码和分块，提取这些数据的目的是产生新的理论，更重要的是，支持或反驳通过其他四种模式提取的初始代码。在分析阶段之前，文献回顾者需要对观察结果进行生动的描述。然后，根据对观察的叙述，可以对编码和分块过程进行系统化操作。同样，几个 CAQDAS 程序（如 QDA Miner、MAXQDA、NVivo）可用于促进对为综合提供信息的观测数据的分析。

文档　常量比较分析也可用于分析文档，即印刷或数字形式的文本。为了进行这一分析，第一，文献回顾者要通读一套完整的信息（整篇文献：首选策略）或信息子集（如文献的结论部分：非首选策略），一次一个单元（如文献或文献的一个部分）。第二，文献回顾者将这些信息分为更小的、有意义的块。第三，文献回顾者用描述性标签或代码（code）标记每个块。第四，文献回顾者系统地将每个新的数据块（如文献或文献的一个部分）与以前的代码进行比较，以使相似的块用相同的代码标记。在对所有信息进行编码并根据相似度对代码进行聚类之后，基于每个聚类对主题进行识别、标记和描述。在撰写文献回顾报告时，文献回顾者可以使用每个主题来为段落或部分提供信息，并为每个主题贴上标签（或标签的变体）以提供该部分或子部分的名称。最理想的情况是，当达到某种形式的饱和（如数据饱和、理论饱和）时，常量比较分析就结束了。

数据倾向于重复想法的时候即被称为**"饱和**（saturation）**"**，或者一部作品的几个组成部分没有出现新的主题时也被称为饱和。特别是，文献回顾者可以通过检查每一部作品（印刷或数字形式）的参考文献列表来评估参考文献的饱和程度，以确定每个后续参考文献列表中在哪个点上并未显示有关该主题的新的重要参考文献。关于文献的结论部分，当后续结论部分没有新的发现出现时，就可以宣布达到饱和。就方法部分而言，当随后的方法部分没有出现新的工具或程序时就达到了饱和。最后，关于引言部分，当随后的引言部分没有出现新的理论框架或概念框架时也就达到了饱和。无论如何，一旦有人提出了饱和建议，文献回顾者就可以进行自己的综合了。

例如，二元导师制研究包括使用常量比较分析来分析关于校本导师制关系、对导师的支持和对导师制领域的贡献等主题（themes）的选定信息。例如，对二元导师制关系的直接支持或有效程序从外部支持二元导师制关系的方式，这些都可以成为主题。特别是常量比较分析显示，大多数有效的校本辅导计划包含直接支持二元导师制关系的要素。据透露,"大多数指导性(有形的)项目投入似乎都集中在支持导师上,反过来,他们可能会被鼓励进行更有效的导师指导"(Frels,2010,p.82)。

专家 在每位专家的访谈被转录之后,每位专家的话语都可以被编码和分块,并从中提取主题。例如,在为二元导师制研究撰写综合文献回顾报告时,弗雷尔斯采访了三位多产作者/研究人员,他们都是导师制领域的专家,其中一位多产作者/研究人员/方法学家对弗雷尔斯所研究的作品的不同方面进行了深入了解。弗雷尔斯使用常量比较分析来分析转录的访谈记录,并能够将每位受访者的专业知识与从其他模式中提取的信息结合起来,从而推动她随后进行的综合。

二手数据 常量比较分析也可用于分析文献回顾者获得的二手数据(即已分析过的二手数据、原始二手数据或收集和分析二手数据)。特别是,这些二手数据应该是定性的。例如,如果文献回顾者通过收集 Delicious、Zotero 或其他社交书签服务上发布的所有评论来生成基于定性的二手数据,那么他/她就可以对这些评论进行常量比较分析,并允许提取的任何主题为他/她的综合提供信息。

二、中级分析

民族志分析(ethnographic analysis) 民族志分析是斯普拉德利(Spradley,1979)为分析访谈数据而提出的,包括以下四种分析:(a)领域分析;(b)分类分析;(c)成分分析;(d)主题分析。斯普拉德利提出了这四种分析,"目的只有一个:揭示人们使用的文化意义体系"(p.94)。此外,这些民族志分析是斯普拉德利在假定人们具有文化知识的前提下提出的概念,通过系统地考察人们的语言[即他所说的民间术语(folk terms)]和语境,分析人员可以观察到这些部分之间的关系。正是通过研究这些部分,研究者才能够了解参与者的整体文化。

在第 2 章中,我们论证了文化、道德和多模态要素一般是文献回顾的驱动力,特别是综合文献回顾的驱动力。事实上,综合文献回顾过程的所有五种模式都反映了这样一种认识,即文献和其他信息来源深深地植根于文化之中。因此,综合文献回顾显然适合进行民族志分析。完整的民族志分析包括上述四种定性数据分析方法,并按以下顺序进行优化:领域分析、分类分析、成分分析和主题分析。虽然每种分析都可以作为独立的分析,但当与其他民族志分析方法一起按顺序使用时,每个后续的分析都由前面的分析提供信息。

领域分析(domain analysis) 民族志分析过程的第一步是寻找更大的文化知识单元,斯普拉德利(Spradley,1979)将其称为"领域(domains)"。领域分析人员的主要目的是理解领域,分析人员首先在假设符号代表交流文化意义的关键方式的前提下检查符号。每一种文化——包括研究文化和众多研究亚文化——

都有代表其他项目的符号或元素。符号具有三个组成部分（Spradley，1979）：（a）符号本身（涵盖术语）；（b）一个或多个指称（指符号所指的内容，即包含术语）；（c）符号与指称之间的关系（语义关系）。换言之，领域是由（a）涵盖术语（概念；Y）、（b）包含术语（指称；X）和（c）涵盖术语（Y）与包含术语（X）之间的语义关系创建的。为了理解符号，研究人员必须通过考察语义关系来分析符号与指称的关系。

斯普拉德利（Spradley，1979）推测九种类型的语义关系对于分析语义领域特别有用，如表9-2所示。这些语义关系代表了领域分析的本质。这些关系可能发生在所有五种模式产生的信息之间。

工具：领域分析的六个步骤

领域分析（Spradley，1979）包括六个步骤，其中一些步骤重复进行以理解这些关系：

1. 选择单个语义关系（重复）；
2. 准备一个领域分析工作表（重复）；
3. 选择一个线人（informant）陈述的样本（重复）；
4. 搜索可能的涵盖术语和符合语义关系的包含术语（重复）；
5. 针对每个领域提出结构性问题（重复）；
6. 列出所有假定领域。

表9-2 斯普拉德利（1979）领域分析关系类型

类型	X与Y的关系
严格包含（strict inclusion）	X是Y的一种
空间的（spatial）	X是Y中的一个部位，X是Y的一部分
因果（cause-effect）	X是Y的结果/原因
理由（rationale）	X是做Y的理由
行动地点（location for action）	X是做Y的地点
功能（function）	X用于Y
途径（means-end）	X是做Y的一种方法
次序（sequence）	X是Y中的一个步骤（阶段）
归属（attribution）	X是Y的一个属性

资料来源：Adapted from *The ethnographic interview*, by J. P. Spradley, 1979, Fort Worth, TX: Holt, Rinehart and Winston.

表9-2所示的关系类型可用于区分因果关系（即"X是Y的结果/原因"）与其他类型的关系或模式。领域分析过程的第5步是一个特别有用的步骤，因为

这一步会导致其他的结构性问题（例如，"X 为什么是 Y 的原因？""X 是 Y 的一个属性吗？"），文献回顾者可以通过重新检查已提取的信息来源或通过模式扩展综合文献回顾来解决此问题。特别是文献回顾者可以对专家进行访谈以获得他们对结构性问题的答复。例如，回到我们的导师制和大学生的例子，从领域分析中得出一个基于饱和的结论，导致文献回顾者得出结论——导师制是大学生文化持续存在的原因。为了更有效地综合综合文献回顾（即使是为了给使用不同数据收集技术的主要研究提供信息），文献回顾者可以访谈来自导师制领域的专家，以试图确定情况如何。因此，领域分析为分析综合文献回顾中的信息提供了一个强大的分析工具，从而产生了我们称之为综合领域（即代表与每个已识别领域相关的综合）的信息。

分类分析（taxonomic analysis） 虽然领域分析可以单独进行，但它也可以与分类分析相结合，这是民族志分析过程中的第二步。一旦确定了综合领域，就可以通过选择一个领域并将其放入分类法中来使用分类分析。斯普拉德利（Spradley, 1979）将**分类法**（taxonomy）定义为一个分类系统，该分类系统将领域编入流程图或表示为其他可视化形式，以帮助分析人员了解领域之间的关系。因此，与领域分析一样，分类分析可以被描述为一组基于单个语义关系组织的类别。然而，与领域分析不同，通过分类法之构建，分类分析呈现了领域中包含的所有术语之间的关系。

此外，分类分析通过识别术语子集以及这些子集与整个领域之间的关系来显示表示领域的术语的层次结构（Spradley, 1979）。

工具：分类分析的八个步骤

有趣的是，与领域分析一样，分类分析会产生更多的结构性问题。当回答完这些问题后，文献回顾者可以改进分类法并将其作为自己综合分析的一部分，帮助读者理解感兴趣的现象。下面列出了创建分类分析的八个步骤：

1. 为分类分析选择一个领域；
2. 为分析确定合适的替代框架（一个替代框架——如"是一个结果/原因"——类似于语义关系，尽管它的不同之处在于它有助于将包含的术语划分为子组）；
3. 在包含的术语中搜索可能的子集；
4. 搜索更大、包含范围更广的领域，这些领域可能包括你正在分析的域的子集；
5. 建立一个初步的分类法；
6. 提出结构性问题以验证分类关系；

7. 进行额外的结构性访谈；
8. 构建一个完整的分类法。

成分分析（**componential analysis**） 尽管成分分析也可以作为独立的分析，但它可以与领域分析和分类分析相结合，从而产生民族志分析过程的第三步。斯普拉德利（Spradley, 1979）认为，成分分析是"对与文化符号相关的属性（意义成分）的系统搜索"（p.174）。

在进行这种分析时，可以创建矩阵和/或表格以确定领域各子组件之间的差异，以便"尽可能准确地映射我们的线人的文化知识的心理现实"（Spradley, 1979, p.176）。一般来说，所创建的表格至少包括以下两个维度：(a) *对比集*（the contrast set）和 (b) *对比度*（dimensions of contrast）。对比集表示任何术语意义的一组属性（即成分），而对比度则表示分析人员为了区分对比集而提出的问题。每一个问题的建构方式都使得可能的回答为"是(yes)"或"否(no)"。

工具：成分分析的八个步骤

如果文献回顾者想要提出结构性问题，那么他们可以请专家来填补在理解对比集方面的空白，因此成分分析特别适合综合文献回顾。成分分析包括以下八个步骤：

1. 选择一个对比集进行分析；
2. 盘点以前发现的所有对比；
3. 准备一个范例工作表；
4. 确定具有二进制值的对比度；
5. 将紧密相关的对比度合并为具有多个值的对比度；
6. 准备对比问题，以找出缺失的属性和新的对比度；
7. 进行一次访谈以获取所需的数据；
8. 准备一个完整的范例。

主题分析（**theme analysis**） 民族志分析过程中的第四个也是最后一个分析是主题分析，它涉及发展"超越这种（领域）清单以发现社会成员用来连接这些领域的概念主题"的思想或概念（Spradley, 1979, p.185）。或者说，主题分析包括搜索领域之间的关系，以及搜索如何将这些关系与整个文化情境相关联。与常量比较分析的情况一样，文献回顾者可以使用从主题分析中提取的每个主题来为段落甚至（整个）节提供信息，并通过每个主题标签（或其变体）为该部分或节命名。

话语分析（**discourse analysis**） 话语分析是另一种可以用来分析所提取信息的中级分析技术，因为它涉及"详细检查选定的行，以了解修辞组织、变异性、可靠性和定位"（Onwuegbuzie，Leech，et al.，2012，p.12）。此外，话语分析特别适用于分析模式过程中通过专家访谈获得的信息。由于文献回顾通常涉及文献回顾者对来自多名作者的信息的描述（如程序、发现、解释），因此话语分析可以作为一种信息意义的表达方式（Onwuegbuzie & Frels，2014a）——我们称之为基于话语分析的研究综合（Discourse Analysis-Based Research Synthesis，DARS）。

具体来说，DARS结合了吉（Gee，2005，2010）的话语分析形式，以此作为完成"步骤6：分析和综合信息"的一种方式，其方法是关注情境网络中所用语言的各个方面，并考虑帮助听者和读者以特定方式而非其他方式解释情境的语言提示和线索。话语分析可以用来分析信息，前提是语言总是与情境有着条件反射式的联系，以及"所有的分析都是开放的，可以进一步讨论和争论，它们的地位可以随着时间的推移而上升或下降，因为在这一领域的工作还在继续"（Gee，2005，p.113）。

话语分析包括建立在不同语法手段上的七项建构任务（Gee，2005）。(a) 意义：确定语言如何使特定想法具有意义。(b) 活动：记录以一种语言进行的一项或多项活动。(c) 身份：解决如何使用语言来将身份语境化的问题。(d) 关系：注意到与他人建立的语言关系。(e) 政治：通过语言确定关于社会资源的观点。(f) 联系：研究一种语言如何连接或断开。(g) 符号系统和知识：说明语言如何赋予或剥夺特定符号系统、信仰或认识方式的特权。所有这些建构任务都与文献回顾者具有特殊的相关性（关于每个建构任务的详细说明，请参阅Onwuegbuzie & Frels，2014a）。

正如DARS所揭示的，话语分析对于综合文献回顾过程非常有用，因为从初始文献回顾（即步骤2到步骤4）或模式过程（即步骤5）中提取的任何给定信息来源都可以代表话语。因此，对信息的分析代表了对"造成我们所经历的坚实而真实的特殊现实的不完整的、模棱两可的甚至矛盾的话语的力量"的分析（Phillips & Hardy，2002，pp.1-2）。简而言之，话语分析可以作为一种通过现存信息观察社会现实的手段。更具体地说，话语分析包括检查：每一个信息来源相对于其他信息来源是如何有意义的；一组信息来源所依据的不同话语；使它们变得有意义的发展、传播和利用的背景和性质，以及它们通过意义创造在社会现实的形成中所扮演的角色（Onwuegbuzie & Frels，2014a）。通过在综合文献回顾过程中使用话语分析，文献回顾者可以检验话语与社会现实之间的关系。这一过程还强调了认识到这些知识主体（即信息来源）所处的社会环境的重要性。

案例：使用CAQDAS进行话语分析

图9-2描述了使用CAQDAS通过DARS分析信息的一个页面（Onwuegbuzie & Frels，2014a）。在图中，使用先验（即预定的类别/主题）编码基于吉

(Gee, 2010) 七项建构任务中的三项（即身份、联系和关系）和一个选定的信息来源。这种特殊的话语分析表明联系和活动的建构任务非常普遍。

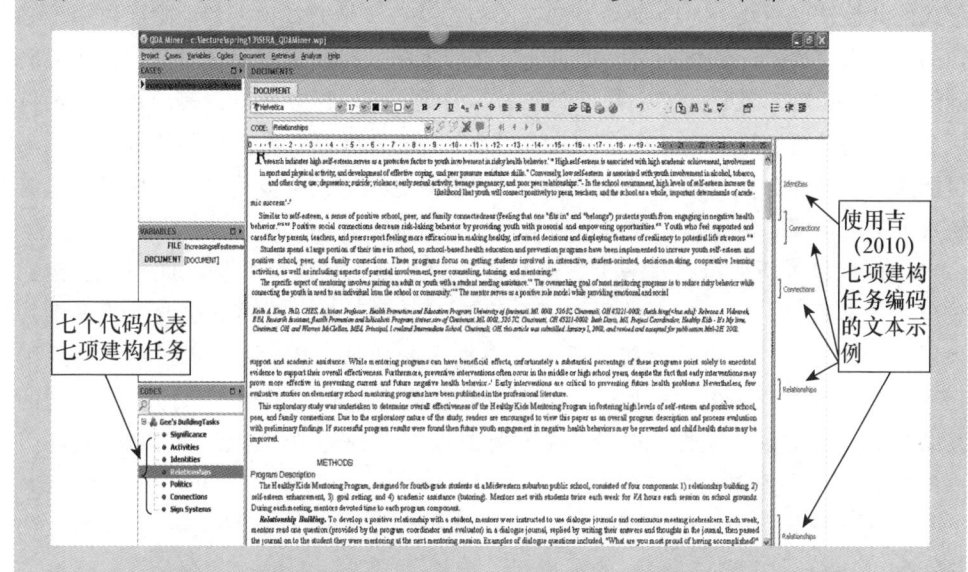

图 9-2 屏幕截图显示了使用吉（2010）七项建构任务的先验编码

资料来源：Adapted from "A framework for using discourse analysis for the review of the literature in counseling research," by A. J. Onwuegbuzie and R. K. Frels, 2014a, *Counseling Outcome Research and Evaluation*, 2, pp. 115-125.

三、高级分析

定性比较分析（qualitative comparative analysis） 我们讨论的用来分析从综合文献回顾过程中提取信息的最后的定性数据分析方法是*定性比较分析*，由拉金（Ragin, 1987）系统地提出以分析案例之间的异同。广义上说，定性比较分析是一种理论建构方法，分析人员在先前确定的类别之间建立联系，并进一步测试和开发这些类别（Miles & Weitzman, 1994）。从历史上看，定性比较分析最常用于宏观社会研究，以考察一种状况出现的条件。在具有因果关系的宏观叙事情境下，定性比较分析经常被用来重新分析其他研究者收集的二手数据（如 Ragin, 1989, 1994）。因此，由于综合文献回顾主要涉及收集和分析由其他人（如研究人员）生成的信息，因此它一般是分析文献（Onwuegbuzie & Frels, 2014b）的自然延伸，特别是五种模式的延伸。

定性比较分析从建构一个**真值表**（truth table）开始，该表列出了研究参与者的所有独特配置和数据中确定的情境变量，以及相应类型的事件或者对每个配置都观察到的类似情况（Miethe & Drass, 1999）。真值表描述了分类变量的一个类别中所特有的配置，以及在多个类别中都能找到的配置。通过比较这些组中配置的数量，分析人员可以获得对事件、经历等类型相似或独特程度的估计。然后，分析人员"比较组内的配置，寻找允许将配置组合成更简单但更抽象的表现形式的共性"（Miethe & Drass, 1999, p.8）。这一步是通过识别和消除配置中不必要的变量来完成的。具体而言，如果变量在配置中的存在或不存在对与配置相关联的结果没有影响，就认为它们是不必要的。因此，定性比较分析代表的是基于案例而非变量的分析（Ragin, 1989, 1994）。定性比较分析人员重复这些比较，直到不可能进一步消除为止。接下来，剩余的简化配置之间的冗余被消除，从而导致最终解决方案的形成，特别是形成对每种类型独特特征的陈述。

定性比较分析人员将每一个案例都整体地视为一种属性配置。此外，定性比较分析人员假设，一个变量的影响可能因案例不同而有所不同，这取决于案例其他属性的值。此外，定性比较分析人员根据布尔代数（Boolean algebra）的规则建立了系统的和逻辑的案例比较，以区分这些配置之间的共性，从而降低类型的复杂性。简单地说，定性比较分析的目标是获得一种类型学，该类型学"允许组内的异质性，并根据属性配置来定义类别"（Miethe & Drass, 1999, p.10）。

定性比较分析的一个重要目的是区分必要原因和充分原因的概念。根据拉金（Ragin, 1987, 1989, 1994）的观点：

- 如果一个原因必须存在才能产生结果，那么该原因被定义为必要的。
- 如果一个原因本身能够产生某种结果，那么该原因被定义为充分的。
- 这种区别只有在理论观点的背景下才有意义。
- 如果独立于将其指定为相关原因的理论，那么无须任何原因。
- 无论是必要性还是充分性，都不独立于提出原因的理论。
- 通常将必要性和充分性结合起来考虑，因为两者的所有组合都是有意义的。
- 如果一个原因是产生结果的唯一原因，并且它是单一的（即不是多种原因的组合），那么该原因是必要且充分的。
- 如果一个原因能够产生结果，但不是产生结果的唯一原因，那么该原因是充分但非必要的。
- 如果一个原因能够与其他原因一起产生结果，并且出现在所有这些组合中，那么这个原因是必要但非充分的。
- 如果一个原因只出现在产生结果的条件组合的子集中，那么它是既非必要也非充分的。
- 总的来说，原因分四类（由存在/不存在充分性和存在/不存在必要性的交叉列表构成）。

定性比较分析可用于通过使用从另一分析（如表9-1中列出的其余15种定性数据分析方式之一）中提取的主题来分析综合文献回顾的选定信息来源，以创建一个理解这些主题的真值表。定性比较分析的一个特别的吸引力就在于，它可

第 9 章　步骤 6：分析和综合信息

以被用于大量的案例，"这通常会削弱大多数定性研究"（Soulliere，2005，p.424）。事实上，在某些情况下，定性比较分析可以用来为那些被研究者确定的变量和现象的因果关系提供信息。

案例：创建一个定性比较分析

作为例证，我们总结了安伍布奇和弗雷尔斯（Onwuegbuzie & Frels，2015b）的概念化。这些作者利用迪布瓦、霍洛威、瓦伦廷和库珀（DuBois，Holloway，Valentine, & Cooper，2002）的工作来可视化这种方式。迪布瓦等人（DuBois et al.，2002）对55篇关于青年导师制方案有效性的文章进行了元分析审查。从这篇回顾中，这些研究人员制定了一个关于导师制计划的11个最佳实践的特征索引。让我们假设一下，作为文献回顾者，我们对最佳实践的以下三个特征特别感兴趣：导师制关系监控、指导培训和结构化活动。让我们进一步假设，我们有兴趣了解这55篇文章中的哪些导师制计划有效地保留了导师和/或被指导者，这样我们就可以进行定性比较分析，以确定这三个特征中的哪一个是导师制计划有效性的必要和/或充分原因。

根据拉金（Ragin，1987）的观点，定性比较分析的初始任务之一是对所选分析变量进行初步编码。由于布尔代数涉及使用二分值（即0和1），因此在进行定性比较分析时，所有变量（即条件）和所有结果都必须是二分的。这项任务是通过使用存在/不存在或高/低等类别对条件和结果进行编码来完成的。在安伍布奇和弗雷尔斯（Onwuegbuzie & Frels，2015b）的示例中，每个特征（导师制关系监控、指导培训和结构化活动）的存在都用"1"表示，而缺席则用"0"表示。同样，有效导师制计划的存在用"1"表示，而缺席则用"0"表示。这种编码产生了一个数据矩阵，其中包含55篇文章的1和0。利用矩阵中的数据，可以建构一个可能类似于表9-3的真值表。这个真值表总结了与不同因果条件配置（即最佳实践的特征）相关的结果模式（即导师制计划是否有效）。从根本上说，真值表显示了因果条件的不同组合以及符合每个组合的案例（即文章）的结果变量的值。

表9-3显示了一些相互矛盾的结果。然而，显而易见的是，当三个特征[即导师制关系监控（mentoring relationship monitoring，MRM）、指导培训（mentor training，MT）和结构化活动（structured activities，SA）]都不存在时，则没有一个导师制计划是有效的（mentoring programs is effective，MPE）。在另一个极端，当这三个特征都存在时，有20个导师制计划是有效的。一个有趣的观察是，当存在导师制关系监控时，有效的导师制计划会比监控不存在时更多。

表9-3 55篇文章中导师制计划最佳实践的选定特征的真值表：虚拟数据

条件			结果
导师制关系监控（MRM）	指导培训（MT）	结构化活动（SA）	有效的导师制计划（MPE）？
0	0	0	0
0	0	1	0
0	1	0	1
0	1	1	3
1	0	0	10
1	0	1	9
1	1	0	12
1	1	1	20
		总数	55

通过使用名为fsQCA（http://www.u.arizona.edu/~cragin/fsQCA/）的免费定性分析软件来分析表9-3中的真值表（即标准分析），安伍布奇和弗雷尔斯（Onwuegbuzie & Frels, 2015b）确定了与导师制计划有效这一结果相关的两种情况组合，得出了以下两个逻辑方程：

1. MPE＝MRM
2. MPE＝MT＋SA

第一种解决方案（即逻辑方程1）表明，导师制关系监控是导师制计划有效的必要且充分条件。也就是说，第一种解决方案表明无论是否存在指导培训或结构化活动，导师制关系监控都必须存在才能使导师制计划有效。fsQCA软件程序显示第一种解决方案的一致性评分为1.0，这表明该方案不包括任何没有显示结果（有效的导师制计划）的案例（即文献）。

第二种解决方案（即逻辑方程2）表明，指导培训和结构化活动对导师制计划的有效性都是非必要的。（如果一个原因是产生结果的唯一原因，并且它是单一的，那么该原因是必要且充分的。）然而，任何一个原因都足以使导师制计划有效。（如果一个原因能够产生结果，但不是产生结果的唯一原因，那么该原因是充分但非必要的。）fsQCA输出显示第一种解决方案（即逻辑方程1）的一致性评分为1.0，这表明该方案不包括任何没有显示结果（有效的导师制计划）的案例（即文献）。原始覆盖率衡量的是解决方案每个术语所解释的结果中的成员比例。从fsQCA输出中可知，第一种解决方案的原始覆盖率（0.94）高于第二种解决方案的原始覆盖率（0.43），这表明第一种解决方案覆盖了数据集中的更多案例（即55篇文章中的更多）。

第 9 章 步骤 6：分析和综合信息

定性比较分析的**解决方案一致性**(solution consistency) 表明了因果条件的组合一致性。也就是说，解决方案一致性衡量的是解决方案（解决方案术语集）中的成员成为结果中成员子集的程度。fsQCA 输出显示解决方案一致性为 1.0，这表明解决方案中的成员（解决方案术语集）是结果中成员子集（即有效的导师制计划）。**解决方案覆盖率**(solution coverage) 表示可以通过因果配方 (causal recipes) 中的成员来解释的结果中的成员比例。fsQCA 输出显示 1.0 的解决方案覆盖率，这表明存在结果的所有文章（即有效的导师制计划）都是其中一种解决方案的成员，这可以通过模型来解释。解决方案一致性和解决方案覆盖率均为 1.0（即大于 0.75）(Ragin, 2008) 则意味着一个正确指定的模型。

总而言之，对表 9-3 这一真值表的定性比较分析特别表明，导师制关系监控对于确保导师制计划有效性非常重要。因此可以看出，定性比较分析"具有整体的组合逻辑并强调因果异质性"(Soulliere, 2005, p.434)，这有助于从综合文献回顾过程中提取信息。

这里使用的示例涉及使用传统的（即清晰的）集合。一个**清晰集合**(crisp set) 是二分的，因此在这种情况下，信息来源要么在集合内(in)，要么在集合外(out)。因此，在上面的例子中，对一组特征而言，一个传统集合类似于具有两个值的二进制变量：1（in，即存在）和 0（out，即缺席）。与之相反，一个**模糊集合**(fuzzy set) 允许成员存在于 0 到 1 之间的任何位置，同时保留完全成员和完全非成员这两种定性状态。因此，风险特征的模糊集合可以包括完全在集合内的成员（模糊隶属度＝1.0）、一些几乎完全在集合内的成员（模糊隶属度＝0.90）、一些既不更在集合内也不更在集合外的成员［模糊隶属度＝0.50，也称为交叉(crossover) 点］、一些在集合外刚刚超过在集合内的成员（模糊隶属度＝0.45），依此类推，直到那些完全不在集合内的成员（模糊隶属度＝0）。文献回顾者有责任指定为案例分配模糊隶属度评分的程序，这些程序必须公开和明确（即留下审计轨迹），以便其他文献回顾者和研究人员可以对其进行评估。

四、定性数据分析方法

如前所述，定性数据分析方法是代表系统一部分的数据分析。因此，这些方法既可以作为独立的分析，也可以与定性数据分析方式结合使用。它们甚至可能包含一些数据分析技术。

五、定性数据分析技术

如前所述，定性数据分析技术是代表定性数据分析过程中的单个步骤的数据

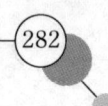

分析。因此，这些技术代表了一种更微观的分析类型，通常在编码级别进行操作。技术可以融入大多数综合文献回顾编码方式中。

工具：案例内和跨案例显示映射到综合文献回顾流程中

综合文献回顾的分析方法可能包括迈尔斯和胡伯曼（Miles & Huberman, 1994）提出的一系列案例内分析和跨案例分析。具体来说，迈尔斯和胡伯曼（1994）提出的19项案例内分析和18项跨案例分析都可以映射到综合文献回顾流程中。这些分析见表9-4和表9-5。

表9-4 迈尔斯和胡伯曼（1994）的案例内显示映射到综合文献回顾流程中

显示类型	说明
部分有序	
诗歌	使用诗歌分析信息；也称为解释诗、发现诗（如 Prendergast, 2006）、研究经验诗、实地诗或数据诗（见 Lahman et al., 2010）。
情境图	使用网络，以图形形式映射研究人员所研究的群体之间的相互关系和个人行为背景下的角色。
清单矩阵	分析/显示包含多个无序组件的主要概念、变量或领域。
时间顺序	
事件列表	使用矩阵或流程图按时间顺序组织一系列具体事件并将其分类。
关键事件图	就文献中的一些关键事件进行绘图描述。
事件状态网络	映射一般状态，这些状态不像事件那样有时间限制，并且可能代表链接特定感兴趣事件的主持人或调解人。
活动记录	在时间和空间有限的文献中显示特定的重复活动。
决策建模流程图	在受特定条件限制的活动流程中映射思想、计划和决策。
生长梯度	使用网络来映射被概念化为链接到随时间变化的基础变量的事件。
时序矩阵	发生特定现象时的映射。
角色顺序	
角色排序矩阵	通过对从一组反映作者/研究人员的观点、信仰、期望和/或行为的数据中收集到的或与之相关的行和列中的数据进行排序，映射每个选定作品的"角色"。
时间角色矩阵	映射每个选定作品的"角色"并保持时间顺序。
概念顺序	
概念聚类矩阵	创建一个包含行和列的文本表，这些行和列被安排用于对理论上、主题上或经验上相关的项进行分组。
主题概念矩阵	使用反映主题顺序的显示。

第9章 步骤6：分析和综合信息

续表

显示类型	说明
民间分类学	通常代表一个分层树形图，显示研究人员/作者如何对重要现象进行分类。
认知地图	显示研究人员/作者对特定领域相关概念的表示。
效果矩阵	以不同的方式显示产生一个或多个结果的数据，聚焦结果/感兴趣的因变量。
案例动力学矩阵	显示一组变化要素并跟踪相应的过程和结果，以进行初步解释。
因果网络	显示信息来源及其相互关系中最重要的自变量和因变量。

资料来源：Adapted from *Mapping Miles and Huberman's within-case and cross-case analyses onto the literature review process*, by A. J. Onwuegbuzie and Rebecca K. Frels, 2014c, unpublished manuscript, Sam Houston state University, Huntsville, TX, p. x. Copyright 2014 by A. J. Onwuegbuzie and Rebecca K. Frels.

表9-5 迈尔斯和胡伯曼（1994）的跨案例显示映射到综合文献回顾流程中

显示类型	说明
部分有序	
半序元矩阵	同时显示每个选定信息来源的描述性数据。
案例排序	
格序描述元矩阵	包括来自所有信息来源的描述性数据，但信息来源按感兴趣的主要变量排序。
双变量格序矩阵	显示来自所有信息来源的描述性数据，但信息来源按两个感兴趣的主要变量排序，这两个主要变量由行和列表示。
对比表	显示变量以低或高形式出现的几个示例性信息来源，并对比基本变量的几个属性。
散点图	在两个或多个轴上绘制所有信息来源，以确定信息来源之间的距离。
格序效应矩阵	按感兴趣的主要程度对信息来源进行排序，并显示每个信息来源的不同影响。
格序预测结果矩阵	根据主要结果变量安排信息来源，并为每个信息来源提供关于主要前因变量的数据。
预测结果后果矩阵	将一系列预测因素与一些中间结果联系起来，然后说明结果的后果。
时间顺序	
时间有序元矩阵	创建一个表，其中列按时间段顺序组织，行不一定按顺序排列。
时序散点图	在两个或多个时间段内跨信息来源显示相似变量。
复合序列分析	允许提取几个信息来源共享的典型故事，而不排除有意义的序列。
概念顺序	
内容分析汇总表	允许文献回顾者专注于元矩阵的内容，而无须引用基础信息来源。
子结构	允许识别潜在维度。
决策树建模	显示跨多个信息来源做出的决策和操作。

续表

显示类型	说明
逐变量矩阵	创建一个表，该表在其行和列中显示两个主要变量，这些变量按强度排序，并且单元格条目代表信息来源。
因果模型	创建因果关系之间的变量网络，以提供关于变量完整网络及其相互关系的一组可检验的命题或预感。
因果网络	使用被认为对解释结果或标准最具影响力的变量对所有信息来源进行比较分析。
先行矩阵	创建按结果变量排序的显示，并显示所有看起来会改变结果变量的变量。

资料来源：Adapted from *Mapping Miles and Huberman's within-case and cross-case analyses onto the literature review process*, by A. J. Onwuegbuzie and Rebecca K. Frels, 2014c, unpublished manuscript, Sam Houston state University, Huntsville, TX, p. x. Copyright 2014 by A. J. Onwuegbuzie and Rebecca K. Frels.

根据需要，文献回顾者可以使用这些显示中的一个或多个来分析和显示综合结果。

萨尔达尼亚的 32 种编码技术 在其开创性著作中，萨尔达尼亚（2012）识别了 32 种编码技术来代表他确立的第一周期或第二周期，并在两者之间采用了一种混合方法。据萨尔达尼亚（2012）所言，*第一周期*（first cycle）方法是在数据的初始编码过程中出现的编码策略，它被细分为以下六[①]个子类别（其方法在括号中）：*语法方法*（grammatical methods，属性编码、幅度编码、子编码、同时编码）；*基本方法*（elemental methods，结构编码、描述性编码、体内编码、过程编码、初始编码）；*情感方法*（affective methods，情感编码、价值观编码、对抗编码、评估编码）；*文学和语言方法*（literary and language methods，戏剧编码、基序编码、叙事编码、言语交流编码）；*探索方法*（exploratory methods，整体编码、临时编码、假设编码）；*程序方法*（procedural methods，协议编码、文化材料概述编码、领域与分类编码、因果编码）。相比之下，*第二周期*（second cycle）方法则是"需要诸如分类、优先排序、集成、综合、抽象、概念化和理论构建等分析技能"的编码策略（p.58），如下所示：*模式编码*（pattern coding）、*聚焦编码*（focused coding）、*轴向编码*（axial coding）、*理论编码*（theoretical coding）、*精细编码*（elaborative coding）和*纵向编码*（longitudinal coding）。最后，主题数据（折中编码）位于第一与第二周期之间。

[①] 原书中此处为"七"，根据上下文，译者推测此处应该是原文作者笔误，故修改为"六"。——译者注

案例：编码技术之总结

表9-6总结了如何使用萨尔达尼亚（Saldaña，2012）的32种编码技术来分析从基于安伍布奇、黄和弗雷尔斯（Onwuegbuzie, Hwang, & Frels, 2014）的文献中提取的信息的六个阶段。第一阶段：使用五种模式（MODES）进行综合文献回顾，以识别相关文献。第二阶段：存储和组织从综合文献回顾过程中提取的信息，最好是将所有信息来源上传到CAQDAS程序（如QDA Miner）中。第三阶段：决定是否对所有已识别的信息来源进行编码，或是否对这些信息来源的一个或多个子集进行编码，并针对每个信息来源决定究竟是对整个信息来源还是对信息来源的一个或多个部分［例如，包含调查结果的资料部分（如经验研究文章的结论部分）］进行编码。第四阶段：建立所有或一个子集的萨尔达尼亚（2012）先验代码。第五阶段：使用萨尔达尼亚（2012）先验代码对每个信息来源进行编码。第六阶段：进行跨案例分析（Miles & Huberman，1994），以便在选定的研究中比较和对比选定的先验代码的编码，每一篇文章代表一个案例。

表9-6 映射到综合文献回顾流程中的萨尔达尼亚（2012）的32种编码技术总结

	编码方法	如何应用于文献回顾
1	属性编码	应用属性编码记录有关文献的信息（如经验/理论论文、定性/定量研究/学科）。通过使用属性编码，以前的研究可以按年份、方法（定量或定性）或期刊分类。例如，通过按属性编码组织文献，文献回顾者可以根据所进行的研究数量来确定不同年份之间的差距。
2	轴向编码	与聚焦编码一样，轴向编码涉及确定哪些源于文献的编码占主导地位或不占主导地位，从而系统地或主题化地组织它们（如删掉、去掉多余的编码）。此外，轴向编码可用于识别由文献的聚焦编码生成的类别的维度。轴向编码可以用来识别不同维度的结构。
3	因果编码	因果编码可用于分析变量之间、中介变量之间以及实证报告结果之间的因果关系。因果编码可用于文献内部和文献之间的分析。因果编码可以发展成因果关系模型。
4	描述性编码	在文献回顾者生成描述性编码后，描述性编码就可应用于描述性名词。此外，描述性编码还可用于可视化数据。在生成描述性编码之后，文献回顾者可以通过使用诸如Word Cloud、内容分析软件程序的图形表示（如WordStat）或有助于单词或代码计数的定性数据分析软件程序（如QDA Miner、NVivo、MAXQDA）等工具来确定描述性编码的频率。检查描述性编码可能有助于文献回顾者确定"关键词"以探索主题。
5	领域与分类编码	领域与分类编码可用于分析和综合研究结果，方法是区分文献中使用的术语之间的关系或模式并将它们组织成一个分类法。

续表

	编码方法	如何应用于文献回顾
6	戏剧编码	戏剧编码涉及目标、冲突或障碍、处理冲突或障碍的策略、态度、情感和潜台词等项目。戏剧编码可以用来分析文本或对话数据,为文献回顾提供信息,其可能有助于理解选区之间的权力关系。
7	折中编码	折中编码可以用来生成主题。例如,可以选择先前通过各种编码方法(如初始编码)生成的代码并将其合成为主题或类别。
8	精细编码	精细编码可以应用于反映或评价文献回顾过程及其成果的阶段,以完善理论结构或主题。
9	情感编码	与体内编码类似,情感编码可用于分析作者对其研究结果的感觉或情绪。例如,情感编码"惊奇"可能意味着论文中的发现是意外的或全新的。
10	评估编码	可以生成评估编码,为根据研究结果开展的进一步研究和实践提供建议。通过检查评估编码,文献回顾者可以确定之前与当前研究之间的差距,并生成一个研究问题。
11	聚焦编码	聚焦编码包括检索在文献中出现得最频繁的编码,以开发最突出的一个或多个类别。
12	整体编码	整体编码可用于整体把握基本主题或问题。整体编码可以通过浏览摘要或整篇文献生成,并可用于确定文献与特定主题或搜索条件之间的相关性。
13	假设编码	假设编码可用于从对文献的分析中生成当前研究中的假设。文献回顾者可以分析文献以找出两个或多个变量之间的关系并生成假设编码(如显著/非显著)。通过检查生成的编码可以为当前的研究生成假设。
14	体内编码	体内编码可以用于分析作者的观点,通常在讨论部分使用带有"引号"的逐字记录。它们可以被解释为确定作者如何反映他们的研究结果。
15	初始编码	在分析文献数据时,如有必要,可采用开放式方法和不同的编码方法进行初始编码——也被称为"开放式编码"。初始编码可被用于文献内和跨文献的数据分析。
16	纵向编码	纵向编码可用于对以前的文章进行分类,并随着时间推移对它们进行组织。通过使用纵向编码,文献回顾者可以确定特定主题领域的研究范式或趋势是如何随时间而变化的。
17	幅度编码	研究结果,特别是定量研究结果可以通过使用补充的字母数字或符号编码来总结,这些编码代表频率、方向、存在、强度等。例如,来自定性和定量数据的信息可以通过幅度编码(如1或0、+/-、正/中性/负)进行元分析或元总结。
18	基序编码	基序编码涉及整篇文献中重复的术语、单词、短语或特征。基序编码可以被模式化和分析,以确定可能影响研究结果的重要元素/事件。
19	叙事编码	叙事编码在一般的定性研究,特别是叙事研究中尤其重要。编码的形式包括从文献的角度开发代表参与者叙事的编码。

第 9 章 步骤 6：分析和综合信息

续表

	编码方法	如何应用于文献回顾
20	文化材料概述编码（OCM）	文化材料概述编码（outline of cultural materials coding, OCM）特别适用于人类学和考古学领域的文献作品。OCM 为民族志研究提供编码。
21	模式编码	模式编码可以通过分析共性并按相似度分组来发现先前生成的编码之间的模式或关系。
22	过程编码	过程编码也称"行动编码"，可用于表示作者在其研究中采用的研究程序，从而产生研究内文献分析。
23	协议编码	协议编码涉及使用先验代码或类别对文献进行编码。
24	临时编码	临时编码也称"预设编码"，是从初步调查或文献回顾中产生的，可用于分析文献，期望在数据分析期间对这些编码进行修改、修订或删除。
25	同时编码	在探索一个新主题时，可以将多个编码应用于同一个数据以添加多维透视图。
26	结构编码	结构编码可用于标记文献，以便文献回顾者能够快速访问文献回顾数据。例如，可以使用"理论""方法"或"阶段 1""阶段 2"等表示研究组成部分或研究阶段的结构编码来整理文献。按结构编码对文献进行分类将使文献回顾者在研究过程的每个阶段更容易查阅文献。
27	子编码	如果需要，那么可以使用分类和层次结构格式的子编码来总结研究结果。
28	理论编码	理论编码可以用于整合或合成主题或类别，方法是将所有类别和子类别连接起来并重新组织它们。理论编码可以是文献回顾的核心主题或结构。
29	价值观编码	价值观编码可以用来反映作者的价值体系，包括三个要素：价值、态度和信仰。这些编码可以被解释以评估研究结果，如评估作者的价值体系对研究结果和解释的影响程度，特别适用于性别和民族研究等主题领域。
30	言语交流编码	言语交流编码包括通过研究者的经验和反思来解释数据，以探索研究人员的文化实践。通常，这种编码涉及大量的书面反思。
31	对抗编码	对抗编码可用于通过二分群体、个体或概念识别不同的模式或视角。它们既可以在同一篇文献中应用，也可以跨文献应用。例如，当回顾有关"博士生毕业障碍"主题的文章时，可以生成一个对抗编码"教授 vs. 学生"，因为教授和学生可能对博士生毕业障碍有不同的看法。
32	主题数据	主题数据包括选择/删除编码以生成主题。主题数据可用于文献间分析。

资料来源：Adapted from *Mapping Saldaña's coding methods onto the literature review process*, by A. J. Onwuegbuzie, E. Hwang, and Rebecca K. Frels, 2014, pp.19-22. Copyright 2014 by A. J. Onwuegbuzie, E. Hwang, and Rebecca K. Frels.

安伍布奇等人（Onwuegbuzie et al., 2014）使用萨尔达尼亚（2012）的 32 个先验代码分析了 7 项基于导师制的定性研究，这些研究为弗雷尔斯（Frels,

2010)的文献回顾提供了信息。在第五阶段，在多次阅读每一篇文章的结果和讨论部分之后，他们确定了代表萨尔达尼亚 32 种编码中的一种或多种编码的单词、短语、句子或段落。他们指出，在萨尔达尼亚的 32 种编码中，有 11 种与 7 篇定性研究文章有关。图 9-3 呈现了在一篇文章的一页上使用萨尔达尼亚的几种编码进行的先验编码，以及对于 CAQDAS 软件 QDA Miner 的使用（Provalis Research, 2011）。在第六阶段中，他们进行了跨案例分析，将萨尔达尼亚的 32 种编码与 7 项基于导师制的定性研究（即 7 个案例）进行了比较和对比。特别是他们使用 QDA Miner 对 11 个代码进行了对应分析——一种多元分析和图形技术（Michailidis, 2007），使研究人员能够对萨尔达尼亚的代码进行跨案例分析，这是一种案例有序显示的形式。

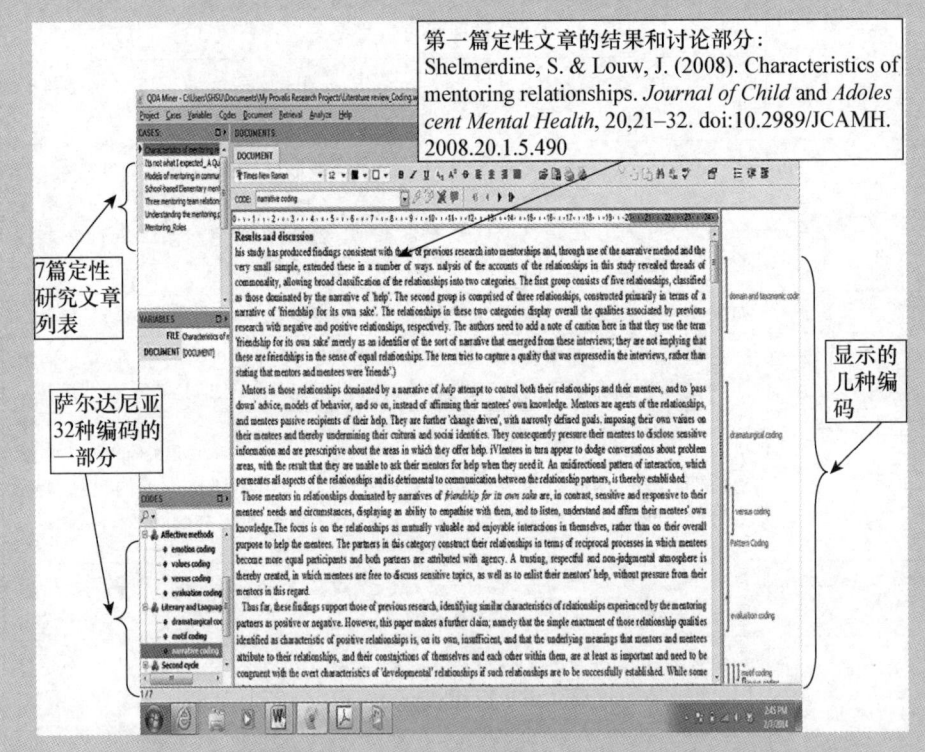

图 9-3 屏幕截图显示了由萨尔达尼亚的 32 种编码表示的先验编码

资料来源：Adapted from *Mapping Saldaña's coding methods onto the literature review process*, by A. J. Onwuegbuzie, E. Hwang, and Rebecca K. Frels, 2014, p. 32. Copyright 2014 by A. J. Onwuegbuzie, E. Hwang, and Rebecca K. Frels.

第9章 步骤6：分析和综合信息

案例：对应分析图

图9-4呈现了7篇定性研究文章通过对应分析映射到显示萨尔达尼亚编码的空间，该编码用于对其中一篇或多篇文章进行编码。此图显示了与这些萨尔达尼亚编码相关的文章。例如，从图9-4可以看出，斯宾塞（Spencer，2006）进行的定性研究（位于靠近原点的地方）集中在情感方法的以下三个子类别：价值观编码、对抗编码和评估编码。相比之下，卢卡斯（Lucas，2001）和斯宾塞（Spencer，2007）的定性研究则更接近于文学和语言方法的两个子类别：戏剧编码和叙事编码。此外，比尔（Buell，2004）和基尔堡（Kilburg，2007）的定性研究集中于情感方法子类别、文学和语言方法子类别，以及领域与分类编码的程序方法子类别。安伍布奇等人（Onwuegbuzie et al.，2014）的编码使他们得出结论，除其他方面外，被指导者的情感需求至关重要（例如，参见图9-4中情感方法在对应图中所起的核心作用），这突出了导师制关系与卡彻（Karcher，2005）的研究结果的重要性。

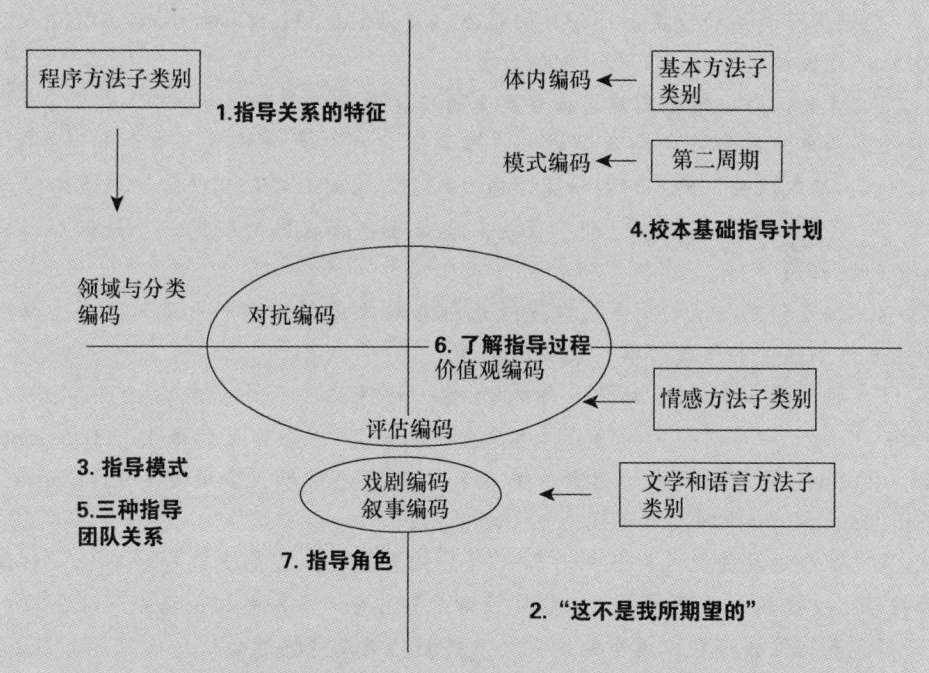

图9-4　7篇基于导师制的定性研究文章中的11种萨尔达尼亚编码中的8种的对应分析图，这些文章为二元导师制研究提供了信息

资料来源：Adapted from *Mapping Saldaña's coding methods onto the literature review process*, by A. J. Onwuegbuzie, E. Hwang, and Rebecca K. Frels, 2014, p. 35. Copyright 2014 by A. J. Onwuegbuzie, E. Hwang, and Rebecca K. Frels.

六、定性综合

所谓定性综合，指的是涉及使用定性方法来综合（a）基础型信息集和/或（b）描述补充型信息集的 12 个组成部分中的一个或多个组成部分的系统。最常见的综合信息的定性方法是元综合，我们将其与高级分析归为一类。

元综合 在第 2 章中，我们介绍了一种元综合方法，它是将定性研究的结果合并或汇总的一种方法。当文献回顾者有兴趣综合两个或多个解决类似问题的定性研究时，尤其是当这些研究涉及使用相同的定性研究设计时，定性的元综合对他们来说是合适的。因此，元综合是一个功能数据分析系统，如果与综合文献回顾的其他提取数据集成，那么可能会增加意义。我们还介绍了元民族志，这是由诺布利特和哈雷（Noblit & Hare, 1988）提出的一种综合多种民族志研究的解释方法。

工具：元民族志的步骤

根据诺布利特和哈雷（1988）的观点（另见 Lee, Hart, Watson, & Rapley, 2014），元民族志包括以下七个步骤：

1. 开始（即确定元民族志将要解决的研究问题）；
2. 确定与最初兴趣相关的内容（即确定元民族志的重点，确定相关研究，制定纳入标准以决定纳入哪些研究，通过质量标准对每项研究进行批判性评估）；
3. 反复阅读研究报告（即尽可能熟悉每项包含在内的研究，开始识别新兴主题的过程）；
4. 确定研究之间的关系［即通过比较和对比每项研究中出现的隐喻、概念和主题（如通过表格或网格）来确定共性］；
5. 将这些研究相互转化［即对于每一对作品，区分相互转化（reciprocal translations，即这对研究的隐喻、概念和主题是共同的）、反驳转化（refutational translations，即这对研究的隐喻、概念和主题是矛盾的）和重叠转化（overlapping translations，即没有替代的重叠研究）］；
6. 综合这些转化［即从三种转化（如相互转化）迈向更高阶的解释，该解释将转化整合成更多的部分，而非单独暗示的部分——一种"论据线"综合］；
7. 表达综合（即以适当的方式向感兴趣的听众传播综合信息）。

关于元综合的最后一点是，因为可以假定包含元综合的研究结果有可能增强对从综合文献回顾过程中提取的信息的分析和解释，所以文献回顾者应该检索数据库（见第 8 章）以确定之前是否有任何其他文献回顾者进行过与基础主题相关的元综合。可以通过对所有选定数据库使用以下搜索字符串来获得相关结果："主题名称"和元综合（"Name of topic" and meta-synthesis）。

第9章 步骤6：分析和综合信息

文献回顾者识别的元综合越新，自己进行元综合的可能性就越小。当然，文献回顾者应使用第7章中讨论的一些评估信息来源质量的技术来评估任何已确定的元综合研究，以评估是否需要删除任何已确定和选定的元综合研究（即不包括在最终综合文献回顾报告中）——因为其质量差。此外，如第8章所述，对于任何被选为综合文献回顾一部分的元综合研究，文献回顾者应该考虑使用一种通用标准（如COREQ或ENTREQ，见表8-3）来报告定性研究结果/综合，这一点非常重要。

9.7 信息的定量数据分析

对从综合文献回顾过程中提取的信息的分析通常可以从描述性分析（定量方法）中获益。特别是，文献回顾者可以在一般情况下使用集中趋势和离散度测量（即定量方法），以及在特殊情况下使用均值、比例和标准差（即定量技术）来分析从综合文献回顾过程中提取的信息。例如，文献回顾者可以分析和解释由初级定量研究的作者所报告的方法，并报告这些方法在这些研究中的差异。由于综合文献回顾的大多数数据往往是定性收集的（尽管它可能是一项定量研究），因此我们简要概述了定量数据分析方式和定量综合方式，以供完成步骤6时参考。

一、初级分析

在第8章中，我们概述了文献回顾者如何通过使用可用的二手数据[secondary data，即模式（MODES）中的"S"]来扩展文献回顾。在这一章中，我们提供了可以通过二手数据提取的各种信息的示例。让我们快速回顾一下，这些数据可以通过以下三种方式纳入文献回顾过程：（a）使用已分析过的二手数据；(b) 使用原始二手数据；(c) 收集和分析二手数据。描述性统计数据可以在这三种方式中发挥重要作用。第一种方式只需要报告和解释作者已经提出的描述性统计数据，而第二种和第三种方式则需要文献回顾者实际计算描述性统计数据。

最重要的是，描述性分析可用于分析来自主要研究报告12个组成部分的任何或全部部分——问题陈述、背景、理论/概念框架、研究问题、假设、参与者、工具、程序、分析、对结果的解释、未来研究方向，以及对这个领域的影响——的信息。频率计数和比例/百分比在这里特别有用。例如，作为综合文献回顾的一部分，文献回顾者可以确定使用特定理论/概念框架的研究总数或比例。或者，文献回顾者可以确定某个研究问题已被解决或某个假设已被检验的研究总数或比例。提供这些描述性分析的结果会使文献回顾者呈现更加丰富的综合文献回顾结

如何进行文献回顾

果，而不是仅仅使用"很少""一些""很多"或"大多数"等词语来描述趋势。

二、中级分析

在使用与实证研究的方法部分相关的描述性统计数据的基础上，文献回顾者可以评估不同研究中调查相同研究问题的参与者的人口统计学特征的分布。或者，文献回顾者可以确定某一特定工具、研究设计或分析技术用于调查感兴趣的研究问题的研究总数或比例。关于实证报告的结果部分，文献回顾者可以确定记录了某一特定发现或解释的研究总数或比例。无论何时使用描述性分析，文献回顾者都还应考虑使用视觉呈现工具（如饼图和条形图）以补充他们的分析（参见 Onwuegbuzie & Dickinson，2008）。

三、高级分析

对从综合文献回顾过程中提取的信息的分析通常也可以受益于推理分析（定量方法）的使用。特别是，文献回顾者可以使用单变量分析或多变量分析（即定量方法）来分析从综合文献回顾过程中提取的信息。假设作者已经提供了某一变量的描述性统计数据，其中一个例子涉及用独立样本 t 检验比较两项研究中感兴趣变量的平均值，用方差分析（ANOVA）比较三项或多项研究中感兴趣的变量的平均值，或用多元方差分析（MANOVA）同时比较多项研究中的两项或多项平均值。另一个例子是文献回顾者可以进行一次卡方分析，以比较两项或更多研究中同一变量报告的频率数据。

从综合文献回顾进程的二手数据阶段提取的信息特别适用于推理分析。尤其是当文献回顾者自己收集二手数据时更是如此。此外，与描述性分析一样，推理分析可用于分析来自主要研究报告 12 个组成部分中的任何一个或全部部分的信息。

四、定量综合

所谓定量综合，指的是涉及使用定量方法来综合（a）基础型信息集和/或（b）描述补充型信息集的 12 个组成部分中的一个或多个组成部分的系统。综合信息最常用的定量方法就是元分析。

元分析 如第 2 章所述，元分析是一种定量数据分析系统（即代表一套定量研究方式、方法和技术），在这一系统中，文献回顾者结合（即聚合）了从尽可能多的可用单个定量研究结果中发现的被视为有效的定量发现，这样做是为了提出一系列相关研究假设以整合研究结果。元分析有两个主要目标：（a）估计所选研究的平均效应量（即加权平均值）；（b）检查不同研究效应量的可变性，作为研究设计效应的函数［如随机设计与非随机设计；也被称为同质性分析（homogeneity analysis）］（Glass，1976）。尽管元分析主要作为随机对照设计的系统分

第 9 章 步骤 6：分析和综合信息

析而被推广，但它也适用于综合来自其他定量研究设计（如相关性研究设计）的结果（关于定量研究设计的综述，请见附录 A）。

我们在第 2 章中还发现，元分析得到了科克伦协作组织（The Cochrane Collaboration，2012）的认可，但鉴于其复杂性，本书并不包括对元分析所涉及分析的完整描述（一篇优秀的文献回顾，请参阅 Rosenthal，1991 或 Lipsey & Wilson，2001）。然而，我们希望强调元分析的一些主要分析特征。在开始之前，应该注意，当基础研究通过可比人群、干预措施、研究设计、工具、比较和结果来解决相似（即同质性）的研究问题时，元分析是最佳的。因此，元分析人员评估异质性是至关重要的。

如果所有的研究在估计效应量时都同样准确（即同质性的），那么所有的文献回顾者都必须估计整体效应或综合效应（即总效应），即计算效应量的均值。但是，如果集合中的一些研究比其他研究在估计效应量方面更精确（即异质性的），那么，除了计算效应量的简单均值外，文献回顾者还必须计算加权均值，与其他研究相比，那些得出更准确效应量估计值的研究的权重更高。因此，文献回顾者必须确定如何分配权重。具体来说，文献回顾者有两种权重分配选择：固定效应模型（产生固定效应分析）和随机效应模型（产生随机效应分析）。这两种模型是在关于潜在效应量性质的两个不同假设下运行的，需要用不同的程序来分配权重。

固定效应模型（fixed effects model）的基本假设是存在一个真实的效应量，其代表所有选定研究的特征。换言之，假设在研究中观察到的效应量的任何差异都仅仅是由偶然性（即每项研究中的抽样误差）造成的。因此，组合效应提供了对一般效应量的估计。相反，***随机效应模型***（random effects model）的假设是不同研究的效应量不同（如效应测量更可靠或干预更完整的研究的效应量更大）。此外，假设所选研究中报告的效应量代表效应量分布的随机样本，组合效应量估计了分布中的平均效应量。

正如波伦斯坦、赫奇斯和罗斯坦（Borenstein, Hedges, & Rothstein, 2007）所解释的，当使用固定效应模型时，在所有研究中会估计出相同的效应量，所以，要根据每项研究捕获的信息量来为所有研究分配权重。因此，样本量最大的研究得到的权重最大，而样本量最小的研究得到的权重最小。相比之下，当使用随机效应模型时，文献回顾者应该试图估计真实效应分布的均值，每项研究都在估计不同的效应量，这种估计基于效应量代表效应量总体中的一个样本的假设，而总体的均值有待估计。结果，与固定效应模型相比，随机效应模型中的权重分配更为均衡，最大与最小样本量的研究之间的权重差别并没有那么大。也就是说，与固定效应模型相比，在随后的集合效应量估计中，随机效应模型给样本量较小的研究赋予了较大的权重。值得注意的是，当研究中不存在效应量的异质性时，固定效应模型和随机效应模型是等效的。

元分析的结果使用频率、百分比、优势比、风险比、置信区间和其他统计指标来表示。表格和图（如漏斗图）通常用于显示元分析结果。科克伦协作组织希望元分析人员能将敏感性分析纳入其中。具体地说，**敏感性分析**（sensitivity analysis）允许文献回顾者评估集合效应量估计的稳健性（即无偏估计的程度）。集合效应量估计源于元分析，这种估计是通过评估集合效应量估计随某个参数的变化（如选择研究的纳入标准的变化）而变化的程度来实现的。这种敏感性分析是通过比较同一数据集的两个或多个元分析的结果（例如，完整数据集的集合效应量估计值 vs. 仅包含已发表研究的数据集的集合效应量估计值；早期已发表研究的集合效应量估计值 vs. 后期发表研究的集合效应量估计值）来进行的。关于使用固定效应模型和随机效应模型进行元分析的详细分步指南，我们请读者参考波伦斯坦等人的著作（Borenstein et al., 2007）。虽然有一些元分析的批评者指出了元分析固有的局限性，然而，只要元分析人员应用最佳实践，这些批评中的许多就可以得到解决（参见 Cochrane Collaboration，2012）。

工具：元分析的局限性和优势

元分析的批评者列举了元分析的以下局限性：
- 他们需要付出很多努力，从而产生"费时（time-consuming）"的问题；
- 他们需要具备定量研究方面的能力（如抽样理论知识、统计技术），从而产生"新手元分析人员（novice meta-analyst）"的问题；
- 定量成分不允许文献回顾者确定研究之间的定性差异，从而产生"缺乏情境（lack of context）"的问题；
- 他们可能会将截然不同的研究（如基于不同的抽样程序、文化和历史形态、可操作性和统计分析）的效应量相结合，从而产生"苹果和橘子（apples and oranges）"①的问题；
- 大多数元分析在某种程度上包括有缺陷的研究（如小样本、非随机设计），从而产生"无用输入，无用输出（garbage in, garbage out）"②的问题；
- 总效应量因选择偏差而扭曲，这些偏差来自报告负面和无效结果的研究，而这些结果并没有被文献回顾者发现，例如，由于这些研究没有发表，从而产生"文件抽屉问题（file drawer problem）"的问题；
- 整合来自同一研究的多个依赖性结果，从而产生"违反独立性（violation

---

① 苹果和橘子属于两种不同类型的水果，在英文的习语中可以引申为类型不同的东西、两码事、截然不同。——译者注

② 这句话是计算机科学和数学中很常见的概念，输出质量是由输入质量决定的。《牛津高阶英汉双解词典》（第四版，1994）中的汉译是："（计算机运算中）错进，错出（若输入错误数据，则输出亦为错误数据）。"——译者注

第9章 步骤6：分析和综合信息

of independence)"的问题；
- 研究之间的差异分析本质上是相互关联的，从而产生"相关性不等于因果关系（correlation-does-not-equal-causation）"的问题；
- 同质性测试受到低统计功效的不适当影响，同质性统计数据可能变得不可靠（例如，在某种程度上取决于对效应量度量的选择），并且当文献回顾者希望一次测试多个效应量的仲裁人时就很难解释，从而产生"I型和II型错误（Type I and Type II error）"的问题；
- 互动效应被忽视转而采用主要效应，从而产生"非互动寻求偏见（non-interaction seeking bias）"的问题；
- 包括少量的效应量，从而产生"样本量（sample size）"的问题；
- 存在错误的客观性（objectivity）、精确性（precision）和科学主义（scientism），从而产生"缺乏诚信（lack of integrity）"的问题。

元分析的拥护者列举了元分析的以下优势：
- 与其他类型的文献回顾（即叙述性文献回顾）相比，元分析代表一种更系统的文献回顾方式；
- 元分析在分析和综合（适当的）定量研究的过程中对文献回顾者施加纪律约束，其目标是最大限度地包容（即综合性）；
- 与叙述性文献回顾相比，元分析以更具差异性和更复杂的方式表达定量研究结果；
- 元分析能够发现研究之间的关系，这些关系可能会为叙述性文献回顾所掩盖；
- 元分析减少文献回顾者对研究结果过度解读的可能性；
- 元分析可以处理无限数量的研究，也有助于适当加权研究；
- 元分析促进对调查结果的适当解释；
- 元分析促进对研究特征的检查，可作为对研究结果一致/不一致的潜在解释；
- 元分析在总结调查结果时考虑调节变量；
- 元分析促进解决有争议的调查结果；
- 元分析检查在单一主要研究水平上无法进行的各变量之间的结果一致性（如人口特征、干预的完整性）；
- 元分析确定互动关系或趋势，这些关系或趋势要么过于微妙而难以确定，要么无法在个别研究中进行假设和测试；
- 元分析促进调查结果的综合。

此外，正如芬克（Fink，2009）所言："支持者指出，尽管元分析有缺陷，但当几项研究的结果不一致，且个别研究的样本量相对较小或样本量较大的研究不太可能及时回答紧迫的问题时，元分析是处理重要问题的系统方法。甚至批评者也认为，元分析可以被视为一种在共同尺度上展示不同研究结果的方法。"(p.225)

如何进行文献回顾

有几个商业统计软件程序可以极大促进元分析的进行。巴克斯、于、池田和穆恩斯（Bax，Yu，Ikeda，& Moons，2007）指出，"对于用户来说，哪个元分析软件最合适取决于他或她的需求；没有哪个单一的程序对每个人来说都是最好的"（p.38）。常见的商业统计软件程序包括：综合元分析（Comprehensive Meta-Analysis，CMA）、MetAnalysis、MetaWin 和 WEasyMA。其中，巴克斯等人（Bax et al.，2007）指出 CMA 是最通用的，特别是在这个软件可以分析的数据范围方面［例如，MetAnalysis 和 WEasyMA 只能在 2×2 表（two-by-two tables）中分析数据］。CMA 可以从以下网站下载并免费试用：www.Meta-Analysis.com。

一些元分析软件程序是免费供学术使用的，包括 MIX 和 RevMan。根据巴克斯等人（2007）所言，RevMan（截至本书写作时的版本为 5.2）由科克伦协作组织开发并用于该组织。由于复制、粘贴和导入选项有限，因此与大多数其他软件程序相比，RevMan 入门需要更多的准备工作（Bax et al.，2007）。然而，一旦数据被放入分析模块，元分析就变得简单了，它能产生详细的输出，尽管图形的显示是有限的。RevMan 中的帮助资源非常全面（Bax et al.，2007）。

工具：元分析软件

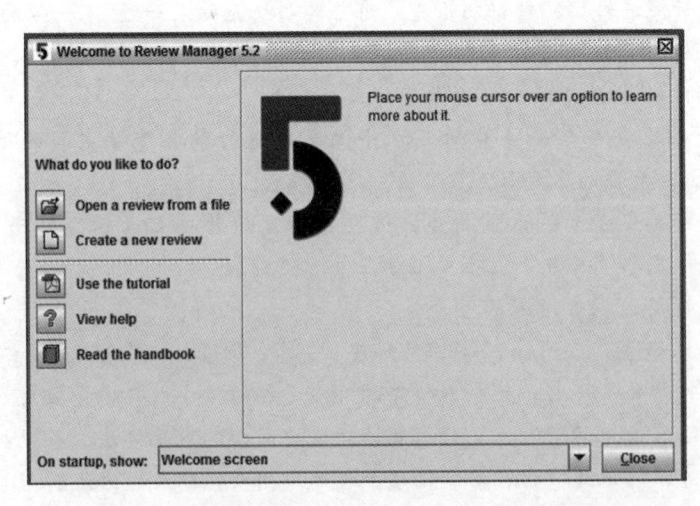

图 9-5 显示了 RevMan 元分析软件程序的屏幕截图。从图中可以看出，此软件程序允许用户从文件中打开现有的评论、创建新评论、使用教程、查看帮助和阅读手册。在新的评论中，RevMan 允许用户进行干预评论、诊断测试准确性评论、方法评论或评论概述。令人鼓舞的是，巴克斯等人（2007）在 RevMan 和 CMA 得出的元分析结果中没有发现差异。对于常见的元分析软件程序的优秀评论，我们请读者参考巴克斯等人（2007）的介绍。关于元分析的最后一点是，因为

图 9-5　显示了 RevMan 元分析软件程序的屏幕截图

第 9 章 步骤 6：分析和综合信息

可以假定包含元分析的研究结果有可能增强对从综合文献回顾过程中提取的信息的分析和解释，所以文献回顾者应该检索数据库（见第 8 章）以确定之前是否有任何其他文献回顾者进行过与基础主题相关的元分析。可以通过对所有选定数据库使用以下搜索字符串来获得相关结果："主题名称"和元分析（"Name of topic" and meta-analysis）。

文献回顾者识别的元分析越新，自己进行元分析的可能性就越小。当然，文献回顾者应使用第 7 章中讨论的一些评估信息来源质量的技术来评估任何已确定的元分析研究，以评估是否需要删除任何已确定和选定的元分析研究（即不包括在最终综合文献回顾报告中）——因为其质量差。此外，如第 8 章所述，对于任何被选为综合文献回顾一部分的元分析研究，文献回顾者考虑使用一种通用标准（如 PRISMA）来报告定量研究是很重要的。

9.8 信息的混合数据分析

请记住，综合文献回顾的核心是方法论，而且综合文献回顾是一种混合研究。然而，综合文献回顾的元框架认识到"混合"是指从文献（如研究论文、书籍章节、书籍）的任何方面——标题、摘要、文献回顾部分、理论或概念框架、目的陈述、研究问题、假设、教育意义陈述、方法部分、结果部分、讨论部分——进行意义创造。因此，选择混合方法进行分析（analysis）本身对综合文献回顾来说并不重要。然而，以混合的研究方法来理解分析的本质则是一个好主意，并且最好是在某些集成层面上利用这些概念。

安伍布奇和库姆斯（Onwuegbuzie & Combs，2010）提供了一个基于证据的混合分析定义，其中包括一个或多个定性分析与一个或多个定量分析的集成，包括"在同一框架内"进行的分析，该框架"以先验、后验或迭代为指导（代表研究之前和研究期间做出的分析决定）"（p.425）。

一、初级混合分析

当定性信息的定性分析和定量信息的定量分析在同一文献回顾中组合时，这种组合就产生了混合分析。这种组合代表了一种分析和综合综合文献回顾信息的强大方法，是定性和定量分析方法的最小集成层次，被称为*非交叉混合分析*（non-crossover mixed analysis）（Onwuegbuzie & Combs，2010）或*传统混合分析*（within-tradition mixed analysis）。其来源于以下假设：

- 定量和定性分析是独特的，可以相互区分；

- 定量和定性分析并不相同，因此应分开进行；
- 定量数据只需要定量分析；
- 定性数据只需要定性分析；
- 源自定量数据的综合源自定量分析；
- 源自定性数据的综合源自定性分析。

因此，只有在获得了来自定量分析的综合与来自定性分析的综合之后，才能获得组合的综合。

二、中级混合分析

文献回顾者可以对综合文献回顾信息进行更为综合的混合分析，即使用交叉混合分析（crossover mixed analysis）。因此，在下面的部分中，我们将介绍一些对综合文献回顾信息进行交叉混合分析的方法。交叉混合分析的最入门级介绍将包括使用最基本的定量和定性形式。在量化方面，文献回顾者可以将定性研究者报告的新兴主题转换为定量形式，从而允许他们定量分析转换主题，例如，测算这些转换主题在选定的定性研究中的流行程度。

工具：常见的混合（方法）分析方式

下面列出了一些常见的混合分析方式：

- **并发混合分析**（concurrent mixed analyses）：定性和定量分析是独立进行的，但从每一组分析中得出的解释产生了组合推论或元推论。
- **顺序混合分析**（sequential mixed analyses）：定性和定量分析的混合按时间顺序进行，并且它们相互依赖。
- **并行混合分析**（parallel mixed analyses）：定性和定量分析的混合独立发生，并且每组分析产生的解释不会合并为一个连贯的整体。
- **转换混合分析**（conversion mixed analyses）：一种类型的数据转换为两种类型的数据，对这两种类型的数据可以同时进行定性和定量分析。
- **多级混合分析**（multilevel mixed analysis）：在聚合的不同级别进行定性和定量分析，以解决相互关联的研究问题。
- **完全集成的混合分析**（fully integrated mixed analyses）：定性和定量分析以交互方式进行（Teddlie & Tashakkori, 2009）。
- **交叉混合分析**（crossover mixed analyses）：用与一种传统相关的一种或多种分析类型（如定量分析）去分析与另一种传统相关的数据（如定性数据）（Onwuegbuzie & Combs, 2010）。

相反，如前所述，术语"方法（methods）"指代表系统一部分的混合分析，如**量化**（quantitizing，即将定性数据转换为可进行统计分析的数字代码）（Miles &

第9章 步骤6：分析和综合信息

Huberman，1994；Sandelowski，Voils，& Knafl，2009；Tashakkori & Teddlie，1998）和**定性化**（qualitizing，即将数字数据转换为可以定性分析的叙述数据）（Tashakkori & Teddlie，199）。最后，术语"技术（techniques）"指的是代表混合分析过程中一个步骤的混合分析，包括主题的频率分析（Miles & Huberman，1994；Sandelowski et al.，2009；Tashakkori & Teddlie，1998）和**轮廓形成**（profile formation）（Tashakkori & Teddlie，1998）。

通常，一种或多种混合分析技术和方法是混合分析方式的基本组成部分。例如，定量和定性的混合分析方法就是转换混合分析方式的组成部分。因此，对于混合分析，就像定性和定量分析一样，技术嵌套在方法中，方法又嵌套在方式中。

迄今为止，很少有文献回顾者在同一篇文献回顾中同时对信息进行定性分析和定量分析。然而，这样做不仅仅会使综合文献回顾的质量达至顶峰，更重要的是会增加文献回顾者在执行综合文献回顾的步骤6后达致"理解（Verstehen）"的可能性。

例如，七项基于导师制的定性研究为二元导师制研究提供了信息，可以对其使用定性方式、方法或技术进行定性分析（见我们之前对定性分析的讨论）。从分析中产生的每个主题都可以量化，例如，创建一个**响应矩阵**（inter-respondent matrix，即文章 X 主题矩阵）（Onwuegbuzie，2003a；Onwuegbuzie & Teddlie，2003），其中如果一篇文章包含该主题，那么该文章的主题得分为1，否则得分为0。这种二分法将产生一个仅由0和1组成的矩阵。

案例：一个响应矩阵

表9-7提供了七项基于导师制定性研究的示例，这些研究为二元导师制研究提供了信息，并说明了如何使用响应矩阵计算各种效应量（如主题的流行率）。从表中可以看出，第四篇文章（即论文 ID 04）对主题的贡献最大（即5/6＝83.3%），第三篇文章（即论文 ID 03）对主题的贡献最小（即1/6＝16.7%）。通过对列总数的分析可发现，主题4是最受认可的主题，七篇文章中有五篇是用这个主题编码的。因此，主题4的显性效应量（the manifest effect size，即与可观察内容相关的效应量）（Onwuegbuzie & Teddlie，2003）为71.4%。相反，最不受认可的主题3的显性效应量为28.6%。

请注意，如果一篇文章包含与直接支持导师制计划的投入有关的信息，而这些信息最终被归类为特定主题，那么该文章的主题得分为1；否则主题得分为0。量化文章中包含的信息不仅限于来自定性研究文章的信息。定量研究文章和混合研究文章的定性信息也可以量化。这些定性信息包括文献回顾、概念框架、理论框架、使用的程序和对结果的解释。

表9-7 使用响应矩阵计算六个选定主题的效应量的示例，这些主题与直接支持导师制计划的投入有关，这些投入摘自在二元导师制研究中确定的关于导师制关系的七篇定性研究文章

论文ID	主题1	主题2	主题3	主题4	主题5	主题6	总和	%
01	1	0	1	1	1	0	4	66.7
02	0	1	0	1	0	1	3	50.0
03	0	0	0	1	0	0	1	16.7
04	1	1	1	1	1	0	5	83.3
05	1	0	0	0	1	0	2	33.3
06	0	0	0	0	1	1	2	33.3
07	1	1	0	1	0	1	4	66.7
总和	3	3	2	5	4	4	21	
%	42.9	42.9	28.6	71.4	57.1	57.1		

注：主题1=利用父母和同伴的影响；
主题2=关系长度；
主题3=适当的学生特征（例如，处于危险中，但没有情绪上的不安）；
主题4=促进导师的积极认知；
主题5=平等对待学生；
主题6=支持协作。

在定性化方面，文献回顾者可以将定量研究者所报告的定量数据转换为定性形式，从而能够定性地分析转换主题。例如，文献回顾者可以使用整个研究的定量结果来形成**叙事描述**(narrative profile)，构建以下一个或多个叙述性描述：模态描述(profiles，即基于群体中最频繁出现的属性对一群人进行的详细的叙事描述)、平均描述(average profiles，即基于个人或状况若干属性的平均值进行的描述)、整体描述(holistic profiles，即调查人员对调查单位的总体印象)、比较性描述(comparative profiles，即通过比较一个分析单位与另一个分析单位获得的描述，并包括它们之间可能的相似性/差异)、规范性描述[normative profiles，即类似于叙事描述，但基于个人或群体与标准（如一个标准组）的比较]（见Tashakkori & Teddlie, 1998）。

举例来说，文献回顾者可以使用叙事描述来综合通过定量研究文章的方法论文献回顾收集到的观点。文献回顾者可以根据样本量、抽样方案、工具（如分数信度、分数效度）、程序和分析，为一组定量研究中使用的定量方法创建一个叙事描述，以解决特定研究问题或检查现象。这种叙事描述可以帮助文献回顾者确定所用方法的优缺点，并指明未来的发展方向。与量化研究一样，定性信息不仅限于定量研究文章中的信息。对定性研究文章和混合研究文章中的定量信息也可以进行定性研究。这些定量信息包括样本量、参与者年龄和出现的主题数量。

第9章 步骤6：分析和综合信息

对综合文献回顾信息进行混合分析的另一种方法是比较研究同一现象的定性研究文章和定量研究文章的结果。这是一种被称为*数据比较*（data comparison）的交叉混合分析技术（Onwuegbuzie & Combs，2010）。

案例：数据比较中的文献综合结果

二元导师制研究中的文献数据比较见图9-6，其中7项校本导师制的定性研究和16项校本导师制的定量研究产生了两类（直接和间接）支持要素。

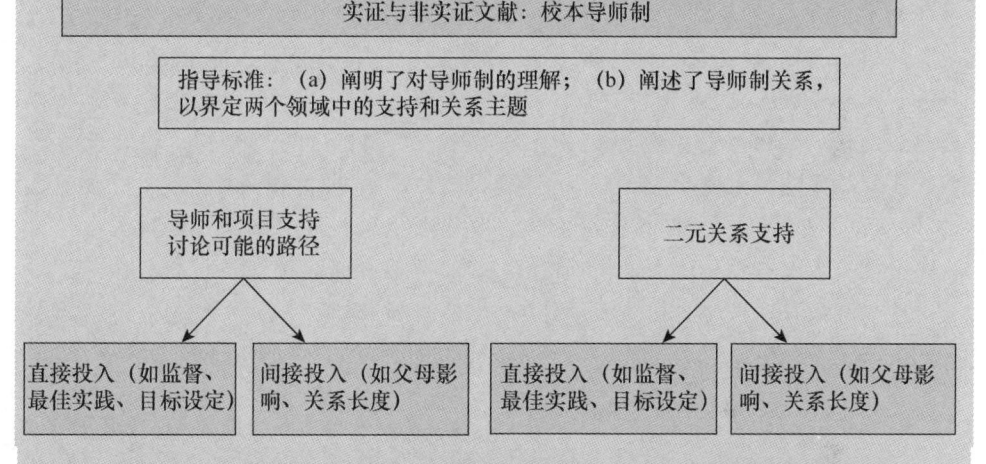

```
          实证与非实证文献：校本导师制

   指导标准：(a) 阐明了对导师制的理解；(b) 阐述了导师制关系，
   以界定两个领域中的支持和关系主题

      导师和项目支持                      二元关系支持
      讨论可能的路径

  直接投入（如监督、  间接投入（如父母影    直接投入（如监督、  间接投入（如父母影
  最佳实践、目标设定）  响、关系长度）      最佳实践、目标设定）  响、关系长度）
```

图9-6 通过文献揭示的导师制直接和间接投入的二元导师制研究概念图

资料来源：Adapted from *The experiences and perceptions of selected mentors: An exploratory study of the dyadic relationship in school-based mentoring*, by R. K. Frels, 2010, unpublished doctoral dissertation, Sam Houston State University, Huntsville, TX, p. 78. Copyright 2010 by R. K. Frels.

如图9-6所示，这两组文章按照导师制计划采用以下标准分为两大主题：(a) 项目组成部分强调导师或项目支持（即文章强调指导活动是取得积极成果的主要因素）；(b) 项目组成部分强调二元关系支持（即文章强调指导关系是取得积极成果的主要因素）。该图还表明，这些文章为这种支持提供了两种不同的方法：(a) 强调直接投入的校本导师制方案，指的是指导方案组成部分强调有形因素（如提倡二元发展活动）；(b) 强调间接投入的校本导师制计划组成部分，指的是导师制计划管理者可能通过非有形因素（如持续的辅导培训）支持导师制。

对综合文献回顾信息进行交叉分析的中间方式可以通过使用前面讨论过的响应矩阵来实现。特别是通过响应矩阵可以进行描述性或单变量分析。例如在量化方面，如果文章样本量大得多（即包含至少30篇到至少60篇文章，从每个主题至少5篇文章到每个主题至少10篇文章）（Cattell，1978；Gorsuch，1983；Hatcher，1994；

Onwuegbuzie & Daniel，2003），就可以用响应矩阵进行探索性因素分析。在样本量较大的情况下，我们还可以进行其他分析，如一系列卡方分析，以检验定性研究文章与定量研究文章之间产生的主题流行率的差异。

案例：潜在类别分析

在定性化方面，潜在类别分析可以用来形成一个叙事描述。例如，安伍布奇、黄等人（Onwuegbuzie，Hwang，et al.，2011）对灰色文献进行了审查，即在6年的时间内，对提交给全国性/国际性期刊《学校研究》的131份手稿进行了研究，以确定美国心理协会（American Psychological Association，2010）规定的参考书目格式在这些手稿中被用错的性质和普遍性。他们总共发现了466个参考书目错误，产生了14个参考书目错误主题。对6个常见的参考书目错误主题进行的潜在类别分析（一种多元技术）揭示了两大聚类：相对于所有6个参考书目错误主题，聚类1（占手稿的57.1%）相对较高，聚类2（占手稿的42.9%）在两个参考书目错误主题（即作者姓名和期刊来源）方面偏高，但在其余4个参考书目错误主题方面相对较低。也就是说，潜在类别分析揭示了作者关于参考书目错误的两种描述。图9-7显示了这两组不同的手稿。

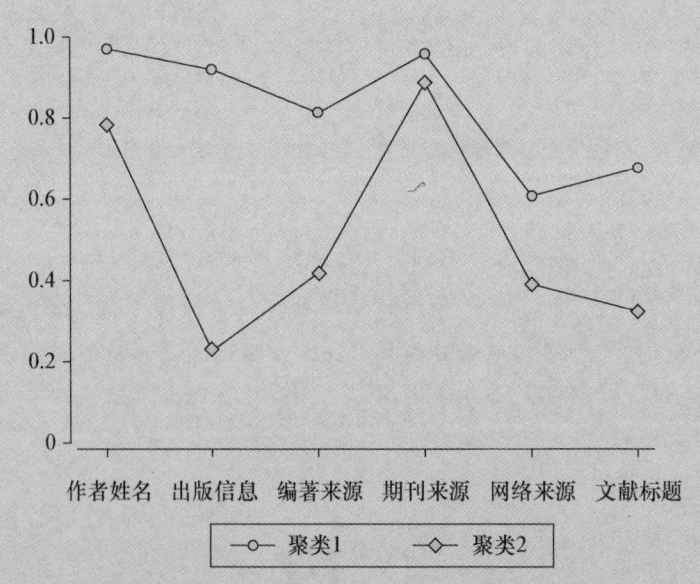

图9-7　关于参考书目错误主题的手稿描述

资料来源：Adapted from "Editorial：Evidence-based guidelines for avoiding reference list errors in manuscripts submitted to journals for review for publication," by A. J. Onwuegbuzie, A. E. Hwang, R. K. Frels, & J. R. Slate, 2011, *Research in the Schools*, 18（2），pp. i–xli, xii. Copyright 2011 by Mid-South Educational Research Association.

三、高级混合分析

基于安伍布奇和希契科克（Onwuegbuzie & Hitchcock，2014，2015）的高级混合分析方式框架，我们囊括了对应分析、贝叶斯元分析、Q方法论和混合综合以概述综合文献回顾高级混合分析。尽管这些混合分析很复杂，但文献回顾者可能会寻求咨询或指导以完成对通过模式（MODES）收集到的文献的解释。

对应分析（correspondence analysis）　　对应分析是一种描述性和探索性的多元分析和图形技术，其中分类（即名义水平）变量被分解并映射在一个空间中，该空间以两个或多个维度显示其关系（Greenacre，1984；Michailidis，2007）。简单地说，对应分析允许研究人员以图形方式检查分类变量与子组之间的关系。在文献回顾情境中，对应分析允许文献回顾者以图形方式检查（a）所选文献与主题之间的关系、（b）选定文献中新兴主题间的关系和/或（c）新兴主题与所选文献之间的关系。CAQDAS 程序中的 QDA Miner 允许文献回顾者对新兴主题进行对应分析，这样就非常方便了。在图9-4中，我们可以看到使用对应分析的强大功能的一个例子，它展示了这种高级交叉混合分析形式如何帮助文献回顾者从对综合文献回顾信息的分析中获得更多的信息。

贝叶斯元分析（Bayesian meta-analysis）　　在本章的前面部分，我们概述了传统的元分析系统。近年来，贝叶斯元分析方法应运而生。广义地说，当研究人员希望预测结果或事件时，就会使用贝叶斯元分析方法（O'Hagan & Luce，2003）。特别是贝叶斯元分析方法需要建立先验概率分布（prior probability distribution），而先验概率分布通常是由研究人员的主观判断所决定的。这种先验概率分布构成了计算后验概率分布（posterior probability distribution）的基础。先验和后验一起被用于确定给定观察证据的参数（即总体值）的可能性。因此，在使用贝叶斯元分析方法时，先验数据和情境知识是重要的考虑因素。纽曼、希契科克和安伍布奇（Newman，Hitchcock，& Onwuegbuzie，2013）概述了如何通过合并定性数据来增强贝叶斯元分析。在文献回顾情境中，来自定性和定量作品的信息可以结合起来产生后验概率分布。这就是贝叶斯元分析中发生的情况。具体来说，正如布思、帕帕约安努和萨顿（Booth，Papaioannou，& Sutton，2012）所推测的那样，贝叶斯元分析可以被用来"通过一种类型的研究证据来探索某事发生的可能性，然后通过另一种类型的研究证据来更可靠地确定它的发生（通常先是定性的，然后是定量的）"（p.157）。

维欧伊斯等人（Voils et al.，2009）提供了一个使用贝叶斯元分析的经典案例。研究人员试图调查相较于用药时间表简单的病人，那些用药时间表复杂的病人继续用药的可能性是否会更小。他们确定了11项定性研究和6项定量研究，为他们的贝叶斯元分析提供了依据。特别是他们使用来自定性研究的信息来确定一个先验的可能性，即用药时间表的复杂性是一个影响因素。然后，这些研究人员利用定量研究的结果来确认这种可能性。正如维欧伊斯等人（2009）所述，贝叶斯元分析是一种不常用的综合定性和定量研究结果的方法。因此，我们鼓励更多的文献回顾者使用这种方法。

Q 方法论（Q methodology） Q 方法论［由威廉·斯蒂芬斯（William Stephenson）在获得物理学和心理学双博士学位后于 20 世纪 30 年代中期开发］涉及通过一个变量样本来检查参与者之间的相关性，使得参与者的许多观点被简化为几个*因素*(factors)，并假设这些因素代表共同的感觉、观点、信仰、视角或偏好（Newman & Ramlo, 2010）。由于 Q 方法论涉及因子分析的使用，因此从历史维度来看，它被认为是一种定量方法。然而，由于对主观性的研究更多地受到定性传统认同，并且由于 Q 方法论的样本量通常较小，因此近年来 Q 方法论被重新定义为一种混合方法（Ernest, 2011；Newman & Ramlo, 2010），它涉及"两种不同研究风格的成功结合"（Ray & Montgomery, 2006, p. 3）。

在第 8 章中，我们讨论了通过与专家交谈（如通过访谈、焦点小组）来扩大文献回顾的效用。一旦选定了专家，就可以请求他们参加一项 Q 方法论研究。

工具：进行 Q 方法论研究的步骤

根据安伍布奇和弗雷尔斯（Onwuegbuzie & Frels, 2015a）的概念，Q 方法论研究的步骤可能如下：

Q 方法论研究的第一步涉及开发一组被称为"*话语*（concourse）"的 40 个项目（即陈述），这些项目是通过使用本章前面已经介绍过的技术对基础主题的综合文献回顾信息进行分析而形成的。（通常，项目数量在 30 到 60 之间。）文献回顾者随机为 40 条陈述中的每一条分配一个从 1 到 40 的数字。然后，Q 参与者（选定的专家）被要求（主观地）将每一条陈述相对于其他陈述按照一个连续统进行排序，该连续统由"最同意"到"最不同意"、"最像我"到"最不像我"或"最符合我的观点"到"最不符合我的观点"等相反的等级锚定。在排序过程中，文献回顾者将这 40 条陈述放入一个近似于由网格表示的正态曲线的分布中（如将陈述按从 -4 到 $+4$ 的九点准正态分布排序）。Q 参与者可以面对面（如果方便的话）或者通过使用免费 FlashQ 程序（www.hackert.biz/flashq）的在线排序功能对这些陈述进行排序。

在这一阶段，可以使用定性技术（如访谈）来理解参与者对陈述进行排序的基本原理，以提升文献回顾者从 Q 方法论研究中得出的推论的质量。一旦参与者对陈述进行了排序，文献回顾者随后就会对 Q 排序进行涉及因子提取和因子轮换的因子分析，从而识别［即标记(flagging)］每个因子所代表的专家，并为每个因子生成因子描述和分析，描述和分析仅涉及标记在该因子上的专家。

文献回顾者可以创建与 Q 方法论相关的以下四种类型的表中的一种或多种：(a) 因子得分；(b) Q 项（即声明）的排序列表与 z 得分一起，为每个新兴因子创建的一个代表性排序；(c) 将每个因子与其他因子区分开来的陈述列表；(d) 描述所有因子之间一致性的共识陈述列表（Newman & Ramlo，2010）。文献回顾者可以方便地使用专门开发的软件程序来促进 Q 排序分析（如 PQMethod）(Schmolck，2002)。这些软件程序可以整合定性和定量数据（Newman & Ramlo，2010）。因此，Q 方法论涉及使用混合研究方法来解释因子分析产生的统计数据，这些统计数据是由陈述之间相互关系的定性数据提供的，涉及主题（即因子）的搜索。这种 Q 方法论的目标是系统地识别类别，将其联系起来并寻找不确定的证据（Ernest，2011）。

使用 Q 方法论涉及在同一分析中进行量化（如将陈述转换为随后被因子分析的准正态分布）和定性化（如为每个新兴因子形成叙述性描述）操作。有趣的是，通过进行后续定量分析［如将专家观点与其他感兴趣的变量（如人口统计学变量）相关联］和定性分析（如进行及分析后续访谈，以确认或否认通过因子分析得出的推论），Q 方法论可以在更大限度上转化为混合分析。

四、混合综合

所谓混合综合，指的是涉及使用混合研究方法来综合 (a) 基础型信息集和/或 (b) 描述补充型信息集的 12 个组成部分中的一个或多个组成部分的系统。综合信息最普遍的定量方式是元总结。

元总结（meta-summary） 根据桑德洛夫斯基和巴罗佐（Sandelowski & Barroso，2003）的说法，**元总结**是"对目标领域中的定性结果进行系统回顾或整合的一种形式，这些定性结果本身就是专题性或主题性总结或数据调查"(p. 227)。如第 2 章所述，一个元总结计算了安伍布奇（Onwuegbuzie，2003a）所称的与定性结果相关的效应量。这些效应量是"从这些数据中提取更多意义并验证模式或主题存在的定性数据的定量转换"（Sandelowski & Barroso，2003，p. 231），因此，其代表了交叉混合分析（Onwuegbuzie & Combs，2010）。马尔索夫、库克、罗斯、华纳·斯蒂德汉姆和姆温巴（Martsolf, Cook, Ross, Warner Stidham, & Mweemba, 2010）提供了一个元总结的例子，他们使用了 31 篇已发表的关于成年人对性暴力的反应的定性研究文献，特别关注幸存者对专业服务的使用。组合样本包括 46 名男性、984 名女性，以及 6 对在过去某个时间点曾遭受过性暴力的夫妇。这些作者共提取了 271 项关于该主题的研究结果并将其编辑成完整的句子，以便让没有阅读过原始文献的读者能够理解相关事实。随后，这

271项研究结果通过消除多余的陈述和合并类似的陈述被组合成16条更为抽象的陈述。马尔索夫等人（Martsolf et al.，2010）通过将包含该研究结果的文章数除以文章总数（$n=31$）来计算这16条陈述中每个语句的频率效应量。马尔索夫等人（Martsolf et al.）使用桑德洛夫斯基、兰贝和巴罗佐（Sandelowski, Lambe, & Barroso, 2004）建议的15%的临界值记录了8项效应量大于15%的研究结果。这些研究结果表明，无论专业服务提供者的专业纪律如何，幸存者对专业服务提供者的素质和专业服务结果的感知不是正面的，就是负面的，而非中性的。最重要的是作者得出结论："与性暴力幸存者一起工作的专业人员可以利用这些研究结果来改善自身的行为方式。"（p.489）这项研究显示了元总结在分析和综合定性研究结果方面的实用性。

关于元总结的最后一点是，因为可以假设包含元总结的研究结果有可能增强对从综合文献回顾过程中提取的信息的分析和解释，所以文献回顾者应该检索数据库（见第8章）以确定之前是否有任何其他文献回顾者进行过与基础主题相关的元总结。可以通过对所有选定数据库使用以下搜索字符串来获得相关结果："主题名称"和元总结（"Name of topic" and meta-summary）。

文献回顾者识别的元总结越新，自己进行元总结的可能性就越小。当然，文献回顾者应使用第7章中讨论的一些评估信息来源质量的技术来评估任何已确定的元总结研究，以评估是否需要删除任何已确定和选定的元总结研究（即不包括在最终综合文献回顾报告中）——因为其质量差。此外，如第8章所述，对于任何被选为综合文献回顾一部分的元总结研究，文献回顾者应该考虑使用一种通用标准（如COREQ或ENTREQ，见表8-3）来报告定性研究成果/综合，这一点非常重要。

科学计量学和文献计量学 科学计量学是在1978年发展起来的，涉及利用定量和定性的方法来研究科学技术的发展和机理。特别令人感兴趣的是评估科学产出和科学发现的影响。因此，来自科学计量学领域的文献回顾者还经常检查参考书目部分，以评估期刊和作者的影响，确定科学引用的趋势，并研究科学指标的产生及其对政策的影响。

科学计量学中出现的指标包括影响因子和h指数。**影响因子**（impact factor）是用来评估学术期刊相对重要性或意义的一个指标，因此，具有较高影响因子的期刊被认为比具有较低影响因子的期刊更为重要。同时，影响因子还被用来评估学者的作品质量。在任意给定年份，期刊的影响因子是此前两年该期刊发表的每篇文章的平均被引用次数。因此，如果2013年某一期刊的影响因子为2，则意味着该期刊在2011年和2012年发表的文章在2013年平均每篇被引用两次。一个领域或学科内的期刊可以根据其影响因子的大小被排名。影响因子及其排名被编入《期刊引用报告》（*Journal Citation Reports*）索引，这是一份由汤姆森路透集团（Thomas Reuters）科学与学术研究部（Science and Scholarly Research Division）出版的年度刊物。正如我们在第 8 章中所描述的，***h 指数***（h-index）代表了一种尝试，即根据某位学者或一组学者已发表的作品在其他作品中获得的引用次数来衡量其生产率和影响力。

相比之下，文献计量学（约 1969 年）是一种用于分析学术文献的技术。这些技术包括引文分析和内容分析，这意味着科学计量学和文献计量学存在重叠。文献计量学的研究还可能涉及创建叙词表、测量读者对作品的使用情况、评估已出版作品中文本的结构（如语法、句法），以及"对标题、摘要、书籍全文、期刊文章或会议记录中的单词，或由编辑或图书管理员分配给已发表文章的关键词进行内容分析"（Péladeau，2014，p.1）。

案例：科学计量学和文献计量学

再次回到我们的导师制研究示例，可以运用科学计量学和文献计量学进行如下分析：

- 通过共同词分析和聚类技术，分析在选定时间段内（如过去 20 年）在一本或多本期刊（如代表导师制领域的期刊、代表教育领域的期刊）上发表的所有论文标题中的词语，以识别概念之间的关系，以及随着时间的推移导师制主题的变化情况；
- 分析选定时间段内（如上所述）在一本或多本期刊（如上所述）上发表的所有导师制论文摘要中的词语，以调查和映射其内容；
- 分析选定时间段内（如上所述）在一本或多本期刊（如上所述）上发表的所有导师制论文的关键词，以跟踪随时间推移而发生的子学科影响的变化；
- 分析选定时间段内（如上所述）在一本或多本期刊（如上所述）上发表的所有导师制论文全文，以确定理论框架、研究方法（如定量、定性与混合研究）、分析技术或类似方面的演变，或者比较这些要素是如何被不同的作者或者在不同的期刊上使用的；
- 在选定时间段内（如上所述），通过共同引用（co-citation）分析来分析在一本或多本期刊（如上所述）上发表的所有导师制论文，以确定在导师制领域中哪些学者和知名作品最具影响力；
- 分析选定时间段内（如上所述）在一本或多本期刊（如上所述）上发表的所有导师制论文，以确定"导师制"和"导师制关系"等词语和短语的定义随时间推移而发生的变化。

QDA Miner 和 WordStat 是两种计算机辅助定性数据分析软件（CAQ-DAS）/计算机辅助混合方法数据分析软件（CAMMDAS）程序，特别适用于进行科学计量学和文献计量学研究。

如何进行文献回顾

工具：用于混合（方法）分析的 CAQDAS 属性

如佩拉多（Péladeau，2014）所述，这些软件程序可以进行包括以下内容的分析。

- **数据导入**(Data Importation)：将论文导入为 Microsoft Word、pdf、RTF 和 HTML 文件，并将元数据（如日期、数字和分类数据）与这些论文关联起来，从而允许文献回顾者创建一个包含相关变量的全文文章。通过 QDA Miner 导入 RIS 数据文件，可以直接从期刊数据库（如 ProQuest、EBSCO）和参考文献管理软件程序（如 EndNote、Mendeley；参见第 6 章）导入信息。此外，QDA Miner 的文档转换向导可用于将单个文档拆分为多个文档，或者从结构化列表或报告中提取变量。

- **编辑、标记和注释**(Editing, Tagging, and Annotating)：文献回顾者将文档导入 QDA Miner 后，可以手动对其进行编辑、编码和注释，然后将其传输到 WordStat 以对文本进行内容分析。手动标记期刊文章的参考文献部分使文献回顾者能够执行共引分析；手动编码期刊文章的选定部分使文献回顾者能够对这些部分进行跨时间或跨期刊的比较和对比。

- **文本预处理**(Text Preprocessing)：文献回顾者可以使用 WordStat 将单词**转换**(transform) 为词干（如 mentor 作为 mentor、mentors、mentoring、mentorship 的词干）、进行词性还原(lemmatize，即对集合中的单词进行排序，试图确定标题词，并在标题词下面列出集合中的所有其他单词)，以及移除(remove) 语义价值很小或没有语义价值的单词（如连词、代词、介词），从而使自己可以专注于更相关的单词和短语。

- **单词和短语提取**(Words and Phrases Extraction)：WordStat 每秒可以处理多达 300 000 个单词，因此，文献回顾者在几秒钟内就可以获取重要单词的频率计数，提取常用短语并创建可视化显示（如条形图、树状图、单词云）。

- **共现分析**(Analysis of Co-occurrence)：文献回顾者可以通过统计技术（如层次聚类、多维标度和邻近图）对共现进行分析以识别学科中的主题（topics and themes）。

- **比较分析**(Comparative Analysis)：文献回顾者可以比较不同来源（如期刊、国家）的单词、短语或内容类别随时间变化的频率，以识别学科或特定概念（如"指导"）的演变，或绘制选定变量的地理空间分布图。在进行这些比较时，文献回顾者可以进行描述性统计（如频率、百分比）、推论统计（如卡方检验、相关性、F 检验）和视觉展示（如条形图、折线图、气泡图、热图、对应分析图）。

- **内容分析词典的应用**(Application of Content Analysis Dictionaries)：文献

第9章 步骤6：分析和综合信息

回顾者可以使用 WordStat 构建关键词和关键短语的词典，并使用这些词典将这些关键词/短语聚集到更广泛的概念中，然后进行频率分析。文献回顾者还可以建立一个作者或期刊的词典并进行共引模式分析。

- 情境中的关键词（Keyword-in-Context）：文献回顾者可以使用情境中的关键词（KWIC）功能来测试现有词典或用户构建的词典的有效性，其方法是确保词典标记的单词或短语捕获了预期的含义。

案例：使用 WordStat 分析

在图 9-8 中，我们展示了 WordStat 程序的使用以及用该程序进行科学计量学和文献计量学研究的巨大潜力。

通过"选项（Options）"页面，文献回顾者可以添加/删除具有选定频数/百分比（如>4/>10%）和案例发生数/百分比（如>10/>33%）的项目，包含/排除大括号/方括号内的文本、数字字符，并随机选择项目

当前页面反映了"词典（Dictionaries）"页面

文献回顾者可以添加、删除、编辑、撤消和打印排除单词

按排除列表的字母顺序排列的前52个单词

情境中的关键词（Keyword-in-Context）技术允许文献回顾者在表中显示关键词或与类别相关的所有项的出现情况以及它们出现的文本环境

"频率（Frequencies）"选项允许文献回顾者使用"词典（Dictionaries）"和"选项（Options）"选项卡中选择的选项，对所有47个文档中包含/排除的单词进行频率计数。这些频率按关键词、频率、案例出现次数、词典顺序、关键词结束顺序显示

"交叉表（Crosstab）"选项用于显示包含单词或类别的列联表。除了关键词出现的绝对频率、相对频率或关键词频率外，还可以显示一些统计数据来评估自变量与单词使用和内部排序可靠性之间的关系

"短语查找器（Phrase finder）"选项激活WordStat扫描所有47个文档，识别最常用的短语和习惯用法，并允许文献回顾者将它们添加到当前激活的分类词典中

"预处理（Preprocessing）"选项可用于对要分析的文本执行自定义转换。例如，可以创建一个路径来删除所有外行表述、执行词性标记、将单词转换成n个字母（即字母序列）。这些转换不应用于存储在数据库中的原始文档，而是在文本信息读入内存后立即激活

"替换（Substitution）"选项用于自动更正拼写或还原词性

"排除（Exclusion）"选项允许文献回顾者命令WordStat忽略排除列表中找到的单词

"分类（Categorization）"选项允许文献回顾者使用分类词典对单词进行分类

图 9-8　显示了用 WordStat 来分析二元导师制研究 47 篇文献的屏幕截图

9.9 选择分析

我们通过区分文献分析和文献综合来开启本章，从技术上讲，分析发生在综合之前，后者是对许多相关部分进行解构或分析的一种连接方式。此外，我们先前曾说过，除了对基础型信息集进行正式分析之外，文献回顾者还可以对构成补充型信息集的12个组成部分（即问题陈述、背景、理论/概念框架、研究问题、假设、参与者、工具、程序、分析、对结果的解释、未来研究方向，以及对这个领域的影响）中的一个或多个进行正式分析。因此，当综合文献回顾的目标是为主要研究提供信息时，文献回顾者可能需要对信息进行多达13轮的正式分析，这种可能性是完全存在的。然而在通常情况下，对基础型信息集的分析通常排在第一位，因为基础型信息集是最能为实际文献回顾部分提供信息的集合。应当指出的是，文献回顾者可以对不同轮次的正式分析使用不同的分析方法。

在开始正式分析任何一组信息并选择最佳分析类型之前，创建一个路线图是很有帮助的，它是最相关信息来源的概念图或矩阵，正如图9-1所示。要开始开发这个概念图或矩阵，不仅需要识别显著的信息来源，而且需要识别一个现实的完成点（realistic completion point）以便你可以开始分析。事实上，你可能已经认识到，此时你已经重温了"步骤3：存储和组织信息"——你对信息已经进行了初始分析——并且到目前为止，在整个综合文献回顾过程中，你已经完善了想法并重新整理了一些文档。在这里，你将需要确定每组信息，并将其分类为13个信息元素之一。

接下来，让我们来考虑在本章中介绍的各种定性和定量分析方式、方法和技术，并判断其中的哪一种或组合（即混合方法）对于更好地理解检索中出现的某些问题可能是有用和实用的。对于分析信息来源和编码技术的某些技术问题，你可能还需要进一步了解所选方式和/或咨询具有该领域专业知识的同事以获得指导。尽管如此，你对一种或多种方式的关注可能还是会与你在"步骤1：探索信仰和主题"中的经验相一致。

例如，如果一名文献回顾者采用的是基于建构主义的研究哲学，那么他/她可能不太愿意采用任何定量或混合的分析方式、方法和技术，而可能更愿意采用一种定性分析方式、方法和技术。相比之下，如果一名文献回顾者秉持着后实证主义研究哲学，那么他/她可能不太愿意采用任何定性或混合的分析方式、方法和技术，而可能更喜欢采用一种定量分析方式、方法和技术。

另外，如果一名文献回顾者采用了一种与混合研究传统更相关的研究哲学

[例如某种形式的实用主义（如中性实用主义）、某种形式的辩证多元主义（如批判性辩证多元主义）]，那么他/她可能会通过将一种或多种定性分析方式、方法和技术与一种或多种定量分析方式、方法和技术相结合（即进行一种非交叉混合分析）来采用一种或多种混合分析方式、方法和技术，或者在初级、中级或高级水平上进行某种形式的交叉混合分析。

在任何情况下，通过分析你选择的信息来源，你都会有新的发现，并且随后可能还会出现新的思想，这将影响即将到来的综合或新兴概念的组合。通过记录你对主题特定属性和特征及出现的问题感到疑惑的时间来记录这一探索过程，就像定性研究人员创建现场注释一样。你的新想法将构成信息综合的下一个层次，并在交流阶段和最终的综合文献回顾报告中继续进行。

结　论

正如我们在每个步骤中所阐述的，反思过程有助于促进综合文献回顾的每个步骤，步骤 6 也不例外。要完成这一步，重要的是通过设计的分析问题来思考你想从文献中学到什么。如果综合文献回顾是一个独立的项目，那么这些问题与研究问题非常相似。如果综合文献回顾的目标是为主要研究提供信息，那么这些问题将为证明该研究的合理性探寻背景。考虑到步骤 6，就像任何研究一样，你可以在任何层次上分析数据——使用常量比较分析进行简要分析，或者使用包含二手数据和混合分析的文献进行更复杂的分析。其中包含了你在做出与步骤 6 相关的重要决策时可能获得的答案。你可能还会自问：你有多少时间？你的技能水平如何？简而言之，基础信息的概念图（或设计）还取决于分析数据的资源级别。我们相信，你将能够找到至少一种符合你的需求和研究理念的分析方式。当然，我们更希望文献回顾者尽可能在不影响其研究哲学的情况下，至少考虑使用混合分析程序来分析综合文献回顾信息。此外，我们建议，文献回顾者应尽可能使用计算机软件（如 QDA Miner、SPSS）来强化对综合文献回顾信息的分析。

作为综合文献回顾交互步骤的一部分，步骤 6 的一个目标是提高文献回顾过程的严谨性，认识到以最艰苦卓绝的方式来分析和综合信息的重要性。在传统意义上，严谨性被视为一个方法论问题。然而，除了作为一个方法论问题以外，更重要的是，我们认为严谨性还是一个伦理（ethical）问题。实际上，我们认为通过严格分析综合文献回顾信息，最终的产品是一种既**有保证**（warranted）又**透明**（transparent）的综合体，符合美国教育研究协会（AERA，2006）的社会科学实证研究报告标准。反过来，作为一名文献回顾者，你将保持一名道德评论者的立场——他人的作品被以文化进步的方式受到尊重而非歪曲。

回顾本章的概念总结有助于你明晰步骤 6 的一些重要特性和注意事项：

- 建立一个或多个关于你的主题的核心问题或指导性问题，将使你在分析过程中集中精力。
- 在分析定性和定量数据时，有三大层次：分析方式、分析方法和分析技术。
- 对信息来源进行综合包括安排、比较、对比、转化、分类、解释、推导、推断和生产，并且只有在分析信息后才能进行上述工作。
- 在扎根理论研究中，通过一系列阶段（开放编码阶段、轴向编码阶段和选择性编码阶段）使用常量比较分析来创建与主题相关的理论。
- 民族志分析包括领域分析、分类分析、成分分析和主题分析，目的是了解群体的文化含义。
- 话语分析可能涉及指导数据编码的七项建构任务。
- 定性比较分析是一种用于建构理论的方法，通过这种方法，文献回顾者可以在先前确定的类别之间建立联系以便进行测试和进一步开发。
- 分析和综合信息来源的定性方法包括迈尔斯和胡伯曼的 19 项案例内分析和 18 项跨案例分析。
- 定性技术包括萨尔达尼亚的 32 种编码技术。
- 元综合是两项或多项定性研究的综合，这些研究用类似的定性研究设计解决类似的研究问题。
- 定量方法包括集中趋势测量、离散/变异性、分布形态、方差分析、回归分析、因子分析和空间分析。
- 方差分析（ANOVA）是对三项或多项研究中感兴趣的变量的平均值进行比较。多元方差分析（MANOVA）是在多项研究中同时比较两项或多项平均值。
- 元分析是一种定量数据分析系统，用于汇总研究中的定量结果，以估计平均效应量或检查研究中效应量随研究设计效应而变化的情况。
- 交叉混合分析是量化或定性化数据，即将与一种研究传统相关的数据转换/转化为另一种研究传统（如从定性到定量）的基本形式。
- 贝叶斯元分析可用于通过一种类型的研究证据（即定性分析）来探索某事发生的可能性，然后通过另一种类型的研究证据（即定量分析[①]）来更可靠地确定它的发生。
- Q 方法论涉及通过一个变量样本来检查参与者之间的相关性，使得参与者

[①] 原书中此处为"定性分析（qualitative analysis）"，根据上下文，译者推测此处是原文作者笔误，应该修改为"定量分析"。——译者注

第 9 章　步骤 6：分析和综合信息

的许多观点被简化为几个*因素*，并假设这些因素代表共同的感觉、观点、信仰、视角或偏好。

- 元总结是一种系统性回顾，它将目标领域的定性研究结果整合为主题、主题总结或数据调查。
- 在将信息来源作为数据进行分析之前，创建信息来源的概念图或矩阵是很有帮助的。

第 9 章　评价一览表	
核心（CORE）	指导性问题和任务
批判性检视	你在多大程度上确定了可能用于理解主题领域的方式、方法和技术？
组织	你在多大程度上标记了描述内容和主要参考文献来描述你选择的分析？
	你在多大程度上记录了未被选择进行分析但可能用于叙述的信息来源？
反思	你在多大程度上列举了你的综合的任何限制，如信息来源、研究问题或方法论方面的差异？
	你可以联系谁来指导你进行分析或进行混合分析？你需要学习或复习哪些概念？
评估	辨别你选择的方法以分析你选择的信息。你探寻到了哪些新的知识领域，以及你需要学习哪些内容才能完成这一步骤？

第四篇
交 流

探索阶段

步骤1：探索信仰和主题 ↔ 步骤2：启动检索

步骤3：存储和组织信息 ↔ 步骤4：选择/删除信息 ↔ 步骤5：扩展检索(MODES)

解释阶段

步骤6：分析和综合信息

你所在位置

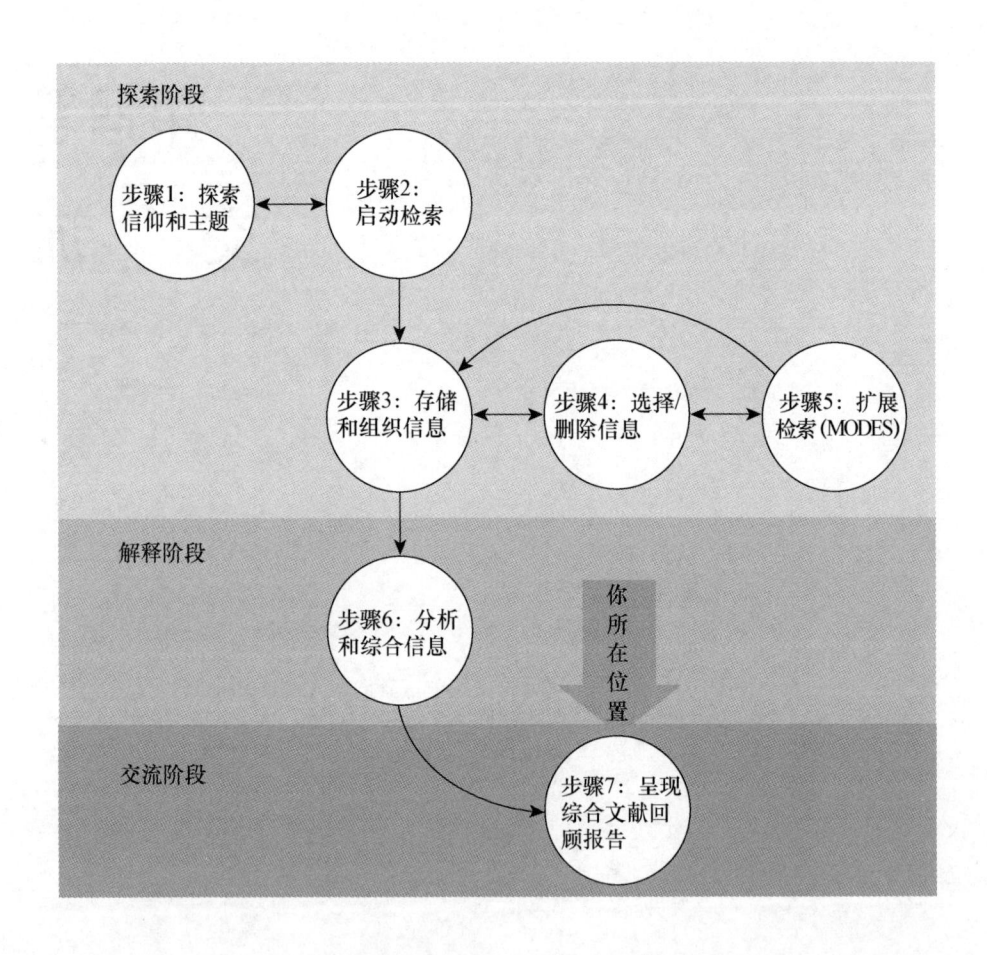

交流阶段

步骤7：呈现综合文献回顾报告

第10章

步骤7：呈现综合文献回顾报告——规划阶段

第10章思路图

背景概念
- 选择交流途径
- 运用AVOW
- 途径A：行动
- 途径V：可视化
- 途径O：口头呈现
- 途径W：写作

新概念
- 初稿撰写前阶段的决定
- 组织写作之概述

应用概念
- 编制大纲
- 辩论的艺术

背景概念

最后，在呈现综合文献回顾的规划阶段，我们将检视你在做出关于报告的相关决定时需要考虑的方方面面。在下文中，我们将重点介绍一些用于综合文献回顾交流的卓越方法，同时也将重点介绍一些传统方法。这些很可能是你熟悉的交流领域，但在报告文献回顾时通常却不予考虑。接下来，我们将通过一份决策清单来预览写作过程，该清单将为你的大纲或蓝图提供信息以组织你在综合文献回顾过程中已完成的所有工作，从而使你的最终成果清晰明了并向目标受众传达信息，反映你对细节、文化、伦理、重新做出承诺和/或根据你所辩驳的证据做出积极改变的细致关注。

10.1 选择交流途径

想想所有伟大的领导人都是如何以一种人性化的、独特的演讲方式来表达自己的思想的。他/她可能会将演讲视为一种表演，并且他/她很可能会将演讲的目标与听众的需求和期望相匹配。同样，文献回顾者可能不仅会考虑使用演讲来表达观点，而且会考虑与表演和交流相关的所有方面。为此，我们描述了四种呈现综合文献回顾报告的主要方式：行动（act）、可视化（visualize）、口头呈现（orally present）和写作（write）。有趣的是，如果我们以每一个单词的首字母来标记这四种信息交流途径，则拼出了 AVOW 这个单词。我们认为"avow"这个词非常合适，因为 dictionary.com（一个免费的在线词典）对"avow"的定义如下：代表"坦率或公开声明"；"拥有"；"承认"；"坦白"；"认可"（http://dictionary.reference.com/browse/avow?s=t）。所有这些对 avow 一词的定义都非常适合综合报告的语境。例如，在文献回顾情境中，缩写"AVOW"提醒我们应该坦率地或公开地声明综合文献回顾的结果。

10.2 运用 AVOW

运用 AVOW（代表步骤7）是综合文献回顾的最后一步。这是交流阶段的唯一一步，它是你为提供严谨而透明的流程以及合乎逻辑的、紧密相关的综合与结论而付出的所有努力的汇总。在完成步骤1至步骤6之后，文献回顾者应该有一个重要的故事要讲。在开始该步骤之前，反思一下交流的技巧以及一名技术娴熟的交流者应该具备的特质将大有助益。迈亚特（Myatt，2012）在《福布斯》(*Forbes*) 杂志上发表的一篇关于伟大领袖沟通秘密的文章指出，最有技巧的沟通者能够培养敏锐的情境意识（a sharp sense of situational）和语境意识（contextual awareness），从而使他们的想法在情感和抱负层面上大受观众欢迎。此外，他还解释说，大多数沟通者很少注意到的一个秘密是，他们的信息必须经过精心设计以使其满足听众的需求和期望。因此，在下文中，我们将介绍如何有效

第 10 章　步骤 7：呈现综合文献回顾报告——规划阶段

地（创造性地）呈现综合文献回顾综合体。

10.3　途径 A：行动

尽管在传统意义上，文献回顾报告可能仅限于书面调查结果，但 AVOW 的途径 A 则涉及综合文献回顾的表现或执行。执行综合体类似于**表演民族志**（performance ethnography），它"关注体现民族志描述的各个方面"和"专注于重要的转变过程"（Alexander，2005，p. 412）。综合可以通过多种方式付诸行动或加以演绎，包括：
- 诗歌。
- 音乐。
- 动作和舞蹈。
- 戏剧。

不管表现形式如何，这些途径都是传达关键发现或关键点的有力工具，而这些关键发现或关键点单凭语言可能是无法传达的。我们将在下面的内容中详细介绍这些领域以激发你的想象力和创造力，开发有趣而引人入胜的综合报告/演示文稿。

一、运用诗歌

诗歌包括使用有节奏的成分（即公制形式）来报告一项综合体。正如赫什菲尔德（Hirshfield，1997）所说，诗歌具有净化和强调人类存在的潜力。福克纳（Faulkner，2009）指出："这些关于诗歌的见解可作为增进理解、抵制清晰而简单的解释并进一步接近人类的意义的手段，阐明了一些研究人员将诗歌作为代表研究的一种手段的原因。"（p. 16）此外，弗曼、兰格、戴维斯、加拉多和库尔卡米（Furman，Langer，Davis，Gallardo，& Kulkami，2007）得出结论，研究诗歌为研究者提供了一个获得普遍性的途径，诗人利用他们的亲身经历来创造一种具有普遍性或可推广性的产品，因为读者认同诗人的诗歌。

普伦德加斯特（Prendergast，2009）确定了研究人员用来描述他们在定性研究中使用诗歌的 40 种不同标签，包括：*发现诗歌*（found poetry）（如 Prendergast，2006）、*研究体验诗歌*（research experience poetry）、*田野诗歌*（poetry from the field）、*数据诗歌*（data poetry）（参见 Lahman et al.，2010）、*调查性诗歌*（investigative poetry）（Hartnett，2003）、*解释性诗歌*（interpretive poetry）以及*研究性诗歌*（research poetry）（Faulkner，2009）。然而，我们使用"**综合诗歌**（synthesis poem)"这个词来区别它与其他诗歌在研究中的用途。当文献回顾者认为其他呈现方式（即可视化、口头呈现和写作）不能充分捕捉到该综合体时（Faulkner，2005，2009），综合诗歌就非常有用。文献回顾者越对所研究的现象有直接经验（Behar，2008），投入写作的热情就越大（Richardson，1997），接触到的受众就越多样（Richardson，2002）。

> **案例：运用诗歌**
>
> 专栏10.1展示了一个综合诗歌的例子。这首诗歌是由安伍布奇（Onwuegbuzie，2012）在进行了一项综合文献回顾之后创作的，该综合文献回顾是关于纯粹定量研究的研究人员与纯粹定性研究的研究人员之间的争论的，我们通常称之为"范式之战（paradigm war）"，这是20世纪80年代以来两种传统的纯粹主义者之间的战争。

专栏 10.1

安伍布奇（2012）写的一首综合诗歌的前七节，综合了20世纪80年代以来代表定量和定性研究传统的纯粹主义者之间的争论

Q一代：激进中间派混合研究者的梦想

一方是定量研究者，
另一方是定性研究者。
任何介于两者之间的人，
最后都窒息而亡。

建立在分裂基础上的学科，
混乱和眼泪。
流了很多血，
一年又一年。

定量与定性研究者，
互相指责对方存有缺陷。
但一旦涉及方法论之宽容，
好的做法便全被抛弃。

第 10 章　步骤 7：呈现综合文献回顾报告——规划阶段

> 定量与定性研究者，
> 经常相互隔离。
> 那些想要团结的人，
> 注定要失败。
>
> 其他领域的学者，
> 非常惊讶。
> 因为很多人能看穿，
> 这种范式之伪装。
>
> 所有教育研究人员，
> 我想你会发现。
> 与其他学科相比，
> 早已落后数年。
> 一些期刊的混合研究，
> 实际上已被禁止。
> 在这些期刊上发表，
> 混合的研究身份必须被隐藏。
>
> 资料来源：Adapted from "Introduction: Putting the *mixed* back into quantitative and qualitative research in educational research and beyond: Moving towards the *radical middle*," by A. J. Onwuegbuzie, 2012, *International Journal of Multiple Research Approaches*, 6, p. 212. Copyright 2012 by eContent Management Pty Ltd.

二、运用音乐

音乐在展示文献中可以发挥直接或间接的作用。直接作用意味着综合文献回顾的故事是通过音乐直接讲述的。这方面的一个例子是将安伍布奇关于混合研究的诗歌（Onwuegbuzie，2012）转换成一首代表特定流派（如说唱、摇滚、古典、爵士、灵魂、乡村、嘻哈）的歌曲。事实上，这种交流工具可以通过在互联网上使用链接发布 MP3 录音来实现，该工具包括一个解释方法上的考虑因素（即审计轨迹）和目标受众需求的简单组件。音乐也可能发挥间接作用，即通过在背景中播放适当的音乐来讲故事（如口头呈现）。在大多数西方文化中，相较于包括音乐在内的其他交流方式，书面文字享有特权。然而，在许多文化中，音乐在历史研究传统中扮演着重要的角色。如在许多非洲国家，鼓是工具，将历史一代一代地传承（Finnen，2004）。有趣的是，弗雷尔斯（Frels，2012）将混合研究教育与浪漫主义作曲家古斯塔夫·马勒（Gustav Mahler）进行了比较："我通过反思混合研究的复杂性和人文主义特征，重新表达了对古斯塔夫·马勒音乐作品的欣赏，并回应了指挥家马林·阿尔索普（Marin Alsop）在舞台上演奏马勒《第五交响曲》时所表达的情感：'这是一次大规模的旅程，一定会在旅途中发现惊喜和新发现。'（Alsop, 2005, para 2）同样，教育研究者可能会通过有效的 MMR 规划、实施和传播认识到这次大规模旅程的价值，所有这些都会带来意想不到的并置与不和谐的时间。"（p. 191）

通常，音乐和其他创造性艺术突出了人们对两极分化的高度认知并为观众提供了一个途径，让他们在象征和隐喻的层面上接近音乐人的情感和思想（Rogers, 1993）。简而言之，音乐为演示综合文献回顾增加了一个情感层次。2013年，研究员兼神经科学家安东尼奥·达马西奥（Antonio Damasio）与世界著名大提琴演奏家马友友（Yo-Yo Ma）讨论了音乐如何帮助传达情感，以便在更深层次上解决人文问题。约翰逊（Johnson, 2013）描述了他们的对话："马友友解释了边缘效应，即两个不同的相邻生态群落相遇并创造出更大的物种多样性和新的生命形式。在整个事件中，当达马西奥和马友友谈论融合学科以获得新发现时，边缘效应成为一个隐喻。"（p. 17）

对于综合文献回顾来说，当精心挑选和/或创作音乐来传达研究结果时，它可以帮助我们获得一种对文化和情境因素敏感的变革性体验，而这些因素可能很难用书面文字来表达。

三、运用动作和舞蹈

就像音乐一样，动作特别是舞蹈可以直接或间接地呈现综合文献回顾的结果。例如，坎西恩和斯诺伯（Cancienne & Snowber, 2003）认为舞蹈"是一个探究的地方，身体是一个知识的场所"（p. 237），并概述了这种意识如何影响对研究的解释。詹妮斯克（Janesick, 2010）在她的定性研究作品中，使用了舞蹈和瑜伽的隐喻作为"理解定性研究方法的连续镜头"（p. xiii）。

四、运用戏剧

在教学中，戏剧常常被用来通过互动活动吸引学生。同样，在综合文献回顾中运用戏剧可能包括即兴表演、讲故事、角色扮演等等。

案例：运用戏剧

当弗雷尔斯将她的学位论文（即 Frels, 2010）提交给学位论文委员会［即答辩（defended）］时，她通过让观众在她的定性研究中扮演参与者的角色来呈现她的论文，而非采取传统的答辩方式。另一个例子是，当安伍布奇提出对关于效应量的文献的广泛批判性评论的研究结果（即 Onwuegbuzie & Levin, 2003）时，为了尽量减少由坚定的效应量支持者引起的任何紧张情绪，作为其

第 10 章 步骤 7：呈现综合文献回顾报告——规划阶段

介绍的一部分，他通过一个小品概述了效应量之局限性。在小品中他扮演了两个角色：(a) 安伍布奇（他的真实自我）和 (b) 安伍布奇（他的异己，通过提出他预计坚定的效应量支持者可能会问的一些关键问题而化身为魔鬼的拥护者）。接着，他轮流坐在不同的椅子上以区分每次讲话的是哪个安伍布奇。这场演出似乎非常成功，因为它在房间里引起了很多笑声并使观众可能产生的紧张情绪降至最低。

第三个例子是，在研究中汇报式访谈的书面版本正式发表之前，作者（Collins、Onwuegbuzie、Johnson、& Frels，2013）进行了一次未经演习的演示，展示了进行汇报式访谈而非传统访谈（如使用幻灯片）的威力。由于观众实际上同步经历了汇报式访谈，因此该演示似乎非常有效。的确，在本次演示结束近一年后，其中一位观众还通过电子邮件与作者进行了交流："您在美国教育研究协会会议上对同伴汇报过程的演示给我留下了深刻的印象。"

10.4 途径 V：可视化

记住"百闻不如一见"这句话。另一种可能增强观众参与度的交流工具涉及可视化，可以是绘画、油画、照片、视频和多媒体。文献回顾者会有意选择视觉工具，同时考虑目标受众、文化背景与可及性。因此，可视化地展示综合文献回顾综合体具有很大的直观吸引力。

案例：制作视频讲座

综合文献回顾综合体可能会生成 YouTube 视频。或者更恰当地说，综合文献回顾综合体的视频可以发布在一个在线视频存储库上，如 VideoLectures.net，该视频存储库由斯洛文尼亚的约瑟夫·斯蒂芬学院（Jozef Stefan Institute）托管，这是世界上最大的学术在线视频存储库。该视频存储库包含近 12 000 名作者提供的 18 000 多个视频，并且这些视频经过了同行评审。在最先进的水平上，综合文献回顾综合体可以被制作成纪录片。广义上说，纪录片是一种非虚构的电影，主要为教学或历史目的而制作。一旦制作完成，这些纪录片就可以发布在在线资料库中，如免费的国际纪录片数据库 All Documentaries。

图 10-1 展示了一个发布报告的在线视频讲座示例。

图 10-1　VideoLectures. net 在线视频存储库的屏幕截图

10.5　途径 D：口头呈现

传播综合文献回顾综合体的最常见方法之一是通过口头陈述。为了证明这一点，斯基德莫尔、斯莱特和安伍布奇（Skidmore, Slate, & Onwuegbuzie, 2010）确定，仅在教育和教育相关的会议上，每年就至少有 30 万场演讲。而且，由于绝大多数的经验、概念、理论和方法论会议论文都涉及对一个或多个现存文献的引用，因此文献回顾在几乎所有会议报告中都发挥一定的作用。在这里，文献回顾者可以运用我们在第 2 章中介绍的形式来传达综合文献回顾，即：(a) 四种常见的叙述性文献回顾（即一般性文献回顾、理论性文献回顾、方法性文献回顾和历史性文献回顾）之一；(b) 四种常见的系统性文献回顾（即元分析、快速回顾、元综合和元总结）之一；(c) 一种综合性文献回顾（包括叙述性文献回顾和系统性文献回顾的某种结合）。

在会议上发言有很多好处，不仅是简单地公布综合文献回顾或主要研究结果，还包括以下几个方面：(a) 使文献回顾者能够在相对较短的时间内，向感兴趣的听众分享有关某一主题的最新信息；(b) 从会议听众那里获得反馈，以供文献回顾者获得更全面的文献回顾；(c) 为文献回顾者提供与其他具有相同知识体系的文献回顾者建立联系的独特机会以建立专业网络；(d) 提供在该主题上建立学术声誉的机会（Skidmore et al., 2010）。简言之，专业会议是一个建立关系网的机会，它既可以提升文献回顾者的学术身份，也可以增强主题领域的知识库储备。

第 10 章　步骤 7：呈现综合文献回顾报告——规划阶段

　　综合文献回顾的会议呈现各不相同。根据会议的不同，可以采取多种形式，包括纸质介绍、圆桌讨论、海报会议、小组讨论、专题讨论会和表演/演示。在这些口头呈现形式中，文献回顾者使用某些类型的演示软件程序是十分常见的，如 Hewlett-Packard Bruno（约 1979 年）、Microsoft PowerPoint（约 1990 年）、Corel Presentations（约 1996 年）、Kingsoft Presentation（约 1997 年）、CustomShow（约 1998 年）、OpenOffice.org Impress（约 2000 年）、Apple Keynote（约 2003 年）、SlideRocket（约 2006 年）、谷歌文档（约 2007 年）、GNOME Ease（约 2009 年）、emaze（约 2009 年）、Prezi（约 2009 年）、LibreOffice Impress（约 2010 年）、PowToon（约 2012 年）和 SlideWiki（约 2013 年）。在这些软件程序中，Microsoft PowerPoint 被应用得最为广泛，占据演示软件市场份额的 95%，已经被安装在全球超过 10 亿台计算机上，每秒提供约 350 份 PowerPoint 演示文稿（Parks，2012）。因此，只要在设计元素（如文本、文本使用的背景、信息呈现的速度、使用的视觉信息、数据的显示方式和传递方式）方面遵循适当的要求，Microsoft PowerPoint 就可以成为文献回顾者呈现综合文献回顾的有用媒介。

工具：口头呈现中需要记住的要点

　　如果你想了解更多关于有效沟通、演讲的信息，那么我们将向你介绍我们的参考文献列表（这是一个极好的信息来源）和专栏 10.2，其中概述了口头呈现中需要记住的要点（Skidmore et al.，2010）。

专栏 10.2

专业展示的清单

准备
- ☐ 明确的目的
- ☐ 有组织的内容
- ☐ 两到三个关键要点
- ☐ 备用计划

会议和展示类型规范
- ☐ 为每位展示者分配的时间
- ☐ 空间和设备可用性
- ☐ 讲义
- ☐ 类型

☐ 数量
☐ 时间分配（开始还是结束？）

要记住的展示要点
☐ 做展示不是照本宣科！
☐ 尽量减少无关的认知负担
　☐ 简化背景
　☐ 文本
　　☐ 仅显示相关文本
　　☐ 幻灯片上的文本最少化
　　☐ 字体一致
　☐ 视觉效果
　　☐ 加强对要点的理解
　　☐ 使用不同颜色、大小或形状以集中听众注意力
　　☐ 叙述图形，而不是提供屏幕文本
　　☐ 相关的文字和可视化内容彼此接近
　　☐ 动画和叙事同时进行
　☐ 数据
　　☐ 适当的详细程度或复杂程度
　　☐ 关注最显著的特征

展示风格
☐ 建立融洽的关系并流露出信心
　☐ 举止
　　☐ 目的性动作
　　☐ 笔直但放松的身姿
　　☐ 眼神交流
　☐ 声音
　　☐ 变化的音调和音量
　　☐ 语速
　　☐ 正装
☐ 情境灵活性——积极回应你的听众
☐ 深入浅出

资料来源：Adapted from "Editorial: Developing effective presentation skills: Evidence-based guidelines," by S. Skidmore, J. R. Slate, and A. J. Onwuegbuzie, 2010, *Research in the Schools*, 17 (2), pp. xxv–xxxvii. Reprinted with kind permission of the Mid-South Educational Research Association and the Editors of *Research in the Schools*.

第10章 步骤7：呈现综合文献回顾报告——规划阶段

Prezi 是 Microsoft PowerPoint 的竞争对手，其越来越受到用户欢迎。它是一种基于云技术的演示软件和讲故事工具，可以帮助文献回顾者在虚拟画布上展示其综合文献回顾综合体（Gunelius，2012）。该工具整合了所谓的缩放用户界面（ZUI），该界面允许文献回顾者放大和缩小综合文献回顾演示文稿以及在多维［如视差 3D，即一种无需眼镜的 3D 技术，它将图像分成左右像素列，并包括一个非透明和非半透明的屏障层，该屏障层包含垂直缝隙，以适当地（重新）引导用户的眼睛］空间中显示和导航（调整大小、旋转或编辑）信息（如文本、视频和图像）。具体来说，文献回顾者将对象［即通过模式（MODES）提取的信息］放置在画布上并在这些对象之间导航。框架可以使演示媒体组合在一起成为一个单独的演示对象。路径用于表示链接所有演示对象的导航序列，其目的是提供一个连贯的综合文献回顾演示。Prezi 的一个特别吸引人的地方是为 iPad 开发了一款用于查看 Prezi 的应用程序 Prezi Viewer（Watters，2011）。然而，与 Microsoft PowerPoint 和所有其他演示软件程序一样，文献回顾者在设计其 Prezi 时应尽量减少综合文献回顾演示期间的认知负担（Skidmore et al.，2010）。

尽管会议演示和其他口头呈现综合文献回顾综合体的场合往往是面对面的，但是文献回顾者也可以通过虚拟方式口头呈现其综合文献回顾综合体。特别是文献回顾者可以通过视频通信技术来呈现综合文献回顾综合体，该技术通过同时进行的多路视频和音频传输来促进位于两个或多个位置的人之间的通信。在这些视频通信技术中，**视频会议**（video conferencing）尤为常见。目前存在两种视频会议形式。它们拥有独立的系统，如包括所有电气接口、控制计算机、适当的软件或硬件、全向麦克风、高质量遥控摄像机、带扬声器和/或视频投影仪的电视监视器的控制台；这些系统包括非便携式设备（通常用于大型会议）和便携式设备（如具有固定摄像机，以及集成在控制台中的麦克风和扬声器）。还有一些包括个人电脑附加组件的桌面系统，这些附加组件可以将电脑转换成视频会议设备并生成**电子会议**（e-meetings）。流行的视频会议软件包括 Skype（约 2003 年）、Google Hangouts（约 2013 年）、Adobe Connect（约 2006 年）、WebEx（约 1996 年）、ooVoo（约 2006 年）和 GoToMeeting（约 2004 年）。这些以及其他基于视频会议的演示也可以通过许多移动设备（如 iOS、安卓、BlackBerry、iPhone、iPad）进行。一些视频会议软件（如 Skype、ooVoo、Google Hangouts）可以免费使用，至少在某种程度上是免费的。或者，文献回顾者可以使用**网络会议**［web conferencing，通常被称为**网络研讨会**（webinars）］，以促进通过互联网进行的虚拟演示。视频会议和网络会议的一个主要区别是，视频会议总是交互式的，但网络会议并不一定是交互式的。作为视频会议和网络会议的结果，文献回顾者可以向来自世界许多地区的感兴趣的受众，包括来自偏远地区的受众传播其综合文献回顾综合体。

10.6 途径山：写作

传播综合文献回顾综合体的最常见方法是提供书面说明。写作的计划阶段与有效演讲的计划阶段非常相似。它需要考虑与观众的关系以便以有意义、更相关和有用的方式来传达观点。根据《美国心理协会写作手册（第6版）》(*American Psychological Publication Manual*)（APA，2010），在专业会议上的口头呈现通常会被其他作者以短语"论文呈现于……"的形式加以引用。实际上，当这种口头呈现被引用时（APA，2010），可以使用以下模板："呈现者，A. A.（年，月）. 论文题目(*Title of paper*). 论文呈现的会议的组织者名称，地点."

通过写作来交流综合文献回顾是非常独特的，因为它代表着一种对话；然而，与其他同步发生的沟通方式不同，书面报告在书写之后会被很好地阅读。也就是说，在交流综合文献回顾的所有途径中，可视化（visualize）与写作（write）的交流场合是需要能够预测观众反应的。它需要掌握在没有直接口头或非口头反馈的情况下表达想法的技能。因此，在写作报告的计划中，重要的是考虑多种方式来解决目标受众的任何预期反应、期望与需求。对于文献回顾者来说，在正式呈现之前，非正式地向值得信赖的同行或同事介绍一些要点，并试图以简洁的方式加以解释是一个非常好的主意。我们为书面路径或综合文献回顾报告提出的这些建议也可应用于呈现综合文献回顾综合体的其他三种 AVOW 方式：行动、可视化和口头呈现。不管选择了什么样的交流方式，文献回顾者都应该以一种能够建立信誉、信任、密切关系和价值的方式来加工信息。在解决交流的这些关系组件之前，必须对信息进行规划。在写作过程中，报告的组织分为三个阶段：初稿撰写前阶段、初稿撰写阶段和初稿审核阶段。我们将依次讨论每一个阶段，本章将讨论初稿撰写前阶段，下一章（即第11章）将介绍另外两个阶段（即初稿撰写阶段和初稿审核阶段）。

新概念

在前一章中，我们介绍了综合文献回顾分析和综合的元框架，包括一系列定性、定量和混合分析方式、方法和技术，用于分析和综合三种复杂程度的作品：初级、中级和高级。在文献回顾者确定选择使用何种分析技术后，他/她应继续分析和综合（即步骤6）通过五种模式（MODES）提取的信息，直至达到数据饱和和/或理论饱和。一旦达到饱和，文献回顾者就可以开始编写综合文献回顾报告了。然而，在初稿撰写之前，文献回顾者最好计划一下如何撰写这篇初稿。我们称之为"初稿撰写前阶段（pre-draft-writing phase）"。

第 10 章　步骤 7：呈现综合文献回顾报告——规划阶段

10.7 初稿撰写前阶段的决定

初稿撰写前阶段具有很强的自反性。在初稿撰写前阶段，文献回顾者将做出若干决定，而这些决定反过来又将有助于撰写叙述性报告。你很可能已经做出了下面列出的一些决定。此外应当指出，尽管这些决定是按某种逻辑顺序列出的，但这种顺序远非严格的顺序。

一、决定 1：确定目标

如第 1 章所述，文献回顾有两个主要目标：(a) 作为独立研究，即其本身就是目标（即独立工作）；(b) 在研究过程中一个或多个阶段（即研究概念化阶段、研究计划阶段、研究实施阶段和研究传播阶段）为主要研究提供信息。因此，在这个初稿撰写前阶段，文献回顾者应该重新审视文献回顾的目标。这个决定很重要，因为不同目标会导致不同类型的报告产生。例如，对于期刊论文，源于第一个目标（即独立研究）的文献回顾报告往往比源于第二个目标（即为主要研究提供信息）的文献回顾报告要长，源于后一个目标的文献回顾报告通常仅代表论文正文的一个主要部分，其他主要部分是方法部分、结果部分和讨论部分。

二、决定 2：确定预期发布渠道

除了重新审视文献回顾的目标外，文献回顾者还应确认其综合文献回顾报告的预期发布渠道。尤其是，综合文献回顾报告是自成一篇还是作为学位论文/毕业论文、期刊论文、技术报告、书籍、书籍章节等的一部分？与文献回顾目标的情况一样，发布渠道的选择将决定综合文献回顾报告的长度。例如，一篇学位论文或一篇毕业论文为综合文献回顾报告提供的"写作篇幅（signature space）"（即编辑或出版商允许的最大页数）就要比一本书的章节大得多，而一本书为文献回顾者提供的写作篇幅又比期刊论文更大。

三、决定 3：确定目标受众

确定目标受众是很重要的，因为这将帮助文献回顾者确定如何建构综合文献回顾报告的框架，明确其可能使用的语言、应该包含多少术语及概念的解释，等等。例如，回到我们的导师制和大学生的例子，如果文献回顾者将报告提交给诸如《导师制与指导：学习中的伙伴关系》(Mentoring & Tutoring: Partnership in Learning) 之类的导师制研究期刊——其读者大多比较熟悉标准的导师制方面的术语和概念——而非将报告提交给其他类型的期刊,文献回顾者可能就无须提供太多对导师制方面的术语与概念的解释。

四、决定4:重新审视信仰体系

在第4章提出的步骤1中,我们讨论了研究哲学信仰、特定学科信仰和特定主题信仰在综合文献回顾过程中的重要作用。在这个阶段,文献回顾者应该重新审视这些信仰。事实上,正如我们之前所讨论的,这些信仰实际上影响着每一个决定,而现在它们影响着在综合文献回顾报告写作过程中所做的决定(如采用和去除哪些分析和综合结果)。文献回顾者处于一个极其强大的地位,他们的目标是捕捉到现有文献作者的声音,而非随意发挥或歪曲这些声音。也就是说,在任何时候,写作都应该反映出一种文化进步的、道德的和多模态的立场,并提倡集体主义的权力观(communitarian view of power),这种权力观可能发生在综合文献回顾作者与正在评估综合文献回顾报告的读者之间。这名读者可能是一名讲师,或者是一名潜在期刊的审稿人——通过采用一种集体主义的权力观,审稿人证明他/她尊重由审稿人之间、审稿人与被审稿人之间的互惠关系所代表的其他观点和信仰体系。

因此,在准备撰写第一份综合文献回顾报告初稿时,文献回顾者应通过反思来重新审视他们的信仰、立场、观点和实践,以发现紧张关系、悖论、共谋和不当偏见。只要有可能,在这个初稿撰写前阶段,文献回顾者就应该进行某种形式的汇报(Collins et al., 2013; Combs et al., 2010a, 2010b; Frels & Onwuegbuzie, 2012a; Nelson, Onwuegbuzie, Wines, & Frels, 2013; Onwuegbuzie et al., 2008),因为在交谈中所讲的内容往往会揭示出一些新发现,并让人产生"某事听起来如何"的意识。

五、决定5:编制大纲

作为第1章中对综合文献回顾微观定义的一部分,我们将综合文献回顾定义为在"多模态文本和环境中对所选主题的相关已发表和/或未发表信息进行解释的逻辑论据"。因此,考虑到之前做出的决定,作为概述其综合文献回顾报告撰写的重要部分,文献回顾者应该确定他们将使用的论证途径。这条源于综合文献回顾过程的分析和综合步骤(即步骤6)的路径必须是**透明的**(transparent),以便"明确从最初的兴趣、话题、问题或研究问题发展而来的探究和活动的逻辑"(AERA, 2006, p.33),而且必须是**有保证的**(warranted),即提供了充分的证据以证明综合的合理性(AERA, 2006, p.33)。因此,为了有利于写作前的决定,我们建议在写作综合文献回顾报告初稿之前,文献回顾者应该创建整个综合文献回顾中所做决定的大纲或路线图,并决定在何处呈现做出每个决定的标准。你可能会决定在综合之前用一个简短的部分来介绍你的文献回顾方法论,或者是将其

第 10 章　步骤 7：呈现综合文献回顾报告——规划阶段

融入你的综合结果之中。虽然当你开始写作的时候，这个路线图可能会改变，但它是一个很好的起点，这样你就可以开始有重点地写作了。

无论包含综合文献回顾报告的文献类型是什么，所有报告都应该被认真组织，以便将写作重点放在你的综合文献回顾总体目标和指导性问题上。从逻辑上讲，我们将初稿撰写阶段比作对读者的问候和与读者的对话。这一阶段将使读者轻松进入主题，并为双方之间良好的作者-读者关系奠定基础。你的综合文献回顾报告的介绍部分就像是问候语。当你开始提供更多细节并呈现综合文献回顾报告的核心内容时，这就像是与你的读者的互动对话或交流，即使他们会在你通过报告完成对话后阅读你的想法。最后，正如人与人之间的互动从逻辑上来说即便交流结束仍会影响互动结束后发生的事情一样，书面报告也会给阅读的读者带来一些改变，无论是观点、信仰、理解还是行动。

与前面提到的问候与对话一样，综合文献回顾书面报告至少包含三个主要部分，即（a）引言、（b）正文和（c）总结（Machi & McEvoy, 2009）。你可能还需要考虑一些个人因素，以便在你工作效率最高的时候安排初稿撰写。正如约翰逊和缪伦（Johnson & Mullen, 2007）所解释的，富有成效的学术有助于学者的生物节奏，并使其处于"作家之流（writer's flow）"（p. 49）——一种专注、清晰和充满灵感的状态，从而为实现写作目标迎来突破性的时刻。

10.8　组织写作之概述

一、引言部分

这一部分提供了关于研究主题的一个预览，并允许读者带着一些期望开始阅读。根据马奇和麦克沃伊（Machi & McEvoy, 2009）所言，可以使用六个基本小节——引言陈述、主题陈述、情境陈述、意义陈述、问题陈述和组织陈述——来构建引言部分，这些基本小节是以一个或多个句子来表示的一般性陈述。每个小节都将在下文中依次介绍。

引言陈述（introduction statement）是指能使读者立即聚焦于主题的一组句子或（通常是）一个句子。它是吸引读者注意力的"**叙事钩子**（narrative hook）"（即"钩子"）。叙事钩子是引人入胜的表述，通过诱发情感、感情或信仰而吸引读者对该主题产生好奇心。例如，在研究校长、导师和学生的跨年级辅导经验时，弗雷尔斯、齐恩特克、安伍布奇（Frels, Zientek, & Onwuegbuzie, 2013, p. 29）的开篇陈述如下："目前，美国各地教师短缺的现象证明了迫切需要教师变得高效且富有吸引力，这种'成长导向的指导思想'（Mullen, 2010, p. 1）聚焦于自我学习与培养他人的学习能力（Dweck，2006）。"这句话包含两个有力且有根据的主张。通过使用诸如"迫切需要""高效且富有吸引力""成长导向的指导思想"和"学习"等短语/词语，作者试图诱发读者的情感回应与好奇心以继续阅读。希望你会同意，这句话对读者——至少是那些对校本辅导主题感兴趣的人——是具有吸引力的。

主题陈述(topic statement) 是代表研究主题基本思想或概念的一个或多个句子。它描述了报告的重点及观点，并概述了与该主题有关的关键思想。本部分的长度通常应该只有一至三段。它建立在叙事钩子的基础上，为研究这个话题建立了一个理论基础。接下来，**情境陈述**(context statement) 包含一个或多个为主题提供背景的句子。这些句子都建立在研究主题陈述的基础之上，并扩展至可能导致该主题的问题。情境部分描述了全部背景信息，以便读者可以将主题置于人际关系、主要参与者或时间变量内。这种表述倾向于使读者相信应该进一步探讨该主题。在本节中，文献回顾者的信仰体系（即研究哲学信仰、特定学科信仰和特定主题信仰）应该变得显而易见。

到目前为止，我们已经描述了六个介绍语中的三个，它们可能被视为对你的综合文献回顾的一种欢迎。在引言陈述、主题陈述和情境陈述之后，引言部分将通过建立意义陈述来继续问候读者。**意义陈述**(significance statement) 使用一个或多个句子来彰显需要。虽然综合文献回顾报告是为普通读者而写的，但它应该吸引读者，以便读者在认知和情感层面上与你的愿景进行互动，或者是与综合所选信息来源可能产生的变化进行互动。意义陈述越透明（即明确）和越有保证（即有正当理由），对读者而言，研究基本主题具有重要价值的说法就越具有说服力。

在意义陈述之后，引言部分就来到了**问题陈述**(problem statement)。这些句子描述了当前问题的现状，该问题围绕促使你进行综合文献回顾的主题以及需要进行调查的挑战，使用你选择的理论和/或概念立场可能会更好地理解这些挑战。最后，引言部分以**组织陈述**(organization statement) 结束。这些句子将是高度组织化的或是综合文献回顾报告即将呈现部分的列表。组织陈述使读者对所期望的内容感到满意，让读者在进一步阅读后，能更好地将新信息与自己对主题的理解结合起来。在引入主题之后，让我们继续讨论对话的隐喻以及对话构建的方式，反思你处理信息的方式，以及一些帮助你与写作联系起来的修辞手段。本引言部分及其六个分部分（即引言陈述、主题陈述、情境陈述、意义陈述、问题陈述和组织陈述）可以包括问题、幽默、个人故事、隐喻、类比和其他文学手段，以帮助你将主题介绍与对读者/观众而言重要的想法联系起来，以便他们相信其所读的内容并参与与你的对话。

接下来的几句话呈现了我们自己简短的组织陈述，可以使你作为一名读者和我们作品的高级组织者而感到舒适。你可能现在已经开始意识到我们是如何通过将一个想法链接到下一个想法来过渡到一个新部分的。在下文中，我们将介绍并提供在引言基础上进行建构的示例，就像在会见某人之后进行对话一样。因此，下文将解释综合文献回顾正文与总结部分的目的。通过将这些部分作为决定5的一部分进行概述，你将可以顺利地为规划你的初稿做出下一个决定。

二、正文部分

马奇和麦克沃伊（Machi & McEvoy，2009）将报告的核心称为正文部分。这部分可以分为两块：**发现论点**（discovery argument）和**支持论点**（advocacy argument）。发现论点部分提供了与构成情境或现象背景的内在环境或关系有关的详细信息。这既是一种发掘重要信息的方式，也是读者的一次旅行。在经历了综合文献回顾过程的步骤6之后（即在分析和综合信息之后），文献通过建立一系列源自步骤6中提取的主题和代码的观点，为主张一个或多个观点奠定了基础。论点的提出就像文献回顾者在讲述一个故事，这个故事是经过充分推理、合乎逻辑并为综合的文献所证实的。

正如马奇和麦克沃伊（2009）所指出的，发现论点还包括"记录和分类声明陈述、支持证据、适当的引证和为已知事实建立论据所必需的正当理由"（p.137）。在初稿撰写前阶段编制的大纲应该产生一个具有逻辑性的、一致的、清晰的发现/概念模式，从而形成一个观点或综合，这本质上是文献回顾者的推理模式或即将得出结论的前提。前提论证的一些常见关键词是：*因为*（because）、*而不是*（rather than）、*自从*（since）、*由于*（due to）、*为了*（for the purposes of）、*鉴于*（given that）、*由此*（whereby）、*如果*（if）、*因此*（as a result）。

支持论点建立在发现论点的基础上，并为解决发现论点或前提论点创造了启示。支持论点是对所揭示内容的逻辑反应，并且是基于综合数据的。支持论点传达或倡导你的结论，这些结论是一些代码的主题分组，通常通过习语"底线（the bottom line）"或某些内容的最重要部分来指代。在这里，代码提供了证明立场的证据。文献回顾者还应通过回到验证框架来提出对关键文献的评论（即步骤4）（Leech et al.，2010），从而促进对各种观点的深入理解。文献回顾者应该使用情境陈述的结论来概述对该主题的了解。

三、总结部分

大纲的这一部分是报告的最后一个主要部分，其在初稿的第一次编写过程中展开。**总结部分**（summation section）是以下各项的链式介绍：（a）重述文章陈述（即前提）；（b）回顾文章分析；（c）将文章的含义与需要考虑的实际挑战和/或限制联系起来。马奇和麦克沃伊（2009）将文章陈述界定为"根据利用现有知识、确凿证据和合理论据开发的案例来表达结论"（p.157）。因此，文献回顾者在总结部分开始时，会重申文献回顾开头部分的文章陈述。通过回顾综合文献回顾过程步骤6中生成的代码和主题，并解释这些代码和主题的含义，文献回顾者将处理被视为文章分析的内容，其中文献回顾者从多个角度探索论文。最后，文献回顾者（现在已通过写作转变为交流者）应阐明报告的意义，从而让解决实际的日常问题或学术问题成为受众阅读的新动力。总结部分应包括如何解决引言部分所揭示问题的内容。

应用概念

在将大纲视为即将到来的旅程的一种路线图时，文献回顾者/作者应该认识到，即使是最好的计划也可能会发生变化。大纲可以被认为是在度假或旅行之前计划好的主要兴趣点。

10.9 编制大纲

一旦你在旅途（写作过程）中到达某个特定地点，你就可能会发现一些新的兴趣点，此乃人之常情。因此，在初稿撰写前阶段，当你概述你的意图时，请记住要保持灵活性与好奇心。

案例：报告的撰写与章节

图10-2展示了第2章中的一个二元导师制研究的示例。在这个大纲中，我们在综合文献回顾报告的主要部分涉及了马奇和麦克沃伊（Machi & McEvoy，2009）的三元素类型。为了解决综合文献回顾过程中的透明度问题，弗雷尔斯描述了库姆斯等人（Combs et al.，2010a，2010b）开发的方法论框架——她用其来进行文献回顾（即大纲第一部分）。这一部分之后是引言，它为读者提供了导师制一般领域的情境。接下来，在大纲第二至第五部分中，她使用迭代过程对校本导师制文献中的主题进行了编码，揭示了通过她的综合得出的关于导师制模型的最佳实践。然后，大纲第六至第八部分介绍了她通过综合文献回顾所学到的知识，以及由此产生的实际应用。弗雷尔斯在综合文献回顾报告章节结束时对文献进行了简要的总结，附上的一张图呈现了代表其在该章中所提出的文献的概念框架，并且对她的研究如何增加知识主体进行了讨论。大纲第二至第八部分的标题要么由她通过对从五种模式（见第8章）中提取的信息的常量比较分析（见第9章）所产生的主题所代表，要么是受其启发

第 10 章 步骤 7：呈现综合文献回顾报告——规划阶段

而产生的。这些章节下的小标题代表或受到通过常量比较分析和话语分析产生的代码的启发。这些标题和小标题为撰写论点提供了途径。当然，这些标题在任何时候都不一定是最终的，所有标题在初稿撰写时都可能会被修改、删除或替换。在开始撰写初稿之前，请将这些标题视为路线图，这对于撰写非常重要。

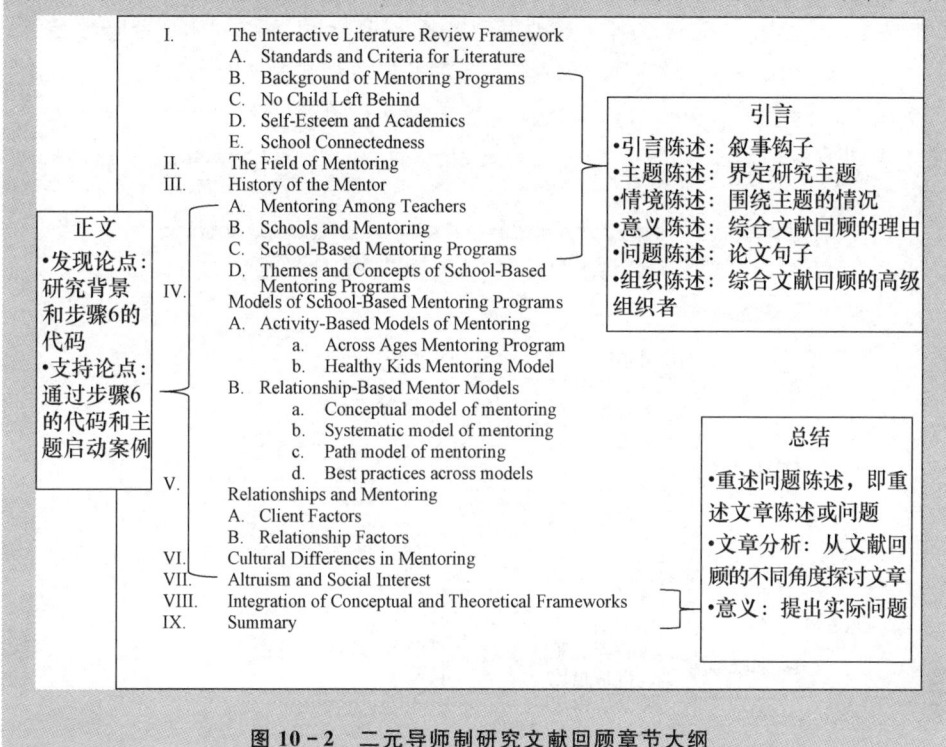

```
正文
·发现论点：
 研究背景
 和步骤6的
 代码
·支持论点：
 通过步骤6
 的代码和主
 题启动案例
```

```
I.  The Interactive Literature Review Framework
    A. Standards and Criteria for Literature
    B. Background of Mentoring Programs
    C. No Child Left Behind
    D. Self-Esteem and Academics
    E. School Connectedness
II. The Field of Mentoring
III. History of the Mentor
    A. Mentoring Among Teachers
    B. Schools and Mentoring
    C. School-Based Mentoring Programs
    D. Themes and Concepts of School-Based
       Mentoring Programs
IV. Models of School-Based Mentoring Programs
    A. Activity-Based Models of Mentoring
        a. Across Ages Mentoring Program
        b. Healthy Kids Mentoring Model
    B. Relationship-Based Mentor Models
        a. Conceptual model of mentoring
        b. Systematic model of mentoring
        c. Path model of mentoring
        d. Best practices across models
V.  Relationships and Mentoring
    A. Client Factors
    B. Relationship Factors
VI. Cultural Differences in Mentoring
VII. Altruism and Social Interest
VIII. Integration of Conceptual and Theoretical Frameworks
IX. Summary
```

```
引言
·引言陈述：叙事钩子
·主题陈述：界定研究主题
·情境陈述：围绕主题的情况
·意义陈述：综合文献回顾的理由
·问题陈述：论文句子
·组织陈述：综合文献回顾的高级
 组织者
```

```
总结
·重述问题陈述，即重
 述文章陈述或问题
·文章分析：从文献回
 顾的不同角度探讨文章
·意义：提出实际问题
```

图 10-2 二元导师制研究文献回顾章节大纲

一、决定 6：确定信息、来源和模式

一旦（暂定）章节和小节标题确定并以大纲形式记录下来，就可以继续做初稿撰写前阶段的其他决定了。下一个决定是确定信息（如理论、方法、发现、解释、引用）、来源（如论文、书籍章节、书籍、博客、视频、观察结果、二手数据集）和模式（即步骤5），这些模式应代表每个部分和小节。可能在编制大纲时，你也想到了这个决定。实际上，可能在步骤 3 中，即在组织信息时，大纲的编制就已经在进行中。文献回顾者存储和组织信息的能力越强，就越容易决定如何说明理论/方法论信息、来源和模式。因此，CAQDAS 和 CAMMDAS 程序（见第 9 章）特别有用。例如，如果在步骤 6 中使用了 QDA Miner 来分析信息，那么大部分的综合将被处理，因为该软件的众多功能之一就是将由文献回顾者编码的主题/思想组合起来。

如何进行文献回顾

案例：主要标题使用 CAQDAS/CAMMDAS 的结果

图 10-3 中的屏幕截图展示了 CAQDAS/CAMMDAS 程序示例，在这里，我们选择了 47 篇文献进行二元导师制研究，然后由弗雷尔斯使用后验编码过程（即常量比较分析）进行编码。这些代码由软件聚合，并提示她区分和生成主题与子主题。综合是一个将理论和概念框架与她的引言部分结合起来的不断进行的过程，而引言又为她的论文提供接下来添加进大纲中的主题句。通过查看屏幕截图的右侧，根据 47 篇文献中的通用代码，我们可以建立编写综合文献回顾结果的路径。

图 10-3 屏幕截图显示了使用常量比较分析的后验编码，该编码生成主题与子主题，进而为弗雷尔斯（Frels，2010）文献回顾部分的章节（即第 2 章）提供了信息

二、决定 7：确定信息、来源和模式的重点

作为初稿撰写前阶段众多决定中的一个，我们需要决定将重点放在一个还是多个指导思想上。为了帮助做出这一决定，文献回顾者应参考步骤 4 中提出的验证框架（Leech et al., 2010），以确定可能需要强调哪些信息。重新审视信息的历史的、情境的、社会的、方法论的以及其他可信的要素，可能会揭示出一篇或

多篇文献强烈影响整体综合文献回顾进程的方式，包括你的特定主题信仰和世界观。此外，一篇或多篇文献可能是你对综合文献回顾进行概念化的强大动力。做出这一决定往往并不容易；但是，通过重新审视七步骤模型探索和解释阶段的那些步骤，文献回顾者可能会认识并重新评估最初促使他/她热衷于研究某一特定主题的特征和文献来源。

案例：撰写目的陈述

我们通过再次依靠对 47 篇二元导师制研究文献的回顾与综合的例子来说明需要强调的决定及其伴随的理由。在综合文献回顾过程中，弗雷尔斯找到了一名报告称其测量（定量）了校本导师制关系的作者。在与那名作者接触和对话后，（令她惊讶的是）她被引导进行了一项定性研究（Spencer，2004）。她使用参考文献列表扩大了检索范围，找到了那名作者和他的同事（Deutsch & Spencer，2009）合作的作品，该作品验证并激发了她对综合文献回顾的新理解，促使她在自己的主要研究中增加了第二个目的。她在基于综合文献回顾的论文研究中增加了第二个目的，该论文强调了三篇文章，并通过陈述以下内容来强调这一点："（本研究）的第二个目的建立在定性研究的基础上（Spencer，2004，2007），以理解导师在与学生相处过程中（二元关系）的角色、目的、方法和经验，以及这种关系作为一种情境'可独立于其个别成员或周围项目的特征而得到测量和评估'（Deutsch & Spencer，2009，p. 49）。"（Frels，2010，p. 23）

三、决定 8：比较和对比信息来源

下一个决定是比较和对比来自每个信息来源的信息，这样就可以尊重不同的观点并给出不同的意见。在这项决定中，文献回顾者应扮演外部评估者角色，以便在每一章和每一节都至少提供一种（与之相反的）替代观点或想法以及已成为共识的观点。对于此步骤，考虑将焦点小组作为数据收集工具可能会有所帮助。当一名研究人员使用一个或多个焦点小组时，引导者会协调多种声音并从多种声音中记录表达、单词和故事。在数据分析中，研究人员致力于在小组的背景下单独理解每种声音以及小组中出现的有助于解决研究问题的数据。来自每个信息来源的信息都可能被认为与研究人员个人或集体考虑的焦点小组中的声音非常相似（Onwuegbuzie，Dickinson，et al.，2010）。如果一种声音强化了一个想法或不同意一个想法，那么包含这种声音就很重要（Onwuegbuzie，Dickinson，et al.，2010）。

格林等人（Greene et al.，1989）的类型学为研究方法中的混合（定量和定

性）数据提供了一个理论基础，有助于区分为什么文献回顾者可以比较和对比形成每个章节的信息来源和主题。这些基本原理捕捉到了我们在第 1 章中讨论综合文献回顾作为方法论时所区分的重要概念。基于研究中的这些基本原理，文献回顾者可能计划在写作中提出一些新的想法，即大纲中的一个主题与另一个主题交叉，从而产生新的信息。当比较和对比每个部分时，我们可以清楚地看到最终报告可能会揭示更多含义。

工具：一份报告的交叉部分

以下生成报告有趣部分的想法基于格林等人（Greene et al., 1989）的类型学（即 CITED），通过利用**互补性**（complementarity，即从一个信息来源寻求信息的详解、说明、增强和澄清，从一个或多个其他信息来源获得结果）、**启动**（initiation，即发现当比较来自两个或多个信息来源的信息时出现的悖论和矛盾，这些悖论和矛盾可能导致重新定义驱动综合文献回顾的参数路径）、**三角测量**（triangulation，即将一个信息来源的信息与一个或多个其他信息来源的信息进行比较）、**扩展**（expansion，即通过使用来自不同子节的多个信息来源的信息来扩展综合文献回顾的广度和范围）和**发展**（development，即使用来自一个信息来源的信息来为一个或多个其他信息来源提供信息）来检查综合文献回顾的一个主题或一组发现，扩展含义和新知识。

比较和对比来自不同信息来源的信息可以让文献回顾者考虑其他分组，以增强重要性或意义。重要的是要记住，这些分组可能会发生变化，正如你的大纲可能会在你开始撰写初稿时发生变化一样。当发现各组信息之间存在差异时，严格评估产生差异的原因——如背景、理论立场或用于生成信息的方法（如定性、定量与混合方法）——将是非常有益的。

四、决定 9：识别知识库中的空白

当比较和对比来自信息来源的多个资源和主题时，文献回顾者应该注意到没有讨论过的观点、概念和/或实践。在定性研究中，卡麦兹（Charmaz, 2005）描述了这一概念，以说明参与者（个人或集体）在特定类别中保持沉默的时期。当试图在关注的主题领域或学科中找寻文献作者尚未考虑、讨论或关注的任何领域时，批判性评估者便开始记录知识库中的空白了。特别是对于为主要研究提供信息的综合文献回顾，确定文献中的空白通常能为文献回顾者/研究人员进行特定研究提供更有力的理由。

第10章 步骤7：呈现综合文献回顾报告——规划阶段

> **案例：利用文献中的空白来获得附加意义**
>
> 例如，弗雷尔斯在比较和对比校本导师制研究方面的信息时注意到，很少有研究描述文化上的细微差别或差异。因此，她在综合文献回顾中增加了一个题为"导师制中的文化差异"的章节（见图10-2，大纲中的VI部分）。她在这一章节的讨论开始时指出："关于性别和种族在导师制关系中的作用，似乎缺乏研究。"（Frels, 2010, p.93）发现在她所回顾的信息中缺乏文化考虑，从而揭示了文献中的一个空白，这既为她的研究提供了一个更有力的理由，也为她的研究问题奠定了基础：(a)"根据导师的性别函数，所选择的校本导师在观念和经验上有何异同？"(b)"根据导师的种族函数，所选择的校本导师在观念和经验上有何异同？"(c)"在相同性别的学生/导师配对与不同性别的学生/导师配对中，所选择的校本导师在观念和经验上有何异同？"(d)"在相同种族的学生/导师配对与不同种族的学生/导师配对中，所选择的校本导师在观念和经验上有何异同？"

五、决定10：确定总结要点

在反思每章和每节的内容时，我们应探讨是否需要总结。这样的总结将包括重申本章节中的推论和结论。在论文中，章节的篇幅越长、内容越复杂，就越有可能需要总结。正如高级组织者允许读者对即将提出的要点产生兴趣与好奇心一样，关键部分的要点总结也为科尔布（Kolb, 1984）所描述的对新体验的反思性观察提供了额外的机会，这有助于产生新的想法或修正现有想法。提供一个总结也有助于读者在进入下一章节之前从认知上进行分类并记住文献回顾者所呈现的内容。在初稿撰写前阶段或书面报告的规划阶段，文献回顾者可以通过阅读大纲并注意每个章节要呈现的内容数量来轻松注意到这一决定，就好像他/她事先对正在撰写的内容几乎一无所知。文献回顾者可能会在重要概念和/或在概念中提出的大量术语之后加注，以提醒在撰写初稿时"总结本节"。

六、决定11：明确结论和/或影响要点

在文献回顾者思考某一章节是否需要总结的同时，他/她还应思考本章节是否需要结论和/或影响要点。与总结的情况一样，章节越长、越复杂，就越有可能需要结论和/或影响要点。然而，结论和/或影响要点涉及文献回顾者的解释。对新兴主题的**解释**（interpretation）或扩展，与语言艺术中被视为文学批评的事物，或是作家与作品、作品与读者的交互世界相似，但前提是没有特定的观点是唯一正确的。

梅洛和帕特森（Mellor & Patterson, 2000）通过威廉·莎士比亚（William Shakespeare）的作品引入了文献阐释的概念，以洞悉知识在特定地点和特定时间内作为一种体验而被传播和接受的方式，所有这些都表明并认可关于世界的特定价值观和信仰。尽管解释是作为结论和/或影响要点的一种论据而提出的，正如梅洛和帕特森（2000）所证明的那样，但它仍有助于作者和读者（a）确定解释的方式和目的，以及（b）区分是什么使解释在任何特定情况下都是可信的。如果综合文献回顾的目标是为主要研究提供信息，那么也可以将综合文献回顾报告中成为关键点的结论和/或影响要点与主要研究的结论和/或影响要点进行比较和对比。

七、决定12：确定理论、概念和实践框架

艾森哈特（Eisenhart, 1991）利用理论、概念和实践框架提出了造型研究（molding research）的概念。每个框架在综合文献回顾报告中都有一个独特的角色。具体来说，一个*理论框架*（theoretical framework）通过使用"通过对某些现象和关系的既定、连贯的解释而发展起来的"形式理论来指导研究过程（Lester, 2005, p.458）。相比之下，一个*概念框架*（conceptual framework）代表了"一种论点，即考虑到正在调查的研究问题，选择用于调查的概念及其之间的任何预期关系将是适当和有用的"（Lester, 2005, p. 460）。与此相反，一个*实践框架*（practical framework）"通过在直接参与研究的人做某事的经验中使用'什么有效'来指导研究"（Lester, 2005, p.459）。在实证研究中，当一个或多个假设被检验时，理论框架往往最适合用于定量研究和混合研究。相比之下，概念框架往往更多地出现在定性研究和具有探索性的混合研究中，尽管概念框架也可用于定量研究。最后，与理论框架和概念框架相比，实践框架并不常见。尽管如此，但它们还是可以用于代表所有三种类型的研究。然而，如果要建立综合文献回顾的关键解释、结论和/或影响要点，那么这些框架中的任何一个都是适用的。

案例：报告中的交流框架

通过回顾弗雷尔斯承诺为其学位论文研究提供信息的综合文献回顾，我们明确了文献回顾者如何通过指导框架来交流综合文献回顾。为了给她对以成人-儿童校本导师制关系为主题的综合文献回顾的解释提供信息，她运用了基于布朗芬布伦纳（Bronfenbrenner, 1979）生态学理论的一个理论框架在四级互动水平上交流结果：（a）微观系统（1级）：儿童或青少年密切互动的直接环境或情境（如教室、操场、家庭、娱乐中心、宗教机构）。（b）中观系统（2级）：儿童或青少年度过其时间的其他系统，如家庭和学校。（c）外部系统（3级）：儿童或青少年可能受到影响但不是其直接成员的系统，包括学校教师、学校管理者以及儿童或青少年的父母或其他亲密的家庭成员之间的关系。（d）宏观系统

(4级)：围绕儿童或青少年的更大的文化环境，如整个社会或社区，其中包括间接影响儿童或青少年的世界观、文化规范、意识形态、政策或法律。基于布朗芬布伦纳（1979）的理论，综合文献回顾的结论可以在实践层面上传达给利益相关者，并揭示：''因此，受成人指导的儿童会受到每个级别的环境或系统的影响：(a) 教室、同伴群体和家庭的直接环境；(b) 通过辅导活动和其他活动（即家庭、教室、同伴群体）建立的联系；(c) 家庭、导师、学校政策和社区等更大环境的影响；(d) 伴随儿童的文化、法律和信仰体系的间接影响。''（Frels，2010，p.7）

案例：编写/呈现概念框架

除了将二元导师制研究的综合文献回顾结果与理论联系起来之外，弗雷尔斯还整合了一个概念框架，以便读者能够理解她对信息的解释是如何形成的。在报告中，她根据缪伦（Mullen, 2000）提出的"导师制"概念定义了自己的概念框架。缪伦的导师制概念着重强调个人经验、协商理解以及导师与学生之间的协作互动，而且这种互动是一个适应性强、互动性强的过程。弗雷尔斯提供了她的概念框架的可视化展示，我们在图10-4中提供了一个示例，说明如何通过插图来描述复杂的概念，如理论或概念框架。在描述此图时，弗雷尔斯向读者解释道：''如图所示，意愿和能力的先决条件促进了学生与导师之间的双向交流。接下来，相互作用和欣赏性理解作为相互重叠的策略而被整合起来，因此指导关系可能会产生新的想法。这种作为协同作用的努力增强了二联体成员的洞察力和成长能力（Conner, 1993）。校本导师制领域的研究人员已经探索了针对学生的变化，却很少关注针对导师的变化以及二元互动如何激励导师迈向好的辅导。通过一个协同的导师制框架，导师制被视为一种协作的、再教育的、有生产力的和创新的形式（Mullen, 1999）。''（Frels，2010，p.9）

以视觉形式传达理论和/或概念框架在高质量的文献回顾中很常见，并且是包含概念框架的综合文献回顾报告的一个标准。实际上，拉维奇和里根（Ravitch & Riggan, 2012）提供了概念框架的多种定义，其中包括：''研究组织或主要理论原则的纯粹视觉表现。这种表现通常包括在文献回顾中，经常作为一个独立的图形而出现。''（p.6）因此，可以看出，在主要研究成果中，理论和/或概念框架是一种非常有用的''连接研究过程所有要素——研究者的性格、兴趣和地位，文献，理论和方法——的方式''（Ravitch & Riggan, 2012, p.6）。当综合文献回顾自为目的时（即不用于为主要研究提供信息），理论和/或概念框架往往最终成为报告的最终产物之一。然而，这两种类型的框架也可以推动综合文献回顾报告的撰写。我们在''后记：理论驱动和模型驱动的文献

如何进行文献回顾

回顾"一章中提供了这类框架的几个示例。

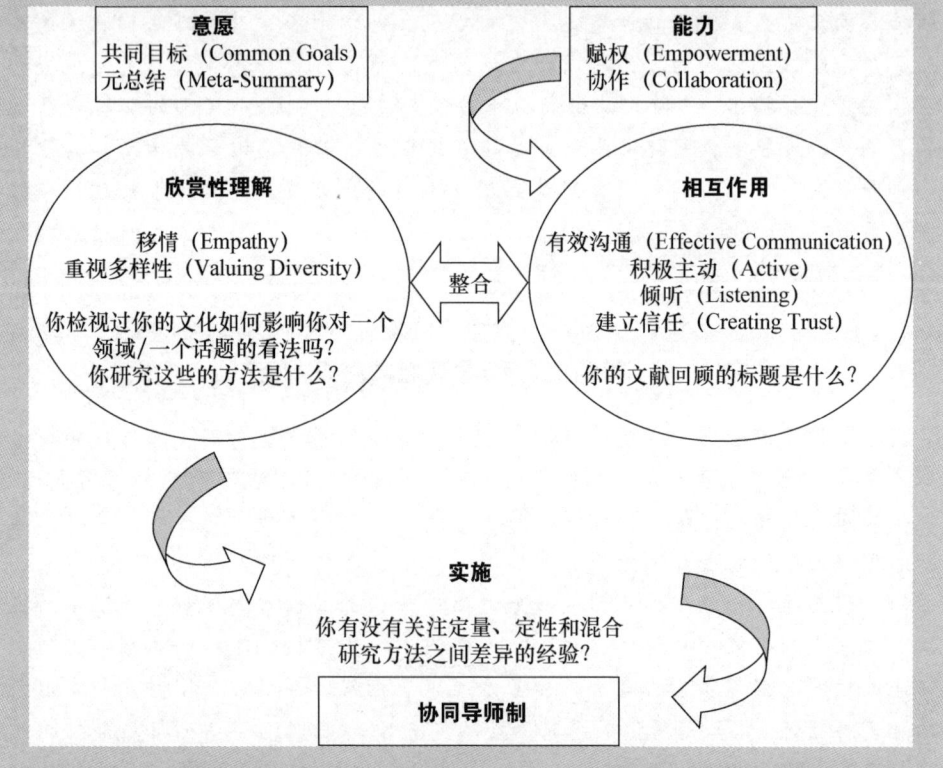

```
        意愿                              能力
   共同目标 (Common Goals)          赋权 (Empowerment)
   元总结 (Meta-Summary)           协作 (Collaboration)


     欣赏性理解                          相互作用
   移情 (Empathy)               有效沟通 (Effective Communication)
   重视多样性 (Valuing Diversity)    积极主动 (Active)
                          整合      倾听 (Listening)
   你检视过你的文化如何影响你对一个       建立信任 (Creating Trust)
   领域/一个话题的看法吗?
   你研究这些的方法是什么?              你的文献回顾的标题是什么?


                            实施

                  你有没有关注定量、定性和混合
                     研究方法之间差异的经验?

                         协同导师制
```

图10-4 弗雷尔斯(Frels, 2010)为其研究目的而解释的关于导师制关系的协同导师制框架(Mullen, 1999)

资料来源:Adapted from *The experiences and perceptions of selected mentors: An exploratory study of the dyadic relationship in school-based mentoring*, by R. K. Frels, 2010, unpublished doctoral dissertation, Sam Houston State University, Huntsville, TX, p.10. Copyright 2010 by R. K. Frels.

莱斯特(Lester,2005)对框架的描述通过对文学领域的理论框架和德莱斯曼(Dressman,2007)的四个流派或整合层次的考察得到进一步的详细说明:理论框架作为**基础平台**(foundational platform),理论框架作为**焦点工具**(focal apparatus),理论框架作为**话语支撑**(discursive scaffold),理论框架作为**辩证支撑**(dialectical scaffold)。让我们来分析一下上述被用来突显理论目的的描述词语:基础平台、焦点工具、话语支撑和辩证支撑。通过语义学分析可以推断,在这四个层次中,最后一个层次"辩证支撑"是最具互动性的(辩证的)支撑(高层次的支持工具)。当把一个理论框架仅仅作为一个基础平台时,理论主要作为启动研究本身的基础或理由,并引导读者了解研究人员的整体观点。在此类研究中,报告引言部分讨论的任何理论都不会出现在方法部分中,并且只会在报告的

第 10 章 步骤 7：呈现综合文献回顾报告——规划阶段

结果、讨论和结论部分中稍稍出现。对于理论的这种使用方式给人一种总体印象，即研究（或综合文献回顾）是以理论为基础或由理论提供信息的，从而表明理论在理解调查计划方面起着重要作用，但理论并不是设计、分析、对研究结果进行解释和影响陈述的驱动力。

相比之下，使用一个理论框架作为焦点工具则涉及理论作为吸引读者注意研究的具体方面的一种方式。通常，在引言/文献回顾部分，对理论框架的描述出现在与现有文献回顾分开的部分中。报告的"方法和结果"部分通常很少或根本不会提及基本理论。然而，"讨论"部分却会以一种有意义的方式包含对理论的引用，以便读者能够为一种新的理解或暗示所吸引。对于理论的这种使用方式给人的总体印象是，理论也构成了调查结果的框架；然而，它仍然与报告中的程序部分分开。

然而，当使用一个理论框架作为一种话语（扩展）支撑时，会引用大量的理论/学者，这通常会出现在报告的大部分章节中。这里，一个特定的理论不仅被用作研究的概念化框架，而且通常被用作研究设计以及研究结果的报告、解释和影响陈述的框架。因此，从本质上说，理论框架是与研究结果及其解释交织在一起的。对于使用作为话语支撑的理论框架的报告，研究结果为支持理论提供了支撑。反过来，该理论又被用来提供证据，以证明结果及其解释的普遍性。对于理论的这种使用方式给人一种整体印象，即"一个统一且结构良好的整体，其中理论和报告的实证发现以对称、平衡以及和谐的方式存在"（Dressman，2007，p. 345）。

与其他层次的理论框架形成鲜明对比的是，当使用辩证支撑理论框架时，不仅理论框架被明确和广泛地运用，而且它是报告的方法、结果和讨论部分的驱动力/解释。然而，这种研究的特点并不是理论与数据之间的相互关系（如使用作为话语支撑的理论框架那样），而是"报告的经验方面与其理论框架之间的关系是攻守抗争的（agonistic）"（Dressman，2007，p. 345）。理论的这种定位揭示了话语和矛盾，有时在描述研究结果时会非常具有攻击性。然而，类似于音乐必须高低起伏、抑扬顿挫，合理的推理也必须避免使用前提修辞来证明论点之合理性。

这种循环思维的概念被称为"循环论证（petitio principii）"或者"内定结论"，在这种情况下，论证的前提就是论证的结论。巴克（Barker，1989）举了一个例子，一位想在下棋方面更为精进的棋手应该既研究高手的妙招，又研究新手的昏着儿。通过识别糟糕的推理过程，文献回顾者更有可能避免容易犯的谬误或推理中的逻辑错误。同样，呈现综合文献回顾报告时的辩证支撑级别的理论框架也可以解决批判性思维技能和建设性批评问题，以接纳争论、辩论、不和谐、差异、分歧和对话，正如安伍布奇（Onwuegbuzie，2012）所概述的那样，这是一种有效的混合思维方式。此外，对于包括综合文献回顾在内的一项研究而言，包含两个或更多个相互竞争的理论框架也并不罕见。或者，理论被用来挑战对经验现象的现有解释，而数据仍然被用来挑战理论原则。对于理论的这种使用方式给读者的总体印象不是确定性和连贯性，而是不确定性和紧张性。尽管这四个层次的理论都是构建实证研究框架的可行方法，但话语支撑和辩证支撑代表了在整个报告中整合理论的两种最广泛的方法。因此，我们建议在规划综合文献回顾报告时，尽可能采用这两种方法之一来认真调整理论框架。

八、决定13：链接信息和框架

一旦建立了指导性的理论、概念和/或实践框架并在报告的章节中进行了注明——假设这些框架中至少有一个与综合文献回顾报告有关——文献回顾者就应该确定与所选框架相关以及能提升所选框架的文献之间的关系，以及与所选框架无关的文献之间的关系。将收集和综合的信息与所选框架联系起来可以澄清文献回顾者的论点和结论，并突显关于新思想和新概念的一些其他思考方式。此外，我们可以将理论和/或概念框架视为定义歧义术语的潜在途径。在确定信息如何揭示指导框架，以及指导框架如何澄清与并置文献综合与单个文献所揭示的概念之后，我们应该重新审视如图10-4所示的大纲。通过反思在接受"使用理论有色眼镜"的挑战时出现的一些问题，并重新审视你的努力，大纲可能会被修改以便选定的框架变得更加透明，而且大纲有必要获得全面的解释和论证。

九、决定14：结束报告

另一个重要决定是如何有效地对综合文献回顾报告进行结尾。在这种情况下，两个人之间对话的隐喻可能会有所帮助。在结束一次重要的谈话时，双方都整合了新的知识，并且根据个人的生活经历和价值观，双方都在一定程度上用新的思想和感悟来处理和包容以前的思想和感悟。然而，由于作者与读者之间是异步的，因此作者的责任是保障指导框架与视角的透明度，以便读者可以体验到一些相同的学习过程。因此，在结束与另一个人的这段虚拟对话之前，请考虑一下经过此次经历，你最想在这个人的头脑中突出什么。这引出了一个问题：这次经历/回顾有何不同？

因此，文献回顾者可以重新审视综合文献回顾的初始目标（即作为独立研究或为主要研究提供信息）。接下来，文献回顾者应该考虑原始信息和以该信息为中心来创建论文句子的框架，或最初建构的意图信息。不断地重新审视论文并将其作为后续写作的指导力量是很重要的。我们为综合文献回顾报告提供了一些潜在的结尾，这些结尾与独立的文献回顾有关，并为主要研究提供了信息。

为主要研究提供信息的报告 对于作为主要研究报告的一部分而撰写的文献

回顾，一种有效且非常常见的结尾方式是严格识别与文献回顾者的主要研究最密切相关的知识体系中的空白。这一空白将为主要研究提供全面的理论基础。正如安伍布奇和丹尼尔（Onwuegbuzie & Daniel，2005）推测的那样，第一个常见的理由是，很少或根本没有研究人员进行过本文献回顾将要进行的研究（如果综合文献回顾是某类研究计划的一部分，如论文研究建议或资助申请书），或者很少或根本没有研究人员进行过本文献回顾已经进行的研究（如果研究已经完成）——如果可能的话，那么最好能够举一两个例子来证明。

第二个常见的理由是虽然有几名/许多研究人员进行了这项研究，但很少或没有研究人员使用本研究计划使用的群体、仪器、情境、地点等来研究这一主题。第三个常见的理由是虽然有几名/许多研究人员进行了这项研究，但研究结果参差不齐（Onwuegbuzie & Daniel，2005）。在提供研究依据的过程中，文献回顾者应该意识到是否存在任何研究已经解决了他们打算解决的同一问题。如果没有，或者只有一些研究存在，那么这将使他们对研究依据的陈述更加有力。结束综合文献回顾报告的另一种方法是阐明主要研究的教育意义。具有教育意义的陈述能使读者明白关于主要研究的"那又怎样（So what）"的问题。

> **案例：撰写意义陈述**
>
> 二元导师制研究以及弗雷尔斯的总结部分包含了以下陈述，以将报告与教育意义联系起来："总而言之，我的研究对学校参与导师制计划很重要，因为对导师的更多了解应该揭示如何在导师的动机、赋能感和身份方面实施高质量的导师培训。对导师制关系方面的研究和强调引起了一种呼吁，即考虑到种族因素、文化差异及导师的性别角色，要求导师制关系过程的范式转换。事实上，通过了解导师与学生在二元关系中的互动，学校可以实施具有既鼓励导师又支持学生成功的导师制目标的计划。"（Frels，2010，p. 102）

作为独立研究的报告 对于作为独立研究而撰写的综合文献回顾报告，一种常见的结尾方式是为将来的研究提供指导。与为主要研究提供信息的综合文献回顾报告的结尾类似，对于可能需要新定位或新方法的主题或学科，独立的综合文献回顾报告可能会严格审查研究中的空白和矛盾。重新审视这些结论和/或影响要点可能会有帮助，因为这些结论和/或影响要点会使你的观点更具说服力或澄清性。实际上，类似于主要研究针对利益相关者需求的循证实践的方式，综合文献回顾同样可以将最佳实践作为转化研究来处理，"旨在促进团队采用最佳实践"（National Institutes of Mental Health，2007，subsection 1）。请记住，在决定综合文献回顾报告的结尾时，清晰的推理是关键。仅仅宣称"需要更多的研究"是不够的。相反，综合文献回顾报告应该为未来研究指明具体方向，这些方向如果被采纳，就将促进有关该主题的知识体系向前发展。

10.10 辩论的艺术

在开始撰写综合文献回顾报告的初稿之前，回顾多产作者如何创建有效或合理的论点是很有帮助的。萨蒙（Salmon，1973）提供了对推理中逻辑范围的洞察，并主张"当我们试图论证我们遇到的论点时，我们会设置使它们在逻辑上正确所需的假设"(p.48)。他提出了三个初步步骤，以避免矛盾和接受可以在话语中得到充分辩护的信仰：

（1）应明确论点，以便将不支持的陈述与论点结论区分开。
（2）当披露论点时，必须确定前提和结论。
（3）如果论点不完整，那么必须提供缺少的前提。

在编写步骤 7 的规划阶段中概述的章节之前，文献回顾者应该花一些时间（但不要花太多时间）来酝酿草拟的计划。通常在研究中，这些时间可以让你的情感与思想分离，并将这些思想格式化，这样当你回过神来再次见到这些思想时恰如初次相见。

高效的作者通过概述每一章节的内容，开启将想法付诸文字的创作过程。在处理初稿之前，作者可以创建一个简短的段落来描述每个部分/章节，这样他们就可以对其作品进行全景描述，并展示如何步步推进。在创建了这个大纲并用文字描述了每个部分之后，一名作者就可以"自由游走于各个部分之间，直至所有部分都结合在一起"(Johnson & Mullen，2007，p.100)。在审议报告的提纲或计划时，必须牢记**简约**（parsimony）之特质：节约使用文字，并将这一做法扩展到每一层次——用词、思想、假设、关键点——从而使文字表达清晰、简洁而又不牺牲彻底性与完整性（特别是在为陈述的命题、立场或论点提供理由或前提时）。正是有了这句话，我们决定以"说得够多了（enough said）"来结束。

结 论

如同好的研究一般，综合文献回顾报告的计划也需要预先考虑和意图明确，即牢记总体目标和目标受众。文献回顾的交流阶段还包括预期反应、问题和潜在反应。事实上，初稿撰写前阶段也可以作为一种对信仰系统进行自我检查的方式。

第 10 章　步骤 7：呈现综合文献回顾报告——规划阶段

工具：决定清单（初稿撰写前阶段）

表 10-1 总结了步骤 7 的初稿撰写前阶段中概述的用于交流综合文献回顾的决定。

表 10-1　在初稿撰写前阶段为交流综合文献回顾而做出的决定汇总表

决定	内容
1	确定目标
2	确定预期发布渠道
3	确定目标受众
4	重新审视信仰体系
5	编制大纲
6	确定信息、来源和模式
7	确定信息、来源和模式的重点
8	比较和对比信息来源
9	识别知识库中的空白
10	确定总结要点
11	明确结论和/或影响要点
12	确定理论、概念和/或实践框架
13	链接信息和框架
14	结束报告

这种自我检查是通过检视你如何强调更为特殊的研究结果以及你如何放置不同的观点来实现的。有些结果和想法可能很难描述，AVOW 途径（即行动、可视化、口头呈现、写作）为交流一些复杂结果的有意义方式提供了创造性的替代方案。正如我们在七步骤模型中所提到的，综合文献回顾是一种混合研究方法，并且与混合研究一样，规划阶段的决定始于心中的最终目标。其他决定，如确定预期发布渠道、确定目标受众、重新审视信仰体系，会影响我们组织和报告综合文献回顾的方式。就像混合研究一样，任何两名文献回顾者对综合文献回顾过程的处理方式都可能有所不同。然而，通过清楚地交流这七个步骤中的每一步，每一种交流途径都是有保证和透明的。通过牢记格林等人（Greene et al., 1989）关于进行混合研究的理论类型，例如三角测量（即比较不同信息来源的信息）和启动（即识别信息来源之间的矛盾），一名文献回顾者可以创建一个尊重多视角和批判性解释的报告。

在报告的规划阶段，重要的是专注于你的要点或论点以及你计划如何陈述这一案例。你将分享一些导致特定结果的方法论决策和标准,以及该主题最有用的思想要点。你应该通过大声说出你的思想要点来组织自己,通过你采取的步骤和你综合的证据来证明你的想法是正确的。

在本章中,以下重要概念概述了步骤7呈现综合文献回顾报告的规划阶段:

- 文献回顾者可能不仅会考虑使用演讲来表达观点,还会考虑使用"AVOW"——行动、可视化、口头呈现和写作——来交流综合文献回顾报告所涉及的多个场合。
- 应该交流综合文献回顾,使文献回顾者专注于总体目标和指导性问题。
- 文献回顾者应以一种能够建立信誉、信任、密切关系和价值的方式进行交流。
- 在规划阶段编制的大纲应该产生一个具有逻辑性的、一致的、清晰的发现/概念模式,从而形成一个观点或综合,这本质上是文献回顾者的推理模式或即将得出结论的前提。
- 在撰写综合文献回顾报告之前,文献回顾者应该重新审视综合文献回顾的初始目标(即为主要研究提供信息或作为独立研究),因为目标不同会导致报告中的要素不同。
- 文献回顾者应确认其综合文献回顾报告的预期发布渠道,以及如何最好地将结果传达给利益相关者。
- 在初稿撰写前阶段编制的大纲应该产生一个具有逻辑性的、一致的、清晰的发现/概念模式,从而形成一个观点或综合。
- 理论、概念和/或实践框架应指导写作过程。

接下来,在第11章"步骤7:呈现综合文献回顾书面报告"中,我们会将你深思熟虑并记录在案的计划转移到积极的编写过程中。

第10章 评价一览表

核心(CORE)	指导性问题和任务
批判性检视	你在多大程度上确定了受众及其与主题领域相关的需求?
组织	你在多大程度上回应了规划有效展示的决定? 你在多大程度上编制了大纲,以及在多大程度上包含了流程的审计轨迹部分?
反思	你在多大程度上基于一个或多个框架撰写了大纲和章节段落? 你在多大程度上对自己的论点会如何演变有新的认识?
评估	在有组织的交谈中,运用你的大纲向同伴或同事展示你的观点。让你的听众重述你的一些观点,这样你就可以评估你所说的观点是否与听众所反馈的观点相同。

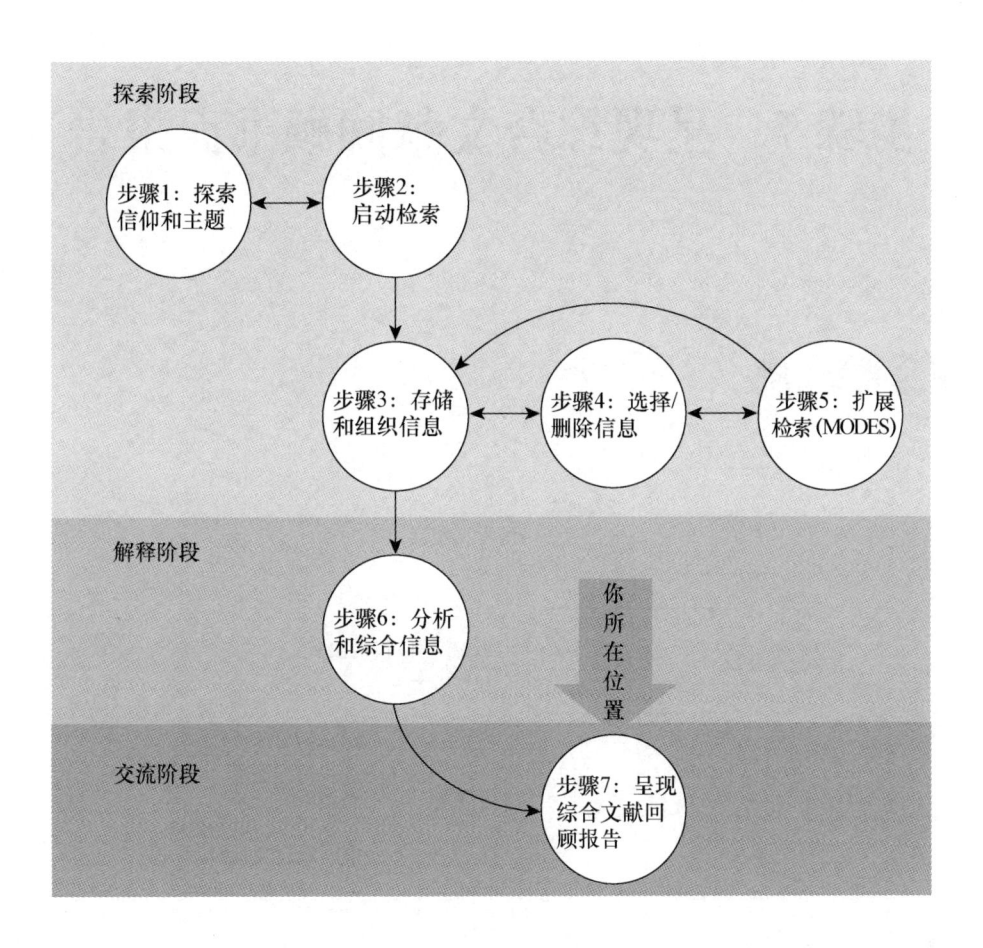

```
探索阶段

  步骤1：探索      步骤2：
  信仰和主题  ↔  启动检索
                    ↓
                    ↓        ┌─────────────────────┐
                    ↓        ↓                     │
           步骤3：存储  ↔  步骤4：选择/  ↔  步骤5：扩展
           和组织信息       删除信息          检索(MODES)
                    │
解释阶段          │
                    ↓
           步骤6：分析            你
           和综合信息            所
                  │              在
                  │              位
                  │              置
                  │              ⇩
交流阶段       │
                  └──→  步骤7：呈现
                        综合文献回
                        顾报告
```

第11章

步骤7：呈现综合文献回顾书面报告

第11章思路图

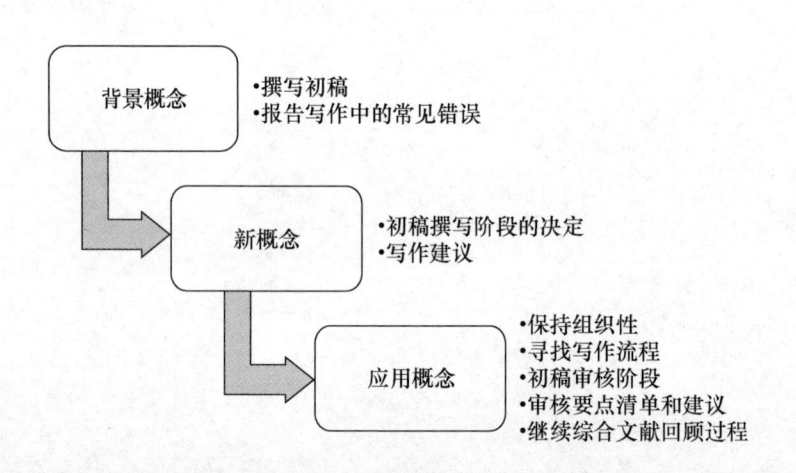

背景概念
- 撰写初稿
- 报告写作中的常见错误

新概念
- 初稿撰写阶段的决定
- 写作建议

应用概念
- 保持组织性
- 寻找写作流程
- 初稿审核阶段
- 审核要点清单和建议
- 继续综合文献回顾过程

背景概念

让我们来设想一名寻求对故事进行彻底调查的记者或新闻工作者的工作情形。首先，记者可以根据知识和信仰选择一个故事；但是，这个故事必须引起社会大众的兴趣。通常，在不知情的情况下，记者会使用与世界观直接相关的个人直觉（步骤1）。他/她调查故事的背景——这很像文献回顾者检索数据库的方式（步骤2），然后以某种方式逻辑地组织和存储信息——这很像步骤3。作为一名有道德的新闻工作者，他/她还要检查信息来源和信息的真实性，以便只使用可靠的来源，这与综合文献回顾的步骤4（选择/删除信息）类似。

第 11 章　步骤 7：呈现综合文献回顾书面报告

> 当一名记者在初步调查后跟踪任何其他线索时，他/她将以包括模式（媒体、观察、文档、专家、二手数据）在内的方式来扩展检索（步骤 5）。与综合文献回顾的步骤 6 类似，记者以逻辑方式分析和综合信息，以便向感兴趣的读者报告。最后，记者有通过披露一个或多个视角来报道这个故事的职业责任和道德责任，这样观众就有机会在没有不必要的偏见的情况下整合关于这一问题的知识（与综合文献回顾第 7 步 "呈现综合文献回顾报告"类似）。
>
> 在所有这些步骤中，有公信力的报道是事关记者正直、诚信和职业操守的最重要的一环。不管这个故事有多么可信和重要，如果记者没有清晰地交流，记者的努力就都白费了，重要的发现也将白白浪费。技术性写作行为和对写作的系统评价是本章其余部分的重点。

11.1　撰写初稿

　　写作过程需要技巧和实践。就像学习一种乐器一样，掌握写作技能需要动力、时间和耐心。在综合文献回顾过程的前六个步骤中，如果你坚持在每一个步骤的最后都记录反思性日志，那么你应该已经意识到了通过将想法诉诸笔头，你也在不断成长。当你开始进入步骤 7 的技术写作过程时，你应该已经预料到你会为报告撰写多份草稿。也就是说，你将撰写一份初稿并反复修改，会反复地审核每一个部分并定稿，以保证在最后期限前完成写作。

11.2　报告写作中的常见错误

　　前面提到的那些特征与所有艺术形式中涉及的特征非常相似，必须相互平衡地使用。综合文献回顾报告的作者可能会犯一些经验不足的作家所犯的传统错误。例如，一名作者可能会犯这样的错误：其针对某一概念提供了太多细节，从而使读者产生新的想法或偏离主题。细节对于绘画是很重要的；然而，在技术性写作中，**简约**（parsimony）或"用词经济（economy with words）"的概念应该是作者的首要原则。如果综合文献回顾作者认为对于该主题或概念不熟悉的读者可能需要更多的背景信息，但不使用综合文献回顾报告中的详细且可能分散注意力的描述，那么他/她可以向读者提供一个或多个相关的引文/参考资料，这些引文/参考资料是从他/她在步骤4中建立的补充型信息集中获得的。如果读者感兴趣，那么他们可以查阅这些资料。我们将在之后题为"参考其他信息来源"的部分中进行详细介绍。

平衡需要多少细节才能使描述不至于呆板，这本身就有助于扩展你的词汇量，并且可以通过经常重新阅读你撰写（编辑）的内容来实现。然而，写作的流程与写作的编辑必须保持一种平衡，这样这种创造性的努力才能得以发展。在西方社会，体验被称为**作家障碍**（writer's block）的可怕概念也是很常见的。"作家障碍"是一个用来描述不知道从何处开始或如何通过书面语进行创造性沟通的术语。它在《韦氏词典》（Merriam-Webster）（n.d.）中被定义为"阻止作家继续写作的一种心理抑制"（http://www.merriam-webster.com/dictionary/writer's block）。常见的障碍可能包括缺乏信心、动力或灵感，或是一些分散注意力的想法。缺乏经验的作者所犯的第二个常见错误是没有认识到他们在所选主题或主题领域的权威程度。我们建议你从许多细节开始，并在修改或重新撰写初稿时对其中一些细节进行编辑完善。

缺乏经验的作者所犯的第三个常见错误是不敢冒险用自己的语言重新表述观点。这一错误会导致书写中的语言、语气和表述发生许多变化，从而致使文字表达并不流畅。通常，缺乏经验的作者会不断地使用释义，进而导致表述缺乏自己的论点和立场。为了提供详细信息，缺乏经验的作者会默认使用大量引文，这就会使得报告断断续续、语无伦次。缺乏经验的作者大量使用引文，也可能是因为他们并未理解原作者的确切意思，或者是因为缺乏对可以准确重申其含义的信心。我们将在本章后面讨论关于审核每份草稿的建议，以避免过度使用引文。

此外，我们在本章的后面提供了一些纠正*剽窃*的写作错误或解决不能准确重述作者原意的问题的建议。一些缺乏经验的作者认为，如果他们使用一个同义词表并替换原文中一两个单词就可以避免剽窃。然而，剽窃同样适用于原作者的句子结构。由于过去的学习经验或者是在词汇、句法、论证风格或沟通要素方面的认知语言技能，某些作者对写作的信心可能比其他人更强。但是，行文挥洒自如、表达内涵丰富将是写作形式、结构、顺序、焦点、连贯性和节奏感的基础。在后文中，我们将讨论导致剽窃的其他陷阱，并提出在初稿审核阶段避免剽窃的一些建议。

在学术写作中，缺乏经验的作者通常会想知道哪些句子需要标注引用，即对其原始来源和/或其他相关来源加以注明。一些概念似乎在某个领域中是众所周知的，但这些通识性概念同样应该得到评估以供参考。一般规则是，大多数陈述应通过一个或多个引用来证明其合理性，以便为所陈述的事实提供一种情境感与可信度。这条规则的例外情况是，如果这一陈述本来就是你自己的观点，或者是一个无须考虑地域或文化因素而被普遍同意的真理，比如地球围绕太阳旋转，或者人们是认知的、情感的和社会的存在，那么就无须标注引用。在这一章中，我

第 11 章 步骤 7：呈现综合文献回顾书面报告

们将继续讨论缺乏经验的作者易犯的其他常见错误。

> **新概念**
> 　　为了避免忽略我们自己的目标和步骤 7 的重点（如上所述），我们将引导你进入在开始撰写综合文献回顾报告的初稿及随后的草稿时所需做出的决定。我们也为初稿撰写过程提供了一些建议，这些建议应该可以帮助你顺利地开展写作（good writing）。此外，在本章的其余部分中，我们将提供一些示例、工具以及在撰写报告时所犯的一些常见错误，并提出纠正这些错误的建议。

11.3 初稿撰写阶段的决定

　　就像一名文献回顾者作为一名文献研究人员而做出的多项决定一样，在初稿撰写阶段也需要做出一些关键决定，以便完成从抽象的想法转变为通过写作表达出这些想法的过程。我们所谓的"写作过程"包括初稿撰写阶段（进行写作）和初稿审核阶段（对所做工作进行系统评估）。

工具：确立报告重点

　　如前所述，随着对每一份草稿的不断修订、逐步聚焦，这些撰写阶段就变成了一个无缝衔接的过程。撰写过程涉及对初稿撰写前大纲的发展和完善——这是第 10 章的重点，并且从抽象的图像形式转变为综合文献回顾的最终简介，如图 11-1 所示。

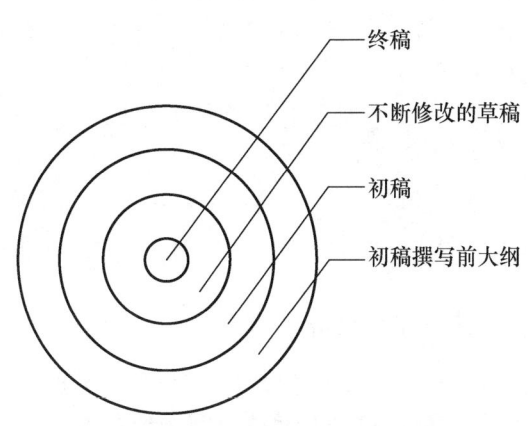

图 11-1　一份重点突出、文字优美的最终报告的起草过程

（从内到外：初稿撰写前大纲、初稿、不断修改的草稿、终稿）

每一版草稿都是文献回顾者所做的一系列决定的结果,它们反映了这些决定并对这些决定进行了评价。我们从一系列关键的决定或考虑事项以及一些关于开始写作过程的相关建议开始起草阶段。

11.4 写作建议

一、建议1：始于渊博的知识

撰写综合文献回顾报告的一种非常有效的方法是使用所谓的"漏斗形方法（a funnel shape approach）",即通常所说的 **V形法**（V-shape approach）（Onwuegbuzie & Frels，2012c）。此方法涉及文献回顾者组织其综合文献回顾报告,以便首先讨论与该主题最不相关的信息来源的引用,最后讨论最相关的信息来源的引用。这种V形法可以保证综合文献回顾报告逻辑流畅。

> **案例：运用V形法**
>
> 在研究校本导师制中所选导师的目标和方法时,弗雷尔斯、安伍布奇等人（Frels，Onwuegbuzie，et al.，2013）通过讨论"联系（connectedness）"对促进积极的青年发展的重要性来开始他们的综合文献回顾报告。接下来,这些作者指出"联系"的重要性导致了校本导师制计划的建立,以使学生与社区导师相匹配；但是他们指出,导师制计划的建立往往太快,所以在建立过程中,没有包括许多对建立更持久的导师关系有效的组成部分。在综合文献回顾报告的最后一段,弗雷尔斯、安伍布奇等人（2013）引用斯宾塞博士（波士顿大学）（Spencer，2004，2006，2007）进行的三项关于导师与学生之间关系结果的研究——这些研究代表了与弗雷尔斯等人的研究最接近的研究并突显了弗雷尔斯等人在综合文献回顾期间发现的空白——从而得出其开展研究的主要理由："尽管研究人员已经对导师制计划的正面或负面结果进行了研究,但他们并未充分探讨导师如何为成功或不成功的关系进行二元交换做出贡献。"（p.618）

二、建议2：指定数据库和点击率

令人惊讶的是,很少有文献回顾者指定用于检索的数据库（如图书馆订阅数据库、公共网络资源）。此外,很少有文献回顾者指定点击率。然而,这些信息不仅有助于将潜在的主题语境化,而且有助于说明文献中的空白,从而建立起关于研究理论基础的论证路径。

> **案例：如何披露检索项**
>
> 弗雷尔斯、安伍布奇等人（Frels, Onwuegbuzie, et al., 2013）在下面的陈述中提供了此信息的实例：
>
> > 尽管研究人员已经对导师制计划的正面或负面结果进行了研究，但他们并未充分探讨导师如何为成功或不成功的关系进行二元交换做出贡献。此外，弗雷尔斯（R. K. Frels, 2010）在对专门针对青少年/成人导师制关系领域的文献进行回顾时指出，导师制研究领域的定性研究很少，在多个书目数据库中发现的共47篇校本导师制文章中只有7篇文章包括定性部分，这些数据库包括：Academic Search Premier（EBSCOhost）、Education Full-Text（WilsonWeb）、ERIC（EBSCOhost）、PsycINFO（EBSCOhost）。（pp. 618-619）

三、建议3：指定使用的分析方法

如前所述，在第9章中，我们介绍了一种元框架，其中包含一系列用于分析和综合综合文献回顾信息的定性、定量和混合分析方式、方法和技术。我们建议文献回顾者描述他们使用的分析方法。

> **案例：如何披露分析方法**
>
> 即使文献回顾者只有一个相对较小的篇幅（signature space）来提供综合文献回顾评介，他/她也可以像弗雷尔斯和安伍布奇（Frels & Onwuegbuzie, 2012b）一样在一句话中提供这些信息：
>
> > 具体来说，我们使用常量比较分析对每一项工作进行编码，并确定导师制模式的支持要素可以是直接的或间接的，并且主要通过间接支持来产生影响，例如：关系的长度，导师识别被指导者的社会、情感、认知和行为因素，导师促进与学生的积极认知，基于过程而非基于结果的指导时间，平等对待被指导者，以及二元合作。（p. 184）

四、建议4：比较定义

本构定义（constitutive definition）是一种形式定义（如词典定义），即其中一个术语是通过使用其他术语来定义的。这种定义形式涉及使用抽象术语来定义概念。

与此相反，**操作化定义**（operational definition）则提供了一个概念的定义，该概念在意义上非常具体，它是通过操作来衡量或评估的。此外，操作化定义通过指定为了测量或操作概念而必须执行的操作来赋予概念含义。操作化定义的总体目的是界定一个术语，以确保每名相关人员都理解术语的特定使用方式。此外，提供一个操作化定义使研究人员能够从概念、结构和理论的层次转移到科学所依据的观察层次。

通过比较本构定义和操作化定义可以避免一些误解。例如，在试图论证所有定性研究中都存在某种形式的"概括"时——这种观点与一些定性研究人员的观点相反（参见 Williams，2000），他们声称概括并非定性研究中的问题——安伍布奇和柯林斯（Onwuegbuzie & Collins，2014）提供了"概括（generalization）"一词的本构定义，如下所示：

> 根据《美国传统词典——大学版》（the American Heritage College Dictionary, 1993, p.567）所示，概括是"简化为一般形式、类型或规律"和"从中得出推论或一般结论"。因此，概括就代表"概括的一种行为或实例"（the American Heritage College Dictionary, 1993, p.567）。因此，术语"generalize""generalization""generalizations"超越了一般研究，特别是研究传统。这些术语既不代表定量术语，也不代表定性术语。事实上，自古以来，概括都存在。（p.652）

五、建议5：突出著名文献

另一种帮助文献回顾者确立论证路径的重要做法是将"**著名文献**（notable works）"（经典作品或里程碑式作品）与一般文献区分开来或加以明确。这可以通过在介绍这些文献时使用诸如意义重大的、里程碑式的、开创性的、关键性的、开拓性的、经典的、极富影响力的、杰出的、影响深远的、创新的、前沿的、原创的、领先的、高引用的等词语来实现。此外，文献回顾者还应该明确这些著名文献的独特贡献是什么。

六、建议6：提供主题时间线

另一个有用的策略是为主题提供时间线。也就是说，对于文献回顾者来说，明确主题、问题或概念的发端是很有用的。不幸的是，这些信息并不总是现成的。因此，获取这些历史信息的一种方法是在搜索字符串中添加诸如 history、origin 和 onset 之类的词。

案例：创建一条主题时间线

例如，要获取有关导师制历史的信息，文献回顾者可以使用如下搜索字符串：mentor and (history or origin or onset)

第 11 章 步骤 7：呈现综合文献回顾书面报告

> 通过 Dogpile 元搜索引擎使用此搜索字符串时，将显示以下链接（许多有用链接中的一个）：http://www.behindthename.com/name/mentor。该链接提供了关于导师概念的简要历史。有趣的是，弗雷尔斯（Frels，2010）将这段历史描述如下：
>
> > 当伊萨卡岛国王尤利西斯（奥德修斯）出发向特洛伊人宣战时，他将他年幼的儿子（忒勒玛科斯）托付给了他的朋友门托［门托（Mentor）是特洛伊战争传奇《荷马史诗》（Homer，1969）中的一个重要人物］。因此，门托不仅要对孩子的教育负责，还要对孩子性格的塑造、决策的智慧、人生目标的明确和坚定负责。尤利西斯的儿子长大成人后，开始寻找父亲，门托也跟着他一起去了。希腊至高无上的女神雅典娜也时断时续地扮演导师角色，尤其是当忒勒玛科斯显得困惑或需要做出决定时，这一事实使导师的角色得到了润色。因此，导师制似乎是上帝的礼物。(p.61)（强调原文）
>
> 了解一个概念的起源有助于文献回顾者恰当地为它提供时间线和历史背景。

七、建议 7：提供时间线的详细信息

随着文献回顾者提供越来越多的细节，综合文献回顾推介变得更加透明和可靠。在提供时间线时，这种细节更为重要。例如，在二元导师制研究中，"自 20 世纪 80 年代以来，对导师制计划的命名包含了多个不同学科的维度"（p.60），这种表述就比以下表述包含更大的信息量："多年来，导师制计划的命名包含了不同学科的许多方面。"后一种说法可能会引发读者的疑问："多年来"究竟是多久？引用的年份又是什么？显然，文献回顾者应该避免让读者提出此类问题。

八、建议 8：记录思想之演进

在引用有着悠久历史的主题领域中的主要作者的观点时，文献回顾者必须提供关于该主题领域的思想及研究人员想法演进的信息。

> **案例：审查作者的思想演进**
>
> 例如，回到我们的导师制例子，如果一名文献回顾者有兴趣撰写关于被指导者自我效能感的章节，那么引用阿尔伯特·班杜拉的观点是很有意义的，班杜拉对社会学习理论和自我效能感的建构实现了概念化，并且他是有史以来最有影响力的十大心理学家之一（Cherry，2010），以及最常被引用榜中排名第四的心理学家（Haggbloom，2002），截至本书写作时，他已被引用了约 340 000 次。班杜拉花了超过 63 年（即自 1952 年以来）的时间来进行学术创作。当然，

他的自我效能理论（和社会学习理论）也在这些年里不断发展。因此，在引用班杜拉的任何作品之前，文献回顾者应该熟悉他的主要作品，将他关于自我效能感的早期作品（如 Bandura，1962）与后期作品（如 Bandura，1997；Benight & Bandura，2004）进行比较，同时思考以下问题：这两个时期的作品有何相似之处？又有何区别？班杜拉的原始理论是如何随着时间推移而发展演进的？进行这样的比较是综合文献回顾报告的一个重要特性！

九、建议 9：引用异议作品

重要的是，文献回顾者必须彻底检索那些批评原著作者的观点、概念、理论、发现或解释的作者，无论原著作者多么受欢迎以及存在多少历史有效性。

案例：提供替代观点

例如，有人批评班杜拉（Bandura，1962，1997）的自我效能理论吗？专栏 11.1 提供了一个引用**异议作品**(dissenting works)并随时间推进记录争论的例子，这个例子是由安伍布奇和莱文（Onwuegbuzie & Levin, 2005, p.11）提出的。作为道德的研究者，有必要呈现这些被视为存有异议的作品，以防止读者误认为不同作者/研究人员在基本思想、概念化、理论、发现、解释等方面的认知完全一致。此外，引用异议作品有助于强化文献回顾者主要研究的理论基础。在这种情况下，文献回顾者应在综合文献回顾报告中指出这一理论基础并进一步说明其（新兴的）教育意义，例如"希望主要研究得出的结论有助于解决争论"。

专栏 11.1

安伍布奇和莱文（2005）的论文中关于作者之间观点对立的一个例子

卡汉（Cahan，2000）对罗宾逊和莱文（Robinson & Levin，1997）的两步骤模型提出了质疑，他认为推断统计检验和相应的效应量在技术上是不相关的。根据卡汉的说法，只有当观察到的效应的统计显著性或非显著性提供了包含误差量的信息时，两步骤模型才是有效的。卡汉指出：（a）统计上不显著的影响不一定全部或大部分由干扰项构成，也可以是无误差的；（b）统计上显著的影响不一定是无误差的，也不一定包含少量的随机误差。统计上显著的影响不一定是"真实的"，而可能主要由错误所致。卡汉得出结论认为，两步骤模型的逻辑是有缺陷的，该模型假定观察到的效应的统计显著性与

第 11 章 步骤 7：呈现综合文献回顾书面报告

包含的随机误差量之间存在负相关关系。

莱文和罗宾逊（Levin & Robinson，2000）反驳了卡汉（Cahan，2000）对两步骤模型的批评，认为零假设显著性检验与效应量估计"在概念上和功能上都是相关的"（p.35）。莱文和罗宾逊进一步争辩说，如果研究人员在定量研究的分析和解释阶段保持假设检验与效应量估计之间的逻辑联系，他们就将得出所谓的"结论一致性"（p.35），即研究人员的正式统计分析与基于这些分析的口头结论之间的一致性。根据莱文和罗宾逊（Levin & Robinson，1999）的研究，存在许多例子，即研究人员在缺乏 p 值的情况下以小样本数据分析数据时会过度解释其影响大小。实际上，莱文（Levin，1998a）指出："在其极端形式中，（这种行为）退化为关于不同测试效果的有力结论，其基础是比较一名参与者在一种测试条件下的单一得分和另一名参与者在不同测试条件下的得分。"（p.45）

为了支持罗宾逊和莱文的主张（即 Levin，1998a；Levin & Robinson，1999，2003；Robinson & Levin，1997；Wainer & Robinson，2003），范（Fan，2001）通过蒙特卡洛抽样方法证明了一个看似具有实质性意义的观察结果（即具有较大效应量）实际上可能是抽样误差的结果，从而使得出的任何结论都不可靠并可能具有误导性。根据这一发现，范建议就观察到的结果来报告有关统计显著性和效应量的信息："统计显著性检验和效应量是一个硬币的两面，它们相辅相成，但不能相互替代。良好的研究实践要求，为了在教育研究中做出合理的量化决策，应该同时考虑双方。"（p.275）

资料来源：Adapted from "Strategies for aggregating the statistical nonsignificant outcomes of a single study," by A. J. Onwuegbuzie and J. R. Levin, 2005, *Research in the Schools*, 12 (1), p. 11. Copyright 2005 by Mid-South Educational Research Association.

十、建议 10：参考其他信息来源

有时，文献回顾者只能提到与潜在主题相关但并非核心的问题。

仅仅简短地提及一个问题可能是由于篇幅的限制，也可能是为了不过度分散读者的注意力。在这种情况下，文献回顾者应该向读者推荐他们认为其可能感兴趣的其他作品，包括经典的、开创性的、有影响力的、高引用的作品，并根据七步骤模型的步骤 4 中提出的评估标准进行评估。

案例：如何引导读者获取更多信息

推荐读者阅读更多其他信息的一种常见方式是使用诸如"有关更详细的讨

论，请参见……"之类的语句。

或者，这些陈述既可以作为一个独立的句子放在括号中（以尽量减少分散读者注意力），也可以放在括号中作为句子的一部分置于句尾，如下所示："只要可能，导师就应该熟悉导师制的最佳做法（参见，如 Frels, 2010）。"

然而，最有效的方法是在括号中插入拉丁语缩写"cf"，意思是"比较"。例如，在开头段落的最后一句中，弗雷尔斯和安伍布奇等人（Frels, Onwuegbuzie, et al., 2013）的陈述如下："通常，导师制计划是在没有充分了解对导师有效的计划的组成部分以及那些增加导师致力于建立更持久辅导关系的可能性的组成部分的情况下仓促创建的 [参见（cf.）Spencer, 2007]。"（p.618）这些作者使用**缩写**"**cf.**"（the abbreviation "cf."），因为创建导师制计划并不是综合文献回顾的中心内容，尽管它与他们的研究主题相关。"cf."鼓励感兴趣的读者查阅斯宾塞（Spencer, 2007）的作品以获取更多信息。

十一、建议11：提供一个或多个引文地图

引文地图（citation maps）是一种有用的方式，既可以记录作者在不同时间、不同学科的观点、概念、理论、发现和解释之间的关系，也可以确定一个想法的起源、发展，与该想法相关的主张，为支持该主张而产生的证据，将证据主张和证据联系起来的保证，以及用于为该保证和证据提供正当理由（即有效性/合法性）的情境与假设之间的秘密联系（Hart, 2005）。这些地图可以表示为叙述性的或可视化的描述 [如表格、图表、图形、矩阵、图、网络、列表和维恩（venn）图]。创建引文地图迫使文献回顾者多多反思他们通过模式提取的作品，并提供"关于某一主题的研究和思考的图形"（Hart, 2005, p.144）。正如哈特推测的那样，这些引文地图有助于文献回顾者确定知道什么、何时知晓、使用什么方法以及由谁使用。因此，引文地图代表了一种用于呈现主题概述的有用方法。

案例：引文地图

表11-1给出了二元导师制研究中的引文地图示例。通过使用像 Microsoft Excel 这样的电子表格，这些信息可以转换成图表，如图11-2所示。

表11-1 47篇文献中前18篇按时间顺序排列的部分引文地图（Frels, 2010）

作者	出版年份
1　Tierney, Grossman, & Resch	1995
2　Rhodes, Haight, & Briggs	1999
3　Barton-Arwood, Jolivette, & Massey	2000

第 11 章 步骤 7：呈现综合文献回顾书面报告

续表

	作者	出版年份
4	Rhodes, Grossman, & Resch	2000
5	Roberts	2000
6	Lucas	2001
7	DuBois, Holloway, Valentine, & Cooper	2002
8	Grossman & Rhodes	2002
9	King, Vidourek, Davis, & McClellan	2002
10	Parra, DuBois, Neville, & Pugh-Lilly	2002
11	Reid	2002
12	Rhodes	2002
13	Ryan, Whittaker, & Pinckney	2002
14	Bennetts	2003
15	Karcher & Lindwall	2003
16	Spencer	2004
17	DuBois & Karcher	2005
18	Karcher	2005

资料来源：Adapted from *The experiences and perceptions of selected mentors: An exploratory study of the dyadic relationship in school-based mentoring*, by R. K. Frels, 2010, unpublished doctoral dissertation, Sam Houston State University, Huntsville, TX, p. 53. Copyright 2010 by R. K. Frels.

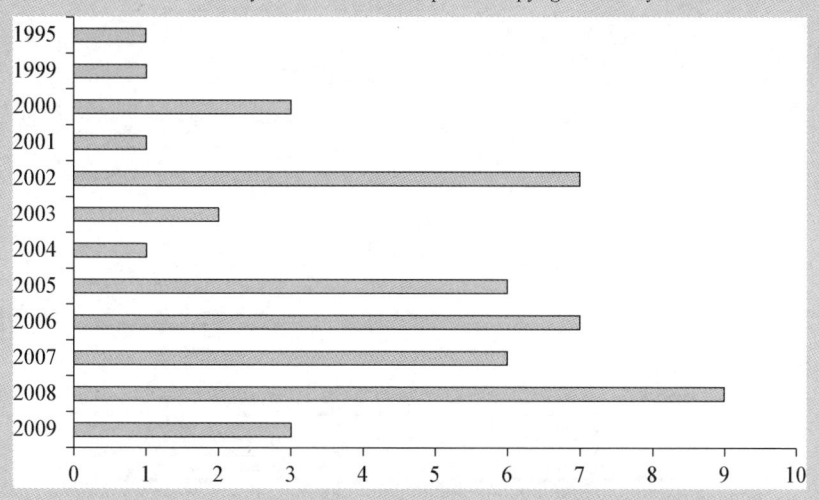

年份	数量
1995	1
1999	1
2000	3
2001	1
2002	7
2003	2
2004	1
2005	6
2006	7
2007	6
2008	9
2009	3

图 11-2 符合弗雷尔斯（Frels，2010）指导标准的文章数量和出版年份（因为从提交到发表以及文章可访问之间的时间差，所以 2009 年的数据是不完整的）

资料来源：Adapted from *The experiences and perceptions of selected mentors: An exploratory study of the dyadic relationship in school-based mentoring*, by R. K. Frels, 2010, unpublished doctoral dissertation, Sam Houston State University, Huntsville, TX, p. 53. Copyright 2010 by R. K. Frels.

如何进行文献回顾

除了引文地图外，文献回顾者还应考虑使用以下一种或多种**呈现方式**(displays)在报告中交流结果：要素图、树状图、摘要记录表、工作表、线性关系图、内容图、分类图、组成特征图、概念图和语义图。与迈尔斯和胡伯曼(Miles & Huberman, 1994)在综合文献回顾进程中的显示一样（请参见第9章），视觉概念图的使用同时提供了一种分析和展示的方法。具体来说，在视觉概念图中，作者会对尽可能多的作品内容进行系统的分析与展示。

案例：创建视觉展示

一张功能地图展示的目的之一是对研究同一主题的研究结果进行比较。工作表以矩阵形式进行视觉展示，并且可以用于在作者之间就同一主题或概念进行比较。通常，工作表本身并不作为最终综合文献回顾报告的一部分，而是用于综合文献回顾过程的分析和综合信息步骤（即步骤6）。如果在步骤3和/或步骤6中已经使用了CAQDAS/CAMMDAS程序，那么为最终报告中的视觉展示而生成工作表是非常简单的。例如，QDA Miner的"编码检索（Coding Retrieval）"选项（在"检索"菜单下）就可以用于生成工作表。图11-3显示了丹汉姆和安伍布

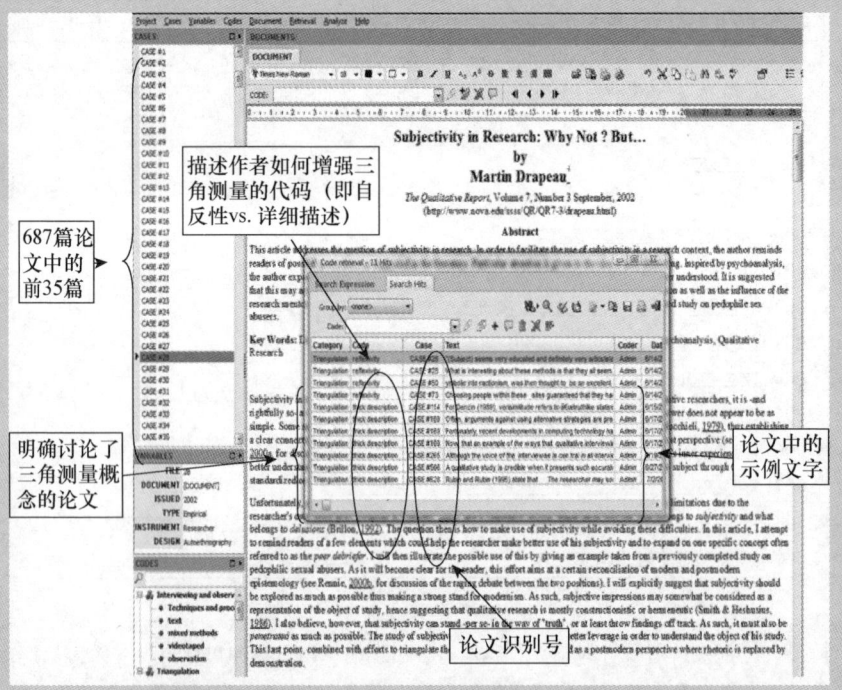

图11-3　丹汉姆和安伍布奇（2013）通过QDA Miner生成的工作表的屏幕截图

第 11 章　步骤 7：呈现综合文献回顾书面报告

奇（Denham & Onwuegbuzie，2013）通过 QDA Miner 生成的工作表的屏幕截图。这些作者分析了 1990—2012 年发表在《定性报告》(*The Qualitative Report*) 上的所有 687 篇论文。工作表中的论文是那些对三角测量的概念进行了明确讨论的论文。然后，作者根据三角测量的增强方式（即自反性 vs. 详细描述）对这些论文进行了编码。

　　总结记录表以矩阵形式显示文献回顾所选书目信息和编码信息（Hart，2005）。与工作表一样，总结记录表通常不作为文献回顾的一部分提供，但可用于识别文献趋势。**关系图**(relationship maps) 明确说明了文献中确定的变量之间的关系。线性关系图是关系图的特殊情况，表示变量之间的线性关系。类似地，**内容图**(content maps) 呈现了按层次排列的潜在主题的内容。**分类图**(taxonomic maps) 说明了如何将一系列元素放入一个通用类别或不同类别中。分类地图可以通过表格或其他图表（如盒图、折线和节点）来显示。

案例：呈现总结记录

　　图 11-4 显示了瓦欧（Wao，2008）研发的关系图。他研究了与获得教育博士学位时间相关的因素，这项研究对导师制具有重要意义。

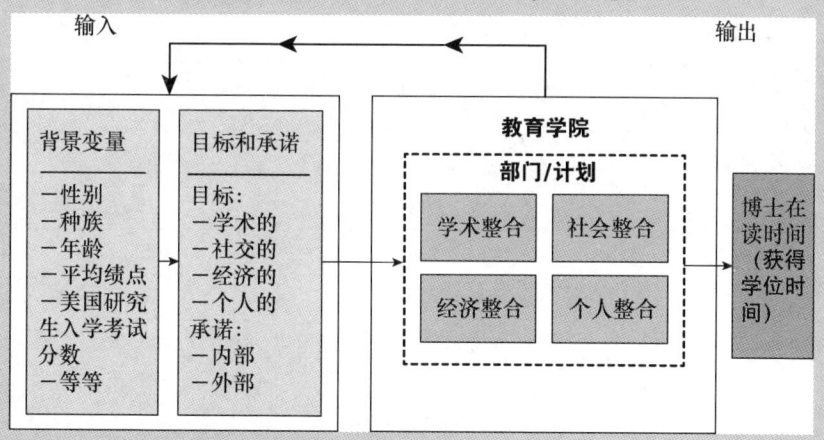

图 11-4　瓦欧（2008）绘制的关系图显示了从文献中识别出的变量，这些变量与博士在读时间相关

资料来源：Adapted from *A mixed methods approach to examining factors related to time to attainment of the doctorate in education*, by H. O. Wao, 2008, unpublished doctoral dissertation, University of South Florida, Tampa, FL, p. 26. Copyright 2008 by H. O. Wao.

案例：运用内容图

表 11-2 呈现了科利尔（Collier, 2013）研发的内容图示例。他研究了一个综合性、多重性、高危行为预防项目对高中生的影响——另一项对导师制有重要影响的研究。相比之下，概念图展现了概念与过程之间的联系。图 11-5 显示了二元导师制研究中对导师制的直接和间接投入（通过对信息来源的分析显示）。

表 11-2 科利尔（2013）提供的部分内容图：当前青少年高危行为的排列顺序和发生率

	高危行为	发生率	研究者/年份
1	饮酒	近 75% 的青少年曾经饮酒 41.8% 的青少年仍在饮酒	NCASACU, 2011 CDC, 2009b
2	酗酒	目前有 24% 的青少年酗酒	CDC, 2009b
3	色情	42%~72.8% 的青少年网民曾看过网络色情作品 20% 的青少年发过色情短信	Sabina, Wolak, & Finkelhor, 2008; Wolak, Mitchell, & Finkelhor, 2007 National Campaign to Prevent Teen and Unplanned Pregnancy, 2008
4	吸食大麻	36.8% 的青少年仍在吸食大麻	
5	毒品	22.6% 的青少年仍在吸毒	NIDA, 2010
6	性交/口交	34.2% 的青少年目前性生活活跃 13.8% 的青少年一生中与四个人或更多的人发生过性关系	CDC, 2009b
7	酒后驾车	28.3% 的青少年曾酒后驾车	CDC, 2009b
8	吸烟	19.5% 的青少年仍在吸烟 46.3% 的青少年曾经尝试过吸烟	CDC, 2009b
9	欺凌 网络霸凌	19.9%~28.1% 发生在学校 11%~13.8% 发生在网络上	CDC, 2009b; NCASACU, 2011 Agatston, Kowalski, & Limber, 2007; Williams & Guerra, 2007

资料来源：Adapted from *Effects of comprehensive, multiple high-risk behaviors prevention program on high school students*, by C. Collier, 2013, unpublished doctoral dissertation, Sam Houston State University, Huntsville, TX, p. 64. Copyright 2010 by C. Collier.

第 11 章　步骤 7：呈现综合文献回顾书面报告

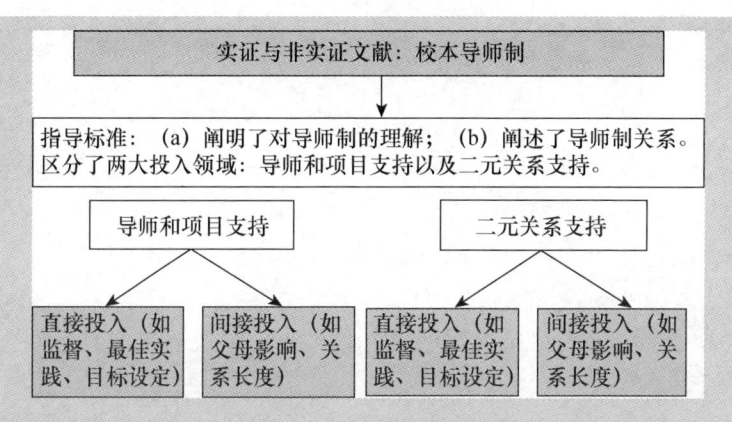

```
           ┌─────────────────────────────┐
           │  实证与非实证文献：校本导师制  │
           └─────────────┬───────────────┘
                         ↓
  ┌──────────────────────────────────────────────────┐
  │ 指导标准：(a) 阐明了对导师制的理解；(b) 阐述了导师制关系。│
  │ 区分了两大投入领域：导师和项目支持以及二元关系支持。      │
  └──────────────────────────────────────────────────┘
           ┌─────────────┐       ┌─────────────┐
           │ 导师和项目支持 │       │  二元关系支持 │
           └──────┬──────┘       └──────┬──────┘
          ┌──────┴──────┐         ┌─────┴──────┐
   ┌──────────┐ ┌──────────┐ ┌──────────┐ ┌──────────┐
   │直接投入(如│ │间接投入(如│ │直接投入(如│ │间接投入(如│
   │监督、最佳实│ │父母影响、关│ │监督、最佳实│ │父母影响、关│
   │践、目标设定)│ │系长度)   │ │践、目标设定)│ │系长度)   │
   └──────────┘ └──────────┘ └──────────┘ └──────────┘
```

图 11-5　由弗雷尔斯（Frels, 2010）研发的概念图，显示了通过文献揭示的对导师制的直接和间接投入

资料来源：Adapted from *The experiences and perceptions of selected mentors: An exploratory study of the dyadic relationship in school-based mentoring*, by R. K. Frels, 2010, unpublished doctoral dissertation, Sam Houston State University, Huntsville, TX, p. 78. Copyright 2010 by R. K. Frels.

案例：运用分类图

我们将安伍布奇和科里根（Onwuegbuzie & Corrigan, 2014）绘制的地图的一部分作为视觉展示，以表示混合研究过程的分类法（可应用于文献回顾）。专栏 11.2 将此视觉展示作为多个参考要点的总结。

最后，**语义图**（semantic maps）被用于读写领域，在综合文献回顾报告中有助于以图形形式表示单词及其语义的逻辑方面。当这些概念表示词语或其他意义相似的符号时，这些图本质上是富含语义的。

案例：运用语义图

图 11-6 提供了一个由弗雷尔斯、安伍布奇和斯莱特（Frels, Onwuegbuzie & Slate, 2010a）研发的语义图示例，用于向读者展示他们对使用适当动词的作家的研究。我们提供了一个语义图的例子，用于在写作过程中选择动词，这样，作为一名文献回顾者，你可能会看到一个有用的示意图并认识到作家的成长之路。

		最弱级	中间级	最强级
代表陈述	显性动词	indicated, mentioned	stated	declared, pronounced
	隐性动词	speculated		assumed
	包含动词	included	characterized	contained, comprised
代表认知	比较动词	compared, contrasted		discriminated
	验证动词	triangulated		confirmed, verified
	解释动词	inferred	realized	concluded
	认知过程动词	thought	believed	noticed
	指称动词	consulted	summarized	expected
	感知动词	无明显等级区分（no obvious hierarchy）		
	命题动词	speculated	hypothesized	established
代表知识	循证/数据驱动动词	noted	observed found	documented, experienced
	程序动词	reviewed	consulted	scrutinized
	视觉动词	无明显等级区分（no obvious hierarchy）		
	直接宾语动词（研究阶段）	sampled		provided
	创造动词	crafted, originated		developed

图 11-6 弗雷尔斯、安伍布奇和斯莱特（2010a）绘制的语义图显示了动词的强度及其语义变化

专栏 11.2

安伍布奇和科里根（2014）在利奇和安伍布奇（Leech & Onwuegbuzie, 2010）的基础上提出的对研究人员进行并报告混合研究的部分指南

步骤和指南
陈述

1. 确定研究目标
1.1 确定哲学假设和立场（如中间实用主义、右翼实用主义、左翼实用主义、反冲突主义、批判现实主义取向、辩证立场、互补优势、变革性解放、a-范式立场、实体理论、实践共同体立场、辩证多元主义、批判辩证多元主义）(Onwuegbuzie, Johnson, & Collins, 2009)
1.2 确定概念立场（a-范式立场、实体理论、互补优势、多范式立场、辩证立场、替代范式）(Teddlie & Tashakkori, 2010)

第 11 章 步骤 7：呈现综合文献回顾书面报告

续表

步骤和指南
陈述

1.3 确定概括目标［即外部（统计）概括、内部（统计）概括、分析概括、案例转换、自然主义概括）（Onwuegbuzie, Slate, Leech, & Collins, 2009］

1.4 将每一篇相关文章视为产生定性（如定性发现、源文章的后续评论、源文章作者的结论）和定量（如 p 值、效应量、样本量评分可靠性、定量结果）信息的数据，这些信息产生混合研究综合（Onwuegbuzie & Frels, 印刷中）

1.5 将每一篇文献作为文献回顾的一部分进行总结、分析、评价和综合（Onwuegbuzie & Frels, 印刷中）

1.6 提供全面的、最新的和严格的文献回顾；经过充分的比较；包含与正在研究的研究问题相关的主要来源，并在所提供的来源与当前研究之间建立明确的联系（Onwuegbuzie & Frels, 印刷中）

1.7 明确提出理论/概念/实践框架（Lester, 2005）

1.8 评估每项研究和新兴综合结果的可信度、可依赖度、可靠性、合法性、有效性、合理性、适用性、一致性、中立性、可信赖性、客观性、可确认性和/或可转移性（参见 Dellinger & Leech, 2007; Leech, Dellinger, Brannagan, & Tanaka, 2010）

1.9 提出研究目标（即预测，填充知识库，产生个人、社会、机构和/或组织影响，衡量变化，理解复杂现象，验证新思想，产生新思想，告知读者，回顾过往）（Newman, Ridenour, Newman, & DeMarco, 2003）

2. 制定研究目标
2.1 详细说明不同研究阶段（定量、定性、混合）的研究目标（即探索、描述、解释、预测和影响）（Johnson & Christensen, 2013）
2.2 详细说明每个目标的基本原理
2.3 清楚地说明这些目标之间的关系

3. 确定研究/混合的基本原理
3.1 详细说明研究的基本原理（Onwuegbuzie & Daniel, 2005）
3.2 详细说明将定性和定量方法相结合的基本原理（即参与者充足、工具保真度、治疗完整性和显著性增强）（Collins, Onwuegbuzie, & Sutton, 2006）

4. 确定研究/混合目的
4.1 明确研究目的（Onwuegbuzie & Daniel, 2005）
4.2 明确将定性和定量方法相结合的目的（例如，确定具有代表性的样本成员、进行成员检查、验证结果测量的单个得分、开发工具项目、确定干预条件下的障碍和/或促进者、评估实施干预措施的真实性及其工作方式、增强不显著的结果、将定量数据的结果与定性数据的结果进行比较）（Collins, Onwuegbuzie, & Sutton, 2006）

资料来源：Adapted from "Guidelines for conducting and reporting mixed research in the field of counseling and beyond," by N. L. Leech and A. J. Onwuegbuzie, 2010, *Journal of Counseling and Development*, 45, pp. 68–69. Copyright 2010 by the American Counseling Association.

十二、建议 12：记录方法论和方法之演进

如第 3 章所述，术语"方法论（methodology）"和"方法（method）"有很大不同。方法论代表一种广泛的科学研究方法，对某些类型的研究设计、抽样逻辑、分析策略等具有普遍偏好；而方法则代表研究设计、抽样、数据收集、数据分析、数据解释等的具体策略和程序。对于历史悠久的建构体，文献回顾者必须记录、研究它们的方法论和方法的演进。关于方法论，文献回顾者应考虑审查选定的实证研究，以确定使用定量、定性和混合研究方法的趋势。例如，如果文献回顾者发现了一种方法的优势，却打算使用另一种方法来进行他/她的主要研究，那么这将为他/她选择研究方法提供另一个强有力的理由。

> **案例：编写搜索条件的基本原理**
>
> 表 11-3 显示了二元导师制研究文献回顾部分的部分功能图，其中大多数研究使用定量研究方法；然而，这项研究却是一项定性研究，因此这就为研究增添了额外的有力理由，如下所示：
>
> > 在符合我的文献回顾标准和准则的 23 篇（仅实证）文章中，18 篇文章使用定量研究，只有较少的文章使用定性研究。因此，似乎普遍缺乏对导师制计划的定性研究，特别是关于导师的角色和指导方法方面的研究（Rhodes, 2005）。此外，从文献回顾中可以清楚地看到，还需要更多的研究来了解导师在角色和指导方法上的二元关系经验，以及可能包括与学生的斗争和挑战在内的亲密交流。（Frels, 2010, p.100）
>
> 除了跨研究传统进行比较之外，文献回顾者还应该在研究传统内部进行比较。例如，文献回顾者可以在研究中比较以下要素：抽样方案［如随机抽样 vs. 立意抽样（purposive sampling）］、样本量、参与者特征（如性别构成、民族构成）、使用的工具（如定量研究——标准化测试与教师制测试；定性研究——访谈与观察）、研究设计［如定量研究——实验研究设计 vs. 非实验研究设计（如相关性研究、行动研究）；定性研究——现象学研究设计 vs. 民族志研究］、程序（如研究时长）。这与我们在第 3 章中所做的陈述一致，即对于实证研究，综合文献回顾应适用于一份主要研究报告的所有 12 个组成部分，包括参与者、工具、程序和分析。在此过程中，文献回顾者应该使用一些质量框架，比如利奇等人（Leech et al., 2010）的验证框架、安伍布奇（Onwuegbuzie, 2003b）的定量合法性模型、安伍布奇和利奇（Onwuegbuzie & Leech, 2007b）的定性合法性模型、安伍布奇和约翰逊（Onwuegbuzie & Johnson, 2006）的混合合法性类型学。这样的比较将有助于文献回顾者从文献中找出研究者使用的最佳研究实践及最差研究实践，并避免重蹈我们在第 3 章中描述的那些使用教师效能感量表的研究者们的覆辙（Gibson & Dembo, 1984）。

第 11 章　步骤 7：呈现综合文献回顾书面报告

表 11-3　二元导师制研究中呈现的部分功能图，显示了关于导师制实践的经验研究及其贡献

研究人员	投入或评价要素	方法论范式	结果/对导师制实践的贡献
Buell（2004）	探索性研究	定性研究	基于导师角色与权力/支持大小的概念，出现了四种导师制模式。
Cavell, Elledge, Malcolm, Faith, & Hughes（2009）	会面频率	定量研究	记录了 2 年内好斗儿童外化行为问题的结果。与短期计划相比，使用更频繁的导师制计划会产生更强的支持关系。
Converse & Lignugaris/Kraft（2009）	持续时间	定量研究	联系和效益只有在指导关系存在时才能持续。与消极看待导师制的导师相比，积极看待导师制的导师接触的办公室推荐的学生更少。
Dappen & Isernhagen（2006）	统计描述	定量研究	重要性和"信任"被认为是衡量指导关系质量的重要因素。在城市人口中招募和留住导师是困难的。

资料来源：Adapted from *The experiences and perceptions of selected mentors: An exploratory study of the dyadic relationship in school-based mentoring*, by R. K. Frels, 2010, unpublished doctoral dissertation, Sam Houston State University, Huntsville, TX, p. 72. Copyright 2010 by R. K. Frels.

十三、建议 13：引用任何元分析、元综合和元总结结果

如第 9 章所述，文献回顾者应该经常检索以确定是否存在关于某个主题的元分析、元综合和/或元总结研究。如果进行了适当的元分析研究，那么文献回顾者的工作将更为轻松。如果不存在元分析/元综合/元总结研究，那么文献回顾者应该考虑进行此类研究［即模式（MODES）中的二手数据部分；参见第 8 章］，即便该研究仅涉及有限的文献样本。如专栏 11.3 所示，引用元分析研究产生定量结果的例子可以从二元导师制研究（Frels，2010，p.89）中获得。由于弗雷尔斯只找到了五项关于导师制计划的定性研究，因此她无法找到在该领域进行的任何元综合或元总结研究也就不足为奇了。

案例：引用一项元综合研究

专栏 11.4 给出了引用一项元综合研究的例子，该研究产生了皮斯（Pease，2013，pp.10-11）提出的定性结果。最后，专栏 11.5 给出了引用希基（Hickey，2010，p.37）讨论的元总结研究的例子。

> **专栏 11.3**
>
> ### 引用一项元分析研究的例子，该研究产生了弗雷尔斯
> ### （2010，p. 89）提出的定量结果
>
> 迪布瓦、霍洛威等人（DuBois & Holloway et al.，2002）通过对 55 项关于导师制计划对青年的影响的评价进行元分析，确定了方案有效性的调节者。他们的发现提供了证据表明，在 9 个独立的样本中，从 $d=0.15$ 到 $d=0.45$ 的范围内，只有小到中等的效应量。因此，他们确定了提高预期效果以使学生更多获益的具体计划特征，包括：(a) 监督计划；(b) 为导师提供持续培训；(c) 家长参与；(d) 组织活动；(e) 澄清对出勤的期望。

> **专栏 11.4**
>
> ### 引用一项元综合研究的例子，该研究产生了皮斯
> ### （2013，pp. 10-11）提出的定性结果
>
> 为了更全面地了解女性产后抑郁症（postpartum depression, PPD）的心理社会特征，贝克（Beck，2002）对 18 项关于女性产后抑郁症的定性研究结果进行了元综合。元综合是一种考虑"从定性研究结果的整合或比较中产生理论、宏大叙述、概括或解释性翻译"的方法（Sandelowski, Docherty, & Emden, 1997, p. 366）。这些在加拿大、美国、英国和澳大利亚进行的研究，包括了 309 名母亲的数据，这些成果发表于 1990 年至 1999 年间。这一元综合揭示了女性经历产后抑郁症的四个主要方面，即"(a) 母亲身份的期望与现实之间的不一致、(b) 螺旋式下降、(c) 普遍丧失和 (d) 有所收获"（Beck，2002, p. 3）。

> **专栏 11.5**
>
> ### 引用希基（2010，p. 37）讨论的元总结研究的例子
>
> 奥康娜（O'Connor，2006）对学生感知文献的元总结确定了以下主题：对伤害患者的恐惧、帮助他人的愿望、整合理论和临床实践的需要，以及掌握心理运动技能的愿望。学生们还报告说，在遇到更复杂的患者情况之前，需要集中精力掌握技能。据报告，临床环境使他们不仅能够学习和实践心理运动技能，而且能够学习和实践沟通、时间管理和组织技能，这一点更为重要（Hartigan-Rogers et al.，2007）。

十四、建议 14：引用可靠性综合结果

可靠性综合研究［reliability generalization（RG）studies］包括探索测量误差的方差对各研究的得分可靠性的影响（Vacha-Haase & Thompson, 2000）。虽然信息量很大，但由于非常费时，因此可靠性综合研究很少。所以，当发现这些研究结果时，应在文献回顾中加以呈现。

案例：提供可靠性综合

专栏 11.6 提供了引用一项可靠性综合研究的例子，该研究由安伍布奇、罗伯茨和丹尼尔（Onwuegbuzie, Roberts, & Daniel, 2005, p.230）提出。

专栏 11.6

引用一项由安伍布奇、罗伯茨和丹尼尔（2005, p.230）提出的可靠性综合研究的例子

瓦切-哈斯、亨森和卡鲁索（Vacha-Haase, Henson, & Caruso, 2002）在 2002 年的一项研究中总结了对各种文章和期刊进行的大量可靠性综合分析，报告指出："在大多数实证研究中，作者没有报告自己得分的可靠性（$M=75.6\%$，$SD=17.0\%$），甚至根本没有提到可靠性（$M=56.3\%$，$SD=18.4\%$）。"（p.563）因此，许多研究人员无法确定测量误差在多大程度上影响了他们研究中的观察结果。

十五、建议 15：引用有效性元分析结果和合法性元综合结果

一项**有效性元分析**（validity meta-analysis）涉及文献回顾者进行一项研究，以确定定量结果的内部和外部有效性面临的最普遍威胁。类似地，一项**合法性元综合**（legitimation meta-synthesis）需要文献回顾者进行一项研究，以确定定性结果的内部和外部可信度面临的最普遍威胁。这两项由文献回顾者进行的研究均与模式（MODES）中的二手数据部分一致（请参见第 8 章）。

案例：引用有效性元分析研究

专栏 11.7 提供了引用一项由安伍布奇（2000c, pp.7-8）提出的有效性元分析研究的例子。

> **专栏 11.7**
>
> **引用一项由安伍布奇（2000c，pp. 7-8）提出的**
> **有效性元分析研究的例子**
>
> 一旦关于竞争性假设的讨论在文献回顾中变得司空见惯，有效性元分析就可以用来确定对给定研究假设的内部和外部有效性最普遍的威胁（Onwuegbuzie，2000a）。这些有效性元分析将为传统的元分析提供有效的补充。事实上，有效性元分析可能会导致对重复研究中确定对内部或外部有效性造成特定威胁的场合所占百分比的主题（thematic）效应量进行计算（Onwuegbuzie，2000b）。例如，结合传统元分析和有效性元分析的叙述可以采取以下形式：
>
> > 在所有研究中，接受 A 治疗的学生在标准化成绩测试中的平均成绩比接受 B 治疗的学生高出标准差的近三分之二 [Cohen's（1988），均值 $d=0.65$]。这是一个很大的影响。然而，这些发现受到以下事实的影响：在这些研究中，有几个相互对立的假设。具体来说，在这些研究中，统计回归（statistical regression）是最常见的对内部有效性的威胁（效应量＝33%），其次是死亡率（mortality，效应量＝22%）。在外部有效性方面，总体效度（population validity）是最常被提及的威胁（效应量＝42%），其次是反应性安排（reactive arrangements，效应量＝15%）。
>
> 这种有效性元分析将有助于进一步强化外部复制的重要性，这就是科学的本质（Onwuegbuzie & Daniel，1999；Thompson，1994）。
>
> 资料来源：Adapted from *Revisioning rival hypotheses for the 21st century: Collaborative design of a web-based tool for learning about the validity of empirical studies*, by A. J. Onwuegbuzie, 2000c, unpublished manuscript, Sam Houston State University, Huntsville, TX, pp. 7-8. Copyright 2010 by A. J. Onwuegbuzie.

11.5 保持组织性

在步骤 7 的撰写阶段，组织是防止你被许多需要对包含在报告中的重要流程和写作环节做出的决策压垮的关键。因此，作为一名道德的（和系统的）文献回顾者，使用审核清单可以建构起创建综合文献回顾报告所需的组织。

第 11 章 步骤 7：呈现综合文献回顾书面报告

> **应用概念**
>
> 到目前为止，在本章中我们简要介绍了技术性写作技巧、文献回顾者在写作中常犯的错误，以及一些有助于文献回顾者在撰写综合文献回顾报告之前做出决定的建议。

工具：写作建议一览表

我们在表 11-4 中以列表形式总结了上述决定和建议，作为初稿撰写过程的审核要点。

表 11-4 撰写初稿时所做决定汇总表

序号	初稿撰写阶段建议
1	运用 V 形法来撰写综合文献回顾报告
2	指定用于综合文献回顾的数据库和点击率
3	指定用于分析综合文献回顾报告中显示信息的分析方法
4	比较本构定义和操作化定义
5	区别著名文献和一般文献
6	提供一条主题时间线
7	在提供时间线时，应尽可能具体
8	记录作者思想之演进
9	引用异议作品
10	推荐读者阅读其他未详细讨论的文献
11	提供一个或多个引文地图
12	记录研究基本结构的方法论和方法之演进
13	引用任何元分析、元综合和元总结结果
14	引用可靠性综合结果
15	引用有效性元分析结果和合法性元综合结果

11.6 寻找写作流程

除了以上所列的项目外，你还应考虑特定的交流方式，以及 AVOW 和任何可能的有创意的报告发布渠道。请考虑一下你阅读的一些文献的作者的写作风格。在很大程度上，如果坚持技术性写作，那么写作风格应该是有组织的、简洁的和目标明确的。然而，作为一名读者，你可能会因研究人员深邃的思想和写作技巧而更喜欢一篇或多篇论文。

小说作家高度重视"**作者声音**(writer's voice)"这一概念，这涉及一位作家传达信息的方式：用独特的情感和特别的见解来组合文字，从而丰富作者定位(Maass, 2004)。书面报告是基于方法论的信息综合，包括特定的修辞，即所使用的语言；既强调作为复杂实体的个体，也强调作为一般人的个体；以及用来说服读者的发现/证据、解释、想法、概念、理论等可以信任的词语（Chilisa & Kawulich, 2010）。

工具：有趣的写作要考虑的要点

柯比和莱能（Kirby & Liner, 1988）制定了10条识别修辞和作者声音的工作标准，我们将其与表11-5中的综合文献回顾报告联系起来。该表突显了形成有趣且技术熟练的写作技能特征的重要性。

表11-5 根据柯比和莱能（1988）改编的有趣且技术熟练的写作技能特征

使写作有趣		
声音	使写作可信	创建作者印记
动作	创造一种秩序感	推动读者前进
信息性	揭示重要信息	增加读者体验
有创造力	以一种新方式呈现新的或旧的事物	是一次独特的经历
使写作技术熟练		
观众意识	预测读者需求	用有意义的解释赞美读者
细节	具体的、精挑细选的词语	建构一个真实的形象
节奏	听起来毫不费力的话	允许读者寻找模式
形式	语言的组织方式	单词部分如何显示在页面上
结构	拼写、标点、用法的惯例	对写作规则的知情控制

11.7 初稿审核阶段

一旦文献回顾者完成了综合文献回顾报告的第一份完整初稿，他/她就准备好了进入**写作的审核阶段**（audit phase of writing），这是一个仔细的、系统的检查过程。每次审核都有助于文献回顾者确定需要修改和/或返工的部分。在执行此操作时，记住以下事实将很有帮助，即任何作者，无论经验多么丰富，都不可

第 11 章　步骤 7：呈现综合文献回顾书面报告

能将初稿作为她/他的最终稿！对初稿的误解发生在许多本科生和研究生身上，当他们收到（大量的）关于他们的文献回顾初稿的反馈和编辑建议时，他们会变得灰心丧气。文献回顾者的目标是最大限度地提高叙述的清晰度、结构性、连贯性和准确性。在理想情况下，文献回顾者应在完成初稿与审核初稿之间至少空出 2 天或 3 天的时间。这将为作者**充分酝酿**（incubation）留出时间。

通过在修改或返工每份草稿之前留出足够的时间，文献回顾者可以尽可能地消除初稿形成的心理印象，并能够从新的角度进行审核。为此，在审核第一稿和以后的每一稿时，文献回顾者可能会涉及多个审核项目。下文列出了这些审核项目，以便你将其作为写作指南和审核初稿的检查清单。在列出每个审核项目后，我们还将提供一个简短说明，以指导你确定是否已完全解决了这一问题。接下来，为了帮助你在报告中应用七步骤模型中的某些概念，我们将概述一些可能对每次审核有用的工具。

《美国心理协会写作手册（第 6 版）》的作者们在第二章开头提供了清晰、简明的具体写作方法，并指出"健全的组织结构是清晰、准确和逻辑沟通的关键"（APA，2010，p. 62），最好通过使用多级标题（leveled headings）来实现。他们建议一章中不能只有一个小节标题和小节，而应该像一个组织健全的大纲。除了组织性要素外，**思想的连续性**（continuity of ideas）指的是使用标点符号来提示读者"在讲话中通常听到的那些停顿、语调、从属和节奏"（APA，2010，p. 65）。

在语气方面，《美国心理协会写作手册（第 6 版）》的作者们认识到，技术性写作虽然与文学写作有很大的不同，但它也不应该缺乏风格或枯燥乏味。相反，你的写作应该以一种有趣的、令人信服的方式和语气来表达你的观点，以便报告反映出你的立场和对问题的参与。其他保持准确性和清晰度的写作要素还包括避免：

- **口语化表达**（colloquial expression），这是一种语言交流方式，不同的读者对此有不同的理解（例如，用"put up with"取代"tolerated"）。
- **行业术语**（jargon），即用一个委婉的短语来代替一个熟悉的词语（例如，用"taking care of one's body"取代"physical wellness"）。
- **归因偏差**（attribution error），这是一种作者可能为了让表述看起来客观而将行为不当归因的方式。归因偏差包括使用拟人化或将人的特征归因于无生命的来源，例如，用"the mentoring program recommended that mentors increased time at the school"取代"mentoring program coordinators recommended time increases"。

另一个常见的归因偏差是《美国心理协会写作手册（第 6 版）》的作者们所说的滥用"**社论我们**"（editorial we）或广泛使用代词以包罗万象（例如，"在导师制领域，我们努力建立牢固的联系"）。在这一章和这本书中，我们（安伍布奇和弗雷尔斯）经常恰当地使用这个代词，这意味着我们两人是共同研究者、共同作者或共同编辑。除了考虑综合文献回顾报告的更多风格和组织因素外，还要考虑所呈现报告的总体质量或者影响你展现你的工作成果的细节。这些细节包括你选择的字体、页面标题，以及对文字处理程序拼写检查功能的使用。

11.8 审核要点清单和建议

在本章开始时，我们将写作过程解释为具有反思性和评价性的过程。接下来，我们讨论了一些书写体例指南中描述的常见错误。这里我们列出了审核要点清单，以便你使用系统流程来审核你的第一稿和后续草稿。尽管这些审核要点的编号是从1到18，但它们不是线性的，而是递归的，其中大多数审核要点（如果不是全部的话）在初稿审核阶段会根据需要多次重复涉及。此外，这些审核要点并不详尽，而且不存在某一个审核要点比另一个更为重要的问题。实际上，我们希望此清单会随着你添加自己的项目而不断扩展。在这些审核要点中，我们提供了一些其他工具和示例来促进审核过程。

一、审核要点1：将初稿与初稿撰写前的大纲进行比较

在第10章中，我们建议在撰写综合文献回顾报告的初稿之前，文献回顾者应编制一个大纲。假设现在一个大纲已经编制完成，文献回顾者应该将初稿与大纲进行比较，以确保大纲中的论证路径已经完全实现。

二、审核要点2：提供足够数量的标题和小标题

如前所述，综合文献回顾报告的标题应代表选定文献的分析和综合所产生的主题，或受其启发（参见第9章），而小标题应代表符合这些一般标题的代码，或受其启发。一般来说，综合文献回顾报告越长，需要的标题/小标题就越多。通过将综合文献回顾报告划分为主要部分（即通过包含更多整体信息的标题），并将这些部分细分为小节（即通过包含更多具体信息的小标题），每个标题/小标题的建构方式应能帮助读者相对快速地定位信息，以及有助于减少认知负担。此外，标题和小标题不仅可以帮助读者预览其中所包含的讨论主题和目的，而且可以勾勒出讨论的结构和范围。更重要的是，标题/小标题应该通过创建信息层次结构来帮助读者遵循论证路径。因此，在撰写初稿后，文献回顾者应该评估标题和小标题的数量和质量。此外，我们建议所有部分至少包含两至三个自然段，因为拥有标题的一个部分一般不太适合只有一个自然段。

三、审核要点3：确保研究结果与其他信息有所区别

综合文献回顾报告包含一系列信息，比如观点、概念、理论、发现、对信息

第 11 章　步骤 7：呈现综合文献回顾书面报告

源作者的解释等等。其中，研究结果是支持或反驳文献回顾者论证逻辑的**最佳证据**(best evidence)。因此，文献回顾者应该清楚地区分研究结果和其他类型的信息。实现这一区分的最有效方法之一是认真选择动词。根据我们担任期刊编辑和客座编辑以及众多期刊的审稿人和编辑委员会成员的经验，我们发现许多作者在其文献回顾中使用了不合适的动词。特别是，我们注意到许多作者过度使用了动词"发现(found)"。例如，在对 2003—2008 年在期刊《阅读研究季刊》(Reading Research Quarterly)($n=21$) 和《读写能力研究杂志》(Journal of Literacy Research)($n=12$) 上发表的所有混合研究文章的回顾中，安伍布奇和弗雷尔斯(Onwuegbuzie & Frels, 2010)报告说，这些文章的作者平均使用了"发现"这个词 13 次以上。而且，经过进一步研究，这两位学者注意到，许多作者在讨论诸如理论等非实证发现时至少使用过一次动词"发现"。这导致弗雷尔斯等人(Frels et al., 2010a)开发了一个框架来帮助作者恰当地选择动词。这些学者提供了几种显示动词类型的可视化表示形式。

工具：选择合适的动词

为了帮助作者找到适合情境含义的动词，弗雷尔斯等人对代表陈述的动词进行了分类——显性、隐性或包含动词。表 11-6 展示了这个列表。

表 11-6　学术写作中表示陈述的动词类型

显性动词		隐性动词	包含动词
remarked	stated	speculated	comprised
noted	defined	assumed	consisted of
commented	indicated	explained	contained
mentioned	ascertained	argued	included
documented	bracketed	associated	characterized
affirmed	outlined	reinforced	categorized
pronounced	advised	suggested	labeled
asserted	cautioned	interpreted	
declared	admonished	implied	
reported	delineated		
discussed	operationalized		
addressed			
summed			
acquiesced			
conceded			

注：本图中的动词绝非详尽无遗。

资料来源：Adapted from "Editorial: A typology of verbs for scholarly writing," by R. K. Frels, A. J. Onwuegbuzie, and J. R. Slate, 2010a, *Research in the Schools*, 17 (1), p. xxv. Copyright 2010 by Mid-South Educational Research Association.

如何进行文献回顾

为了进一步帮助你选择动词,图 11-7 呈现了表示认知的动词,即比较动词、验证动词、解释动词、认知过程动词、参考动词、感知动词和命题动词。在这幅图中,我们指出了可用于以下目的的动词类别:比较作者或作品,描述,描述解释,描述发现/证据,讨论观点、概念、理论等。

| 用于比较作者或作品的动词 | 用于描述的动词 | 用于描述解释的动词 | 用于描述发现/证据的动词 | 用于讨论观点、概念、理论等的动词 |

比较动词	验证动词	解释动词	认知过程动词	参考动词	感知动词	命题动词
distinguished	established	inferred	believed	consulted	engendered	posed
compared	corroborated	learned	thought	attested	perceived	instituted
contrasted	verified	concluded	identified	decided	felt	established
differentiated	confirmed	ascertained	recognized	summarized	alluded	maintained
discriminated	established	investigated	discerned	synthesized		formalized
triangulated	attested	realized	scrutinized	expected		established
represented	designated	distinguished	realized	represented		hypothesized
agreed	required	interpreted	noticed	necessitate		reviewed
acquiesced		determined				surmised
		deduced				speculated
		surmised				conjectured
		realized				posited
		represented				put forward
		factored				associated
		grouped				nominated
		clustered				postulated
		subdivided				construed
		contended				proposed
		unraveled				provided
						initiated
						guided
						theorized

图 11-7 学术写作中表示认知的动词类型

注:本图中的动词绝非详尽无遗。
资料来源:Adapted from "Editorial: A typology of verbs for scholarly writing," by R. K. Frels, A. J. Onwuegbuzie, and J. R. Slate, 2010, *Research in the Schools*, 17 (1), p. xxvi. Copyright 2010 by Mid-South Educational Research Association.

表 11-7 描述了表示知识或行为的动词,即基于证据/数据驱动的动词、程序动词、视觉动词、直接宾语动词和创造动词,以及实证研究报告的四个主要部分和可相应使用的主要和次要动词类型的例子。最后,为了帮助你确定学术用语

第 11 章 步骤 7：呈现综合文献回顾书面报告

中哪些动词可能更适合报告的特定部分，表 11-8 列出了按报告各部分排序的动词。在撰写综合文献回顾报告时，文献回顾者特别感兴趣的是归入引言/文献回顾部分的动词。

我们希望你在看完这些特定的列表之后，努力避免在描述作者的命题（如理论、概念）时使用基于证据/数据驱动的动词"发现"——就像某些作者曾经误用的那样。在对你的初稿进行返工时，请考虑清楚写作的重要性并在每种情况下选择最合适的动词。

表 11-7　学术写作中表示知识或行为的动词类型

基于证据/数据驱动的动词	程序动词	视觉动词	直接宾语动词	创造动词
found	analyzed	displayed	gathered	crafted
embarked	examined	graphed	collected	originated
encountered	performed	illustrated	composed	generated
noted	conducted	presented	sampled	synthesized
revealed	undertook	mapped	randomized	engendered
detected	consulted	depicted	chose	stimulated
tested	scrutinized	represented	selected	instituted
discovered	consented		elected	constituted
traced	originated		developed	theorized
observed	composed		contrived	established
documented	produced		modeled	developed
experienced	conceptualized		provided	maintained
uncovered	consulted		procured	devised
extracted	reviewed		preferred	invented
	evaluated		adopted	
	contrived			
	investigated			

注：本表中的动词绝非详尽无遗。

资料来源：Adapted from "Editorial：A typology of verbs for scholarly writing," by R. K. Frels, A. J. Onwuegbuzie, and J. R. Slate, 2010, *Research in the Schools*, 17（1），p. xxvii. Copyright 2010 by Mid-South Educational Research Association.

表 11-8　学术用语中动词（主要和次要）的分类用法示例

论文中的部分	动词类型
引言/文献回顾部分	表示陈述的动词
	显性动词（主要）
	隐性动词（主要）

续表

论文中的部分	动词类型
	包含动词（次要） 表示认知的动词 命题动词（次要） 参考动词（主要） 认知过程动词（次要）
方法部分	表示知识或行为的动词 创造动词（主要） 程序动词（主要） 直接宾语动词（主要） 视觉动词（次要） 表示认知的动词 比较动词（次要）
结果部分	表示知识或行为的动词 基于证据/数据驱动的动词（主要） 程序动词（主要） 视觉动词（次要） 直接宾语动词（次要） 表示认知的动词 感知动词（主要） 验证动词（主要） 比较动词（次要）
讨论部分	表示认知的动词 命题动词（次要） 解释动词（主要） 参考动词（主要） 认知过程动词（次要）

资料来源：Adapted from "Editorial: A typology of verbs for scholarly writing," by R. K. Frels, A. J. Onwuegbuzie, and J. R. Slate, 2010, *Research in the Schools*, 17 (1), p. xxix. Copyright 2010 by Mid-South Educational Research Association.

四、审核要点 4：确保区分文献回顾者的声音/立场与每位作者的声音/立场

如前所述，综合文献回顾报告提供了一条论证的路径。与我们在这里的断言一致，在第 1 章中，作为我们微观定义的一部分，我们表示综合文献回顾是对所选主题的相关已发表和/或未发表信息进行解释的逻辑论据。也就是说，文献回顾者不能在综合文献回顾中保持完全中立的地位；相反，他们的伦理和文化视角

第 11 章 步骤 7：呈现综合文献回顾书面报告

充当了一个双向过滤器，由他们的综合文献回顾形塑并反过来塑造了综合文献回顾。因此，尽管综合文献回顾代表了对源作者的观点、概念、理论、发现和解释之间关系的总结、分析、评价和综合，但这些要素还是得通过文献回顾者的声音来实现统一，这反映了文献回顾者做出的一系列决定，如哪些信息被包含或删除，以及哪些信息被强化或批评。简而言之，所有综合文献回顾报告都包含文献回顾者的声音和被选（即被引用/被参考）文献作者的声音的组合，并且文献回顾者必须将每位被选文献作者的声音/立场与自己的声音/立场区分开来。

工具：区分声音

例如，"根据沃森（Watson，2014）的说法，这一理论对导师有影响"这样的陈述是非叙实的，因为通过如上陈述，文献回顾者并未对源作者的结论发表意见。相反，"正如沃森（Watson，2014）所言，这一理论对导师有影响"这样的陈述则是叙实的，这意味着文献回顾者预先假定源作者是正确的。因此，第一条陈述代表源作者的立场，而第二条陈述则反映了文献回顾者的立场。专栏 11.8 呈现了表示源作者立场和文献回顾者立场的陈述示例以及其他示例。

专栏 11.8

表示源作者立场和文献回顾者立场的陈述示例

报告文献作者的立场

积极的（文献作者表示肯定的反应）——被选的动词：*agreed, accepted, emphasized, noted, pointed out, believed, supported, endorsed, subscribed to*

示例：

- Benge (2013) agreed that this theory best explained the phenomenon
- Borg (2010) accepted this explanation
- Kohler (2012) endorsed this claim
- Collier (2011) subscribed to this theor

消极的（文献作者表示否定的反应）——被选的动词：*disagreed, questioned, criticized, refuted, dismissed, disputed, opposed, rejected*

示例：

- Benge (2013) disagreed that this theory best explained the phenomenon
- Borg (2010) criticized this explanation

- Kohler (2012) refuted this claim
- Collier (2011) rejected this theory

报告文献回顾者的立场

叙实的（文献回顾者假定作者是正确的）——被选的动词：$acknowledged$, $recognized$, $demonstrated$, $shed\ light\ on$, $identified$

示例：

- Benge (2013) acknowledged that this theory best explained the phenomenon
- Borg (2010) recognized this explanation
- Kohler (2012) demonstrated that this claim was warranted
- Collier (2011) shed light on this theory
- As stated by Watson (2014), this theory has implications for mentors

反叙实的（文献回顾者假定作者是不正确的）——被选的动词：$disregarded$, $misunderstood$, $confused$, $ignored$, $misrepresented$

示例：

- Benge (2013) disregarded the fact that this theory best explained the phenomenon
- Borg (2010) misunderstood this explanation
- Kohler (2012) ignored this claim
- Collier (2011) misrepresented this theory

非叙实的（文献回顾者对作者的信息不发表意见）——被选的动词：$regarded$, $advanced$, $discussed$, $posited$, $believed$, $proposed$, $theorized$, $used$

示例：

- Benge (2013) regarded this theory as the best explanation of the phenomenon
- Borg (2010) advanced this explanation
- Kohler (2012) discussed this claim
- Collier (2011) used this theory
- According to Watson (2014), this theory has implications for mentors

根据所涉及的领域以及与该领域相关的体例指南，文献回顾者可以通过使用人称代词来清晰表达自己的声音。这样做可以非常有效地展示**论证的逻辑**(logic of argumentation)。

案例：代词的恰当使用

以下引用的二元导师制研究提供了一个使用人称代词 my 的例子：

> 通常，术语"模型(model)"与术语"程序(program)"是同义的。确实，程序和模型都包括指导实践以促进被指导学生的预期成果。因此，在下面的章节中对于这两个术语的"我的(my)"使用，反映了整个文献中不一致的用法。(Frels, 2010, p. 81)

然而，应该注意的是，在提交盲审以考虑在同行评议的来源（如期刊）上发表的论文中，人称代词绝不应带有自引用［例如，本理论代表了我先前理论的延伸（Jones, 2010）］，因为这泄露了包含综合文献回顾报告的论文作者身份。事实上，正如《美国心理协会写作手册（第6版）》(APA, 2010) 的作者们所指出的，"在盲审中，论文作者的身份对于审稿人是保密的……作者有责任在接受盲审的论文中隐去自己的身份"(p. 226)。此外，在美国教育研究协会旗舰期刊《教育研究者》(*Educational Research*) 的"稿件提交(*Manuscript Submission*)"指南里题为"盲审"的部分中（请参见 https://us.sagepub.com/en-us/nam/educational-researcher/journal 201856#submission-guidelines），有以下声明：

> 文本中那些能够识别出（原文中）作者的参考资料应该从论文送审稿中删除（例如，"我以前的作品"的引文，特别是在附有自我引用的情况下；作者自己的作品在参考文献中占据多数）。这些信息可以在盲审通过后在最终文稿中重新加入［着重强调］。(p. 18)

也就是说，一旦稿件被接受发表并且盲审过程也已完成，文献回顾者就可以加入或删除任何伴随人称代词的自引用。另一种使作者（即文献回顾者）的声音清晰的方法是使用形容词或副词。例如，以下要素可以清楚地表明文献回顾者同意或不同意观点、概念、理论、发现或解释的程度。强调文献回顾者对源作者陈述的承诺并分别表示赞同和不赞同的形容词的例子包括"Mallette (2003) 的普及理论［Mallette's (2003) popularized theory］……"和"Peterson 的无效理论（Peterson's defunct theory）……"，副词的例子包括以确定无疑或令人惊讶的(undoubtedly or surprisingly) 等单词开头的句子。

综合文献回顾报告结尾处的总结也可以澄清作者（即文献回顾者）的声音，并使用限定短语（如"该理论具有逻辑吸引力"）、单词（如"承诺"）和章节结尾处的句子来强调陈述。根据总结的长度，它可以使用包含"总结"一词的适当标题/小标题出现在单独的部分中，可以在章节的最后一段中添加简短的总结或嵌入该章节的最后一段中，但前提是这样做不会使本段太过冗长。当总结被附加或嵌入时，作者（即文献回顾者）应该提供一个介绍性短语，如"总之……"。

工具：审核声明汇总表

表11-9总结了作者（即文献回顾者）的声音与被引作者的声音之间的关系如何随引文模式的变化而变化。从这个表中可以看到，左列提供了一个声明的示例，这些声明可以根据引文模式而被归类为观察声明或解释声明。实际上，本表中的引文模式代表了作者（即文献回顾者）在其文献回顾报告中使用的最常见的引文模式。中间两列分别根据作者（即文献回顾者）的声音和被引作者的声音的作用提供了每种引文模式的结果。最后一列指定了由谁（在文献回顾者和被引作者之间）对提出的声明负责。

从这张表可以看出，在第1行中，由于作者（即文献回顾者）没有对所做的声明提供任何引证，因此文献回顾者对所做的声明负全部责任，而且被引作者的声音（被引作者在其作品中实际上提出了这一声明，但未被文献回顾者引证）根本不存在。在第2行中，文献回顾者提出了一个叙实的声明，并且通过在声明末尾提供引文，文献回顾者对这一声明承担主要责任，尽管该声明是由文献回顾者和被引作者共享的。雷德利（Ridley, 2012）将句子结构外括号中作者姓名的引用（如第2行所述）称为非整体引用（non-integral reference）(p.124)。正如雷德利（2012）所述——是的，我们（即弗雷尔斯和安伍布奇）在这里使用了事实陈述！——使用一个非整体引用代表了一种强调观点、概念、理论、发现或解释的方式，而非强调提出了声明并因此被引用的原文作者。也就是说，"源信息，而非被引作者被置于前台"(Ridley, 2012, p.127)。相反，当被引作者在所提出的声明中具有某种功能时，例如当作为声明的主体（如表11-9中的第4行和第6行所示）或作为被动句中动词的主体（如表11-9中的第5行所示）时，作者（即文献回顾者）就需要使用整体引用（integral reference）。在使用整体引用时，文献回顾者通常会决定去强调被引作者，而非强调具体的观点、概念、理论、发现或解释。

表11-9 声明、作者声音与被引作者声音之间的关系

示例	作者（即文献回顾者）的声音	被引作者的声音	声明责任人
美国各地的学校都迫切地实施了校本导师制计划，以促进学生的成功。	唯一的	无	作者（即文献回顾者）
美国各地的学校都迫切地实施了校本导师制计划，以促进学生的成功（斯宾塞，2007）。	主导的	次要的	共享

第 11 章　步骤 7：呈现综合文献回顾书面报告

续表

示例	作者（即文献回顾者）的声音	被引作者的声音	声明责任人
正如斯宾塞（2007）所言，美国各地的学校都迫切地实施了校本导师制计划，以促进学生的成功。	同等的	同等的	共享
斯宾塞（2007）指出，美国各地的学校都迫切地实施了校本导师制计划，以促进学生的成功。	次要的	主导的	共享
"美国各地的学校都迫切地实施了校本导师制计划，以促进学生的成功"这一事实已被斯宾塞（2007）指出。	次要的	主导的	共享
斯宾塞（2007）认为，美国各地的学校都迫切地实施了校本导师制计划……	背景性的	唯一的	被引作者
根据斯宾塞（2007）的说法，美国各地的学校都迫切地实施了校本导师制计划……	背景性的	唯一的	被引作者

资料来源：Adapted from "Attribution and averral revisited: Three perspectives on manifest intertextuality in academic writing," by N. Groom, 2000, in P. Thomas (Ed.), *Patterns and perspectives: Insights into EAP writing practice*, p. 22. Copyright 2000 by the Centre for Applied Language Studies, University of Reading, England.

　　表 11-9 中的第 3 行代表另一个叙实的声明；然而，由于引文和文献回顾者同意这一陈述的表示都出现在第一句中，因此这一声明是平等共享的。第 4 行也代表了一个叙实的声明，尽管该声明没有第 2 行和第 3 行中的文献回顾者陈述得那么强烈。通过在声明开头提供引文，文献回顾者对该声明承担次要责任，尽管该声明由文献回顾者和被引作者共享。第 5 行代表另一个较弱的叙实的声明；但是，被引作者是被动陈述句中动词的主体。最后两行代表非叙实的声明，因为文献回顾者在现阶段没有明确表示他/她是否同意（即叙实的）或不同意（即反叙实的）声明，尽管可能有一个暗示［因此在表中指定了背景（background）］，认为文献回顾者将在综合文献回顾报告中的某个地方表明自己的立场，并作为他/她的论证途径的一部分。表 11-9 表明，综合文献回顾作者对谁（即综合文献回顾作者 vs. 被引作者）应该为提出的声明负责拥有很大的控制权。也就是说，综合文献回顾作者可以控制他们的声音在报告中的**位置**（positionality）。在综合文献回顾报告中，决定文献回顾者声音呈现程度的两个主要因素是事实性水平（即叙实的 vs. 反叙实的 vs. 非叙实的）和引文风格（即整体引用 vs. 非整体引用），而这两个因素都倾向于由作者（即文献回顾者）

来控制。

五、审核要点5：避免过度使用注释

文献回顾新手犯的一个非常常见的错误是在文献回顾报告中过度使用注释。也就是说，没有经验的文献回顾者可能会通过使用一系列简短的总结（即注释）来建构报告，而不是将文献回顾作为一篇连贯的文章来阐明他们的论证逻辑。这种对研究结果进行注释的方式阻滞了作者的写作流程，使报告变得枯燥乏味、逻辑不畅。过度使用注释的一个例子是："阿里亚斯（2012）发现了XXX……史密斯（2014）发现了XXX……琼斯（2014）发现了XXX……［Alias（2012）found XXX…Smith（2014）found XXX…Jones（2014）found XXX…］"

如此使用注释可能至少部分地源于我们在第1章中讨论的教科书作者所延续的一个误区，即文献回顾是对现有文献的"总结（summary）"。将文献回顾报告中的一系列注释结合在一起可能就会呈现对现有文献的"总结"；然而，它并没有告诉读者这些信息是如何相互关联的。它也没有使读者意识到每名被引作者对于声明的合法性。因此，文献回顾者应检查其综合文献回顾报告初稿是否包含注释，是否像我们在第1章中所定义的，其撰写的综合文献回顾报告代表了一个探索、解释、综合和交流已发布和/或未发布信息的系统性、整体性、协同性和周期性过程。

案例：组合多个引用

专栏11.9提供了一个段落示例，该段落包含以有效和连贯的方式组合的多个信息来源，并以非叙实的方式清楚地表明了被引作者的立场（审核要点4）。特别是，我们请你参阅最后一段，在该段中，文献回顾者科利尔（Collier，2013）在同一个句子中提出了10组研究的10个发现，10组研究考察了10个高危行为变量（即酒后驾车、赌博、色情、自残、欺凌和网络霸凌、饮食失调、电子游戏成瘾、自杀、约会暴力、性行为）。许多研究新手可能会机械地使用至少10个句子（即10个高危行为中的每一个都有一个或多个句子）来陈述这些发现，通常会多次使用"发现（found）"这样的动词，其表述如下：

"研究人员发现（found），青少年在与酒后驾车做斗争（CDC，2009b）。此外，研究人员还发现（found），青少年在与赌博做斗争（Powell et al., 1999）。

第 11 章 步骤 7：呈现综合文献回顾书面报告

色情也被发现（found）是青少年叛逆的源泉（Braun-Courville & Rojas, 2009）……"

或者这样表述：

"CDC（2009b）发现（found），青少年在与酒后驾车做斗争。此外，鲍威尔等人（Powell et al., 1999）发现（found），青少年在与赌博做斗争。同时，布莱恩-考维尔和罗哈斯（Braun-Courville & Rojas, 2009）发现（found）色情也是青少年叛逆的源泉……"

相比之下，通过在同一句话中引用大量研究，科利尔（2013）围绕一个主题而非每位被引作者的研究发现来建构这一段落。除了使叙述更加连贯外，它还代表了一种更有效的写作风格，尤其是当文献回顾的篇幅被限定在几页内时。接下来，图 11-8 提供了一个段落示例，该段落包含以连贯的方式进行比较的多个信息来源（审核要点 5），并以非叙实的方式清楚地表明了被引作者的立场（审核要点 4）。

> Although Vanfossen (2006) reported that the majority of empirical research suggests that civic engagement in the United States has not significantly improved in either quality or quantity with the use of the Internet, others contend that using the Internet to explore specific issues and to learn about candidates helps to socialize young people politically (Feldman et al., 2007; Oulton et al., 2004). According to Kahne et al. (2008), adolescents who play video games experience gaming situations that are similar to civic life. These civic gaming experiences, they suggested, range from helping others while gaming, playing games where they learn about a societal problem, to exposure to civic gaming experiences irrespective of income level, race, and age.

文献回顾者在同一句中比较了两组被引作者的论点

非叙实的：文献回顾者明确表示这是被引作者[即卡尼等人（Kahne et al., 2008）]的立场

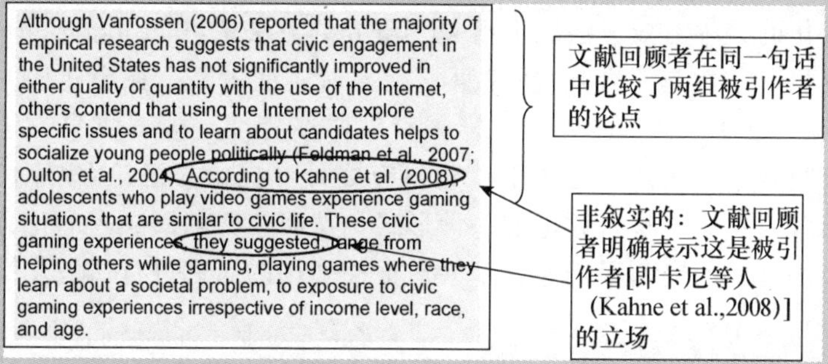

图 11-8 以连贯的方式比较多个信息来源（审核要点 5），并以非叙实的方式清楚地表明了被引作者的立场（审核要点 4）的段落示例

资料来源：Adapted from "The impact of icivics on students' core civic knowledge," by K. LeCompte, B. Moore, and B. Blevins, 2011, *Research in the Schools*, 18 (2), p. 59. Copyright 2011 by Mid-South Educational Research Association.

专栏 11.9

**一个包含以有效和连贯的方式组合的多个信息来源，
并以非叙实的方式清楚地表明了被引作者的立场的段落示例**

在美国，首次饮酒和吸食大麻的平均年龄为 15～17 岁（CDC, 2008, 2009b; SAMHSA, 2007）。八分之一的高中生患有可诊断的临床物质使用障碍，包括尼古丁、酒精和药物（NCASCU, 2011）。然而，尼古丁、酒精和药物并不是越来越多的高危行为中的唯一内容（Sussman, Lisha, & Griffiths, 2010）。如今，青少年在酒后驾车（CDC, 2009b）、赌博（Powell et

如何进行文献回顾

al.，1999)、色情（Braun-Courville & Rojas，2009)、自残（Alfonso & Dedrick，2010；Hilt et al.，2008)、欺凌和网络霸凌（Agatston et al.，2007)、饮食失调（Pisetsky et al.，2008)、电子游戏成瘾（Griisser et al.，2007)、自杀（Pelkonen & Marttunen，2003)、约会暴力（Hickman et al.，2004；Spencer & Bryant，2000）和性行为（CDC，2009b；NCASACU，2011；SAMSHA，2007)等问题上迷茫挣扎。

资料来源：Adapted from *Effects of comprehensive, multiple high-risk behaviors prevention program on high school students*, by C. Collier, 2013, Unpublished doctoral dissertation, Sam Houston State University, Huntsville, TX, p. 63. Copyright 2010 by C. Collier.

六、审核要点 6：尽可能提供研究结果的方法论和/或程序信息

避免过度使用注释，在一定程度上至少使某些引用的研究实现了情境化。实现研究情境化的一种有效方法是提出关于研究的方法论[methodological，如研究方法（即定量、定性与混合)、研究哲学（如后实证主义、社会建构主义)]和/或程序(procedural，如抽样方案、样本量、样本特征、数据收集方法、研究设计、数据分析技术）信息。除了情境化研究之外，提供方法论/程序信息也可以作为文献回顾者对研究进行评论的一种形式，从而使文献回顾者的论证逻辑更为清晰。不幸的是，研究新手们通常不会对他们引用的研究进行情境化操作。

案例：使研究结果实现情境化

图 11-9 呈现了一个段落示例，其中程序信息由文献回顾者本奇（Benge，2012）提供。

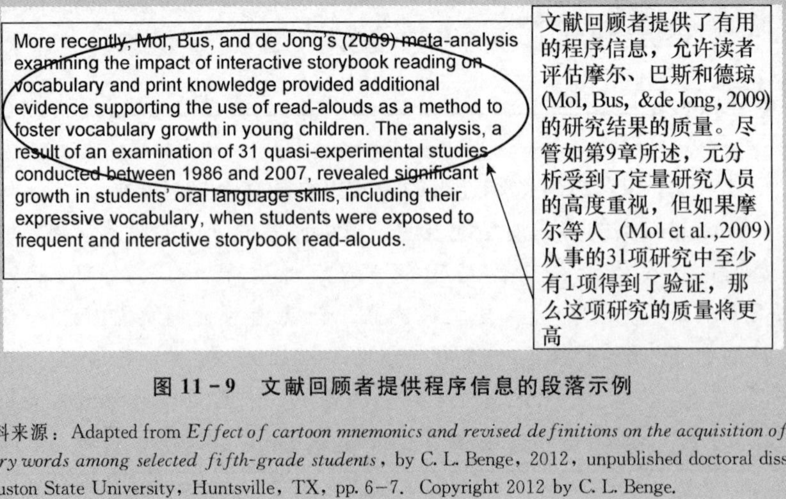

More recently, Mol, Bus, and de Jong's (2009) meta-analysis examining the impact of interactive storybook reading on vocabulary and print knowledge provided additional evidence supporting the use of read-alouds as a method to foster vocabulary growth in young children. The analysis, a result of an examination of 31 quasi-experimental studies conducted between 1986 and 2007, revealed significant growth in students' oral language skills, including their expressive vocabulary, when students were exposed to frequent and interactive storybook read-alouds.

文献回顾者提供了有用的程序信息，允许读者评估摩尔、巴斯和德琼(Mol, Bus, & de Jong, 2009)的研究结果的质量。尽管如第9章所述，元分析受到了定量研究人员的高度重视，但如果摩尔等人(Mol et al., 2009)从事的31项研究中至少有1项得到了验证，那么这项研究的质量将更高

图 11-9　文献回顾者提供程序信息的段落示例

资料来源：Adapted from *Effect of cartoon mnemonics and revised definitions on the acquisition of tier-two vocabulary words among selected fifth-grade students*, by C. L. Benge, 2012, unpublished doctoral dissertation, Sam Houston State University, Huntsville, TX, pp. 6–7. Copyright 2012 by C. L. Benge.

七、审核要点 7：尽量减少引文，特别是长引文

文献回顾新手犯的一个非常常见的错误是他们往往过度使用引文。然而，每当文献回顾者插入一段引文，他/她都会在自己的声音中加入被引作者的声音，并会使用不同的写作风格。引文越长，被引作者的声音就越干扰文献回顾者的声音，从而阻碍综合文献回顾报告的写作流程。此外，当引文被断章取义地使用时，它们很可能无法完全传达文献回顾者的意思，从而遮蔽论证路径。文献回顾者解释不恰当引用的任何尝试都可能进一步混淆其论证路径，因为这种解释可能包括与基础主题毫不相关的细节，而这又会分散读者的注意力。

工具：引文指南

引文应尽量少用，尤其是长引文。只要有可能，就应该仔细解释引文以避免出现任何剽窃嫌疑。改写引文的一个重要好处是文献回顾者将完全控制为综合文献回顾报告选择的文本，从而确保删除所有非必要信息，同时确保综合文献回顾报告的写作流程不会因此而中断。专栏 11.10 提供了使用引文的若干指南。

专栏 11.10

引文使用指南

1. 如果引文支持文献回顾者的立场或被引作者的立场，那么请引用。
2. 如果引文支持知识主张，那么请引用。
3. 如果引文证明了文献回顾者的论证路径，那么请引用。
4. 只有当引文很难被准确解释或者解释后会导致失去意义时，才加以引用。
5. 如果引文的权威性对文献回顾者的论证逻辑至关重要，那么请引用。
6. 如果所引用的语言合适，那么请引用。
7. 使用准确的引文（即逐字核对），并仔细检查是否有遗漏或犯错误。
8. 选择尽量减少造成综合文献回顾写作流程中断的引文。
9. 使用引文时，以下三个步骤很重要。
    a. 介绍引文。
    b. 提供引文：
    i. 对于有任何语法错误的单词或短语，通过插入一个包含字母"sic"的括号向读者指出这一点，该字母源自拉丁语短语 *sic erat scriptum*（即"原文如此，就这样写"）。

ii. 要缩短（长）引文，请使用省略号"……"，或仅使用引号中相关的部分。
  c. 讨论引文：
i. 阐明引文是如何与论证的逻辑相一致的。
ii. 解释所有专业术语或模棱两可的词语。
  10. 尽管使用"引用（quote）"代替"引文（quotation）"的现象很普遍，但严格地说，"引用（quote）"是动词，"引文（quotation）"是名词。因此，从本质上讲，你是"引用了一则引文"。
  11. 例如，请参见以下链接：
http://quotations.about.com/cs/quotations101/a/bl_quotquotn.htm；
http://grammar.about.com/od/words/a/quotationgloss.htm。
  12. 不要以一则引文开始一句话，而应使用以下格式引入引文："根据史密斯（2007，p.5）所言［According to Smith (2007, p.5)］，……"
  13. 同样，你绝不应该将引文作为完整的句子单独使用（参见 http://www2.ivcc.edu/rambo/eng1001/quotes.htm；http://ww2.sjc.edu/archandouts/usingquotations.pdf）。
  14．在许多格式指南中，短引文应该嵌入段落之中，长引文则应呈现为一个缩略词（indented block）。例如，在 APA 格式中：
  a. 如果引文少于 40 个字，则应使用引号将引文嵌入段落中（参见：APA，2010，pp. 92，171）。
  b. 对于包含超过 39 个字的引文，应使用缩略词格式（不带引号）（参见：APA，2010，p. 171）。

八、审核要点 8：尽可能使用隐喻来增强意义

  根据莱考夫和约翰逊（Lackoff & Johnson, 1980）的研究，**隐喻**（metaphors）将意义从一个概念领域传递到另一个概念领域，而理论往往是从前一个概念领域中产生的。此外，隐喻创造了促进概念交流的精神意象（mental images），可以帮助读者将新的或困难的概念与熟悉的实体（如食物或娱乐）联系起来，从而增强了意义。通过创造新的文献，隐喻所代表的意义远远超出了字面意义。正如科菲和阿特金森（Coffey & Atkinson, 1996）所推测的那样，隐喻是"一种可以学习新意义的表达方式"（p. 85）。我们鼓励文献回顾者尽可能使用隐喻来增强从综合文献回顾中提取的含义。

第11章 步骤7：呈现综合文献回顾书面报告

案例：使用隐喻

我们在这本书中有好几次使用隐喻。例如在第2章中，我们使用了"观鸟者辨识一种鸟"的隐喻来帮助读者识别不同类型的文献回顾之间的相似性，并根据不同的特征对它们进行了分类。在第3章中，我们运用"音乐流派"的隐喻来描述方法论。在第4章中，我们运用"餐厅自助餐供应线"的隐喻来表示混合研究。图11-10提供了一个使用隐喻的段落示例，该段落清楚地表明了文献回顾者的立场。

非叙实的：文献回顾者明确表示这是被引作者的立场

通过在第一句的第二个从句中使用被引作者姓名（即Anderson & Freebody, 1981）旁边的"e.g.",文献回顾者清楚地表明这段话代表了文献回顾者自己的立场

Vocabulary is believed to be one of the best predictors of reading comprehension ability (Anderson & Freebody, 1981; Davis, 1944, 1968; Thorndike, 1917), and researchers agree that the size of a person's vocabulary will play a key role in his or her ability to comprehend text (e.g., Anderson & Freebody, 1981). However, the relationship between reading comprehension and vocabulary is complex and not well understood (e.g., Nagy & Scott, 2000), and if a photographer were to attempt to include all of the multifaceted pieces of comprehension within the frame of his viewfinder, it would require a wide lens. The heuristic of reading comprehension posed by the RAND Reading Study Group (RRSG, 2002), which suggests that comprehension occurs as a result of a combination of interactive forces including the reader, the text, the reading activity, and the context, served as that lens.

这种用法清楚地表明这是一种解释，而不是一种研究发现。此外，动词"建议(suggests)"的用法不如动词"暗示(indicates)"那么明显

使用了"摄影(photography)"的隐喻

通过使用短语"which suggests"而不是以引文结束该句，文献回顾者清楚地表明最后一句代表文献回顾者自己的立场

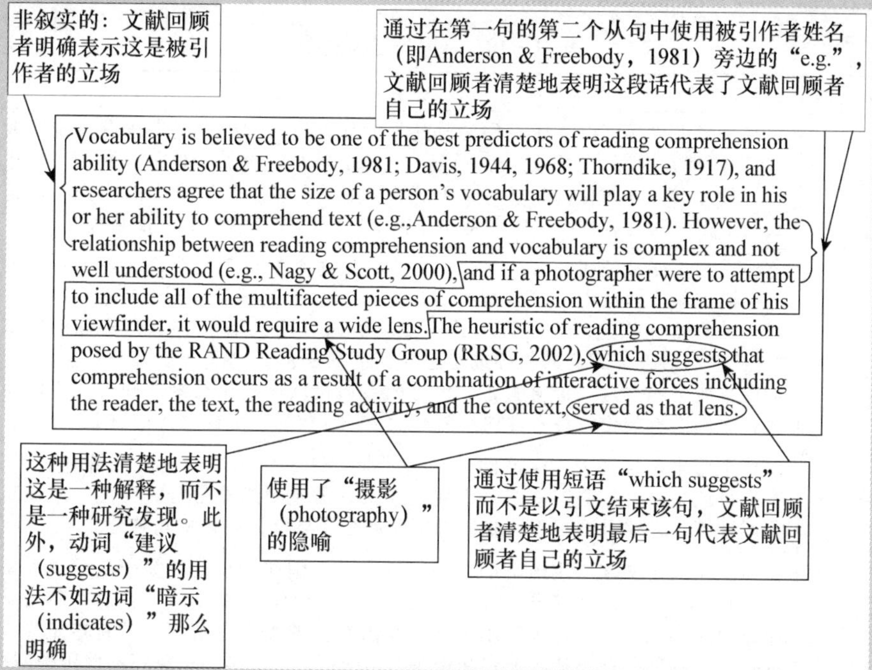

图11-10 以连贯的方式比较包含多个信息来源的段落示例（审核要点4），其中使用了隐喻（审核要点8），并且清楚地表明了文献回顾者的立场（审核要点3）

资料来源：Adapted from *Effect of cartoon mnemonics and revised definitions on the acquisition of tier-two vocabulary words among selected fifth-grade students*, by C. L. Benge, 2012, unpublished doctoral dissertation, Sam Houston State University, Huntsville, TX, pp. 6–7. Copyright 2012 by C. L. Benge.

九、审核要点9：认真检查以确保在整个综合文献回顾报告中都提出了适当类型的主张

在第7章中，我们概述了哈特（Hart, 2005）概念化的五种主张，并增加了第六种主张：(a) 事实主张、(b) 价值主张、(c) 政策主张、(d) 概念主张、(e) 解

释主张［哈特（2005）的五种主张］和（f）观察主张（我们增加的主张）。

工具：审核主张

表11-10呈现了六种主张中每一种的说明。重要的是，文献回顾者应认真审核以确保他们在整个综合文献回顾报告初稿中提出了适当类型的主张，并且他们对于每种主张都提供了证据（即通过使用数据来支持他们提出的主张）、保证（即通过提供将主张及其证据联系起来的期望）和支持（即包括用于为保证和证据提供正当性的情境和假设）（参见Toulmin, 1958）。

表11-10 不同类型的主张

声明类型	说明
事实主张	这些主张里包含可以证明真假的陈述。例如，诸如"伦敦是英国的首都"或者"曼彻斯特有四所大学"之类的陈述，要么是真的，要么是假的：它们可以用权威的参考书目（如百科全书）等证据来核实或反驳。基于事实的主张与其他形式的主张之间的区别在于，其他主张需要额外的保证和支持方能被接受。
价值主张	这些主张不能被证明是真还是假——它们是对某物价值的判断。例如，有人可能会说观看《加冕街》（*Coronation Street*）（一部英国肥皂剧）是浪费时间，这是一种判断性陈述。为了证明这一点，他们可能会增加一个合格标准，比如"看肥皂剧对改善我们的思维或增进对我们周围世界的了解没有任何益处"。人们既可能会同意这一价值主张，也可能会通过反诉提出质疑，即现代生活压力大，人们需要放松，观看《加冕街》就是一种放松，因此对人们有益。
政策主张	这些主张里包含关于"应该做什么"而非"做了什么"的规范性陈述。例如，有人可能主张，公共图书馆是文明国家文化的重要组成部分，因此，应该防止削减预算。在这种情况下，我们看到政策主张与价值主张相互结合。
概念主张	这些主张与定义和所用语言的可识别性有关。例如，在比较关于堕胎或安乐死的观点时，主张的措辞方式将非常重要。一些组织（如*Life*）会声明堕胎是谋杀未出生的孩子。该主张使用了不仅是限制性的而且是情感性的特定定义。因此，词汇的使用并不像词典定义中所给出的那样，而是一个解释性使用的问题。
解释主张	这些主张是关于如何理解某些数据或证据的建议。如果没有解释，事实就没有任何意义，解释可以而且经常确实存在差异。
观察主张	这些主张里包含从实证研究中得出的陈述，这些陈述位于一组研究结果中，并且解决了一些相同的研究问题。除非一项发现源于总体数据，否则它们不能被证明是对还是错，而只能为知识主张提供支持或反驳。

资料来源：Adapted from *Doing a literature review: Releasing the social science research imagination*, by C. Hart, 2005, London, England, p.90. Copyright 2005 by Sage Publications.

十、审核要点10：使用连接词/短语以最大限度地实现句子之间和段落之间的转换

研究新手撰写的文献回顾报告的另一个共同缺陷是缺乏句子之间和段落之间的适当过渡。不幸的是，这种缺乏过渡的现象影响了文献回顾的整体连贯性，从而使

第 11 章 步骤 7：呈现综合文献回顾书面报告

工具：潜在连接词

表 11-11 呈现了安伍布奇（Onwuegbuzie，2014a）提出的连接词和短语的类型学示例。

表 11-11 连接词的类型

添加信息/提供相似性：	叙述：	提供一个重点：	对比观点：
And	At first	Naturally	But
In addition	Initially	Especially	Unfortunately
As well as	In the beginning	Specifically	However
Also	At the beginning	Particularly	Although/Even though
Too	At the end	In particular	Despite/Despite the fact that
Furthermore/further	In the end	Moreover	In spite of/In spite of the fact that
Moreover	Immediately	Whatever	Nevertheless
Apart from	Suddenly	Whenever	Nonetheless
In addition to	As soon as	The more	While
Besides	Then	Above all	Whereas
Not only ... but also	Next	Exactly because	Unlike
In the same way/vein	Finally	In fact	In theory ... in practice ...
In the same manner	At last	Indeed	In contrast/Contrastingly
Equally important	Eventually	In particular	Conversely
By the same token	Before	Certainly	On the one hand ... Neither ... nor
Again	After	Notably	On the contrary
Equally	Afterwards	To be sure/To be certain	At the same time
Identically	Until	Surely	Even so
As well as	When	Markedly	Then again
Together with	While	Surprisingly	Above all
Likewise	During	Alarmingly	In reality
Correspondingly	Soon	Significantly	After all
Similarly	Prior to	Frequently	Yet
Additionally	Once	Infrequently	Still
Another key point	No sooner than	Oftentimes	Or
	To begin with	Typically	Albeit
		Usually	Besides
		Obviously	As much as
			Instead
总结前文：	**提出结论：**	**明确目的：**	Otherwise
In short	Therefore	In order to	Rather
In brief	Thus	To	Regardless
In summary	Consequently	So that	Notwithstanding
To summarize	This means that	In the event that	Aside from
In a nutshell	As a result	For the purpose of	Uniquely
To conclude	As such	With this in mind	Comparatively
In conclusion	Thereby	In the hope that	In the long run
As a whole	This is why	To the extent that	As has been noted
Simply put	For this reason	In the hope that	In a word
In other words	Under those circumstances	To this end	For the most part
Overall		In view of	Given these points
All in all	In that case	If ... then	In essence
Generally	In effect	Unless	Eventually
On the whole	Hence/henceforth	When	In any event
In the main	Thereupon	Whenever	In either case
To sum up	Accordingly	While	Ultimately
To put it differently	Forthwith		

读者更难遵循文献回顾者的论证逻辑。**连接词/短语**(link words/phrases)非常有利于链接思想，因此对于连接句子和段落也非常有用。有趣的是，安伍布奇和弗雷尔斯（Onwuegbuzie & Frels, 2015c）用 QDA Miner 和 WordStat 分析了3年（2011—2014年）内提交给由他们作为编辑的期刊《学校研究》的稿件，发现标注为"添加信息/提供相似性（add information/provide similarity）"的维度是最常用的（71.6%的作者），其次是标注为"叙述（narration）"的维度（60.8%的作者），然后是标注为"序列先前的想法（sequence previous ideas）"的维度（同样是60.8%的作者）。其余9个维度的使用率不到50%。最常见的两个连接词分别是"最后（finally）"（52.7%）和"另外（additional）"（51.4%）。三分之一或更少的作者使用了其他的连接词/短语。更有说服力的是安伍布奇和弗雷尔斯（Onwuegbuzie & Frels, 2015c）发现，以下维度从统计学上和实际上都能有效地预测编辑是否拒绝投稿："添加信息/提供相似性""叙述"和"提供一个重点（provide an emphasis）"。更具体地说，其他稿件比包含一个或多个被归类为"添加信息/提供相似性"的连接词/短语的稿件被拒绝的可能性高1.75倍（95%置信区间=1.09, 2.79）；比一个或多个被归类为"叙述"的连接词/短语的稿件被拒绝的可能性高1.32倍（95%置信区间=1.01, 2.31）；比一个或多个被归类为"提供一个重点"的连接词/短语的稿件被拒绝的可能性高1.75倍（95%置信区间=1.07, 2.86）。这是第一项通过实证证明使用连接词/短语的潜在重要性的研究。因此，我们鼓励文献回顾者评估他们使用/不使用连接词/短语的情况。

十一、审核要点11：评估综合文献回顾报告初稿的可读性

另一个有助于最大限度地保持综合文献回顾报告一致性的撰写要求是可读性。广义上说，**可读性**(readability)是指文本易于阅读和理解。在过去的一个世纪里，许多研究人员对可读性进行了研究，在诸多文献中，有1000多处提到了可读性（Harris & Hodges, 1995）。自1923年第一个可读性公式问世以来（Lively & Pressey, 1923），已经发展出许多可读性公式。在这些公式中，最受欢迎的两个公式是弗莱士易读度（Flesch Reading Ease）和弗莱士-金凯德难度级数（Flesch-Kincaid Grade Level）。根据弗莱士（Flesch, 1946）所言，最高的（即最容易的）弗莱士易读度得分大约为100。弗莱士易读度得分如果在90到100之间则表明五年级学生可能理解该文本；弗莱士易读度得分在60到70之间表示八到九年级的学生可能理解该文本；弗莱士易读度得分在0到30之间表示大学研究生可能理解该文本。相比之下，弗莱士-金凯德难度级数的公式实际上是将弗莱士易读度分数转换为美国等级，以便用户（如管理员、教育者、家长、学生）使用通用度量标准来评估文本的可读性等级。

第11章 步骤7：呈现综合文献回顾书面报告

通过 Microsoft Office Word 的"可读性统计（readability statistics）"，用户可以在几秒钟内获得弗莱士易读度评分和弗莱士－金凯德难度级数评级结果，这是非常方便的。为了通过 Microsoft Office Word 2013 版可读性程序提取这两项指标，用户应依次单击"文件（FILE）""选项（Options）""检验（Proofing）"，然后选中"显示可读性统计（Show readability statistics）"。每当用户对其文档进行拼写检查，这些步骤都会显示可读性统计信息。〔然而，不幸的是，Microsoft Office Word 的 Mac 版弗莱士－金凯德难度级数目前被人为地限定在十二年级水平（grade-level 12）。〕使用 Microsoft Office Word 2013 版可读性程序随机选择我们书中的一章——第2章，分析结果为弗莱士易读度得分为9.6，弗莱士－金凯德难度级数为18.5级。因此，我们可以假设第2章的文本是适合本书读者的！

案例：审核可读性

安伍布奇、马利特、黄和斯莱特（Onwuegbuzie, Mallette, Hwang, & Slate, 2013）研究了提交给期刊以供出版的稿件的可读性是否预示了其最终处置方式（即接受/修改并重新提交 vs. 拒绝）。这些研究人员发现，弗莱士易读度得分大于30的稿件比弗莱士易读度得分在0到30之间的稿件被拒绝的可能性高1.64倍；弗莱士－金凯德难度级数评级小于16级的稿件比弗莱士－金凯德难度级数评级为16级或更高的稿件被拒绝的可能性高4.55倍。因此，安伍布奇、马利特等人（Onwuegbuzie, Mallette, et al., 2013）提供了令人信服的证据证明了文本的可读性确实值得重点考虑。更具体地说，重要的并不是产生尽可能简单的文本，而是使文本与读者的阅读水平相匹配。

与他们的研究结果一致，研究了2000—2009年被引用次数最多的五个机构（如哈佛大学）发表的22个学科的260 000篇摘要的加兹尼（Gazni, 2011）记录了文本难度与被引用率之间的一种统计上显著的负相关关系①，尤其是文本难度越大，被引用的次数越多。此外，所有摘要的弗莱士易读度得分都位于最困难的范围内（即0～30），平均分从12分到25分不等。

类似地，研究了1990—1991年提交给《大学与研究图书馆》（*College and Research Libraries*）的已发表、已接受和被拒绝的稿件摘要的可读性估计值是

---

① 此处应该是文本难度的弗莱士易读度得分与被引用率呈负相关关系，即评分越低，意味着文本难度越大，相应的被引用次数越多。——译者注

否存在显著差异的迈托耶-杜兰（Metoyer-Duran，1993）发现，被发表的稿件的可读性估计值与被拒绝的稿件的可读性估计值之间存在显著差异。具体来说，被发表的稿件所包含的文本比被拒绝的稿件所包含的文本更为难懂，被发表的稿件的弗莱士易读度平均得分为 28.04——同样在 0~30 范围之内，而被拒绝的稿件的平均得分则为 30.77（即在 0~30 范围之外）。

因此，基于对稿件处理可读性指数的可预测性进行检验并得出一致结论的仅有的三项研究（即 Gazni，2011；Metoyer-Duran，1993；Onwuegbuzie，Mallette, et al., 2013），我们鼓励文献回顾者使用可读性指数来评估其综合文献回顾报告初稿的适恰性及流程，我们认为弗莱士易读度得分在 0 到 30 之间的综合文献回顾报告初稿和弗莱士-金凯德难度级数评级在 16 级及以上的综合文献回顾报告初稿是适当的。正如麦克唐纳德-罗斯（Macdonald-Ross，1978）所指出的，文献回顾者可以进行写作-修订循环，如下所示：

写作→ 应用公式→ 修订→ 应用公式

十二、审核要点 12：评估综合文献回顾报告初稿的并行性结构

文献回顾者要进行的另一项有益审核是评估综合文献回顾报告初稿的**并行性**（parallelism）结构，即两个或多个想法的平等表达方式。通常，具有最清晰的论证逻辑的综合文献回顾报告初稿是那些具有并行性结构的文稿。审核综合文献回顾报告初稿并行性的方法包括：(a) 对于包含研究结果的任何部分，积极和消极结果都会给予呈现；(b) 对实体任何优点的讨论都会伴随着对缺点的讨论，反之亦然；(c) 同意和不同意某个观点的作者都被引用；(d) 可用的定量研究和定性研究结果（以及混合研究结果）都会被报告。在这样做的过程中，因为并行性的缺乏是无法完全避免的，例如缺少定性研究结果，所以文献回顾者应该考虑向读者指出这一问题，以避免读者错以为文献回顾者应该对这种并行性的缺乏负责。应当指出，并行性并不意味着平衡。也就是说，文献回顾者不必强求数量（近似）相等的定量和定性结果、数量相等的积极和消极结果，或者在文献回顾者的声音与被引作者的声音之间找到数量相等的平衡点以达致平行。的确，在大多数情况下，这种平衡是不存在的。实际上，向读者指出这种不平衡可能还有助于进一步厘清文献回顾者的论证逻辑。然而，通过至少在任何可能的情况下将观点、概念、理论、发现和解释呈现在频谱的两端，无论呈现的方式如何不均匀，都会增加综合文献回顾的道德性。

十三、审核要点 13：检查综合文献回顾报告初稿中的语法错误

安伍布奇和丹尼尔（Onwuegbuzie & Daniel，2005）证实了提交的稿件中包含

第 11 章 步骤 7：呈现综合文献回顾书面报告

糟糕的文献回顾的作者被拒稿的可能性是同行的六倍多。因此，文献回顾者总是应该采取措施，以确保他们的综合文献回顾报告初稿在语法方面尽可能准确无误。事实上，语法错误不仅会使读者分心，而且会使读者更难遵循文献回顾者的论证逻辑。

工具：语法错误清单

表 11-12 列出了安伍布奇（Onwuegbuzie, 2014e）发现的作者最常犯的语法错误。在避免语法错误方面遇到困难的文献回顾者可以参考。例如，大多数大学开设了写作课。此外，许多大学设有写作中心，免费为学生提供各种服务。有写作困难的国际审稿人可以考虑雇用校对人员。

表 11-12 最常见的语法错误和降低清晰度的单词/短语

语法错误	错误示例	修正版本
未使用所有格	These authors findings These author's findings Each authors' findings Frels' (2014) study…	These authors' findings These authors' findings Each author's findings Frels's (2014) study…
所有格代词与名词不匹配	Several researchers have developed their own instrument	Several researchers have developed their own instruments
不定冠词与名词不匹配	Some researchers have reported a higher scores	Some researchers have reported higher scores
口语式表达	The researcher ran her analysis	The researcher conducted her analysis
使用 may 代替 might	These findings may have implications for teachers	These findings might have implications for teachers
缩写	The findings didn't support the theory	The findings did not support the theory
拟人	The study found	The study revealed The researcher found
不必要地使用拆分不定式	The number of mixed research studies in this area has continued to steadily increase	The number of mixed research studies in this area steadily has continued to increase
if 这个词经常被错误地用作 whether	Researchers have not decided if this interpretation represents the most viable explanation	Researchers have not decided whether this interpretation represents the most viable explanation
当涉及两个以上的元素时，使用 between	Debates have emerged between quantitative, qualitative, and mixed researchers	Debates have emerged among quantitative, qualitative, and mixed researchers
feel、think 和 believe 互换使用	The researcher feels that this is an important finding	The researcher thinks that this is an important finding

续表

语法错误	错误示例	修正版本
使用短语 comprised of	The sample comprised of both teachers and students	The sample contained/consisted of both teachers and students
主语与动词不一致	Data is	Data are
当所涉及的列表详尽无遗时，使用 include(s) 或 included	The sample included 100 males and 100 females	The sample comprised 100 males and 100 females
未意识到 thus 和 therefore 这样的词表示有条件的行为，而 thereby 代表一个过程	Two participants dropped out of the study, therefore reducing the sample size to 98 Two participants dropped out of the study; thereby, the sample size was reduced to 98	Two participants dropped out of the study, thereby reducing the sample size to 98 Two participants dropped out of the study; therefore, the sample size was reduced to 98
while 不仅仅用于链接同时发生的事件	While these findings are unusual, they are not unique The experimental group members were mostly male, while the control group members were mostly female	Although these findings are unusual, they are not unique The experimental group members were mostly male, whereas the control group members were mostly female
since 不严格地代指时间	Causality could not be assumed since the research design was correlational	Causality could not be assumed because the research design was correlational
that 不仅用于限制性从句，which 不仅用于非限制性从句（用逗号隔开）	The findings which were the most compelling arose from the qualitative phase The findings, that were collected during the qualitative phase, were very compelling	The findings that were the most compelling arose from the qualitative phase The findings, which were collected during the qualitative phase, were very compelling
没有使用 who 形容人类	The researchers that used this technique were in the majority	The researchers who used this technique were in the majority
使用了单词 Caucasian	The sample comprised 250 Caucasian students	The sample comprised 250 White students
主语和复数代词不匹配	The researcher must ask themselves	Researchers must ask themselves
this 和 these 被用作独立代词	This demands attention These have implications for doctors	This gap in the literature demands attention These findings have implications for doctors

资料来源：Adapted from *Prevalence of grammatical errors in journal article submissions*, by A. J. Onwuegbuzie, 2014e, unpublished manuscript, Sam Houston State University, Huntsville, TX. Copyright 2014 by A. J. Onwuegbuzie.

第 11 章　步骤 7：呈现综合文献回顾书面报告

十四、审核要点 14：检查综合文献回顾报告初稿中的体例指南/人为错误

每个领域和学科都有自己的专业写作惯例。最常见的惯例包括：《美国心理协会写作手册（第 6 版）》（主要用于社会科学领域）、《芝加哥体例手册》（*The Chicago Manual of Style*，主要在美国使用）、《现代语言协会体例手册》（*The Modern Language Association Style Manual*，主要用于人文科学领域）、《美国医学会体例手册》（*American Medical Association Manual of Style*，主要用于医学学科）、《美国社会学协会体例指南》（*American Sociological Association Style Guide*，主要用于社会学学科）和《美国化学协会体例指南》（*American Chemical Society Style Guide*，主要用于化学学科）。文献回顾者必须尽可能地遵循与其领域/学科相关的写作惯例。事实上，安伍布奇、库姆斯、斯莱特和弗雷尔斯（Onwuegbuzie, Combs, Slate, & Frels, 2010）证明，包含 9 个或以上不同 APA 错误的稿件被拒绝的可能性是包含 9 个以下不同 APA 错误的稿件的 3 倍。

工具：APA 体例指南清单

表 11-13 包含了按出现频率排列的 60 个常见 APA 错误中的 25 个，以及发生率（即百分比）、《美国心理协会写作手册（第 6 版）》中对 APA 错误的描述及其相关页码。我们建议文献回顾者，甚至是那些需要遵循 APA 体例指南的有经验的文献回顾者，与其试图通过阅读《美国心理协会写作手册（第 6 版）》来学习 APA 体例指南——这可能是一个无法遏制的趋势——不如使用此表来帮助他们集中精力。此外，文献回顾者可以使用此表来排除他们熟悉的 APA 规定和指南，从而专注于他们所犯的 APA 错误。因此，该表可被用作文献回顾者在编辑综合文献回顾报告初稿时使用的个性化清单。

表 11-13 《美国心理协会写作手册（第 6 版）》（APA, 2010）中列出的错误和发生率

序号	APA 错误	%	关于错误的说明以及参考第 6 版 APA 规则的页码
1	数字错误	57.3	不使用数字（如所有数字，10 及以上）（第 122 页）；不使用数字来表示时间、日期、年龄、样本、子样本或总体规模，也不使用数字序列（第 112 页）
2	连字符错误	55.5	当一个复合词位于它所修饰的词之前时，不要用分词连字符（第 97 页）
3	误用 et al.	44.5	第一次没有引用所有作者；在随后的引用中，第一作者的姓后面跟着 "et al."（不要斜体，在 "al" 后加句点）（第 175 页）

续表

序号	APA 错误	%	关于错误的说明以及参考第 6 版 APA 规则的页码
4	标题：标点符号错误	44.5	标题中的单词没有适当大写；在四级标题中错误地使用大写或标点符号（第 101~102 页）
5	误用 since	41.8	用 since 代替 because（第 83 页）
6	表格与插图错误	40.0	不以表格形式呈现表格，不在文本中重复信息；不根据 APA 要求来格式化数字（如未复制、SPSS 输出）（第 141 页）
7	要素之间未使用逗号	40.0	在一系列三个或三个以上的要素中，不在要素之间使用逗号（包括在 and 和 or 之前）（第 88 页）
8	误用缩略语/首字母缩略词	37.3	第一次使用时没有拼写首字母缩略词（第 104 页）
9	误用 & 和单词 and	33.6	在正文中不正确地使用 & 或在引文中不正确地使用 and（第 177 页）
10	未使用过去式	32.7	没有使用过去式来描述以前的发现（第 78 页）
11	未对符号使用斜体	30.9	没有对符号（如 n）进行斜体处理（第 118 页）
12	字符间距错误	30.0	行与行之间没有一致使用双倍行距，包括使用直接引语（第 229 页）
13	误用 while	29.1	用 while 代替 whereas 或 although（第 83 页）
14	格式错误	29.1	格式不正确（如缩进不正确、使用斜体或粗体、标题太长、标题不在第一页、标题字体与论文正文不匹配）（第 62 页）
15	误用 which	28.2	在限定性从句中，用 which 代替 that（第 83 页）
16	误用拟人	27.3	赋予无生命的信息源以人类特征（第 68 页）
17	未按字母顺序排列引文和参考文献	26.4	不按字母顺序排列所有参考文献；不按字母顺序排列引文（第 178 页）
18	标题未大写	24.5	首字母没大写的名词后面跟着数字或字母，表示一系列数字中的一个特定位置（例如，year 1 代替 Year 1）（第 101 页）
19	误用 data	24.5	把"data"一词误用为单数而不是复数（第 79 页）
20	元素和系列化错误	23.6	错误地用 1、2、3 代替（a）、(b)、(c)（第 64 页）
21	误用数字上标	22.7	不正确地使用上标（例如，4th 而不是 4th）（第 113 页）
22	引文：逗号和作者错误	22.7	如果有三个或三个以上作者，不使用逗号分隔最后两个作者（第 184 页）
23	误用粗体和斜体	22.7	误用粗体或斜体文本（第 106 页）

续表

序号	APA 错误	%	关于错误的说明以及参考第 6 版 APA 规则的页码
24	引文：直接引文和页码错误	19.1	忽略在使用直接引文时标明页码；不使用直接引文时不需要页码；错误地使用大写 P 而不是小写 p（第 170 页）
25	误用术语 subjects	17.3	不正确地使用术语"subjects"而不是正确的术语"participants"（第 73 页）

资料来源：Adapted from "Editorial: Evidence-based guidelines for avoiding the 25 most common APA errors in journal article submissions," by A. J. Onwuegbuzie, J. P. Combs, J. R. Slate, and R. K. Frels, 2010, *Research in the Schools*, 16（2），pp. xii–xiv. Copyright 2010 by Mid-South Educational Research Association.

十五、审核要点 15：检查综合文献回顾报告初稿是否有足够数量的引用/参考文献

文献回顾者需要进行的一项重要工作是检查其综合文献回顾报告初稿是否包含足够数量的引用。尽管引文数量因综合文献回顾的目标（如作为独立研究 vs. 为主要研究提供信息）和回顾类型［即叙述性文献回顾（即一般性文献回顾、理论性文献回顾、方法性文献回顾和历史性文献回顾）、系统性文献回顾（即元分析、快速回顾、元综合、元总结）与联合（综合）性文献回顾］的不同而各异，但研究人员还是发现了一些普遍的引用趋势（Beile, Boote, & Killingsworth, 2004; Haycock, 2004; Onwuegbuzie, 2014b, 2014c），这些趋势为文献回顾者提供了关于在期刊论文和学位论文中使用多少引文才足够的指导。最值得注意的是，安伍布奇、弗雷尔斯、黄和斯莱特（Onwuegbuzie, Frels, Hwang, & Slate, 2013）研究了提交给两种旗舰期刊（刊名为《学校研究》和《教育研究者》）进行审查以供发表的稿件中的引用数量——以参考文献的数量和每一页稿件/论文使用的参考文献数量来衡量。此外，这些研究人员还调查了在以下两种旗舰期刊上发表的文章中使用的引用数量：《学校研究》和《混合方法研究杂志》。他们发现，提交给《学校研究》审查的（未发表的）稿件，如果少于 45 篇参考文献，其被拒绝的可能性是拥有 45 篇及以上参考文献的（未发表的）稿件的 2.52 倍。此外，提交给《教育研究者》审查的参考文献少于 61 篇的（未发表的）稿件，其被拒绝的可能性是拥有 61 篇或更多参考文献的（未发表的）稿件的 1.73 倍。

对于 6 年（2008—2013 年）间在《学校研究》上实际发表的文章（$n=66$），安伍布奇和弗雷尔斯等人（Onwuegbuzie, Frels, et al., 2013）指出，这些论文的参考文献的数量在 11 到 108 篇之间，平均值为 48.39 篇（$SD=21.83$）。此外，约 90% 的论文包含 21 篇或更多参考文献，约 75% 的论文包含 34 篇或更多参考文献，约 67% 的论文包含 37 篇或更多参考文献，约 50% 的论文包含 46 篇或更多参考文献，约 33% 的论文包含 55 篇或更多参考文献，约 25% 的论文包含 62 篇或更

多参考文献，约 10% 的论文包含 79 篇或更多参考文献。对于 8 年（2007—2014年）间在《混合方法研究杂志》上实际发表的文章（$n=146$），安伍布奇和弗雷尔斯等人（2013）指出，这些论文的参考文献的数量在 9 到 139 篇之间，平均值为 50.88 篇（$SD=21.50$）。有趣的是，约 90% 的论文包含 25 篇或更多参考文献，约 75% 的论文包含 36 篇或更多参考文献，约 67% 的论文包含 40 篇或更多参考文献，约 50% 的论文包含 48 篇或更多参考文献，约 33% 的论文包含 58 篇或更多参考文献，约 25% 的论文包含 63 篇或更多参考文献，约 10% 的论文包含 77 篇或更多参考文献。综合这些研究结果可知，这三种期刊（即《学校教育》《教育研究者》《混合方法研究杂志》）的参考文献数量标准大约为 50 篇。就代表教育领域的论文而言，平均的参考文献数量在 159 篇（Beile et al.，2004）到 295 篇（Haycock，2004）之间。然而，正如安伍布奇和弗雷尔斯等人（2013）所告诫的那样：

> 仅仅增加参考文献绝不足以提高稿件质量。相反，作者应该只引用那些最相关的引文，如美国教育研究协会（AERA，2006）所主张的那样，要使稿件既可靠又透明。这些引文应该被用来进行一些操作，如总结、构建、支持、反驳、发展，以及扩展文献回顾者本人、被引作者及利益相关者的假设、思想、信仰、命题、理论、图式、模型假说、程序、方法、发现、解释、结论等。（p. xiii）

此外，对于实证研究报告而言，文献回顾者不仅应在其文献回顾部分提供足够数量的引文，而且应酌情为一份主要研究报告的 12 个组成部分中尽可能多的部分提供相关引文。事实上，只有在综合文献回顾报告初稿中提供足够数量的相关参考文献，文献回顾者才能有效地对他们在现有文献回顾中引用的文献进行定位。因此，文献回顾者应该检查其综合文献回顾报告初稿是否包含足够数量的引用。

十六、审核要点 16：检查综合文献回顾报告初稿中的引文错误和参考文献列表错误

除了检查综合文献回顾报告初稿正文中的格式错误外，文献回顾者还应非常仔细地检查其参考书目，并认真检查引文错误和参考文献列表错误。无论文献回顾者遵循何种体例指南，都必须严格避免这两种类型的错误。**引文错误**（citation errors）指文本正文中提供的信息来源与参考文献列表中引用它们的方式之间存在的不一致。例如，根据《美国心理协会写作手册（第 6 版）》（APA，2010）的作者的观点，当作者未能"确保引用的每个信息来源都出现在两个地方（正文和参考文献列表），并且正文引用和参考文献列表条目在作者姓名和年份的拼写上相同"（p. 174）时，就会出现引文错误。

引文错误分为五个方面：（a）正文中引用的文献未出现在参考文献列表中；（b）正文中引用的文献与参考文献列表中相应的文献不一致；（c）参考文献列表

第 11 章　步骤 7：呈现综合文献回顾书面报告

中的文献未出现在正文中；(d) 正文中引用的文献不完整或不准确；(e) 参考文献列表中出现的文献不完整或不准确（Onwuegbuzie, Frels, & Slate, 2010）。令人惊讶的是，超过 90% 的作者曾犯过这五种类型的引文错误中的一种或多种（Onwuegbuzie, Combs, Frels, & Slate, 2011; Onwuegbuzie, Frels, & Slate, 2010）。因此，引文错误代表了作者中最普遍的体例指导错误（Onwuegbuzie, Combs, et al., 2011; Onwuegbuzie, Frels, & Slate, 2010）。更糟糕的是，引文错误通常无法由读者甚至文字编辑直接纠正，从而成为最严重的体例指导错误。有趣的是，存在引文错误的初稿在期刊上发表的可能性要小得多（Onwuegbuzie, Frels, & Slate, 2010）。因此，每名文献回顾者在编制参考文献列表时都应尽可能避免引文错误，因为这些错误不仅会对综合文献回顾报告的可信度产生负面影响，还会使读者对文献回顾者的诚信产生怀疑。

参考文献列表错误（reference list errors）是出现在参考文献列表中的体例指导错误。不幸的是，与引文错误一样，参考文献列表错误不仅在遵循 APA 体例指南的作者中普遍存在（Onwuegbuzie, Hwang, et al., 2012; Onwuegbuzie, Hwang, et al., 2011），在遵循其他体例指南的作者中也普遍存在，其中，包含更多参考文献列表错误的稿件也明显更可能被拒绝（Onwuegbuzie, Hwang, et al., 2011）。

工具：APA 体例错误清单

专栏 11.11 包含了 50 个常见的基于 APA 的参考文献列表错误，这些错误按出现频率降序排列。与以往一样，文献回顾者可以使用此表来帮助自己集中精力学习如何创建无错误的基于 APA 的参考文献列表，从而作为文献回顾者在编辑与其综合文献回顾报告初稿相关的参考文献列表时使用的个性化清单。对于那些寻求减少参考文献列表错误的文献回顾者，我们提醒你，安伍布奇和黄等人（Onwuegbuzie, Hwang, et al., 2011）曾经指出，引文错误和参考文献列表错误是严重的道德问题。事实上，这样的错误使得文献回顾者难以宣称自己已经进行了道德审查。

专栏 11.11

按出现频率降序排列的 50 个常见的参考文献列表错误

参考文献列表错误
当每卷中的页码连续时显示的是序列号（期号）
不以逗号分隔两名作者
提供版本号时使用不当的上标
每名作者姓名首字母之间没有空格

续表

参考文献列表错误
句点未放在作者姓名之后（当作者不是代表一个人，而是代表一个组织时）和出版年份之前
网站下划线不恰当
没有书面陈述的月份
在列出出版商时，"Publications"或"Publications Inc"的显示不适当
参考文献列表不是双倍行距
引文未按字母顺序排列
期刊论文标题大小写不当
内部资源检索年份后不显示逗号
卷号未斜体
"Inc"在列出出版商时不适当地显示
书名大写不当
"&"不用于分隔最后两名作者
参考文献标题加粗
未提供网络引文的检索日期
标题第二部分的首字母不大写
书名大写不当
期刊名未斜体
编辑书籍的每个编辑的姓名首字母间没有空格
使用"and"而非"&"来分隔最后两名作者
并非总是提供城市、州和/或出版商信息
书名不总是斜体
句点不恰当地出现在 ERIC 的数字之后
书名后未出现章节页数
"pp"和页码之间没有空格
未显示期刊论文的页码
未提供所有作者的姓名缩写
与发布者相关的状态未缩写
参考文献的标题全部以大写字母呈现
当每卷中的页码不连续时不显示序列号
未提供期刊论文的卷号
没有用逗号来分隔引用的最后两名作者（当引用超过两名作者时）
作者姓名缩写后未出现句点
杂志（期刊）卷号未斜体显示
（作者姓名的）缩写不当
引文未按时间顺序显示
论文题目未斜体
在引用结束时不适当地出现句点（如当参考文献以网址结尾时）
书名未斜体
期刊论文标题斜体不恰当

第 11 章 步骤 7：呈现综合文献回顾书面报告

续表

参考文献列表错误
参考文献结束时未出现句点
参考文献列表没有在单独的一页上开始
逗号不适当地出现在某些作者的姓名缩写之间
未提供发布者的状态
使用"and"而非"&"来分隔编辑书籍的编辑
ERIC 的六个数字之间不恰当地出现空格
期刊的卷号与期号之间不恰当地出现空格

资料来源：Adapted from "Editorial: Evidence-based guidelines for avoiding the most common APA errors in journal article submissions," by A. J. Onwuegbuzie, E. Hwang, R. K. Frels, and J. R. Slate, 2011, *Research in the Schools*, 18 (2), pp. vi–vii. Copyright 2011 by Mid-South Educational Research Association.

十七、审核要点 17：检查综合文献回顾报告初稿论点中的谬误

在建构一个论点时，文献回顾者应该认真检查以确保其并非谬论。一般来说，**谬论**(fallacies) 是具有欺骗性、误导性、不合理或错误的论点。索利斯和索利斯（Thouless & Thouless, 1990, 2011）识别了作者的 37 个谬论，哈特（Hart, 2005）将索利斯等人的概念扩展到与文献回顾者相关的 19 个谬论。此外，文献回顾者还应检查其综合文献回顾报告初稿，以确保其中包含的任何批评都是有效的。正如哈特（2005）所述，以下特征是文献回顾者应该接受的"**有效批评**(effective criticism)"的要素：(a) 在就某一立场达成一致意见并为其辩护之前评估其优缺点；(b) 承认某一特定观点具有一定的效用，而其他观点则需要反驳；(c) 聚焦观点、概念、理论、发现和解释，而非这些要素的作者（即批评信息而非信使）；(d) 认识到自己的批判性立场，为选择批评每一件作品提供一个站得住脚的理由，并找出批评中存在的缺陷；(e) 从现有论点中选择要素并对其进行重组，以产生一个代表新观点的综合结果；(f) 通过识别谬误、循环推理、缺乏合理性或缺乏证据来确定论点中的弱点；(g) 识别另一个人从某个角度（如观点、概念、理论、发现或解释）提出的批评中的缺陷，从而拒绝此批评，并且在没有任何有价值的批评的情况下，承认原始观点的价值。

工具：论点谬误清单

为了便于有效地批评，表 11-14 提供了一个避免谬论的个性化清单。

表 11-14 论点中的谬误

谬误	谬误为何
隐含定义	指没有明确定义的事物；总是定义你所指的东西，特别是概念。
定义不准	通过给出限制性定义来关闭备选方案。
改变意义	将某物定义为 A，然后使用 A，并用另一种方式将其视为 B。
情绪语言	使用价值负担或道德负担的术语。
使用全部而非部分	使用平淡的概括来包含所有的变量，从而将矛盾的例子最少化。
忽略替代方案	给出一个解释或例子，似乎所有其他的情况都可以用同样的方式来对待和分类。
选定实例	挑选不寻常或不具代表性的例子。
强迫类比	在不承认其他矛盾类比的适用性的情况下进行类比。
相似性	声称两样事物之间没有真正的区别。
纯粹类比	不借助现实世界中的例子来进行类比。
虚假经历	夸大你的资历或经验以使别人相信你的权威。
技术语言	故意使用行业术语，以便给读者留下深刻印象，或对缺乏论点基础加以掩饰。
诡辩法	提出一个特殊的案例以使你的论点高于其他类似的部分。这通常与情绪语言的使用有关。
玩弄读者	告诉读者他们想听的，而不是挑战他们的想法和假设。
主张偏见	把偏见归因于对手以使其名誉扫地。
向他人求权	为了巩固自己的地位，声称其他权威人士和你观点一致。
虚假情境	断章取义地举例或只使用假设情境。
极限	只关注一系列备选方案的极端而忽略了中心位置。
同义反复	使用语言结构来让他人接受你的观点。它通常的形式是："X 太多是不好的"，因此，X 本身也是不好的。

资料来源：Adapted from *Doing a literature review: Releasing the social science research imagination*, by C. Hart, 2005, p. 98. Copyright 2005 by Sage Publications.

十八、审核要点 18：检查综合文献回顾报告初稿中的伦理规范

尽管我们之前提出的所有建议都是综合文献回顾报告初稿审核的重要内容，但毫无疑问，最重要的是审核综合文献回顾报告初稿的伦理规范。报告中一些特定细节的缺失会导致一些伦理后果。这些**伦理问题**(ethical issues)包括：伪造、捏造、裙带关系、侵犯版权和剽窃。前三个伦理问题是最严重的，因为它们是故意为之的行为。例如，一名文献回顾者绝不会偶然地去伪造一名研究人员的发

第 11 章　步骤 7：呈现综合文献回顾书面报告

现。然而，后两个伦理问题却是值得讨论的，因为它们很容易在不经意间发生。我们将依次讨论后两个伦理问题。

侵犯版权（copyright violation）　侵犯版权是指未经许可使用受版权法保护的信息。这种行为侵犯了法律赋予版权所有者的特定专有权。这些权利包括散布、复制和/或展示受版权保护的作品或制作"衍生作品"（即部分或全部基于受版权保护的原创作品的一件或多件作品）的权利。就学术出版而言，版权所有者通常是该作品的出版商；然而，该作品的作者也可以是版权所有者，特别是当作品在开源渠道（如期刊）出版时。或者版权也可以由作者和出版商共享，发表在优秀期刊《定性报告》上的论文就是这种情况。

为了遵守版权法，文献回顾者必须始终承认版权所有者的合法权益，给予版权所有者充分的信任，并获得使用其作品印刷版本和电子版本的书面许可，以改编或复制信息。这种承认常常出现在脚注中。你应该承认，最常见的受版权保护的元素是正在因你的报告而被改编和复制的冗长的引文、表格和图形。获得使用受版权保护信息许可的要求因版权所有者而异。因此，文献回顾者必须向出版商或版权所有者确认改编或复制受版权保护信息的具体要求。文献回顾者这样做是义不容辞的，绝非其他人能够代劳！通常，获取与保护、复制或改编受版权保护的信息有关的信息的最佳场所是出版商的网站。如果网站没有可用信息，那么我们建议你与文献作者联系，他可能会拥有该出版商的联系信息，因为在某个时候他们可能已签署了所有权版权转让的协议。许可申请应指定源材料（如包含要改编或复制的受版权保护作品的标题、作者、出版年份、页码）以及再次使用的性质（如在论文中改编或复制）。

获得许可可能需要几周的时间，一旦获得许可，文献回顾者就应该遵守出版商提供的受版权保护的材料的使用规定。一些版权所有者有特定的措辞，要求许可申请者在其稿件中使用，并以此作为授予许可的条件。需要注意的是，如果你计划发布你的综合文献回顾报告，同时你的出版物中包含未获版权许可的改编和/或复制材料，那么大多数出版商将不会出版你的大作。你可能已经注意到，本章包含了许多图表，这些图表都已标注我们已经获得了从其他文献处改编或复制的许可。此外，在本章的许多地方，我们提到了剽窃的概念。根据美国学术行为委员会（Committee on Academic Conduct，1994）的规定，剽窃行为分为六类：

（1）使用其他作者的表述而没有（正确地）引用该作者；

（2）使用其他作者的想法而没有（正确地）引用该作者；

（3）逐字引用作者的原话，而不使用引号；

（4）借用其他作者的短语、句子或段落的结构，而没有（正确地）引用该信息的作者；

(5) 借用其他人的全部或部分论文，或使用他人的大纲或草稿来撰写你自己的论文；

(6) 使用初稿撰写服务或请其他人为你撰写论文。

有一种剽窃行为常常很难被认定，那就是当一名作者将其以前发表的任何作品作为新作品呈现出来的时候。这被称为自我剽窃（self-plagiarism）。尽管文献回顾者对自己以前发表文献的有限重复（即理解该贡献所必需的信息，例如对文献回顾者以前提出的理论的解释）是可以被接受的，但最终的综合文献回顾报告必须体现其对于知识积累的原始贡献。

为了避免任何剽窃或自我剽窃的指控，文献回顾者应该在综合文献回顾过程的每个阶段做好大量记录，跟踪每个信息来源，并记述其使用的所有信息来源。在审核每份初稿时，请记住，更改几个单词或短语，或颠倒短语或句子顺序通常不足以避免任何剽窃指控；相反，整个摘录必须用自己的话来阐释。避免剽窃的一种有效方法是在不看源信息的情况下，作者试图用自己的语言来写出一篇总结；然后，认真而严格地将总结与源信息进行比较，不仅要检查总结的准确性与完整性，还要检查二者的措辞是否重复。如果你发现你使用了超过两个来自原文的连续单词——不包括冠词和介词——你就应该把这些重复的单词放在引号中（Campbell, Ballou, & Slade, 1989），并引用原文。这种对于剽窃的审核最终是文献回顾者的责任。

另一种检查剽窃的方法是使用计算机辅助剽窃检测（computer-assisted plagiarism detection，CaPD）设备，该设备被称为剽窃检测系统（plagiarism detection system，PDS）。由于 CaPD 有利于比较大量文档，因此它们比手动检查更为可靠。具体来说，PDS 对剽窃的检查既包括内部的内容检测，也包括外部的形式检测（Stein, Koppel, & Stamatotos, 2007）。内部 PDS 检测涉及对文档的分析，而无须与其他文档进行比较。这项技术涉及作用软件程序识别作者在整篇文档中的写作风格波动，并以此作为潜在剽窃的指标。而外部 PDS 检测涉及利用软件程序将目标文档与一组其他文档进行比较。然后，通过使用相似性标准（如逐字文本重叠），软件程序会检索所有包含与目标文档在某种程度上相似的文本的文档（Stein, Meyer zu Eissen, & Potthast, 2007）。值得注意的是，如果没有人工判断，那么 PDS 无法完全可靠地检测剽窃行为。事实上，PDS 可能产生误判（Culwin & Lancaster, 2001）。

市面上存在多种 PDS。开源（即免费）PDS 包括 eTBLAST（http://etest.vbi.vt.edu/etblast3/）。闭源（即商业）PDS 包括 Turnitin（http://www.turnitin.com/）、Copyscape（http://www.copyscape.com/）、Grammarly（http://www.grammarly.com/? alt1051＝2）、iThenticate（http://www.ithenticate.com/）和 PlagTracker（http://www.plagtracker.com/）。越来越多的大学和其

第 11 章　步骤 7：呈现综合文献回顾书面报告

他机构订阅了 PDS。在这种情况下，属于这样一个机构的文献回顾者很可能可以免费使用 PDS。因为很有可能会无意中剽窃其他作者的作品，所以我们建议文献回顾者在将其综合文献回顾报告定稿之前使用 PDS。

工具：审核要点汇总表

表 11-15 列出了审核初稿的要点汇总表，并包含了我们对审核每份初稿提出的所有 18 项建议。一旦这些审核要点得到解决并且你对初稿进行了相应修改，你就将得到第二稿，这将是对初稿的显著改进。然后，你应该使用相同的 18 个审核要点来系统地检查第二稿，这将生成第三稿。当多次进行系统审核时，返工/修订过程所花费的时间会一次比一次少，报告也会一次比一次接近终稿。对初稿进行审核修订的过程应该继续，直到在解决这些审核要点之后不再需要对初稿进行进一步的修改。在这一点上，我们想向初学者指出，即使是最有经验的学者，在为其综合文献回顾报告定稿之前也会对初稿进行多次修改。例如，在我们（弗雷尔斯和安伍布奇）为这些章节定稿之前，书中的几个章节被反复审核修改了十多稿。

表 11-15　第一稿及随后各稿的审核要点汇总表

	审核要点
1	将初稿与初稿撰写前的大纲进行比较
2	提供足够数量的标题和小标题
3	确保研究结果与其他信息有所区别
4	确保区分文献回顾者的声音/立场与每位作者的声音/立场
5	避免过度使用注释
6	尽可能提供研究结果的方法论和/或程序信息
7	尽量减少引文，特别是长引文
8	尽可能使用隐喻来增强意义
9	认真检查以确保在整个综合文献回顾报告中都提出了适当类型的主张
10	使用连接词/短语以最大限度地实现句子之间和段落之间的转换
11	评估综合文献回顾报告初稿的可读性
12	评估综合文献回顾报告初稿的并行性结构
13	检查综合文献回顾报告初稿中的语法错误
14	检查综合文献回顾报告初稿中的体例指南/人为错误
15	检查综合文献回顾报告初稿是否有足够数量的引用/参考文献
16	检查综合文献回顾报告初稿中的引文错误和参考文献列表错误
17	检查综合文献回顾报告初稿论点中的谬误
18	检查综合文献回顾报告初稿中的伦理规范

11.9 继续综合文献回顾过程

正如我们在第 1 章中所述，教科书作者延续下来的一个误区是"文献回顾只是研究过程中的一个阶段"。然而，正如我们在第 3 章中概述并在本章前面强调的那样，综合文献回顾可以应用于一份主要研究报告 12 个组成部分中的任何一个或全部。具体而言，在进行主要研究之前，综合文献回顾可应用于其中的 9 个组成部分（即问题陈述、背景、理论/概念框架、研究问题、假设、参与者、工具、程序、分析）——我们称之为**数据收集/分析前综合文献回顾**（pre-data collection/analysis CLR）；一旦对主要研究数据进行了收集和分析，综合文献回顾就将应用于其余 3 个组成部分（即对结果的解释、未来研究方向和对这个领域的影响）——我们称之为**数据收集/分析后综合文献回顾**（post-data collection/analysis CLR）。

数据收集/分析后综合文献回顾涉及报告的讨论部分，以及基于可信来源获取调查结果并使其为扩充知识库做出贡献的方式。也就是说，当文献回顾者在解释研究结果、为未来研究提供方向以及对这个领域产生影响时，应该将其研究结果置于一定语境之中。作为解释研究结果的一部分，文献回顾者应将其结果与综合文献回顾报告部分提供的信息进行比较。特别是，文献回顾者应说明他们的研究结果是如何以及在多大程度上支持或驳斥在其综合文献回顾报告部分呈现的原有发现的。此外，文献回顾者还应根据其框架（即理论框架、概念框架和/或实践框架）解释其研究结果。例如，研究结果在多大程度上支持（support）该框架？研究结果在多大程度上扩展（extend）该框架？研究结果在多大程度上改变（modify）该框架？以下是弗雷尔斯（Frels, 2010）在二元导师制研究中进行的数据收集/分析后综合文献回顾的示例。

案例：将研究结果与其他信息进行比较

专栏 11.12 提供了将研究结果与先前引用的文献进行比较和对比的示例；专栏 11.13 提供了在概念框架内解释研究结果的示例。专栏 11.14 提供了在理论框架内解释研究结果的示例，该理论框架在二元导师制研究中被称为布朗芬布伦纳（Bronfenbrenner, 1979）的人类发展生态学模型；图 11-11 描绘了在理论框架内对解释结果进行可视化呈现的示例。专栏 11.15 展示了在哲学视角下解释研究结果的示例。专栏 11.16 展示了为该领域提供了启示的二元导师制研究摘录。随着本章即将结束，我们希望这些示例有助于你将我们的建议运用于实践。

第 11 章　步骤 7：呈现综合文献回顾书面报告

专栏 11.12

将研究结果与先前引用的文献进行比较和对比的示例

非裔美国导师，无论男女，其指导的结果都好坏参半。通过观察发现，在相似种族的两代人中存在着戏谑的语言；而在不同种族的一代人中则存在着明确的目标激励。因此，在非裔美国人-非裔美国人的导师制配对中，语言与非语言方面的交流都很活跃。与这一发现相一致，米切尔-克南（Mitchell-Kernan，1972）认为大声说话是非裔美国人社区的一种语言工具。此外，她还解释说，民间对话是"一种以高度个人风格为特征的流利而生动的谈话方式，当它的功能是从某人那里得到某物或让某人做某事时，就可以使用这种方式"（p.318）。约翰·亨利（John Henry）先生和朱尼尔（Junior）先生的《给我启发》（*Enlightening for Me Dyad*）就证明了这种语言风格对建立一种密切而持久的关系是有效的。正如约翰·亨利先生所述，如果初中生（目前是初中一年级）愿意，那么辅导将持续至高中。

资料来源：Adapted from *The experiences and perceptions of selected mentors: An exploratory study of the dyadic relationship in school-based mentoring*, by R. K. Frels, 2010, unpublished doctoral dissertation, Sam Houston State University, Huntsville, TX, pp. 310 – 311. Copyright 2010 by R. K. Frels. [Emphasis added.]

专栏 11.13

在概念框架内解释研究结果的示例

我的研究结果支持缪伦（Mullen，1999）提出的将欣赏理解与互动相结合的协同效应概念。在二联体中，同理心和价值观的多样性是存在的，这些特征与有效的沟通、积极的倾听以及信任相结合。相反，在一个案例中，导师不想在一年后继续辅导工作，她表示由于与被指导者之间的互动不一致，她感到她所实施的辅导是无效的。因此，导师方面的努力（如提出太多需要参与的问题）为会谈确立了一种紧张的基调，使得二联体中导师比被指导者更努力地尝试沟通。此外，我的研究为缪伦（1999）的四步骤过程赋予了潜在的显著特征，如含蓄的鼓励、戏谑的语言、此时此地的轻松气氛和幽默的自然运用。所谓四步骤过程是指相互作用（即恰当地表达有意义的想法）、欣赏性理解（即每位成员学习欣赏冲突、利用移情和价值多元性）、整合（即方法中的创造力）和实施（即朝着改变前进的二联体）。此外，缪伦（1999）解释说，实现共同目标的意愿强调了赞赏性的理解和互动。考虑到在通常情况下，被指导者可能不知道他们为什么会被选中参加校本导师制计划，所以他们的目标可能与导师的目标并不一致。因此，如果导师将目标设定得远远超出二元交换的目标，那么该目标很可能不会与被指导者的目标保持一致。

从协同效应的角度来看，我的研究结果证实了导师在追求利他或崇高目标之外的指导中意识到自己成就感的重要性。考虑到"相互慰藉二联体（Mutual Comfort Dyad）"和阿玛亚的话，很明显，她感到荣幸的是，她的被指导者，一名11岁的非裔美国男孩，愿意花时间与"像我这样的西班牙老太太"待在一起。因此，在二联体中存在着一种同志关系，使导师超越了辅导者或朋友的角色。此外，通过影响一种生活空间的两方面可以形成一种协同指导交换关系，这两方面即列文（Lewin，1951）描述的包括客观世界和想象的主观或感知方面。结合社会建构主义的辩证实用主义研究哲学，可以得出这样的结论：导师的亲密感知是一种真实的、现实的体验，它直接影响着被指导者与导师以及二者之间的协同交流。

资料来源：Adapted from *The experiences and perceptions of selected mentors: An exploratory study of the dyadic relationship in school-based mentoring*, by R. K. Frels, 2010, unpublished doctoral dissertation, Sam Houston State University, Huntsville, TX, pp. 315–316. Copyright 2010 by R. K. Frels.

专栏 11.14

在理论框架内解释研究结果的示例

我的研究结果通过布朗芬布伦纳（Bronfenbrenner，1979）的生态学理论的解释而得到了特别值得注意的结果（见图11-11）。对于微观系统（或1级），活动、角色和人际关系的因素构成了体验的基础（Bronfenbrenner，1979）。因此，每个导师制二联体都是被指导者即时设置（即1级）的重要组成部分。此外，根据布朗芬布伦纳（1979）的定义，二联体包括"任何两个人注意或参与彼此的活动"（p.56），并且在两个方面对参与发展很重要：(a) 当一名参与者密切和持续关注另一名参与者的活动时；(b) 当两名参与者认为自己在一起做某事时。

布朗芬布伦纳（1979）进一步详细描述了互惠与相伴而生的相互反馈会产生一种动力，促使参与者不仅要坚持下去，而且要参与到越来越复杂的互动模式中去。他描述了一种主要二联体的现象学存在，即两名参与者即使不在一起，也会通过彼此的思想、强烈的情感和分开时对行为的影响而为对方存在。事实上，导师制关系不仅存在于微观系统层面，而且可以是其他系统的谈判者，正如作用于中观系统（mesosystem，或2级）一样（即系统之间的互联，特别是在人性化的方式中）。

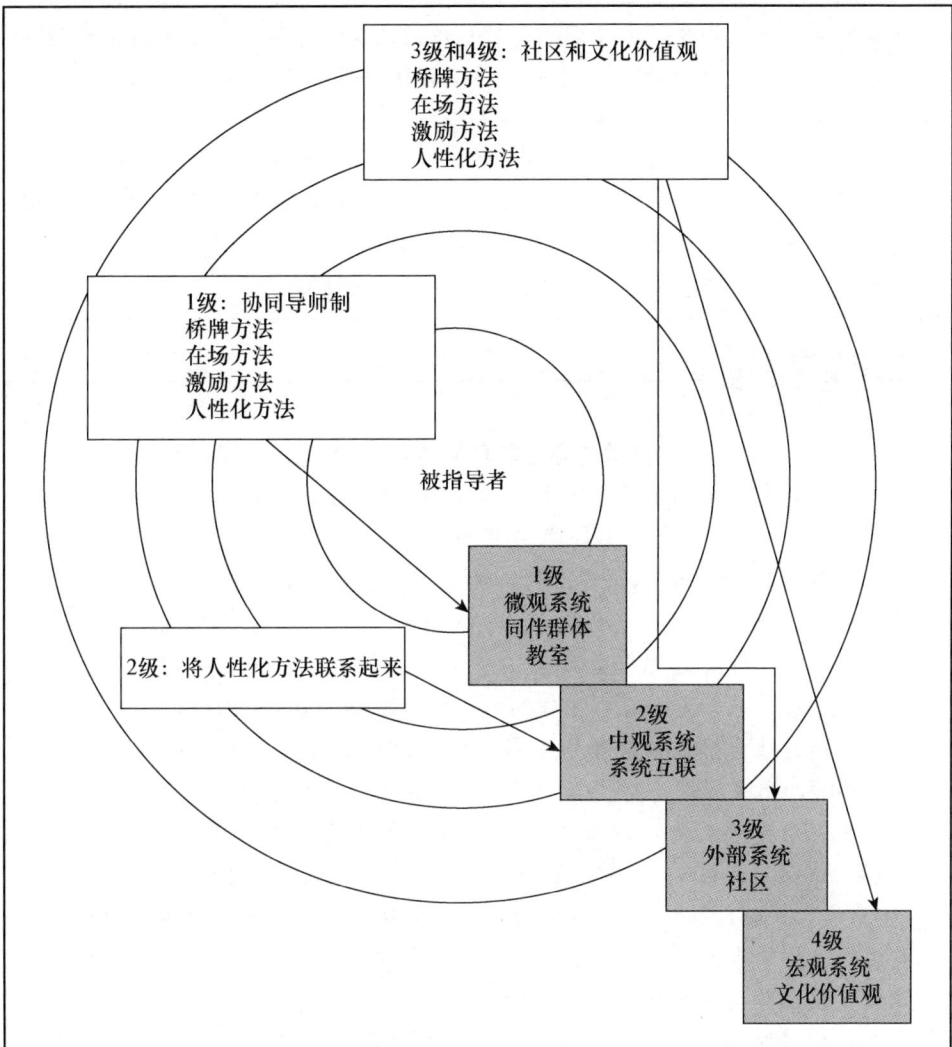

第 11 章 步骤 7：呈现综合文献回顾书面报告

图 11-11 在理论框架内解释结果的可视化呈现：布朗芬布伦纳（1979）的人类发展生态学模型和四种导师制方法

资料来源：Adapted from *The experiences and perceptions of selected mentors: An exploratory study of the dyadic relationship in school-based mentoring*, by R. K. Frels, 2010, unpublished doctoral dissertation, Sam Houston State University, Huntsville, TX, pp. 316–318. Copyright 2010 by R. K. Frels.

布朗芬布伦纳（1979）提出，一个孩子参与的两个或多个场景之间的相互联系会导致进一步协商发展的关系。在这个系统中，布朗芬布伦纳（1979）提出了四种一般类型：(a) 多点参与，即同一个人在多个场景中开展活动；(b) 间接联系，即同一个人在两个场景中都不积极参与，但还是通过作为中间环节的第三方与场景建立了联系；(c) 中间通信，即从一个场景传送到另一个场景的信息向另一个场景中的人提供了具体信息；(d) 中间知识，即一个场景中存在的信息或经验为另一个场景提供了信息。在导师制中，当导师参与家庭、同伴和学校的讨论时，其充当间接联系或中间通信，通过鼓励、关联、时间和存在以及语言的细微差别这四个主题来协商各种事件和场景。考虑到生态学理论，导师制中的每一种方法（即桥牌方法[①]、在场方法、激励方法和人性化方法）都会对儿童世界的微观系统（或 1 级）产生影响。

专栏 11.15

在哲学视角下解释研究结果的示例

当考虑到我的辩证实用主义哲学立场（Johnson，2009）时，使用话语分析（Gee，2005）非常有帮助，我将社会建构主义（Longino，1993）和双向互动的变革性解放（Mertens，2007）的立场结合起来，从而认识到语言和语言的使用是如何与二元关系相联系的。考虑到社会建构主义的立场，本研究中二联体成员的社交过程与互动提供了这样的例子：知识在一定程度上是社会协商的产物，人们开始分享主体间的理解（Schwandt，2007）。

为了通过社会情境来解释导师制二联体的特征（即 1 级）（Bronfenbrenner，1979），子主题概要特征（如显性 vs. 隐性；规定性 vs. 工具性 vs. 发展性）被映射到连续统上，以与被指导者的社会环境相关（即 2 级、3 级和 4 级）（Bronfenbrenner，1979）。图 41[②] 描述了一个社会环境的 13 个特征。如图 41 所示，内隐鼓励（I）被认为是高度社会性的，因为它涉及导师的非语言创造力和被指导者的强接受能力。此外，发展活动（D）本质上是协作的，因此比规定性活动更具社会性。交换/过程导向（Eo）关联是高度社会化的，因为它调用处理和来回对话的方式，与以支持为导向的关系相反——当积极的倾听发生时，以支持为导向的关系带来一种舒适和安静的感觉（feeling felt）。同样，一种"此时此地的存在（here-and-now presence，HaNP）"旨在让两个成员都认识到这一刻的价值，以及分享这一刻的社会意义。最后，在存在细微差别的三种语言中，幽默（H）在社交性质连续统中是排名最高的，这是因为导师和被指导者都经历了同样的欢乐；自我表露（S）在社交性质连续统

[①] 此处作者提到了"桥牌方法（the Bridger Approach）"，很可能是因为桥牌是两人对两人的四人牌戏，非常强调同一组两人之间的协作配合，而这也恰是顺利推进导师制所需要的，所以作者可能借"桥牌"来隐喻导师制。——译者注

[②] 此图从略，英文原书即如此。——译者注

第 11 章　步骤 7：呈现综合文献回顾书面报告

中排名第二，这是因为在分享时对社交二联体的信任程度。相反，由于单向的等级交换，问题（Q）在社交性质连续统中排名较低。

资料来源：Adapted from *The experiences and perceptions of selected mentors: An exploratory study of the dyadic relationship in school-based mentoring*, by R. K. Frels, 2010, unpublished doctoral dissertation, Sam Houston State University, Huntsville, TX, pp. 320–321. Copyright 2010 by R. K. Frels.

专栏 11.16

对该领域的启示摘录

在社区利他主义的快节奏文化中，为了未来对我们的孩子产生影响，导师们必须认识到导师制本身可以是丰富和有益的。正如我在研究中通过玛吉（Margie）的话所指出的那样，导师们不应该期望这样的鼓励，而且他们可能永远不会意识到自己所做的改变。因此，设定过高的期望或目标就可能会使他们成为斯宾塞（Spencer，2007）曾雄辩地描述过的失望的导师："这不是我所期望的。"（p.47）有时可能会失望的导师应该从萨凡纳（Savannah）身上汲取灵感，通过自我勉励来完成年度承诺，从而保持稳定和自信。

资料来源：Adapted from *The experiences and perceptions of selected mentors: An exploratory study of the dyadic relationship in school-based mentoring*, by R. K. Frels, 2010, Unpublished doctoral dissertation, Sam Houston State University, Huntsville, TX, p. 356. Copyright 2010 by R. K. Frels.

结　论

七步骤模型的步骤 7 包罗万象，因为它是所有其他步骤的累积，并且取决于一些个人特征，如先前的学术写作经验、花费大量时间优化想法的能力，以及最重要的是对整个流程的耐心。甚至在写作过程中，文献回顾者可能还会经历对报告选取方向的怀疑，并试图改变驱动综合文献回顾不断向前的初始问题。启动你的文献回顾的最初目标、目的和理由表明，该过程本身很可能已经导致了你最初立场的某些变化。重要的是要记住，就像研究过程一样，你对数据或信息来源提出的问题也会产生针对这些问题的答案。

因此，在完成文献回顾的过程中，通过重新审视你最初的一些研究哲学信仰、特定学科信仰及特定主题信仰，你可能会在更高的程度上，通过在这个过程中学习的特定措辞来揭示你对证实性结果的偏见。扪心自问：究竟是什么发现让你吃惊？为什么？这个问题可以帮助你突显与该主题有关的新学习领域的分歧并影响你未来的研究方向。此外，对每份草稿的系统评价会产生一份一致且统一的终稿。当你反思你的最终审核时，请考虑你存储的信息源并重新组织它们，以便你重新访问它们，并将其包含在任何后续研究中。花点时间来庆祝到达综合文献回顾流程的这一步，并反思你在撰写终稿方面所做的努力！

在本章中，我们提出了以下重要概念：

• 作者传达信息的方式涉及修辞（即所使用的语言）和源自哲学立场和方法选择的强调。

• 用词经济或简约原则应该被用来指导词汇选择。

• 在引用其他作者的作品时，为避免剽窃，原创性很重要。自信地用自己的语言来传达原创作者的想法有助于文献回顾者避免剽窃。

• V形法（或漏斗形方法）涉及组织综合文献回顾报告，以便首先讨论与该主题最不相关的信息来源的引用，最后讨论最相关的信息来源的引用。

• 在报告中纳入检索过程的重要方面，以实现主题的情境化并确立论证路径，这是很重要的。

• 关注著名文献有助于在某一主题领域形成一些突破性发现。需要注意的是，综合文献回顾决策过程中其他可区分的步骤也很重要，例如记录作者思想之演进、引用异议作品以及参考其他信息资源。

• 引文地图有助于理解和澄清观点、概念、理论、发现和解释。元分析、元综合和元总结可以在报告中提供相当大的优势，例如信息的实际意义和有用性。

• 撰写不同版本的初稿之间的时间有助于文献回顾者以更客观的状态来重新审阅和修改初稿。每次重新审阅，初稿在清晰度和聚焦方面都会有所提高。使用审核要点清单有助于系统性评估报告的思想和技术性写作要素。可读性指标的使用有助于评估修订周期的适当性和流程。

• 确保区分文献回顾者的声音/立场与每名被引作者的声音/立场，从而使文献回顾报告更加清晰。

• 尽量减少注释和引文的使用，提供足够数量的标题和小标题，使用隐喻和连接词/短语，通过提供研究结果的方法论和/或程序信息来实现研究发现的情境化，最大限度地提高并行性，避免论点中的谬误，并检查语法、体例指南、引文和参考文献列表错误——所有这些都是在追求严格写作过程中的重要步骤。

• 确保文献回顾报告不存在伪造、捏造、裙带关系、侵犯版权和剽窃行为，这对于一个道德的和文化进步的文献回顾者来说至关重要。

• 数据收集/分析后综合文献回顾涉及报告的讨论部分，以及基于可信来源获取调查结果并使其为扩充知识库做出贡献的方式。

第 11 章　步骤 7：呈现综合文献回顾书面报告

第 11 章　评价一览表

核心（CORE）	指导性问题和任务
批判性检视	你在多大程度上确定了受众及其与主题领域相关的需求？
组织	你在多大程度上回应了规划有效展示的决定？
	你在多大程度上编制了大纲，以及在多大程度上包含了流程的审计轨迹部分？
反思	你在多大程度上基于一个或多个框架撰写了大纲和章节段落？
	你在多大程度上对自己的论点会如何演变有新的认识？
评估	在有组织的交谈中，运用你的大纲向同伴或同事展示你的观点。让你的听众重述你的一些观点，这样你就可以评估你所说的观点是否与听众所反馈的观点相同。

后记：理论驱动和模型驱动的文献回顾

在我们的书中，我们详细地介绍了一个用来进行综合文献回顾的七步骤模型，它代表一种方法论、方法、工具和多模态（或新文献）路径。在最理想的情况下，进行综合文献回顾的文献回顾者是一名具有原创性的思想者、批判性的思想者、自反性的研究者、道德的研究者，尤其是一名文化进步的研究者。在第4章到第11章中介绍我们的七个步骤时，我们的目标是向你展示如何进行综合文献回顾，并为知识宝库的拓展做出贡献。因此，除了少数例外（例如，运用话语分析来分析从综合文献回顾过程中提取的信息），我们概述了导致对从综合文献回顾过程中提取的信息进行**后验分析**（posteriori analyses）的方式、方法和策略。此外，我们将综合文献回顾过程描述为一种论文或理论生成过程，一旦达致某种形式的饱和（如数据饱和、理论饱和），就会产生"一个基于使用现有知识、可靠证据和合理论点开发的案例得出的结论"（Machi & McEvoy, 2009, p.157）。在这里，综合文献回顾过程可以由对感兴趣的主题知之甚少或一无所知的人来进行，因为随着综合文献回顾进程的推进，这些知识将逐步浮现。

虽然为了论文/理论之生成而进行综合文献回顾非常普遍，但是有时候综合文献回顾也可以用作理论确认、理论修改或理论扩展过程。这一过程包括使用一种理论（即对可通过证据验证、可证实或可证伪的现象的广泛解释）或一种模型［即（抽象的）口头、视觉、物理或数字呈现或理论表现］驱动的综合文献回顾过程，特别是综合文献回顾分析和综合。尽管这些理论驱动和模型驱动的综合文献回顾很有吸引力，但却鲜有研究人员涉足。因此，本后记剩余部分的目的就是提供理论/模型驱动的综合文献回顾的示例。

一、理论/模型驱动的综合文献回顾：示例1

1956年，教育心理学家本杰明·布鲁姆博士（Dr. Benjamin Bloom）主持

后记：理论驱动和模型驱动的文献回顾

了一个教育工作者委员会，其目标是改善教育中的思维方式，使其不仅仅是记住事实（即死记硬背）。布鲁姆的委员会确定了学习或教育目标的三个领域，即：**认知**（cognitive），与心理技能相关；**情感**（affective），与态度、感情和情绪相关；**心理活动**（psychomotor），与体力或身体技能相关。该委员会提出了认知领域（Bloom et al.，1956）和情感领域（Krathwohl, Bloom, & Masia, 1964）的**布鲁姆分类法**（Bloom's Taxonomy）。布鲁姆等人（Bloom et al.，1956）的认知领域分类法在设计教学过程时最常使用。这一领域涉及知识和智力技能的发展，包括六个层次有序的认知操作或过程，范围从最低阶的过程（即最简单的）到最高阶的过程（即最复杂的）——形成所谓的"**困难程度**（degrees of difficulty）"，以便在有效协商下一层级之前先掌握上一层级。这六个层级按升序排列如下：

（1）知识（knowledge）；
（2）理解（comprehension）；
（3）应用（application）；
（4）分析（analysis）；
（5）综合（synthesis）；
（6）评估（evaluation）。

知识表示对所学信息的记忆，包括对特定知识（如事实、数据、术语、基本概念）的了解、对处理特定问题的方式（如指南、标准、方法、程序）的了解，以及对普遍性与抽象性（如原理、法律、公理、原则、概括、理论）的了解。**理解**是指通过翻译、组织、比较、对比、描述、解释和总结主要观点来理解信息的意义。**应用**证明了能够通过已经获得的知识去解决问题，这些问题是通过以不同方式应用所获得的知识而在新情况下出现的。**分析**涉及检查信息或概念并将其细分为不同的组成部分，以了解组织结构并产生推论。**综合**涉及以一种独特的方式来组合一组（多样的）信息，从而产生代表一个连贯整体的新意义。最后，**评估**涉及根据证据或标准对信息、想法或产品的质量和效度/信度做出判断。

20世纪90年代，本杰明·布鲁姆以前的学生，同时也是南卡罗来纳大学的卡罗来纳州名誉杰出教授的洛林·安德森（在安伍布奇攻读博士学位的时候，他是安伍布奇所在大学的教授）领导了一个新的委员会，该委员会花了6年的时间来更新布鲁姆等人（Bloom et al.，1956）的分类法。该委员会出版了由安德森、克拉斯沃尔、艾尔埃神和克鲁克尚（Anderson, Krathwohl, Airasian, & Cruikshank, 2001）修订的分类法。特别是安德森等人（2001）将布鲁姆等人（1956）的六个层级的词性由名词形式改为动词形式。此外，他们将最低层级"知识"重新命名为"**记住**（remembering）"。在这里，**记住**涉及从长期记忆中检索、识别和回忆相关信息。

此外，层级"理解"和"综合"分别被重新命名为"领悟（understanding）"和"创造（creating）"。**领悟**包括通过分类、比较、对比、总结、解释、诠释、推断和举例，从口头、书面和视觉信息中构建意义（Anderson et al.，2001）。**创造**包括通过规划、生成或生产将元素重组为新的模式或结构，从而将元素组合成一个连贯的整体（Anderson et al.，2001）。其余三个层级（即应用、分析、评估）保持不变；然而，代表了布鲁姆等人（1956）分类法最高层级的"评估"，被重新命名为"评估（evaluating）"，并被作为安德森等人（2001）分类法的第二高层级。因此，安德森等人（2001）按升序修订了六个层级，如下所示：

(1) 记住（remembering）；
(2) 领悟（understanding）；
(3) 应用（applying）；
(4) 分析（analyzing）；
(5) 评估（evaluating）；
(6) 创造（creating）。

在第3章中，除了将文献回顾者描述为一名文化进步的研究者、道德的研究者和多模态的研究者之外，我们还将文献回顾者描述为一名原创性思想者(thinker)、一名批判性思想者(thinker)和一名自反性研究者或学习者(learner)。由于安德森等人（2001）的分类法和布鲁姆等人（1956）的分类法涉及思维(thinking)和学习(learning)过程的分类，因此这两种分类法都可以用于根据认知复杂程度对综合文献回顾过程进行分类。所以，在格拉内洛（Granello，2001）、列维和埃利斯（Levy & Ellis，2006）将布鲁姆等人（1956）的分类法映射到文献回顾过程的基础上，在本节的其余部分中，我们使用安德森等人（2001）的分类法对综合文献回顾过程进行了分类。

（一）记住信息

记住信息是综合文献回顾过程的最低层级，通常通过阅读、识别、检索、辨认和回忆相关信息等活动来完成。在这一层级上撰写综合文献回顾报告的特点是信息从其他来源回流而来，但文献回顾者并未证明对该信息的理解，也没有能力区分主要观点和次要观点、信息来源质量以及哪些信息与主题最相关。在此层级上撰写综合文献回顾报告的文献回顾者可能会报告不必要的统计信息（如精确到小数点后几位的 p 值）、过度使用引号或过度使用像"发现(found)"这样的动词（如我们在第11章中讨论的那样）。此外，处于该层级的文献回顾者倾向于仅仅依赖他们引用的作者的解释；更重视支持其前提的文献；在撰写综合文献回顾报告的章节时，这些章节通常是按阅读的文献而不是按主题（topic or theme）组织的，每一段都包含一个特定文献的名称和/或标题，以及一个文献的总结（如研究结果）。

后记：理论驱动和模型驱动的文献回顾

（二）领悟信息

领悟信息是综合文献回顾过程的第二低层级，通常通过诸如阅读、识别、检索、辨认和回忆相关信息等"记住活动"，以及总结、分类、解释、举例、区分、阐释和意义形成等附加活动来完成。与处于"记住"层级的文献回顾者不同，在"领悟"层级撰写综合文献回顾报告的文献回顾者能够将信息从一个来源转换到另一个来源。此外，他们还能够解释信息并理解信息来源的含义，因此，他们能够提出主要观点而不是过度使用引文。然而，与处于"记住"层级的同行一样，他们仍然倾向于只关注实证论文的引言和讨论部分，依赖被引作者自己的解释，更为重视支持他们前提的文献，并按选定的文献而非按主要思想来安排段落。更重要的是，与他们处于"记住"层级的同行一样，他们既无法区分信息来源的质量，也无法确定哪些信息与基本主题（underlying topic）的相关性最大。

（三）应用信息

应用信息是综合文献回顾过程的第三低层级，通常通过诸如阅读、识别、检索、辨认和回忆相关信息等"记住活动"，诸如总结、分类、解释、举例、区分、阐释和意义形成等"领悟活动"，以及组织、演示、说明、解决、关联、归属和分类，将信息分解成各个组成部分并确定这些部分相互之间及其与论证总体路径之间的关系等附加活动来完成。与处于"记住"或"领悟"层级的文献回顾者不同，在"应用"层级撰写综合文献回顾报告的文献回顾者能够在新的情况下使用以前习得的材料，以及应用概念、理论、公理、原理、规则、原则、程序和方法。此外，他们还能够将每篇文献直接与基本主题联系起来。然而，与他们处于"记住"层级和"领悟"层级的同行一样，他们仍然倾向于只关注实证论文的引言和讨论部分，依赖被引作者自己的解释，更重视支持他们前提的文献，并按选定的文献而非按主要思想来安排段落。最重要的是，与他们处于"记住"层级和"领悟"层级的同行一样，他们既无法区分信息来源的质量，也无法确定哪些信息与基本主题的相关性最大。

（四）分析信息

分析信息是综合文献回顾过程的第三高层级，通常通过诸如阅读、识别、检索、辨认和回忆相关信息等"记住活动"，诸如总结、分类、解释、举例、区分、阐释和意义形成等"领悟活动"，诸如组织、演示、说明、解决、关联、归属和分类，将信息分解成各个组成部分并确定这些部分相互之间及其与论证总体路径之间的关系的"应用活动"，以及比较、对比、分离、连接、选择、链接、确认、详细说明、得出结论等附加活动来完成。与处于"记住""领悟"或"应用"层级的文献回顾者不同，在"分析"层级撰写综合文献回顾报告的文献回顾者能够确定为什么所选信息是重要的。此外，他们不仅可以将文献与主要思想联系起来，而且可以通过识别支持其论证路径的文献的组成部分来整合复杂性。此外，

362

与处于较低层级的同行不同，他们不依赖被引作者自己的解释，且其综合文献回顾报告包含对与选定文献相关的信息（例如，被引作者使用的方法）的更详细描述。处于"分析"层级的文献回顾者还能够识别出现的模式，重要的是，他们可以通过对信息集的分析而得出自己的结论。然而，和处于低层级的同行一样，他们仍然倾向于更加重视支持他们前提的文献。此外，他们无法处理相互矛盾的研究结果。最重要的是，尽管他们能够在一定程度上区分信息来源质量，但他们没有使用系统的方法来评估信息。

（五）评估信息

评估信息是综合文献回顾过程的第二高层级，通常通过诸如阅读、识别、检索、辨认和回忆相关信息等"记住活动"，诸如总结、分类、解释、举例、区分、阐释和意义形成等"领悟活动"，诸如组织、演示、说明、解决、关联、归属和分类，将信息分解成各个组成部分并确定这些部分相互之间及其与论证总体路径之间的关系的"应用活动"，诸如比较、对比、分离、连接、选择、链接、确认、详细说明、得出结论等"分析活动"，以及评定、判断、区分、决定、推荐、选择和支持等附加活动来完成。与处于"记住""领悟""应用"或"分析"层级的文献回顾者不同，在"评估"层级撰写综合文献回顾报告的文献回顾者能够根据外部准则和标准做出判断，从而可以使用诸如我们在第7章讨论过的那些评估框架来确定论文质量和信息效度。此外，他们还能够区分六种类型的主张（即事实主张、价值主张、政策主张、概念主张、解释主张、观察主张），以及观点、想法、概念、假设、预感、理论和发现。此外，他们对模棱两可、自相矛盾或含混不清的研究结果具有很高的容忍度，并且可以将这些研究结果作为所用方法的一个功能进行评估。处于"评估"层级的文献回顾者还可以通过概述每篇文献的优点与局限性，以最少的研究者偏见来陈述论点的不同方面。然而，和处于低层级的同行一样，他们既不能提出一个逻辑上综合的讨论，用以将来自多个来源的信息连贯地编织在一起，也无法将信息综合为一个超过其各部分总和的整体。

（六）创造信息

创造信息是综合文献回顾过程的最高层级，通常通过诸如阅读、识别、检索、辨认和回忆相关信息等"记住活动"，诸如总结、分类、解释、举例、区分、阐释和意义形成等"领悟活动"，诸如组织、演示、说明、解决、关联、归属和分类，将信息分解成各个组成部分并确定这些部分相互之间及其与论证总体路径之间的关系的"应用活动"，诸如比较、对比、分离、连接、选择、链接、确认、详细说明、得出结论等"分析活动"，诸如评定、判断、区分、决定、推荐、选择和支持等"评估活动"，以及组合、混合、整合、修改、重新排列、设计、建构、推理、概括等附加活动来完成。与处于"记住""领悟""应用""分析"或"评估"层级的文献回顾者不同，在"创造"层级撰写综合文献回顾报告的文献回顾者能够通过一种包含正当和透明的论证途径的方法来结合观点、想法、概念、假设、预感、理论和发现，从而在主题或概念上对综合文献回顾进行组织。在这种方法中，各部分被整合成一个逻辑上连贯的整体，这个整体超过其各部分的总和，并且结论的逻辑基础是适当的评估框架。此外，处于此"创造"层级的文献回顾者能够将信息集整合到更广泛的概念或主题中，并将这些元素重新组织成能够产生增值信息的新模式或结构。

（七）将布鲁姆的修订分类法应用于综合文献回顾的启示

如果一名文献回顾者有兴趣就文献回顾主题进行综合文献回顾，他/她就可以运用布鲁姆的修订分类法，即安德森等人（2001）的分类法，以一种先验的方式来建构他/她的综合文献回顾报告。例如，文献回顾者可以使用综合文献回顾报告的引言部分来介绍安德森等人（2001）的分类法。然后，文献回顾者可以将综合文献回顾报告的正文分为六个部分，每一个部分对应六个分类层级中的一个层级，并将文献回顾过程映射到这六个层级上。

在这本书中，我们使用导师制的主题来说明各个步骤和过程。在这种情况下，也可以从导师制的角度来考虑如何使用安德森等人（2001）的分类法。特别是，正如格拉内洛（Granello，2001）所概述的那样，安德森等人（2001）的分类法可以增加文献回顾者综合文献回顾报告的"认知复杂性"（p.301）。例如，导师可以帮助文献回顾者将他们的综合文献回顾报告（a）从"记住"层级提升到"领悟"层级，方法是教他们如何准确而充分地解释信息；（b）从"领悟"层级提升到"应用"层级，方法是将他们理解的文本直接与基本主题联系起来；（c）从"应用"层级提升到"分析"层级，方法是制定一份他们可以自问的问题清单以便分析信息（例如，作者的解释是否直接源于研究结果？对这一研究结果是否还有其他解释？）；（d）从"分析"层级提升到"评估"层级，方法是通过识别并使用外部准则和标准来区分被引作者提出的六种类型的主张，并确定文章质量与信息效度；（e）从"评估"层级提升到"创造"层级，方法是编制我们在第10章决定5中描述的一份详细大纲（参见Granello，2001）。

二、理论/模型驱动的综合文献回顾：示例2

前面我们已经讨论了如何使用教育心理学领域的模型，即布鲁姆的修订分类法（Anderson et al.，2001）来驱动以文献回顾为主题的综合文献回顾。有趣的是，我们还可以使用社会心理学领域的理论来对同一主题进行综合文献回顾框架设计。具体来说，我们可以使用凯利（Kelley，1967，1973）的**归因理论**（theory of causal attribution）——也被称为凯利**共变模型**（covariation model）——它与自我感知和社会感知有关。根据凯利（1973）的说法，"一种效应被归因于其可能的原因之一，随着时间的推移，它与之共变"（p.108）。换句话说，一个特定的行为可以归因于同时发生的潜在原因。凯利（1973）认为，一种结局可以归因于个人（即内部归因）、刺激（即外部归因）、环境或这些因素的某种组合。凯利（1967，1973）的归因理论认为，人们在判断事件原因时会使用三种类型的信息，如下所示。

- **共识信息**（consensus information）：该信息涉及其他人是否以类似方式对特定刺激做出反应（即不同人之间的行为共变）。如果许多人（如导师）以同样的方式对刺激（如一名被指导者）做出反应（如给予鼓励），那么就可以得出结论：共识高。相比之下，如果只有一个人（如导师）以特定方式对刺激（如一名被指导者）做出反应，那么就可以得出结论：共识低。高共识归因于刺激（即一名被指导者），而低共识归因于做出独特反应的人（即导师）。

- **独特性信息**（distinctiveness information）：该信息与特定情况下行为的独特性有关。如果一个人（如导师）对不同的情况（如一名被指导者撰写的不同的综合文献回顾报告）做出类似的反应（如给予表扬），那么可以得出结论：独特性低。相比之下，如果一个人（如导师）对特定的情况（如一名被指导者撰写的一份特定的综合文献回顾报告）做出独特的反应（如给予表扬），那么可以得出结论：独特性高。如果独特性高，那么行为将更多地归因于环境（即一名被指导者撰写的一份特定的综合文献回顾报告）而非个人（即导师）；如果独特性低，那么行为将更多地归因于个人而非环境。

- **一致性信息**（consistency information）：该信息与行为随时间变化的一致性（即行为随时间变化的共变）有关。如果此人（如导师）在重复的场合（如每次与被指导者见面）对某一特定情境（如与一名被指导者的一次见面）做出类似的反应（如给予鼓励），那么可以得出结论：一致性高。如果此人在重复的场合（如每次与被指导者见面）对某一特定情境（如与一名被指导者的一次见面）没有做出类似的反应（如并不总是给予鼓励），那么可以得出结论：一致性低。高一致性归因于个人（即始终如一地给予鼓励的导师），而低一致性归因于情境（即与被指导者见面）。

凯利的归因理论被用作综合文献回顾过程的框架

当参与人员能够在多个场合观察到感兴趣的行为时，凯利的归因理论特别可行。因此，这一理论适用于文献回顾过程，因为在这个过程中，对于许多（即便不是大多数）主题来说，在多个场合进行重复研究是很常见的。尤其是凯利的归因理论可以用来对文献回顾者在综合文献回顾过程中对于基本假设（即定量）或直觉（即定性）做出的决定进行分类。因此，映射凯利（1967，1973）的归因理论可能会得出以下结论。

- **共识信息**：在综合文献回顾情境中，如果许多其他研究人员以与最初观察到这些结果的研究人员相同的方式来解释给定的一组研究结果，并且文献回顾者希望对最初研究者进行引用,那么可以得出结论:共识高,并且这种解释可以归因于该研究结果。相反,如果其他研究人员对给定的一组研究结果的解释与最初观察到这些结果的研究人员不同,那么可以得出结论:共识低,并且这种解释可以归因于最初获得并解释该结果的研究人员。因此,在引用这名研究人员的话时,重要的是文献回顾者应该引用这种缺乏共识的情况。

● **独特性信息**:在综合文献回顾情境中,如果文献回顾者对不同的研究结果,特别是(貌似)相互矛盾的研究结果做出了相同的解释,那么可以得出结论:独特性低,并且该解释可以归因于文献回顾者。相比之下,如果一名文献回顾者对不同的结果做出了不同的解释,那么可以得出这样的结论:独特性高,并且这种解释可以归因于特定的研究结果。因此,在做出解释时,文献回顾者应该检查以确保与该解释相关的高独特性。

● **一致性信息**:在综合文献回顾情境中,如果文献回顾者对在多个研究中重复的一个研究结果(如具有相似效应量的结果)做出相同的解释,那么可以得出结论:一致性高,并且该解释可以归因于文献回顾者。如果文献回顾者对在多个研究中重复的一个结果提供不同的解释,那么可以得出结论:一致性低,并且该解释可以归因于这种情境〔例如,用于发现研究结果的方法论(如样本特征)〕。因此,在做出解释时,文献回顾者应该意识到自己的一致性水平。

文献回顾者可以使用休斯通和雅斯贝尔斯(Hewstone & Jaspars, 1987)的概念化来评估在提出六种类型的主张(即事实主张、价值主张、政策主张、概念主张、解释主张、观察主张)中的一种时,他们是否通过评估主张背后的共识、独特性和一致性水平来进行个人(即内部)、刺激(即外部)或情境归因,具体如下:

低共识,低独特性,高一致性 = 文献回顾者归因
高共识,高独特性,高一致性 = 刺激归因(如数据、证据)
高共识,低独特性,低一致性 = 情境归因(如方法论)

然后,文献回顾者可以使用凯利(1967, 1973)的归因理论来确保文献回顾者提出的每一项主张都是有效的/可靠的和适当的;文献回顾者应该聚焦于做出刺激归因和/或情境归因。每当文献回顾者认为有必要提出反映文献回顾者归因的主张时,他们都应该通过使用代词〔例如,我们相信(We believe)、我们预测(We predict)、我们假设(We postulate)〕和适当的副词〔例如,大概(perhaps)、也许(possibly)、可能(maybe)〕来向读者明确这一归因来源。

三、理论/模型驱动的综合文献回顾:示例 3

我们已经讨论了如何使用教育心理学〔即布鲁姆的修订分类法(Anderson

et al.，2001）]和社会心理学［即归因理论（Kelley，1967，1973）]领域的模型来驱动以文献回顾为主题的综合文献回顾。作为第3个例子，我们运用咨询心理学领域的理论来对同一主题进行综合文献回顾框架设计。具体而言，我们可以使用马西娅（Marcia，1966）的同一性成就理论（theory of identity achievement）。在埃里克森（Erikson，1959，1968）的同一性发展理论模型的基础上，马西娅（1966）将同一性形成过程操作化并定义了四种层次有序的同一性状态，其中每种同一性状态的成员都是由对意识形态和人际关系的个人探索（exploration）和承诺（commitment）程度所决定的。四种同一性状态如下。

- **同一性扩散**（identity diffusion）：这是发展最简单的同一性状态。确实，这不是一种确定的同一性，也没有明确的情境。在此阶段，个人尚未探索选择，也未对自己生活中的任何明确方向做出承诺。
- **同一性拒斥**（identity foreclosure）：处于同一性拒斥阶段的个人很少或根本没有经历过探索，仍然坚持儿童阶段的价值观和假设。在这种状态下，个人的生活问题并未按照自己的意愿进行重新表述。
- **延期偿付**（moratorium）：处于延期偿付状态的个人处于活跃的危机或探索状态。他/她正努力向自己明确的生活方向做出承诺，但尚未找到方向。这个人正在合成内部结构来塑造自我同一性。
- **同一性达成**（identity achievement）：这一阶段是最先进的发展阶段。处于这一阶段的个人经历了一段时间的选择探索，并对其生活的明确方向做出了明确的承诺。这样的个体有一种似乎代表一种内化的（结构上成熟的控制模式）同一性状态的同一性。

马西娅的同一性成就理论[①]被用作综合文献回顾过程的框架

马西娅（1966）的同一性成就理论有助于撰写综合文献回顾报告。特别是，根据马西娅的同一性成就理论，综合文献回顾报告的级别可以分为以下几类。

- **同一性扩散**：代表同一性扩散的综合文献回顾报告杂乱无章或极不连贯。在这个级别撰写综合文献回顾的文献回顾者充其量只是罗列了其他人的已有发现，而既不会进行总结性讨论，也不会进行内容整合。此外，他们往往过度使用引文。
- **同一性拒斥**：代表同一性拒斥的综合文献回顾报告的文献回顾者往往只关注总结论文的引言和讨论部分。此外，他们完全依赖于引用作者的解释。他们无法区分信息来源的质量。这些报告的另一个特点是，报告的章节是按照阅读的文献而非按照主题来组织的。处于这一阶段的文献回顾者所做的任何结论都言之过早。

---

① 原书中此处为"归因理论（Theory of Causal Attribution）"，但根据上下文，此处应该是"同一性成就理论"。——译者注

- **延期偿付**：代表延期偿付的综合文献回顾报告的文献回顾者能够区分主要思想与次要思想，并确定哪些信息与当前主题最相关。然而，他们往往更为重视那些支持他们前提的文献。此外，他们没有使用系统的方法来评估信息，无法解决相互矛盾的研究结果，也无法跨文献链接材料。
- **同一性达成**：代表同一性达成的综合文献回顾报告的文献回顾者能够整合各部分以形成一个连贯的整体；能够将跨文献的想法和研究结果汇集到主题性或概念性概述的文献回顾中；能够整理从其对组成部分的分析中提取的相关信息，并将其纳入更广泛的概念或主题中；能够利用评估框架各部分来确定文献质量和信息效度，以形成一个连贯的整体；能够区分来自研究结果、经验、观点或推测的结论；能够作为所用方法论的一项功能来评价相互矛盾的研究结果；能够容忍和接受模棱两可的、相互矛盾的或含混不清的结果。此外，代表同一性达成的文献回顾是按主题来进行组织的，包含文献基础扎实、条理清晰的论点，并呈现了所引文献的优点和局限性。同时，所有的论点都以最少的研究者偏见加以呈现，并且基于适当的评估框架得出了合乎逻辑的综合结论。

简而言之，综合文献回顾报告应该具有一个清晰的同一性。

四、理论/模型驱动的综合文献回顾：示例4

我们已经讨论了如何利用教育心理学［即布鲁姆的修订分类法（Anderson et al.，2001）］、社会心理学［即归因理论（Kelley，1967，1973）］和咨询心理学［即同一性成就理论（Marcia，1966）］领域的模型来驱动以文献回顾为主题的综合文献回顾。作为第4个例子，我们使用教育测量领域的理论来建构综合文献回顾。具体而言，在第7章中，我们介绍了安伍布奇、丹尼尔和柯林斯（Onwuegbuzie, Daniel, & Collins, 2009）的*元验证模型*（Meta-Validation Model），该模型源自梅西克（Messick，1989，1995）的效度理论（theory of validity），其中效度被概念化为一个整体概念。该元验证模型确定了三种主要的效度类型：内容相关效度、标准相关效度和建构相关效度。它们被细分为几个效度证据领域（参见表B-2）。

元验证模型被用作综合文献回顾过程的框架

安伍布奇等人（Onwuegbuzie et al.，2007）使用源自梅西克（1989，1995）效度理论的元验证模型进行了一项综合文献回顾，这项综合文献回顾关注的是在美国大多数大学和学院里，学生用来评估教师教学的工具，即教学评估表（teacher evaluation forms，TEF）。安伍布奇、丹尼尔和柯林斯（2009）声称，需要使用附录B表B-2中的所有效度类型来充分评估TEF的分数效度。运用元验证模型，安伍布奇等人（2009）解释了专栏P.1中关于TEF的证据质量。

专栏 P.1

表 P.1 使用梅西克（1989，1995）的效度理论及安伍布奇、丹尼尔和柯林斯（2009）的元验证模型解释教学评估表（TEF）的证据质量

效度类型	证据
标准相关（Criterion-related）	
同时效度（Concurrent validity）	强（Strong）
预测效度（Predictive validity）	强（Strong）
内容相关（Content-related）	
表面效度（Face validity）	充足（Adequate）
项目效度（Item validity）	不足（Inadequate）
抽样效度（Sampling validity）	不足（Inadequate）
建构相关（Construct-related）	
实质效度（Substantive validity）	不足（Inadequate）
结构效度（Structural validity）	不足（Inadequate）
聚合效度（Convergent validity）	充足（Adequate）
区分效度（Discriminant validity）	不足（Inadequate）
发散效度（Divergent validity）	不足（Inadequate）
结果效度（Outcome validity）	弱（Weak）
普遍性（Generalizability）	试探性的（Tentative）

五、理论/模型驱动的综合文献回顾：示例 5

到目前为止，我们已经应用了教育心理学［即布鲁姆的修订分类法（Anderson et al.，2001）］、社会心理学［即归因理论（Kelley，1967，1973）］、咨询心理学［即同一性成就理论（Marcia，1966）］和教育测量［即效度理论（Messick，1989，1995）、元验证模型（Onwuegbuzie, Daniel, & Collins，2009）］领域的模型来解释文献回顾的主题。作为第 5 个也是最后一个例子，我们使用社会学领域的一种理论来建构综合文献回顾——具体而言，即布朗芬布伦纳（Bronfenbrenner，1979）的生态学理论。

在第 10 章中，我们讨论了布朗芬布伦纳（1979）生态学模型在二元导师制研究中的应用。让我们来简要回顾一下，布朗芬布伦纳（1979）的生态学模型包括以下影响儿童或青少年发展的四个层级或层次的环境。(a) 微观系统（1 级）：儿童或青少年密切互动的直接环境或情境（如教室、操场、家庭、娱乐中心、宗教机构）。(b) 中观系统（2 级）：儿童或青少年度过其时间的其他系统，如家庭和学校。(c) 外部系统（3 级）：儿童或青少年可能受到影响但不是其直接成员的

系统，包括学校教师、学校管理者以及儿童或青少年的父母或其他亲密的家庭成员之间的关系。(d) 宏观系统（4 级）：围绕儿童或青少年的更大的文化环境，如整个社会或社区，其中包括间接影响儿童或青少年的世界观、文化规范、意识形态、政策或法律。

安伍布奇、柯林斯和弗雷尔斯（Onwuegbuzie, Collins, & Frels, 2013）将布朗芬布伦纳（1979）的生态学模型映射到定性、定量和混合研究过程中。安伍布奇等人（2013）假定几乎所有代表社会、行为和健康领域的研究都涉及在布朗芬布伦纳（1979）四个层级中的一个或多个层级上进行的研究：*微观研究*（micro-research studies；即 1 级：一个或多个个人或群体在其直接环境中被研究），*中观研究*（meso-research studies；即 2 级：一个或多个个人或群体在度过其时间的其他系统中被研究），*外部研究*（exo-research studies；即 3 级：一个或多个个人或群体在其可能受到影响但不是其直接成员的系统内被研究），*宏观研究*（macro-research studies；即 4 级：一个或多个个人或群体在更大的文化环境或其周围的社会中被研究）。

回到我们在第 10 章中的例子，一名文献回顾者因此就可以使用安伍布奇、柯林斯和弗雷尔斯（2013）关于映射布朗芬布伦纳（1979）生态学模型的概念化来建构其关于导师制和大学生主题的综合文献回顾。例如，这些文献在步骤 2（启动检索）和步骤 5（扩展检索）中被确认，为了获得步骤 3（存储和组织信息）中的基础型信息集而进行步骤 4（选择/删除信息）中的选择和保留程序，然后我们可以将所选择的基础型信息集中的文献分类为微观研究成果、中观研究成果、外部研究成果和宏观研究成果。

结　论

在第 10 章中，我们概述了德莱斯曼（Dressman, 2007）的四个整合层次：理论框架作为**基础平台**（即理论主要作为启动研究本身的基础或理由，并引导读者了解研究人员的整体观点）；理论框架作为**焦点工具**（即理论作为吸引读者注意研究的具体方面的一种方式）；理论框架作为**话语支撑**（即一个特定的理论不仅被用作研究的概念化框架，而且通常被用作研究设计以及研究结果的报告、解释和影响陈述的框架）；以及理论框架作为**辩证支撑**（即用于构建文献回顾部分的理论或模型也是对主要研究报告的方法、结果和讨论部分的驱动力/解释，以挑战对实证现象的现有解释和/或挑战理论原则）。这篇后记中的五个例子提供了令人信服的例证，说明了文献回顾者如何使用相关的理论或模型来建构综合文献回顾。或者按照德莱斯曼（2007）类型学的说法，文献回顾者可以使用相关的理论或模型作为基础平台或焦点工具。

然而，更有用的是文献回顾者可以使用一个理论或模型来作为话语支撑或辩证支撑。例如，作为一个话语支撑，除了使用相关理论或模型来建构综合文献回顾之外，文献回顾者还可以使用该理论或模型来驱动主要研究中使用的抽样设计，正如安伍布奇和柯林斯（Onwuegbuzie & Collins，2013）概述的那样（另见参阅 Onwuegbuzie & Collins，2014）。文献回顾者也可以使用这个理论或模型来建构其他程序，包括一些数据收集程序，譬如收集哪些数据（如定量 vs. 定性 vs. 两种类型的数据）、如何收集数据［如通过（基于定量的）调查或（基于定性的）访谈］，以及何时收集数据（如顺序）。通过提供更多的话语支撑，文献回顾者就可以分析收集到的数据，以反映为建构综合文献回顾而选择的理论或模型。一旦通过这种理论或模型对数据进行了分析，文献回顾者自然就会以这种方式解释研究结果，并组织主要研究报告的结果和讨论部分。

可以从凯茜·贝克-克罗斯（Cathy Beck-Cross）的获奖会议论文中找到将理论用作话语支撑的例证。安伍布奇很荣幸在 2014 年宾夕法尼亚州费城 AERA 会议期间担任州和地区研究协会（State and Regional Research Associations，SR-ERA）优秀论文会议的杰出评议人，这使安伍布奇有机会与贝克-克罗斯进行交流并进一步了解她的话语支撑过程。

具体而言，贝克-克罗斯（Beck-Cross，2014）利用 2010 年艾奥瓦州青年调查数据，通过一项定量研究，对高中（即 11 年级）男生自杀行为的个人、家庭、学校和社区预测因素进行了研究。除了使用布朗芬布伦纳（Bronfenbrenner，1979）的生态学理论来建构她的文献回顾外，贝克-克罗斯（2014）还利用布朗芬布伦纳（1979）理论的两个层级（宏观系统和微观系统）从 2010 年艾奥瓦州青年调查数据中进行了变量选择，如对人种/种族（宏观系统变量）和个人风险行为（微观系统变量）的测量。

最具创造性的是，贝克-克罗斯（2014）运用分层回归分析（hierarchical multiple regression analyses）检验通过在布朗芬布伦纳（1979）宏观系统和微观系统层级上选择的变量来预测 11 年级男生自杀意图或自杀未遂可能性的程度，变量被分为不同的区块。分层回归分析得出了关于宏观系统和微观系统变量的一些结论，包括：（a）"人种/种族的宏观系统变量是自杀未遂的统计显著预测因素，表明有过自杀企图的年轻人更有可能不是白人。然而，这一结果的现实意义可能很小"（p.20）；（b）"每个微观系统变量都显示了对男性青年自杀行为的预测，而且这些变量可以在家庭、学校和社区系统内部交替发挥作用以增强年轻人的人际关系，从而降低其自杀的可能性"（p.22）。随后，她根据这些变量（特别是在个人、家庭、学校和社区层级）提出了政策及实践启示。

后记：理论驱动和模型驱动的文献回顾

结　语

　　最后，我们认为使用一个理论或模型来建构综合文献回顾是进行综合文献回顾和撰写综合文献回顾报告的一种复杂方式，因为文献回顾者必须了解其领域或学科中的主要理论和模型。在通常情况下，研究人员往往会区分理论、概念或实践框架，以指导主要研究工作。同样，作为文献回顾的一个综合部分，同样的做法也是正确的。因此，除非文献回顾者对所选主题领域的知识了如指掌，否则他们不应以先验的方式进行理论驱动和模型驱动的综合文献回顾。然而，文献回顾者可以按照如下迭代方式进行理论驱动和模型驱动的综合文献回顾：在通过步骤2（启动检索）和步骤5（扩展检索）确定文献之后，在"选择/删除信息"（步骤4）阶段，文献回顾者可能会发现一个可用于建构综合文献回顾的理论或模型——在这种情况下，综合文献回顾流程的后续步骤［分析和综合信息（步骤6）及呈现综合文献回顾报告（步骤7）］将由该理论或模型驱动。这样，七步骤综合文献回顾过程和理论/模型驱动的综合文献回顾的结合就是一种天作之合！

　　我们相信这是综合文献回顾进一步发展的更令人兴奋的领域之一。我们在这方面的主张得到了以下事实的支持：我们先前引用的两篇论文获得了优秀论文奖，其中布朗芬布伦纳（Bronfenbrenner，1979）的生态学理论被用作话语支撑（即Beck-Cross，2014；Onwuegbuzie & Collins，2014）。因此，我们鼓励你在适当的时候运用理论/模型驱动的综合文献回顾。由于目前理论/模型驱动的综合文献回顾的运用极为罕见，因此如果你进行这样的综合文献回顾，那么我们很可能会有兴趣采访你（即作为专家），作为我们模式扩展的一部分，以充分了解你进行理论/模型驱动的综合文献回顾的过程，因此，希望我们可以扩展这种进行综合文献回顾的新兴方式以便在未来实现本书的迭代，从而持续代表一种文化进步的和多模态的方法。

附　录

附录A：定量、定性和混合研究设计的补充表

表 A-1　定量研究设计

研究设计类别	研究设计	说明
非实验的	定量的历史的	研究人员使用统计和计算机软件程序分析包含经济数据、政治数据、社会数据、人口统计数据和其他形式数据的大型数据库。例如，研究人员可以使用人口普查数据、经济数据（如价格信息）和销售收入数据来重现奴隶制或性别不平等的经济历史。
	统计描述	研究人员用数字来描述一个人、一个团体、一种情况或一种现象的现状。例如，研究人员可能会对研究生进行调查，以确定他们在进行文献回顾后的满意度水平。
	相关的	研究人员使用数字来确定两个或多个变量之间关系的范围和方向。例如，对于参加研究方法论课程的大量硕士研究生样本，研究人员可以确定一份研究报告中提供的引用次数与课程讲师给出的研究报告分数之间的关系。

续表

研究设计类别	研究设计	说明
前实验的	单组仅后测设计（即一次性案例研究）	研究人员研究一组接触一种干预、治疗或事件的对象，然后对其进行某种形式的基于定量的事后测量。例如，一名研究人员可以在一组博士生进行了文献回顾之后（而不是之前）测量他们的血压。
	采用多个实质性后测的单组仅后测设计	研究人员研究一组接触一种干预、治疗或事件的对象，然后对其进行若干相关的和实质性的（从理论上讲）基于定量的事后测量。例如，一名研究人员可能会在一组博士生进行了文献回顾之后（而不是之前）测量他们的几项生命体征。
	采用内部对照组的单组仅后测设计	研究人员研究一组接触一种干预、治疗或事件的对象，然后对其进行一项基于定量的事后测量。此外，对代表同一人群的内部对照组实施事后测量，在此之前没有干预、治疗或事件发生。例如，研究人员可能会在一组博士生进行文献回顾之后（而不是之前）测量他们的血压。同时，选择来自同一机构的另一组博士生，也测量其血压。
	采用多个对照组的单组仅后测设计	研究人员研究一组接触一种干预、治疗或事件的对象，然后对其进行一项基于定量的事后测量。另外，对多个非等效对照组进行事后测量，在此之前没有任何干预、治疗或事件发生。例如，研究人员可能会在一组博士生进行文献回顾之后（而不是之前）测量他们的血压。同时，选择来自同一或不同机构的代表不同学科的其他几组博士生，测量其血压。
	回归外推对比	研究人员研究一组接触一种干预、治疗或事件的对象，然后对其进行一项基于定量的事后测量。之后，将此基于定量的后测分数与使用其他信息预测的分数进行比较。例如，研究人员可能会在阅读过我们的文献回顾书籍的学生中，检查博士生在写作文献回顾报告方面的表现水平。然后，将这些后测分数与根据这些学生的阅读理解水平预测的文献回顾报告上的分数进行比较，使用一个回归方程，该方程是从另一组博士生（他们没有阅读过我们的文献回顾书籍）中确定的，在这组博士生中，阅读理解水平是重要的（即具有统计学意义和实际意义）文献回顾报告的绩效预测因子。
	单组前测–后测设计	研究人员研究一组接受定量前测的对象，然后让其接触一种干预、治疗或事件，随后让其接受同样的定量后测。例如，一名研究人员可以在一组博士生进行文献回顾之前*和*之后测量他们的血压。

续表

研究设计类别	研究设计	说明
前实验的	采用双前测的单组前测-后测设计	研究人员研究了一组在两种情况下进行定量前测的对象，然后让其接触一种干预、治疗或事件，随后让其接受相同的定量后测。例如，一名研究人员可以在一组博士生进行文献回顾之前两次测量他们的血压并在其文献回顾之后测量一次。由此，研究人员可以评估进行文献回顾后血压的升高或降低值是否超过两次前测之间的升高或降低值〔即超过酝酿期（over and above maturation）〕。
	使用一个非等效因变量的单组前测-后测设计	研究人员研究了一组进行两项定量前测的对象，其中一项前测预计会在干预、治疗或事件后发生改变，另一项前测预计不会改变；然后使其接触一种干预、治疗或事件；随后采用同样的两种定量后测。例如，一名研究人员可以在一组博士生进行文献回顾之前和之后，测量他们的血压（预计会改变）和体温（预计不会改变）。由此，研究人员可以评估进行文献回顾后血压的升高或降低值是否超过体温的升高或降低值。血压和体温的类似升高可能表明疾病的发作，而与进行文献回顾无关。
	标准比较对比	研究人员研究一组进行定量前测的对象，然后使其接触一种干预、治疗或事件，再对其进行同样的定量后测。随后，将这一定量后测得分与可用标准数据进行比较。例如，一名研究人员可以在阅读过我们的文献回顾书籍的学生中，检查博士生在文献回顾报告中的表现水平。然后，将这些后测得分与从其他来源获取的研究提案或研究报告的文献回顾部分的标准分数进行比较。
	辅助来源对比	研究人员研究一组进行定量前测的对象，然后使其接触一种干预、治疗或事件，再对其进行同样的定量后测。然后，将这次定量后测的得分与其他可用数据（如当地规范）进行比较。例如，一名研究人员可以在阅读过我们的文献回顾书籍的学生中，检查博士生在文献回顾报告中的表现水平。然后，将这些后测得分与一个或多个其他班级的研究建议或研究报告的文献回顾部分的标准分数进行比较。
	移除处理设计	研究人员研究了一组进行定量前测的对象，然后使其接触一种干预、治疗或事件，随后在两个或两个以上的场合进行同样的定量后测，在进行最后一次后测之前，移除干预、治疗或事件。例如，一名研究人员可以对一组博士生实施文献回顾过程的焦虑程度进行测量，然后让这些学生接触基于导师指导的文献回顾过程，诸如交互式文献回顾过程（参见 Combs, Bustamante, & Onwuegbuzie, 2010a, 2010b），其中他们在文献回顾过程的前三个阶段接受指导。随后，对他们进行同样的焦虑程度测量。此后，基于导师指导的文献回顾过程停止，学生继续在没有导师指导的情况下进行文献回顾，并再次进行同样的焦虑程度测量。

续表

研究设计类别	研究设计	说明
前实验的	重复处理设计	研究人员研究了一组进行定量前测的对象；然后使其接触一种干预、治疗或事件，并在一个或多个场合进行同样的定量后测；移除干预、治疗或事件，随后在一个或多个场合进行同样的定量后测；重新引入干预、治疗或事件，然后最后一次在一个或多个场合进行相同的定量后测。例如，一名研究人员可以对一组博士生实施文献回顾过程的焦虑程度进行测量，然后让这些学生接触基于导师指导的文献回顾过程，诸如*交互式文献回顾过程*（参见 Combs et al., 2010a, 2010b），其中他们在文献回顾过程的前三个阶段接受指导。然后，对他们进行同样的焦虑程度测量。此后，基于导师指导的文献回顾过程停止，学生继续在没有导师指导的情况下进行文献回顾，并再次进行同样的焦虑程度测量。在进行这次后测之后，学生将经历基于导师指导的文献回顾过程的最后六个阶段，并再次实施同样的焦虑程度测量。
	静态组比较设计	研究人员研究了两个或多个非随机形成的组：一个或多个组（实验组）接触一种新的或不同的干预、治疗或事件；一个或多个组（对照组或比较组）接触传统的干预、治疗或事件。然后，对所有组均进行相同的定量后测。例如，一名研究人员可能会在阅读了我们的文献回顾书籍的学生与未阅读我们的文献回顾书籍的学生之间，测量博士生的文献回顾报告水平的差别。
准实验的	非等效对照组设计	研究人员研究了两个或多个非随机形成的组：一个或多个组（实验组）接触一种新的或不同的干预、治疗或事件；一个或多个组（对照组或比较组）接触传统的干预、治疗或事件。对所有组均进行定量前测和后测。例如，一名研究人员可能会比较博士生在文献回顾报告中表现水平的前测后测差异，这些学生来自两个非随机安排的组，一组阅读过我们的文献回顾书籍，另一组没有阅读过我们的文献回顾书籍。
	使用独立前测样本的非等效对照组设计	研究人员研究了一个非随机形成的组，对该组进行一项前测，然后让该组接触一种新的或不同的干预、治疗或事件，再进行一项后测；同样，从一个随机形成的独立样本中收集前测信息，该样本代表从同一总体中随机抽取的一个具有重叠成员资格的组，然后进行相同的后测。例如，一名研究人员可能会比较一组在一所大学中读过我们的文献回顾书籍的博士生在文献回顾报告中表现水平的前测后测差异。接下来，随机抽取另一组来自同一所大学的博士生（即对照组），且可以获得其文献回顾报告得分。然后，对这些学生（没有读过我们的文献回顾书籍）进行同样的文献回顾报告表现的后测。最后，比较实验组和对照组的前测后测差异。

续表

研究设计类别	研究设计	说明
准实验的	使用双重前测的非等效对照组设计	研究人员研究了进行两次相同的定量前测的一个组，然后使其接触一种干预、治疗或事件，再在一个场合进行相同的定量后测。对于对照组也进行两次同样的定量前测，最好前测之间的时间延迟相同。然后，让对照组接触一种传统（或不传统）的干预、治疗或事件，并进行相同的后测。如果不存在群体偏差，那么实验组和对照组的两个前测分数之间的任何差异都应该相似。例如，一名研究人员可能会对一组博士生实施两次针对文献回顾过程的焦虑程度测量，然后让这些学生接触基于导师指导的文献回顾过程，例如交互式文献回顾过程（参见 Combs et al., 2010a, 2010b）。接下来，对他们进行一次同样的焦虑程度测量。对不接触基于导师指导的文献回顾过程的对照组进行两次前测和一次后测，所有测量均要尽可能与实验组同时进行。
	使用切换复制的非等效控制组设计	研究人员研究了两个非随机形成的组，两组都接受了前测；然后，第一组接触干预、治疗或事件，第二组不接触干预、治疗或事件。之后，对两组都进行后测。然后，研究人员使第二组接触干预、治疗或事件，而第一组不接触干预、治疗或事件。之后，对两组都进行后测。干预、治疗或事件的第二次引入产生了对于第一次引入的修改复制。本设计提供了两次评估干预、治疗或事件有效性的机会。例如，一名研究人员可以通过在不同时间点将文献回顾研讨会介绍给两组来评估文献回顾研讨会的效果，当一组人接触研讨会时，另一组人就作为对照组。
	使用逆向治疗对照组的非等效对照组设计	研究人员研究了两个非随机形成的组，两组都接受了前测；然后，第一组接触干预、治疗或事件，而第二组接触概念上相反的干预、治疗或事件。之后，两个组都接受后测。例如，一名研究人员可以评估两个截然不同的文献回顾研讨会的效果，其中一组博士生参加了一个强调文献回顾过程复杂性的研讨会，而另一组则参加了一个强调文献回顾过程简单性的研讨会。两组均接受相同的前测和后测，即对文献回顾过程的焦虑程度测量。
	案例对照设计（即案例引用设计、案例比较设计、案例历史设计、回顾性设计）	研究人员研究了基于感兴趣的结果而形成的两个组（即案例组和对照组）。然后，使用回顾性数据对案例组和对照组进行比较，以确定一组是否比另一组接触假设原因更多。例如，一名研究人员可以确定一组在一定时间内完成博士论文的博士生（案例组）和另一组在相同时间内没有完成博士论文的博士生（对照组）。然后，代表这两个组的所有学生都被问及（回顾性地）他们是否阅读过任何专门研究文献回顾过程的书籍。如果读过一本或多本文献回顾书籍的案例组成员明显多于对照组成员，那么研究人员就有理由得出结论：文献回顾书籍可能在帮助博士生完成博士论文方面发挥了作用。

续表

研究设计类别	研究设计	说明
准实验的	（间断）时间序列设计	研究人员研究反复进行一项定量前测的一组对象；然后使其接触一种干预、治疗或事件，再重复进行同样的定量后测。例如，一名研究人员可能会在一组博士生进行文献回顾之前和之后反复测量他们的血压。
	多时间序列设计	研究人员研究两个或多个非随机形成的组：一个或多个接触一种新的或不同的干预、治疗或事件的组（实验组）、受试者或环境，以及一个或多个接触传统的干预、治疗或事件的组（对照组或比较组）、受试者或环境。在接触干预、治疗或事件之前和之后，所有组均重复进行相同的定量测量。例如，一名研究人员可能会比较读过我们的文献回顾书籍的博士生与没有读过我们的文献回顾书籍的博士生之间，对文献回顾报告表现水平重复进行前测后测的差异。
	回归间断设计	研究人员通过将一个目标群体在一个临界点上下的前测后测相关联来评估干预、治疗或事件的效果，然后评估趋势的差异（即斜率）。例如，一名研究人员可以在研究方法课程开始和结束时对学生实施文献回顾过程的焦虑程度进行测量。假设这些前测与后测得分之间的关系是积极和显著的，那么那些低于前测临界点得分的学生将参加一个强调减少焦虑技术的文献回顾研讨会，该研讨会就代表了干预。如果存在一种干预效果，那么研究人员应该观察到，只有在干预组中，回归线才会出现明显的上升（即一种向上隆起或*间断*）。换言之，回归线应在临界点得分附近出现间断或断裂，干预组回归线会显示出隆起，而对照组（即高于临界点得分的组）保持不变。如果干预无效，那么回归线将保持连续。
	平衡设计	研究人员研究了两个或多个非随机形成的组，其中：所有组都接触到所有干预、治疗或事件；每个组接触干预、治疗或事件的顺序（最好是随机）不同（称为平衡，以最小化所谓的顺序效应）；小组数量等于干预、治疗或事件的数量；所有组在每次接触干预、治疗或事件后都接受一项定量后测。例如，一名研究人员可能会比较博士生在两份文献回顾报告中的表现水平的后测差异，这两份报告是博士生在随机参加两个不同的文献回顾研讨会之后撰写的。
实验（随机对照设计）	前测-后测对照组设计	研究人员研究了两个或多个随机形成的组：一个或多个组（实验组）接触一种新的或不同的干预、治疗或事件，一个或多个组（对照组或比较组）接触传统的干预、治疗或事件。所有组都接受定量前测和后测。例如，一名研究人员可能会比较读过我们的文献回顾书籍的博士生与没有读过我们的文献回顾书籍的博士生之间，文献回顾报告表现水平的前测后测差异。在这里，博士生被随机分配"读过书籍"条件或"未读过书籍"条件。

续表

研究设计类别	研究设计	说明
实验（随机对照设计）	仅后测对照组设计	研究人员研究了两个或多个随机形成的组：一个或多个组（实验组）接触一种新的或不同的干预、治疗或事件，一个或多个组（对照组或比较组）接触传统的干预、治疗或事件。对所有组均进行定量后测（但不进行前测）。例如，一名研究人员可能会比较读过我们的文献回顾书籍的博士生与没有读过我们的文献回顾书籍的博士生之间，文献回顾报告表现水平的后测差异。在这里，博士生被随机分配"读过书籍"条件或"未读过书籍"条件。
	所罗门四组设计	研究人员研究了被随机分为四组的参与者：两组接受定量前测，两组不接受定量前测。在接受前测的两组中，一组（实验组）接触新的干预、治疗或事件，一组（对照组或比较组）接触传统的干预、治疗或事件；在未接受前测的两组中，一组（实验组）接触新的干预、治疗或事件，一组（对照组或比较组）接触传统的干预、治疗或事件。所有组均接受定量后测。这一设计不仅允许研究人员比较实验组（无论它们是否接受了前测）和对照组/比较组（无论它们是否接受了前测）以评估干预、治疗或事件的效果，而且还允许：(a) 比较接受前测的组（无论是实验组还是对照组/比较组）与没有接受前测的组（无论是实验组还是对照组/比较组），以评估前测对结果的影响；(b) 比较接受前测的实验组和未接受前测的实验组，以评估前测与干预、治疗或事件的相互作用程度。例如，一名研究人员可能会比较读过我们的文献回顾书籍的博士生与没有读过我们的文献回顾书籍的博士生之间，文献回顾报告表现水平的前测后测差异。在这里，博士生被随机分配"读过书籍"条件（接受过或未接受前测）或"未读过书籍"条件（接受过或未接受前测）。如果两个实验组在文献回顾报告中的表现相同且都好于两个对照组，那么研究人员可能会对我们的文献回顾书籍的有效性更有信心。
	交叉试验（即交叉研究）	研究人员进行了一项纵向研究，让参与者随机地接触一系列不同的干预、治疗或事件——包括至少两种干预、治疗或事件，其中一种代表传统的干预、治疗或事件。在大多数情况下，所有参与者都会接触到所有的干预、治疗或事件。在最佳状态下，干预、治疗或事件会被平衡，以最小化任何顺序效应。此外，还提供适当的时间长度［称为洗脱期（washout period）］，以将一个干预、治疗或事件带给包含另一个干预、治疗或事件的下一阶段的影响降至最小。例如，一名研究人员可能会比较博士生在两份文献回顾报告中的表现水平的后测差异，这两份报告是在他们分别参加了两个不同的文献回顾研讨会（随机顺序，间隔几周）之后撰写的。
	单案例研究（即单案例实验设计、单学科实验设计）	研究人员研究接触一种干预、治疗或事件的参与者的某些特征（如行为、表现）的变化。例如，一名研究人员可以检查硕士生在参加文献回顾研讨会前后的文献回顾报告的表现变化。学生在多种情况下接受前测和后测。

附 录

表 A-2 主要定性研究设计

研究设计	说明
扎根理论	研究人员使用一套严格的程序来建立有关社会现象的实质性理论。
民族志	研究人员描述和解释反映了代表文化群体生活的知识、信仰、行为和/或意义系统的文化现象。
个案研究	研究人员对有限的个体单位（如一个人、一个群体或一个事件）进行深入研究，以产生特定的知识；研究人员可以寻求对案例本身固有问题的理解（即内在案例研究），也可以选择和研究案例，因为这些案例被认为在增进对某一现象的理解或理论化方面具有工具性作用（即工具性案例研究）。
现象学研究	研究人员通过尽可能多地搁置（即用括弧括上）所有先入为主的判断和经验（即描述性现象学研究），或者不通过括弧（即解释性现象学研究），而从一个或多个个人的角度出发研究日常的主观意识体验（即生活经验），以便理解一种现象的含义。
常人方法学	研究人员通过尽可能多地搁置（即用括弧括上）所有关于相遇是如何被社会结构化的先入为主的判断，研究个体如何协调日常互动并产生社会秩序（即研究社会行为）。
生活史	研究人员提供了一个由个体告诉研究人员的关于个体生活的广泛的描述，个体描述了作为一个特定的人是什么样的。
口述史	研究人员通过那些参与或观察过去事件的个人的视频、音频或文字资料来汇编有关个人或家庭的历史信息，并记录和保存其记忆以用于历史目的。
叙事研究	研究人员生成并分析生活经历的故事。特别是，研究人员研究了个人将人生意义当作叙事来表达的方式。
符号互动主义研究	研究人员研究的是个体在日常生活中所学习和依附的行为和对象的符号和意义。
微民族志	研究人员使用视频和电影等工具，以便对个人在互动过程中的实时行为进行仔细、反复的观察。
文献批评	研究人员研究、评价和解释文献。

表 A-3 主要混合研究设计

研究设计	说明
并行设计	研究人员在大致相同的时间点实施混合研究的定量和定性阶段。此外，定量阶段不依赖于定性阶段的研究结果，反之亦然。
顺序设计	研究人员一个接一个地（即顺序地）实施混合研究的定量和定性阶段，使得定量阶段在某种程度上依赖于定性阶段的研究结果，反之亦然。
平等地位设计	研究人员实施混合研究的定量和定性阶段，在解决研究问题方面几乎同等重视。
主导地位设计	研究人员实施混合研究的定量和定性阶段，使得一个阶段（如定性阶段）的优先级明显高于另一个阶段（如定量阶段）。
部分混合设计	研究人员实施混合研究的定量和定性阶段，以便在数据解释阶段被混合之前，定量和定性阶段可以同时进行（也可以顺序进行）。

续表

研究设计	说明
完全混合设计/完全集成设计	研究人员实施混合研究的定量和定性阶段，使定量和定性技术混合在以下一个或多个组成部分中：(a) 研究目标（例如研究人员使用定量研究和定性研究的研究目标，如探索和预测的目标）；(b) 数据和程序的类型；(c) 分析类型；(d) 推理类型。
三角测量设计/收敛设计	研究人员实施混合研究的定量和定性阶段，其中 (a) 同时收集定量和定性数据，(b) 分别进行定量和定性分析，以及 (c) 比较定量和定性分析的结果。目的是评估趋同程度或使用一组结果与另一组结果进行比较。
解释性设计	研究人员实施混合研究的定量和定性阶段，其中定量数据收集和分析（阶段 1）先于建立在阶段 1 基础上的定性数据收集和分析（阶段 2）。目的是解释定量结果。
探索性设计	研究人员实施混合研究的定量和定性阶段，其中定性数据收集和分析（阶段 1）先于建立在阶段 1 基础上的定量数据收集和分析（阶段 2）。目的是检验定性结果。
嵌入式/巢式设计	研究人员同时或依次实施混合研究的定量和定性阶段，其中定性样本代表定量样本的子集（即子样本），反之亦然。目的是在第二阶段使用较小的参与者样本对这一现象进行更深入的研究。
变革性设计	研究人员在变革性理论框架内同时或依次实施混合研究的定量和定性阶段，该框架直接关注边缘化、代表性不足或服务不足的人或群体的感知、生活和经验。
多相设计	研究人员在研究的多个阶段同时或依次实施混合研究的定量和定性阶段。目的通常是纵向研究一种现象。
相同设计	研究人员同时或依次实施混合研究的定量和定性阶段，其中定量和定性阶段涉及同一样本成员。
并行设计	研究人员同时或依次实施混合研究的定量和定性阶段，其中定量和定性阶段涉及不同的样本，但来自相同的关注人群（例如，对文献态度采取定量措施，在定量阶段，对一个班的博士生对于文献回顾过程的态度进行定量测量，并对同一所大学内另一个班的博士生的小样本进行深入访谈和观察，以获知其用于进行文献回顾的研究策略，或者为了实施定性阶段而从另一所大学选择样本）。
多级设计	研究人员同时或依次实施混合研究的定量和定性阶段，其中定量和定性阶段涉及从不同研究层次（如学生和教师）提取的样本。
转换设计	研究人员转换一种数据类型，然后进行定量和定性分析。目的是回答相同研究问题的相关方面。
整体设计	研究人员同时或依次实施混合研究的定量和定性阶段，目的是对研究结果进行综合解释。
迭代设计	研究人员依次实施混合研究的定量和定性阶段，其中每个阶段的研究结果之间存在着流动的相互作用。

资料来源：此表是基于以下信息来源而创建的。Creswell and Plano Clark (2010), Greene and Caracelli (1997), Leech and Onwuegbuzie (2009), Rallis and Rossman (2003), and Teddlie and Tashakkori (2009).

附录B：定量、定性和混合研究的合法性框架

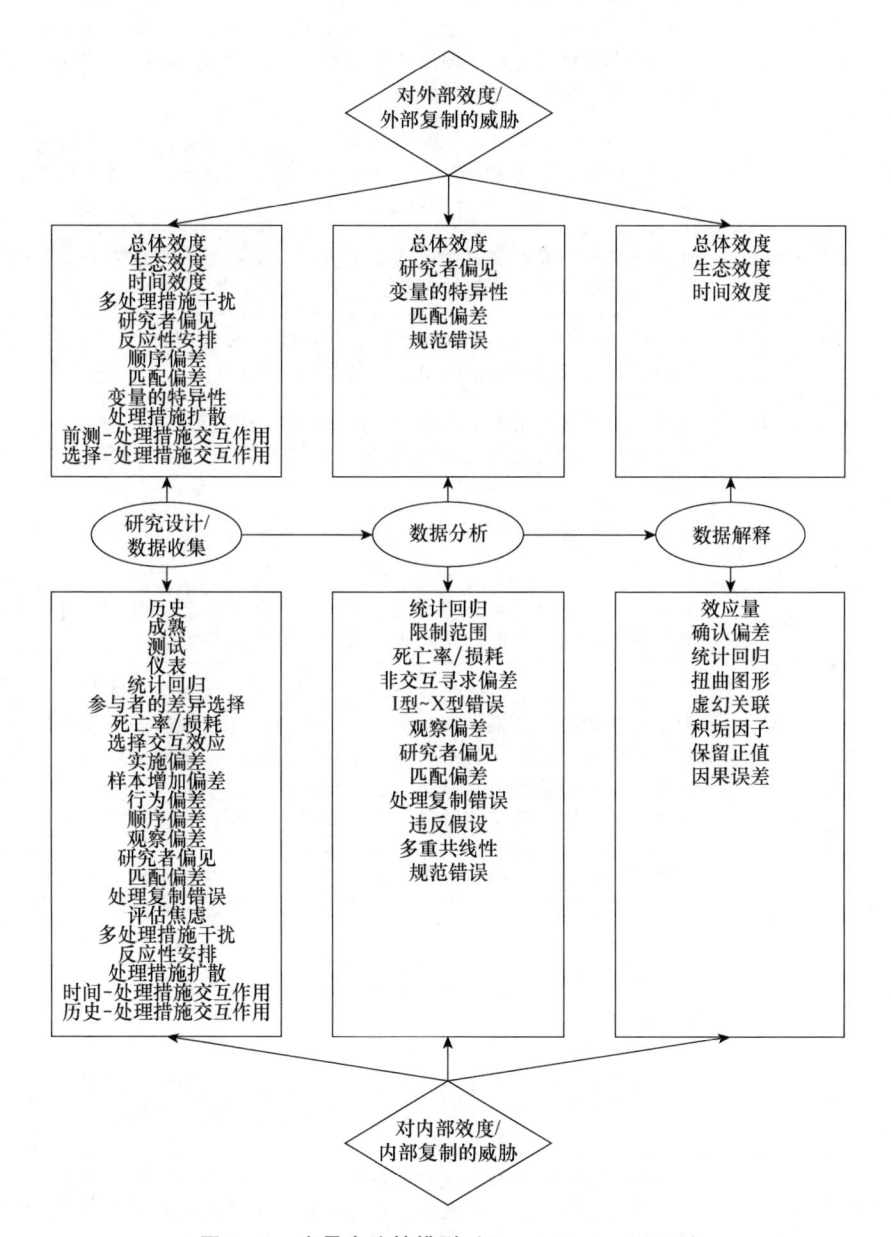

```
                    对外部效度/
                    外部复制的威胁

    总体效度              总体效度              总体效度
    生态效度              研究者偏见            生态效度
    时间效度              变量的特异性          时间效度
    多处理措施干扰        匹配偏差
    研究者偏见            规范错误
    反应性安排
    顺序偏差
    匹配偏差
    变量的特异性
    处理措施扩散
    前测-处理措施交互作用
    选择-处理措施交互作用

    研究设计/  →  数据分析  →  数据解释
    数据收集

    历史                  统计回归              效应量
    成熟                  限制范围              确认偏差
    测试                  死亡率/损耗           统计回归
    仪表                  非交互寻求偏差        扭曲图形
    统计回归              I型~X型错误           虚幻关联
    参与者的差异选择      观察偏差              积垢因子
    死亡率/损耗           研究者偏见            保留正值
    选择交互效应          匹配偏差              因果误差
    实施偏差              处理复制错误
    样本增加偏差          违反假设
    行为偏差              多重共线性
    顺序偏差              规范错误
    观察偏差
    研究者偏见
    匹配偏差
    处理复制错误
    评估焦虑
    多处理措施干扰
    反应性安排
    处理措施扩散
    时间-处理措施交互作用
    历史-处理措施交互作用

                    对内部效度/
                    内部复制的威胁
```

图 B-1　定量合法性模型（Onwuegbuzie，2003b）

资料来源：Adapted from "Expanding the framework of internal and external validity in quantitative research" by A. J. Onwuegbuzie, 2003b, *Research in the Schools*, 10 (1), pp. 71-90. Reprinted with kind permission of the Mid-South Educational Research Association and the Editors of *Research in the Schools*.

表 B-1　整个定量研究阶段的威胁

特定效度威胁	研究阶段及说明
内部效度	研究设计/数据收集阶段
历史	发生了与干预或自变量无关的事件或情况，但发生在研究期间的某个时间点，导致因变量（即结果）发生变化，因此研究持续时间越长，历史越有可能对效度构成威胁。
成熟	至少部分是由于时间的流逝而存在于研究参与者体内的一些因素导致身体、心理、情绪和/或智力的变化（例如，衰老、无聊、疲劳、动机、学习），这些变化可能被错误地归因于自变量。
测试	在第二次执行或干预后获得的参与者得分中可能发生的变化，至少部分是由于使用了干预前的工具。
仪表	当定量测量得出的分数缺乏适当的一致性水平（即信度低）和/或效度（即内容、标准和/或结构相关效度不足）时发生。
统计回归	当参与者因其在某项干预前/研究前测量中的极低或极高分而被选中时发生，其中，在随后的测量中存在极端分数回归或趋向于平均值的趋势。
参与者的差异选择	在实施干预或研究之前，两个或多个（通常是完整的）比较组之间存在实质性差异。
死亡率/损耗	其中，被选中参与研究的参与者要么根本没有参与，要么没有参与研究的每个阶段（即退出研究），导致研究结果存在偏差。
选择交互效应	一个或多个对内部效度的威胁与参与者的差异选择相互作用，产生类似于干预效果的效果。例如，如果一个组的死亡率高于其他组，那么就可能出现按死亡率进行选择的威胁，这样两组之间的任何差异都会产生与干预无关的因素，这些因素导致的死亡率差异比研究开始前更大。其他威胁包括按"历史"选择和按"成熟"选择。
实施偏差	由于不同的动机、时间、培训或资源，干预组在应用治疗方面存在差异；知识或能力不足；自我效能低下；实施焦虑；顽固性；或实施治疗者态度差。
样本增加偏差	与死亡率相反，当一个或多个未经研究者选择的个体加入研究时，这种情况盛行。
行为偏差	当参与者在研究开始之前对支持或反对干预有强烈的个人偏见时发生。当参与者暴露于所有级别的处理措施时，这通常是一种威胁。
顺序偏差	在一项研究中对多种干预措施进行比较时，使所有的参与者都暴露在每种干预条件下并进行测量，并且不能将干预条件的顺序效应与干预条件的效应区分开来。
观察偏差	当数据收集者对感兴趣的行为获得的采样不足时发生。

续表

特定效度威胁	研究阶段及说明
研究者偏见	当研究人员个人倾向于一种干预或技术而不是另一种时，就会发生这种情况，这种情况可能会下意识地转移到参与者身上，从而影响他们的行为。除了影响参与者的行为外，研究者偏见还会影响研究程序，甚至污染数据收集技术。它既可以是主动的，也可以是被动的。
匹配偏差	在以下情况下，当匹配不理想时发生：(a) 研究人员使用匹配技术选择在一个或多个特征上相似的多组人群（如配对），然后给每个群体中的每个个体分配一个干预条件；或者 (b) 一旦参与者被选为其中一种干预条件下的一员，研究者就为该条件下的每个成员找到匹配的个体，并将这些匹配的个体分配给其他干预组。
处理复制错误	当研究人员收集的数据不能反映正确的分析单位时发生，最常见的处理复制错误的形式是对每组参与者或两个/多个类别或其他现有组仅进行一次干预就收集了结果数据，这严重违反了以下假设：针对每个参与者的干预措施的每次复制均独立于对研究中所有其他参与者的干预措施的复制。
评估焦虑	当一个或多个参与者的表现受到衰弱性焦虑水平的过度影响，从而在测量中引入系统误差时发生。
外部效度	
多处理措施干扰	当相同的研究参与者受到多种干预时发生，从而导致较早干预的残留效应，难以评估较晚干预措施的有效性。
反应性安排	由于认识到自己正在参与一项研究调查，参与者的反应可能会发生变化，包括以下五种情况：(a) 霍桑效应（Hawthorne effect，即当参与者将其接受的干预解释为受到特别关注时就会混淆干预的影响）；(b) 约翰·亨利效应（John Henry effect，即当得知他们将进入对照组时，参与者决定在研究期间通过付出额外努力来与处理措施或干预措施竞争）；(c) 报复性士气低落（即对照组的参与者对没有接受干预感到愤慨，将这种疏忽解释为被忽视或漠视的迹象，并变得士气低落，从而导致消极怠工，使得绩效或其他结果下降）；(d) 新奇效应（即研究参与者的动机、兴趣或参与度增加，仅仅是因为他们正在执行一项不同或新颖的任务，这以与自变量无关的方式影响他们的反应）；(e) 安慰剂效应［即对照组参与者仅仅因为相信自己属于干预组而获得更有利的结果（如更积极的态度、更高的绩效水平）］。
处理措施扩散	当不同干预组的成员相互交流时发生，使得一些处理措施渗透或扩散到对照组，导致研究不再有两个或更多明显不同的干预，而出现重叠的干预，从而违反独立性假设。
时间–处理措施交互作用	在以下情况中发生：(a) 与接受另一种干预措施的个体相比，一组中的个体受到干预的时间更长，从而以不同的方式影响小组成员对干预措施的反应；(b) 不同组的参与者在相同的时间段内接受各自的干预措施，但是其中一种干预措施需要更长时间才能出现任何积极的效果；(c) 干预组之一的后措施延迟了足够长的时间，以致干预措施的效果发生了变化。

续表

特定效度威胁	研究阶段及说明
历史-处理措施交互作用	当被比较干预经历不同的历史事件时发生,这些事件对组员对于干预的反应产生不同影响。
总体效度	指对进行研究的个体样本的研究结果在多大程度上可推广到从中抽取样本的总体。
生态效度	指研究结果在多大程度上可以在不同的环境、条件、变量和语境中进行推广,从而表示研究结果在多大程度上独立于研究发生的环境或地点。
时间效度	指研究结果在多大程度上可以跨时间推广,或者研究结果在多大程度上是历时不变的。
多处理措施干扰	见上文。指这是对外部效度的威胁,因为它影响了处理措施或干预措施的实施顺序(即排序效应),从而降低了研究人员将研究结果推广到总体的能力,因为推广通常仅限于实施干预措施的特定顺序。
研究者偏见	见上文。对收集到的数据产生影响的研究者特征和价值观越独特,研究结果就越不具有推广性。
反应性安排	见上文。反应性安排的五个组成部分对外部有效性产生不利影响,因为在它们存在的情况下,与干预有关的结果取决于这些成分中哪一种占优势。
顺序偏差	见上文。在某种程度上,由于特定的处理措施或干预顺序而产生的结果不能推广到干预顺序不同的情况中。
匹配偏差	见上文。指无法将匹配参与者的结果推广为无法找到匹配项的可访问总体中的个体(即抽样框中未被选中进行研究的个体)的结果的程度。
变量的特异性	当以下七个变量之一对研究来说如此独特,以致研究结果无法推广时发生:参与者类型、时间、地点、环境、自变量的操作定义、因变量的操作定义,以及所用工具的类型。
处理措施扩散	见上文。指干预以一种独特的(即不可重复的)方式扩散到其他处理措施的程度,这威胁到研究人员推广研究结果的能力。
前测-处理措施交互作用	前测增加或减少参与者对干预或处理措施的反应性或敏感性,从而使与预测试组相关的观察结果不代表自变量对未测试人群的影响,因此,研究人员可以将研究结果推广到预测试组,而非未测试组。
选择-处理措施交互作用	由于干预组不能代表同一基础人群,因此干预组之间出现了重要的干预前差异,所以研究人员将结果从一个组推广到另一个组是不合理的。
内部效度	数据分析阶段
统计回归	见上文。指使用一些试图从统计学上控制被研究组之间先前存在的差异的技术,如协方差分析(ANCOVA),这些技术(a)不太可能产生干预效果的无偏估计,并且(b)可能会使剩余分数变得难以理解。
限制范围	在非实验设计中对连续变量进行不适当分类,然后使用方差分析(ANOVA)来试图证明做出因果推论是正确的,但相反,这会导致相关方差的丢弃,进而导致统计功效的丧失和效应量减小。

续表

特定效度威胁	研究阶段及说明
死亡率/损耗	见上文。指数据集的子抽样（例如，在缺少数据的情况下实行整例删除或列表删除策略；减少最大组的大小以更接近进行平衡分析的较小组的大小）在分析中引入或增加偏差的程度。
非交互寻求偏差	在测试假设时忽略了对交互作用的评估，这导致一个统计模型在最佳意义上不尊重研究人员想要研究的现实的本质。
I 型～X 型错误	I 型错误：错误地拒绝原假设。 II 型错误：错误地未能拒绝原假设。 III 型错误：关于结果方向性的错误推论。 IV 型错误：通过一个简单的效应分析不正确地跟踪一个交互效应。 V 型错误：当使用诸如折刀法之类的方法时，通过在内部复制周期中检测到 I 型或 II 型错误的发生率而检测到的内部复制错误。 VI 型错误：可靠性泛化错误——通过将统计结果与用于产生结果的措施的得分特征联系起来进行测量（如当研究人员未能考虑数据集中子样本的差异可靠性估计时）。 VII 型错误：方差/回归的异质性——通过 ANOVA/ANCOVA 处理的数据在多大程度上未得到适当筛选，以确定它们是否满足组比较统计分析之前的同质性假设。 VIII 型错误：测试方向性错误——指研究人员在多大程度上将替代假设表达为定向的，同时用双尾检验评估结果。 IX 型误差：采样偏差误差——通过多个相似研究中大量方便样本的结果差异进行评估。 X 型错误：自由度错误——代表研究人员倾向于使用某些统计程序（如逐步程序）来不准确地计算这些程序中使用的自由度（参见 Daniel & Onwuegbuzie, 2000）。
观察偏差	见上文。每当编码方案的评分者间信度或评分者内信度小于 100% 时发生。
研究者偏见	见上文。当研究人员评估开放式反应或类似反应时发生，允许他/她去影响对给参与者的先验知识给出的分数（即光环效应），从而导致研究结果存在偏差。
匹配偏差	见上文。当研究人员收集完完整样本的数据后匹配小组时发生，这会由于忽略不匹配的数据而产生偏差。
处理复制错误	见上文。当研究人员使用不适当的分析单元（即使有可用的数据进行更适当的分析）时发生，例如分析单个数据而非小组数据以比较合作学习小组，导致违反独立性假设，造成 I 型错误和效应量估计膨胀。
违反假设	源于未能检查统计模型假设。
多重共线性	当存在多重共线性时，多重回归模型无法评估多重共线性。
规范错误	未能指定和测试适当的统计模型，包括上文讨论的非交互寻求偏差。

续表

特定效度威胁	研究阶段及说明
外部效度	
总体效度	见上文。当研究人员分析其数据集的一个子集时发生,以致从完整数据集中采样的数据与未采样的数据之间存在差异,从而导致子集的结果比使用总样本时更不可推广。
研究者偏见	见上文。当研究人员的特定类型的偏差如此独特,以致研究结果无法推广时发生。
变量的特异性	见上文。取决于自变量和因变量的运算方式(如使用本地规范与国家/标准化规范的比较)。
匹配偏差	见上文。一些研究人员在分析数据之前对不同干预组的个体进行配对。如果数据集中未被选择进行配对的人在某些重要方面不同于被选择进行配对的人,那么配对在这一阶段会对外部效度构成威胁,这样来自所选个人的研究结果可能无法推广到未被选择的人。
规范错误	见上文。当研究人员从分析中忽略一个或多个重要变量(如交互项)时发生,并且不清楚如果包含被忽略的变量,那么结果是否相同。
内部效度	**数据解释阶段**
效应量	当研究人员未能报告和解释置信区间和效应量时发生,当样本量较小且相应的效应量较大时,导致对相关 p 值的解释不足,或当样本量较大且效应量较小时,导致对 p 值的过度解释。
确认偏差	当基于新数据的解释和结论与初步假设过度一致时发生。
统计回归	见上文。当研究涉及极端群体选择、匹配、统计等值、变化分数、时间序列研究或纵向研究时发生,并且该研究结果反映了某种程度的向均值回归。
扭曲图形	当研究人员仅使用图形方法进行解释,而非使用经验评估对图形数据进行三角测量时发生。
虚幻关联	当研究人员高估变量之间的关系时发生,其实这些变量之间仅有轻微的关联或根本没有关联。
积垢因子	当样本量太大以致研究人员识别并解释不是真实的但代表统计假象的关系时发生。
保留正值	当研究人员未能认识到在一种能力或态度上表现良好的个体倾向于在同一领域的其他指标上也表现良好,从而曲解变量之间的关系时发生。
因果误差	当研究人员从变量之间的相关性推断因果关系时发生。
外部效度	
总体效度	见上文。当研究人员在总体中过度推广他们的结论时发生。
生态效度	见上文。当研究人员在各种环境或情境中过度推广他们的结论时发生。
时间效度	见上文。当研究人员在一段时间内过度推广他们的结论时发生。

资料来源:Adapted from "A model for presenting threats to legitimation at the planning and interpretation phases in the quantitative, qualitative, and mixed research components of a dissertation," by C. L. Benge, A. J. Onwuegbuzie, and M. E. Robbins, 2012, *International Journal of Education*, pp. 83–92. Copyright 2012 by C. L. Benge, A. J. Onwuegbuzie, and M. E. Robbins.

表 B-2　基于安伍布奇、丹尼尔和柯林斯（Onwuegbuzie, Daniel, & Collins, 2009）的效度证据说明

效度类型	说明
标准相关	
同时效度	评估一种工具的得分与另一种已建立的工具的得分（大约同时使用）之间的相关程度，或与在同感兴趣工具的得分相同的时间点上可用的某些其他标准的测量之间的相关程度。
预测效度	评估一种工具的得分与将来使用的另一种已经建立的工具的得分之间的相关程度，或对未来某个时间点可用作感兴趣工具分数的其他标准的测量。
内容相关	
表面效度	评估项目在多大程度上对受访者来说相关、重要和有趣。
项目效度	评估特定项目在预期内容区域中代表度量的程度。
抽样效度	评估全套项目对总体内容区域的抽样程度。
建构相关	
实质效度	评估与假设的知识、技能和过程的理论和实证分析相关的证据，以作为受访者得分的基础。
结构效度	评估工具的评分结构与构造域的对应程度。
聚合效度	评估从感兴趣的工具中得到的分数在多大程度上与从其他测量相同结构的工具中得到的分数高度相关。
区分效度	评估从感兴趣的工具中得到的分数在多大程度上与从另一种工具中得到的分数轻微但不显著相关，后面这种工具是从理论和实证上与感兴趣的工具结构相关但不相同的概念测量工具。
发散效度	评估从感兴趣的工具中得到的分数在多大程度上与同感兴趣的结构相对立的结构度量无关。
结果效度	评估分数的含义以及使用该工具的预期和非预期后果。
普遍性	评估与一组分数相关联的含义和用法可推广到其他总体的程度。

资料来源：Adapted from "A meta-validation model for assessing the score-validity of student teacher evaluations," by A. J. Onwuegbuzie, L. G. Daniel, and K. M. T. Collins, 2009, *Quality & Quantity: International Journal of Methodology*, 43, p. 202. Copyright 2009 by Springer.

如何进行文献回顾

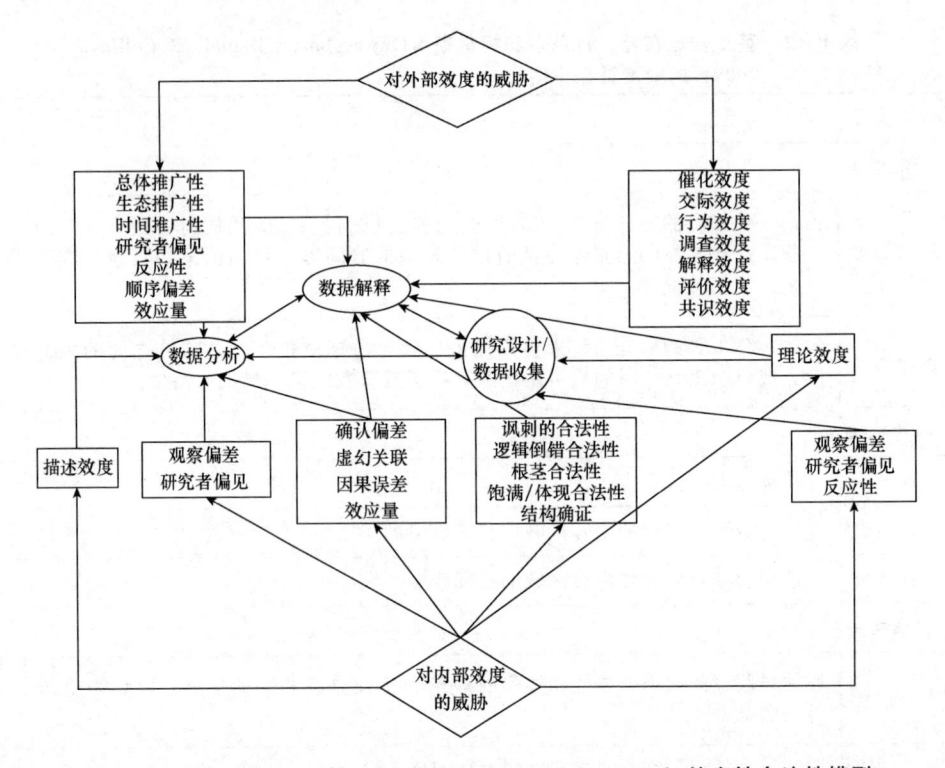

图 B-2 安伍布奇和利奇（Onwuegbuzie & Leech，2007b）的定性合法性模型

资料来源：Adapted from "Validity and qualitative research: An oxymoron," by A. J. Onwuegbuzie and N. L. Leech, 2007b, *Quality & Quantity: International Journal of Methodology*, 41, pp. 233–249. Reprinted with kind permission of Springer.

表 B-3 整个定性研究阶段的威胁

威胁类型	特定效度威胁	研究阶段及说明
内部效度		研究设计/数据收集
	描述效度	指研究人员记录的事实（例如，通过访谈、焦点小组获得的文字记录）的准确性（参见 Maxwell，1992，2005）。
	观察偏差	当研究人员从受访者那里获得的话语或行为样本不足时发生——由于缺乏持续观察或长期参与（Lincoln & Guba，1985）。
	研究者偏见	当研究人员存在他/她无法用括弧括上（即搁置）的个人偏见或先验假设时发生，研究人员可能以潜移默化的方式将这些个人偏见或先验假设转移给参与者，从而影响他们的态度、行为或经验；研究人员也可能会影响研究程序（如在面试中提出主要问题）甚至污染数据收集技术。
	反应性	涉及参与者因意识到他/她正在参与研究调查而做出的反应变化。
外部效度		
	观察偏差	当研究人员使用独特的观察方案时发生。

续表

威胁类型	特定效度威胁	研究阶段及说明
	顺序偏差	当在访谈或焦点小组中提出的问题的顺序或观察的顺序不适当地影响数据的可靠性和可证实性时发生。
内部效度		**数据分析**
	观察偏差	如果从基础数据中分析的词汇或行为样本不足就会发生。
	研究者偏见	当研究人员有个人偏见或先验假设,但他/她不能将其用括弧括上(即搁置)时发生,这不适当地影响了其对数据的分析。
外部效度		
	催化效度	指一项给定的研究使一个研究团队获得授权和解放的程度(Lather, 1986)。
	交际效度	涉及评估话语中知识主张的合法性,以便使研究人员同意其合法性(Kvale, 1995)。
	行为效度	研究结果合法化的理由基于其是否有效,即研究结果是否被决策者和其他利益相关者使用(Kvale, 1995)。
	调查效度	根据研究人员的技能素质,合法性代表研究人员的质量控制(如道德)。
	解释效度	指研究人员对表述的解释在多大程度上代表了对所研究的个人或群体的观点,以及对他们的言行举止的含义的理解(Maxwell, 1992, 2005)。
	评价效度	指评价框架而非描述性、解释性或说明性框架可应用于研究对象的程度(Maxwell, 1992)。
	共识效度	根据他人的意见,"在有能力的他人之间达成一致,即对教育状况的描述、解释、评估和主题是正确的"(Eisner, 1991, p. 112)。
内部效度		**数据解释**
	研究者偏见	当研究人员存在他/她无法用括弧括上(即搁置)的个人偏见或先验假设时发生,这会不适当地影响他/她对研究结果的理解。
	确认偏差	当基于新数据的解释和结论与先验假设过于一致,并且如果研究人员在解释数据时保持开放的心态,那么至少有一种对潜在发现的合理的竞争性解释可能被证明是更好的时,则会发生这种情况。
	虚幻关联	当研究人员确定事件、人员等之间的关系,但实际上并不存在这种关系时发生。
	因果误差	当研究人员为现象提供因果解释却不试图验证这种解释时发生。
	效应量	当研究人员基于定量术语(如 many、most、frequently、several)进行解释,但没有通过使用某种形式的量化分析(即效应量),如计数,来证明这些术语的合理性时发生。

续表

威胁类型	特定效度威胁	研究阶段及说明
	讽刺的合法性	基于同一现象存在多种现实这一假设,以致研究的真实价值取决于其揭示共存对立的能力(Lather, 1993)。
	逻辑倒错合法性	代表了揭示悖论的合法性方面(Lather, 1993)。
	根茎合法性	产生于映射数据,而不仅仅是描述数据(Lather, 1993)。
	饱满/体现合法性	表示研究人员的解释水平超出其基于数据的知识库的程度(Lather, 1993)。
	结构确证	指研究人员利用多种数据支持或反驳解释的程度。
外部效度		
	总体推广性	当研究人员在总体中过度推广其研究结果时发生。
	生态推广性	当研究人员在各种环境或情境中过度推广其研究结果时发生。
	时间推广性	当研究人员跨时间过度推广其研究结果时发生。
	反应性	涉及参与者的反应变化,这些变化是由于参与者意识到自己正在参加一项独特的研究调查,而影响到结果的可转移性。
	顺序偏差	当在访谈或焦点小组日程表中提出的问题的顺序或观察的顺序不适当地影响研究结果的可转移性时发生。
	效应量	当研究人员基于定量术语(如many、most、frequently、several)进行解释,但没有通过使用某种形式的定量分析(即效应量),如计数,来证明这些术语的合理性时发生。

资料来源:Adapted from "A model for presenting threats to legitimation at the planning and interpretation phases in the quantitative, qualitative, and mixed research components of a dissertation," by C. L. Benge, A. J. Onwuegbuzie, and M. E. Robbins, 2012, *International Journal of Education*, 4, pp. 94-97. Copyright 2012 by C. L. Benge, A. J. Onwuegbuzie, and M. E. Robbins.

表 B-4 混合方法合法性类型的类型学

合法性类型	说明
样本整合	指定量与定性抽样设计之间的关系产生高质量元推论的程度。
内部-外部	指研究人员准确地展示和适当地利用内部人士和观察者观点的程度,以用于描述和解释等目的。
弱点最小化	指一种方法的缺点为另一种方法的优点所弥补的程度。
顺序	指一个人最小化基本问题的程度,在这个问题上,通过颠倒定量和定性阶段的顺序,元推论可能受到影响。
转换	指在定量或定性阶段产生高质量元推论的程度。
范式混合	指构成定量和定性研究方法基础的研究人员的认识论、本体论、价值论、方法论和修辞学信仰被成功地(a)结合或(b)融合到一起的程度。

续表

合法性类型	说明
可公度性	指元推论反映一种基于格式塔转换和整合的认知过程的混合世界观的程度。
多重效度	指定量、定性和混合效度类型的使用导致研究的定量和定性成分的合法性,从而产生高质量元推论的程度。
政治	指混合方法的研究者重视源自研究的定量和定性成分的元推论的程度。

资料来源:Adapted from "The validity issue in mixed research," by A. J. Onwuegbuzie and R. B. Johnson, 2006, *Research in the Schools*, 13 (1), pp. 48-63. Reprinted with kind permission of the Mid-South Educational Research Association and the Editors of *Research in the Schools*.

参考文献

Abbott, A. D. (2001). *Chaos of disciplines*. Chicago, IL: University of Chicago Press.
Adler, L. (1996). Qualitative research of legal issues. In D. Schimmel (Ed.), *Research that makes a difference: Complementary methods for examining legal issues in education, NOLPE Monograph Series* (No. 56) (pp. 3–31). Topeka, KS: NOLPE.
Alberani, V., Pietrangeli, P. D. C., & Mazza, A. M. R. (1990). The use of grey literature in health sciences: A preliminary survey. *Bulletin of the Medical Library Association, 78*, 358–363.
Alexander, B. K. (2005). Performance ethnography: The reenacting and inciting of culture. In N. K. Denzin & Y. S. Lincoln (Eds.), *The Sage handbook of qualitative research* (pp. 411–441). Thousand Oaks, CA: Sage.
Alsop, M. (2005). *Mahler's fifth symphony: The Everest of music*. Retrieved from http://www.npr.org/templates/story/story.php?storyId=6925538
American Educational Research Association. (2006). Standards for reporting on empirical social science research in AERA publications. *Educational Researcher, 35*(6), 33–40.
American Evaluation Association. (2011). *American Evaluation Association statement on cultural competence in evaluation*. Retrieved from http://www.eval.org/p/cm/ld/fid=92
American Heritage College Dictionary. (1993). (3rd ed.). Boston, MA: Houghton Mifflin.
American Psychological Association. (2003). Guidelines on multicultural education, training, research, practice, and organizational change for psychologists. *American Psychologist, 58*, 377–402.
American Psychological Association. (2010). *Publication manual of the American Psychological Association* (6th ed.). Washington, DC: Author.
Anderson, L. W., Krathwohl, D. R., Airasian, P. W., & Cruikshank, K. A. (Eds.) (2001) *A taxonomy for learning, teaching, and assessing: A revision of Bloom's taxonomy of educational objectives*. Boston, MA: Pearson Education Group.
Anstey, M., & Bull, G. (2010). Helping teachers to explore multimodal texts. *Curriculum Leadership, 8*(16). Retrieved from http://www.curriculum.edu.au/leader/helping_teachers_to_explore_multimodal_texts,31522.html?issueID=12141
Astor, R. A., Meyer, H. A., & Behre, W. J. (1999). Unowned places and times: Maps and interviews about violence in high schools. *American Educational Research Journal, 36*, 3–42. doi:10.3102/00028312036001003
Augur, C. P. (1989). *Information sources in grey literature*. London, England: Bowker-Saur.
Ayer, A. J. (1956). *The problem of knowledge*. New York, NY: St Martin's Press.
Bandura, A. (1962). *Social learning through imitation*. Lincoln, NE: University of Nebraska Press.
Bandura, A. (1977). Self-efficacy: Toward a unifying theory of behavioral change. *Psychological Review, 84*, 191–215. doi:10.1037//0033-295X.84.2.191
Bandura, A. (1997). *Self-efficacy: The exercise of control*. New York, NY: Freeman.
Barker, S. F. (1989). *The elements of logic* (5th ed.) New York, NY: McGraw-Hill.
Bates, M. (1989). The design of browsing and berrypicking techniques for on-line search interface. *Online Review 13*, 407–431. Retrieved from http://www.gseis.ucla.edu/faculty/bates/berrypicking.html
Bax, L., Yu, L. M., Ikeda, N., & Moons, K. G. M. (2007). A systematic comparison of software dedicated to meta-analysis of causal studies. *BMC Medical Research Methodology, 7*, 40. doi:10.1186/1471-2288-7-40. Retrieved from http://www.biomedcentral.com/1471-2288/7/40
Beck-Cross, C. (2014, April). *Individual, family, school, and community predictors of high school male suicidal behaviors: An analysis of 2010 Iowa Youth Survey Data*. Invited outstanding paper presented at the annual meeting of the American Educational Research Association, Philadelphia, PA.
Behar, R. (2008). Between poetry and anthropology: Searching for languages of home. In M. Cahnmann-Taylor & R. Siegesmund (Eds.), *Arts-based research in education: Foundations for practice* (pp. 55–71). New York, NY: Routledge.
Beile, P. M., Boote, D. N., & Killingsworth, E. K. (2004). A microscope or a mirror? A question of study validity regarding the use of dissertation citation analysis for evaluating research collections. *Journal of Academic Librarianship, 30*, 347–353. doi:10.1016/j.acalib.2004.06.001

参考文献

Benge, C. L. (2012). *Effect of cartoon mnemonics and revised definitions on the acquisition of tier-two vocabulary words among selected fifth-grade students*. Unpublished doctoral dissertation, Sam Houston State University, Huntsville, TX.

Benge, C. L., Onwuegbuzie, A. J., & Robbins, M. E. (2012). A model for presenting threats to legitimation at the planning and interpretation phases in the quantitative, qualitative, and mixed research components of a dissertation. *International Journal of Education. 4*, 65–124. doi:10.5296/ije.v4i4.2360. Retrieved from http://www.macrothink.org/journal/index.php/ije/article/view/2360/2316

Benight, C. C., & Bandura, A. (2004). Social cognitive theory of posttraumatic recovery: The role of perceived self-efficacy. *Behaviour Research and Therapy, 42*, 1129–1148. doi:10.1016/j.brat.2003.08.008

Bettany-Saltikov, J. (2012). *How to do a systematic literature review in nursing: A step-by-step guide*. New York, NY: Open University Press.

Biddix, J. P. (2008). Multitasking CMC to study connected organizations. In S. Kelsey & K. St.-Amant (Eds.), *Handbook of research on computer mediated communication* (Vol. 1, pp. 309–324). Hershey, NY: Information Science Reference.

Biesta, G. (2010). Pragmatism and the philosophical foundations of mixed methods research. In A. Tashakkori & C. Teddlie (Eds.), *Sage handbook of mixed methods in social and behavioral research* (2nd ed., pp. 95–117). Thousand Oaks, CA: Sage.

Bloom, B. S., Engelhart, M. D., Furst, E. J., Hill, W. H., & Krathwohl, D. R. (1956). *Taxonomy of educational objectives: Cognitive domain*. New York, NY: McKay.

Boote, D. N., & Beile, P. (2005). Scholars before researchers: On the centrality of the dissertation literature review in research preparation. *Educational Researcher, 34*(6), 3–15. doi:10.3102/0013189X034006003

Booth, A. (2006). "Brimful of STARLITE": Toward standards for reporting literature searches. *Journal of Medical Library Association, 94*, 421–429. Retrieved from http://www.ncbi.nlm.nih.gov/pmc/articles/PMC1629442/

Booth, A., Papaioannou, D., & Sutton, A. (2012). *Systematic approaches to a successful literature review*. Thousand Oaks, CA: Sage.

Borenstein, M., Hedges, L., & Rothstein, H. (2007). *Meta-analysis: Fixed effect vs. random effects*. Retrieved from http://www.meta-analysis.com/downloads/Meta-analysis fixed effect vs random effects.pdf

Bossuyt, P. M., Reitsma, J. B., Bruns, D. E., Gatsonis, C. A., Glasziou, P. P., Irwig, L. M.,... de Vet, H. C. W., and the STARD Group. (2003). Towards complete and accurate reporting of studies of diagnostic accuracy: The STARD Initiative. *Annals of Internal Medicine, 138*, 40–44. doi:10.7326/0003–4819–138–1–200301070–00010

Brewer, E. W. (2007). Delphi technique. In N. J. Salkind (Ed.), *Encyclopedia of measurement and statistics* (pp. 240–246). Thousand Oaks, CA: Sage.

Bronfenbrenner, U. (1979). *The ecology of human development: Experiments by nature and design*. Cambridge, MA: Harvard University Press.

Buell, C. (2004). Models of mentoring in communication. *Communication Education, 53*, 56–73.

Campbell, D. T., & Stanley, J. C. (1963). *Experimental and quasi-experimental designs for research*. Chicago, IL: Rand McNally.

Campbell, W. G., Ballou, S. V., & Slade, C. (1989). *Form and style: Theses, reports, term papers* (7th ed.). Boston, MA: Houghton.

Cancienne, M. B., & Snowber, C. N. (2003). Writing rhythm: Movement as method. *Qualitative Inquiry, 9*, 237–253. doi:10.1177/1077800402250956

Cattell, R. B. (1978). *The scientific use of factor analysis in behavioral and life sciences*. New York, NY: Plenum.

Charmaz, K. (2005). Grounded theory in the 21st century: Applications for advancing social justice studies. In N. K. Denzin & Y. S. Lincoln (Eds.), *Handbook of qualitative research* (3rd ed., pp. 507–536). Thousand Oaks, CA: Sage.

Cherry, K. (2010, December 30). *10 most influential psychologists*. Retrieved from http://psychology.about.com/od/historyofpsychology/tp/ten-influential-psychologists.htm

Chilisa, B., & Kawulich, B. B. (2010). Selecting a research approach: Paradigm, methodology and methods. In C. Wagner, B. Kawulich, & M. Garner (Eds.), *Practical social research*. Maidenhead, England: McGraw-Hill.

Cochrane Collaboration. (2012). Retrieved from http://www.cochrane.org
Cochrane Library. (2012). Retrieved from http://www.thecochranelibrary.com/view/0/index.html
Coffey, A., & Atkinson, P. (1996). *Making sense of qualitative data*. Thousand Oaks, CA: Sage.
Coladarci, T., & Fink, D. R. (1995, April). *Correlations among measures of teacher efficacy: Are they measuring the same thing?* Paper presented at the annual meeting of the American Educational Research Association, San Francisco, CA.
College Board. (2013). *Advanced placement report to the nation*. Retrieved from http://apcentral.collegeboard.com/home
Collier, C. (2013). *Effects of comprehensive, multiple high-risk behaviors prevention program on high school students*. Unpublished doctoral dissertation, Sam Houston State University, Huntsville, TX.
Collins, K. M. T., Onwuegbuzie, A. J., Johnson, R. B., & Frels, R. K. (2013). Practice note: Using debriefing interviews to promote authenticity and transparency in mixed research. *International Journal of Multiple Research Approaches, 7*, 271–283.
Collins, K. M. T., Onwuegbuzie, A. J., & Sutton, I. L. (2006). A model incorporating the rationale and purpose for conducting mixed methods research in special education and beyond. *Learning Disabilities: A Contemporary Journal, 4*, 67–100.
Combs, J. P., Bustamante, R. M., & Onwuegbuzie, A. J. (2010a). An interactive model for facilitating development of literature reviews. *International Journal of Multiple Research Approaches, 4*, 159–182. doi:10.5172/mra.2010.4.2.159
Combs, J. P., Bustamante, R. M., & Onwuegbuzie, A. J. (2010b). A mixed methods approach to conducting literature reviews for stress and coping researchers: An interactive literature review process framework. In G. S. Gates, W. H. Gmelch, & M. Wolverton (Series Eds.) & K. M. T. Collins, A. J. Onwuegbuzie, & Q. G. Jiao (Vol. Eds.), *Toward a broader understanding of stress and coping: Mixed methods approaches* (pp. 213–241). The Research on Stress and Coping in Education Series (Vol. 5). Charlotte, NC: Information Age.
Committee on Academic Conduct. (1994). *Bachelor's degree handbook*. Seattle, WA: University of Washington.
Conner, D. R. (1993). *Managing at the speed of change*. New York, NY: Villard.
CONSORT Group. (2010). *CONSORT statement*. Retrieved from http://www.consort-statement.org
Creswell, J. W. (2002). *Educational research: Planning, conducting, and evaluating quantitative and qualitative research*. Upper Saddle River, NJ: Pearson Education.
Creswell, J. W., & Plano Clark, V. L. (2010). *Designing and conducting mixed methods research* (2nd ed.). Thousand Oaks, CA: Sage.
Cronin, P., Ryan, F., & Coughlan, M. (2008). Undertaking a literature review: A step-by-step approach. *British Journal of Nursing, 17*, 38–43.
Culwin, F., & Lancaster, T. (2001). Plagiarism issues for higher education. *Vine, 31*, 36–41. doi:10.1108/03055720010804005
Curtis, S., Gesler, W., Smith, G., & Washburn, S. (2000). Approaches to sampling and case selection in qualitative research: Examples in the geography of health. *Social Science and Medicine, 50*, 1001–1014. doi:10.1016/S0277-9536(99)00350-0
Daniel, L. G., & Onwuegbuzie, A. J. (2000, November). *Toward an extended typology of research errors*. Paper presented at the annual meeting of the Mid-South Educational Research Association, Bowling Green, KY.
Davidoff, F., Batalden, P., Stevens, D., Ogrinc, G., Mooney, S., and the SQUIRE Development Group. (2008). Publication guidelines for quality improvement studies in health care: Evolution of the SQUIRE project. *Quality and Safety in Health Care, 17*(Suppl. 1), i3–i9. doi:10.1136/qshc.2008.029066
Debachere, M. C. (1995). Problems in obtaining grey literature. *IFLA Journal, 21*(2), 94–98. doi:10.1177/034003529502100205
Dellinger A. (2005). Validity and the review of the literature. *Research in the Schools, 12*(2), 41–54.
Dellinger, A., & Leech, N. L. (2007). A validity framework: A unified approach to evaluating validity of empirical research. *Journal of Mixed Methods Research, 1*, 309–332. doi:10.1177/1558689807306147
Denham, M., & Onwuegbuzie, A. J. (2013). Beyond words: Using nonverbal communication data in research to enhance thick description and interpretation. *International Journal of Qualitative Methods, 12*, 670–696.
Denzin, N. K., & Lincoln, Y. S. (1994). *The handbook of qualitative research*. Thousand Oaks, CA: Sage.
Deutsch, N. L., & Spencer, R. (2009). Capturing the magic: Assessing the quality of youth mentoring relationships. *New Directions for Youth Development, 121*, 47–70. doi:10.1002/yd.296

参考文献

Di Castelnuovo, A., Rotondo, S., Iacoviello, L., Donati, M. B., & Gaetano, G. (2002). Meta-analysis of wine and beer consumption in relation to vascular risk. *Circulation, 105*, 2836–2844. doi:10.1161/01.CIR.0000018653.19696.01

Dressman, M. (2007). Theoretically framed: Argument and desire in the production of general knowledge about literacy. *Reading Research Quarterly, 42*, 332–363. doi:10.1598/RRQ.42.3.1

DuBois, D. L., Holloway, B. E., Valentine, J. C., & Cooper, H. (2002). Effectiveness of mentoring programs for youth: A meta-analytic review. *American Journal of Community Psychology, 30*, 157–197.

Dweck, C. S. (2006). *Mindset: The new psychology of success.* New York, NY: Random House.

Eisenhart, M. A. (1991). *Conceptual frameworks for research circa 1991: Ideas from a cultural anthropologist; implications for mathematics education researchers.* Proceedings of the 13th annual meeting of the North American Chapter of the International Group for the Psychology of Mathematics Education (Vol. 1, pp. 202–219), Blacksburg, VA.

Eisner, E. W. (1991). *The enlightened eye: Qualitative inquiry and the enhancement of educational practice.* New York, NY: Macmillan.

Elbedour, S., Onwuegbuzie, A. J., Ghannam, J., Whitcome, J. A., & Abu Hein, F. (2007). Posttraumatic stress disorder, depression, anxiety, and coping among adolescents from the Gaza Strip in the wake of the second uprising (Intifada): Psychosocial and political considerations. *Child Abuse & Neglect, 31*, 719–729. doi:10.1016/j.chiabu.2005.09.006

Encyclopædia Britannica. (2014). Eidetic image. Retrieved from http://www.britannica.com/EBchecked/topic/180955/eidetic-image

Erikson, E. H. (1959). *Identity and the life cycle.* New York, NY: International University Press.

Erikson, E. H. (1968). *Identity, youth and crisis.* New York, NY: W. W. Norton & Company.

Ernest, J. M. (2011). Using Q methodology as a mixed methods approach to study beliefs about early childhood education. *International Journal of Multiple Research Approaches, 5*, 223–237. doi:10.5172/mra.2011.5.2.223

Esri (2009). *Environmental Systems Research Institute.* Retrieved from http://www.gis.com/whatisgis/index.html

Farace, D. J., & Schöpfel, J. (2010). *Grey literature in library and information studies.* Berlin, Germany: De Grooter Saur.

Faulkner, S. L. (2005). Methods and poems. *Qualitative Inquiry, 11*, 941–949. doi:10.1177/1077800405276813

Faulkner, S. L. (2009). *Poetry as method: Reporting research through verse.* Walnut Creek, CA: Left Coast Press.

Fink, A. (2009). *Conducting research literature reviews: From the Internet to paper.* Thousand Oaks, CA: Sage.

Finnen, W. C. (2004). *Talking drums: Reading and writing with African American stories, spirituals, and multimedia resources.* Portsmouth, NH: Teacher Ideas Press.

Flesch, R. (1946). *The art of plain talk.* New York, NY: Harper & Row.

Frels, R. K. (2010). *The experiences and perceptions of selected mentors: An exploratory study of the dyadic relationship in school-based mentoring.* Unpublished doctoral dissertation, Sam Houston State University, Huntsville, TX.

Frels, R. K. (2012). Foreword: Moving from discourse to practice. *International Journal of Multiple Research Methods, 6*, 190–191.

Frels, J. G., Frels, R. K., & Onwuegbuzie, A. J. (2011). Geographic information systems: A mixed methods spatial approach in business and management research and beyond. *International Journal of Multiple Research Approaches, 5*, 367–386. doi:10.5172/mra.2011.5.3.367

Frels, R. K., & Onwuegbuzie, A. J. (2012a). Interviewing the interpretive researcher: An impressionist tale. *The Qualitative Report, 17*(Art. 60), 1–27. Retrieved from http://www.nova.edu/ssss/QR/QR17/frels.pdf

Frels, R. K., & Onwuegbuzie, A. J. (2012b). The experiences of selected mentors: A cross-cultural examination of the dyadic relationship in school-based mentoring. *Mentoring & Tutoring: Partnership in Learning, 20*, 181–206. doi:10.1080/13611267.2012.679122

Frels, R. K., & Onwuegbuzie, A. J. (2013). Administering quantitative instruments with qualitative interviews: A mixed research approach *Journal of Counseling and Development, 91*, 184–194. doi:10.1002/j.1556-6676.2013.00085.x

Frels, R. K., Onwuegbuzie, A. J., Bustamante, R. M., Garza, Y., Leggett, E. S., Nelson, J. A., & Nichter, M. (2013). Purposes and approaches of selected mentors in school-based mentoring: A collective case study. *Psychology in the Schools, 50*, 618–633. doi:10.1002/pits.21697

Frels, R. K., Onwuegbuzie, A. J., & Slate, J. R. (2010a). Editorial: A typology of verbs for scholarly writing. *Research in the Schools, 17*(1), xiv–xxv. Retrieved from http://www.msera.org/download/RITS_17_1_Verbs.pdf

Frels, R. K., Onwuegbuzie, A. J., & Slate, J. R. (2010b). Editorial: *Research in the Schools*: The flagship journal of the Mid-South Educational Research Association. *Research in the Schools, 17*(1), i–vii.

Frels, R. K., Zientek, L. R., & Onwuegbuzie, A. J. (2013). Differences of mentoring experiences across grade span among principals, mentors, and mentees. *Mentoring & Tutoring: Partnership in Learning, 21*, 28–58. doi:10.1080/13611267.2013.784058

Furman, R., Langer, C. L., Davis, C. S., Gallardo, H. P., & Kulkami, S. (2007). Expressive research and reflective poetry as qualitative inquiry: A study of adolescent identity. *Qualitative Research, 7*, 301–315. doi:10.1177/1468794107078511

Gaber, J. (2000). Meta-needs assessment. *Evaluation and Program Planning, 23*, 139–147. doi:10.1016/S0149-7189(00)00012-4

Gagnier, J. J., Kienle, G., Altman, D. A., Moher, D., Sox, H., Riley, D., and the CARE Group. (2013). The CARE guidelines: Consensus-based clinical case reporting guideline development. *Global Advances in Health and Medicine, 2*(5), 38. doi:10.7453/gahmj.2013.008

Gallegos, J. S., Tindall, C., & Gallegos, S. A. (2008). The need for advancement in the conceptualization of cultural competence. *Advances in Social Work, 9*, 51–62.

Ganann, R., Ciliska, D., & Thomas, H. (2010). Exploring systematic reviews: Methods and implications of rapid reviews. *Implementation Science, 5*(56), 1–10. Retrieved from http://www.implementationscience.com/content/5/1/56

Garrard, J. (2009). *Health sciences literature review made easy: The matrix method*. Sudbury, MA: Jones and Bartlett.

Gazni, A. (2011). Are the abstracts of high impact articles more readable? Investigating the evidence from top research institutions in the word. *Journal of Information Science, 37*, 273–281. doi:10.1177/0165551511401658

Gee, J. P. (2005). *An introduction to discourse analysis: Theory and method*. New York, NY: Routledge.

Gee, J. P. (2010). *An introduction to discourse analysis: Theory and method* (2nd ed.). New York, NY: Routledge.

Gibson, S., & Dembo, M. (1984). Teacher efficacy: Construct validation. *Journal of Educational Psychology, 76*, 569–582. doi:10.1037//0022-0663.76.4.569

Glaser, B. G. (1965). The constant comparative method of qualitative analysis. *Social Problems, 12*, 436–445. doi:10.1525/sp.1965.12.4.03a00070

Glaser, B. G. (1978). *Theoretical sensitivity*. Mill Valley, CA: Sociology.

Glaser, B. G. (1992). *Discovery of grounded theory*. Chicago, IL: Aldine.

Glaser, B. G., & Strauss, A. L. (1967). *The discovery of grounded theory: Strategies for qualitative research*. Chicago, IL: Aldine.

Glaser, B., & Strauss, A. (1971). *Status passage*. Chicago, IL: Aldine.

Glass, G. (1976). Primary, secondary, and meta-analysis of research. *Educational Researcher, 5*(10), 3–8. doi:10.3102/0013189X005010003

Goodchild, M. F., Fu, P., & Rich, P. (2007). Sharing geographic information: An assessment of the geo-spatial one-step. *Annals of the Association of American Geographers, 97*, 250–266. doi:10.1111/j.1467-8306.2007.00534.x

Gorsuch, R. L. (1983). *Factor analysis* (2nd ed.). Hillsdale, NJ: Erlbaum.

Granello, D. H. (2001). Promoting cognitive complexity in graduate written work: Using Bloom's taxonomy as a pedagogical tool to improve literature reviews. *Counselor Education and Supervision, 40*, 292–307.

Grant, M. J., & Booth, A. (2009). A typology of reviews: An analysis of 14 review types and associated methodologies. *Health Information and Libraries Journal, 26*, 91–108. doi:10.1111/j.1471–1842.2009.00848.x

Greenacre, M. (1984). *Theory and applications of correspondence analysis*. Orlando, FL: Academic Press.

Greene, J. C. (2006). Toward a methodology of mixed methods social inquiry. *Research in the Schools, 13*(1), 93–98.

Greene, J. C. (2008). Is mixed methods social inquiry a distinctive methodology? *Journal of Mixed Methods Research, 2*, 7–22. doi:10.1177/1558689807309969

Greene, J. C., & Caracelli, V. J. (1997). Defining and describing the paradigm issue in mixed-method evaluation. In J. C. Greene & V. J. Caracelli (Eds.), *New directions for evaluation: Number 74: Advances in mixed-method evaluation: The challenge and benefits of integrating diverse paradigms*. San Francisco, CA: Sage.

Greene, J. C., Caracelli, V. J., & Graham, W. F. (1989). Toward a conceptual framework for mixed-method evaluation designs. *Educational Evaluation and Policy Analysis, 11*, 255–274. doi:10.3102/01623737011003255

Greenhow, C. M., Robelia, E., & Hughes, J. (2009). Web 2.0 and classroom research: What path should we take now? *Educational Researcher, 38*, 246–259. doi:10.3102/0013189X09336671

Grey Literature Conference Program. (2004). *Sixth international conference on grey literature: Work on grey in progress*. Amsterdam, The Netherlands: GreyNet, Grey Literature Network Service.

Grey Literature Network Service. (2012). *Mission statement*. Amsterdam, The Netherlands: GreyNet, Grey Literature Network Service. Retrieved from http://www.greynet.org/greynethome.html

Guba, E. G., & Lincoln, Y. S. (1989). *Fourth generation evaluation*. Newbury Park, CA: Sage.

Guest, G., Bunce, A., & Johnson, L. (2006). How many interviews are enough? An experiment with data saturation and variability. *Field Methods, 18*, 59–82. doi:10.1177/1525822X05279903

Gunelius, S. (2012, April 18). *Stand out from competitors with Prezi presentations*. Retrieved from http://www.forbes.com/sites/work-in-progress/2011/03/23/stand-out-from-competitors-with-prezi-presentations/

Guskey, T. R., & Passaro, P. D. (1994). Teacher efficacy: A study of construct dimensions. *American Educational Research Journal, 31*, 627–643. doi:10.3102/00028312031003627

Haggbloom, S. J. (2002). The 100 most eminent psychologists of the 20th century. *Review of General Psychology, 6*, 139–152. doi:10.1037//1089–2680.6.2.139

Hahs-Vaughn, D. L., & Onwuegbuzie, A. J. (2010). Quality of abstracts in articles submitted to a scholarly journal: A mixed methods case study of the journal *Research in the Schools*. *Library and Information Science Research, 32*, 53–61. doi:10.1016/j.lisr.2009.08.004

Hahs-Vaughn, D. L., Onwuegbuzie, A. J., Slate, J. R., & Frels, R. K. (2009). Editorial: Bridging research-to-practice: Enhancing knowledge through abstracts. *Research in the Schools, 16*(2), xxxvii–xlv.

Hailey, D. M. (2007). Health technology assessment in Canada: Diversity and evolution. *Medical Journal of Australia, 187*, 286–288. Retrieved from http://www.mja.com.au/public/issues/187_05_030907/hai10766_fm.pdf

Hall, B., & Howard, K. (2008). A synergistic approach. *Journal of Mixed Methods Research, 2*, 248–269. doi:10.1177/1558689808314622

Halpern, E. S. (1983). *Auditing naturalistic inquiries: The development and application of a model*. Unpublished doctoral dissertation, Indiana University.

Harden, A., & Thomas, J. (2010). Mixed methods and systematic reviews: Examples and emerging issues. In A. Tashakkori & C. Teddlie (Eds.), *Sage handbook of mixed methods in social and behavioral research* (2nd ed., pp. 749–774). Thousand Oaks, CA: Sage.

Harmon, H. L., Howley, C. B., & Sanders, J. R. (1996). Doctoral research in rural education and the rural R&D menu. *Journal of Research in Rural Education, 12*(2), 68–75.

Harris, J. T., & Nakkula, M. J. (2008). *Match Characteristic Questionnaire (MCQ)*. Unpublished measure, Harvard Graduate School of Education.

Harris, T. L., & Hodges, R. E. (Eds.). (1995). *The literacy dictionary: The vocabulary of reading and writing*. Newark, DE: The International Reading Association.

Hart, C. (2005). *Doing a literature review: Releasing the social science research imagination*. London, England: Sage.

Hartnett, S. J. (2003). *Incarceration nation: Investigative prison poems of hope and terror*. Walnut Creek, CA: AltaMira.

Hatcher, L. (1994). *A step-by-step approach to using the SAS® system for factor analysis and structural equation modeling*. Cary, NC: SAS Institute.

Harzing, A. W. K. (2009, January). *Publish or perish*. Retrieved from www.harzing.com/pop.htm

Haycock, L. A. (2004). Citation analysis of education dissertations for collection development. *Library Resources & Technical Services, 48*, 102–106.

Henson, R. K. (2002). From adolescent angst to adulthood: Substantive implications and measurement dilemmas in the development of teacher efficacy research. *Educational Psychologist, 37*, 137–150. doi:10.1207/S15326985EP3703_1

Henson, R. K. (2003). Relationships between preservice teachers' self-efficacy, task analysis, and classroom management beliefs. *Research in the Schools, 10*(1), 53–62.

Henson, R. K., Kogan, L. R., & Vache-Haase, T. (2001). A reliability generalization study of the Teacher Efficacy Scale and related instruments. *Educational and Psychological Measurement, 61*, 404–420. doi:10.1177/00131640121971284

Herrnstein, R. J., & Murray, C. (1994). *The bell curve: Intelligence and class structure in American life*. New York, NY: Free Press.

Hewstone, M., & Jaspars, J. (1987). Covariation and causal attribution: A logical model of the intuitive analysis of variance. *Journal of Personality and Social Psychology, 53*, 663–672. doi:10.1037//0022–3514.53.4.663

Heyvaert, M., Maes, B., & Onghena, P. (2011). Applying mixed methods research at the synthesis level: An overview. *Research in the Schools, 18*(1), 12–24.

Hickey, M. T. (2010). Baccalaureate nursing graduates' perceptions of their clinical instructional experiences and preparation for practice. *Journal of Professional Nursing, 26*, 35–41.

Hirshfield, J. (1997). *Nine gates: Entering the mind of poetry and craft*. Saint Paul, MN: Graywolf Press.

Homer (1969). *The Odyssey*. New York, NY: Simon and Schuster.

Husereau, D., Drummond, M., Petrou, S., Carswell, C., Moher, D., Greenberg, D.,… Loder, E. (2013). Consolidated Health Economic Evaluation Reporting Standards (CHEERS) statement. *European Journal of Health Economics, 14*, 367–372. doi:10.1007/s10198-013-0471-6

Janesick, V. J. (2010). *Stretching exercises for qualitative researchers* (3rd ed.). Thousand Oaks, CA: Sage.

Jesson, J. K., Matheson, L., & Lacey, F. M. (2011). *Doing your literature review: Traditional and systematic techniques*. London, England: Sage.

Jinha, A. (2010). Article 50 million: An estimate of the number of scholarly articles in existence. *Learned Publishing, 23*, 258–263. doi:10.1087/20100308

Johnson, P. J. (2013) *Edge effect*. University of Southern California Dornsife. Retrieved from http://dornsife.usc.edu/news/stories/1482/edge-effect/

Johnson, R. B. (2011, May). Dialectical pluralism: A metaparadigm to help us hear and "combine" our valued differences. In S. J. Hesse-Biber (Chair), *Addressing the credibility of evidence in mixed methods research: Questions, issues and research strategies*. Plenary conducted at the meeting of the Seventh International Congress of Qualitative Inquiry, University of Illinois at Urbana-Champaign.

Johnson, R. B., & Christensen, L. B. (2010). *Educational research: Quantitative, qualitative, and mixed approaches* (4th ed.). Thousand Oaks, CA: Sage.

Johnson, R. B., & Gray, R. (2010). *A history of philosophical and theoretical issues for mixed methods research*. In A. Tashakkori & C. Teddlie (Eds.), *Sage handbook of mixed methods in social and behavioral research* (2nd ed., pp. 69–94). Thousand Oaks, CA: Sage.

Johnson, R. B., & Onwuegbuzie, A. J. (2004). Mixed methods research: A research paradigm whose time has come. *Educational Researcher, 33*(7), 14–26. doi:10.3102/0013189X033007014

Johnson, R. B., Onwuegbuzie, A. J., & Turner, L. A. (2007). Toward a definition of mixed methods research. *Journal of Mixed Methods Research, 1*, 112–133. doi:10.1177/1558689806298224

Johnson, W. B., & Mullen, C. A. (2007). *Write to the top! How to become a prolific academic*. New York, NY: Palgrave Macmillan.

Karcher, M. J. (2005). The effects of developmental mentoring and high school mentors' attendance on their younger mentees' self-esteem, social skills, and connectedness. *Psychology in the Schools, 42*, 65–77. doi:10.1002/pits.20025

Karchmer-Klein, R., & Shinas, V. H. (2010). 21st century literacies in teacher education: Investigating multimodal texts in the context of an online graduate-level literacy and technology course. *Research in the Schools, 19*(1), 60–74.

Kelley, H. H. (1967). Attribution theory in social psychology. In D. Levine (Ed.), *Nebraska symposium on motivation* (Vol. 15). Lincoln, NE: University of Nebraska Press.

Kelley, H. H. (1973). The process of causal attribution. *American Psychologist, 28*, 107–128. doi:10.1037/h0034225

Kilburg, G. M. (2007). Three mentoring team relationships and obstacles encountered: A school-based study. *Mentoring & Tutoring: Partnership in Learning, 15*, 293–308. doi:10.1080/13611260701202099

King, K. A., Vidourek, R., Davis, B., & McClellan, W. (2002). Increasing self-esteem and school connectedness through a multidimensional mentoring program. *Journal of School Health, 72*, 294–299. doi:10.1111/j.1746–1561.2002.tb01336.x

Kirby, D., & Liner, T. (1988). *Inside out* (2nd ed.). Portsmouth, NH: Boynton/Cook.

Kolb, D. A. (1984). *Experiential learning experience as a source of learning and development*. Englewood Cliffs, NJ: Prentice-Hall.

Krathwohl, D. R. (2002). A revision of Bloom's taxonomy: An overview. *Theory into Practice, 41*, 212–218. doi:10.1207/s15430421tip4104_2

Krathwohl, D. R., Bloom, B. S., & Masia, B. B. (1964). *Taxonomy of educational objectives: The classification of educational goals. Handbook II: The affective domain*. New York, NY: McKay.

Krejecie, R. V., & Morgan, D. W. (1970). Determining sample size for research activities. *Educational and Psychological Measurement, 30*, 607–610.

Kress, G. (2003). *Literacy in the new media age*. London, England: Routledge.

Kress, G. (2010). *Multimodality: A social semiotic approach to contemporary communication*. New York, NY: Routledge.

Kshetri, N., & Dholakia, N. (2009). *Global digital divide*. Retrieved from http://ebooks.narotama.ac.id/files/Encyclopedia of Information Science and Technology (2nd Edition)/Global Digital Divide.pdf

Kvale, S. (1995). The social construction of validity. *Qualitative Inquiry, 1*, 19–40. doi:10.1177/107780049500100103

Lackoff, G., & Johnson, M. (1980). *Metaphors we live by*. Chicago, IL: University of Chicago Press.

Lahman, M. K. E., Geist, M. R., Rodriguez, K. L., Graglia, P. E., Richard, V. M., & Schendel, R. K. (2010). Poking around poetically: Research, poetry, and trustworthiness. *Qualitative Inquiry, 16*, 39–48. doi:10.1177/1077800409350061

Lang, T. A., & Altman, D. G. (2013). Basic statistical reporting for articles published in biomedical journals: The "Statistical Analyses and Methods in the Published Literature" or the SAMPL Guidelines. In P. Smart, H. Maisonneuve, & A. Polderman (Eds.), *Science editors' handbook* (pp. 1–9). European Association of Science Editors. Retrieved from http://www.equator-network.org/wp-content/uploads/2013/07/SAMPL-Guidelines-6-27-13.pdf

Lather, P. (1986). Issues of validity in openly ideological research: Between a rock and a soft place. *Interchange, 17*, 63–84. doi:10.1007/BF01807017

Lather, P. (1993). Fertile obsession: Validity after poststructuralism. *Sociological Quarterly, 34*, 673–693. doi:10.1111/j.1533-8525.1993.tb00112.x

Lee, R. P., Hart, R. I., Watson, R. M., & Rapley, T. (2014). Qualitative synthesis in practice: Some pragmatics of meta-ethnography. *Qualitative Research*. Advance online publication. doi:10.1177/1468794114524221

Leech, N. L., Dellinger, A. B., Brannagan, K. B., & Tanaka, H. (2010). Evaluating mixed research studies: A mixed methods approach. *Journal of Mixed Methods Research, 4*, 17–31. doi:10.1177/1558689809345262

Leech, N. L., & Onwuegbuzie, A. J. (2007). An array of qualitative analysis tools: A call for data analysis triangulation. *School Psychology Quarterly, 22*, 557–584. doi:10.1037/1045-3830.22.4.557

Leech, N. L., & Onwuegbuzie, A. J. (2008). Qualitative data analysis: A compendium of techniques and a framework for selection for school psychology research and beyond. *School Psychology Quarterly, 23*, 587–604. doi:10.1037/1045-3830.23.4.587

Leech, N. L., & Onwuegbuzie, A. J. (2009). A typology of mixed methods research designs. *Quality & Quantity: International Journal of Methodology, 43*, 265–275. doi:10.1007/s11135-007-9105-3

Leech, N. L., & Onwuegbuzie, A. J. (2010). Guidelines for conducting and reporting mixed research in the field of counseling and beyond. *Journal of Counseling and Development, 88*, 61–69. doi:10.1002/j.1556-6678.2010.tb00151.x

Lester, F. K. (2005). On the theoretical, conceptual, and philosophical foundations for research in mathematics education. *ZDM, 37*, 457–467. doi:10.1007/BF02655854

Levy, Y., & Ellis, T. J. (2006). A systems approach to conduct an effective literature review in support of information systems research. *Informing Science Journal, 9*, 181–212.

Lincoln, Y. S., & Guba, E. G. (1985). *Naturalistic inquiry*. Beverly Hills, CA: Sage.

Lipsey, M. W., & Wilson, D. B. (2001). *Practical meta-analysis*. Applied Social Research Methods series (Vol. 49). Thousand Oaks, CA: Sage.

Lively, B., & Pressey, S. (1923). A method for measuring the "vocabulary burden" of textbooks. *Educational Administration and Supervision, 99*, 389–398.

Lobe, B. (2008). *Integration of online research methods*. Ljubljana, Slovenia: Faculty of Social Sciences, University of Ljubljana.

Lucas, K. F. (2001). The social construction of mentoring roles. *Mentoring & Tutoring, 9*, 23–47. doi:10.1080/13611260120046665

Lunden, I. (2012, July 30). Twitter passed 500M users in June 2012, 140M of them in US; Jakarta 'biggest tweeting' city. *TechCrunch*. Retrieved from http://techcrunch.com/2012/07/30/analyst-twitter-passed-500m-users-in-june-2012-140m-of-them-in-us-jakarta-biggest-tweeting-city/

Maass, D. (2004). *Writing the breakout novel workbook*. Cincinnati, OH: Writer's Digest Books.

Macdonald-Ross, M. (1978). Language in texts. *Review of Research in Education, 6*, 229–275. doi:10.2307/1167247

Machi, L. A., & McEvoy, B. T. (2009). *The literature review: Six steps to success*. Thousand Oaks, CA: Corwin Press.

Marcia, J. E. (1966). Development and validation of ego identity status. *Journal of Personality and Social Psychology, 3*, 551–558. doi:10.1037/h0023281

Martsolf, D. S., Cook, C. B., Ross, R., Warner Stidham, A., & Mweemba, P. (2010). A meta-summary of qualitative findings about professional services for survivors of sexual violence. *The Qualitative Report, 15*, 489–506. Retrieved from http://www.nova.edu/ssss/QR/QR15-3/martsolf.pdf

Maxwell, J. A. (1992). Understanding and validity in qualitative research. *Harvard Educational Review, 62,* 279–299.

Maxwell, J. A. (2005). *Qualitative research design: An interactive approach* (2nd ed.). Newbury Park, CA: Sage.

McGhee, G., Marland, G. R., & Atkinson, J. M. (2007). Grounded theory research: Literature reviewing and reflexivity. *Journal of Advanced Nursing, 60,* 334–342. doi:10.1111/j.1365–2648.2007.04436.x

Medawar, P. B. (1964, August 1). Is the scientific paper fraudulent? *Saturday Review,* 42–43.

Mellor, B., & Patterson, A. (2000). Critical practice: Teaching Shakespeare. *Journal of Adolescent & Adult Literacy, 43,* 508–517.

Merriam-Webster. (n.d.). Writer's block. Retrieved from http://www.merriam-webster.com/dictionary/writer's block

Messick, S. (1989). Validity. In R. L. Linn (Ed.), *Educational measurement* (3rd ed., pp. 13–103). Old Tappan, NJ: Macmillan.

Messick, S. (1995). Validity of psychological assessment: Validation of inferences from persons' responses and performances as scientific inquiry into score meaning. *American Psychologist, 50,* 741–749.

Metoyer-Duran, C. (1993). The readability of published, accepted, and rejected papers appearing in *College & Research Libraries. College & Research Libraries, 54,* 517–526.

Michailidis, G. (2007). Correspondence analysis. In N. J. Salkind (Ed.), *Encyclopedia of measurement and statistics* (pp. 191–194). Thousand Oaks, CA: Sage.

Miethe, T. D., & Drass, K. A. (1999). Exploring the social context of instrumental and expressive homicides: An application of qualitative comparative analysis. *Journal of Quantitative Criminology, 15,* 1–21.

Miles, M., & Huberman, A. M. (Eds.). (1994). *Qualitative data analysis: An expanded sourcebook* (2nd ed.). Thousand Oaks, CA: Sage.

Miles, M. B., & Weitzman, E. A. (1994). Choosing computer programs for qualitative data analysis. In M. B. Miles & M. Huberman (Eds.), *Qualitative data analysis: An expanded sourcebook* (2nd ed., pp. 311–317). Thousand Oaks, CA: Sage.

Moher, D., Liberati, A., Tetzlaff, J., & Altman, D. G., and PRISMA Group. (2009). Preferred reporting items for systematic reviews and meta-analyses: The PRISMA Statement. *PLoS Med, 6*(6), e1000097. doi:10.1371/journal.pmed1000097

Morgan, D. L. (1997). *Focus groups as qualitative research* (2nd ed.). Qualitative Research Methods Series 16. Thousand Oaks, CA: Sage.

Morgan, D. L. (2007). Paradigms lost and pragmatism regained: Methodological implications of combining qualitative and quantitative methods. *Journal of Mixed Methods Research, 1,* 48–76. doi:10.1177/2345678906292462

Morgan, D. L. (2008). Focus groups. In L. M. Given (Ed.), *The Sage encyclopedia of qualitative methods* (Vol. 1, pp. 352–354). Thousand Oaks, CA: Sage.

Morse, J. M. (1995). The significance of saturation. *Qualitative Health Research, 5,* 147–149. doi:10.1177/104973239500500201

Mossberg, W. S. (2012, April 25). Google stores, syncs, edits in the cloud. *The Wall Street Journal.* Retrieved from http://online.wsj.com/news/articles/SB10001424052702303459004577362111867730108?mg=reno64–wsj&url=http%3A%2F%2Fonline.wsj.com%2Farticle%2FSB10001424052702303459004577362111867730108.html

Mullen, C. A. (1999). Introducing new directions for mentoring. In C. A. Mullen & D. W. Lick (Eds.), *New directions in mentoring: Creating a culture of synergy* (pp. 10–17). New York, NY: Routledge.

Mullen, C. A. (2000). Constructing co-mentoring partnerships: Walkways we must travel. *Theory Into Practice, 3,* 4–11. doi:10.1207/s15430421tip3901_2

Mullen, C. A. (2010). Editor's overview: Fostering a mentoring mindset across teaching and learning contexts. *Mentoring & Tutoring: Partnership in Learning, 18,* 1–4. doi:10.1080/13611260903448284

Murdock, S. H., White, S., Hogue, M. N., Pecotte, B., You, X., & Balkan, J. (2002). *A summary of The Texas Challenge in the Twenty-First Century: Implications of population change for the future of Texas.* College Station, TX: The Center for Demographic and Socioeconomic Research and Education in the Department of Rural Sociology at Texas A&M University.

Myatt, M. (2012). *10 communication secrets of great leaders.* Retrieved from http://www.forbes.com/sites/mikemyatt/2012/04/04/10–communication-secrets-of-great-leaders/

National Institutes of Mental Health. (2007). *Division of developmental translational research.* Retrieved from http://www.nimh.nih.gov/about/organization/ddtr/index.shtml

Nelson, J. A., Onwuegbuzie, A. J., Wines, L. A., & Frels, R. K. (2013). The therapeutic interview process in qualitative research studies. *The Qualitative Report, 18*(79), 1–17. Retrieved from http://www.nova.edu/ssss/QR/QR18/nelson79.pdf

Newman, I., Hitchcock, J. H., & Onwuegbuzie, A. J. (2013). *Bayes methodology: Mixed methods in drag*. Unpublished manuscript, Florida International University, Miami, FL.

Newman, I., & Ramlo, S. (2010). Using Q methodology and Q factor analysis in mixed methods research. In A. Tashakkori & C. Teddlie (Eds.), *Sage handbook of mixed methods in social and behavioral research* (2nd ed., pp. 505–530). Thousand Oaks, CA: Sage.

Nicholas, D. B., Lach, L., King, G., Scott, M., Boydell, K., Sawatzky, B. J.,... Young, N. L. (2010). Contrasting Internet and face-to-face focus groups for children with chronic health conditions: Outcomes and participant experiences. *International Journal of Qualitative Methods, 9*, 105–121.

Nishar, D. (2013, January 9). *200 million members!* [Web log post]. Retrieved from http://blog.linkedin.com/2013/01/09/linkedin-200–million/

Noblit, G., & Hare, R. (1988). *Meta-ethnography: Synthesizing qualitative studies*. Newbury Park, CA: Sage.

Nordenstreng, K. (2007). Discipline or field? Soul-searching in communication research. *Nordicom Review, Jubilee Issue*, 211–222.

O'Hagan, A., & Luce, B. R. (2003). *A primer on Bayesian statistics in health economics and outcomes research*. Bethesda, MD: MEDTAP International.

Onwuegbuzie, A. J. (1993). The interaction of statistics test anxiety and examination condition in statistics achievement of post-baccalaureate non-statistics majors. *Dissertation Abstracts International: Section A. Humanities and Social Sciences, 54*(12), 4371.

Onwuegbuzie, A. J. (1999). Defense or offense? Which is the better predictor of success for professional football teams? *Perceptual and Motor Skills, 89*, 151–159. doi:10.2466/pms.1999.89.1.151

Onwuegbuzie, A. J. (2000a). Factors associated with success among NBA teams. *The Sport Journal* [on-line serial], *3*(2). Retrieved from http://www.thesportjournal.org/VOL3NO2/Onwue.htm

Onwuegbuzie, A. J. (2000b). Is defense or offense more important for professional football teams? A replication study using data from the 1998–1999 regular football season. *Perceptual and Motor Skills, 90*, 640–648. doi:10.2466/pms.2000.90.2.640

Onwuegbuzie, A. J. (2000c, April). *Revisioning rival hypotheses for the 21st century: Collaborative design of a web-based tool for learning about the validity of empirical studies*. Interactive symposium presented at the annual meeting of the American Educational Research Association (AERA), New Orleans.

Onwuegbuzie, A. J. (2003a). Effect sizes in qualitative research: A prolegomenon. *Quality & Quantity: International Journal of Methodology, 37*, 393–409. doi:10.1023/A:1027379223537

Onwuegbuzie, A. J. (2003b). Expanding the framework of internal and external validity in quantitative research. *Research in the Schools, 10*(1), 71–90.

Onwuegbuzie, A. J. (2010). *Literature review taxonomy of objectives*. Unpublished manuscript, Sam Houston State University, Huntsville, TX.

Onwuegbuzie, A. J. (2012). Introduction: Putting the *mixed* back into quantitative and qualitative research in educational research and beyond: Moving towards the radical middle. *International Journal of Multiple Research Approaches, 6*, 192–219.

Onwuegbuzie, A. J. (2014a). *A typology of link words*. Unpublished manuscript, Sam Houston State University, Huntsville, TX.

Onwuegbuzie, A. J. (2014b). *How many works should I cite in my manuscript? A citation analysis of the Journal of Mixed Methods Research*. Manuscript submitted for publication.

Onwuegbuzie, A. J. (2014c). *How many works should I cite in my manuscript? A citation analysis of the Research in the Schools journal*. Unpublished manuscript, Sam Houston State University, Huntsville, TX.

Onwuegbuzie, A. J. (2014d). *Meta-analysis of studies of the accuracy of reference lists in published article*s. Unpublished manuscript, Sam Houston State University, Huntsville, TX.

Onwuegbuzie, A. J. (2014e). *Prevalence of grammatical errors in journal article submissions*. Unpublished manuscript, Sam Houston State University, Huntsville, TX.

Onwuegbuzie, A. J. (2014f). *The degree of collaboration in qualitative, quantitative, and mixed research studies.* Unpublished manuscript, Sam Houston State University, Huntsville, TX.

Onwuegbuzie, A. J., & Collins, K. M. T. (2013, February). *The role of Bronfenbrenner's ecological systems theory in enhancing interpretive consistency in mixed research.* Invited James E. McLean Outstanding Paper presented at the annual meeting of the American Educational Research Association, Philadelphia, PA.

Onwuegbuzie, A. J., & Collins, K. M. T. (2014). Using Bronfenbrenner's ecological systems theory to enhance interpretive consistency in mixed research. *International Journal of Research in Education Methodology, 5*, 651–661.

Onwuegbuzie, A. J., Collins, K. M. T., & Elbedour, S. (2003). Aptitude by treatment interactions and Matthew effects in graduate-level cooperative learning groups. *Journal of Educational Research, 96*, 217–230. doi: 10.1080/00220670309598811

Onwuegbuzie, A. J., Collins, K. M. T., & Frels, R. K. (2013). Foreword: Using Bronfenbrenner's ecological systems theory to frame quantitative, qualitative, and mixed research. *International Journal of Multiple Research Approaches, 7*, 2–8. doi:/10.5172/mra.2013.7.1.2

Onwuegbuzie, A. J., Collins, K. M. T., Leech, N. L., Dellinger, A. B., & Jiao, Q. G. (2010). A meta-framework for conducting mixed research syntheses for stress and coping researchers and beyond. In G. S. Gates, W. H. Gmelch, & M. Wolverton (Series Eds.) & K. M. T. Collins, A. J. Onwuegbuzie, & Q. G. Jiao (Eds.), *Toward a broader understanding of stress and coping: Mixed methods approaches* (pp. 169–211). The Research on Stress and Coping in Education Series (Vol. 5). Charlotte, NC: Information Age Publishing.

Onwuegbuzie, A. J., & Combs, J. P. (2010). Emergent data analysis techniques in mixed methods research: A synthesis. In A. Tashakkori & C. Teddlie (Eds.), *Sage handbook of mixed methods in social and behavioral research* (2nd ed., pp. 397–430). Thousand Oaks, CA: Sage.

Onwuegbuzie, A. J., Combs, J. P., Frels, R. K., & Slate, J. R. (2011). Editorial: Citation errors revisited: The case for *Educational Researcher*. *Research in the Schools, 18*(1), i–xxxv. Retrieved from http://www.msera.org/download/RITS_18_1_Complete.pdf

Onwuegbuzie, A. J., Combs, J. P., Slate, J. R., & Frels, R. K. (2010). Editorial: Evidence-based guidelines for avoiding the most common APA errors in journal article submissions. *Research in the Schools, 16*(2), ix–xxxvi. Retrieved from http://msera.org/download/RITS_16_2_APAErrors6th.pdf

Onwuegbuzie, A. J., & Corrigan, J. A. (2014). Improving the quality of mixed research reports in the field of human resource development and beyond: A call for rigor as an ethical practice. *Human Resource Development Quarterly, 25*, 273–299.

Onwuegbuzie, A. J., & Daniel, L. G. (2003, February 12). Typology of analytical and interpretational errors in quantitative and qualitative educational research. *Current Issues in Education* [Online], *6*(2). Retrieved from http://cie.ed.asu.edu/volume6/number2/

Onwuegbuzie, A. J., & Daniel, L. G. (2005). Editorial: Evidence-based guidelines for publishing articles in *Research in the Schools* and beyond. *Research in the Schools, 12*(2), 1–11. Retrieved from www.msera.org/download/Rits_editorial_12_2.pdf

Onwuegbuzie, A. J., Daniel, L. G., & Collins, K. M. T. (2009). A meta-validation model for assessing the score-validity of student teacher evaluations. *Quality & Quantity: International Journal of Methodology, 43*, 197–209. doi:10.1007/s11135-007-9112-4

Onwuegbuzie, A. J., & Denham, M. A. (2014a). Qualitative data analysis. In R. Warden (Ed.), *Oxford bibliographies.* Oxford, England: Oxford Bibliographies.

Onwuegbuzie, A. J., & Denham, M. A. (2014b). *Trends in the use of qualitative analysis approaches.* Unpublished manuscript, Sam Houston State University, Huntsville, TX.

Onwuegbuzie, A. J., & Dickinson, W. B. (2008). Mixed methods analysis and information visualization: Graphical display for effective communication of research results. *The Qualitative Report, 13*, 204–225. Retrieved from http://www.nova.edu/ssss/QR/QR13-2/onwuegbuzie.pdf

Onwuegbuzie, A. J., Dickinson, W. B., Leech, N. L., & Zoran, A. G. (2009). Toward more rigor in focus group research: A new framework for collecting and analyzing focus group data. *International Journal of Qualitative Methods, 8*, 1–21.

Onwuegbuzie, A. J., Dickinson, W. B., Leech, N. L., & Zoran, A. G. (2010). Toward more rigor in focus group research in stress and coping and beyond: A new mixed research framework for collecting and analyzing focus group data. In G. S. Gates, W. H. Gmelch, & M. Wolverton (Series Eds.) & K. M. T. Collins, A. J. Onwuegbuzie, & Q. G. Jiao (Eds.), *Toward a broader understanding of stress and coping: Mixed methods approaches* (pp. 243–285). The Research on Stress and Coping in Education Series (Vol. 5). Charlotte, NC: Information Age Publishing.

Onwuegbuzie, A. J., & Frels, R. K. (2010). *An examination of the frequency rate of the verb "found" throughout scholarly publications*. Unpublished manuscript, Sam Houston State University, Huntsville, TX.

Onwuegbuzie, A. J., & Frels, R. K. (2012a, June). *A mixed research framework for collecting and analyzing nonverbal communication data in interviews*. Paper presented at the International Mixed Methods Conference, Leeds, England.

Onwuegbuzie, A. J., & Frels, R. K. (2012b, May). *Mixed research techniques for collecting and analyzing nonverbal communication data in qualitative interviews*. Paper presented at the Eighth International Congress of Qualitative Inquiry, Urbana-Champaign, IL.

Onwuegbuzie, A. J., & Frels, R .K. (2012c). Writing a literature review. In C. Wagner, B. Kawulich, & M. Garner (Eds.), *Doing social research: A global context* (pp. 29–51). Maidenhead, England: McGraw-Hill.

Onwuegbuzie, A. J., & Frels, R. K. (2013a). Introduction: Towards a new research philosophy for addressing social justice issues: Critical dialectical pluralism 1.0. *International Journal of Multiple Research Approaches, 7*, 9–26.

Onwuegbuzie, A. J., & Frels, R. K. (2013b). *Trends in school massacres in the United States*. Manuscript submitted for publication.

Onwuegbuzie, A. J., & Frels, R. K. (2014a). A framework for using discourse analysis for the review of the literature in counseling research. *Counseling Outcome Research and Evaluation, 2*, 115–125. doi:10.1177/2150137811414873

Onwuegbuzie, A. J., & Frels, R. K. (2014b). *A framework for using qualitative comparative analysis for the review of the literature*. Unpublished manuscript, Sam Houston State University, Huntsville, TX.

Onwuegbuzie, A. J., & Frels, R. K. (2014c). *Mapping Miles and Huberman's within-case and cross-case analyses onto the literature review process*. Unpublished manuscript, Sam Houston State University, Huntsville, TX.

Onwuegbuzie, A. J., & Frels, R. K. (2015a, April). *A mixed research framework for using Q Methodology in the literature review process*. Paper presented at the annual meeting of the American Educational Research Association, Chicago, IL.

Onwuegbuzie, A. J., & Frels, R. K. (2015b). *The effectiveness of mentoring programs for youth: An analysis and synthesis of the literature*. Manuscript submitted for publication.

Onwuegbuzie, A. J., & Frels, R. K. (2015c). *The missing link: The use of link words and phrases as a link to manuscript quality*. Manuscript submitted for publication.

Onwuegbuzie, A. J., Frels, R. K., & Frels, J. G. (2010). *A rationale typology for mixing quantitative and qualitative GIS applications in mixed research*. Unpublished manuscript, Sam Houston State University, Huntsville, TX.

Onwuegbuzie, A. J., Frels, R. K., Hwang, E., & Slate, J. R. (2013). Editorial: Evidence-based guidelines regarding the number of citations used in manuscripts submitted to journals for review for publication and articles published in journals. *Research in the Schools, 20*(2), i–xiv.

Onwuegbuzie, A. J., Frels, R. K., & Slate, J. R. (2010). Editorial: Evidence-based guidelines for avoiding the most prevalent and serious APA error in journal article submissions—The citation error. *Research in the Schools, 17*(2), i–xxiv. Retrieved from http://www.msera.org/download/RITS_17_2_Citations.pdf

Onwuegbuzie, A. J., & Hitchcock, J. H. (2014). *Toward a framework for conducting advanced mixed analysis approaches*. Unpublished manuscript, Sam Houston State University, Huntsville, TX.

Onwuegbuzie, A. J., & Hitchcock, J. H. (2015). Advanced. In S. N. Hesse-Biber & R. B. Johnson (Eds.), *Oxford handbook of mixed and multimethod research* (pp. 275–295). New York, NY: Oxford University Press.

Onwuegbuzie, A. J., & Hwang, E. (2012). *Reference list errors in manuscripts submitted to a journal for review for publication*. Unpublished manuscript, Sam Houston State University, Huntsville, TX.

Onwuegbuzie, A. J., & Hwang, E. (2013). Reference list errors in manuscripts submitted to a journal for review for publication. *International Journal of Education, 5*(1), 1–14. doi:10.5296/ije.v5i2.2191. Retrieved from http://www.macrothink.org/journal/index.php/ije/article/view/2191

Onwuegbuzie, A. J., Hwang, E., Combs, J. C., & Slate, J. R. (2012). Editorial: Evidence-based guidelines for avoiding reference list errors in manuscripts submitted to journals for review for publication: A replication case study of *Educational Researcher*. *Research in the Schools, 19*(2), i–xvi.

Onwuegbuzie, A. J., Hwang, E., & Frels, R. K. (2014, April). *Mapping Saldaña's coding methods onto the literature review process*. Paper presented at the annual meeting of the American Educational Research Association, Philadelphia, PA.

Onwuegbuzie, A. J., Hwang, E., Frels, R. K., & Slate, J. R. (2011). Editorial: Evidence-based guidelines for avoiding reference list errors in manuscripts submitted to journals for review for publication. *Research in the Schools, 18*(2), i–xli. Retrieved from http://msera.org/rits.htm

Onwuegbuzie, A. J., & Johnson, R. B. (2006). The validity issue in mixed research. *Research in the Schools, 13*(1), 48–63.

Onwuegbuzie, A. J., Johnson, R. B., & Collins, K. M. T. (2009). A call for mixed analysis: A philosophical framework for combining qualitative and quantitative. *International Journal of Multiple Research Methods, 3*, 114–139. doi:10.5172/mra.3.2.114

Onwuegbuzie, A. J., & Leech, N. L. (2003, February). *Meta-analysis research: Cautions and limitations.* Paper presented at the annual meeting of the Eastern Educational Research Association, Hilton Head, SC.

Onwuegbuzie, A. J., & Leech, N. L. (2007a). Sampling designs in qualitative research: Making the sampling process more public. *The Qualitative Report, 12*, 238–254. Retrieved from http://www.nova.edu/ssss/QR/QR12-2/onwuegbuzie1.pdf

Onwuegbuzie, A. J., & Leech, N. L. (2007b). Validity and qualitative research: An oxymoron? *Quality & Quantity: International Journal of Methodology, 41*, 233–249. doi:10.1007/s11135-006-9000-3

Onwuegbuzie, A. J., Leech, N. L., & Collins, K. M. T. (2008). Interviewing the interpretive researcher: A method for addressing the crises of representation, legitimation, and praxis. *International Journal of Qualitative Methods, 7*(4), 1–17.

Onwuegbuzie, A. J., Leech, N. L., & Collins, K. M. T. (2011). Innovative qualitative data collection techniques for conducting literature reviews. In M. Williams & W. P. Vogt (Eds.), *The Sage handbook of innovation in social research methods* (pp. 182–204). Thousand Oaks, CA: Sage.

Onwuegbuzie, A. J., Leech, N. L., & Collins, K. M. T. (2012). Qualitative analysis techniques for the review of the literature. *The Qualitative Report, 17*(Art. 56), 1–28. Retrieved from http://www.nova.edu/ssss/QR/QR17/onwuegbuzie.pdf

Onwuegbuzie, A. J., & Levin, J. R. (2003, April). *Characteristics of effect sizes: The good, the bad, and the ugly.* Paper presented at the annual meeting of the American Educational Research Association, Chicago, IL.

Onwuegbuzie, A. J., & Levin, J. R. (2005). Strategies for aggregating the statistical nonsignificant outcomes of a single study. *Research in the Schools, 12*(1), 10–19.

Onwuegbuzie, A. J., Mallette, M. H., Hwang, E., & Slate, J. R. (2013). Editorial: Evidence-based guidelines for avoiding poor readability in manuscripts submitted to journals for review for publication. *Research in the Schools, 20*(1), i–xi.

Onwuegbuzie, A. J., Roberts, J. K., & Daniel, L. G. (2005). A proposed new "What If" reliability analysis for assessing the statistical significance of bivariate relationships. *Measurement and Evaluation in Counseling and Development, 37*, 228–239.

Onwuegbuzie, A. J., Slate, J. R., Leech, N. L., & Collins, K. M. T. (2009). Mixed data analysis: Advanced integration techniques. *International Journal of Multiple Research Approaches, 3*, 13–33.

Onwuegbuzie, A. J., & Teddlie, C. (2003). A framework for analyzing data in mixed methods research. In A. Tashakkori & C. Teddlie (Eds.), *Handbook of mixed methods in social and behavioral research* (pp. 351–383). Thousand Oaks, CA: Sage.

Onwuegbuzie, A. J., Witcher, A. E., Collins, K. M. T., Filer, J. D., Wiedmaier, C. D., & Moore, C. W. (2007). Students' perceptions of characteristics of effective college teachers: A validity study of a teaching evaluation form using a mixed-methods analysis. *American Educational Research Journal, 44*, 113–160. doi:10.3102/0002831206298169

Palmer, P., Larkin, M., de Visser, R., & Fadden, G. (2010). Developing an interpretative phenomenological approach to focus group data. *Qualitative Research in Psychology, 7*, 99–121.

Parks, B. (2012, August 30). Death to PowerPoint! *Bloomberg Businessweek.* Retrieved from http://www.businessweek.com/articles/2012-08-30/death-to-powerpoint

Paul, R., & Elder, L. (2006). *The art of Socratic questioning.* Dillon Beach, CA: Foundation for Critical Thinking.

Pawson, R., Greenhalgh, T., Harvey, G., & Walshe, K. (2005). Realist review: A new method of systematic review designed for complex policy interventions. *Journal of Health Services Research & Policy, 10*(Suppl. 1), 21–34. doi:10.1258/1355819054308530

Pease, L. (2013). *A qualitative study of fathers' experiences of depression after having or adopting a child.* Unpublished master's thesis, Carleton University, Ottawa, Canada. Retrieved from https://curve.carleton.ca/system/files/theses/27549.pdf

Péladeau, N. (2014). *What are scientometrics and bibliometrics?* Retrieved from http://provalisresearch.com/solutions/applications/scientometrics-bibliometrics-software/

Phillips, N., & Hardy, C. (2002). *Discourse analysis: Investigating processes of social construction.* Thousand Oaks, CA: Sage.

Pielstick, C. (1998). The transforming leader: A meta-ethnography analysis. *Community College Review, 26*(3), 15–34. doi:10.1177/009155219802600302

Pluye, P., Gagnon, M. P., Griffiths, F., & Johnson-Lafleur, J. (2009). A scoring system for appraising mixed methods research, and concomitantly appraising qualitative, quantitative, and mixed methods primary studies in mixed studies reviews. *International Journal of Nursing Studies, 46*, 529–546. doi:10.1016/j.ijnurstu.2009.01.009

Power, D. J. (2004). A brief history of spreadsheets. *DSSResources.COM.* Retrieved from http://dssresources.com/history/sshistory.html

Prendergast, M. (2006). Found poetry as literature review: Research poems on audience and performance. *Qualitative Inquiry, 12*, 369–388. doi:10.1177/1077800405284601

Prendergast, M. (2009). "Poem is what?" Poetic inquiry in qualitative social science research. *International Review of Qualitative Research, 1*, 541–568.

Provalis Research. (2009a). QDA Miner 3.2 [computer software]: *The mixed method solution for qualitative analysis.* Montreal, Quebec, Canada: Author. Retrieved from http://www.provalisresearch.com/QDAMiner/QDAMinerDesc.html

Provalis Research. (2009b). WordStat 5.0 [computer software]. Montreal, Quebec, Canada: Author. Retrieved from http://provalisresearch.com/products/content-analysis-software/

Provalis Research. (2011). QDA Miner (Version 4.0.3) [computer software]. Montreal, Quebec, Canada: Author.

Ragin, C. C. (1987). *The comparative method: Moving beyond qualitative and quantitative strategies.* Berkeley, CA: University of California Press.

Ragin, C. C. (1989). The logic of the comparative method and the algebra of logic. *Journal of Quantitative Anthropology, 1*, 373–398.

Ragin, C. C. (1994). Introduction to qualitative comparative analysis. In T. Janoski & A. M. Hicks (Eds.), *The comparative political economy of the welfare state: New methodologies and approaches* (pp. 299–319). New York, NY: Cambridge University Press.

Ragin, C. C. (2008). *Redesigning social inquiry: Set relations in social research.* Chicago, IL: University of Chicago Press.

Rallis, S. F., & Rossman, G. B. (2003). Mixed methods in evaluation contexts. In A. Tashakkori & C. Teddlie (Eds.), *Handbook of mixed methods in social and behavioral sciences* (pp. 491–512). Thousand Oaks, CA: Sage.

Ravitch, S. M., & Riggan, J. M. (2012). *Reason and rigor: How conceptual frameworks guide research.* Thousand Oaks, CA: Sage.

Ray, C. M., & Montgomery, D. M. (2006). Views in higher education toward methods and approaches for character development of college students. *Journal of College & Character, VII*(5), 1–15.

Review of Educational Research. (2011). Aims and scope. Retrieved from https://uk.sagepub.com/en-gb/eur/review-of-educational-research/journal201854#aims-and-scope

Richardson, L. (1997). Skirting a pleated text: De-disciplining an academic life. *Qualitative Inquiry, 3*, 295–304. doi:10.1177/107780049700300303

Richardson, L. (2002). Poetic representations of interviews. In J. F. Gulbrium & J. A. Holstein (Eds.), *Handbook of interview research: Context and method* (pp. 877–891). Thousand Oaks, CA: Sage.

Ridley, D. (2012). *The literature review: A step-by-step guide for students* (2nd ed.). Thousand Oaks, CA: Sage.

Rogers, N. (1993). *The creative connection.* Palo Alto, CA: Science & Behavior Books.

Rosenthal, R. (1991). *Meta-analytic procedures for social research* (Rev. ed.). Newbury Park, CA: Sage.

Saldaña, J. (2012). *The coding manual for qualitative researchers* (2nd ed.). Thousand Oaks, CA: Sage.

Salmon, W. C. (1973). *Logic* (2nd ed.). Upper Saddle River, NJ: Prentice-Hall.

Sandelowski, M. (2008). Theoretical saturation. In L. M. Given (Ed.), *The Sage encyclopedia of qualitative methods* (Vol. 1, pp. 875–876). Thousand Oaks, CA: Sage.

Sandelowski, M., & Barroso, J. (2003). Creating metasummaries of qualitative findings. *Nursing Research, 52*, 226–233. doi:10.1097/00006199-200307000-00004

Sandelowski, M., & Barroso, J. (2006). *Handbook for synthesizing qualitative research*. New York, NY: Springer.

Sandelowski, M., Docherty, S., & Emden, C. (1997). Qualitative metasynthesis: Issues and techniques. *Research in Nursing and Health, 20*, 365–371. doi:10.1002/(SICI)1098-240X(199708)20:4<365::AID-NUR9>3.3.CO;2-7

Sandelowski, M., Lambe, C., & Barroso, J. (2004). Stigma in HIV-positive women. *Journal of Nursing Scholarship, 36*, 122–128. doi:10.1111/j.1547-5069.2004.04024.x

Sandelowski, M., Voils, C. I., & Barroso, J. (2006). Defining and designing mixed research synthesis studies. *Research in the Schools, 13*(1), 29–40. doi:10.1016/j.bbi.2008.05.010

Sandelowski, M., Voils, C. I., & Knafl, G. (2009). On quantitizing. *Journal of Mixed Methods Research, 3*, 208–222. doi:10.1177/1558689809334210

Satpathy, S. (2014, June 25). Google drive has over 190 million 30-day active users. *BGR*. Retrieved from http://www.bgr.in/news/google-drive-has-over-190-million-30-day-active-users/

Saumure, K., & Given, L. M. (2008). Data saturation. In L. M. Given (Ed.), *The Sage encyclopedia of qualitative methods* (Vol. 1, pp. 195–196). Thousand Oaks, CA: Sage.

Schmolck, P. (2002). *PQMethod manual mirror*. Unpublished manuscript. Retrieved from http://www.rz.unibw-muenchen.de/~p41bsmk/qmethod/

Schulz, K. F., Altman, D. G., Moher, D., and the CONSORT Group. (2010). CONSORT 2010 Statement: Updated guidelines for reporting parallel group randomized trials. *Annals of Internal Medicine, 152*, 726–732. doi:10.7326/0003-4819-152-11-201006010-00232

Schwandt, T. A. (2007). *The Sage dictionary of qualitative inquiry* (3rd ed.). Thousand Oaks, CA: Sage.

Schwandt, T. A., & Halpern, E. (1988). *Linking auditing and metaevaluation: Enhancing quality in applied research*. Newbury Park, CA: Sage.

Search Institute. (2009a). *Search Institute*. Retrieved from http://www.search-institute.org

Search Institute. (2009b). *Search Institute history*. Retrieved from http://www.search-institute.org/about/history

Sherwood, G. (1997a). Meta-synthesis: Merging qualitative studies to develop nursing knowledge. *International Journal for Human Caring, 3*(1), 37–42.

Sherwood, G. (1997b). Meta-synthesis of qualitative analyses of caring: Defining a therapeutic model of nursing. *Advanced Practice Nursing Quarterly, 3*(1), 32–42.

Sinclair, G. (1998). *Mentoring and tutoring by students*. London, England: Kogan Page.

Skidmore, S., Slate, J. R., & Onwuegbuzie, A. J. (2010). Editorial: Developing effective presentation skills: Evidence-based guidelines. *Research in the Schools, 17*(2), xxv–xxxvii.

Smith, R. N., Byers, V. T., McAlister-Shields, L., Dickerson, S., Hwang, E., & Weller, K. (2013, February). First-time college student success: Are adjuncts really the way to go? Paper presented at the annual meeting of the Southwest Educational Research Association, San Antonio, TX.

Softpedia. (2012, July 10). *Microsoft's Office has over one billion users*. Retrieved from http://news.softpedia.com/news/Microsoft-s-Office-Has-Over-One-Billion-Users-280426.shtml

Sojka, R. E., & Maryland, H. F. (1993, February). *Driving science with one eye on the peer review mirror*. Paper presented at the forum proceedings of Ethics, Values, and the Promise of Science, San Francisco, CA.

Soulliere, D. M. (2005). Pathways to attrition: A qualitative comparative analysis of justifications for police designations of sexual assault complaints. *The Qualitative Report, 10*, 416–438. Retrieved from http://www.nova.edu/ssss/QR/QR10-3/soulliere.pdf

Spencer, R. (2004). Studying relationships in psychotherapy: An untapped resource for youth mentoring. *New Directions for Youth Development, 103*, 31–42. doi:10.1002/yd.89

Spencer, R. (2006). Understanding the mentoring process between adolescents and adults. *Youth & Society, 37*, 287–315. doi:10.1177/0743558405278263

Spencer, R. (2007). "It's not what I expected": A qualitative study of youth mentoring relationship failures. *Journal of Adolescent Research, 22*, 331–354. doi:10.1177/0743558407301915

Spivack, N. (2013). *Web 3.0: The third generation web is coming*. Retrieved from http://lifeboat.com/ex/web.3.0

Spradley, J. P. (1979). *The ethnographic interview*. Fort Worth, TX: Holt, Rinehart and Winston.

Stake, R. E. (2005). Qualitative case studies. In N. K. Denzin & Y. S. Lincoln (Eds.), *The Sage handbook of qualitative research* (3rd ed., pp. 443–466). Thousand Oaks, CA: Sage.

Stancanelli, J. (2010). Conducting an online focus group. *The Qualitative Report, 15*, 761–765. Retrieved from http://www.nova.edu/ssss/QR/QR15–3/ofg2.pdf
Stein, B., Koppel, M., & Stamatatos, E. (2007). Plagiarism analysis, authorship identification, and near-duplicate detection PAN'07. *SIGIR Forum, 41*(2), 68–71. doi:10.1145/1328964.1328976
Stein, B., Meyer zu Eissen, S., & Potthast, M. (2007). Strategies for retrieving plagiarized documents. *Proceedings of the 30th annual international ACM SIGIR conference on research and development in information retrieval*, pp. 825–826. doi:10.1145/1277741.1277928
Steinberg, S. J., & Steinberg, S. L. (2006). *GIS geographic information systems for the social sciences: Investigating space and place*. Thousand Oaks, CA: Sage.
Stern, P., & Harris, C. (1985). Women's health and the self-care paradox: A model to guide self-care readiness—clash between the client and nurse. *Health Care for Women International, 6*, 151–163.
Strauss, A. (1987). *Qualitative analysis for social scientists*. Cambridge, England: University of Cambridge Press.
Strauss, A., & Corbin, J. (1998). *Basics of qualitative research: Techniques and procedures for developing grounded theory*. Thousand Oaks, CA: Sage.
STROBE Group. (2010). *STROBE statement*. Retrieved from http://www.strobe-statement.org/
Stroup, D. F., Berlin J. A., Morton, S. C., Olkin, I., Williamson, G. D., Rennie, D.,… Thacker, S. B. (2000). Meta-analysis of observational studies in epidemiology: A proposal for reporting. Meta-analysis Of Observational Studies in Epidemiology (MOOSE) Group. *Journal of the American Medical Association, 283*(15), 2008–2012. doi:10.1001/jama.283.15.2008
Tashakkori, A., & Teddlie, C. (1998). *Mixed methodology: Combining qualitative and quantitative approaches*. Applied Social Research Methods Series (Vol. 46). Thousand Oaks, CA: Sage.
Taylor, N. P. (2014, August 18). *Survey: Scientists talk on Twitter, network on ResearchGate*. Retrieved from http://www.fiercebiotechit.com/story/survey-scientists-talk-twitter-network-researchgate/2014–08–18
Teddlie, C., & Tashakkori, A. (2009). *Foundations of mixed methods research: Integrating quantitative and qualitative approaches in the social and behavioral sciences*. Thousand Oaks, CA: Sage.
Thouless, R. H., & Thouless, C. R. (1990). *Straight and crooked thinking* (4th ed.). Sevenoaks, England: Hodder & Stoughton.
Thouless, R. H., & Thouless, C. R. (2011). *Straight and crooked thinking* (5th ed.). Sevenoaks, England: Hodder & Stoughton.
Tong, A., Flemming, K., McInnes, E., Oliver, S., & Craig, J. (2012). Enhancing transparency in reporting the synthesis of qualitative research: ENTREQ. *BMC Medical Research Methodology, 12*(1), 181. doi:10.1186/1471–2288–12–181
Tong, A., Sainsbury, P., & Craig, J. (2007). Consolidated criteria for reporting qualitative research (COREQ): A 32-item checklist for interviews and focus groups. *International Journal of Qualitative Health Care, 19*, 349–357. doi:10.1093/intqhc/mzm042
Toulmin, S. E. (1958). *The uses of argument*. Cambridge, England: Cambridge University Press.
Tschannen-Moran, M., Woolfolk Hoy, A., & Hoy, W. K. (1998). Teacher efficacy: Its meaning and measure. *Review of Educational Research, 68*, 202–248. doi:10.2307/1170754
U.S. Census Bureau. (2012). *Annual estimates of the population for the United States, regions, states, and Puerto Rico: April 1, 2010 to July 1, 2012*. Retrieved from http://www.census.gov/popest/data/national/totals/2012/index.html
Vacha-Haase, T., & Thompson, B. (2000). Score reliability: A retrospective look back at 12 years of reliability generalization studies. *Measurement and Evaluation in Counseling and Development, 44*, 159–168. doi:10.1177/0748175611409845
Vicsek, L. (2010). Issues in the analysis of focus groups: Generalizability, quantifiability, treatment of context and quotations. *The Qualitative Report, 15*, 122–141. Retrieved from http://www.nova.edu/ssss/QR/QR15–1/vicsek.pdf
Voils, C., Hassselblad, V., Crandell, J., Chang, Y., Lee, E., & Sandelowski, M. (2009). A Bayesian method for the synthesis of evidence from qualitative and quantitative reports: The example of antiretroviral medication adherence. *Journal of Health Services Research and Policy, 14*, 226–233. doi:10.1258/jhsrp.2009.008186
von Elm, E., Altman, D. G., Gøtzsche, M., Vanderbroucke, S. J., and the STROBE Initiative. (2007). The Strengthening the Reporting of Observational Studies in Epidemiology (STROBE) Statement: Guidelines for reporting observational studies. *Annals of Internal Medicine, 147*, 573–577. doi:10.7326/0003–4819–147–8–200710160–00010

Vygotsky, L. S. (1978). *Mind in society: The development of higher psychological processes.* Cambridge, MA: Harvard University Press.

Wao, H. O. (2008). *A mixed methods approach to examining factors related to time to attainment of the doctorate in education.* Unpublished doctoral dissertation, University of South Florida, Tampa, FL.

Walsh, D., & Downe, S. (2005). Meta-synthesis method for qualitative research: A literature review. *Journal of Advanced Nursing, 50*, 204–211. doi:10.1111/j.1365–2648.2005.03380.x

Ware, M. (2006). *Scientific publishing in transition: An overview of current developments.* Bristol, England: Mark Ware Consulting. Retrieved from http://www.stm-assoc.org/2006_09_01_Scientific_Publishing_in_Transition_White_Paper.pdf

Watt, A., Cameron, A., Sturm, L., Lathlean, T., Babidge, W., Blamey, S.,… Maddern, G. (2008). Rapid reviews versus full systematic reviews: An inventory of current methods and practice in health technology assessment. *International Journal of Technology Assessment in Health Care, 24*, 133–139. doi:10.1017/S0266462308080483

Watters, A. (2011, January 10). *View your Prezi presentations anywhere via new iPad app.* Retrieved from http://readwrite.com/2011/01/10/view_your_prezi_presentations_anywhere_via_new_ipa#awesm=~oFGP4rrFr14jsS

Whittemore, R., & Knafl, K. (2005). The integrative review: Updated methodology. *Journal of Advanced Nursing 52*, 546–553. doi:10.1111/j.1365–2648.2005.03621.x

Wilcox-Pereira, R., Valle, R., Gonzales, V., Venzant, M., & Paitson, D. (2014, February). *The effect of faculty employment status on graduation rates among undergraduate students.* Paper presented at the annual meeting of the Southwest Educational Research Association, New Orleans, LA.

Williams, M. (2000). Intepretivism and generalization. *Sociology, 34*, 209–224.

Willinsky, J. (2005). Scholarly associations and the economic viability of Open Access Publishing. *Open Journal System Demonstration Journal, 1*(1), 1–25.

Witcher, L. A., Onwuegbuzie, A. J., Collins, K. M. T., Witcher, A. E., James, T. L., & Minor, L. C. (2006). Preservice teachers' efficacy and their beliefs about education. *Academic Exchange Extra.* Retrieved from http://www.unco.edu/AE-Extra/2006/10/index.html

World Health Organization Report. (2000). Retrieved from http://www.photius.com/rankings/who_world_health_ranks.html

Zimmer, L. (2006). Qualitative meta-synthesis: A question of dialoguing with texts. *Journal of Advanced Nursing, 53*, 311–318. doi:10.1111/j.1365–2648.2006.03721.x

姓名索引

洛林·安德森（Anderson, Lorin），360-364
安斯泰（Anstey, M.），39
阿斯托（Astor, R. A.），10
阿特金森（Atkinson, P.），332
欧格（Augur, C. P.），13
艾耶尔（Ayer, A. J.），69

阿尔伯特·班杜拉（Bandura, Albert），305
巴罗佐（Barroso, J.），27，50，262
贝茨（Bates, M.），12
巴克斯（Bax, L.），254
凯茜·贝克-克罗斯（Beck-Cross, Cathy），369-370
贝雷（Behre, W. J.），10
贝勒（Beile, P.），xii
布鲁姆（Bloom, B. S.），17-18
布特（Boote, D. N.），xii
布思（Booth, A.），260
波伦斯坦（Borenstein, M.），252
布朗芬布伦纳（Bronfenbrenner, U.），353-355，367-369
比尔（Buell, C.），248
波尔（Bull, G.），39
邦斯（Bunce, A.），101

坎贝尔（Campbell, D. T.），166
坎西恩（Cancienne, M. B.），275
卡麦兹（Charmaz, K.），288
克里斯滕森（Christensen, L. B.），3，60，77，166
科菲（Coffey, A.），332
科利尔（Collier, C.），309-310，330-331
柯林斯（Collins, K. M. T.）
　信仰（beliefs），281
　综合文献回顾（comprehensive literature review），49
　汇报式访谈（debriefing interviews），207-208
　戏剧（dramatization），275
　概括（generalization），304
　文献审查（interrogation of the literature），188
　混合研究（mixed research），12，67
　文献回顾的目的（objectives of literature reviews），18
　主要研究（primary research），11-12
　研究（research studies），367-369
库姆斯（Combs, J. P.），255
科尔宾（Corbin, J.），231

安东尼奥·达马西奥（Damasio, Antonio），275
丹尼尔（Daniel, L. G.），166，367，368
德林格（Dellinger, A.），60-61，171
登博（Dembo, M.），60
丹汉姆（Denham, M.），205
迪·卡斯特努沃（Di Castelnuovo, A.），25-26
德莱斯曼（Dressman, M.），291-292，369
迪布瓦（DuBois, D. L.），239，315

艾森哈特（Eisenhart, M. A.），289
埃尔贝多尔（Elbedour, S.），11-12
埃利斯（Ellis, T. J.），361
埃里克森（Erikson, E. H.），366

福克纳（Faulkner, S. L.），273

芬克（Fink, A.），75，253
弗莱士（Flesch, R.），338
弗雷尔斯（Frels, R. K.）
 案例内和跨案例显示（within-case and cross-case displays），241-243
 引文地图（citation maps），307
 编码（coding），244-248
 概念图（concept maps），310
 批判辩证多元主义（critical dialectical pluralism），54
 数据分析（data analysis），303
 数据库检索（database searches），303
 话语分析（discourse analysis），236-237
 文档（documents），232
 专家（experts），201，204，205，211
 功能图（feature maps），314
 导师制（mentoring），70，163-164，173
 元分析（meta-analysis），315
 音乐（music），273
 观察（observations），188-190
 定性比较分析（qualitative comparative analysis），239
 研究（research studies），367-369
 语义图（semantic maps），311
 索引卡的使用（use of index cards），116-117
 V形法（V-shape approach），302-303
弗曼（Furman, R.），273

加列戈斯（Gallegos, J. S. and S. A.），36
加兹尼（Gazni, A.），338-339
吉（Gee, J. P.），236-237，355
吉布森（Gibson, S.），60
格拉泽（Glaser, B. G.），27，230
基恩·格拉斯（Glass, Gene），49
格拉内洛（Granello, D. H.），361，363，364
格雷（Gray, R.），72
格林（Greene, J. C.），51-53，170，287-288，295
格林豪（Greenhow, C. M.），210-211

格斯特（Guest，G.），101

霍尔（Hall，B.），56
哈珀（Halpern，E. S.），16-17
哈雷（Hare，R.），28，248-249
哈里斯（Harris，C.），27
哈特（Hart，C.），160-161，225，307，334，347-348
赫奇斯（Hedges，L.），252
亨森（Henson，R. K.），61
休斯通（Hewstone，M.），365
海夫特（Heyvaert，M.），26-27
希基（Hickey，M. T.），316
霍华德（Howard，K.），56
胡伯曼（Huberman，A. M.），226，241-243，308
黄（Hwang，E.），244-248

詹妮斯克（Janesick，V. J.），275
雅斯贝尔斯（Jaspers，J.），365
约翰逊（Johnson，L.），101
约翰逊（Johnson，M.），332，334
约翰逊（Johnson，P. J.），275
约翰逊（Johnson，R. B.），3，60，72，75，77，166，170，209，282

凯利（Kelley，H. H.），364-365
基尔堡（Kilburg，G. M.），248
金（King，K. A.），163，164
柯比（Kirby，D.），319
科根（Kogan，L. R.），61
科尔布（Kolb，D. A.），289
克雷斯（Kress，G.），13-14，39

莱考夫（Lackoff，G.），332，334
利奇（Leech，N. L.），49，54，168，171-173，188，207-208，229-231，312-313
莱斯特（Lester，F. K），289，291
莱文（Levin，J. R.），306

姓名索引

列维（Levy, Y.），361
莱能（Liner, T.），319
卢卡斯（Lucas, K. F.），248

马友友（Ma, Yo-Yo），275
马奇（Machi, L. A.），282，284，285
梅斯（Maes, B.），26-27
古斯塔夫·马勒（Mahler, Gustav），273
马西娅（Marcia, J. E.），366
马尔索夫（Martsolf, D. S.），262-263
罗洛·梅（May, Rollo），71
麦克沃伊（McEvoy, B. T.），282，284，285
梅达瓦（Medawar, Sir Peter），11
梅洛（Mellor, B.），289
Mendeley，141-144
梅西克（Messick, S.），367，368
迈托耶-杜兰 Metoyer-Duran, C.，338-339
迈耶（Meyer, H. A.），10
迈尔斯（Miles, M.），226，241-243，308
缪伦（Mullen, C. A.），282，353

纽曼（Newman, I.），260
诺布利特（Noblit, G.），28，248-249

亨利·奥尔登堡（Oldenburg, Henry），23
翁赫纳（Onghena, P.），26-27
安伍布奇（Onwuegbuzie, A. J.）
 案例内和跨案例显示（within-case and cross-case displays），241-243
 编码（coding），244-248
 常量比较分析（constant comparison analysis），231
 批判辩证多元主义（critical dialectical pluralism），54
 数据分析（data analysis），303
 数据库检索 database searches，303
 汇报式访谈（debriefing interviews），207-208
 德尔菲法（Delphi method），209

对立观点（dissenting views），306
专家（experts），201
面对面访谈（face-to-face interviewing），205
推广（generalization），304
内部和外部可信度（internal and external credibility），168
合法性类型（legitimation types），170
文献回顾作为研究（literature review as research study），49
文献回顾的目的（literature review objectives），17-18
马太效应（Matthew effect），11-12
元验证模型（Meta-Validation Model），166，367，368
混合分析（mixed analysis），255
观察（observations），188
定性比较分析（qualitative comparative analysis），239
定性数据分析（qualitative data analysis），229-231
定量合法性模型（quantitative legitimation model），383
可读性（readability），338-339
研究（research studies），367-369
语义图（semantic maps），311
综合诗歌（synthesis poem），273-274
分类图（taxonomic maps），311
索引卡的使用（use of index cards），116-117
效度元分析与合法性元综合研究发现（validity meta-analysis and legitimation meta-synthesis findings），316，317
V形法（V-shape approach），302-303

帕特森（Patterson, A.），289
皮斯（Pease, L.），316
佩拉多（Péladeau, N.），263，264-265
皮尔斯蒂克（Pielstick, C.），28
老普林尼（Pliny the Elder），194
普伦德加斯特（Prendergast, M.），273

拉金（Ragin, C. C.），237，238
拉维奇（Ravitch, S. M.），290
雷德利（Ridley, D.），328-329

姓名索引

里根（Riggan, J. M.），290
罗斯坦（Rothstein, H.），252

萨蒙（Salmon, W. C.），294
桑德洛夫斯基（Sandelowski, M.），27，50，262
斯基德莫尔（Skidmore, S.），276
斯莱特（Slate, J. R.），201，311
斯诺伯（Snowber, C. N.），275
斯宾塞（Spencer, R.），244，303
斯普拉德利（Spradley, J. P.），233，234，235
斯塔克（Stake, R. E.），50-51
斯坦利（Stanley, J. C.），166
斯坦伯格（Steinberg, S.），190
威廉·斯蒂芬斯（Stephenson, William），261
斯特恩（Stern, P.），27
施特劳斯（Strauss, A. L.），27，231

塔沙科里（Tashakkori, A.），170-171
泰德利（Teddlie, C.），170-171
廷德尔（Tindall, C.），36
图尔敏（Toulmin, S. E.），162，164
特纳（Turner, L. A.），209
推特（Twitter），42，187，208

瓦切-哈斯（Vache-Haase, T.），61
维欧伊斯（Voils, C.），260-261
列维·维果茨基（Vygotsky, Lev），36

瓦欧（Wao, H. O.），309
威尔（Ware, M.），23

马友友（Yo-Yo Ma），275

路易斯·扎卡里博士（Zachary, Dr Lois），208
佐特罗（Zotero），210-211，232

主题索引

溯因推理（abductive reasoning），3，6，31
摘要（abstracts），100-102
Academia. edu，136
学术视频在线（Academic Video Online），180-182
表演（acting），57，275
支持论点（advocacy arguments），283，284
癌症研究机构（Agency for Research on Cancer），194
所有纪录片（All Documentaries），276
亚马逊（Amazon. com），98，99-100
美国教育研究协会［American Educational Research Association (AERA)］，199-200
美国评估协会（American Evaluation Association），37
美国心理协会（American Psychological Association），320，328，339，345
分析，数据参见数据分析和综合注释（analysis, data *see* data analysis and synthesis annotations），330
ArcGIS，188-189
论点（arguments），162-164，294，348
期刊论文（articles, journal），23
假设（assumptions），10-11
归因偏差（attribution error），320
观众（audiences），280-281
有声图书（audio books），178，180

主题索引

音频托管/共享网站（audio hosting/sharing websites），184-187
视听资源（audio-visual sources），180-182
审核清单（audit checklist），320
    阶段（phase），319-320
    轨迹（trails），16-17，86，87，88，100，114，156，158-159，178-179
真实性（authenticity），164-165，183，207-208
作者的声音/立场（author's voice/stance），325-327，328-330
AVOW，280，295
轴向编码阶段（axial coding stage），231
价值论信仰（axiological beliefs），70
价值论（axiology），51，69

背景（background），57
贝叶斯元分析（Bayesian meta-analysis），260-261
信仰（beliefs），68-71，75，80-81，281
《钟形曲线》（*The Bell Curve*），37
摘浆果（berrypicking），12
偏见（biases），10-11，36-37，43，45-46，75，281，383-394
书目数据库（bibliographic databases），137
    另请参见图书馆订阅数据库（*see also* library subscription databases）
文献计量学（bibliometrics），263-266
博客（blogs），40-41，42，201
布鲁姆分类法（Bloom's Taxonomy），360-361
图书（books），98-100
布尔搜索策略（Boolean search strategies），98，104-109

计算机辅助混合方法数据分析软件（CAMMDAS, computer-assisted mixed methods data analysis software），145，147，151，228，264-265，266
计算机辅助剽窃检测（CaPD, computer-assisted plagiarism detection），350
计算机辅助定性数据分析软件（CAQDAS, computer-assisted qualitative data analysis software）
    参见计算机辅助定性数据分析软件（*see* computer-assisted qualitative data analysis software）（CAQDAS）
案例研究（case studies），50-51，380
案例对照设计（case-control design），376

归因理论（causal attribution theory），364-365
参见（cf.），307
备忘单（cheat sheets），115-116
引文（citations）
 错误（errors），137，343-345，346-347
 地图（maps），307-308
 类型（styles），137，138-139
CiteULike，42，210
主张可信度元框架（claim credibility meta-framework），165，171，174
主张（claims），159-164，334，336
经典内容分析（classical content analysis），229
云存储（cloud storage），129-133
综合文献回顾（CLR，comprehensive literature review）
 定义（definitions），4，18-19
 作为元框架（as meta-framework），54
综合元分析（CMA，comprehensive meta-analysis），129，254
计算机中介传播（CMC，computer-mediated communication），40，41，208-211
《科克伦评论》（*Cochrane Reviews*），25，251，254
编码（coding），115，116-117，119，224，226，228，231-232，243-248
收集，数据（collection, data），49
集体案例研究（collective case studies），51
表达口语化（colloquial expression），320
颜色编码（color coding），115，116-117，119，125
交流（communication）
 交流阶段（communication phase），57，58
 戏剧（dramatization），275
 动作和舞蹈（movement and dance），275
 音乐（music），273，275
 口头呈现（oral presentation）s，276-279
 诗歌（poetry），272-273，274
 可视化（visualization），275-276
 书面呈现请参见报告写作（written presentations *see* report writing）
比较，数据（comparison, data），258-259
互补性（complementarity），170，288
成分分析（componential analysis），230，235-236

主题索引

综合文献回顾 [comprehensive literature review (CLR)]
  定义 (definitions), 4, 18-19
  作为元框架 (as meta-framework), 54
综合元分析 [comprehensive meta-analysis (CMA)], 129, 254
计算机辅助混合方法数据分析软件 [computer-assisted mixed methods data analysis software (CAMMDAS)], 145, 147, 151, 228, 264-265, 266
计算机辅助剽窃检测 [computer-assisted plagiarism detection (CaPD)], 350
计算机辅助定性数据分析软件 [computer-assisted qualitative data analysis software (CAQDAS)]
  数据分析与综合 (data analysis and synthesis), 228
  话语分析 (discourse analysis), 237
  功能 (functions), 146-148
  主要标题 (major headings), 286
  概述 (overview), 128-129, 144
  可用程序 (programs available), 145-146
  科学计量学和文献计量学 (scientometrics and bibliometrics), 264-265
  存储和组织 (storage and organization), 148-149, 151
  另请参见 QDA Miner (see also QDA Miner)
计算机中介传播 [computer-mediated communication (CMC)], 40, 41, 208-211
概念图 (concept maps), 307, 308, 309-310
概念框架 (conceptual frameworks), 59-60, 289-293, 353
概念图 (conceptual maps), 228
结论 (conclusions), 288-289
并行设计 (concurrent design), 380
并行混合分析 (concurrent mixed analysis), 256
同时效度 (concurrent validity), 167
会议论文 (conference papers), 198-201
会议 (conferences), 276-279
确认偏差 (confirmation bias), 169
共识信息 (consensus information), 364, 365
结果因素 (consequential element), 171-173
一致性信息 (consistency information), 364, 365
常量比较分析 (constant comparison analysis), 116-117, 226, 229, 231-232
本构定义 (constitutive definitions), 303-304
基本关键词 (constitutive keywords), 103-104

建构效度（construct validation），171-172
建构主义哲学（constructivist philosophy），53，72，73，74
建构相关效度（construct-related validity），167-168
内容图（content maps），307，308，309-310
内容相关效度（content-related validity），167
思想的连续性（continuity of ideas），320
连续统，研究（continuum, research），8
收敛设计（convergent design），381
转换设计（conversion design），382
转换混合分析（conversion mixed analysis），256
版权（copyright），119，187，349
核心过程（CORE process），xv-xvi，20-21，43-44
相关研究（correlational research）
　设计（design），371
　技术（techniques），50
对应分析（correspondence analysis），244，248，260
平衡设计（counterbalanced design），377-378
反主张（counter-claim），162
反事实（counter-factive），162
共变模型（covariation model），364-365
信度（credibility），166，168，391，392-394
作弊小抄（crib sheets），116
清晰集合（crisp set），240
标准相关效度（criterion-related validity），167
批判辩证多元主义（critical dialectical pluralism），54，72，74，75，211
批判性眼光（critical eye），174
批判性立场（critical stance），76
批判理论（critical theory），74
批判性思维（critical thinking），xv，43，156-157
跨案例显示（cross-case displays），241-243
交叉混合分析（crossover mixed analysianas），262
交叉混合分析（crossover mixed analysis），256，258-259
交叉试验（crossover trial），379
文化能力（cultural competence），xiii，11，32，36-37，73
文化赤字模型（cultural deficit model），37

主题索引

文化进步的文献回顾者（culturally progressive literature reviewer），36-37，39，44，45-46，78，88
文化（culture），35-36，45，68-69，233

舞蹈（dance），275
数据（data）
　分析参见数据分析与综合（analysis see data analysis and synthesis）
　收集（collection），49
　比较（comparison），258-259
　缩减（reduction），114
　饱和（saturation），179，232，280，359
　综合参见数据分析与综合（synthesis see data analysis and synthesis）
数据分析与综合（data analysis and synthesis）
　分析与综合（analysis versus synthesis），224
　方式、方法和技术（approaches, methods and techniques），225-227
　创建分析问题（creating analysis questions），225
　处理决策和新兴议题（handling decisions and emergent issues），227-229
　信息来源（information sources），224-225
　混合分析参见混合分析（mixed analysis see mixed analysis）
　混合方法集成（mixed methods integration），227-228
　定性参见定性数据分析（qualitative see qualitative data analysis）
　定量参见定量数据分析（quantitative see quantitative data analysis）
　饱和（saturation），179，232，280，359
　选择分析（selecting the analysis），265-267
数据库（databases），57，88-100，137，303
汇报式访谈（debriefing interviews），207-208
演绎推理（deductive reasoning），3，6，31
合乎情理的（defensible），16
文化赤字模型（deficit model, culture），37
定义（definitions），303-304
困难程度（degrees of difficulty），360
Delicious，42，210，232
德尔菲法（Delphi method），209-210
描述性分析（descriptive analysis），248，250-251
描述性研究设计（descriptive research design），371

描述效度（descriptive validity），169
信息删除参见选择与删除（deselection, information see selection and deselection）
研究设计（designs, research），371—395
发展（development），170，288
辩证多元主义（dialectical pluralism），53—54，72，75，266
辩证支撑（dialectical scaffold），291，292，369
词典（dictionaries），194
数字资源（digital sources），13—14
学科（disciplines），89
特定学科信仰（discipline-specific beliefs），68，71
话语分析（discourse analysis），230，233，236—237，359
基于话语分析的研究综合［Discourse Analysis-Based Research Synthesis (DARS)］，236—237
发现论点（discovery arguments），283—284
话语支撑（discursive scaffold），291，292，369—370
传播（dissemination），57
对立观点（dissenting views），305，306
国际学位论文文摘［Dissertation Abstracts International (DAI)］，191—192
学位论文（dissertations and theses），191—193，281，293
独特性信息（distinctiveness information），364，365
文档（documents），40—41，190—201，232
Dogpile，91，93，201，304
领域分析（domain analysis），226，229，233，234
主导地位设计（dominant status design），381
双重编码（double coding），116
报告初稿（draft reports），300—319，321，351
戏剧（dramatization），275
图画（drawings），183，187，275
谷歌云端硬盘（Drive, Google），129，131—132，134—135
Dropbox，132—135
动态（dynamism），55

生态推广性（ecological generalizability），168
生态学模型（ecological systems model），367—369
生态效度（ecological validity），167

学术检索数据库［Educational Research Complete (EBSCOHost) database］，97—98，99，104—109，110

效应量（effect sizes），25—26，27，60，262

有效批评（effective criticism），347

电子数据库参见订阅数据库（electronic databases see library subscription databases）

电子资源（electronic sources），13—14

嵌入式设计（embedded design），381

电子会议（e-meetings），279

兴起（emergence），54

出版时滞（emergence-to-publication time lag），205—206

实证研究（empirical research），3，4

百科全书（encyclopedias），194—195

EndNote，95，137，140—141，152，264

认识论信仰（epistemological beliefs），69—70

认识论（epistemology），51，69，74

平等地位设计（equal status design），380

平等地位混合研究（equal status mixed research），8

伦理实践（ethical practice），5，32，37—38，39，44—46，55，156，349—350

民族志分析（ethnographic analysis），233—237，380

民族志（ethnography），28

常人方法学（ethnomethodology），380

评估（evaluation），37

评估标准（evaluation criteria），157—159，169

Excel电子表格参见Microsoft Excel（Excel spreadsheets see Microsoft Excel）

详尽性文献回顾（exhaustive reviews），30—31，33—35

存在主义哲学（existential philosophy），71

扩展（expansion），170，288

专家（experts），41，201—204，232

  另请参见回顾，专家（see also interviewing, experts）

解释性设计（explanatory design），381

解释阶段（exploration phase），56—57，58

探索性设计（exploratory design），381

外部信度（external credibility），168

外部效度（external validity），166，168，383

脸谱网（Facebook），40，94，136，184，187

面对面访谈（face-to-face interviewing），205

叙实的（factive），162

观点中的谬误（fallacies, in arguments），345，347—348

伪造（falsification），349

功能图（feature maps），307，308，314

联邦文件保管计划（Federal Documents Depository Program），195—196

现场笔记（field notes），174

领域（fields），89

研究结果（findings, research），321

固定效应模型（fixed effects model），251—252

Flickr，40

流（flow），301，318—319

焦点工具（focal apparatus），291—292，369

焦点问题（focus questions），174

民间术语（folk terms），233

基础平台（foundational platform），291，369

框架、理论、概念和实践（frameworks, theoretical, conceptual and practical），289—292

免费软件（freeware），117，119，138—139，146
　　另请参见EndNote；Mendeley（see also EndNote; Mendeley）

完全整合的混合分析（fully integrated mixed analysis），256

完全混合设计（fully mixed design），381

漏斗形方法（funnel shape approach），302—303

弗曼（Furman, R.），273

模糊集合（fuzzy set），240

知识宝库中的空白（gaps, knowledge base），288

加沙地带（Gaza Strip），188

一般性文献回顾（general literature reviews），24，25，32

可推广性（generalizability），168—169，390

推广（generalization），304

地理信息系统［geographic information systems (GIS)］，188—189，190

目标（goals），9，16，19，280—281

谷歌图书（Google Books），100，101

谷歌文档（Google Docs），131，132
谷歌云端硬盘（Google Drive），129，131-132，134-135
谷歌学术（Google Scholar），91，94，202，203
谷歌表格（Google Sheets），131-132
政府文件（government documents），195-196
语法错误（grammatical errors），339，340-341
灰色文献（grey literature），13，19，198-201
GreyNet，201
实地求真（ground truthing），190，208
扎根理论（grounded theory），9，27，226，231，380

标题（headings），285-286，321
异质性（heterogeneity），251
分层回归分析（hierarchical multiple regression analysis），369-370
h指数（h-index），263
历史性文献回顾（historical reviews），24，25，32
历史（history），23
检索结果数（hits，search），98
整体论（holism），55-56
整体设计（holistic design），382
同质性（homogeneity），251
同质性分析（homogeneity analysis），26
人本主义哲学（humanistic philosophy），71
超链接（hyperlinks），129-130
研究假设（hypotheses，research），60

唯心主义（idealism），69
相同设计（identical design），382
同一性发展理论（identity development theory），366-367
iMovie，182-183
影响因子（impact factor），263
启示（implications），61-62，288-289
酝酿（incubation），320
索引卡（index cards），114-117，148-149
归纳推理（inductive reasoning），3，6，31

推理分析（inferential analysis），126
推论一致性审计（inferential consistency audit），172
信息（information）
 分析参见数据分析与综合（analysis *see* data analysis and synthesis）
 选择和删除参见选择和删除（selection and deselection *see* selection and deselection）
 来源（sources），224-225，287 另请参见多模态来源（*see also* multimodal sources）
 存储和组织参见存储和组织（storage and organization *see* storage and organization）
启动（initiation），170，288，295
研究逻辑（inquiry logics），51，52
工具性案例研究（instrumental case studies），51
研究工具（instruments, research），60-61
整体引用（integral reference），329
综合文献回顾（integrative literature reviews），24，28-29，30，32，51，276
互动性（interactivity），54
跨学科数据库（inter-disciplinary databases），88
政府间组织［intergovernmental organizations (IGOs)］，195
内部信度（internal credibility），168
内部效度（internal validity），16-17，166，168，383
基于互联网的社交书签服务（internet-based social bookmarking services），42，133，135，148-149，209，210-211
基于互联网的社交网络服务（internet-based social networking services），135-136，148-149
跨媒体提案（Interpedia proposal），195
解释（interpretation），61，289
解释阶段（interpretation phase），57，58
响应矩阵（inter-respondent matrix），257-258，259
主体间性（intersubjectivity），6，31，72
专家访谈（interviewing, experts）
 计算机中介传播和 Web 2.0 工具（computer-mediated communication and WEB 2.0 tools），208-211
 汇报式访谈（debriefing interviews），207-208
 初始电子邮件方法（initial email approach），204

主题索引 487

　　同时（simultaneously），209-211
　　标准问题（standard questions），206，209
　　价值（value of），205-206
内在案例研究（intrinsic case studies），50-51
引言陈述（introduction statements），282
迭代（iteration），54-55
迭代设计（iterative design），382
iTunes，40，183

行业术语（jargon），320
《期刊引用报告》（*Journal Citation Reports*），263
新闻（journalism），300
期刊准备论文（journal-ready dissertation），191
期刊（journals），23，190-191

关键术语（key terms），101-103
关键词（keywords），87，90-91，97-98，101-104
情境中的关键词（keywords-in-context），229
知识（knowledge），3-4
知识（出租车）[*Knowledge* (taxicabs)]，86

潜在类别分析（latent class analysis），259-260
领导（leadership），28
法律信息（legal information），197-198
法律评论（legal reviews），197-198
合法性（legitimation）
　　框架（frameworks），383-395
　　元综合（meta-synthesis），316，317
　　选择和删除（selection and deselection），165-166，169，170-171
　　类型（types），170-171，315
LexisNexis，197-198
图书馆订阅数据库（library subscription databases），88-89，94-95，96-97
生活史（life history），380
限定符（limiters），108-109
连接词/短语（link words/phrases），334-335，337-338

LinkedIn，42，208
文学批评（literary criticism），380
文献回顾网格（literature review grid），33—34
文献综合（literature synthesis），xiv，3，265

显示内容分析（manifest content analysis），230
人为错误（manual errors），339，342—343
MapWindow GIS，189—190
匹配特征问卷［Match Characteristics Questionnaire（MCQ）］，167—168
马太效应（Matthew effect），11—12，61
媒体（media），40，178—187，231
成员分类分析（membership categorization analysis），230
价值（merit），164—165
元分析（meta-analysis），12，25—26，27—28，31，32，49，129，228，251—254，315—316
元民族志（meta-ethnography），28，248—249
元框架（meta-framework），xiv，54，55，303
元推论（meta-inference），171
元需求评估（meta-needs assessment），51
隐喻（metaphors），332，334，335
元反思（meta-reflection），156—157
元搜索引擎（meta-search engines），89，91，93，94—95
元总结（meta-summary），26，27，32，262—263，315—316
元综合（meta-synthesis），12，26，27—28，31，32，50，227，248—249，315—316
元验证模型（Meta-Validation Model），166，367
方法论文献回顾（methodological literature reviews），24—25，32
方法论（methodology）
 定义（definitions），51
 领域（domains of），51—53
 相互对话（inter-dialogue of），53—54
 文献回顾作为方法论（literature reviews as），53，54
 方法论与方法（versus methods），313
 研究立场（research stances），74
方法（methods），313—315
微博（microblogging），40，42

微民族志（microethnography），380

微型对话者分析（micro-interlocutor analysis），230

Microsoft Excel

    过滤数据（filtering data），124-126

    图形表示（graphical representations），127，128

    超链接（hyperlinks），129-130

    回顾选项（review option），122-123

    按变量排序（sorting by a variable），123-124

    统计分析（statistical analysis），126，127

    文献汇总表（summary table of literature），122

    跟踪检索（tracking the search），102-103

    无处不在（ubiquity），120

    手册（workbooks），126

Microsoft Office，122

Microsoft Powerpoint，277，279

Microsoft Word，103-104，117，118，119，338

错误（mistakes），300-301

混合分析（mixed analysis）

    贝叶斯元分析（Bayesian meta-analysis），260-261

    常用方法（common approaches），254-257

    对应分析（correspondence analysis），260

    数据比较（data comparison），258-259

    响应矩阵（inter-respondent matrix），257-258

    潜在类别分析（latent class analysis），259-260

    在文献回顾中（in literature reviews），225

    Q方法论（Q methodology），228，261-262

混合研究（mixed methods research）

    特征（characteristics），6-8

    定义（definition），4-5，209-210

    设计（designs），380-382

    在文献回顾中（in literature reviews），12

    混合分析参见混合分析（mixed analysis *see* mixed analysis）

    混合方法集成（mixed methods integration），227-228

    混合方法综合（mixed methods synthesis），44，51

    混合方法合法性类型（mixed research legitimation framework），395

混合研究技术（mixed research techniques），49-50
　　定性占主导地位的混合研究（qualitative-dominant mixed research），8
　　定量占主导地位的混合研究（quantitative-dominant mixed research），8
　　基本原理（rationales for），170
　　选择和删除（selection and deselection），170-171
　　主题选择（topic selection），76
　　另请参见哲学立场（*see also* philosophical stances）
混合方法合法性类型（mixed research legitimation framework），395
混合综合（mixed synthesis），262-265，266
模型驱动的文献回顾（model-driven literature reviews），359-370
专著（monographs），193-194
单模态文本（monomodal texts），39
运动（movement），275
多维的（multidimensionality），54
多学科数据库（multidisciplinary databases），88
多级设计（multilevel design），382
多级混合分析（multilevel mixed analysis），256
多媒体（multimedia），275
多模态来源（multimodal sources），13-14，19，32，38-43，45-46，178，179，218-219，229-231
　　另请参见文档；专家；媒体；观察；二手数据（*see also* documents; experts; media; observations; secondary data）
多相设计（multiphase design），381
多案例研究（multiple case studies），51
多来源和参考文献（multiple sources and references），330-331
音乐（music），273，275
误区（myths），3，8-14，19

叙事分析（narrative analysis），230
叙事钩子（narrative hooks），282
叙述性文献回顾（narrative literature reviews），23-25，29-31，32，34-35，215，276
叙事描述（narrative profiles），258
叙事研究（narrative research），380
国家艺术图书馆（National Art Library），197

主题索引

国家药物滥用研究所（National Institute on Drug Abuse），194
《自然史》（*Naturalis Historia*），194
巢式设计（nested design），381
非交叉混合分析（non-crossover mixed analysis），255
非等效控制组设计（non-equivalent control group design），375-376
非叙实的（non-factive），162
非整体引用（non-integral reference），328
非线性（non-linearity），12
非语言行为（non-verbal behaviour），205
标准比较对比（normed comparison contrasts），373
著名文献（notable works），304

目的（objectives），17-18
客观性（objectivity），6，31
观察偏差（observational bias），169
观察（observations）
 常量比较分析（constant comparison analysis），231-232
 地理信息系统［geographic information systems (GIS)］，188-189，190
 实地求真（ground truthing），190
 映射（mapping），188
 在文献回顾中的作用（role in literature review），40
 现场（on-site），187-188
比值比（odds ratio），25
单组前测-后测设计（one-group pretest and posttest designs），371-373
本体论（ontology），51，69，74
开放编码阶段（open coding stage），231
开放专著出版社（Open Monograph Press），194
开源软件（open source software）
 计算机辅助定性数据分析软件［computer-assisted qualitative data analysis software (CAQDAS)］，146
 地理信息系统［geographic information systems (GIS)］，190
 参考文献管理（reference management），138-139
 电子表格（spreadsheets），120-121
 文字处理（word processing），117，119
 另请参见EndNote；Mendeley（*see also* EndNote; Mendeley）

操作定义（operational definitions），303-304

操作关键词（operational keywords），103-104

口述史（oral history），380

口头呈现（oral presentations），57，276-279

组织（organization）

    信息参见存储和组织（information *see* storage and organization）

    文献回顾（literature reviews），80-81

    陈述（statements），283

独创性（originality），43，44，77

报告大纲（outline reports），281-285

绘画（paintings），183，187，275

Panoramio，40，187

范式（paradigms）

    研究（research），74

    战争（wars），273

    另请参见研究，哲学立场（*see also* research, philosophical stances）

并行设计（parallel design），381

并行混合分析（parallel mixed analysis），256

并行性（parallelism），339

简约（parsimony），294，300

部分混合设计（partially mixed design），381

研究参与者（participants, research），60

参与式研究（participatory research），74

剽窃检测系统［PDS（plagiarism detection systems）］，350

表演民族志（performance ethnography），57，272-273

个人笔记（personal notes），114

循环论证（petition principia），292

现象学（phenomenology），69，380

哲学立场（philosophical stances），51，52，71-72，73-74，80，228，355-356

《皇家学会哲学汇刊》（*Philosophical Transactions of the Royal Society*），23

照片（photographs），40，57，183，187，275

剽窃（plagiarism），115，119，301，349-350

诗歌（poetry），272-273，274

总体推广性（population generalizability），168

主题索引

总体效度（population validity），167
位置（positionality），330
后实证主义哲学（postpositivist philosophy），53，72，73，74
实践框架（practical frameworks），289-293
实用伦理学（pragmatic ethics），38
中间实用主义（pragmatism-of-the-middle），72，266
数据收集/分析前/后（pre- and post-data collection/analysis），350-352
系统性文献回顾和元分析的首选报告项目[Preferred Reporting Items for Systematic Reviews and Meta-Analysis (PRISMA)]，215，216，218
呈现（presentations），272
前测-后测对照组设计（pretest-posttest control-group design），378
Prezi，279
主要研究（primary research），4-5
问题陈述（problem statements），57，76，283
程序信息（procedural information），332
审计轨迹（process notes），114
轮廓形成（profile formation），256
代词（pronouns），327-328
ProQuest学位论文数据库（ProQuest Dissertations & Theses database），191-193
原始经验主义者（proto-empiricists），72
原始理性主义者（proto-rationalists），72
公共网络资源（public Internet sources），88，89-93
公共记录（public records），197-198
《美国心理协会写作手册》[*Publication Manual* (American Psychological Association)]，320，328，339
出版或出局（Publish or Perish），201-202，203-204
目的陈述（purpose statements），287
目的性评论（purposive reviews），32
目的性样本（purposive sample），157

Q方法论（Q methodology），228，261-262
QDA Miner，145，146-148，201，260，264-265，286，308，309
定性比较分析（qualitative comparative analysis），230，237-240
定性数据分析（qualitative data analysis）

方式、方法和技术（approaches, methods and techniques，226，227-228，229-231，240）

　　案例内和跨案例显示（within-case and cross-case displays），241-243

　　成分分析（componential analysis），235-236

　　常量比较分析（constant comparison analysis），231-232

　　话语分析（discourse analysis），233，236-237

　　领域分析（domain analysis），233，234

　　民族志分析（ethnographic analysis），233-237

　　在文献回顾里（in literature reviews），225

　　方法和技术（methods and techniques），240

　　定性比较分析（qualitative comparative analysis），230，237-240

　　萨尔达尼亚的编码技术（Saldaña's coding techniques），243-248

　　分类分析（taxonomic analysis），233，235

　　主题分析（theme analysis），230，236

定性合法性框架（qualitative legitimation framework），391-394

定性元总结（qualitative meta-summary），27

定性研究（qualitative research）

　　特征（characteristics），6-8

　　定义（definition），4-5

　　设计（designs），380

　　文献回顾（literature reviews），9-10，12

　　原始定性（proto-qualitative），72

　　定性合法性框架（qualitative legitimation framework），391-394

　　选择和删除（selection and deselection），168-170

　　主题选择（topic selection），76

　　另请参见哲学立场（*see also* philosophical stances）

定性综合（qualitative synthesis），248-249

定性占主导地位的混合研究（qualitative-dominant mixed research），8

定性（qualitizing），256，257-258

定量数据分析（quantitative data analysis）

　　方式（approaches），250-251

　　方式、方法和技术（approaches, methods and techniques），227-228

　　在文献回顾里（in literature reviews），225

　　定量综合（quantitative synthesis），251-254

定量历史研究设计（quantitative historical research design），371

定量合法性模型（quantitative legitimation model），383
定量研究（quantitative research）
 特征（characteristics），6-8
 定义（definition），4-5
 设计（designs），371-379
 文献回顾（literature reviews），9-10，11-12
 原始定量（proto-quantitative），72
 选择和删除（selection and deselection），166-168
 主题选择（topic selection），76
 效度威胁（validity threats），383-389
 另请参见哲学立场（see also philosophical stances）
定量综合（quantitative synthesis），251-254
定量占主导地位的混合研究（quantitative-dominant mixed research），8
量化（quantitizing），256，257-258
问题（questions）
 分析（analysis），225
 研究（research），5，7，60
引文（quotations），301，332，333-334

激进建构主义（radical constructivism），72
随机效应模型（random effects model），251-252
快速回顾（rapid reviews），26-27，32
理性主义（rationalism），3
反应性（reactivity），169
可读性（readability），338-339
阅读路径（reading path），39
现实主义回顾 realist reviews，51
推理（reasoning），3，6
原因（reasons），14-16
相互转化（reciprocal translations），28-29
数据整理（reduction, data），114
参考文献列表错误（reference list errors），345-347
参考文献管理软件（reference management software），136-144，148-149
 另请参见EndNote；Mendeley（see also EndNote；Mendeley）
自反性（reflexivity），16，20-21，43，44，45，281

反驳转化（refutational translations），28-29
回归间断设计（regression discontinuity design），377
回归外推对比（regression exprapolation contrasts），372
关系图（relationship maps），307，308，309
可靠性综合结果（reliability generalization findings），315，316，317
移除处理设计（removed treatment design），373-374
重复处理设计（repeated treatment design），374
报告写作（report writing）
  其他来源（additional sources），305-307
  注释（annotations），330
  审核阶段（audit phase），319-320
  作者和文献回顾者的声音/立场（author's and reviewer's voice/stance），325-327，328-330
  信仰（beliefs），281
  引文（citations），307-308，343-345，346-347
  主张（claims），334，336
  常见错误（common mistakes），300-301
  将研究结果与其他信息进行比较（comparing findings to other information），352-356
  概念图（concept maps），307，308，309-310
  结论和启示（conclusions and implications），288-289
  内容图（content maps），307，308，309-310
  数据库和点击率（databases and hits），303
  定义（definitions），303-304
  描述使用的分析（describing the analysis used），303
  编制大纲（developing an outline），281-284
  对立观点（dissenting views），305，306
  初稿（drafts），300-319，321，351
  结束报告（ending the report），293
  伦理规范（ethical practice），349-350
  思想演进（evolution of ideas），305
  方法论和方法的演进（evolution of methodology and methods），313-315
  谬论（fallacies in arguments），345，347-348
  功能图（feature maps），307，308，314
  流（flow），301，318-319

知识宝库中的空白（gaps in knowledge base），288

目标、渠道和受众（goals, outlets and audience），280-281

语法错误（grammatical errors），339，340-341

标题和小标题（headings and subheadings），321

信息、来源和模式（information, sources and modes），285-287

连接词/短语（link words/phrases），334-335，337-338

元分析、元综合和元总结结果（meta-analysis, meta-synthesis and meta-summary findings），315-316

隐喻（metaphors），332，334，335

方法论和程序性信息（methodological and procedural information），332

报告写作(续)（report writing *cont.*）

多来源/参考参考（multiple sources/references），330-331

著名文献（notable works），304

并行性（parallelism），339

数据收集/分析前/后（pre-and post-data collection/analysis），350-352

代词（pronouns），327-328

引文（quotations），301，332，333-334

可读性（readability），338-339

参考文献列表错误（reference list errors），345-347

关系图（relationship maps），307，308，309

可靠性综合结果（reliability generalization findings），315，316，317

研究结果（research findings），321

语义图（semantic maps），308，311

体例指南/人为错误（style guide/manual errors），339，342-343，345

总结要点（summary points），288-289

摘要记录表（summary record sheets），307，308，309

分类图（taxonomic maps），307，308，311，312-313

理论、概念和实践框架（theoretical, conceptual and practical frameworks），289-293

时间线（timelines），304-305

效度元分析与合法性元综合研究发现（validity meta-analysis and legitimation meta-synthesis findings），316，317

动词（verbs），321-325

V形法（V-shape approach），302-303

研究（research）

分析（analysis），61
连续统（continuum），8
设计（designs），371-395
未来方向（directions for future），61
结果（findings），61，321
假设（hypotheses），60
对领域的影响（implications for the field），61-62
工具（instruments），60-61
混合方法参见混合研究（mixed methods see mixed methods research）
范式参见研究，哲学立场（paradigms see research, philosophical stances）
参与者（participants），60
哲学立场（philosophical stances），51，52，71-72，73-74，80，228，355-356
主要（primary），4-5
定性参见定性研究（qualitative see qualitative research）
定量参见定量研究（quantitative see quantitative research）
问题（questions），5，7，60
报告（reports），19，20
研究者偏见（researcher bias），169
二手数据参见二手数据（secondary data see secondary data）
研究（studies），367-369
传统（traditions），4-8
研究之门（ResearchGate），135-136
《教育研究评论》（*Review of Educational Research*），24，29
文献回顾者的声音/立场（reviewer's voice/stance），325-327，328-330
RevMan，254-255
严格（rigor），16，88
皇家学会（Royal Society），23
RSS feeds，41，193

萨尔达尼亚的编码技术（Saldaña's coding techniques），243-248
抽样（sampling）
　设计（design），5，8
　流程图（flowchart），157-158
　理论（theory），100-102

主题索引

饱和（saturation），179，232，280，359
谷歌学术（Scholar, Google），91，94，202，203
学术责任（scholarly responsibility），86
学校（schools）
    儿童（children），115
    枪击案（shootings），188
科学（sciences），3，23
科学计量学（scientometrics），263-266
检索（search）
    数据库（databases），87，88-100
    探索信息（exploring information），100-101
    五项任务（five tasks of），88
    聚集检索（focusing the search），103-109
    确定关键术语（identifying key terms），101-103
    搜索引擎（search engines），89，90-91，92-93，94-95
    主题指导标准（topic-guiding criteria），88，93
检索研究所（Search Institute），163-164
二手数据（secondary data）
    收集和分析（collecting and analyzing），214-215
    常量比较分析（constant comparison analysis），232
    本质（nature of），41，211
    定量数据分析（quantitative data analysis），250
    使用已分析过的（using already-analyzed），211-213
    使用原始的（using raw），213-214
辅助来源对比（secondary source contrasts），373
部分（sections），285-286
选择和删除（selection and deselection）
    论点（arguments），162-164
    审计轨迹（audit trails），158-159
    真实性和价值（authenticity and merit），164-165
    主张可信度元框架（claim credibility meta-framework），165，171，174
    主张（claims），159-164
    现场笔记（field notes），174
    焦点问题（focus questions），174
    合法性（legitimation），165-166，169，170-171

元反思（meta-reflection），156-157

混合研究（mixed research），170-171

价值和验证的评估点（points of value and validation），171-173

定性研究（qualitative research），168-170

定量研究（quantitative research），166-168

抽样（sampling），157-158

选择性编码阶段（selective coding stage），231

选择性文献回顾（selective reviews），33，34-35

语义图（semantic maps），308，311

符号系统（semiotic systems），39，230

敏感性分析（sensitivity analysis），252

顺序设计（sequential design），380

顺序混合分析（sequential mixed analysis），256

七步骤模型（Seven-Step Model）

作为循环过程（as cyclical process），62，63

要素（elements of），54-57

为主要研究提供信息（informing primary research），57-62

元框架（meta-framework of），55

概述（overview），58，63

三阶段（three phases of），56-57

意义陈述（significance statements），293-294

单案例研究设计（single case study design），379

社会书目网站（social bibliography sites），42

社交书签服务（social bookmarking services），42，133，135，148-149，209，210-211

社会建构主义（social constructivism），72

社会发展理论（social development theory），36

社交网络论坛（social networking fora），40，42，187

社交网络服务（social networking services），135-136，148-149

社会政治承诺（sociopolitical commitments），52

所罗门四组设计（Solomon four-group design），378-379

解决方案一致性（solution consistency），240

解决方案覆盖率（solution coverage），240

智者（sophists），72

信息来源（sources, information），224-225，287

另请参见多模态来源（see also multimodal sources）

期刊特殊选题（special issues, journals），190-191

电子表格（spreadsheets），120-129，148-149

 另请参见 Microsoft Excel（see also Microsoft Excel）

SPSS，129

作者和文献回顾者的立场（stances, author's and reviewer's），325-327，328-330

STARLITE，216

问题陈述（statement of the problem），57，76，283

静态组比较设计（static-group comparison design），374

统计功效（statistical power），60

统计焦虑（statistics anxiety），10

存储和组织（storage and organization）

 计算机辅助定性数据分析软件［computer-assisted qualitative data analysis software (CAQDAS)］，128-129，144-148

 重要性（importance of），114

 索引卡（index cards），114-117，148-149

 基于互联网的社交书签服务（internet-based social bookmarking services），133，135，148-149

 基于互联网的社交网络服务（internet-based social networking services），135-136，148-149

 参考文献管理软件（reference management software），136-144，148-149

 选择策略（selecting strategies for），148-151

 电子表格（spreadsheets），120-129，148-149

 基于 web 的应用程序（web-based applications），129-133，148-149

 文字处理软件（word processing software），117-120，148-149

研究（studies, research），367-369

体例指南错误（style guide errors），339，342-343，345

小标题（subheadings），321

主题目录（subject directories），89-91，92

主体间性（subjectivity），6，31

订阅数据库参见图书馆订阅数据库（subscription databases see library subscription databases）

总结要点（summary points），288-289

摘要记录表（summary record sheets），307，308，309

总结部分（summation sections），284

符号互动主义研究（symbolic interactionist studies），380

协同作用（synergism），56

同义词（synonyms），103－104

信息综合参见数据分析与综合（synthesis, information see data analysis and synthesis）

综合诗歌（synthesis poem），273，274

系统性文献回顾（systematic literature reviews），10－11，16，24，25－28，29－31，32，34－35，215－218，276

出租车（taxicabs），86

分类分析（taxonomic analysis），229，233，235

分类图（taxonomic maps），307，308，311，312－313

教师效能感量表（Teacher Efficacy Scale），60－61，171，315

教学评估表［teacher evaluation forms（TEFs）］，367

得克萨斯州高等教育责任系统（Texas Higher Education Accountability System database），213－214

文本挖掘（text mining），230

主题分析（theme analysis），230，236

主题（themes），228

理论框架（theoretical frameworks），59－60，289－293，353－354

理论性文献回顾（theoretical literature reviews），24，25，32

理论（theory）

    发展与验证（development and testing），28，32

    理论性文献回顾（theory-driven literature reviews），359－370

学位论文（theses），191－193，281，293

威胁（threats），166，169－170，384－394

    另请参见定量合法性模型（see also quantitative legitimation model）

时间序列设计（time series designs），377

时间线（timelines），304－305

主题（topics）

    指导标准（guiding criteria），88

    选择（selection），73－79

    主题陈述（topic statement），282－283

    特定主题信仰（topic-specific beliefs），68，71

贸易目录（trade catalogues），197

贸易文献集（Trade Literature Collection），197

主题索引

传统研究（traditions, research），4-8
  另请参见混合研究；定性研究；定量研究（see also mixed methods research; qualitative research; quantitative research）
跨学科（trans-disciplinary），88
变革性设计（transformative design），381
翻译忠诚度（translation fidelity），172
翻译元综合（translations meta-synthesis），28-29，31
透明度（transparency），16-17，281
三角测量（triangulation），170，288，295，308
三角测量设计（triangulation design），381
真值表（truth tables），238，239
推特（Twitter），42，187，208

英国国家统计出版物数据库［UK National Statistics Publication (UKNSP) Database］，211-213
美国政府印刷局［United States Government Printing Office (GPO)］，195-196
美国人口普查局（人口估算）数据库［US Census Bureau (Population Estimates) Database］，213
效用/历史因素（utilization/historical element），171-172

验证框架（validation framework），171-173
效度（validity），165-168，367，368，383-394
效度元分析（validity meta-analysis），316，317
价值和验证（value and validation），171-173
价值中立（value neutrality），10-11，19
  另请参见文化能力（see also cultural competence）
价值观（values），70，226
动词（verbs），321-325
理解（verstehen），69
视频共享网站（video hosting/sharing websites），184-187
视频会议（video-conferencing），279
视频讲座（Video Lectures），276
视频（videos），40，57，180-183，275-276
虚拟访谈（virtual interviewing），41，205
德行伦理（virtue ethics），38

视觉显示（visual displays），307-311
可视化（visualization），275-276
作者的和文献回顾者的声音（voices, author's and reviewer's），325-327，328-330
V 形法（V-shape approach），302-303

有保证的（warranted），281
Web 2.0 工具（WEB 2.0 tools），208-211
网络会议（web conferencing），279
基于 web 的应用程序（web-based applications），129-133，148-149
网络研讨会（webinars），279
权重分配（weight assignment），251-252
维基百科（Wikipedia），195
案例内显示（within-case displays），241-243
传统混合分析（within-tradition mixed analysis），255
字数（word count），229
文字处理（word processing），117-120，148-149
WordStat，201，264-265，266
世界观（worldview），68，69，70，71
作家障碍（writer's block），300-301
作者的声音（writer's voice），319
　　书面呈现参见报告写作（written presentations *see* report writing）

YouTube，40，182-183，276

Zotero，210-211，232

译后记

翻译确实是一件极其考验人的耐心、细心、恒心与责任心的事情，一如社会研究，来不得半点懈怠、马虎和取巧。拖延了两年之久，在南京柳絮飘飞的初夏，我终于完成了本书的翻译工作。

本书原著出版于2016年，作者是两位著名的社会研究方法领域的专家。2017年9月，恩师风笑天教授询问我是否有意愿承担这本书的翻译任务，我诚惶诚恐，一方面感激有这样一个很好的锻炼提升机会，另一方面又担心个人能力有限而影响翻译质量，有负老师所托。一番思量之后，我还是决定接下这一任务，主要是因为本书的主题是我所感兴趣的文献回顾，而且本书原著成书于2015年、出版于2016年，我也想通过翻译来了解国外最新的文献回顾方法及相关知识。正是在这一番"私心"鼓动之下，我踏上了本书的翻译之路。

文献回顾既是开展一项研究的基础性工作，也是论文写作的核心环节。通过高质量的文献回顾，研究者可以选择一个具有研究价值与研究潜力的问题，可以掌握围绕该问题已经开展的研究及产出的研究成果，可以明确围绕这一问题尚存哪些"知识盲点"，可以指导自己针对这些"知识盲点"选择一个兼具时效性与实效性的切入点进行深入研究，从而产出高质量的研究成果。所以，文献回顾可谓成功研究的基石。而本书作者厘清了关于文献回顾的十大误区，在定性、定量、混合这三种传统研究方法的基础上创造性地提出了"综合文献回顾（CLR）"的概念，并详细阐明了开展综合文献回顾的七大步骤，为醉心于文献回顾的学术"青椒"与研究"老手"们铺陈开一幅"探索信仰和主题→启动检索→组织和存储信息→选择/删除信息→扩展检索（MODES）→分析和综合信息→呈现综合文献回顾报告"的全方位、多视角、立体化地推进综合文献回顾的宏大图景，指明了一条通往知识之路。

尤为让我触动的是，作者在书中呼吁研究者应该坚守自己的信仰，努力将自己塑造为道德的、多模态的、文化进步的人，并以这种多维存在的方式看待文献回顾，这充分彰显了两位作者的学术情怀及学术理想。当人类社会已经从本书原著写作之时的 Web 2.0 时代昂首迈入本书翻译版本成稿之日的 Web 3.0 时代，当大数据、信息化、智能化已然侵入社会科学研究并嵌入其中，甚至逐渐呈现主导之势的当下，学术信仰、人文情怀、科研理想就显得尤为重要与可贵。传统意义上作为一种研究方法抑或研究技术而存在的文献回顾，唯有与道德规范、人文关怀、现实回应相伴而行，方能"各美其美，美美与共"，助力我们开展颇有成效的研究。

临近尾声，我必须说句抱歉。由于本人的拖延症，加之近几年新换单位，环境适应、心理调适、科研任务、家庭照顾等多种因素叠加，本书的翻译一拖再拖，推迟了国内读者接触国际前沿知识的时间。当然，我更要说声感谢。在两年的时间中，由于本人时间规划不够科学，用于本书翻译的时间碎片化严重，几次都闪过中途放弃的念头，多亏有恩师风笑天教授和张师母的不断勉励与支持，有中国人民大学出版社编辑盛杰老师的一再包容与理解，有同门师兄弟姐妹的在线答疑与热线解惑，有各位领导和同事在工作上对我的照顾帮助，尤其是有爱妻龚莹女士与我的母亲、岳父母在家庭中无微不至的关照呵护，还有我的两个可爱千金（豆姐、朵妹）在烦闷的翻译之余为我带来的欢乐幸福，我才终于坚持了下来，利用 2019 年 11 月到 2020 年 5 月的半年时间专门来完成此项工作，其间遇到新冠疫情，在全国人民团结一心抗击疫情的同时，我也刚好趁此机会"闭关修炼"，在完成本书翻译工作的同时，也算是以"不出门、不聚集"的行动为疫情防控的人民战争总体战、阻击战贡献了自己的绵薄之力。

前前后后两年时间、洋洋洒洒 60 余万字，查找词典、仔细揣摩、认真推敲，一字字、一句句、一段段、一页页，在学术信仰与伦理规范的鞭策之下，在文化进步研究者的追求之下，我一字一句都不敢懈怠敷衍，尽最大努力呈现原著之精髓。在此，我要再次感谢中国人民大学出版社编辑盛杰老师对我的宽容与指导，感谢责任编辑赵海迪、黄超老师的认真审读与细心编排，感谢出版社其他老师的辛勤工作与专业水准。

由于原著作者具有教育学背景，书中绝大多数案例涉及教育学问题，尤其是导师制研究，囿于学科界限，故而在翻译时难免出现错谬，我本人对此承担全责。期待各位同人、各位读者、各位方家批评指正，不吝赐教。

李 静

2020 年 5 月 5 日

于江苏南京颐和路

Seven Steps to a Comprehensive Literature Review: A Multimodal and Cultural Approach by Anthony J. Onwuegbuzie and Rebecca Frels

English language edition published by SAGE Publications of London, Thousand Oaks, New Delhi and Singapore, © Anthony J. Onwuegbuzie and Rebecca Frels, 2016

Simplified Chinese edition © 2022 by China Renmin University Press.

All Rights Reserved. No part of this book may be reproduced or utilized in any form or by any means, electronic or mechanical, including photocopying, recording, or by any information storage and retrieval system, without permission in writing from the publisher.

图书在版编目（CIP）数据

如何进行文献回顾/（美）安东尼·J. 安伍布奇，
（美）瑞贝卡·弗雷尔斯著；李静译. --北京：中国人
民大学出版社，2022.1
（社会科学研究方法系列丛书）
ISBN 978-7-300-29726-2

Ⅰ.①如… Ⅱ.①安… ②瑞… ③李… Ⅲ.①文献补
充-研究 Ⅳ.①G255

中国版本图书馆 CIP 数据核字（2021）第 230299 号

社会科学研究方法系列丛书
如何进行文献回顾
[美] 安东尼·J. 安伍布奇（Anthony J. Onwuegbuzie）
　　 瑞贝卡·弗雷尔斯（Rebecca Frels） 著
李　静 译
Ruhe Jinxing Wenxian Huigu

出版发行	中国人民大学出版社		
社　　址	北京中关村大街 31 号	邮政编码	100080
电　　话	010-62511242（总编室）		010-62511770（质管部）
	010-82501766（邮购部）		010-62514148（门市部）
	010-62515195（发行公司）		010-62515275（盗版举报）
网　　址	http://www.crup.com.cn		
经　　销	新华书店		
印　　刷	北京宏伟双华印刷有限公司		
规　　格	170 mm×240 mm 16 开本	版　次	2022 年 1 月第 1 版
印　　张	32.75 插页 1	印　次	2022 年 12 月第 2 次印刷
字　　数	624 000	定　价	99.00 元

版权所有　　侵权必究　　印装差错　　负责调换